国家社科基金重大招标项目多卷本《西方城市史》（17ZDA229）阶段性成果

第17辑

都市文化研究

中文社会科学引文索引 (CSSCI) 来源集刊

书写城市史

Urban Cultural Studies

WRITING URBAN HISTORY

上海三联书店

CONTENTS 目录

城市史与城市研究

城市与社会

艺术中的都市文化

评论

访谈

光启学术

城市史与城市研究

近代日本测绘中国城市地图之再考

钟　翀

摘　要：由于地理相邻与历史原因，日本成为与我国近代制图业交流最多的国家，其所制中国城市地图数量之多、流传之广，都要远超其他西方列强。不过，国内学界普遍存在对日本测制近代中国地图的种种臆度，此类误读在客观上影响了对日绘地图资料的准确利用。本文通过对近代以来日绘城市地图的个案考察与系统整理，推知此类地图大多可以追溯其创作底本，该认识对研究利用而言至关重要。当然，独立施测只是近代地图文化的一个方面，日本近代制图业对于中国的影响，更多在于制图产业与技术的传递、近代地图文化的推广普及等方面。

关键词：日绘近代中国城市地图；地图学史；近代史；城市历史地理

近代以来，日本人的足迹不仅遍及中国沿海，而且数度深入内陆（代表性的如岸田吟香与其乐善堂的经营事业、东亚同文书院的大规模调查等），我国许多大都市与多数开埠港市的近代地图制作，都曾经由日人之手，而像上海、天津、大连、青岛、台北等城市，更是在其近代地图的早期测制阶段即可见到跃动的东洋身影。到了清末与民国初期，随着日本介入东亚大陆的深化、留日浪潮的兴起与日系制图商社在华业务的开设，在我国不少大中城市展开的地图测绘与刊印，均明显受其技术工艺的波及和影响。

从地图学史与城市史地角度而言，此类近代地图即时反映了我国城市近代化的历程，因此具有较高的史料价值。不过，由于近代以来东亚的动荡局势以及战后中日两国各自的社会背景，使得此类地图传存稀少且收藏分散，至今尚未对其进行系统整理,更缺乏相关的研究。尤其是国内学界还普遍存在对近代以来日本之中国地图测制的种种误读,使其笼罩了一层神秘色彩,影响到了对此类资料的客观评价与有效利用。为此,笔者访查中、日各大公私藏图机构,在搜集整理千余种现存日绘近现代中国城市地图基础上,聚焦于此类地图的绘制历史,特别是通过图像的资料批判,尝试确认绘制底图这一关键制图要素,意欲厘清测制与编绘之关系。本文将按上述研究思路,以近代日绘城市地图为主要考察对象,并区分近代早期、甲午战争前后、清末民国初三个阶段来加以探讨(文中所提"近代",暂以近代史意义上的1840—1919年为界定)。

一、近代早期日本官方测绘的中国城市地图

日本自江户时代起就已独立发育形成颇具特色的测量术与地图文化,从测绘之精、刊印之良、运用之盛这三方面来评价,说它是西欧文化圈以外近代地图文化之"又一极"亦不为过。[①] 文政四年(1821)伊能忠敬所制《大日本沿海舆地全图》测绘精确、详密,曾令初期到访的西洋人士大为惊异,同一时期以"江户图"为代表的城市地图绘制,也反映出前近代以来日本城市制图业的普及与发达。

不过,日本的近代海外开拓较西方列强为晚,加之明治初期专注于欧美事务,对邻国中国的实态并未准确了解。从城市地图的角度来看,直到明治初期,在日本广为流传的北京地图——《北京皇城图》仍以明代北京城图为底本加以制作,其地物描绘不仅时代滞后且多有想象成分。[②] 而像高杉晋作那样搭乘幕府首航交易船的武士(1862年来华),还有竹添进一郎那样的汉学家(1875年来华,著有《栈云峡雨日记》),都属于近代最早一批访华人士,但人数十分有限。因此到同治及光绪初期,日本智识界也尚处于接触近代中国之初步阶段,一般日人对华认知更还是停留在古代汉诗汉文世界里。这一时期日本流行的介绍中国的书籍如《唐土名胜图绘》(1803年刊)等,其内容大多参考清中期我国方志,其中的城市描绘则以绘画为主,唯一较详细的《京师总图》与

① [日]山下和正:《江戸時代　古地図をめぐる》,日本东京:NTT出版株式会社,1996年,第1页。

② [日]前川六左卫门制,宝历二年(1752)日本江都(即江户)崇文堂刊。此图较多见,内阁文库、京都大学图书馆等公藏机构均见藏,从北京地图在日本的绘制及传存史来看,推测此图是前近代至明治初在日本流行甚广的一种北京城图。

《皇城全图》,显然也是直接取材于《宸垣识略》等当时国人有关京城的地理书。①

庆应二年(1866),日本幕府准许一般国民自由渡航海外,明治四年(1871)缔结《中日修好条规》,与清政府建立正式邦交,翌年,即有池上四郎少佐在东北开展调查之举,这应该是近代日本在华最早有组织的实地调查。此后出现了最早一批日绘中国近代城市地图,如《清国上海全图》(1873 年刊)、《清国北京全图》(1875 年刊)等,甲午战争前后又绘制了宁波、福州、芝罘、广州、天津、厦门、台北、基隆等城市的地图。这类地图数量较少,但大多基于近代实测技术,绘制精度不一,且带有浓厚的官方色彩。

例如,最初的日制上海实测地图——《清国上海全图》(图 1),按图上题识,是由第一任上海领事品川忠道在驻沪领馆创设之初的 1872 年主持编制、并于翌年在日刊印出版的。在上海近代地图史上,相比本国所制最早的近代实测上海城市地图——光绪元年(1875)由上海道台冯焌光主持测绘的《上海县城厢租界全图》②还要早两年,足见明治初日人对近代地图的重视与敏感已经大大领先吾邦。而北京最早的近代日制地图——《清国北京全图》则在明治八年(1875 年)即由日本陆军参谋部绘制刊行(图 3),该图比例尺虽然只有二万分之一,但已显示出颇高的精度与详细度,系当时最为精确的北京地图之一。

此类早期日绘城市图现身于当时的中国,固然有上述的前近代以来中日交涉史背景,不过,其创作年代之早、精度之高,确实令人惊叹。那么,这些地图究竟是如何绘制而来的呢?

就上述两种代表性的近代早期日绘城市地图而言,关于《清国上海全图》的创作,笔者此前根据图上题识中提及"以 1866 年上海港长、西人'ホグリー'所绘图为底图"的说明,以及该图与 1866 年英国海军本部所绘 *China East Coast*, *Wusung River*, *Shanghai Harbour*(图 2)的图式、内容比对,确定后者为其绘制底图无疑。③ 至于《清国北京全图》的测绘,图上凡例明言:"此图循英国镌行测量图,并修正轮廓、道路、山川及郊区家屋之位置,且译其图中插语

① 朱竞梅:《北京城图史探》,社会科学文献出版社,2008 年,第 109—117 页。

② 钟翀:《近代上海早期城市地图谱系研究》,《史林》2013 年第 1 期。

③ 钟翀:《近代日本所绘上海城市地图通考》,《历史地理》(第 32 辑),上海人民出版社,2015 年,第 317—334 页。

图 1　清国上海全图(1873 年)

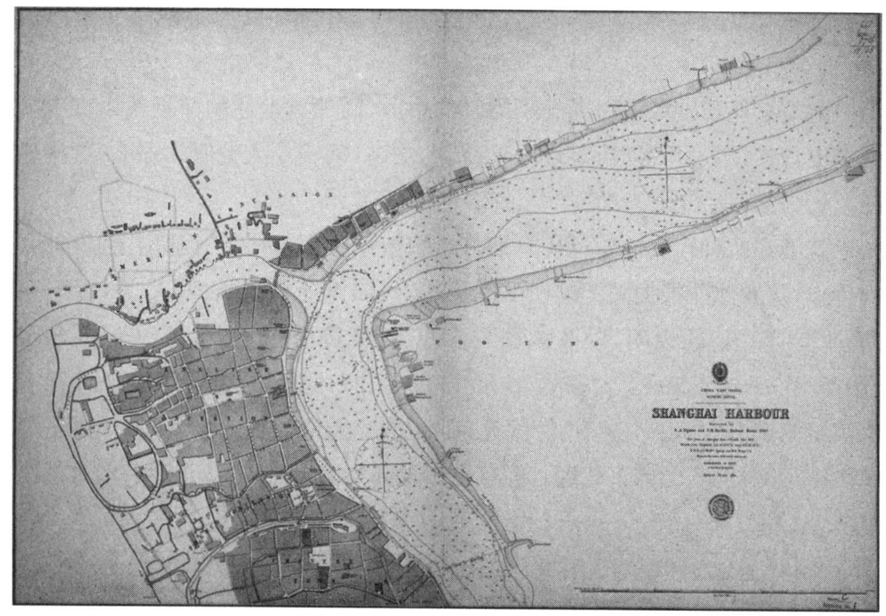

图 2　*China East Coast, Wusung River, Shanghai Harbour*(1866 年)

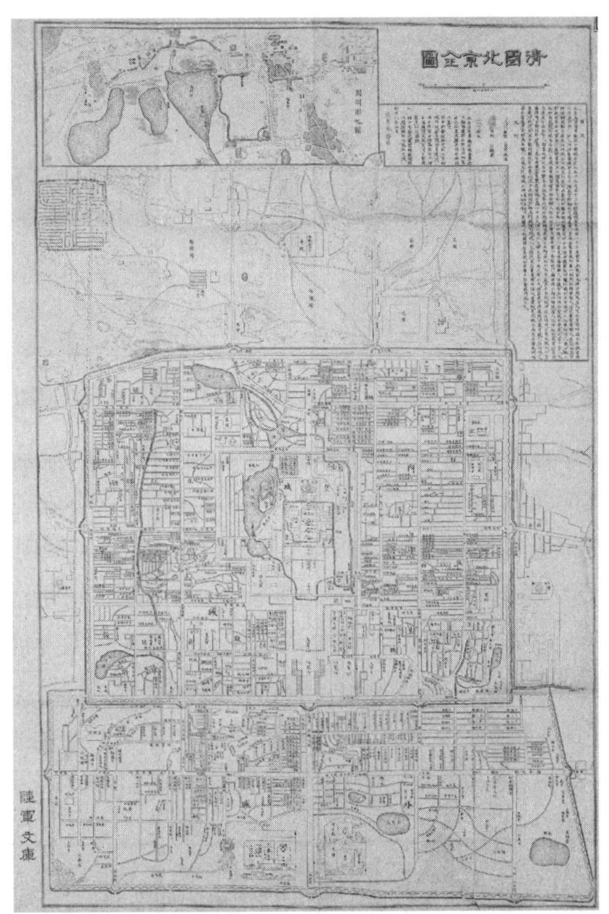

图 3　清国北京全图(1875 年)

以载之。图中街衢间插字,则据《京师城内图》及《唐土图绘》等诸图。顷日,陆军少尉益满邦介归自清国,又就其所目击亲履者以订谬误。"显然,此图亦非出自日人实测,而为一典型之编绘地图。

甲午战争之前在日本刊行的清国地理书籍或军事报告之中,1882 年伊集院兼雄、斋藤幹等绘制的《奉天府盛京城内外图》(图 4)、《芝罘港全图》等华北城市地图,1883 年美代清濯所绘《浙江省宁波府图》(图 5),1884 年玉井昽虎绘制的《两江楚浙五省行路图》中所收湖州等城地图,1888 年小泽德平所绘《台北府城图》等图,均出自当时活跃于清国的军事调查甚或谍报人员之手。

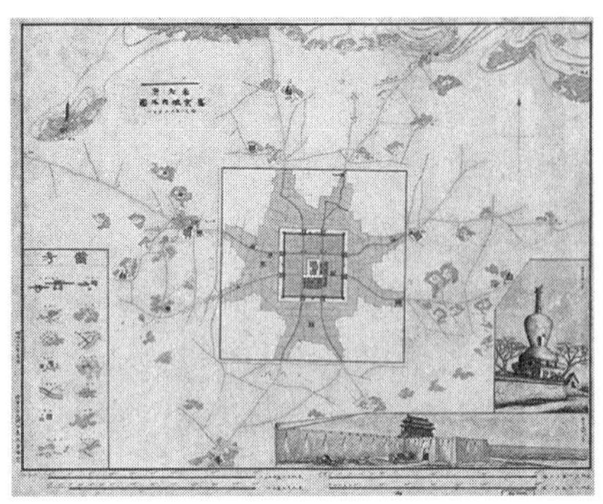

图 4　奉天府盛京城内外图(1882 年)

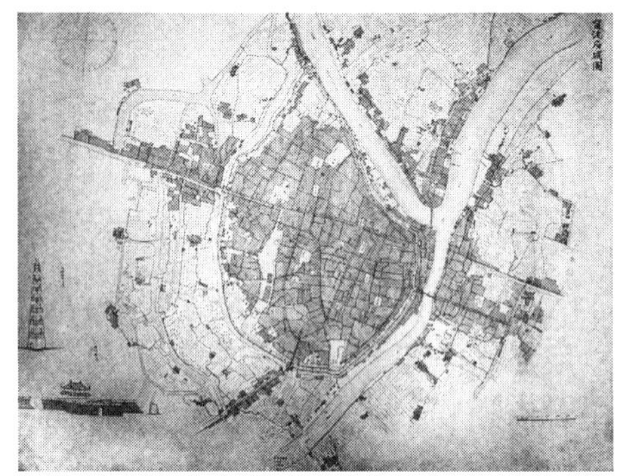

图 5　浙江省宁波府图(1883 年)

这批由日本派遣将校制作的城市地图虽然年代较早,但其比例尺多为 1/25000到 1/50000,对于城市图来说属于中小比例,且内容表现大多较为简略。其中例外的是明治十六年(1883)2 月刊行的《宁波府城图》,比例尺为 1/5000,是迄今发现最早、最精确的该城实测地图,图左下角还绘有 1/250 的天封塔和 1/500 的城楼城墙图,对历史景观复原而言极具参考价值。图左下方落款为“明治十六年二月实测制图,陆军工兵中尉美代清濯”,下钤“美代”圆章。通过现存日本国立公文书馆的档案,推知此图系明治十二年(1879)7 月受日本陆军派遣的工兵(时为少尉)美代清濯中尉所绘(图 6)。

十二年七月五日
長瀬陸軍中尉外十名清國へ派遣
太政類典
一月十九日
曾根海軍中尉清國ヨリ帰朝

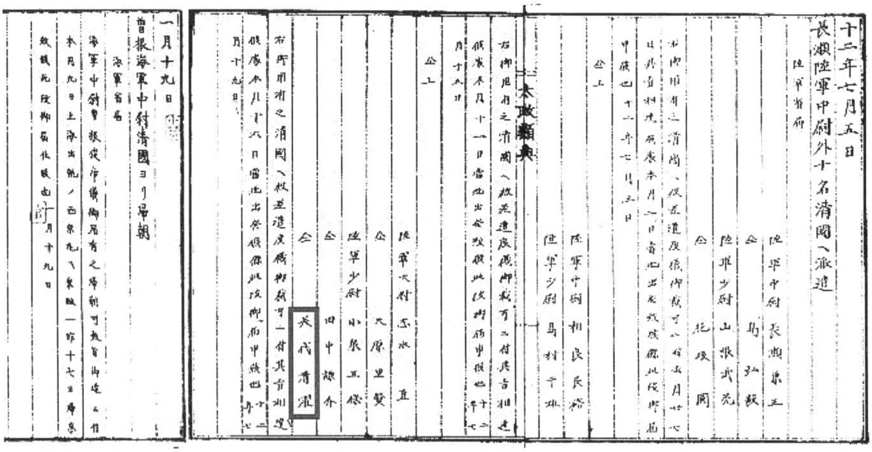

图 6　《长濑陆军中尉外十名清国へ派遣》档案(1879 年,选自《太政类要》)

这些早期日绘城市地图的作者均有浓厚的军方背景,如伊集院兼雄系

1879年受日政府差遣首次渡清，翌年以工兵中尉身份驻清访查天津、牛庄、大连湾等地状况，1881年被任命为工兵大尉，1883年底在汉口开设药店乐善堂，该药局成为华中日本谍报机构的中心(详本文下节)。[①] 而玉井昽虎则与《宁波府城图》的制图者美代清濯同为日军方背景的派遣人员。日本于明治十二年(1879)实施清国将校派遣制度，从此将自古以来针对中华的古地图收集工作进化为实施近代简易测量的路线图绘制事业，明治十三年(1880)之后，酒匂景信、玉井昽虎、伊集院兼雄、斋藤干、福岛安正等派遣将校先后绘制了一批在华的旅行路线图与城市地图，并由当时的日军参谋本部编辑刊行。这批地图曾被运用于甲午战争之中，但不久以后便为质量更高的大比例尺实测图所取代，因此没有系统保存下来，目前只有部分留存在美国国会图书馆(系二战后由美军全面接收的"日制外邦图"之一部)。[②]

关于这批城市图的测制过程，由于其实际使用时间较短，在号称日本近代测量"正史"的《陆军测量部沿革志》《测量地图百年史》这两种主要相关文献中均未见直接记载，仅在前书简要提及甲午战争中曾使用根据手绘原图编制的1/20万地图。[③] 有研究者利用图上表现和同时代若干间接记录推断这批地图是"利用罗盘仪确定方位、以步测测距为主体的徒步测量法，其中的经纬度确定，主要利用了西洋人尤其是英人的海图资料。其技术水准与前近代日本著名的伊能忠敬并无很大变化，可以说是沿用了前近代日本的测量术"[④]。

至于《宁波府城图》，虽说图上标注声称系"作者实测"，但宁波为近代海防重镇，当时的制图者美代清濯要获得地方官员允许将大约10平方公里的城市实测成图断无可能。同时代有条件开展实测的，也只有两次鸦片战争时期攻占宁波城的英军。查阅现存早期实测宁波地图，可以看到1861年6月18日，英军恩康脱号舰长丢乐德克提出宁波防御太平军攻占的8项计划中附有宁波城图；1862年1月13日，太平军占据府城不久，英法美在甬外交官和军官在美领馆开会，图谋将整个江北岸(北止鄞镇慈界，新闸河)辟为洋人租界，该会议

---

① [日]山近久美子、渡边理绘：《アメリカ議会図書館所蔵の日本軍将校による1880年代の外邦測量原図》，(日)《地図》2008年第46辑增刊。

② [日]井田浩二：《簡易測量による外邦図(清国)の新たな図の紹介》，(日)《外邦図研究ニューズレター》，2012年第9期。

③ 日本陆军测量部编制：《陸地測量部沿革誌》，日本东京：陆地测量部，1922年，第126—131页。

④ 前揭山近久美子、渡边理绘：《アメリカ議会図書館所蔵の日本軍将校による1880年代の外邦測量原図》。

声明后亦附一地图。这两种地图虽然比例较小且地物表现简略，但城市轮廓相当准确，系实测图无疑。[①] 比较同时期日人在华地图绘制的表现，推测此图可能也是参考之前英法等国测绘的宁波城市地图，并在补充调查的基础上将之加以改进编绘成图的。

二、甲午前后日本民间的中国城市地图制作

同治末年《中日修好条规》定约之后，来华经商居留的日人渐增，到1880年代，以上海为中心从事商贸的日本人已达数百，其中就出现了岸田吟香(1833—1905)这样身兼日商、汉学家、对华谍报活动者等多重身份的人士。1878年，岸田开设贩卖眼药的乐善堂上海分店，1881年又开设印刷厂，经营铜版印刷及图书业。岸田氏前后在华经营数十年，陆续主持开办苏州、福州、汉口、北京、天津、重庆、长沙等乐善堂分店，并与日本在华谍报先驱荒尾精合作，以汉口乐善堂为据点进行侦查活动。

岸田吟香在华期间，十分留意中国地理书的编纂与地图的搜集、绘制。据笔者调查，他最初涉足地图业是在1874年9月22日《东京日日新闻》上刊载《支那全图》的广告[②]，之后于1882年编纂《清国地志》，其中收录北京、上海、广州3种小比例近代实测系的城市图，书中另有一幅《浙江杭州省城内外图》采用绘图形式，应该是取材于晚清邦人所绘杭城绘图如清同治翁大澄绘《西子湖图》等图。[③] 1885年，他又绘制印售《上海城厢租界全图》，这是岸田氏首次创作的单幅中国城市地图。笔者考证该图利用了此前本埠流行的《上海县城厢租界全图》(1875年刊)为底图，并参考当时其他一些西文底图，略加增补修正，然后以当时风行日本的腐蚀铜版镌刻刊行。[④] 而明治时期在日本最具代表、最有影响的中国地图——《中外方舆全图》(图7)，正是由他在1887年主持制作的。此图系一纵146厘米、横212厘米的大幅铜版印刷地图，内容十分详细，是当时日人了解中国的主要地图资料，直至1906年增订达到16版，可见

① 相关早期近代宁波地图尚未见系统研究，此处主要参考宁波文史学者“独立观察员的博客”文章《宁波旧影专题——外滩》(2015年10月7日)，详 http://blog.sina.com.cn/s/blog_4423cedf0102vwjo.html。

② [日]杉浦正：《岸田吟香—資料から見たその一生—》，日本东京：汲古书院，1996年，第379页。

③ [日]岸田吟香：《清国地誌》，日本东京：乐善堂，1882年，日本国立国会图书馆藏。

④ 前揭钟翀：《近代日本所绘上海城市地图通考》。

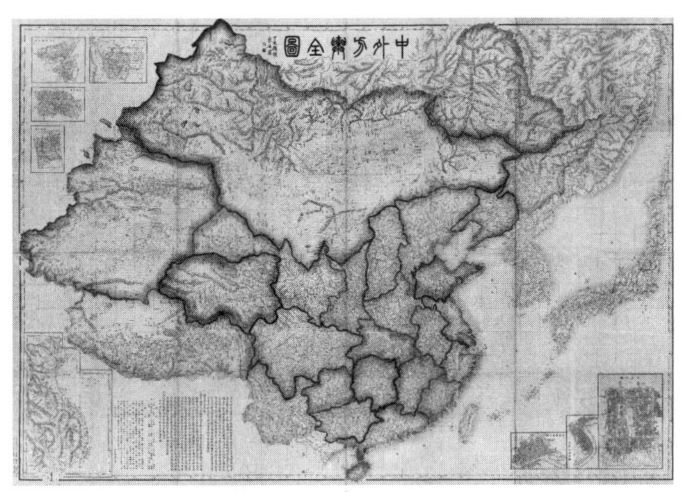

图 7　中外方舆全图(1894 年增订版)

其流行之广；并且，该图的许多内容为明治时期日本教科书所采用。因此该图收录的北京、上海、广州、武汉、南京、苏州、杭州等七大城市图，可以说是代表了同时期日本绘制中国城市地图的水平。不过，笔者经过分析推定这些城市地图应是利用当时流行的我国地图制作而成的，其中的京、沪两城之图与上节所述的编绘图一脉相承，而其他 5 种城市图也是各有所本，下面先以南京图即《中外方舆全图》所载《江宁省城图》(图 8 - 1)为例来说明这些图的创作底图。

这幅《江宁省城图》虽然按图上说明是 1/72000 的比例尺，但显然并非基于近代实测，而从图名与内容上看，应该是源于清中晚期邦人所绘的《江宁省城图》系列的南京地图。此类《江宁省城图》目前尚存数种版本，已知较早的如袁青绥

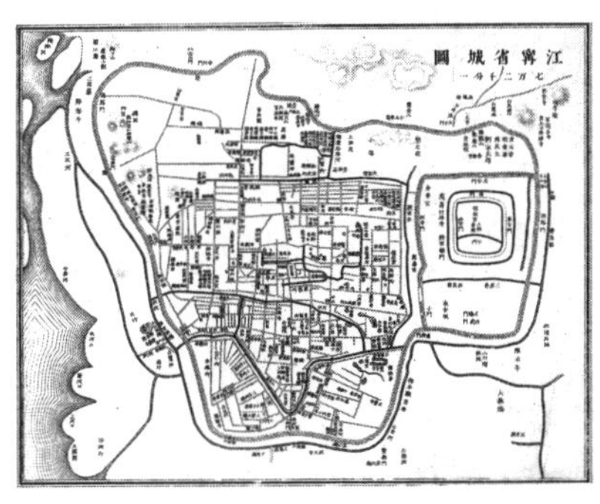

图 8 - 1　1894 年《中外方舆全图》版

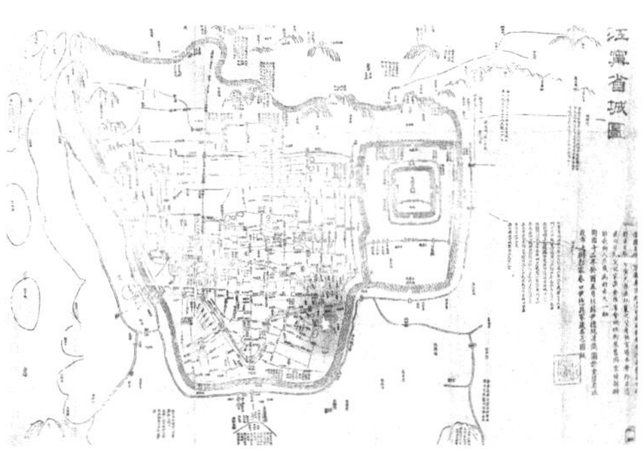

图 8 - 2　1873 年尹德纯绘本

图 8　《江宁省城图》的版本比较

绘本(1856 年刊,大英博物馆藏)以及尹德纯重刻本(1873 年刊,大连市图书馆藏,图 8-2),两图出自同一母本。而从现今中外多地公藏机构均有此图收藏这一状况推测,此图应是当时最为流行的一类南京地图。因此,这也反映了晚清甲午前后日人的南京地图绘制,主要也还是利用了当时流行的本邦所绘南京图制作而成的。

事实上,只要一一比对晚清同光时期国人绘制的城市地图,即可发现《中外方舆全图》所载《杭州府图》《苏城厢图》《武汉城镇合图》也都以当时各地最为流行的城市地图[①]为底图绘制的——《杭州府图》的底图应为《浙江省垣城厢全图》(图 9),而《苏城厢图》与《武汉城镇合图》也是利用同时期当地所制同

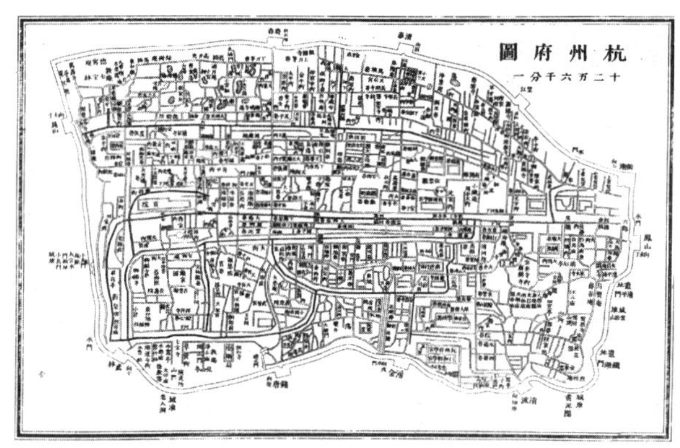

图 9-1　1894 年《中外方舆全图》版

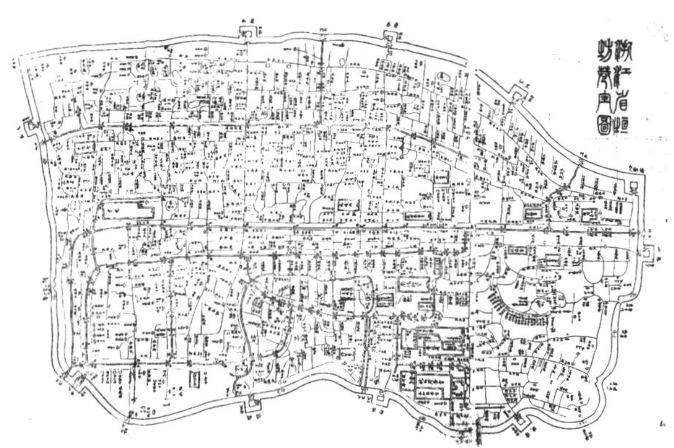

图 9-2　1878 年版《浙江省垣城厢全图》

图 9　杭州图的比对

① 详细说明参见拙作《中国近代城市地图的新旧交替与进化系谱》,《人文杂志》2013 年第 5 期。

名图作为底图绘制的(图 10、11)。至于《中外方舆全图》所载《广州城市全图》,笔者尚未发现明确的底图来源,但岸田氏若要获得第二次鸦片战争以来英法所绘广州实测地图、或是利用同时期的《粤东省城图》系列广州图来绘制此图也绝非难事。

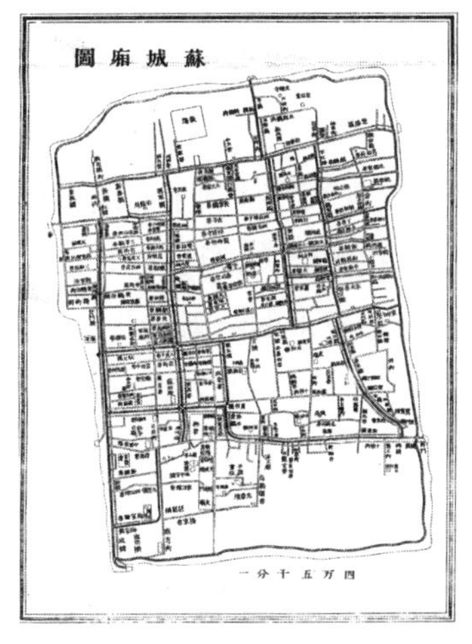

图 10 - 1 1894 年《中外方舆全图》版

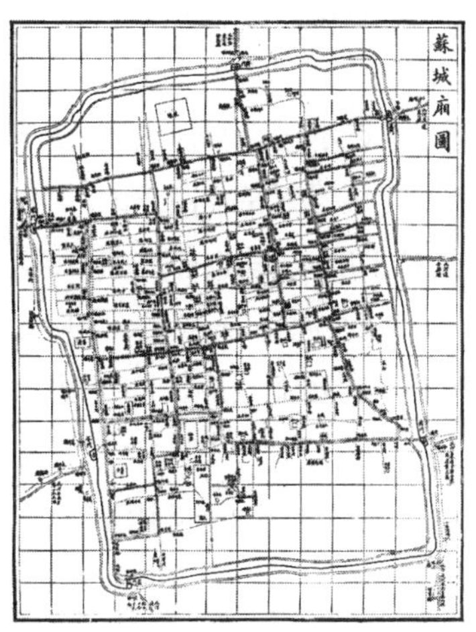

图 10 - 2 1888—1903 年间的《苏城厢图》

图 10 苏州图的比对

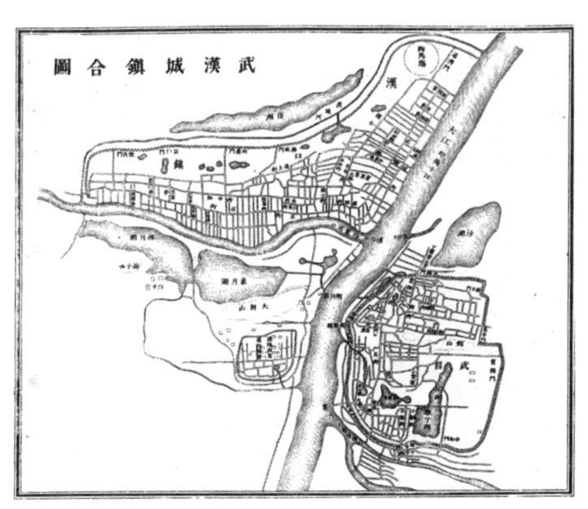

图 11 - 1 1894 年《中外方舆全图》版

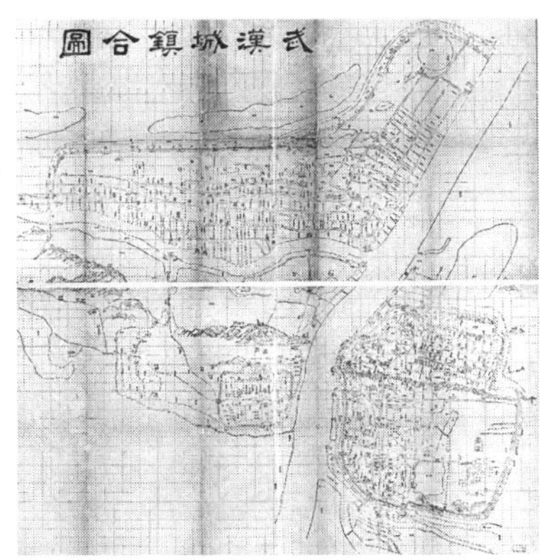

图 11 - 2 1884—93 年间《武汉城镇合图》

图 11 武汉图的比对

总而言之,直到甲午战争前后,日本民间人士或书社制作的中国城市地图,主要局限于京、沪等中心大都市与部分沿海港市,数量并不算多,并且可以确认此类地图在创作过程中并未开展独立测量，而是甄选同时代英、法等国的最新测绘成果或是当时中国各地流行城市地图的基础上制作而成的汇编型地图。如以北京为例，在 1875 年由陆军参谋局制作的《清国北京全图》问世之后，日本民间先后制作的数种近代实测型大比例尺北京地图，目前留存的如内阁文库所藏《清国北京城全图》(1885 年朝野新闻社版)，还有笔者曾见东京东城书店展示的 1894 年东京博文堂版《支那北京市街图》(图 12，图下刻度尺系笔者所加，以示比较)等，内容、图式均与 1875 年《清国北京全图》接近，应该都是以 1875 年图为底本制作的，虽然精度与地物表现大致达到了同期城市图制作的较高水准，但其创作并非基于独立实施的近代测绘。并且，同时期在日本还流行着一些源自前近代日本所作、内容表现滞后较多的绘画式北京地图，如 1894 年刊《清国北京顺天府皇城大内之图》[1]，总之，甲午战争前后在日本，精度颇高的数种北京地图与传统北京绘图的参差并存的局面，应该是这一时期日本之中国地图创作与利用的真实状况。

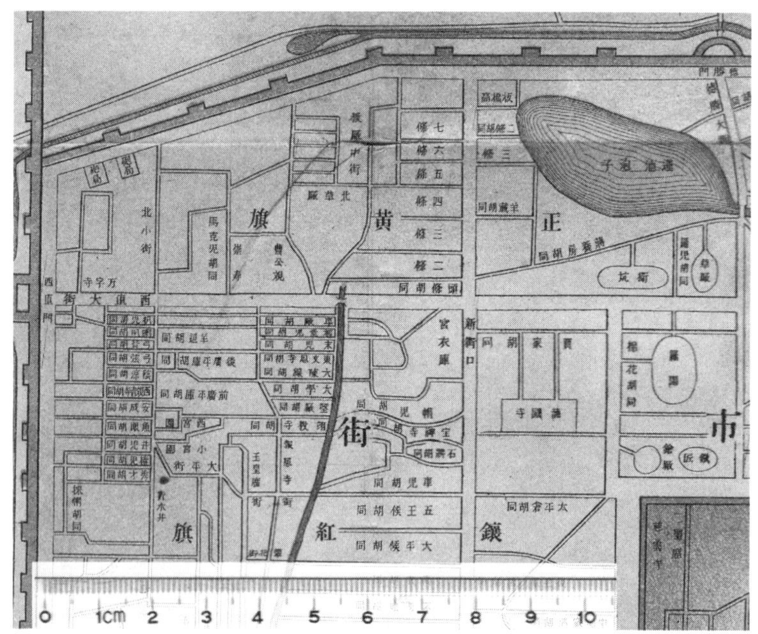

图 12 《支那北京市街图》(1894 年刊)原图的细部表现

---

① 钟翀：《旧城胜景——日绘近代中国都市鸟瞰地图》，上海书画出版社，2011 年，第 14—15 页。

不过，值得留意的是，明治以降日本地图业在制作工艺上的诸多进步，尤其是在近代印刷技术上，笔锋清晰的高超雕刻铜版与丝丝入扣的彩色石印套色等工艺，也在推动近代中国制图业的品质提升方面扮演了不可忽视的重要角色。例如，岸田吟香在沪开设的乐善堂于光绪七年(1881)始创印刷厂，主要经营铜版印刷及图书业，其间他以当时比较先进的腐蚀铜版技术印制了多种地图。日本文豪冈千仞曾在《观光纪游》中描写当时他于 1884 年所亲睹乐善堂在沪印刷工房与印制书籍、地图之状：

> 九月一日，与吟香……抵郭外一舍，群工粧制铜版诸书。书多《四书》《五经》注解，曰铜版缩小，举生私携入试场。中土未有铜版，此间所贩铜版，皆出于大阪书肆。出示铜版《地球图》，木村信卿所撰，极为鲜明。信卿刻苦此图，地名一用汉字译，每埠记航路距离，此别出手眼者。[①]

以乐善堂为代表的铜版精印地图，印面明晰、纸墨精良，刻画纤细入微，特别是在表达繁复细致的线状地物以及密集文字标注之时，其线条之精细“细若牛毛，明于犀角”[②]，几近达到当时印刷工艺之极限。例如 1894 年版《支那北京市街图》上注记文字的字径不足 2 毫米、细线宽度甚至不到 0.1 毫米(图 12)，此项工艺对于地物与注记较为复杂的城市实测平面图而言有效且实用，因此在石印技术刚刚起步、木刻尚处盛行的我国近代地图业界，也确产生令人耳目一新的效果。

三、清末民国初的日绘中国城市地图

如前所述，直到甲午战争前后，日本的中国地图绘制无论规模还是范围都较为局限，至今日本公私机构传存的 1880—90 年代中国城市地图，也以我国各地流行的本国所制图为主，日绘地图仅涉及少数城市，反映这一时期日人大量使用中国人绘制的地图，其本国地图业在东亚尚未发生实质性扩张。不过，在甲午之后的短短十年间，日本先后参与攻打京津并发动了日俄战争，其近代测绘及地图业也在清末至民国初这一时期经由军事、商业与学术(主要是日本

---

① [日]岡千仞：《觀光紀遊》卷四，载《沪上日记》，日本东京：大仓孙兵卫，1886 年。

② 黄式权：《淞南梦影录》，上海古籍出版社，1989 年，第 148 页。

教官的传授、赴日留学生的专业学习与译介）等多种途径，加速向中国渗透。

1896年，清廷与日签订《中日通商行船条约》，在天津、重庆、苏州、杭州设立日租界，此后十余年间，日商、日侨的大量涌入，亦使日绘城市地图迅速出现在北京、上海、汉口、大连、青岛等各大都会与口岸都市。不过，由于战后日本相关资料和档案的缺失，因此缺乏有关此类地图的系统整理，为把握这一时期日本绘制中国城市地图的情况，笔者从历年在中日各大藏图机构访查所得资料之中梳理出我国部分城市最早出现的日绘单幅大比例尺地图（表一）。

表一　中国部分城市之最早日绘地图一览

城市名	图　名	刊行年月	备　注
上海	清国上海全图	1873.1	日本内阁文库等藏
北京	清国北京全图	1875.4	日本陆军参谋局绘制，日本内阁文库等藏
宁波	宁波府城图	1883	美国国会图书馆藏
台北	台北市街全图	1893	冈田丰吉制，日本内阁文库藏
宜兰	宜兰邮便电信局市内略图	1899.1	编者不详，出处详见本文注释
厦门	厦门及鼓浪屿明细图	1901.9	比例尺50000分之1，山吉盛义制
天津	清国天津新地图	1902.5	编辑兼发行者为石塚猪男藏
大连	青泥洼市街全图	1904.11	后备步兵第八连队赤井德二制版
营口	营口市街全图	1905.12	比例尺7500分之1，博文馆发售
沈阳	奉天市街全图	1906.10	大阪十字屋发行
丹东	安东市街图	1907.6	载日本外务省编《南满州二於ケル商業》
铁岭	铁岭市街略图	1907.6	载日本外务省编《南满州二於ケル商業》
汉口	汉口全图	1909	汉口日报社编纂
南京	南京全图	1910.6	上海日本堂书店印制
青岛	青岛新市街图	1914.12	青岛高桥写真馆发行
济南	最新济南地图	1918.11	济南博文堂出版

表一虽非此类地图的完全整理，其中部分资料也有修正余地，但立足于一

个基于较大数据量的现存资料调查，可以说在统计学意义上反映了近代以来日本制图业步入中国的面相，仔细分析表一可观察到以下特点。

首先，从最早的日绘中国城市地图及其制作年代来看，此类地图的出现具有显著的地域性与明确的创作径路：从区域上看其创作主要集中在华北、长江流域、南满、台闽这 4 个区域，这当然与时局的变化密切相关，台湾与东北南部自不待言，华北地区以天津、青岛为跳板深入腹地，长江流域则自上海、南京沿江上溯这两条路线也是十分明显的。

不过，对于日制近代地图，国内普遍存在着种种臆测，有时还被蒙上一层神秘化甚至神化色彩，这已成为相关研究中的突出问题。如近年来广为流传的“清末民初，日本曾派遣大批人员到中国进行地理测绘，……至抗战爆发，我们才惊奇地发现，日军使用的地图竟然比我们自己的地图精确何止数倍”等种种传闻，其实远非实情，本文限于纸幅暂不详论。① 仅就近代的大比例尺城市地图而言，表一之中，仅台湾与东北的台北、宜兰、大连、铁岭、厦门等图可以确认是日人测制②，而其他的多数城市，除了本文前述京沪两地之外，例如表一中 1902 年石塚猪男藏编制的《清国天津新地图》(图 13 - 1)，虽然是日本最早公开刊印的大比例尺天津城市地图，但此前笔者已判定此图直接利用了英国工程师德雷克(Drake, N. F.)测绘的 *Map of Tientsin*(1900 年刊，图 13 - 2)制作而成的，后者今藏于美国普林斯顿大学图书馆，系在天津最先采用近代实测技术绘制的大比例尺城市平面图。③ 又如，上海日本堂书店 1910 年出版的《南京全图》，此图既为外埠所制，以当时日人在宁情状，并不具备在当地实测

① 此传言网上流传甚多，如西陆网《对中国最了解的居然是日本人！从清朝开始进行测绘》等，详 http://pic. xilu. com/20160622/1000030000011407_16. html。关于日军侵华的地形图制作，最近在上海交通大学历史系与台湾“中央研究院”研究等地，相关整理工作已经起步，例如前者在对图例、地图版本的分析中，发现绝大多数地图实际都盗印自民国初国民政府内政部及国防部的测绘地图。详胡若清：《上海交大发布历史地图信息系统，首批收录民国地图四千余幅》，载澎湃新闻 2016 - 10 - 27，http://www. thepaper. cn/newsDetail_forward_1550323。

② 此类日本在华独立施测的城市地图以台湾最为普遍。日据时期，殖民政府自 1898 年起历时 6 年多测绘完成覆盖全台的大比例尺地图——《台湾堡图》，并以此为契机测制全岛各城市的实测地图。例如表一中的《宜兰邮便电信局市内略图》(载陈志梧 1988 年博士论文《空间之历史社会变迁——以宜兰为个案》，台湾大学土木研究所)出现在《台湾堡图》测绘期间也并非出于偶然。至于表一中的厦门图，其比例尺 1/50000，还不能归为大比例尺城市地图。

③ 钟翀：《〈天津城厢形势全图〉与近代早期的天津地图》，《历史地理》(第 27 辑)，上海人民出版社，2013 年。

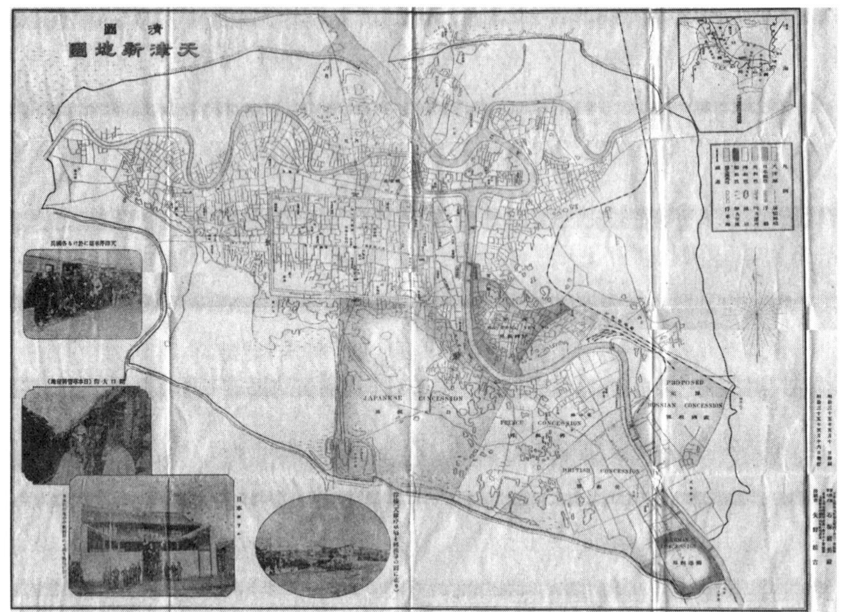

图 13-1　清国天津新地图(1902 年)

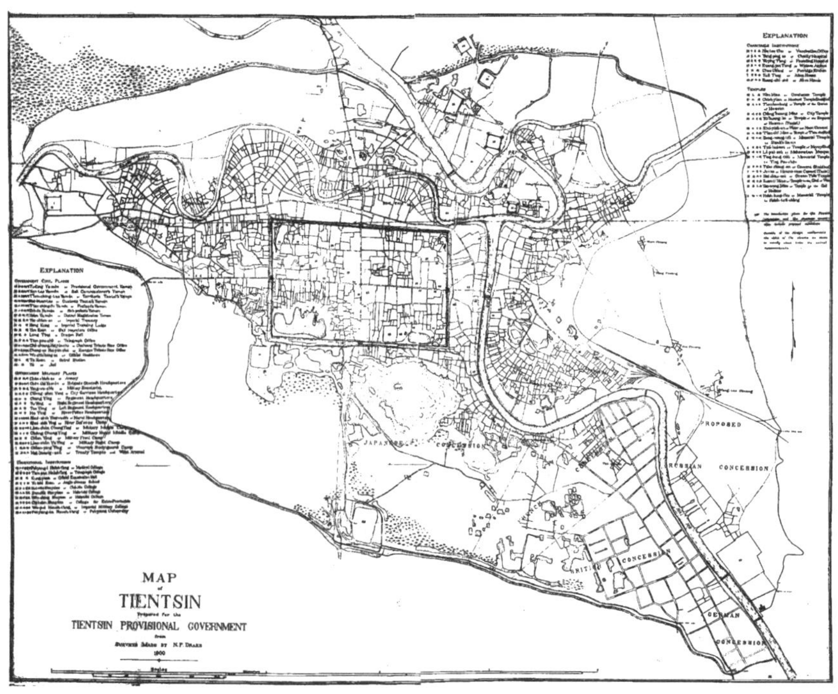

图 13-2　*Map of Tientsin*(1900 年)

的可能。而从具体的地物表现(如玄武湖中 4 个洲岛、城中的等高线等)分析,也与南洋陆地测量司 1905 年所测二万分之一的《南京北部》《南京南部》两图最为接近[①],推测是利用了这种实测图,并加绘地物更新的内容(如 1908 年开辟的草场门、长洲通往玄武门的湖堤等)而成的。

再以同时期日绘上海地图为例,日俄战争前后,日人大量来沪营商、投资办厂,其人数已达近万之谱。日侨的聚居为商旅用途的上海地图制作开辟了市场;因此,在 1905 年岸田吟香离世后数年间,受到沪上日本人地图市场与日本国内制图业溢出效应的双重推动,先后出现了多种日系书社创作的上海地图。不过,追溯此类日绘地图的创作母本可以发现,其制图方式仍然是利用当时最新城市测绘成果而制作的编绘地图。例如,新智社于 1905 年编辑的《新撰实测上海舆地图》,此图图式特点与稍早流行的北华捷报社所制 1904 年修订版英文上海地图 *A map of the foreign settlements at Shanghai*(法国国家图书馆藏)十分接近,故推断应是以北华捷报社所刊图为母本编绘而成;又如日本堂书店 1908 年初版的《最新上海电车路线图》,显然也是利用了此前一年由北华捷报社刊印的 *A map of foreign settlements at Shanghai*,因此可以说,这些日制地图并不以独立测绘擅胜,而是以快速吸收西方测制新成果与及时更新地图内容为优势的。[②]

综上所述,一直到近代末期的清末民初,日本的中国城市地图制作,主要仍以依据西方列强或国人所测地图为底图的编绘图为主,仅在台湾与东北南部等地开展有条件的测绘作业,其制图方式由编绘图逐渐向着在当地直接施测的实测图转变。毕竟,近代测量的规范性和准确性的严格要求,使得开展测绘之时不仅需要具备人员、技术与仪器等条件,施测空间内的自由移动、地方政府的支援乃至后勤保障也必不可缺。因此,所谓"派出千余人潜入中国各地进行偷测盗测,且日制地图要比中国军用地图还要精准"的传闻难以简单成立。不过,在这一时期,以大阪的十字社、上海的日本堂与至诚堂、济南的文海堂、大连的满洲日日新闻社、青岛博文堂等为代表的日系书社或制图社开始异常活跃地介入到了当地商用城市地图的绘制与发行业务之中,以致此后不久

---

① 朱炳贵:《南京古代地图的整理研究与图集编制》,《现代测绘(江苏省测绘地理信息学会 2014 年学术年会论文集)》,2014 年增刊,第 102 页。

② 前揭钟翀:《近代日本所绘上海城市地图通考》。

直到抗战结束的相当长时间内，在奉天、大连、青岛等许多城市，日本制图业大大超越国人的城市图测制，甚至出现了垄断城市地图的制作和销售的局面。

结语

本文考察表明，近代以来由日本实施的中国城市地图制作，通过与同时代本国及英、法等国所作地图的比对，尤其是对此类地图创作底本的追溯，可以确认其大多并未实施独立测量，而是在吸收利用同时代近代测绘成果的基础上，通过一些补充调查并加以综合改进（如突出对日系机构与商社的标示等）而制作的编绘型地图。此一判断关系到日绘近代中国地图的客观评价与准确利用，因此应在今后的研究之际对此类资料采取慎重甄别的态度。

基于三角测量技术的近代测绘，固然是近代地图的显著特征，不过近代的地图文化，还应包括制图规范的确立、近代地图印刷技术的发展、地图的利用意识与利用推广等诸多丰富内涵。因此，从我国近代地图文化的发展历史来看，更应留意的是近代日本地图意识的发达、日本制图业对吸收新成果的重视、调查更新的即时等方面。例如在有些中国城市，这一时期日本的城市实测图创作甚至还领跑于本地制图业者，此种情况真切反映了其地图意识的先行态势；此外，近代日中之间绘制工艺的技术传递、以商务印书馆为代表的中日制图业的资本流动，也使得日绘城市地图在近代中国制图业的品质提升与地图文化的普及上都扮演了不可忽视的重要角色。目前这些方面的探讨尚很不充分，有待于今后的研究中予以一一解明。

（2017 年 2 月 15 日初稿，同年 3 月 14 日修订）

Considerations in the Chinese Modern City Maps Delineated by Japanese

Abstract: Japan became the country that kept closest communications with China on cartographical industry due to geographical infections and historical factors. It is because that Chinese modern city maps delineated by Japanese had large amount and circulated widely, far more than that made by other countries, conjectures, even mysterious mask were made on this kind of maps. This misunderstanding would affect the exact utilization of those maps. Based on systematical city maps delineated by Japanese, especially some case studies, such as the city maps of Beijing, Nanjing and Shanghai, the author believe that the most of Chinese modern city maps delineated by Japanese have their own original version, which is an important material criticism in research for the full use of the maps. Meanwhile, apart from independent measurement which is just one part of the culture of modern maps, more importantly, the influence of Japanese modern cartographical industry on Chinese lies on the spread of cartographical technics, the capital exchange of cartographical publishing industry, the promotion and popularization of modern culture of maps, etc. Those topics concerned the comprehensive understanding and objective evaluation of Chinese city maps delineated by Japanese.

Key Words: the Chinese Modern City Maps Delineated by Japanese; history of cartography; modern history; urban historical geography

作者简介：钟翀，上海师范大学都市文化研究中心教授，博士研究生导师。本文为国家自然科学基金项目“基于早期近代城市地图的我国城郭都市空间结构复原及比较形态学研究”(41271154)、国家哲学社会科学研究基金重大项目“外国所绘近代中国城市地图集成与研究”(15ZDB039)、上海高校高峰高原学科建设计划资助的研究成果。

社会学的文化转向：对都市研究的启示

肖莉娜　何雪松

摘　要：1980 年代以来，一种新的社会学关注形式浮现，即致力于从文化的视角去解读社会并构建以文化纬度为核心的社会学阐释架构，从而将社会的议题文化化、诗化乃至美学化，这一趋势表述为社会学的文化转向。这一转向可以从深度和广度上推进都市研究，丰富其理论洞察力。

关键词：社会学；文化转向；都市研究

话语、美学、价值、文本、叙说、话语这些传统上属于人文学科的议题，现已进入社会学的视野以理论化（theorize）社会结构与社会过程进而凸显文化之维的重要意义。[①] 这一转变可以表述为社会学的文化转向，之所以称其为转向，是因为文化从作为一种社会学的考察对象转为一种特定的"文化的"或"美学的"社会学关注形式。[②] 然而，文化转向并非意味着文化社会学这一学科分支的勃兴，毋宁体现的是一种文化化了的社会学的盛行，"社会的"被转译为"文化的"，认同、再现、符号和消费充斥社会生活的方方面面并浮现为社会学的核心主题，也成为都市研究的最新趋势。尽管国内学者已经对这一趋势进

① Friedland, R. and Mohr, John., *The Cultural Turn in American sociology*, *in Roger Friedland and John Mohr (eds.) Matters of Culture: Cultural Sociology in Practice*, Cambridge University Press, 2004.

② 康诺尔：《文化社会学与文化科学》，载于特纳主编《社会理论指南》（第 2 版），人民出版社，2003 年。

行了初步的关注,[①]但文化转向的缘起、路径与争辩尚待进一步澄清。本文从四个部分对此展开论述。第一部分考察文化在社会学中被遮蔽的历史,第二部分讨论文化转向的现实和理论背景,第三、四部分从“软的”和“硬的”两个层面对文化转向的基本脉络进行讨论。最后部分简要评述文化转向的论争及其对都市研究的影响。

一、文化转向的古典传统:遮蔽的维度与隐约的主题

社会学创建以来,文化一直表现为一个稳定的、自明的研究对象,但在很长一段时间内,文化并没有成为社会学关注的核心主题,或者说并没有表现为社会学理论中一个更具实质性的问题。[②] 珍妮特·沃尔夫认为“问题在于主流社会学对于理论方面的发展,即使不怀敌意也是自以为是地漠不关心,无法认识文化和再现在社会关系中的构成性作用”。[③] 然而,如此判断并不试图抹杀古典社会学大师关于文化的洞察与思考,它只不过是以隐约的方式呈现,后面的论述将会展现古典社会学大师的幽灵在文化转向的诸种论述中以不同的面貌栩栩如生地活着。

马克思并没有忽视文化的重要性,从其对宗教和意识形态的关注就可窥见其间的端倪。但不可否认的是,文化在马克思的整个社会理论体系中只是处于边缘地位,因为占据主导地位的是经济基础和阶级结构。马克斯·韦伯看似赋予文化至高的地位,但新教伦理仅仅被简化为促进资本主义成长的一个要素,他终究没有摆脱结构分析的制约。然而,他主张社会学要聚焦于行动背后所展现的意义并予以具有“文化”意涵的阐释性理解。涂尔干曾经宣称,社会生活总体而言是由不同的再现(representation)所构成,并洞察到宗教对于理解政治过程的重要性,[④]但这样的观点一直为后世的社会学家所忽视,直到亚历山大主编的《涂尔干式的社会学:文化研究》一书的出版,涂尔干社会

---

① 周怡:《文化社会学的转向:分层世界的另一种语境》,《社会学研究》2003年第4期;周怡:《解读社会:文化与结构的路径》,社会科学文献出版社,2004年;萧俊明:《文化转向的由来》,社会科学文献出版社,2004年。

② 康诺尔:《文化社会学与文化科学》,载于特纳主编《社会理论指南》(第2版),人民出版社,2003年。

③ 詹姆逊:《论文化研究》,载于氏著《文化研究与政治意识》,中国人民大学出版社,2004年,第1—51页。

④ 涂尔干:《宗教生活的基本形式》,生活·读书·新知三联书店,1999年。

学的这一特殊面相才得以重申。[①] 因此总体而言，马克思、韦伯和涂尔干都是从结构的视角展开的，关注的是分工、分化和分层，这对后世的都市研究有着深刻的影响。

曼海姆于 1920 年代正式提出文化社会学，但这未能扭转文化主题被忽视的态势，一如叶启政所言，"'文化'一概念在社会学论述的地位，还是未能抬高起来，依然屈服在'社会'作为实体的概念阴影的笼罩下，在论述上，一直被当成是一个位阶较低的概念附属品看待"[②]。因此，在以结构为核心议题的传统社会学那里，文化只不过被解释为影响行动的价值体系，这尤见于帕森斯的宏大理论体系。伍斯诺(Wuthnow)认为意义存而不论是美国社会学的一个顽固传统，这直接导致文化在其间的迷失。[③] 这是某种社会学的"错误意识"，因为它假定现代社会缺乏象征根基或者体现了社会学的某"原教旨主义"——将社会学的研究限定为对社会结构和关系的分析。[④] 这一形势持续到 1980 年代以后才得到实质性的改变。

然而，齐美尔、本雅明解读社会生活的努力可被视为文化转向的早期尝试，他俩也是都市研究的先驱，特别是对都市文化有着深刻的见解。他们试图从现代性的碎片之中去阐释社会生活转型的文化意味，其关注点都是都市。齐美尔笔下的断片、本雅明眼中的街道、人群、购物和时尚都是这一特定路径的展现。[⑤] 齐美尔以一种美学的角度而非科学的方式来把握社会关系，社会如同一个艺术品需要去把握和体验，因此社会追问不仅是一种理论的追问，更是一种美学的追问，因为现代社会生活的诸种特定议题和冲突本身已经呈现为美学的形式，由此他寄希望于经由对现代性文化的阐释而规定社会学的范围和可能性，[⑥]并进而解读都市文化兴起的哲学意涵。由此，齐美尔的论述何

---

① Alexander, J. C. (eds.), *Durkheimian Sociology: Cultural Studies*. Cambridge University Press, 1988.

② 叶启政：《走出"结构—行动"的困境——与当代西方社会学理论论述对话》，三民书局，2002 年，第 236 页。

③ Wuthnow, Robert, *Meaning and moral order: explorations in cultural analysis*, Berkeley: University of California Press 1987.

④ 罗兰·罗伯森：《全球化：社会理论和全球文化》，人民出版社，2000 年。

⑤ 戴维·弗里斯比：《现代性的碎片》，商务印书馆，2003 年。

⑥ 康诺尔：《文化社会学与文化科学》，载于特纳主编《社会理论指南》(第 2 版)，人民出版社，2003 年。

以被阐释为“社会学印象主义”就不难理解了。①

本雅明观察到诸种现代政治经济形式在某种意义上已经将现实转变为美学表象。所以他致力于从美学的视角去审视都市之下的社会关系，尤其是政治美学化了，②“即从美学展示和景观的角度来重新构建社会生活，以感觉替代理性，以强度替代复杂性，以形象替代结构，以大众的遵从替代批判性独立”。③ 他似乎洞见到文化的通俗化之后所隐匿的民主与参与动力，这与法兰克福学派所突出的文化霸权和物化有所分殊。本雅明和齐美尔的社会观察具有浓郁的美学或文化意味，然而，这样的洞见在古典社会学理论体系之中只是例外，而非主流。犹有进之，本雅明在很长一段时间内缺席于西方社会理论的视野之中，他对社会理论的贡献因其学术论著的碎片化而受到严重的遮蔽。

行文至此，我们不难得出这样的结论：文化在很长一段时间内只是社会学中一个遮蔽且隐约的主题，它被化约为社会整合的信仰和价值；它居于配角、从属的地位，是外在于结构的，充其量只是解释结构的变量或结构之中可变因素的后果。④⑤ “直到七十年代中期，社会学对文化和艺术的兴趣，经常被认为是离经叛道、蜻蜓点水，最好的评价也不过是把它当作一种边缘科学。”⑥

二、文化转向的缘起：现实与理论的背景

然而，文化被遮蔽的态势于1980年代以降在一系列事件的促成下得以扭转，这包括：布迪厄的《区隔》、波德里亚的《消费社会》、詹姆逊的《后现代主义，或晚期资本主义的文化逻辑》等重要文献出版；起源于法国的后结构主义对社会学的影响日见深刻；致力于协调文化研究、文化理论和社会学的《理论、文化与社会》、《文化研究》等高举文化转向旗帜的专业杂志创刊；在欧洲大陆、英美地区出现旨在推动社会学的文化研究的学术共同体并出版系列丛书（尤

---

① Frisby, David. *Sociological Impressionism: a Reassessment of Georg Simmel's Social Theory*, London: Heinemann, 1981.

② 瓦尔特·本雅明：《发达资本主义时代的抒情诗人》，江苏人民出版社，2005年。

③ 康诺尔：《文化社会学与文化科学》，载于特纳主编《社会理论指南》（第2版），人民出版社，2003年。

④ Sewell, W., A Theory of Structure: Duality. Agency, and Transformation. *American Journal of Sociology*, 98, 1-29, 1992.

⑤ 黛安娜·克兰：《文化生产：媒体与都市艺术》，赵国新译，译林出版社，2001年。

⑥ 费瑟斯通：《消费主义与后现代文化》，刘精明译，译林出版社，2000年。

其是加州大学出版社从 1984 年开始编辑出版《社会与文化史研究系列》)；新的美国文化社会学(new American cultural sociology)登上舞台以区别于帕森斯式的文化社会学，这些变化促成文化转向在社会学的演进过程中浮现为一个可见的趋势并不断拓展其影响范围。于此，文化不再简单地被视为外部社会结构和社会过程的体现，逐步成为一个自主的领域，扮演重要的构成角色(constitutive role)并成为社会学阐释架构不可或缺的维度。

就社会学的传统而言，结构分析无疑是其主流范式，它适合于对从农业社会向工业社会的转型的解读。然而，当意象、媒体、消费、亚文化充斥这个社会之时，日常生活的形态发生转变，费瑟斯通称之为日常生活的美学呈现(the aestheticization of everyday life)，[①]这明显有别于帕森斯所处的以结构分化为主题的物质化时代。当人类迈向后工业社会、后现代社会之时，文化与社会之间的界限更加模糊不清，文化不再是一个分化的领域，而是与社会和人格聚合在一起形成一个浑然一体、毫无分化的整体，这明显有别于现代社会的特征。[②] 在这样的背景下，社会的结构分析难以为继，因为既然传统社会学的分析策略是将文化与社会断裂开来，它显然无法响应文化渗透在生活的每一个角落这一社会事实。[③][④] 所以，一个更具文化意味的社会学解读方式是必要的。

文化转向不仅仅源自这样的现实基础，而是一个更为广泛的智识运动的一部分。有学者认为文化转向可以视为社会学工程的重组、本体论的转型，而非仅仅对变动不居的社会状况的适应，或从社会理论的核心或社会作为理论考察对象的简单撤退。[⑤] 它具有范式转移之重要意义，是对以往社会学的理论、方法论和本体论限制的反思性回应。这一运动旨在从认识论、本体论和方法论上反对或修正社会学的主流范式——实证主义和帕森斯的结构功能主义，因为后者认

---

① 费瑟斯通：《消费主义与后现代文化》，刘精明译，译林出版社，2000 年。

② Crook Stephen, Jan Pakulski, Malcolm Waters, *Postmodernization: change in advanced society*, London: Sage Publications, 1992.

③ Friedland, R. and Mohr, John, *The Cultural Turn in American sociology*, in *Roger Friedland and John Mohr (eds.) Matters of Culture: Cultural Sociology in Practice*, Cambridge University Press, 2004.

④ 周怡：《解读社会：文化与结构的路径》，社会科学文献出版社，2004 年。

⑤ Friedland, R. and Mohr, John, *The Cultural Turn in American sociology*, in *Roger Friedland and John Mohr (eds.) Matters of Culture: Cultural Sociology in Practice*, Cambridge University Press, 2004.

为可观察的实体和结构才是社会学的聚焦所在，是朝向客体化的社会优位论，是明确的社会取向。[①] 而这样的反思性响应是立足于以下三个不同的传统。

其一，新功能主义、解释学、后结构主义的兴起是推动社会学文化转向的核心理论动力。它们欲图颠覆立足于主客观对立的二元论分析范式，为文化的重申拓展了空间。保罗·利科、伽达默尔等都对古典社会学的实证主义传统提出了挑战，从而赋予解释、意义在社会学中更为重要的位置。新功能主义从多维的视角去超越帕森斯主义，文化的引入是实现帕森斯主义重振的重要途径，它克服了结构功能主义僵硬的有机体模拟。[②] 起源于法国的结构主义和后结构主义引发了关于社会的语言隐喻或模拟的勃兴。后结构主义更为彻底地消解了文化与社会之间的区分，突出了符号、叙事、话语实践、文本、语境、叙述等概念从而重构社会学的思考方式——社会的类别只有经由文化的类别的再现才成为可能。[③④] 拉什甚至宣称文化即现实，[⑤]文化的解释与社会的解释在这样的理论脉络就有此消彼长之势。

其二，文化研究的兴起是推动社会学文化转向的另一支重要力量。文化研究兴起于20世纪50年代英国伯明翰大学的文化研究中心，该中心的核心人物霍加特和雷蒙德·威廉斯先后出版了《文学的用途》和《文化与社会》，开创了文化研究之早期传统。他们试图从不同的层面去解决英国社会缺乏共同文化历史这一问题，并强调任何对现代社会文化的价值的讨论都不可以仅仅滞留于传统人文精英论的抽象视角，对于文化危机的理解应置于城市化和工业化所引致的经济变革和社会动荡之中。因为文化决非空洞、抽象的，而是由各个阶级共同参与、创造和建构而成的。[⑥] 他们对大众化的电影、广告、媒体、音乐和通俗文学保持赞赏和肯定的态度。在后期，文化研究非常重视研究社会现实并致力于以文化视角去考察社会问题，这一转变使得宣称多学科研究的文化研究与社会学更加亲近，或者说文化研究更加社会学化了。相应地，文

---

① 叶启政：《走出“结构—行动”的困境——与当代西方社会学理论论述对话》，三民书局，2002年。

② 杰夫里·亚历山大：《新功能主义及其后》，译林出版社，2003年。

③ Rojek, Chris, & Turner, Bryan, Decorative sociology: toward a critique of the cultural turn. *Sociological Review*, 2000, pp. 629 - 648.

④ Bonnell, Victoria E. & Hunt, Lynn (eds.), *Beyond the Cultural Turn*: *New Directions in the Study of Society and Culture*, CA: University of California Press, 1999.

⑤ Lash, S., *The Sociology of Postmodernism*, London: Routledge, 1990.

⑥ 戴维·钱尼：《文化转向：当代文化史概览》，江苏人民出版社，2004年。

化研究的经典著述为社会学家所阅读和引用，这无疑构成文化之维在社会学中凸显的一个重要的理论脉络。[①]

其三，文化转向与人类学的晚近进展密切关联。人类学以文化为核心论题的，但一直以来，人类学与社会学之间的思想碰撞并不活跃，因为社会学主流对人类学中文化论争的中心地位的有意或无意的忽视。[②] 而这一局面20世纪80年代以来得到了改变。格尔兹和萨林斯的著述从不同面向影响到社会学重新概念化文化的路径。[③] 宾尔沙克认为新文本主义（new textualism）或作为写作的人类学（anthropology-as-writing）体现了人类学的"文化转向"，[④] 费彻尔与马尔库思倡导"人类学即文化批评"。[⑤] 布迪厄以社会学家的身份对此进行了响应，"除非文化在日常用法的范围狭窄的规范意义上回复到人类学意义上的文化上去，并且将对于最为高雅的对象的精微的鉴赏与对于食物滋味的初级鉴赏重新联系在一起"[⑥]。唯有如此，文化与社会实践才得以理解，人类的多种可能性方可得以礼遇。[⑦] 不仅如此，格尔兹这位人类学家已经被认定为特定类型的社会学家。[⑧]

正因为进入文化转向的传统是多元的，所以形成关于这一演进趋势的标准化论断并非易事，"文化转向"一词甚至有隐喻化之虞及滥用之危险。于是，有学者试图辨识出若干具有共识性的表述：(1)质疑"社会"，社会的解释被视为"生硬的、功利取向的和经验主义的唯物论"；[⑨](2)将文化视为符号、语言和再现体系，相应地，社会的即文化的；(3)对语言和文化的强调不可避免地导致认识论和方法论的困境，这构成巨大的挑战；(4)加速现有解释范式的式微，文

① Lee, Orville, Social Theory across disciplinary boundaries: cultural studies and sociology, *Sociological Forum*, 1999, 14(4): 547 - 581.

② 罗兰·罗伯森：《全球化：社会理论和全球文化》，人民出版社，2000年。

③ 克利福德·格尔兹：《文化的阐释》，人民出版社，1999年；马歇尔·萨林斯（Marshall Sahlins），《文化与实践理性》，赵丙祥译，上海：上海人民出版社，2002年。

④ 宾尔沙克：《地方性知识、地方史：纪尔兹与超越纪尔兹》，载林·亨特主编《新文化史》，麦田出版社，2002年，第113—146页。

⑤ 费彻尔、马尔库思：《作为文化批评的人类学》，生活·读书·新知三联书店，1999年。

⑥ 同上。

⑦ Sewell, W., A Theory of Structure: Duality. Agency, and Transformation. *American Journal of Sociology*, 1992, 98(1): 1 - 29.

⑧ 杰夫里·亚历山大：《新功能主义及其后》，译林出版社，2003年。

⑨ Sewell, W., A Theory of Structure: Duality. Agency, and Transformation, *American Journal of Sociology*, 1992, (1)98: 1 - 29.

化转向在一定程度上就是为了响应对实证主义的不满;(5)促进学科的整合,尤其是文化研究的兴起。[①] 这一表述在一定程度上概括了文化转向之要点。在此,转向可以理解为一种发展趋势,它凸显的是有别于以前的理论进展,然而这并不必然意味着它业已成为一种主流范式,毋宁说是一种可供选择的理论范式。本文在仔细考察文化转向的脉络的基础上提出文化转向的两种路径:"软的"和"硬的"。前者的旨趣在于在行动、结构之中凸显文化之维,属于现代社会学理论的范畴;后者在于彻底打破"文化"与"社会"的界限从而实现对人类社会的全新诠释,进而构成更为宽泛的后现代学社会理论的一部分。

三、"软"的文化转向:行动与结构的文化之维

"软的"文化转向关注的是如何借用文化进一步深入理解行动和结构,其旨趣不在于探究文化如何影响行动和结构,而是试图揭示文化与行动、结构之间的内在关联,并进而寻求文化、行动和结构的整合性解释框架。格尔兹从重新定义文化出发试图将文化纳入行动之流中进行理解,从而为解读文化与行动之间的关系开辟了新的路径。亚历山大从行为与秩序的关系考察之中为文化的重要性确立了基础。以布迪厄为代表的诸位大师级人物则为分层研究注入文化视角:不同阶层的人群更多地凸显其大异其趣的文化品味和取向。法兰克福学派立足于马克思主义从文化的角度对资本主义社会进行批判。吉登斯、塞维尔、阿彻尔、埃里亚斯都尝试从理论层面寻求一种整合文化、结构与行动的概念架构。

1. 文化、行动与秩序:从格尔兹到亚历山大

格尔兹具有明显的解释学倾向。解释学的立场立足于这样一个现实:"人们体验生活,而不是仅仅以机械的方式反映生活,因而解释的方法是必要的。人们体验生活时,他们也试图寻找生活的意义,正是因为意义是主观的,因而发现意义的方法也必定是主观的。"[②]这实质上是一种反帕森斯的文化研究路径:在对意识形态的解释上,文学性转喻的意义甚于非功能性要求、意义的深

---

① Bonnell, Victoria E. & Hunt, Lynn (eds.), *Beyond the Cultural Turn: New Directions in the Study of Society and Culture*, CA: University of California Press, 1999.

② 杰弗里·亚历山大:《社会学二十讲:二战以来的理论发展》,华夏出版社,2000年,第223页。

描的重要性甚于价值种类和方法归纳。[①] 格尔兹坚持，文化是“从历史沿袭下来的体现于象征符号中的意义模式，是由象征符号体系表达的传承概念体系，人们以此达到沟通、延存和发展他们对生活的知识和态度”。[②] 正是基于这一认识，格尔兹对文化与社会系统进行了有益的区分：文化是有序的意义系统和符号系统，是人们用以解释他们的经验、指导他们的行动的意义结构；社会系统是围绕它们发生的，是实际存在的社会关系网络。但是，文化必须经由行动才能得到解读，格尔兹这样写道，“必须关注行为，而且要有某些精确性，因为文化形态正是在行为之流——或更确切地说是社会行动——中得到表达的。”[③]他提倡所谓的“深描”去阐释其间的意义结构。所以，他宣称社会理论即写作，旨在为地方文化和实践书写故事，从而使行动的意义从故事的形式中浮现出来。所以晚期更像一个“文本学者”而非“田野学者”，论者认为他对巴利剧场国家的分析具有“权力的诗学”的特征，而关于巴利斗鸡的论文具有社会语义学的特点。[④]

在格尔兹的影响下，斯威德勒(Swidler)富有创意地将文化阐发为一个工具箱：文化是由一系列的工具组成，它们以大家均可使用的符号和社会实践的形式呈现，例如文化信仰、世界观、仪式以及沟通模式等，人们可以用不同的工具去解决不同的问题，这就表现为不同的策略。他认为人是积极的问题解决者，而非文化傀儡，人从可供选择的工具箱之中挑选工具并使用它们去创造新的工具从而达到预期目标。因此文化一定要在行动之中进行了解，任一社会的成员都可不断获得新的工具，尽管文化可能限制行动者的选择机会，但它亦促使作为能动主体的人去理解这个世界，去建构目标与期望、去从文化传统中汲取资源。[⑤] 这一理论阐发明显揭示了文化与行动之间的动态关系，即“文化中的行动”(culture in action)，文化在这样的动态过程中呈现出构成性作用。

亚历山大秉承涂尔干之宏愿致力于更加紧密地将把行动和行动者本人地

① 杰弗里·亚历山大：《社会学二十讲：二战以来的理论发展》，华夏出版社，2000 年。

② 克利福德·格尔兹：《文化的阐释》，人民出版社，1999 年。

③ 同上。

④ Maza, Sarah, Stories in history: cultural narratives in recent works in European history, *American Historical Review*, 1996, 101(5): 1493 - 1515.

⑤ Swidler, A., Culture in Action: Symbols and Strategies, *American Sociological Review*, 1986, 51, 273 - 286.

经历的意义联系起来，并且将其与文化形式联系起来。[①] 他旨在倡导一种文化社会学的强纲领研究进路，强纲领研究进路包括：格尔兹式的“深描”；文化的自主性理论；文化的一般理论。[②] 他反对帕森斯那种将文化简单地化约为价值的观点，更批评那种将文化还原为阶级、权力和利益的表达的看法。他认为这两种方式都忽视了文化作为符号想象这一重要纬度。由此，社会学要探究人们如何使得生活有意义以及人们如何将情感和意义赋予其世界的方式，而符号是用来分类理解社会、个人和有机体的要素。亚氏认为，一旦根据主观方法将意义组织起来，文化概念就凸显出来：文化即结构的秩序，对应于有意义的行为。[③]

亚历山大对市民社会的研究充分展现了这一理论倾向。他认为，一切受到美国市民社会批评的政治事件中，文化结构必须被视为一个不可或缺的因素。要理解美国政治，就必须理解美国市民社会的文化，理解这种政治文化就有必要理解它的符号性准则体系。[④] 所以，在这样的视角下，70 年代的水门事件在一定程度上可以理解为某种仪式化了的事件，枯燥的政治机制被重新解释为美国民间宗教（或市民社会）中纯洁与不纯洁的要素之间更为深层次的二元对立。在此，政治社会学的传统议题文化化了，从而被赋予新的解读方式。

2. 阶层的文化解读：汤普森与布迪厄的贡献

在理解社会结构方面，文化转向的一个重要成果就是从文化的角度去重新审视阶层结构。汤普森和布迪厄都倾向于将阶层视为一种文化，这一视角在一定意义上摆脱了过去的阶级分析框架，大众娱乐、休闲、消费、时尚和文化风格，这些都市文化的重要组成部分，都被视为核心，并在一定程度上重写了阶级的历史。

汤普森的扛鼎之作《英国工人阶级的形成》致力于发现这样一种阶级的文化，他认为阶级是社会与文化的形成，“是在人与人的相互关系中确实发生（而

---

① 杰夫里・亚历山大：《新功能主义及其后》，译林出版社，2003 年。

② Eyerman, Ron., Jeffery Alexander and the Cultural Turn in Social Theory, *Thesis Eleven*, 2004, 79: 25 - 30.

③ Alexander, Jeffery & Seidman, Stevern (eds.), Culture and Society: Contemporary Debates. *Cambridge University Press*, 1990.

④ Alexander, Jeffery, Discourse of American Civil Society: A New Proposal for Cultural Studies, *Theory and Society*, 1993, 22(2): 151 - 207.

且可以证明已经发生)的某种东西……而所谓的阶级觉悟就是把阶级经历用文化的方式加以处理,它体现在传统习惯、价值体系、思想观念和组织形式中。"[①]汤氏从文化的纬度将阶级视为一种关系,或者如其所言,阶级是人们在亲身经历自己的历史之中确定其含义的,而这一含义恰恰是文化意味的,是在历史发展过程中"形成"的,这明显有别于古典社会学的分层理论,而被之为历史主义和建构主义视角,文化在其中的构成因素在阶级形成的过程中得以展现。具海根的《韩国工人:阶级形成的文化与政治》可谓这一路径之下的当代力作。[②]

布迪厄致力于从文化的角度来重新审视社会区隔,这一点已为多位学者所关注。[③④] 他关注的并非马克思所强调的经济因素,亦非韦伯意义上的权力、地位与声望,而是文化这一特定的阶级符号,符号的载体则被操作化为"文化资本"这一深具启发性的概念。在《区隔》这一巨著中,布迪厄以全新的视角展现了阶级或阶层的文化之维,尤其是所谓的品味正好体现这一重要维度。他辨识出三种品味圈:(1)合法品味,这是获得占支配地位的阶层中教育程度最高的集团成员资格的钥匙,包括偏爱艺术电影、前卫爵士乐等。(2)中产阶级品味,普遍见于中产阶级,例如喜欢古典音乐、抒情的流行音乐等。(3)大众品味,普遍存在于工人阶级集团,例如偏爱轻松古典音乐等。不同品味圈或曰阶级是在特定的社会空间下具有相同惯习的个体的集合,是惯习而非所谓的利益形成了阶级的边界。由此,品味成为行动尤其是选择消费品的重要原则,而文化资本的多寡就成为区隔的重要准则。在这个基础上,布迪厄深入把握了文化再生产和社会再生产之间的关联。

布迪厄在《区隔》导言的开头部分这样表达自己的雄心:"存在着一种文化商品的经济学,但是它具有特定的逻辑。社会学致力于形成这样一些条件,以便文化商品的消费者以及他们对于文化商品的趣味得以生产;同时描述在某个特定时期被认为是艺术品的诸种物体的不同占有方式以及被视为合法的占有模式得以形成的社会条件。"[⑤]《区隔》正是这一主旨下的重要尝试,这一尝

---

① 汤普森:《英国工人阶级的形成》,译林出版社,2001 年。

② 具海根:《韩国工人:阶级形成的文化与政治》,社会科学文献出版社,2004 年。

③ 周怡:《文化社会学的转向:分层世界的另一种语境》,《社会学研究》2003 年第 4 期。

④ 刘欣:《阶级惯习与品味:布迪厄的阶级理论》,《社会学研究》2003 年第 6 期。

⑤ Bourdieu, P. , (1986) *Distinction. A Social Critique of the Judgement of Taste*, P1, translated by R. Nice, London, Routledge and Kegan Paul.

试也为阶级或阶层研究乃至文化变迁研究开启了新的方向。

3. 资本主义社会的文化批判：法兰克福学派的路径

包括本雅明、阿尔都塞、卢卡奇在内的法兰克福学派致力于批判资本主义社会，而文化批判是他们切入这一议题的重要策略，尤其是分析和批评资本主义社会越来越物化的、强化控制和屈从的大众文化，而这正是都市化和市场化的结果。大众文化并非空穴来风，而是不断拓展的休闲和娱乐等文化产业影响的结果。正是因为艺术和文化日趋标准化和商业化，人蜕变为消费社会之中的"单面人"。葛兰西较早就从文化而非物质利益的角度批判资本主义社会，他看到统治阶级如何施诸文化霸权以控制被宰制的阶层。阿尔都塞强调了国家利用意识形态以维持其统治。卢卡奇具有某种黑格尔倾向，关注物化过程，认为资本主义加深了虚假意识(false consciousness)，使人们以为现有的社会制度是合理且不可避免的。阿多诺关注的是艺术和商品交换之间的整合并且认为对抗工具理性的避风港在美学领域。[①] 文化工业更是成功地形构了大众的鉴赏力和偏好，经由反复灌输而对于各种虚假需求的欲望而塑造了人们的意识，从而形成资本主义的宰制地位，音乐、电影所承载的生活幻觉在一定程度上将资本主义理性控制的功能延伸到工厂和办公室之外，人们无所遁循，[②]犹如处在韦伯所言的"囚笼"之中。

法兰克福学派的晚期代表人物哈贝马斯则从意识范式(paradigm of consciousness)转向沟通范式(paradigm of communication)，实现了批判理论的"语言学转向"。[③] 哈贝马斯坚持认为以语言为媒介的互动对于社会再生产与演化如同劳动一样重要。批评理论的使命就在于对以语言为媒介的互动过程的强调，改变了以往社会批评理论聚焦于主体意识的做法，而是转向到主体间性的意识和互动过程之中。这是一种准超验的观点，从语言和交往的结构中，从人类历史过程发展起来的交往和理解能力中，寻求社会批判所依赖的规范，寻求批判理论的基础——不再在历史形式中为批判寻求规范基础，而是从

① 康诺尔：《文化社会学与文化科学》，载于特纳主编《社会理论指南》(第 2 版)，人民出版社，2003 年。

② 多米尼克·斯特里纳蒂：《通俗文化理论导论》，商务印书馆，2003 年。

③ Agger, Ben, Critical Theory, Poststructuralism, Postmodernism: Their Sociological Relevance, *Annual Review of Sociology*, 1991, 17(1): 105－131.

语言和交往这样的一般习以为常的特质中建构批判立场。批判理论的目的就在于揭示那些导致交往失真的条件以及阻碍理想的语言情景得以实现的条件。在这一前提下，他致力于提出一种新的理性观，即沟通理性。沟通理性正是建立在以语言为媒介的互动之中，即理性存在植根于日常语言使用的主体间性的背景之中。[①] 哈氏的理想的社会或乌托邦就是：行动者不被扭曲地进行交往，获得彼此之间的主观状态的认识，以及在没有外界强制力和威慑力的争论来弥解分歧。

法兰克福学派的批判理论的实质就是从马克思的政治、经济批评转换为更为专门的以文化（或语言）为聚焦的批判，换言之，它代表了社会批判理论的文化转向。它们致力于披露成熟的资本主义体系和发展中的资本主义世界秩序里的各种问题，这在一定程度上与马克思对经济基础的重视保持了距离，然而与后现代主义关于象征、符号、文化及意识形态上的阐述殊途同归。因为在后现代社会那里，大众传媒和通俗文化在社会秩序的重要性与权力，意味着它们支配并塑造了其他一切形式的社会关系。各种通俗文化符号、媒体语言支配着我们对现实的感受，支配着我们确定自身和周围世界的方式。[②] 因此，要批判这个社会，就必须批判大众文化，这似乎是后现代社会理论与法兰克福学派的一项共识。

4. 文化、结构与能动性：理论整合的尝试

社会学的核心理论议题之一就是结构与行动（或能动性）的关系，而在社会学的文化转向之后，这一核心议题的视域扩展，文化加入其间，这改变了过去文化与社会对张的传统。[③] 吉登斯、乌特诺、塞维尔、阿彻尔和埃利亚斯都致力于从一个更为整合的视角来考察这一问题。

吉登斯的理论策略是模糊文化与结构的区分，或者更准确地说是将文化视为某种特定的结构，如其所宣称的，文化是现代性的重要纬度。结构是内在于人的活动，而非涂尔干所宣称的是“外在的”，于其中符号秩序或话语型态是重要构成部分。他认为，社会结构是在社会行动的日常实践之中再生产出来

---

① 哈贝玛斯：《交往行为理论（第一卷）：行为合理性与社会合理性》，人民出版社，2004 年。

② 多米尼克·斯特里纳蒂：《通俗文化理论导论》，商务印书馆，2003 年。

③ 叶启政：《走出“结构—行动”的困境——与当代西方社会学理论论述对话》，三民书局，2002 年。

的，而行动者是具有知识的。社会结构可以成为社会行动的资源，然而这只有行动者相当熟练地掌握互动技巧或知识才成为可能。这样吉登斯的结构化理论可以转译为文化的结构化理论，人的能动性或主体性在凸显文化的构成作用中得到强调，沟通、理解和意义更是成为结构化理论的重要概念基础。[①] 他对现代性体验和自我认同的研究则隐约展现了文化转向的逻辑，其间自我认同得到反思性理解。[②] 吉登斯旨在建构整合经典论述和当代思潮的宏大理论，这导致其文化转向是策略性的，是服务于更大的理论旨趣。然而，他关于结构化的论述影响了塞维尔、阿彻尔等人更具文化转向意味的理论架构的阐发。[③④]

塞维尔(Sewell)具有明显的文化主义意味，认为结构本身就是一种"深厚的文化现象"，所以他试图从这一角度去理解结构的二重性并探究能动性的存在。[⑤] 塞维尔的理论立足于吉登斯的结构化概念，他将吉登斯的结构概念重新界定为资源和图式(相当于吉登斯的规则)。所谓图式，就是社会的基本思想工具以及与之相应的不同场景、行动准则、言语方式。图式是虚拟的，资源是现实的，社会结构由这两者交织而成。图式具有明显的文化意涵，体现的是结构的"深度"，但它在构建社会权力的过程中具有不可替代的意义。塞维尔对那种认为文化具有逻辑一致性、共识性和整合性的经典民族志的观点进行了尖锐的批评，他认为文化实践是非中心化的、分散的，地方的意义系统和个人的能动性在其中具有重要意义，这样所谓文化的"边界"就是漂移的、变动的，因为在主流的文化实践(以国家、公司和宗教)之外，不同的群体可经由其地方性意义系统而进行调整。[⑥]

乌特诺(Wuthnow)尽管可以归结为结构主义的阵营，但他融合了结构主

---

① 吉登斯：《社会的构成》，生活·读书·新知三联书店，1999年。

② 吉登斯：《现代性与自我认同》，赵旭东、方文译，生活·读书·新知三联书店，1998年。

③ Sewell, W., A Theory of Structure: Duality. Agency, and Transformation, *American Journal of Sociology*, 1992,98(1): 1-29.

④ Archer, Margaret, *Culture and agency: the place of culture in social theory*, Cambridge: Cambridge University Press, 1988.

⑤ Sewell, W., A Theory of Structure: Duality. Agency, and Transformation, *American Journal of Sociology*, 1992,98(1): 1-29.

⑥ William Sewell, Jr., 1999. "The Concept(s) of Culture". pp. 35-61 in *Beyond the Cultural Turn: New Directions in the Study of Society and Culture*, edited by Victoria E. Bonell and Lynn Hunt. Berkeley: University of California Press.

义、戏剧理论、制度分析，并从对道德秩序的研究为我们提供了经由形象的互动与沟通探究文化规则的结构路径从而解读社会的意义。道德秩序包括文化规则系统的构成、仪式的表现以及动员资源以制造和维持这些文化规则和仪式。仪式是维持道德秩序的一种基本机制。他试图从编码(code)出发实现对文化的解读，编码是象征、言语行为、手势等文化要素之中关系和符号边界的系统模式。[①][②]

阿彻尔批评那种将文化分析置于结构分析之下的做法，认为文化具有自主性，文化与结构之间是相互独立的并行关系，因此应该将文化带回普遍性社会理论之中，这就浮现出社会学理论的一个核心议题：文化与能动性之间的关系。要恢复文化，就要避免把文化模式和社会均衡混为一谈。为此，她将文化区分为文化整合与社会—文化整合，其相互作用的结果就决定了文化变动的方向。在此基础上，她批判文化整合的神话，并借鉴洛克伍德关于系统整合和社会整合的区分揭示社会学理论中的合并错误，试图以分析性二元论(analytical dualism)去考察文化系统与社会文化互动之间的复杂关系。由此，她揭示出文化变动的三个阶段：文化调节——社会文化互动——文化精致化，这样文化日趋分化、多样。[③] 先前的文化条件提供了限制性的选择机会，然而行动者在已有选择的基础上会更加充分地利用诸种文化机会。[④] 阿彻尔后续的理论著作更为明确地迈向社会实在论(social realism)并充分关注到认同在理解社会行动中的重要作用。[⑤]

埃利亚斯在其早期名著《文明化进程》旨在经由对人格或心理倾向的长期变化而探索社会的理性演进逻辑和文明程度的增加，这是一个具有典型意义的社会学命题文化化的尝试。他试图表明，面向更加文明的行为与情感的变化是与更为广泛的社会进程关联的，尤其是与国家形成过程相关的。[⑥] 然而，

---

① Wuthnow, Robert, *Cultural analysis: the work of Peter L. Berger, Mary Douglas, Michael Foucault, and Jurgen Habermas*, Boston: Routledge & Kegan Paul, 1984.

② Wuthnow, Robert, *Meaning and moral order: explorations in cultural analysis*, Berkeley: University of California Press, 1987.

③ Archer, Margaret, *Culture and agency: the place of culture in social theory*, Cambridge: Cambridge University Press, 1988.

④ 沃特斯：《现代社会学理论》，华夏出版社，2000 年。

⑤ Archer, Margaret, *Being human: the problem of agency*, Cambridge: Cambridge University Press, 2000.

⑥ 埃利亚斯：《文明化进程(第一卷)》，生活・读书・新知三联书店，1998 年。

他的这一努力到20世纪七八十年代才受到社会学界的重视。埃里亚斯更大的雄心在于将人格、文化整合进他所谓的形构社会学(figurational sociology)或过程社会学(process sociology),从一个动态的视角去实现文化、结构与能动性的整合,因为个人、文化和社会是一个复杂的、不断变化的相互依赖的网络,关于社会的简化的、静态的看法是无法适应这样的复杂网络。[①]

前文所及的布迪厄实际上也致力于以建构主义的结构论或结构主义的建构论去实现文化、结构和行动的整合,他和乌特诺被视为文化结构主义的模板,[②]因为他们都在一定程度上整合了涂尔干和列维—斯特劳斯的理论传统。凡此种种显示,文化转向凸显了文化对于解释行动和社会结构的重要意义致力于提供具有替代性的解释架构以了解我们身处的社会。

四、"硬"的文化转向:后现代的诸种诠释

"硬"的文化转向体现在重构(或颠覆)社会学的解释架构以直面现实世界正在经历的重大转变,尤其是从文化的视角对正在到来的社会进行译码,因为在后现代时期,文化经验的角色日益扩张、社会关系与日常生活日趋美学化。[③] 此时的现实世界"已经无法在文化和社会之间作出有意义的划分;现实世界不再以本身的面貌存在,而仅仅是以文化的形式登台、演出、展现和现象"[④],为了响应这一特定的时代需要,一种所谓的"文化化的社会学"兴起以直面"文化化"或者"美学化"的社会生活,理论策略就是对后现代社会进行文化阐释。

后现代社会理论的兴起在某种意义上响应了这一需要。一方面,社会的意义在后现代社会理论下出现异变,后现代的诸位大师聚焦于语言、文化、符号、文本和话语从而提供替代性解释框架,他们都试图以具象的意指体系来表现日常生活的审美形式。福柯、德里达、德勒兹等人更是不约而同地以文化的论述方式进行思考,开创了新的文本和范例,[⑤]或者将社会-经济领域美学

---

① Smith, Philip, *Cultural Theory: An Introduction*, Blackwell, 2001.

② 乔纳森·H.特纳:《社会学理论的结构》,北京大学出版社,2004年。

③ 康诺尔:《文化社会学与文化科学》,载于特纳主编《社会理论指南》(第2版),人民出版社,2003年。

④ 戴维·钱尼:《文化转向:当代文化史概览》,江苏人民出版社,2004年。

⑤ 高宣扬:《福柯的生存美学》,中国人民大学出版社,2005年。

化。[①] 利奥塔认为所有的元叙事(元话语)都变成不可信的、不可靠的,语言是虚构的现实,现实是语言所虚构的。[②] 所以,所有的叙事或知识都不过是"语言游戏",由此社会学只不过是一种"语言游戏"而已,与所谓的现实社会的结构无关。[③] 德里达的解构主义凸显文化和语言形式的宰制形式与解释潜能。波德里亚更为激进地直接宣称社会的终结,[④]以一种诗化和美学化的策略去取而代之。[⑤] 福柯从文化史、话语的角度切入生存美学这一具有文化意味的议题。尽管严格意义上说,他们都是社会理论家,而非社会学家,但福柯和波德里亚是这一路径下引领社会学文化转向的关键人物。

另一方面,后现代主义考察文化的一个基本出发点是,在后现代社会,一切都成为商品,成为被消费的对象。整个后现代主义的文化与市场纠结在一起,艺术乃至理论都成为商品。在商品化之后,文化就从过去特定的文化圈之中扩展而出进入人们的日常生活,文化(尤其是媒体、消费)正在侵蚀社会的边界。[⑥] 文化不再是一个孤立的美学现象,而是涉及文化与经济生产之间的复杂关联,涉及资本主义的意识形态建构,涉及跨国资本主义时期的群体、民族和国家之间的关系。这在詹明信看来就是文化的经济化或商品化,在波德里亚看来即为消费社会的兴起,这恰恰是都市研究的重要主题。

1. 福柯:文化史、话语与生存美学

福柯是一个富有争议的理论大师,他的全部著作都在探究最广泛意义上的文化,并以探索知识、话语、陈述为要旨,是一种新结构主义的文化分析视角,[⑦]其理论洞见已经成为当代社会学理论的重要组成部分。[⑧] 福柯的文化转向体现在以下三个层面:

其一,他以另类的模式撰写文化史,尤见于《疯癫与文明》、《规训与惩罚》

---

① 史蒂文·康纳:《后现代主义文化:当代理论导引》,商务印书馆,2002年。

② 利奥塔:《后现代状况》,生活·读书·新知三联书店,1997年。

③ 乔治·瑞泽尔:《后现代社会理论》,中国人民大学出版社,2003年。

④ 波德里亚:《消费社会》,南京大学出版社,2000年。

⑤ Agger, Ben, Critical Theory, Poststructuralism, Postmodernism: Their Sociological Relevance, *Annual Review of Sociology*, 1991,17(1): 105 - 131.

⑥ 费瑟斯通:《消费主义与后现代文化》,刘精明译,译林出版社,2000年。

⑦ Wuthnow, Robert, *Cultural analysis: the work of Peter L. Berger, Mary Douglas, Michael Foucault, and Jurgen Habermas*, Boston: Routledge & Kegan Paul, 1984.

⑧ 乔治·瑞泽尔:《后现代社会理论》,中国人民大学出版社,2003年。

和《临床医学的诞生》，深刻影响新文化史的研究，[①][②]《福柯之后的文化史》(Cultural History After Foucault)就是反思和超越福柯的文化史的重要论文集。[③] 福柯的《疯癫与文明》、《训诫与惩罚》提供了一种与众不同的基于文本和语言的超时间的历史研究方法——一种考古学方法，并揭示出人类社会经历的"训诫化"过程——这明显有别于埃里亚斯所阐释的"文明化进程"。比如，他认为，疯癫不是一种自然现象，而是一种文明产物。没有将此视为疯癫并加以迫害的各种文化的历史，就不会有疯癫的历史。[④] 他在多部著作中揭示了"人的时代"的终结之历史趋势，并强调文化的动力与流行的知识相关，实际上他正是经由对疯癫、监狱、医疗和性等文化现象在历史上的异变的解读而颠覆理性与启蒙原则的霸权地位，而后者正是西方文化的核心所在。正是在这个意义上，福柯是经由对特定社会现象的文化史的考察而实现对西方现代社会的批判。

其二，他质疑社会成为被研究的实体这一理论预设，他宣称"我的一般主题不是社会，而是真/伪论述：它是相互关系的领域形构、对象形构已经可认定其为真伪的论述形构：我感到兴趣的不单单是这种形构，而是与它有关联的真实效应。"[⑤]这样，语言与论述构成理解社会变迁的重要手段。由此，话语分析的重要性对于福柯而言是不可替代的，他在《事物的秩序》和《知识考古学》中进行了系统的阐述。福柯致力于经由对语言的解读而实现人类生存境遇的阐释，他认为我们生活其间的世界无法脱离话语的诸种因素，因为话语已经扎根于这个世界。[⑥] 福柯关注话语及其不断变化的本质，正是在变化中可以揭示变化、断裂、非断裂性和剧变，[⑦]从而透视社会的变迁。所以福柯话语分析的实质是将社会视为处于非均衡发展水平上的各种话语构成的离散的规则体系并经由分析话语的视角来考察宰制这个社会的、具有压迫性的真理体制和知识体系的变化。唯有如此，人类解放和生存

---

① 林・亨特：《新文化史》，麦田出版社，2002 年。

② Maza, Sarah, Stories in history: cultural narratives in recent works in European history, *American Historical Review*, 1996, 101(5): 1493 - 1515.

③ Neubauer, John., *Cultural history after Foucault*, New York: Aldine de Gruyter, 1999.

④ 福柯：《疯癫与文明》，生活・读书・新知三联书店，1999 年。

⑤ 欧布莱恩：《福柯的新文化史》，载林・亨特主编《新文化史》，麦田出版社，2002 年，第 51—80 页。

⑥ 福柯：《知识考古学》，生活・读书・新知三联书店，2003 年。

⑦ 乔治・瑞泽尔：《后现代社会理论》，中国人民大学出版社，2003 年。

自由才成为可能。

其三，福柯所倡导的生存美学是一种美学化的社会学思考。他致力于为我们寻求实现自由的审美生存的出路。比如，他醉心于借鉴古希腊文献及其优美高雅邪的文风，并充分体现了文学论述方式的优越性，以独特的批判性论述，灵活运用语言的表达魅力，颠覆传统论述，以自己的文字展现了生存美学的魔力。[①] 福柯的晚期著作日益凸显的一个特征是追求“我们必须把自身创造为一件艺术品”，从而为我们展现了美学化的社会学的试验性文本。

2. 波德里亚：符号的凸显与社会的终结

波德里亚关于文化主题的最富启示意义的论述是围绕消费社会和拟象社会而展开的。前者是在马克思主义的影响下而进行的具有原型后现代色彩的社会批判，[②]后者则从一般意义上以“终结”为核心论调而展现对后现代社会的某种文化解释。

波德里亚早期著作《消费社会》和《符号的政治经济学批判》为社会学加入了符号学和文化的维度。波氏认为，在消费社会里，所有物品都是某种符码，我们消费物品就是消费符号，同时在这一过程中对自己进行界定。正是在这个过程中，主宰着价值的生产和流动的过程的符码获得了一定程度的自主性。消费社会里各式各样的物品都成了符号消费的一部分，这样文化领域和商贸领域产生了互惠性的交换，从而商品被文化化了，因为文化被转换成在种种可消费的东西的普遍呈现之中。[③] 以时尚为例，时尚不仅不指涉任何真实的事物，而且也不导向任何地方。时尚并不生产任何东西，仅仅生产出符码，时尚体现的正是符码的统治。[④] 犹有进之，消费逻辑侵蚀整个社会，“一切都由这一逻辑决定着，这不仅在于一切功能、一切需求都被具体化、被操纵为利益的话语，而且在于一个更为深刻的方面，即一切都被戏剧化了。也就是说，被展

① 高宣扬：《福柯的生存美学》，中国人民大学出版社，2005 年。

② 贝斯特、凯尔纳：《后现代理论》，中央编译出版社，1999 年。

③ 康诺尔：《文化社会学与文化科学》，载于特纳主编《社会理论指南》(第 2 版)，人民出版社，2003 年。

④ 乔治·瑞泽尔：《后现代社会理论》，中国人民大学出版社，2003 年。

现、挑动、被编排为形象、符号和可消费的范型”[1]。如此新的阶段不可避免地需要新的视角去阐释——一种文化的阐释,而非社会的阐释。他在《符号政治经济学批判》更是以一个简明的公式道出其中之要旨:

交换价值/使用价值=能指/所指

这一公式的意义就在于将政治经济学的议题转化为一个符号交换议题,而符号交换过程的实质就是能指与所指之间的交织。[2] 所以,现代社会的真正问题是寓于符号之中而非经济体系之中,我们面对的是一个只有能指的游戏,因为符号不再指向任何现实。这样,对于现代社会的批判就应该是符号批判。

然而,波德里亚的晚期作品放弃了先前对消费社会的分析和政治经济学而进入一个更为彻底和激进的后现代阵营,其主旨则更为鲜明地宣告社会性的终结,这意味这社会的解释的终结,这也是为了响应当代社会发生的巨大变化而相应地转换了自己的理论命题。在《拟象》中,他宣称,从此以后那些被认为是完全真实的东西,诸如政治的、社会的、历史的和经济的,都具有了超真实主义的拟象色彩。整个社会的内爆导致界限的消失(包括现实与非现实之间的界线消失),符号替代并超越现实,后现代社会就是这样一个拟象社会,符号正以迅猛的主宰社会,整个社会正从一个冶金术社会过渡到符号制造术社会即形象、符号和信息的繁衍遮盖了生产并建构出一种新的不同以往的社会秩序,并形成神圣的三位一体——“拟象、内爆和超现实”。[3] 特别是由媒体和其它文化资源所建构的现实不断地为人们所模仿(simulated),人们失去了作为所有社会科学的前提的区分这些拟象(simulation)与现实的能力。这样,人类进入一个新的阶段,与这个阶段相伴随的是一种新的符号结构和一种新的语言机器。

波氏直接对社会学的合法性提出了挑战,既然社会已经终结,社会学何为?社会学的主要词汇,诸如“社会”“社会的”“社会关系”无法指示任何事物,它们了无意义,这样传统的社会学就无法洞察已经内爆了的社会生活的各个片断,这样就需要一种以拟象、符号、超现实为核心的替代性策略——一种诗

---

① 波德里亚:《消费社会》,南京大学出版社,2000年。

② Baudrillard, Jean, *For a critique of the political economy of the sign translated with an introduction by Charles Levin*, St. Louis: Telos Press, 1981.

③ 贝斯特、凯尔纳:《后现代理论》,中央编译出版社,1999年。

化和美学化的策略去回应被吸纳进“大众(*mass*)”中的社会。① 波德里亚自己宣称，“在我所有的理论性与分析性的阐述后面，始终都有着格言、轶事和断片的痕迹。你可以称它为诗。”②如其所言，他的许多著作在读者看来更像科幻作品，已经大大突破了社会学著作之惯例。瑞泽尔认为我们难以辨识波德里亚到底是社会学家、理论家抑或是科幻作家、诗人。波德里亚以自己独特的文本展现了一幅迷人、眩目且令人不安的文化转向之图景。

3. 詹姆逊：晚期资本主义的文化逻辑

以一个温和的后现代主义者姿态出现的詹姆逊沿袭曼德尔的传统用晚期资本主义来表述社会正在经历的剧变，并敏锐地洞察到全球时代的“文化转向”这一特定趋势。他是文化转向的积极倡导者，从其以“文化转向”命名论文集可见一斑。③ 詹氏是从文化的角度来解读后现代主义，他认为所谓的后现代主义实际上是一种新的文化逻辑，后现代文化具有无深度、无历史、无时间和虚拟化的特点，现实已经转化为某种影像。然而，这一文化的背后隐匿的依然是马克思主义的逻辑，因为全球性的后现代文化是遍及世界的美国新一轮军事、经济政治霸权的表达，文化之下的是血腥、痛苦、死亡和恐怖。

詹氏注意到消费文化是后现代社会的重要组成部分，消费文化的兴起导致高雅文化与商业形式之间的分野逐步消失，文化艺术全面进入社会和日常生活之中，或者更准确地说，所有的文化都卷入消费之中，这一点，詹姆逊与波德里亚是一致的。他进一步指出：“由于作为自律空间或范围的文化黯然失色，文化本身落入了尘世。不过，其结果倒不是文化的全然消失，恰恰相反的是惊人扩散……如今整个社会层面成了‘文化移入’，在这个充满奇观/形象或海市蜃楼的社会里，一切都成了文化的——上至上层建筑的各个平面，下至经济基础的各种机制。……文化本体的制品已经成为日常生活随意偶然的经验

① Bogard, William, Closing down the social: Baudrillard's challenge to contemporary sociology, *Sociological Theory*, 1990, 8(1): 1-15.

② 乔治·瑞泽尔：《后现代社会理论》，中国人民大学出版社，2003 年。

③ Jameson, Frederic, *The cultural turn: selected writings on the postmodern*, 1983-1998, New York: Verso, 1998.

本身。”[①]文化扩张到整个社会领域，从经济价值、政府权力、生活实践到心智结构，都成了“文化”，后现代文化极度膨胀，举凡小说、音乐、绘画、建筑、影视、商业广告等都是特定的“文化文本”，其空前庞杂，这充分展现了詹姆逊认定的现实向影像转化这一特定的后现代主义维度。

他在一系列的论文里经由对电影、建筑、小说等文本的解读而试图去把握和洞察这个光怪陆离的世界。为了充分洞察这样一个明显空间化了的文化图景，他倡导一种认知测绘的美学，以“刺激着我们去发展新的感官机能，扩充我们的感觉中枢，驱使我们的身体迈向一个全新的(至今依然是既难以言喻又难以想象的，甚至最终难以实现的)感官层次”，[②]从而以一种更加敏锐的方法来观察空间的演化使我们看不到种种后果和其后的文化逻辑。[③]

福柯、波德里亚和詹姆逊是“硬”的文化转向的代表性人物。在后现代女性主义理论和后殖民理论中，文化取向亦是有迹可寻，认同、主体性、再现、美学、差异、文本和语境成为它们共同的理论聚焦，其中不少论述以不同的方式进入社会学的解释框架。后现代女性主义致力于探究女性在各种文化形式之中遭受排斥和压制的状况，甚至有以美学化解套性别政治之企图。[④] 在后殖民理论那里，文化与殖民之间的关系之考察从未停止，[⑤]扎伊尔德(Said)的《东方学》和《文化与帝国主义》可谓达到一个高峰。

五、文化转向与都市研究

立足于前面的论述，本文尝试归纳出社会学文化转向的若干核心论断：(1)文化的自主性和构成性作用受到重视，这一立场可以消解结构性话语的霸权地位；(2)不同文化之间的差异应予以赞赏，举凡大众文化、通俗文化、消费文化都应纳入社会学的视域；(3)文化与社会之间的界限正在消失，或者说文化已经扩张到整个社会领域，“社会”的文化阐释具有主导意义；(4)日常生活的审美呈现受到关注，这包括将生活转化为艺术作品的谋划和充斥于当代社

---

① 詹姆逊：《晚期资本主义的文化逻辑》，生活·读书·新知三联书店，1997年，第381—382页。

② 同上书，第489—490页。

③ Soja, Edward, In different spaces: The cultural turn in urban and regional political economy, *European Planning Studies*, 1999, 7(1): 65-75.

④ 康诺尔：《文化社会学与文化科学》，载于特纳主编《社会理论指南》(第2版)，人民出版社，2003年。

⑤ 巴特·穆尔-吉尔伯特：《后殖民理论：语境、实践与政治》，南京大学出版社，2001年。

会日常生活之经纬的迅速的符号与影像之流;[①](5)文化转向的理论渊源是多元的,但其主旨是对"社会的解释"的某种抵抗,相较而言,后现代框架下的文化转向的立场更为强硬,因为它们的理论是基于文化对社会的侵蚀。也许,对社会学的文化转向进行如此尝试性的表述是合适的:它体现的是 1980 年代以来在社会学领域内出现的这样一个日趋增强的关注形式,即致力于从文化的视角去解读社会并构建以文化为核心维度的社会学阐释架构,从而将社会的议题文化化、诗化乃至美学化。

社会学的文化转向已经广泛且深入地影响都市研究,主要体现在从政治经济的视角向文化政治或文化经济视角的转变和都市研究的洛杉矶学派的兴起。索亚认为都市研究已经进入了一个新的文化政治学的论域:认识论从现代主义向后现代主义转变、重新思考性别、阶级、种族等不平等机制之间的相互关联;关注社会生活的空间性。[②] 实际上,权力和暴力的仪式建构成为都市研究的热点,其间文化是构成性要素。[③] 文化在组织结构、策略和技术具有重要的构成作用。[④][⑤][⑥] 在都市社会运动研究中,"将文化带回"是 1990 年代以来的重要研究取向,[⑦][⑧]代表作包括《团结的文化》(culture of solidarity)、《竞争性生活》(Contested lives)等。[⑨] 扎利泽(Zelizer)是从现代社会理论的视角批评狭义的经济行为,坚信文化渗透在经济生活的各个领域,她的两部代表著作《金钱的社会意义》和《为无价的孩子定价》很好地凸显了这一理论主张,前者

---

① 费瑟斯通:《消费主义与后现代文化》,刘精明译,译林出版社,2000 年。

② Soja, Edward, In different spaces: The cultural turn in urban and regional political economy, *European Planning Studies*, 1999,7(1): 65 - 75.

③ Alexander, J. C. (eds.), *Durkheimian Sociology: Cultural Studies*, Cambridge University Press, 1988.

④ Powell, W. & DiMaggio, P. ,*The new. Institutionalism in organization analysis*, University of Chicago Press, 1991.

⑤ Fligstein, N. , Markets as politics: a political-cultural approach to market institutions, *American Sociological Review*, 1996,61,656 - 673.

⑥ 菲利普・迪里巴尔纳:《荣誉的逻辑:企业管理与民族传统》,商务印书馆,2005 年。

⑦ Hart, Stephen, The Cultural Dimension of Social Movements: A Theoretical Reassessment and Literature Review, *Sociology of Religion*, 1996,57(1): 87 - 100.

⑧ Morris, A. D. & C. M. Mueller. (eds), *Frontiers in Social Movement Theory*, Yale University Press, 1992.

⑨ Fantasia, R. , *Cultures of Solidarity: Consciousness, action, and contemporary American Workers*, University of California Press, 1988. Ginsburg, F. D. 1989, *Contested Lives: The Abortion Debate in an American Community*. University of California Press.

指出文化加速了社会分化，后者则宣称文化创造了一个迅速增长的消费经济。[①] 而从后现代的视角，符号经济、消费、认同、文化多样性和新的经济空间等成为重要的研究议题。[②③④]

洛杉矶学派的兴起是洞见到洛杉矶大都市区的发展可能反映了城市发展的后现代趋势，其主要代表人物有爱德华·索加(Edward Soja)、艾伦·斯科特(Allen Scott)、迈克·戴维斯(Mike Davis)、迈克尔·迪尔(Michael Dear)。他们强调深入阐释都市差异性、不确定性、多元性以及后工业化特征，体现了向后现代主义的转变，[⑤]展示了都市研究的后现代文化转向。从更广泛的意义而言，洛杉矶学派实现了文化转向与空间转向的结合。

值得关注的是，伴随着网络的普及，一个全新的虚拟社会正在兴起，这势必成为社会学和都市研究关注的焦点，对虚拟文化的解读可能会导致社会关系、社会结构和社会分层的经典理论的幻灭，因为这是一个全然有别的社会或文化形态，这是一个可以继续努力的、全新的学术方向。

文化转向的支持者响应了批评那些把社会建构在社会的物质组织上的努力所导致的本质主义和基础主义问题。[⑥] 这一转向在一定程度上拓展了都市研究的视野，并有助于人们深入了解人类社会正在经历的社会变迁，尤其是象征、符号、消费、格调、品味的意义在凸显、放大乃至侵蚀社会的边界。所有的社会实践都可以被解读为文化的。文化转向也许过于理论化，因为在文化转向这一脉络下，很多著述更多地将"世界(world)"转化为"词语(word)"，从而以理论颠覆日常生活世界，一切都"文化化了"。"文化"几乎取代了"社会"范畴，文学性的解释已经侵蚀了社会学的方法，[⑦]这种文化的泛化取向甚至有滑向庸俗的文化主义之危险。所有的社会关系都"解读"文化关系这一倾向至少忽略了权力的物质基础和文化的制度化之间的不同张力。如果没有"社会"，

---

① 周怡：《解读社会：文化与结构的路径》，社会科学文献出版社，2004 年。

② Fumaz, R., From urban political economy to cultural political economy: rethinking culture and economy in and beyond the urban, *Progress in Human Geography*, 2009,33(4): 447 - 465.

③ Dear, M., *The postmodern urban condition*, Oxford: Blackwell, 2000.

④ Dear, M., *From Chicago to l. A.: Making sense of urban theory*, London: Sage, 2002.

⑤ Dear, M., *The Los Angeles school of urbanism: An intellectual history*, Urban Geography, 2003,24,493 - 509.

⑥ 马克·斯密思：《文化：再造社会科学》，吉林人民出版社，2005 年。

⑦ Rojek, Chris, & Turner, Bryan, Decorative sociology: toward a critique of the cultural turn, *Sociological Review*, 2000,pp. 629 - 648.

那还是“社会学”吗？邦奈尔和亨特在《超越文化转向》中这样写道：“社会的地位或意义可能存在疑问，……但无此，生活几乎不可能”。① 过分凸显文化存在从一个极端走向另一个极端的危险。格尔兹也警示：文化分析“永远存在这样一种危险：在寻找深伏在底层的乌龟时，它会迷失表层的现实生活——使人们在方方面面受到制约的政治、经济和分层的现实——和这些表层的现实生活建立其上的生物和物质的必要因素”，他继续写道：“避免它的唯一对策，从而避免把文化分析变成一种社会学的唯美主义的唯一对策，就是要使得文化分析的目标对准这样的现实和这样的必要因素。”②正是在这个意义上，罗杰克和特纳质疑如此文化转向可能导致社会学的“华而不实”(decorative sociology)，因为文化的转向似乎已然形成文化与社会之间新的对张。③

然而，我们不可否认，文化转向表现了某种再造社会学乃至都市研究的学术努力，它旨在重塑分析架构以更为充分地阐释这个繁芜纷杂的社会提供了新的可能性。别尔纳茨基认为“文化转向”的代价不少，但不“文化转向”似乎代价更大，超越“文化转向”则是正途。④ 波奈尔和亨特认为更好的研究取向是将文化分析与社会分析相互结合。⑤ 如何实现这样的结合看似是社会学和都市研究“文化转向”之后面临的新的议题，其实质则是社会科学固有的迷思。

Cultural Turn in Sociology: Implications for urban studies

Abstract: Since 1980, a new emerging sociological thinking have been identified, cultural perspective has been adopted to interpret the conception of society, a culture-

① Bonnell, Victoria E. & Hunt, Lynn (eds.), *Beyond the Cultural Turn: New Directions in the Study of Society and Culture*, CA: University of California Press, 1999.

② 克利福德·格尔兹：《文化的阐释》，人民出版社，1999 年。

③ Rojek, Chris, & Turner, Bryan, Decorative sociology: toward a critique of the cultural turn, *Sociological Review*, 2000, 629 - 648.

④ Biernacki, Richard., *Method and metaphor after the new cultural history, in Victoria E. Bonnell & Lynn Hunt (eds.) Beyond the Cultural Turn: New Directions in the Study of Society and Culture*, CA: University of California Press, 1999.

⑤ Bonnell, Victoria E. & Hunt, Lynn (eds.), *Beyond the Cultural Turn: New Directions in the Study of Society and Culture*, CA: University of California Press, 1999.

based sociological framework has been proposed, therefore social issues have been culturalized, aestheticized and poeticized. This tendency could regarded as cultural turn in sociology, it has important implications for urban studies.

Key words: Cultural turn sociology, urban studies

作者简介：肖莉娜，华东理工大学华东社会发展研究所，博士，助理研究员；何雪松，华东理工大学社会与公共管理学院，博士，教授。本研究得到教育部人文社科青年基金项目17YJC840044的资助。

刘易斯·芒福德的古罗马城市观

李　月

内容提要　刘易斯·芒福德关于古罗马城市的研究视角独特，思想独到，融入了深刻的规划思想和深切的人文情怀。在他看来，古罗马城市规划不合理，城市文化堕落，注定会走向灭亡。基于芒福德对古罗马城市的解读及其古今城市间的关联性思考，我们既可对古罗马城市有更深的理解，也能在城市发展问题上有更多的启发。

关键词　刘易斯·芒福德；古罗马城市；城市观

刘易斯·芒福德（Lewis Mumford，1895—1990年，以下简称芒福德）是20世纪的一位十分杰出的城市思想家。他关于城市历史的探讨视野开阔，思想独到，融入了深刻的规划思想和深切的人文关怀，这些城市观念的表达在他关于古罗马城市的论述中最为明显。

芒福德对古罗马城市有过深入研究，从城市形态学的角度来看，他的研究十分全面。他关注到了城市的有形形态和无形形态，对其中典型的城市规划布局、构造、建筑类型、城市生活都有过论述，并且提炼出了古罗马城市的共性特征，这种关于古罗马城市共性特征的探讨时至今日仍有价值。

关于古罗马城市的研究，有不少学者喜欢用“Greco-Roman”（“古希腊罗马”）一词来做整体性研究，以此强调古希腊城市与古罗马城市之间的共性。例如安德鲁·贝尔（Andrew Bell）对古希腊罗马城市政治权力问题的研究；①

① Andrew Bell, *Spectacular Power in the Greek and Roman City*, Oxford: Oxford University Press, 2014.

裔昭印对古希腊罗马城市经济特征问题的研究；[①]等等。古希腊城市与古罗马城市也确有共通之处，芒福德也承认，除伊特鲁里亚（Etruria）文化以外，古希腊文化是古罗马城市文化基石的另一大源泉。[②] 而且，他还认为，古罗马城市在规划方面学到了希腊化城市基于实践基础的美学形式。[③]

但芒福德对古罗马城市的论述并非基于古希腊城市与古罗马城市之间的共通之处，反而是基于它们之间的差异。在称赞了和谐、自然的古希腊城市之后，芒福德对古罗马城市的研究笔调上有了明显变化。“大都市变为死亡之城”的概论奠定了芒福德论述古罗马城市的基调。[④] 在芒福德看来，如果说融入自然，融入乡村是古希腊城市的特质，值得称赞，那么古罗马城市表现出来的种种迹象就需要无情批判了。对我们而言，只有基于这样一种基调去看待芒福德的论述才能沿着他的思路去理解古罗马城市。如此，我们能够深入探讨罗马荣耀之下的城市的另一面，以此作为古罗马城市研究的一种补充，也更能理解和透析芒福德如此批判古罗马城市的根源与初衷。

一、不合理的城市构建

总体来说，芒福德对古罗马城市规划的评价是负面的。就城市构建而言，古罗马城市布局、城市建筑取得了举世瞩目的成就，令后世的许多人都赞叹不已，但芒福德则看到的是它们不好的一面。

首先，从城市布局来看，芒福德认为古罗马城市建造得过于标准化了。罗马帝国建造城市首先从城墙开始，城墙决定了城市的区域面积，总体呈现矩形结构，这种结构也是罗马军团野外露营的标准形式。古罗马人建造城墙时会在城墙两侧预留狭长的空地，不建任何建筑。从宗教的角度来说，这些空地被称为环城圣地，从军事的角度来说，它又被称防御缓冲区。这种布局形式可能源于意大利北部伊特鲁里亚人的定居点模式，很可能从新石器时代就延续下

---

① 裔昭印：《从古希腊罗马看古代城市的经济特征》，《上海师范大学学报》（哲学社会科学版）1995年第3期。

② Lewis Mumford, *The City in History: Its Origins, Its Transformations, and Its Prospects*, New York: Harcourt, Brace and Company, 1961, p. 206.

③ Lewis Mumford, *The City in History: Its Origins, Its Transformations, and Its Prospects*, New York: Harcourt, Brace and Company, 1961, p. 207.

④ Lewis Mumford, *The City in History: Its Origins, Its Transformations, and Its Prospects*, New York: Harcourt, Brace and Company, 1961, p. 205.

来了。而罗马帝国所做的便是将这种布局模式发扬光大,扩展应用到帝国疆域里新建或改建的各座城市。即便在帝国安定时期,一些新建的城市没有建造城墙,但整体的矩形布局却是完整保留的。

城市容器的形状是一样的,容器里的内容也是标准化的。每当我们提起一座古罗马城市,我们会联想到拱廊、街道、广场、剧场、竞技场、公共浴室、高架渠、公厕,因为这是每一座古罗马城市的标配。这些公共设施呈棋盘式的布局,这也是一种标准。甚至连这些公共设施的外观都有一种标准,以至于我们看到一处剧场或竞技场就能明确判断它是否是罗马式的。在芒福德看来,除了公共浴室和超大规模的竞技场,其他的公共设施都不是创新,他们或许源于某一地区的传统,只是在罗马帝国的辉映下被普遍化、标准化了。①

无论是外观与内容,古罗马城市自有它独特的一套标准。只要是在帝国的统治区域内,城市都是按照这一套标准新建或改建的。无论这样的标准确立是基于政治控制、宗教习惯,还是出于军事目的,它忽略了不同地区、不同文化对当地城市的影响,在确立帝国城市共性的同时抹灭了地区城市的特性。正如芒福德所说,罗马帝国就是单纯扩张城市权力的产物,它本身就是一个非常庞大的城市建设集团,它改变了旧有的城市风格,代之以自己的城市秩序。②

鉴于对《城市文化》(*The Culture of Cities*, 1938)③一书的理解,我们不难判断芒福德对这种城市标准化的态度。城市是文化的载体,它有着传承文化的作用,古罗马城市的这种标准化进程无疑抹灭了原有城市本身所存在的文化基因,使之移植或嫁接上了一种原本不属于它的城市文化。在原有城市文化的基础上融入新的文化或许有利于城市文化的传承,但以摧毁旧文化为代价,以移植或嫁接新文化的方式构建城市文化本身就是一个错误。

其次,从城市设施来看,芒福德认为古罗马城市的一些公共设施的设计建造并不合理。这其实可以被看成对古罗马城市公共设施评判的另一种视角。我们往往慨叹条条大道通罗马,也会惊奇古罗马时期供水、排水系统可以沿用

① Lewis Mumford, *The City in History: Its Origins, Its Transformations, and Its Prospects*, New York: Harcourt, Brace and Company, 1961, p. 208.

② Lewis Mumford, *The City in History: Its Origins, Its Transformations, and Its Prospects*, New York: Harcourt, Brace and Company, 1961, p. 205.

③ Lewis Mumford, *The Culture of Cities*, New York: Harcourt, Brace and Company, 1938.

至今。但芒福德对于这些往往有更为消极的理解。

就道路建设而言，古往今来，许多学者都在称赞罗马帝国创造的这一伟大成就。斯特拉博(Strabo)曾说，“罗马人为人们提供了道路，而这正是古希腊人所忽略的。”①在中世纪，“条条大道通罗马”成为一句谚语，人们以此来标榜古罗马帝国时期道路的便利。近代以来，也有学者对古罗马帝国的时期的道路建设赞叹不已，例如意大利史学家罗慕若·奥古斯托·斯塔齐约里(Romolo Augusto Staccioli)就称赞罗马帝国建立了真正的道路体系，并对之进行了最系统的管理，而且这其中的技术与创新无与伦比。②

然而，在芒福德看来，罗马帝国的道路建设也有诸多不足之处。罗马帝国建立了庞大的道路交通网，这种建设忽略了地形、地貌的影响，遇山开山，遇水架桥，显示出了古罗马人强大的改造自然的能力。芒福德并不觉得这有多么值得称颂。在他看来，这种改造自然的能力实质上也是一种破坏自然的能力，更是罗马帝国的一种权力象征。③ 但无论如何，这种道路体系的确使罗马帝国交通便利，城市间的联系也因此更为紧密，人口、物资的流通更加通畅，城市生活因而也更丰富多彩。如果仅将这种庞大的道路建设网络视为破坏自然、彰显权力的工程，芒福德的观念未免有些狭隘。

罗马帝国建造如此庞大的交通网有其政治、经济、军事的多重目的。④ 人们基于各种目的频繁往来，作为道路节点的城市则使交通压力倍增。然而，古罗马城市内部的道路建设服从棋盘式的方正格局。两条主要街道正交于城市中心，而城市中心往往是人货云集的广场与市场所在。芒福德认为，这种城市道路布局明显造成了城市的交通拥挤，在设计上并不合理，而最合适的办法是建造环城路。⑤ 不过限于交通工具落后，日行距离有限，短途流动多于长途流动。而且对于长途流动，作为交通网络节点的城市往往起到驿站的作用。因此，建造环城路仍然解决不了一些古罗马城市基于现有道路格局所造成的

① Strabo, *Geography*, V. 3. 8.

② R. A. Staccioli, *Roads of Romans*, Los Angeles: L'erma di Bretschneider, 2003, p. 5.

③ Lewis Mumford, *The City in History: Its Origins, Its Transformations, and Its Prospects*, New York: Harcourt, Brace and Company, 1961, p. 205.

④ 可参阅冯定雄对这一问题的研究，见冯定雄：《罗马道路与罗马社会》，中国社会科学出版社，2012年，第289—332页。

⑤ Lewis Mumford, *The City in History: Its Origins, Its Transformations, and Its Prospects*, New York: Harcourt, Brace and Company, 1961, p. 211.

拥挤。

另一个让芒福德诟病的是古罗马城市的供水、排水设施。许多古罗马城市的供水是通过高架渠解决的,这在古代世界实属一大创举。芒福德也承认这种工程成就巨大,但同时也指出,这种生活设施使用情况并不合理,时好时坏,效益不高。① 事实也确实如此。以罗马城为例,古罗马人在罗马城共建有11条高架渠,这11条高架渠每天可向罗马城供应8400万加仑的水,但由于漏水、断水等情况,实际的供应量仅为3800万加仑。② 而且,高架渠引入还存在市民偷水现象,不利于水资源的合理分配,虽然罗马城建有专门的水利部门进行监督,还拥有专门的奴隶队伍保护水流通道,但效果并不理想。

与供水系统相对应的是排水设施。罗马城工程浩大的排水沟系统建造时间甚至早于高架渠,因为在城市人口猛增之前,井水就能解决市民的用水问题。在芒福德看来,这一庞大的排水工程形同虚设,因为它未能完美解决居民的排水问题。罗马城的排水沟不与高层住宅二楼以上的厕所相连,甚至根本不与居住拥挤的公寓相连。③ 家中解决的大小便往往需要被倾倒在居民区公共的粪池里,再由掏粪工定期运走,因而生活用水到户并没有改善家庭的卫生问题以及居民区的卫生状况。

再次,从城市规模来看,芒福德认为像罗马城那样的大城市过于庞大了。其实城市生活设施存在的道路拥挤问题、水源供给和城市卫生问题都可以归结为城市人口过盛,城市超负荷运转的问题。现代大都市通过划分区县来缓解人口压力,居民以区县为中心就能满足日常生活需求,如此便可以减少区域人口流动,缓解人口流动压力。现代大都市大多以主干道作为区县划分依据。但在古罗马城市中,主干道并没有隔离区域的作用,因而也谈不上区域内的生活内聚力。至于水源供给与卫生状况,人口增多自然会增加供水负担和卫生维持成本。

相比交通、供水、卫生上的困境,吃住可能是更为迫切的问题。就罗马城

---

① Lewis Mumford, *The City in History*: *Its Origins*, *Its Transformations*, *and Its Prospects*, New York: Harcourt, Brace and Company, 1961, p. 216.

② A. D. Winspear, *Augustus and the Reconstruction of Roman Government and Society*, Madison: University of Wisconsin, 1935, p. 210.

③ Lewis Mumford, *The City in History*: *Its Origins*, *Its Transformations*, *and Its Prospects*, New York: Harcourt, Brace and Company, 1961, p. 215.

而言，它的人口很久以来一直在增加，但城市的面积却没有扩大。人均占有面积相应地就会减少。罗马帝国强盛之时，罗马城成为世界性城市，它吸引着帝国境内的人前来观光，也吸引着地中海沿岸其他地区的人前来游览，这增加了城市的流动人口。渴望成为罗马公民的人绞尽脑汁希望进入罗马城，有人甚至愿意去罗马城为奴，只因权贵们许诺可以在若干年后给他们公民身份。这些进入罗马城的人绝大部分都是穷人，他们在生活方面只能依靠执政当局，这无疑带来了严重的住房问题。

罗马城的居民区分布有明显界限，富人一般居住在山丘上，穷人居住在山谷。与富人的宽敞住宅相比，大量穷人聚居在贫民窟似的居民区里，居住空间十分狭小。为解决更多人的住房问题，当局甚至把一些沼泽地抽干建造住房。地势低洼的居住区过于潮湿，容易受疟疾的影响。意大利地区洪水、地震等自然灾害频发，地势低洼的地区往往受灾最为严重。由于穷人住房排列密集，他们甚至连阳光都享受不到。与富人建房用的大理石材不同，穷人住宅的建筑材料常以木材为主，极易发生火灾。总体来说，罗马城的穷人的住房条件十分恶劣，而这种状况，当局既无心，也无力去改变。

最能反映古罗马城过于庞大的还是粮食供应问题。罗马城的粮食供应一直都是一个难题。在奥古斯都时代，罗马城每年需要从行省输入 1500 万蒲式耳(Bushel)谷物，仅埃及每年就要向罗马城供应 500 万蒲式耳谷物。[①] 罗马城每年需要输入如此多的谷物才能维持城市运转，但这种供应却是不稳定的，一旦发生行省动乱、海盗抢劫、商人囤粮，罗马城就会出现粮食危机。虽然罗马当局制定了出售国库粮稳定粮价、设立监察官保障供应等措施，但罗马城的粮食供应一直难以得到长期保障。

与古希腊城市海外殖民、人口分流不同，古罗马城市在城市发展方面并不节制。仍然以罗马城为例，如芒福德所说，罗马城这个容器容纳的东西太多，它把来者不拒作为自己生存的理由。[②] 一座城市的发展需要一定的物质基础，这种基础是由生产力水平、可获得的自然资源决定的，不考虑现实因素，盲目扩大必然会带来诸多问题。面对城市发展失控，人口急剧增长所带来的资

① 汤普逊：《中世纪经济社会史》(上)，耿淡如译，商务印书馆，1997 年，第 2 页。

② Lewis Mumford, *The City in History: Its Origins, Its Transformations, and Its Prospects*, New York: Harcourt, Brace and Company, 1961, p. 236.

源短缺问题，罗马帝国通过征服、掠夺来解决，但这种野蛮的手段本身的残酷性和不稳定性制约了罗马城的健康、有序发展，以这种方式维持一座城市的运转注定不能长久。因此，罗马城的衰落也注定不可避免。

二、堕落的城市文化

如果说古罗马城市在城市建设方面的成就还值得称颂，芒福德对此的批判还值得辩驳，那么古罗马城市生活的腐朽就无可否认了。

关于古罗马人的日常生活，让·诺埃尔·罗伯特(Jean Noel Robert)有过这样几句总结："他们整天无所事事，游手好闲，东游西荡，肚子饿了才回家，吃饭也是细嚼慢咽，尽情享受丰盛菜肴。"①这种描述形容古罗马人的城市生活十分贴切。在国势强盛之时，罗马人通过征服与掠夺获得了巨大财富和众多奴隶，这足以让罗马帝国上自王公贵族，下至市井公民享受衣食无忧的生活。

通过东征西讨，罗马帝国所掠取的财富绝大部分都集中在作为上层阶级的元老和骑士手中。他们在生活中追求奢华的个人享受。作为贵族，他们有宽敞的住宅，众多的随从、佣人、奴隶和食客，家中有各种金、银、铜器皿，还有精致的毛绒制品、珍贵的希腊艺术品。他们会经常在家中举办宴会，有丰盛的食物和美酒，还有动人的舞蹈和各种新奇的表演。

市井公民无法像贵族那样过着酒池肉林般的生活，但他们的生活并非自食其力，而是带有寄生性。他们中大多是贫困的无产者，但这并不影响他们的生活品质。他们或投身贵族门下，成为食客，或直接依靠国家的救济粮为生。这类居民数量庞大，在公元前1世纪中叶，靠吃国家救济粮的无产者就有50万之多。② 除了保障这些市井公民的基本生存需求以外，罗马帝国还为他们提供各种文化娱乐活动，以此作为维系内部稳定的一种手段。这种不劳而获、注重欢娱的生活方式突出反映古罗马城市生活的堕落性。

古罗马城市文化的堕落体现在城市的各个公共场所之中，人们用闲散的心态、过剩的精力在公共场所里呈现着道德的败坏与人性的丑恶。城市能提供给他们多样的消遣形式，而他们在公共场所里所表现出来的暴力、狂燥、欲望塑造了古罗马城市堕落的形象。

---

① 罗伯特：《古罗马人的欢娱》，王长明、田和、李变香译，广西师范大学出版社，2005年，第1页。

②《不列颠百科全书》(第15卷)，中国大百科全书出版社，2007年，第1068页。

最具代表性的公共场所是竞技场，如前文所述，这是古罗马城市的标配，芒福德对此给予了特别的关注。他认为，古罗马人对屠杀有着浓厚的兴趣，他们会嫌弃古希腊体育运动有些女人气，认为其缺乏流血和恐怖的气氛。[①] 他也描述了竞技场里的一些残暴的场景，更指出了这种残暴的表演是多么受欢迎，而且在人们心中的地位是多么重要，甚至成为强制性的定俗，连帝国时期的罗马皇帝也必须遵守，以免触犯众怒。[②] 不过罗马帝国皇帝极少不好此道，反而以此为乐。盖乌斯·尤里乌斯·恺撒·渥大维(Gaius Julius Caesar Octavianus)就酷爱观看角斗表演，他曾三次以他自己的名义，五次以他儿子、孙子的名义举办大型角斗表演。[③]

角斗表演历史悠久，源远流长，伊特鲁里亚的壁画就记录了角斗士角斗的场景。到罗马帝国时期，在竞技场里上演的角斗比赛十分盛行，广受欢迎。角斗士不是囚犯就是奴隶，或者就是战俘。他们存在的价值就是不断训练，以便在竞技场上有更激烈的打斗，最大限度地带给观众欢娱。他们中大多数人的下场就是在竞技场里被野兽或其他角斗士结束生命，只有极少数人能够在竞技场上数次取胜，最终获得自由。

对于角斗表演，古罗马人有自己的理解。小普林尼(Pliny the younger)曾说，"角斗表演可以使男子变得坚强，视死如归，看到流血和伤口就会感到兴奋，而奴隶和囚犯则会在角斗中痴迷荣誉与胜利。"[④]但这样的意义并不能掩盖这种行为残暴、血腥的本质，也掩盖不了人们以此为乐的目的。每一位角斗士既要面对残酷、毫不留情的对手，也要面对观众席上众人的苛责。角斗士们俨然成为了观众娱乐的受害者，他们在观众的欢呼声中杀死对手，或被对手杀死。每逢节日，这种血腥的场面就会在竞技场里上演，有时甚至在非节假日里也会有竞技场角斗表演。

在没有竞技场表演的时间里，人们大多混迹于酒馆，这种娱乐场所遍布古罗马城市，甚至和公共浴场一样多。古罗马城市的酒馆属于廉价的消费场所，

---

① Lewis Mumford, *The City in History: Its Origins, Its Transformations, and Its Prospects*, New York: Harcourt, Brace and Company, 1961, p. 234.

② Lewis Mumford, *The City in History: Its Origins, Its Transformations, and Its Prospects*, New York: Harcourt, Brace and Company, 1961, p. 231.

③ 李雅书:《罗马帝国时期》(上)，商务印书馆，1985 年，第 10 页。

④ 转引自罗伯特:《古罗马人的欢娱》，王长明、田和、李变香译，广西师范大学出版社，2005 年，第 74 页。

在其中饱餐一顿并不需要花太多的钱。当人们无所事事、闲散无聊的时候，在酒馆里喝上古罗马人最爱的热糖酒是打发时光的最好方式。这种地方也鱼龙混杂，小偷、罪犯、奴隶经常出没。人们去酒馆喝酒，玩骰子，看艳舞表演，借着酒兴，伴着音乐边喝边唱。在狂欢中开始、在群殴中结束几乎成为了酒馆的常态。光顾酒馆的不光是穷人，也有达官贵族，他们在这里可以毫无顾忌地寻求淫乐与放松。

另一处遍布古罗马城市的休闲去处便是公共浴场。据公元前 33 年的统计，罗马城的公共浴场多达 170 个，到公元 5 世纪早期，这一数字增加到 856 个，这还不包括 11 个大型浴场。[①] 公共浴场一般在午后时分开放，到晚上很晚才关闭。人们在浴场开放之后会陆续前来，一般会在那里消磨至少两个小时。到罗马帝国时期，到浴场消遣已成为一种习惯，甚至是日常生活非常重要的一部分。公共浴场被认为是穷人的天堂，因为收费很低，以至于即便是穷人也可以经常光顾。马库斯·维普萨尼乌斯·阿格里帕（Marcus Vipsanius Agrippa）执政以后，公共浴场彻底免费开放了。

在古罗马城市里，公共浴场不仅仅是为了方便人们洗浴，人们光顾那里更主要还是为了休闲、放松、聚会。公共浴场一般分为热水室、温水室和冷水室，大型的浴场还额外设有休息室、运动场，更大型的甚至会有商店、图书馆、讲演台。因而对公共浴场的定性更多应偏向于社交场所，而非生活设施。即便是拥有私人浴室的富人也会经常到这种公共场所去，他们和其他人一样，去公共浴场并不主要是为了洗浴，更多是为了追求那份乐趣。

古罗马城市里的公共浴场是纵情享乐的地方。人们进入公共浴场，先泡温水浴，再泡冷水浴，手头宽裕的人可以在冷水浴之前请按摩师按摩，按摩一般只按肌肉，使之放松，而且按摩的时间很长。[②] 如有需要，按摩师还会给顾客涂上香脂、精油。公共浴场甚至有专门的脱毛师用镊子给有需要的顾客脱毛。穷人在公共浴场也有自得其乐的方法，他们可以在公共浴场里自由喊叫、吆喝，在里面寻衅滋事、故意找茬打架的也比比皆是，他们以这种方式来消耗过剩的精力。

---

① D. S. Potter and D. J. Mattingly, *Life, Death, and Entertainment in the Roman Empire*, Ann Arbor: University of Michigan Press, 1999, p. 246.

② 罗伯特：《古罗马人的欢娱》，王长明、田和、李变香译，广西师范大学出版社，2005 年，第 34 页。

古罗马城市里的公共浴场也是情色泛滥的地方。起初，浴池是不分男女的，因而城市居民在这里进行的日常聚会便成了一种裸体社交，带有浓厚的情色氛围。许多洗浴者无所顾忌，男女亲热之事时有发生，而且噪音很大，气氛在今人看来或许十分尴尬，但当时的古罗马人或许已习以为常。因为允许男女混浴，在公共浴场发生性关系也得不到禁止，因而大群的低级妓女也会时常在浴场接客，致使公共浴场丑事百出，成了古罗马城市里的淫乱之地。这种现象持续了相当长时间，直到公元 2 世纪普布利乌斯・埃利乌斯・哈德良(Publius Aelius Traianus Hadrianus，公元 117—138 年在位)执政时期下令禁止男女混浴，这种劣迹才大为改善。

公共浴场里表现出来的淫乱在罗马共和初期是不可想象的。那时国家提倡一夫一妻制，婚外性关系既受道德谴责，也受法律制约。但到了共和末期、帝国初期，古罗马人的性生活从满足于夫妻性关系向追求各种性感官刺激过渡。道德每况愈下，性关系就会变得随意，淫乱成为城市生活的常态。[①] 性娱乐成为生活的一种追求，每逢宴饮，女奴或娼妓作陪、款待宾客已是惯例。为此，城市里有着庞大的娼妓群体，据说马尔库斯・乌尔皮乌斯・涅尔瓦・图拉真(Marcus Ulpius Nerva Traianus，98—117 年在位)统治时期，古罗马城拥有 3.2 万名娼妓。[②] 同性恋、通奸在当时也十分盛行，他们把这种无节制、无限制的性生活、性娱乐看成对沉闷现实生活的一种解脱。

虽然芒福德关于古罗马城市堕落生活的分析不够全面，但他一针见血地指出这种生活的寄生本质，并对这种寄生式的生活形式进行了猛烈的批判。在他看来，这种寄生关系对寄主本身往往同对榨取寄主营养的生物一样是毁灭性的，如果说寄生生物失去了自由运动和自我供养的能力，那么寄主反而会变得依赖性很强，而为了使较弱小的寄生生物能活下去，它必须更加尽心尽力。[③] 正如我们所看到的，在罗马城，数十万人终生过着寄生虫般的生活，罗马帝国的职能之一便是维持这种人们早已习以为常的状态，而唯

---

① 关于古罗马人的性观念和性生活可参阅罗伯特：《古罗马人的欢娱》，王长明、田和、李变香译，广西师范大学出版社，2005 年，第 165—194 页。

② 拉尔夫、勒纳、米查姆、伯恩斯：《世界文明史》(第一卷)，赵丰等译，商务印书馆，1999 年，第 32 页。

③ Lewis Mumford, *The City in History: Its Origins, Its Transformations, and Its Prospects*, New York: Harcourt, Brace and Company, 1961, p. 228.

一的维持手段便是通过征服掠夺将贡品、奴隶、牲畜、矿产、艺术品源源不断地输送进来。

芒福德认为，古罗马城市以市政的形式维持自身的状态，更以面包加杂耍的双重施舍使这种寄生状态具有坚固的集团基础，罗马帝国因此铸就了它最大的错误，即在政治、经济上剥削其他地区。① 寄生经济和掠夺政治共同形成了罗马式的城市组织形式，正是这种形式将城市的经济生活与政治生活结合在了一起。② 在芒福德看来，这种形式是罗马帝国城市文化堕落的根源。

三、灭亡的城市宿命

总体来说，芒福德对古罗马城市的评价是负面的、消极的，在他看来，古罗马城市是注定要灭亡的。在对古罗马城市的论述中，他最后写道："无论从政治学还是从城市化角度来看，古罗马城市的发展都是值得汲取的一次教训：古罗马城市的历史不止一次地发出明确的危险信号，警告人们城市发展的方向并不正确。"③

但我们不禁要问，古罗马城市的发展真有芒福德所说的那么不堪吗？就物质文明来说，罗马帝国建造了众多的城市，并在城市中建造了大量大型建筑和公共设施，古罗马人的城市建筑技艺高超，建筑艺术雕刻也出神入化。无论是出于何种目的，古罗马人在发展城市方面不遗余力，他们的努力也创造出了令世人赞叹、众人向往的城市，这是古代世界城市发展辉煌的成就。在精神文明方面，古罗马城市生活也并非完全一无是处，在众多的节日中，古罗马人在城市中也举行着各种宗教仪式，观看着各种戏剧表演。甚至连芒福德自己也承认，带有罗马遗风的杂耍、马戏、街头表演在欧洲人心中留下了深刻的记忆，蕴含着文化记忆的传承。④

---

① Lewis Mumford, *The City in History*: *Its Origins*, *Its Transformations*, *and Its Prospects*, New York: Harcourt, Brace and Company, 1961, p. 229.

② Lewis Mumford, *The City in History*: *Its Origins*, *Its Transformations*, *and Its Prospects*, New York: Harcourt, Brace and Company, 1961, p. 229.

③ Lewis Mumford, *The City in History*: *Its Origins*, *Its Transformations*, *and Its Prospects*, New York: Harcourt, Brace and Company, 1961, p. 242.

④ Lewis Mumford, *The City in History*: *Its Origins*, *Its Transformations*, *and Its Prospects*, New York: Harcourt, Brace and Company, 1961, p. 235.

任何事物都有它的两面性，我们既可以全面、客观地论述，也可以积极或消极地评判，其关键还是在于侧重点有所不同。相比古罗马城市发展的辉煌，芒福德更侧重于叙述古罗马城市发展消积的一面。因为在芒福德看来，古罗马城市的发展并不符合他关于城市发展的理念。基于这一点，我们很容易能理解他为什么会将古希腊罗马城市分开论述，区别对待，并且表现出了截然不同的态度。芒福德欣赏古希腊城市在于古希腊城市适应自然、联系乡村，这符合他关于城市生态与区域城市的理念。而对于古罗马城市，无论是对城市的有形形态，还是对城市的无形形态，芒福德都进行了尖锐地批判，其根源还是在于古罗马城市的发展忽略了他所倡导的人文关怀，甚至可以作为这方面的反面教材。

在芒福德的惯有思维里，城市首先是人的城市。城市是由人创造的，也是人们生存的空间。城市的发展首先要顾忌人在物质与精神上的感受。但在他看来，古罗马城市并没有顾忌城市发展的人文因素。

首先，就城市的标准化而言，它忽略了城市的地方特色，限制了城市传承地方文化的功能。在芒福德看来，城市生活应有尽有了，只是无法体现罗马帝国的幅员辽阔和丰富多彩，无法将帝国无尽的人文资源充分浓缩于这几平方英里的土地上。①

其次，就城市的扩展而言，芒福德反对古罗马城市在这方面的毫无节制。问题的症结在于，古罗马城市的城市空间面积没有明显扩大，但人口在不断激增，从而带来了交通、住房、粮食、供水等诸多问题，继而降低了城市生活的质量。所以尽管为解决人口增多带来的城市问题，罗马帝国执政者们在公共设施与管理制度上做出了许多努力，但芒福德认为这不过是治标不治本的举措，并无太大价值。而实际的效果也正如我们所看到的，占城市人口大多数的平民生活仍然恶劣不堪。芒福德认为，问题的根源还是在于罗马帝国从未将限制、禁止、有秩序的安排、平衡等原则应用到它的城市与实际生活中去，它未能照顾到每个公民集团的利益，因而无法改善大城市的生活。②

① Lewis Mumford, *The City in History: Its Origins, Its Transformations, and Its Prospects*, New York: Harcourt, Brace and Company, 1961, p. 210.

② Lewis Mumford, *The City in History: Its Origins, Its Transformations, and Its Prospects*, New York: Harcourt, Brace and Company, 1961, p. 210.

再次，芒福德对古罗马城市堕落的城市生活深恶痛绝。关于这方面的论述，芒福德也有所侧重，相比酒馆里的争吵、公共浴场里的淫乱，他更关注竞技场里的血腥。当一种血腥的竞技表演形成固定的规制，甚至还有着在城中游行那样的仪式，俨然成为一种城市文化，对于芒福德而言，这是不可理喻的。因为死亡格斗的血腥表演通常发生在下午，他把这种扭曲的城市文化称为“下午的死亡”。[①] 的确，如果一座城市的娱乐生活是以杀人取乐，那么这座城市还有什么人文关怀可言。

基于对古罗马城市的种种不好印象，芒福德认定这样的城市注定要走向灭亡。在芒福德看来，城市不断扩展，人口不断增多，以至于城市问题日益突出是城市发展到一定极限的表征；城市生活空虚、腐朽、堕落则是城市开始衰落的另一种表现形式。城市从无到有，从小到大，发展到一定的极限，面临各种问题，继而灭亡，回归原始，从旧城的废墟中重新复生，开始新一轮城市发展之路。这是格迪斯提出、芒福德所倡导的城市循环发展周期论。在芒福德看来，古罗马帝国的灭亡是古代世界的终结，也是城市发展周期死与生的终点和起点。

基于对城市发展循环周期论的理解，芒福德合理衔接了古罗马城市与现代城市共同的困境，从而通过对比指出他所处的时代正经历新一轮的城市灭亡与重生的循环。从这一意义上说，芒福德通过在对古罗马城市的研究中找到了现实的意义。在他看来，现如今的城市生活情况与古罗马城市别无二致：竞技场、高耸的公寓楼房、大型比赛和展览、足球赛、国际选美比赛、因广告而无所不在的裸体像、感官刺激、酗酒、暴力等等诸如此类都是地道的罗马传统，而滥建浴室、筑造公路，以及着迷于各种耗资巨大却转瞬即逝的时尚活动也是地道的罗马风格，只是在新时代以新技术呈现出来罢了。[②] 通过这种古今联系，芒福德在警示世人，历史可能重演，我们的城市正走向错误的方向，正在步古罗马城市的后尘，走向灭亡。

---

① Lewis Mumford, *The City in History: Its Origins, Its Transformations, and Its Prospects*, New York: Harcourt, Brace and Company, 1961, p. 227.

② Lewis Mumford, *The City in History: Its Origins, Its Transformations, and Its Prospects*, New York: Harcourt, Brace and Company, 1961, p. 242.

Lewis Mumford's View of Ancient Rome City

Abstract Lewis Mumford's research on the ancient Rome city has a distinctive view angle and original thought, with profound thought of planning and deep humanity concern. In his view, ancient Rome city's planning is unreasonable, the city culture is also corrupt, the city is doomed to death. Based on his understanding of ancient Rome city and the connective thought of ancient and modern city development, we could have deep understanding of ancient Rome city, also could draw inspiration from it on the city development.

Key words Lewis Mumford; ancient Rome city; view of city

作者简介：李月，男，湖北襄阳人，上海师范大学人文与传播学院世界史专业师资博士后，主要从事世界古代史、西方城市史研究。本文是国家社会科学基金项目"路易斯·芒福德城市理论研究"(项目编号：14BSS003)、上海高校高峰高原学科建设计划资助项目、上海市高校一流学科建设计划上海师范大学世界史规划项目的阶段性成果。

城市与社会

唐宋以来汉中府城“坊”的初步研究

陈　涛

内容提要：本文通过历时性文献梳理和中尺度城市平面形态复原，考察唐宋以来汉中府城坊区的基本特征及其形成与演变脉络，并在此基础上比较唐宋坊制，确认清代汉中府城中的坊与唐宋时期的坊在形态、功能上有所不同，清代汉中府城的坊更多体现了对已有城市空间的整合。在城市空间不断扩大及演变过程中，坊表达了城市管理层面上的空间概念，它的形成与演变是对物质层面城市形态和空间结构的变化所做出的反应。

关键词：明清；汉中府城；坊；空间结构

引言

入唐以后，各府、州城市之中普遍推行坊市制，以强化对城市居民及其社会经济生活的控制。关于唐宋时期城市空间单位“坊”的研究，已经成为学界的热点，也形成了一些普遍认识。[①] 宋以后，坊市制度逐渐崩溃，但“坊”这一名称仍常常出现在各类文献之中，其含义也较唐宋坊市之“坊”有所变化。到明清时期，“坊”在城市中所代表的内涵呈现多元化，其中之一的具有空间属性

① 相关研究成果及评述参见宿白：《隋唐城址类型初探》，《纪念北京大学考古专业三十周年论文集(1952—1982)》，文物出版社，1990年，第279—283页；成一农：《走出坊市制研究的误区》，荣新江主编：《唐研究》第12卷，北京大学出版社，2006年，第305—318页；鲁西奇：《城墙内外：古代汉水流域城市的形态与空间结构》，中华书局，2011年；包伟民：《宋代城市研究》，中华书局，2014年，第102—171页。

的“坊”，成为探索明清城市空间的重要素材，[①]而目前学界基于区域或长时段的共性概括很难揭示这一演变趋势。近年来，随着各种文献资料的综合运用，都市形态复原研究日渐兴起，其方法渐趋成熟。这些研究显示，明清地方城市中“坊”的功能和意义较之唐宋“坊”有诸多差别。[②] 但目前的研究在个案选择上多集中于江南地区，对于江南以外其他地区城市的考察仍有欠缺，尚待进一步增加关注点。鉴于此，笔者以为从个案入手，运用城市历史形态复原手段，考察特定时段不同区域城市中“坊”的演变历程，以此提炼并积累比较分析的要素和个案，将有助于丰富对传统中国城市空间中“坊”的认识。

汉中城，位于陕西南部，汉水流域上游的汉中盆地中央。唐兴元年间改梁州为兴元府，府治设在南郑(即今市区)。南宋嘉定十三年(1220)，府城重筑，规模缩小，位置较此前的兴元府城略向北移。[③] 元代改兴元府为兴元路，明初更兴元路为汉中府，并以南郑县为附郭，县署、府署同城，清代沿袭。明清两代府城相继整修，城墙一直沿用至民国时期。因此该城在历史上的各类文献中有南郑县城、兴元府城、汉南郡城、汉中府城等多种名称。学界关于汉中城市史地研究涉及较广[④]，但尚未见有关汉中府城“坊”的专门讨论。

本文将利用多种地图资料考察汉中府城“坊”的演变，除传统方志地图外，民国时期汉中出现的大比例尺实测地图可为复原研究创造有利条件。其中参考价值较高的有 4 种：其一为 1937 年刊《陕西省明细地图》所附《南郑县城街道图》(比例尺 1：20000)，[⑤]其二是《南郑县城图》(比例尺

---

① 魏幼红：《明代地方城市的“坊”——以江西省府、县城为中心》，《中国历史地理论丛》2006 年第 2 期，第 23—34 页。

② 钟翀：《上海老城厢平面格局的中尺度长期变迁探析》，《中国历史地理论丛》2015 年 03 期，第 56—70 页；来亚文：《宋元与明清时期嘉兴城中的“坊”》，《中国历史地理论丛》2015 年 03 期，第 71—82 页。

③ 关于历代汉中城址的变迁，可参考《汉中城址变迁示意图》，前揭鲁西奇：《城墙内外：古代汉水流域城市的形态与空间结构》，第 164 页。

④ 史念海：《汉中历史地理》，《河山集(六集)》，山西人民出版社，1997 年，第 471—515 页；马强、温勤能：《唐宋时期兴元府城考述》，《汉中师范学院学报》(社会科学版)2001 年第 4 期，第 91—94 页。

⑤ 武昌亚新地学社 1937 年 10 月印行，(台)“内政部地政司”藏，资料标识码：map_moi2_5moi00104。武昌亚新地学社所印行《陕西省明细地图》有多个版次，笔者所见为台湾“中研院”地图数位典藏系统之扫描版，按地图介绍信息中标明为民国 26 年 10 月印行之第五版，图中除字体、配色与 1936 年 7 月第四版略有不同外，内容基本相同，因此出版时间在 1937 年可信。

1：5000)，[①]其三是 1947 年测制的《南郑县城厢图》(比例尺 1：10000)，[②]其四为 1941 年日军所绘《陕西省汉中附近要图》(比例尺 1：10000)，[③]以上 4 种地图，以《南郑县城图》(图 1)最为精确、清晰，且其比例对于中尺度城市空间结构考察较为有利。以下将在文献梳理基础上，主要结合该图对汉中府城“坊”的形成与演变过程开展分析。

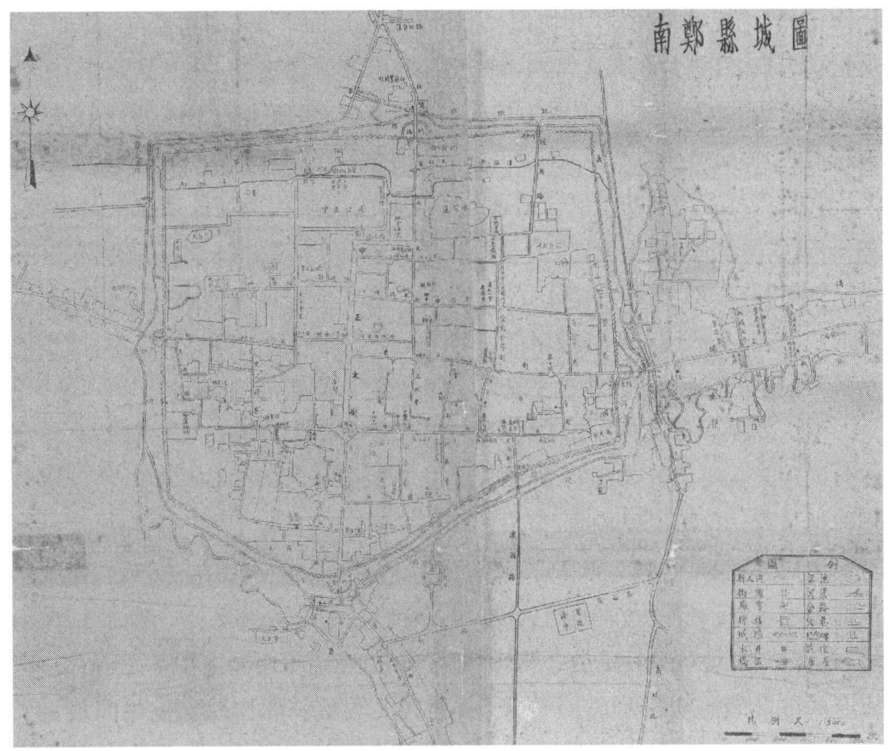

图 1　民国《南郑县城图》(城市部分)

① 《南郑县城图》由南郑县政府编绘，出版时间约在 1941—1946 年间，(台)“内政部地政司”藏，资料识别码：map_moi2_5moi00121，笔者所见为台湾“中研院”地图数位典藏系统之扫描版。

② (民国)陕西省地政局：《南郑县城厢图》，(台)“内政部地政司”典藏大陆各省陆测地形图，资料识别码：map_moi1_33341，1947 年测图复制，笔者所见为台湾“中研院”地图数位典藏系统之扫描版。

③ 由日本乙集团参谋部绘制于昭和十七年(1942)七月，属军事地图，图上用日文标注民国汉中城内外主要政府机构、军事设施及对外交通信息，地图原件藏于陕西省汉中市汉台区档案馆。

一、问题的提出

明代至民国初期与汉中府城有关的各类文献中,“坊”字频出,其含义也有差异。大致可分为建筑物中的坊(或牌坊)和以“坊”为名的街区两种。如明万历二年(1574)翟涛所撰《新修文昌宫碑记》载:“有魁星等祠,东西有道院,树以坊门,缭以墙垣,周围计一百二十七丈”。[①] 成化年间汉中知府伍福所撰《城隍庙碑记》载:“旋增两庑仪门、坊门,垣四周俱高且固。”[②]又如康熙《汉南郡志》所记:“忠直名臣坊,在真武宫西,御史张羽建;孝义传芳坊,在东察院东,知县朱永建。”[③]以上所举之“坊”或为坊门,或为牌坊,都是建筑实体,历代文献均有记载。

再是以“坊”为名的街区。清代各种文献中以坊称街区的现象大量出现,如嘉庆《汉南续修郡志》卷八《公署》载“总兵署,明季设总兵署,在城内东察院坊”,“中营游击署,在城内南正街什字坊”。基本上是以参照物或方位词加坊的形式出现,其他还有不同数量的坊名散见于不同时期的各类文献中,以坊指示各种地物的空间位置,坊成了城市空间参照物和城市街区地名。

然梳理现存汉中城市有关的明清文献,发现上述以“坊”分区、以坊名指示方位的现象在明代未有发生,而清代尤其是清中叶以后的各类文献中以坊名用作地名的现象却比较普遍,但未发现有关坊区的具体位置记载和描述。直至民国初编纂的《续修南郑县志》才有集中记述。其卷一《舆地志》载:“郡城同治前编十坊,曰书香坊、府西坊、仓场坊、新街坊、华庙坊、察院坊、孝义坊、什字坊、官官坊、行台坊。兵燹后仓场坊(即今府仓,在道署南)、新街坊(今新街)均入府西坊,什字、官官两坊合并一坊,外足四关坊及东郭之塔儿巷、果园坝为十三坊。”[④]之后又将各坊位置及坊内所辖地物要素分别介绍,这是有关明清以来汉中府城“坊”编制情况的唯一系统记述。

由上述引文也可看出,明清以来汉中城确有将坊作为城市空间区块的名称,且前后有过调整。那么,民国初年记载的作为城市空间区块的“坊”究竟源于何时?是否与唐宋时期坊市制度存在某种渊源?同治前后各坊在城中分布

---

① 陈显远编著:《汉中碑石》,三秦出版社,1996 年,第 166 页。

② 嘉庆《汉南续修郡志》卷 26《艺文》。

③ 康熙《汉南郡志》卷 4《建置志》。

④ 民国《续修南郑县志》卷 1《舆地志》。

状况如何？又是以何种标准进行划分的？其形态、功能与唐宋地方城市的坊制有何异同？这将是本文接下来考察的方向。

二、唐宋兴元府城中的"坊"

唐宋时期各府、州城市都普遍推行坊制。鲁西奇在对唐宋汉水流域州县城的形态和空间结构进行考察时，曾以兴元府城为个案进行研究，文中以北宋兴元府知府文同所的《奏为乞修兴元府城及添兵状》中之"坊巷"为据，通过"旧制"与"今"制对比，认为唐宋兴元府城内可能区分"里坊"与"市坊"，并根据当时一般府城坊之规模推测兴元府城可能会有十六坊。①

关于宋时兴元府城有"坊"的问题，《太平广记》卷二百三十八《诡诈》篇中所载一篇题名曰"文处子"的逸闻故事可对此进行补充，录文如下：

> 有处子姓文，不记其名，居汉中。常游两蜀侯伯之门，以烧炼为业。但留意于炉火者，咸为所欺。有富商李十五郎者，积货甚多。为文所惑，三年之内，家财罄空。复为识者所诮，追而耻之，以至自经。又有蜀中大将，屯兵汉中者，亦为所惑。华阳坊有成太尉新造一第未居，言其空静，遂求主者，赁以烧药。因火发焚其第，延及一坊，扫地而静。文遂夜遁，欲向西取桑林路，东趋斜谷，以脱其身。出门便为猛虎所逐，不得西去，遂北入王子山溪谷之中。其虎随之，不离跬步。既窘迫，遂攀枝上一树，以带自缚于乔柯之上，其虎绕树咆哮。及晓，官司捕逐者及树下，虎乃徐去。遂就树擒之，斩于烧药之所。（出王氏见闻）②

《太平广记》成书于宋太平兴国年间，该书虽属逸闻故事，"王氏"生平亦不可考，但文中所记"汉中""斜谷""王子山"等地名皆有其实。斜谷、王子山在汉中附近，明清文献均有记载，且与书中所描述方位一致。由此，宋代兴元府城有"华阳坊"、且城中有坊之划分当可确认。按唐宋坊市制一般特征，华阳坊处城中，建有官员住宅，文氏烧炼失火殃及一坊居民也在情理之中。

直到元代，以坊分区或以坊代指街道的现象仍有遗存。元中统年间蒲道

---

① 前揭鲁西奇：《城墙内外：古代汉水流域城市的形态与空间结构》，第 163 页。

② 李昉：《太平广记》第 5 册，中华书局，1961 年，第 1840 页。

源《顺斋先生闲居从稿》所收录《顺斋先生墓志文》载：

> 蒲公，讳道源，字得之，其先眉州青神县龙泉乡人。考讳政，累赠奉训大夫，礼部郎中，飞骑尉，追封平乡县男。母赵氏，平乡县君，以中统庚申八月甲子生先生于兴元府安仁坊，岐嶷不群，乡里异之。……子机以其年十月壬寅，奉先生柩与夫人何氏合葬于南郑瓮池村先茔之侧。[①]

墓志中明确记载蒲道源出身官宦家庭，其出生地位于兴元府安仁坊，而其墓地在南郑县东之翁池村（翁池村今仍存，位于今南郑县之东圣水镇）。由此可知元代兴元府城中仍存坊之划分，但其数量和位置无从考察。

三、明清汉中府城坊区形成与演变

鲁西奇认为明清汉水流域城市中以坊或坊街指称街区的现象，大抵在明后期已出现，明襄阳城已有例证。[②] 而以汉中城观之，现存唯一明代方志嘉靖《汉中府志》和明代地方文献之中，有关汉中"坊"的各种记载大多为建筑实体的牌坊，暂未发现以坊称街区的现象。南宋末年府城徙筑，元明之际府城又遭遇兵灾重创，先前文献记载的"华阳坊""安仁坊"在明清文献中均未再见，所以大致可以断定清代汉中府城出现的坊区并非沿袭宋元。

明清汉中府城最早的有街区性质的"坊"出现在清初梁鋐《修街浚沟记》中：

> 至我公临汉，轸念民艰，无事不咨询疾苦，一睹街道崎岖，慨然太息。以修浚为己任，会同守道郭公、兀戎何公暨诸寅属各捐俸金，散给各坊，砖石、工用取足。于是未匝月而功成，汉城数万户之民居安宅而行康庄。[③]

关于此次城内修路的时间，引文没有详细说明，从作者履历推测此事发生

---

① 杨讷、李晓明：《文渊阁四库全书补遗》集部《宋元卷》第 4 册，北京图书馆出版社，2006 年，第 183—185 页。

② 前揭鲁西奇：《城墙内外：古代汉水流域城市的形态与空间结构》，第 421 页。

③ 乾隆《南郑县志》卷 15《艺文》。

在康熙初(1670 年代)。[1] 梁鋐视察汉中,将俸金散给各“坊”购买建材,以“坊”为单位进行整修,据此推测此处的“坊”就有指代城市空间区域的含义,但具体指示城市区块还是街巷暂不可考。

清汉中城有确切以坊作为地名的记载,见于雍正《陕西通志》卷三十七《屯运一》:

> 南郑县社仓四处:花庙坊、南关坊、七里店、琉璃场各一座。座各五间。雍正八年建。[2]

雍正《陕西通志》记事止于雍正十年(1732)。文中所记花庙坊、南关坊、七里店、琉璃场 4 处地名,其中 2 处称坊,其具体位置可根据其后的嘉庆《汉南续修郡志》和民国《南郑续修县志》进行比对。“花庙坊”在其他文献中均未发现,但嘉庆《汉南续修郡志》和民国《南郑续修县志》中大量出现“华庙坊”,由此推断“花庙坊”即后期的“华庙坊”,在府城内东北隅;“南关坊”后世方志、碑刻文献多有出现,在府城南门外;七里店,民国《南郑续修县志》卷六《纪事志》有“东关外七里店,旧有社仓存谷”[3]的记载,在府城东门外三里处;琉璃场,嘉庆《汉南续修郡志》卷十三《学校》记载在“城西二里”[4]处。

除正式官方文献外,现见民间碑刻中亦有此类记述。乾隆十年(1745)立石、现存于汉中市天台山庙中的《送祖师像安置天台山庙中碑》载:

> 盖闻妥补以□,奉神以诚,郡内睡佛寺中有祖师金像,寺久倾圮,位置殊不得所。有行台坊众信等目击心伤,爰装以金,……首事者求记刻石,为序始末,以志其诚。
>
> 行台坊统理助金会首:刘国祯、吉良臣、褚自珍、张伸。
>
> 察院坊:赵良佑、傅作相、金治德、王自成。
>
> 书香坊:唐兆信、秦振奎、陈其纬、师可相。

---

① 梁鋐(? —1715),陕西三原县人,顺治十二年进士,长期在京任职,历任刑部、工部官员。从他与郭、何暨二人等级判断,梁鋐此去汉中的时间可能在康熙十二年回乡丁忧期间,即 1670 年代。

② 雍正《陕西通志》卷 37《屯运一》。

③ 民国《南郑续修县志》卷 6《纪事志》。

④ 嘉庆《汉南续修郡志》卷 13《学校》。

东关坊：张荣、赵思圣、沈一洪、傅君赐。

南关坊：董义葵、邵景。宗家营：郝恩敬、梁振泽。[①]

碑记所载此次安放神像的工作人员及其居住地有行台坊、察院坊、书香坊、东关坊、南关坊。综上述2条史料记载，这一时期，称之为坊或是以坊代表的区域范围也扩展到城外，如南关坊、东关坊。

到清中期，坊名开始集中出现，成书于嘉庆二十三年(1818)的《汉南续修郡志》中就有大量与坊有关的记述。但嘉庆《汉南续修郡志》记录的坊并未介绍由来，而是散见于各类地物的位置描述之中。其中的卷十三《学校·书院》所载"书院田地坐落地各租课数目当商本息银数目"条下可见集中的记录：

一城内官官坊上地二亩六厘，王府坊上地三亩九分，察院坊上地一亩四分，行台坊上地一十二亩三分，华庙坊上地五亩五分，仓场坊上地一十三亩八分，每亩纳租钱六百文，每年共纳租钱二十三千三百七十六文。

一城内官官坊勤农何启贵承种区田四亩，每年共纳租钱一千六百文。

一城内新城坊中地四亩四分五厘，王府坊中地一亩，察院坊中地九分四厘，行台坊中地十亩二分，华庙坊中地二亩九分，仓场坊中地二亩六分一厘，每亩纳租钱四百文，每年共纳钱八千八百四十文。

一城内官官坊下地五亩七分三厘，察院坊下地二分，华庙坊下地一亩四分，每亩纳租钱二百文，每年共纳租钱一千四百六十六文。

一城东南果园坝上地五十四亩七分，每亩纳租钱六百文，每年共纳租钱三十二千八百二十文。[②]

上述引文中共计出现7个坊，同书卷八《公署》中还可见上述之外的书香坊、什字坊的记载——"二十六年副将郑启明倡合营捐资，贸城东书香坊李方伯宅，建协署。""中营游击署在城内南正街什字坊。"[③]

---

① 前揭陈显远编著：《汉中碑石》，第210—211页。

② 嘉庆《汉南续修郡志》卷13《学校》。

③ 嘉庆《汉南续修郡志》卷8《公署》。

经梳理统计，嘉庆《续修汉南郡志》中共出现9个坊名。分别为官官坊、王府坊、察院坊、行台坊、华庙坊、仓场坊、新城坊、书香坊、什字坊，都位于城内。

同治初，汉中遭太平军围攻，府城人口、建筑损失惨重。民国《续修南郑县志》设有专目介绍汉中城同治前后坊的基本情况。称兵乱之后，汉中府城重新划分坊区，将原有仓场坊、新街坊并入府西坊，什字、官官2坊合并为1坊，外加4关坊及东郭之塔儿巷坊、果园坝坊为13个坊，即同治新编“城郭十三坊”①。在此将各时期文献所见坊名做一梳理，列表如下。

表1　各时期文献所见清代汉中府城坊名记载

文献出处	坊名	数量	时间
雍正《陕西通志》	花庙坊、南关坊	2	雍正十年(1732)
乾隆《送祖师像安置天台山庙中碑》	行台坊、察院坊、书香坊、东关坊、南关坊	5	乾隆十年(1745)
嘉庆《汉南续修郡志》	书香坊、仓场坊、王府坊、察院坊、华庙坊、新城坊、什字坊、官官坊、行台坊	9	嘉庆二十三年(1818)
民国《续修南郑县志》	书香坊、府西坊、仓场坊、新街坊、华庙坊、察院坊、孝义坊、什字坊、官官坊、行台坊	10	同治兵乱(1864)之前
民国《续修南郑县志》	书香坊、府西坊、华庙坊、察院坊、孝义坊、什字官官坊、行台坊、东关坊、南关坊、西关坊、北关坊、塔儿巷坊、果园坝坊	13	同治兵乱(1864)之后

由表1可以看出，汉中府城的坊区可能至迟在清初已经出现，城墙内部及城门附近区域都可以称之为坊。到清中期，坊区划分逐渐稳定。若以同治前编10坊为标准，嘉庆志中9坊与“同治前”10坊略有区别，9坊中缺少孝义坊、府西坊和新街坊，而增加王府坊、新城坊。嘉庆志的王府坊和民国志的府西坊都带“府”字，但前者应与明瑞王府有关，居城北；后者据县志描述，府西坊之“府”应和府署有关，居城中东南。

坊作为空间区域的名称，其意义主要体现在城市空间位置的表达方面。

① 民国《南郑续修县志》卷1《舆地志》。

明清汉中各种志书中，无论是明嘉靖《汉中府志》，还是清初康熙《汉南郡志》、乾隆《南郑县志》，在介绍城内官署或寺庙建筑等地物时，通常都是以参照物＋方位词“东、西、南、北、前、后”等描述位置，如嘉靖《汉中府志》卷二《建置志》记载“府学，府治西南”“南郑县治，城中府治西”等①，其他地物要素的空间描述也通常采用此法。而表 1 中列举的雍正、乾隆时期出现的坊名，并未在上述康熙志和乾隆志中出现。乾隆年间民间碑刻中出现的 5 个坊名中，东关坊、南关坊也未出现在同治前所编的 10 坊中，而直到同治兵乱之后编制的 13 坊中才被正式纳入。由此推测，清代汉中城以坊分区应该有政府组织编制和民间自发这两种形式，初期政府组织编制的坊都位于城内（详后文及复原图），而城外的各关坊是由民间依据城内各坊对城外街区的一种称谓，到了清同治年间的“新编”，才对城内外各坊进行再一次整合。

嘉庆《汉南续修郡志》志中，以坊来描述空间方位的表达方式大量出现，但未完全取代先前的以参照物＋方位词的方式，两者并存于文中。民国《续修南郑县志》在详细记述同治年间坊区变迁的同时，在《建置志》中记录汉中城各种地物时，以坊来描述空间方位成为普遍现象。如“天主堂，行台坊西街北”“仓神庙，什字官官坊”“太白庙，行台坊”等等②。

此类叙述方式的转变也可印证清代汉中城市的发展历程。明末清初，陕南地区屡被兵燹，汉中府城也遭受重创。战乱后府城修复，城内各政府机构衙门首先得到确立，在此条件下，政治建筑往往成为最“显著”的地理参照物。随着城市社会经济的繁荣发展，城内外各区域的整合逐渐加强，建筑参照物作为地标的功能逐渐弱化，表现在历史文献之中，城内外各区域——坊区作为城市定位用语的现象则越来越突显，到清中后期，以坊为参照物标识空间位置的方式被广泛采用。从两者的文本和语境也可看出，清前期以政治建筑为参照物的空间表达方式侧重于权力空间的实体，是王朝政治权力的一种体现。而到清中后期，坊登上舞台，并成为最普遍的城市标识用语。而在坊的名称方面，或以标志性建筑物为坊名，或以方位命名，或以民风教化之词为名，呈现出多元化趋势，这也是城市社会经济繁荣的表现。

---

① 嘉靖《汉中府志》卷 2《建置》。

② 民国《南郑续修县志》卷 2《建置志》。

四、坊区的复原

民国《续修南郑县志》详细记载同治新编"城郭十三坊"的范围和坊区内主要地物要素及空间信息，加之同书《建置志》中在描述城市地物要素空间位置时以坊区为参照物，以此可以反推各坊的空间范围，此两者结合可大致梳理出同治城郭13坊的基本情况（表2）。

表2　清同治新编城郭十三坊

名称	范围	坊区内主要机构、建筑或所辖乡村
书香坊	在东城隅，北由县庙巷路，南经道署门，直抵城垣，西至宫门口、周公巷口止	新道署、旧镇署
府西坊	东由道署门至旧中营署，经府庙涝巷，南抵城垣	电报局、警察所、讲演所、府仓、西厫房、府城隍庙、火神庙、昭忠祠、韦陀堂、准提庵
察院坊	山西会馆巷南，东由宫门口、周公巷口直西越四川会馆门，至琉璃照壁止	邮政局、真武宫、四川会馆。
华庙坊	在城东北隅，南由北街口及山西会馆巷与石狮子巷北至三圣祠，东北抵莲花池与北关坊接，西北校场至照壁与行台坊接，东由县庙门西抵马坑坎	山西会馆、河南会馆、天师庙、白华庵、金轮寺、翠阴庵、喇嘛寺、审检厅、中学校、南郑高等小学、县城隍庙、道教会、清真寺、东岳庙
行台坊	在城西北隅，由四川会馆后旧御街越天主堂至西门，南由鸭儿塘至校场，经天庆庵，西北抵城垣	第二监狱、演武亭、安怀堂、天主堂、福音堂、罗祖庙、睡佛寺、太平寺、柳林庵
什字官官坊	在城西南隅，东由旧中营署，西至二郎庙、城垣，北由四川会馆巷口及新镇署后，南至大钟楼偏南及学宫后止	镇守署、县署、女子学校、教育会、劝学所、大钟楼、关岳庙、仓神庙、二郎庙
孝义坊	在城南由大钟楼南偏至南门，文庙以东，江西会馆、两湖会馆以西	文庙、学宫、农业学校、江西会馆、两湖会馆、草塘寺、万寿寺
东关坊	由东门桥至漫水桥，南接果园坝，北接塔儿巷及老君下坝	五郎庙、净明寺，人烟稠密，商业繁盛，以此为最
南关坊	南门至汉水中下两渡，东接果园坝，西接西区九女坝，兴隆街木厂在关之东	风云雷雨山川坛、武侯庙、南大塚、光绪三年饿殍大塚、望江寺

续 表

名称	范围	坊区内主要机构、建筑或所辖乡村
西关坊	西门至明珠桥，西南接九女坝，北连北关坊，隶曹家营、吴家庄、柳家堂三村	曹家营、吴家庄、柳家堂，古哨台三座，社稷坛遗址、官立苗圃、西大塚及祠
北关坊	由城内莲花池及校场巷，北至关外石马坡，接北区八里桥坝，东接老君下坝，西接老君中坝，隶纵约六里，横约八里	城内环塘庙，城外三里店、胡家庄、王家营、刘家营、袁家坡、彭家庄、梁家营、叶家营、李家桥、傅家河湾、韩家湾、石马坡、苟家营、郭家营、陈家营、焦山庙、礼智沟、黄家塘、唐家巷十九村、北大塚、厉坛、饿殍大塚
塔儿巷坊	回教民居十之九，东关街后，北至陈家营，接老君下坝，南至同仁巷，西枕城壕，东接东关坊，并老君下坝地，倚东郭，仅有巷街三四	南、北清真寺
果园坝坊	旧属南区，以近东郭，故附焉。东接七里店坝，西接碗铺街，纵约八里，横约五里	王仁桥、万仙桥、席解营(明解元席增光故里)、丁家营、萧家巷、过街楼、袁家营、高李营、桃园子十村，拜将台古迹、东大塚、孤魂堂

资料来源：(民国)郭凤洲、蓝培原纂修：《续修南郑县志》卷一《舆地》、卷二《建置》。

在确定坊区范围和坊内基本地物要素后，可以选取民国汉中城实测地图对上述坊区信息进行复原。本文选取《南郑县城图》为底图，同时参考上面提到的其他几种实测地图及民国《续修南郑县志》所附《县城池图》，将确定的城壕、街巷、衙署祠庙等地物落实在复原图上，由此大致复原出民国初这一时间断面的汉中城市平面图，再依据文献所记各坊的大致边界及内部地物要素分布，复原出同治新编十三坊区示意图，最后以同治新编十三坊示意图上溯复原同治前10坊示意图(图2和图3)。[①]

① 同治新编十三坊区一直沿用到民国初年，图中所复原的为民国初年的汉中城，再以此为基础绘出各坊区界线。图2中北关坊、西关坊、南关坊、果园坝坊、塔儿巷坊所辖范围广阔，为说明它们与同治前各坊之间界线关系，限于图幅而未全部画出其全部所辖范围。图3中新街坊、府西坊和仓场坊之间及什字坊与官官坊之间因无界线记载，只能根据相关描述标出大致的位置。

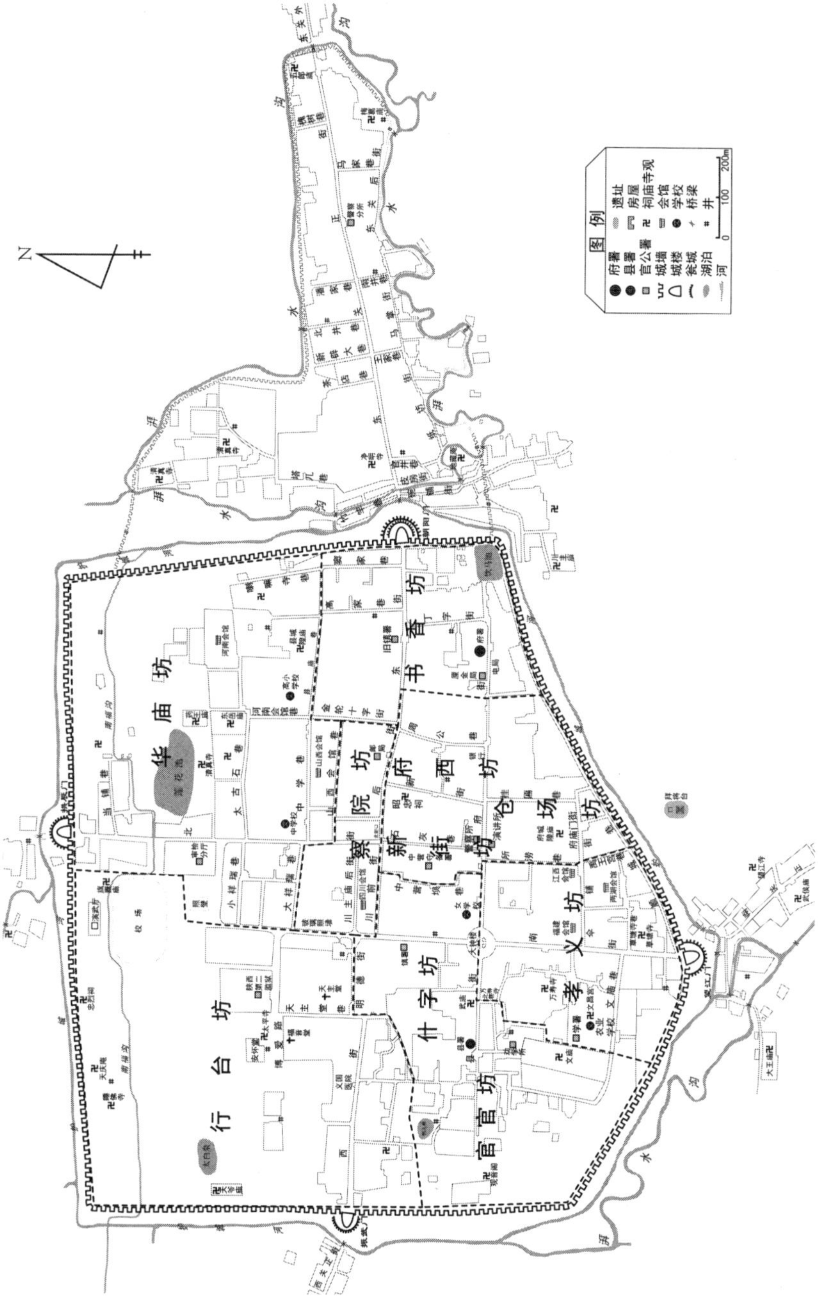

图 2　同治新编十三坊位置示意图

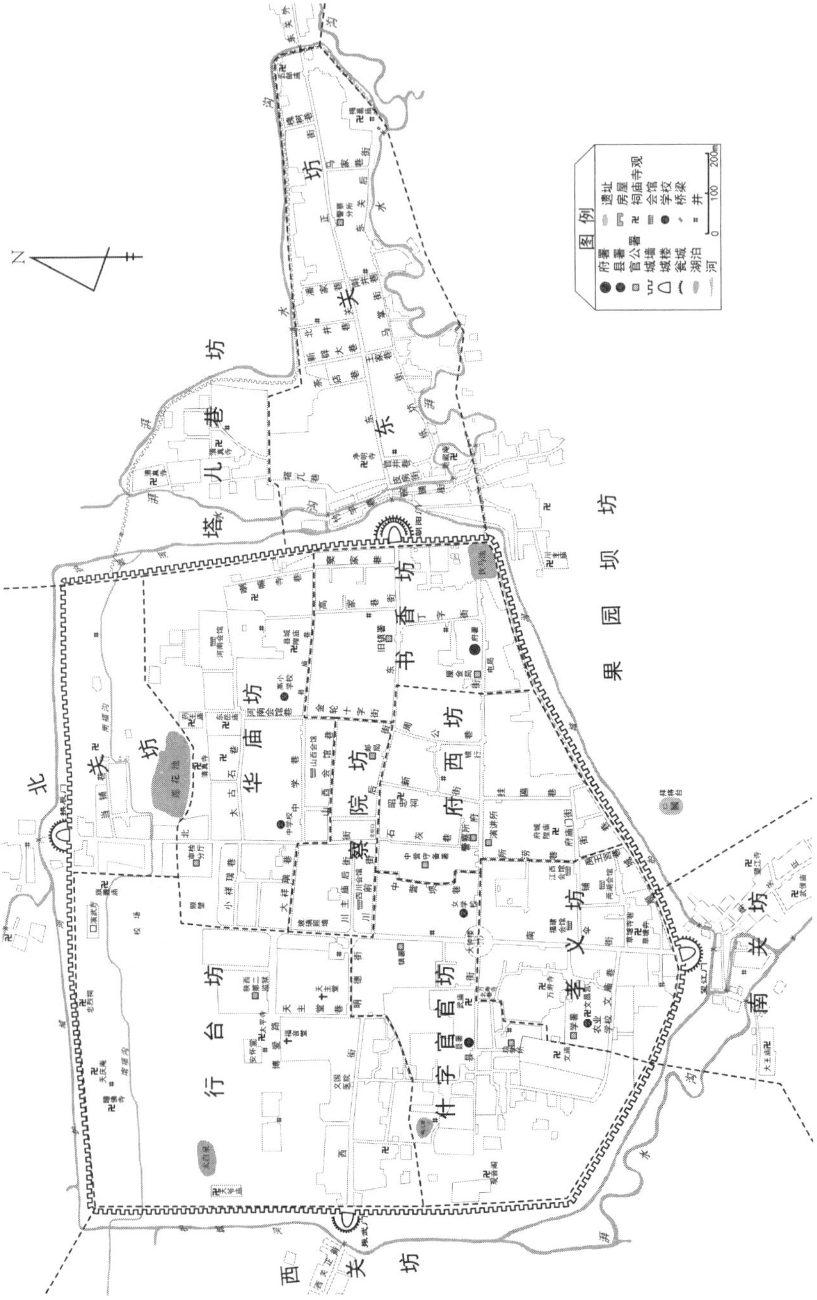

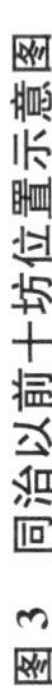

图3 同治以前十坊位置示意图

五、坊的比较

根据同治前的十坊复原图和同治新编13坊复原图的对比，可以看出清代汉中府城坊的一些基本特性：首先，从各坊的边界形态来看，同治之前所编定十坊的范围仍局限在城内，城墙可以说是其外部边界线，这也印证了嘉庆《汉南续修郡志》“书院田地坐落地各租课数目当商本息银数目”一文中出现的7坊都位于城内的说法。同治新编十三坊中，在前述引文中出现府城东南的“果园坝”变成同治新编十三坊之一的“果园坝坊”，其所指区域也由城东南的几个村落扩展到“纵约八里，横约五里”的广阔区域。其他北关坊、西关坊、南关坊、塔儿巷坊也是如此，依托城外街区并囊括周边乡村形成坊区。此外，城墙作为坊区间重要的划分界线，但也有跨越城墙、兼具城内外的坊区——北关坊。再者，雍正《陕西通志》中记载的南关坊及乾隆年间《送祖师像安置天台山庙中碑》碑记中记载的东关坊、南关坊，也出现在同治新编的十三个坊区中，城外坊区纳入编制，与城内坊区一起构成城市空间单位，这也是“坊”作为城市空间从文化心理和制度层面上完成对城墙界限的超越的标志。

其次，从坊的规模来看，同时期的不同坊区以及不同时期编定的坊区，在面积上均有相当差距。如同治前所编十坊区中，府城内东南以及城内政治中心附近聚落相对密集区域的坊区，如书香坊、府西坊、察院坊的面积比同时期城内西部的行台坊、城北的华庙坊要小得多。而同治新编十三坊中各坊区的规模相差更大，尤以城关各坊区与城内坊区之间的差距明显。从十坊到十三坊，除城外增加坊区外，城内还有坊区合并的现象，仓场坊、新街坊并入府西坊，什字、官官两坊合并为十字官官坊。由此可以看出，同治十三坊在编定时，并没有以面积作为划分标准，而有可能是以人口数量为划分标准，进而推断同治前所编十坊也是如此。因此可以断定，清代汉中城坊区编定的原则是在人口数量的基础上，综合一定街区而形成坊区。

另外坊的形态方面，清代汉中城内各坊区虽基本以街巷为界线进行划分，但受到街巷格局不规整及人口分布不均的影响，各坊所呈现出来的几何形态也是不规整的，当然这又与城墙本来的不规整有关，至于同治新编十三坊中的城外各坊，更是没有规整的界限。唐宋兴元府城坊制的具体形态今难以考订，但与学界以往归纳出唐宋地方州府级城市坊制一般特征对比，清代汉中府城坊区划分更多体现在对已形成的城市聚落空间的整合，有一定的滞后性。

唐宋时期坊市制度下的“坊”在划分城市空间的基础上，还兼具城市基层地域行政管理的功能。宋代城市中坊有明显的标识——坊额，各坊设有专职管理人员，坊内居民要承担一定的坊役。[①] 明清时期坊的功能出现多元化趋势，有等同于基层组织里、图的坊图之“坊”；有用于区分城乡空间、与“乡”并列的乡坊之“坊”。在江南地区如宁波、嘉兴等城市中，坊成为城市管理、赋役征收的基本单位。就目前所见的资料来看，清代汉中府城中的坊区虽未有城市基层社会管理方面的直接记录，但从政府编制坊区这一行为，以及在清末的汉中一些地方秘密社会组织（哥老会）中，出现的以坊为单位、管理坊内成员的头领——十三坊“公口”来看[②]，坊在城市基层社会某些领域依旧发挥着管理职能。

六、余论

坊市制度虽在宋以后逐渐崩溃并走向衰亡，但其所蕴涵的文化地理意义在城市中仍有所体现，其原有的城市分区观念仍有遗存。进入清代，随着汉中府城社会经济的发展，城内不同区域内部整合进一步加强，逐渐以某些标志性地物（如官署、寺庙、十字街）为核心形成区片，被民众称为坊区，“坊”这一名称重新被“激活”。伴随城外街区的拓展，城外和相邻的郊区也逐渐城市化，这些新形成的城市化区域也被冠以坊的名称，即城外街区亦可称之为坊。清中期以后，以坊划分城市区块趋于稳定，从而被官方所接受，从坊区概念出现到成为官方正式编制，经历了一个长期的过程，官府在坊区的组织方面也起到了重要作用，坊区的编制从城内扩展到城外街区甚至周边乡村地区。

通过上文的文献梳理和城市平面复原比较，可以看出清代汉中城市的“坊”体现了一种文化层面上的空间概念，它的形成与演变反映了物质层面城市形态和空间结构的演化过程。面对传统中国城市多元化演进，开展个案城市历时性研究，积累不同城市的空间形态演变素材，可为今后同时期、同类型或区域性的城市史比较研究提供支撑。

---

① 前揭包伟民：《宋代城市研究》，第 102—133 页。

② 姚效先、何长白、刘次枫：《汉中江朝宗所标榜的“保境安民”》，见《陕西文史资料选辑》第 1 辑，1961 年，第 129—136 页。

The "Fang(Square)" of Hanzhong City since Tang and Song Dynasties

(College of Humanities and Communications, Shanghai Normal University, shanghai, 200234)

Abstract: This paper based on historical documents review and medium scale Urban morphology restoration, emphatically studies the form and evolution of the Fang Square since Tang and Song Dynasties. By comparing with the "Fang" in Tang and Song dynasties, the meaning of Fang Square of Hanzhong city in Qing Dynasty was more reflected in urban spaces integration. In view of the continuous urban space expansion in Qing Dynasty, Fang(Square) as a kind of the spatial concept in cultural dimensions, its formation and evolution reflect the change of urban morphology and spatial structure on the material level.

Keywords: Hanzhong city; Ming and Qing Dynasties; Fang; spatial structure

作者简介：陈涛，上海师范大学人文与传播学院博士研究生，主要从事历史地理学、城市史领域研究。本文为国家自然科学基金项目"基于早期近代城市地图的我国城郭都市空间结构复原及比较形态学研究"(41271154)、国家哲学社会科学研究基金重大项目"外国所绘近代中国城市地图集成与研究"(15ZDB039)、上海高校高峰高原学科建设计划资助的研究成果之一。

明清以来严州府城内的基层组织

赵 界 钟 翀

内容提要： 明清严州府城为严州府治所在，在今浙江省建德县梅城镇，是一座历史悠久的山间滨江小城。本文尝试复原明清时期城内“图”与“庄”的平面格局，并对府城中“庄”“图”与“坊”的历史演变与关联性开展初步探讨。在严州府城中，明代主要的基层管理组织是“图”，清雍正六年推行顺庄法之后，以图为基础重新编制划分了“庄”，以承担赋役征发等职能。“图”与“庄”在城市管理上有着较为明确的继承性，在空间形态上也有密切的关联，“庄”的空间形态甚至可能追溯到宋代城内的“坊”。

关键词： 严州府城；坊；庄；图；城市历史形态学研究

近年来随着城市化的迅速推进，我国城市史学界对古代城市基层组织的研究愈发关注。所谓城市基层组织是指城市之中执行管理事务的底层管理机构。里甲制是明清时期我国城乡最为基础的管理体系。按《明史·食货志》载：“里设老人，选年高为众所服者，导民善，平乡里诉讼”。这就说明了里甲制中的“里”不仅仅负责赋役征发，同时还行使着风俗教化、治安诉讼等职能。不过，对于里甲制在城市之中具体如何运行、地方都市之中的“里”实际面貌如何，目前尚缺乏深入细致的个案研究。

明清时期的严州府城为严州府治与附郭县建德县的县治所在，位于今建德市梅城镇，地处新安江和兰江的交汇处，三面环山。此地上通徽、婺、衢三府，下连杭、嘉、湖等府，是历史上沟通两浙东西的枢纽城市之一。自神功元年(697)迁睦州州治到建德县开始，建德作为州府级治所城市直至民国初年，历经12个世纪始终未曾改变。作为一座山间小城，其城市内部形态稳定，并且该地自南宋以来有多种方志传世[①]，因此颇具个案分析的价值。本文所讨论的明清严州府城内的基层组织涉及到明至清初的“里”“坊”“图”以及清代的“庄”，是与该地里甲制密切相关的城市基层组织，笔者拟运用实地调查与大比例尺图上复原的方法，探究明清严州府城内基层组织的嬗变，并进而还原清雍正时期浙江全省推行顺庄法之后严州府城内“庄”以及明至清初“坊”与“图”的关系及变化情况，同时对明清严州府城内基层管理组织变迁做一初步考察。

一、清初以来严州府城内的“庄”

清代前期在浙江省首先推行“顺庄法”，后逐渐推广至东南地区，给地方基层组织体系带来深远影响。这一变革前后，当地的城市内部实况如何？以严州府城而言，康熙《建德县志》载：“国朝顺治三年六月，严州归附，建德仍首县，里如旧”。[②] 可见，清初的严州府附郭建德县，其基层组织架构承袭明制，仍以明代的里甲制为版籍制度之基础。至康熙十年(1671)，为改变原有里甲编户体系对人户、田土控制日渐废弛的现状，意图通过不定期的土地丈量将编户之“里”转变为编田之“图”，不过，从《乾隆县志》的记载来看，该项最初行之有效的政策在运行不久之后即已弊病丛生。

> 前朝查丈，一时虽若扰民，迨鱼鳞号册既定，遂为百年之利。惟是五年编审，十年大造，零星小户，田无归著，司事者因将余数分派各户，此有重税、漏税之所由来也，积久弊多。于是有昔富今贫之户，田去粮存，莫可究诘。国朝康熙十年大造，立为直脚细号，按号查田，按田查主，逐一归

---

① 现存严州府及建德县方志10种，其中宋志2种(包括现存最早附有城市地图的《淳熙严州图经》)、明府志3种、清府县志4种、民国县志1种。其中现存最早的明代府志为弘治《严州府志》，成书于明弘治六年(1493年，后于嘉靖间增补)是反映明代早期严州府城情况的重要史料。清代方志中以康熙二十三年(1684)的《建德县志》和乾隆十九年(1754)的《建德县志》参考价值为最高。前者编纂于城内组织由明至清的过渡阶段；后者距雍正顺庄法的推行最为接近，故可略窥本县顺庄法施行状况。本文主要以3种明府志和2种清县志为基础史料。以下提及明清方志，均以《年号+(府)县志》简称。

② (清)马天选：《建德县志》卷一《方舆志》，《稀见中国地方志汇刊》据康熙二十二年刊本影印本，中国书店出版社，1992年，第1067页。

户，漏税始清。久之，册籍复淆。[①]

究其原因，一方面由于人户登录的严重滞后以至失实，使赋税发生逋欠之时无法实现有效控制；另一方面，额定亩数的做法常将住居远隔，经济社会地位悬殊的人户强制组织在一甲之内，要让他们共同负起一图的征收之责，这在现实中也是很难操作的。[②] 因此到了雍正年间，以保甲人户的统计为手段，以人户住居村落为基本把握对象的顺庄法推行于浙江全省，各地多以原有“图”的地域为限，经过程度不一的调整，实现对辖境村落更为细化的控制，其目的在于使田就人户，而不使人户就田。建德县的情况也类似，《乾隆县志》卷四《经略志》中提及：

> 乡有里，都有图，别以土地定为成规，所以齐不齐也，志乡都。建德县旧分九乡四十里，原额田一十六万六千七百亩有奇，分二十一都，共五十三图，每图十甲，每甲十户，计田三百亩有奇。附入十户者为子户，户首为里长，余为甲首。不入十户者，为畸零户，则寺庙田也。每年轮一甲，催粮当差，其山地基塘不派差亦不限额。如图甲有绅士等户，则照例免差，余田则派差。后因富者上言，绅士渐多，贫者无力，苦乐不均。于十年大造之期，合县公议另分儒、宦专图以处绅士，照例免差。其在民图者，一体当差，而子户遂各立的，名为实户。又因禁革里长，通行滚单。于雍正六年，前督院李公卫奏行顺庄法，民称便，于是通行顺庄。

关于“顺庄法”在府城内的施行，按《乾隆县志》卷四《经略》记载：雍正六年（1728 年）“顺庄法”之后，严州府附郭建德县下编定为 45 庄，其中城外计 33 庄，城属 12 庄（初顺 10 庄，后改 12 庄），即福善、辑睦、纯孝、字民、昼锦、宣化、富春、亲仁、里仁、仓前（此为跨城庄，被归入“城属庄”）、富寿、黄浦（在府城南澄清门外大堤，被归入“城属庄”）这 12 个庄。不过，清以来诸种方志并未见有

---

① （清）应广德：《建德县志》卷二《食货》，《中国方志丛书》据乾隆十九年刊本影印本，台北成文出版社，1983 年，第 101 页。

② 侯鹏：清浙江赋役里甲制度研究，华东师范大学博士论文，2011。

关此类“庄”在城中具体分布的直接说明，因此需要另外查找城内 12 庄划分依据的线索。

为此，笔者首先对比清以来各种方志，发现城内 12 庄的名称未曾发生变化，故推定庄的建置在雍正设定之后至民国实施村里制期间一直保持稳定。所以，在清前期相关资料不足的情况下，可运用民国史料的上溯分析来开展清代“庄”的空间复原。循此思路，发现在《民国县志》中以路线描述的形式明确记载了城属各庄的大体方位以及标志性地物：

> 按在城十二庄：由省至县进东门为富春庄，昔之选募营也，俗称小教场，旧严陵祠在焉。向南为小南门，新安会馆在焉，馆之隔街为富寿庄。径西至大南门，西为辑睦庄，古之邢衙党在焉。……又西为绍兴会馆。沿绍兴会馆北上，经后历桥为里仁庄，即宋江公望故里，所谓大西门也，隔街而北为县立高等小学。又北为纯孝庄，省立第九学校在焉，校后为节孝祠，出小西门必取道于此，由节孝祠而东为县公署。署东为仓前庄，县之小北门也，梁任昉祠在焉，旧杭严道在其偏东。极东为福善庄，古千峰榭在此，晋羊祜居之，向南偏北而下为落元里，明之公街后也，三元商辂诞于此。再下为字民庄，即富春旧治，省立甲种林校在焉，第九师校亦在此。庄右为昼锦庄，即古之将军署，三元坊在其西偏。又西为宣化庄，天上宫在焉。毗东为亲仁庄，警察所在焉。由所至磊石巷口，南弯，越太平桥而半道徘直出大南门为黄浦庄，黄浦庄或云即古黄婆厘，来往商船水道必出于此。①

这则材料价值颇高，它以一条行走路线的形式详细描述了沿途所经民国初年城内各庄的相对位置及标志性地物，因此成为清代严州府城内“庄”复原作业的主要依据(下文简称此则材料为“民国庄分布路线描述”)。笔者将此材料所出现的民国城内各庄相关位置关系整理成表一。

① 王韧：《建德县志》卷四《疆域・图保》，《中国方志丛书》据民国八年铅印本影印，华中地方：69，台北成文出版社，1983 年，第 55 页。

表一　根据“民国庄分布路线描述”推断的各庄相对位置

庄名	东	南	西	北
富春庄	东城墙	南城墙	富寿庄	字民庄
富寿庄	富春庄	南城墙	辑睦庄	亲仁庄
辑睦庄	富寿庄	南城墙	西城墙	里仁庄
里仁庄	宣化庄	辑睦庄	西城墙	纯孝庄
纯孝庄	仓前庄	里仁庄	西城墙	北城墙
仓前庄	福善庄	字民庄	纯孝庄	北城墙
福善庄	东城墙	字民庄	仓前庄	北城墙
字民庄	东城墙	富春庄	昼锦庄	仓前庄
昼锦庄	字民庄	亲仁庄	宣化庄	（未载）
宣化庄	亲仁庄	（未载）	（未载）	纯孝庄
亲仁庄	（未载）	富寿庄	宣化庄	昼锦庄
黄浦庄	（未载）	新安江	（未载）	南城墙

凭此记述尚不足以明确各庄具体边界，但至少可推断各庄的界线多为城墙、街巷或河道。比如，上文提及富春庄向南为小南门、至新安会馆隔街为富寿庄，由此可知富春、富寿两庄必以小南门街为界；又如，辑睦庄北上经后历桥为里仁庄，可知江家塘与蔡家塘连通河道为两庄之界；再如，宣化庄毗东为亲仁庄，太平桥所在府前街为两庄界线等，均可印证这一推断。

根据以上描述大致推定城内多数庄的平面格局，不过这样的推定还需进一步的验证。笔者发现，当时县城辖属的这 12 个庄，每庄内的田、地、山、塘、基税均编有一个标示地籍的“直脚细号”，在这个“直脚细号”之中，又有用以表现其所对应属庄关系的“庄保字号”，而关于雍正之后城内“庄”的“庄保字号”，在《道光县志》可找到明确记载：

国朝康熙十年大造“直脚细号”。雍正七年复行顺庄，凡各庄之田地山塘基，俱以千字文字号挨次编订。详注鱼鳞户册，法至精也，旧志不载，今特查明注出，使后之阅志者知庄编保字，字列某庄可一目了然。纯孝庄：一保天字；富寿庄：二保地字；富春庄：二保地字；亲仁庄：二保地字、三保元字；福善庄：三保元字、四保黄字；字民庄：三保元字、二保地字；昼锦庄：四保黄字；宣化庄：五保宇字、一保天字；里仁庄：五保宇字；辑睦庄：六保宙字；仓前庄：四保黄字、右三保日字；黄浦庄：二保荒字。①

由此可知，康熙十年(1671)曾对本县所属田、地、山、塘、基进行地籍编号，顺庄法推行之后，进一步对各地块以千字文字号依次编定，这一"庄保字号＋地块序号"的地籍编号形式在当地被称为"直脚细号"。现存方志之中留存了不少城内具体地块的直脚细号记录，如"江家桥，在太平桥西，坐落五保宇字八十七号，计税十一亩六分六厘，向系江家旧业"②，"二保地字三百四十附号青云桥北口，大陆官地三分，不附号湖地约一亩五分，土名字民坊"。③ 虽然多数庄保字号不能与某庄做出唯一特定，但1个庄保字号一般对应1到3个庄是可以肯定的，并且此类记录之中的小地名也有助于具体位点的确定。例如，结合以上两方面的线索，就可以确定上文列举的"江家桥"与"青云桥北口"地块分别属于"里仁庄"和"字民庄"。大量搜集此类记录，明确其位点信息，将有助于获取较为确切的各庄界线所在与分布状况。

此类地块的直脚细号记录较为丰富，在民国县志中亦有散见，由于地块的唯一性与高分辨度、加之直脚细号与庄保字号的确切对应关系，就可以进一步划出城内各"庄"的具体界线。载于《民国县志》的《城池九十丈开方图》系笔者所见最早的严州府城大比例实测图，从图上可见当时城墙及城内河道均保存完整，很大程度上反映了拆城之前的原貌，故以此图为底本，综合以上材料，配合方志中府城图或县城图进行对比分析，复原获取了清代严州府城内"庄"的分布图(图1)。④

以上对"庄"的复原明确了各庄之界线多依城墙、街巷与河流这3个空间要素来作为分界的区隔。以街巷为界者，如宣化、亲仁、富寿、辑睦4庄显然以城内的主街作为分界——即前文提及"在城十二庄，惟街东之亲仁、富寿两庄，

① (清)严可均：《建德县志》卷二《疆域志》，《中国方志丛书》据道光八年刊本影印，台北成文出版社，1983年，第152—154页。

② 前揭《道光县志》卷二《疆域志》，第202页。

③ 前揭《道光县志》卷七《学校志·学地》，第490页。

④ 有关《民国县志》所载地块直角细号的资料整理考证与地图化处理，参见笔者所作《清代严州府城"庄"的平面格局初探》一文，载《江南社会历史评论》2017年刊。

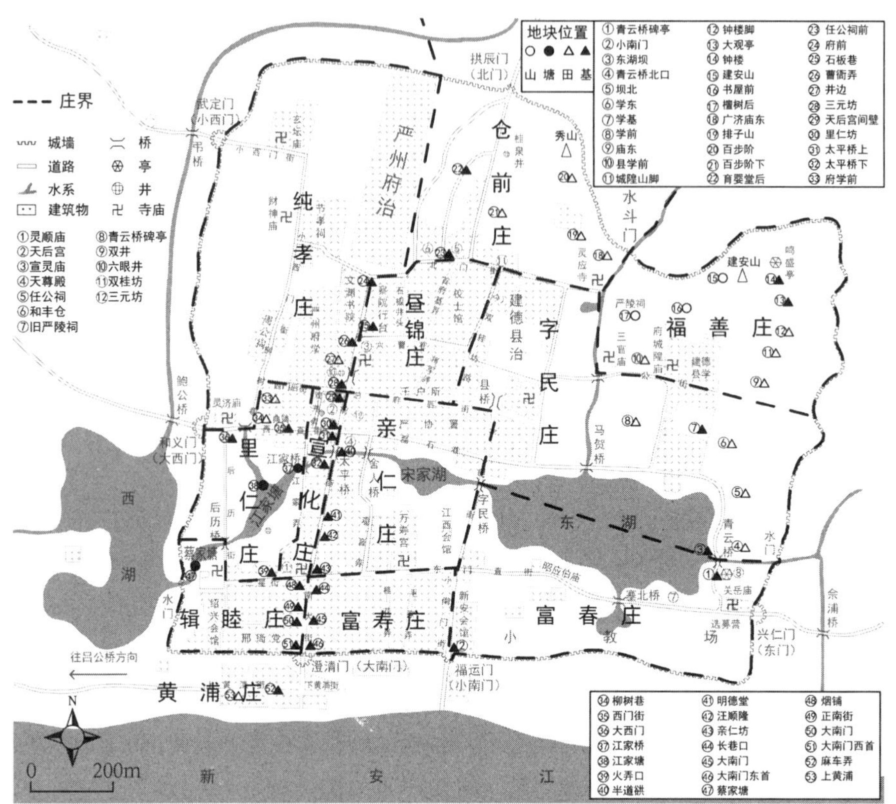

图 1　清严州府城内“庄”分布格局复原图

街西之宣化、辑睦两庄稍见繁富”。又如，富春庄与富寿庄以小南门街为界，纯孝庄与里仁庄以西门后街为界，仓前庄与字民庄以北门街为界等，可见街巷是最基本的划分界线之原则。而以河道为界者，如前文考证富春庄与字民庄以东湖至东水门为界，该界线以河道与湖塘等水体作为界线，而仓前、字民两庄与福善庄之界也是由水斗门入东湖之河流作为分界线的；还有少数以桥梁为界者，如富春庄与字民庄以青云桥为界，里仁庄与辑睦庄之界为后历桥等，这些都可以看作河道为界的又一支持证据。

观察图 1 中山、塘、田、基的分布情况可以发现清代严州府城内各“庄”之间不仅界线明确，并且存在着显著的差异性。城内东北隅以仓前、福善、字民 3 庄为主，主要分布的是山地和田地，城内西南隅以里仁、宣化、亲仁、辑睦、富寿 5 庄为主，主要分布“基”（主要包括民居以及店铺等地块）、“塘”类地物，呈现此种分布的主要原因当然有自然地理条件的影响（如城东北以建安山、秀山、东山等山地为主），不过社会经济背景亦不可忽视，如以府前街为中心，街道两旁分布的主要是"基"类地物，特别是澄清门内的城市主街两旁店铺鳞次栉比，这与澄清门外为黄浦庄，临近新安江码头的水运状况不无关系；而城内除以上各庄外，纯孝、昼锦、富春3庄区域表现为较多的空白，此非不存在建成区，而是并未详细记载之故，推测应是这3庄内地块特殊性的原因，如富春庄为军队驻扎之地，纯孝、昼锦2庄为行政衙署分布集中地，且前言"国朝康熙十年大造，立为直脚细号，按号查田，按田查主，逐一归户，漏税始清"，很明显这3个庄的主要地块应是官属之地，故未予以详细登录。由此可见，清代严州府城内"庄"的区分与城市功能分区密切相关，那么，清代的"庄"是如何变化而来的呢？

《乾隆县志》卷四《经略》载"建德县自县治至一都为买犊乡，里三，卖剑里、息肩里、丰稔里，共十六图，坊八图、宦二图、儒六图，今顺十庄，儒、宦图产顺归各庄"。由此可见，在"顺庄法"推行之际，城内名"坊"之"图"和其他宦、儒所所居之"图"被重新编排为"庄"，显然严州府城内的庄是承袭图而来并有所变化的，其基本职能依然还是承担赋役的征派。那么，清初的"图"又是从何而来的呢？

二、明及清初严州府城内的"图"

图的起源或可追溯到南宋的鱼鳞图册，在元代已成为我国乡村基层一级行政组织的名称。[①] 前文提到清代的"图"可上溯明初都图制。明洪武十四年，诏天下编赋役黄册，推行里甲制度，《明太祖实录》载：

> 其法以一百一十户为里，一里之中推丁粮多者十人为之长，余百户为十甲，甲凡十人，岁役里长一人，甲首十人，管摄一里之事，城中曰坊，近城曰厢，乡都曰里，凡十年一周，先后则各以丁粮多寡为次，每里编为一册，册之首总为一图，其里中鳏寡孤独不任役者则带管于百一十户之外，而列于图后，名曰畸零。[②]

---

① 何朝晖：《明代县政研究》第二章·第四节《基层组织》，北京大学出版社，2006年，第62页。
② 《明太祖实录》卷一百三十五，台湾"中央研究院"历史语言研究所，1962年，第4页。

由此观之,在洪武年间初定里甲制之际,“里”作为一级基层管理组织单位,因每里编册,册首有图,故也称“图”。顾炎武《日知录》曾引《嘉定县志》云“图,即里也,不曰里而曰图者,以每里州藉首例一图,故名曰图是矣”。[①] 不过,由明初至清雍正顺庄的三百余年间,在江浙地区各县“图”的变化是相当显著的。

明初的里与图一一对应,里甲以110户为标准,而图指的是每里110户所拥有的土地,《弘治府志》载“建德县附郭,国朝改县属严州府治,编户86里”。[②] 但随着时间推移,各里的人口增减与流动,其所拥有土地亦不断流转,要保持黄册制度下里甲区划的稳定几乎是不可能的,因此里甲与都图之间对应关系逐渐遭到破坏。明永乐以后,江南地区的里甲与都图即已出现疏离,里甲重在户口编审,都图重在画地分界。[③]

以严州府而言,至迟到明中叶,里甲制已逐渐为都图制所取代,《弘治府志》卷五《乡里都图附》载“买犊乡在县附郭,旧辖里三,今辖在城并一都,图十有一,卖剑里、息奸里、丰稔里,在城辖图七,一都辖图四”,《万历府志》亦有相同记载。[④] 由此观之,严州府城内“图”与“里”发展到明中后期已非一一对应,且县之下的管理以“图”为基本单位。表现在府城所在的买犊乡,弘治或更早之前辖3里,今辖府城与一都,其中在城辖7图,一都辖4图。而就建德全县来说,《弘治府志》卷五《乡里都图附》载全县编户40里计118图,不仅里数从洪武间的86减少到40,而且图的数量远多于里,此后《万历府志》《万历续志》皆有类似的里、图数量差异的记载,可以推测明中叶以后建德县的乡—都—图三级基层组织架构已经逐渐取代了乡—里两级制。

清顺治三年(1646)严州归清之初,基层组织沿袭明制,然至康熙十年“大造图册”之后,府城内的“图”又出现新的变化。《康熙县志》载“康熙十年奉文均田,三千亩为一图,今归并编户五十三里”。[⑤] 文中所谓“康熙十年奉文均

---

① (清)顾炎武:《日知录》卷二十二《图》,浙江古籍出版社,2013年,第1282页。

② (明)李德恢:《严州府志》卷一《沿革》,《上海图书馆藏稀见地方志丛刊》据弘治六年修嘉靖间刻本影印本,上海图书馆,2011年,第35页。

③ 徐茂明:明清时期江南社会基层组织演变述论[J],社会科学,2003,(4)。

④ (明)杨守仁:《严州府志》卷四《乡都》,《日本藏中国罕见地方志丛刊》据万历六年刊本影印本,书目文献出版社,1991年,第92页。

⑤《康熙县志》卷一《方舆志·沿革》,文中所提“五十三里”,按此处上下文意、同志卷二《乡都》所列全县40里53图名称,以及明弘治以来诸府县志之中关于建德县40里长期不变的记录,笔者考虑应为“五十三图”之误。

田”即清初在江南施行的均田均役制，均田就是将一里一甲所属田亩数额大体均平，解决里甲大小差异悬殊的问题，均役即是里甲正役与杂役按里甲组织均摊。此法虽在一定程度上缓和了赋役不均等问题，但并未解决里甲制下赋役征收的弊端。[①] 不过，均田均役制的施行也使严州府城内的“图”发生了变化，《康熙县志》卷二《营建志·乡都》载“自县治至一都为买犊乡，里三，卖剑里、息奸里、丰稔里，共十六图，坊八图、宦二图、儒六图”。仅从买犊乡来看，“均田”之后，图的数量由明代11图增加到了16图，其原因正如前述《乾隆县志》卷四《经略》所言“十年大造之期，合县公议另分儒、宦专图以处绅士，照例免差”——即在原先坊8图之上，另设宦、儒两类免差之图所造成的。

显然，清初时期的“图”已带有社会阶层的属性（当然这种阶层属性是由聚居民众的身份所赋予的），在一定程度上标志所居该图的民众是否承担徭役。不过，与图相比较，买犊乡下辖里的数量却未发生变化，仍为3里；而从明清以来建德县里、图数量变化中亦可明确，明初至清施行顺庄法之前，建德县的图、里联系不断弱化，到清初之际，长期固化的里制已不能适应社会发展（可能已退化为空间方位的标识），而图的作用则愈加活跃、突出，已不再局限于划区分界的作用，还取代了里的赋役征派职能，成为赋役征派的基本单位。以买犊乡而言，包括在城和一都，图的数量从明中后期弘治万历以来的11个（在城7、一都4）增加到了康熙十年后的16个（坊8、宦2、儒6），并成为雍正“庄”的划分基础，那么雍正“顺庄”前严州府城内“图”的具体形态又是怎样的？

根据《道光县志》所载，涉及城内的“庄保字号”共有7个（其中右三保日字部分延伸到城外北郊），虽然这些“庄保字号”的直接来源系康熙十年“大造”地籍图册之时编制的“直角细号”（详本文上节），但考虑到明中后期弘治、万历方志所云“在城辖图七”，其数量正与“庄保字号”相同，此种数量上的一致绝非偶然，因此笔者推测城内7个“庄保字号”的原型与渊源，可能至迟应上溯明弘治以来城内7个“图”的地籍编制。也就是说，雍正六年“顺庄”之前，虽然“庄”尚未出现，但构成“庄保字号”的地籍编排形式已然存在，故推测雍正顺庄之后的“庄保字号”，在此前是以“图”的编制为基础形成地块单位——或可称之为“图保字号”。那么，这些继承了明中后期城内“图”的格局的“图保字号”，在明确

① 刘彦波：“清代前期赋役制度的变革与地方基层组织的变迁”，《湖北大学学报(哲学社会科学版)》，2006，33(3)。

其与清雍正顺庄法之后形成的“庄”之间关系的同时，利用《道光县志》所载“庄”与“庄保字号”的对应关系，并在前文复原清代“庄”平面格局与采集“庄编保字”基础上，便可复原获得明至清“顺庄法”之前的“图保字号”复原图(图 2)。

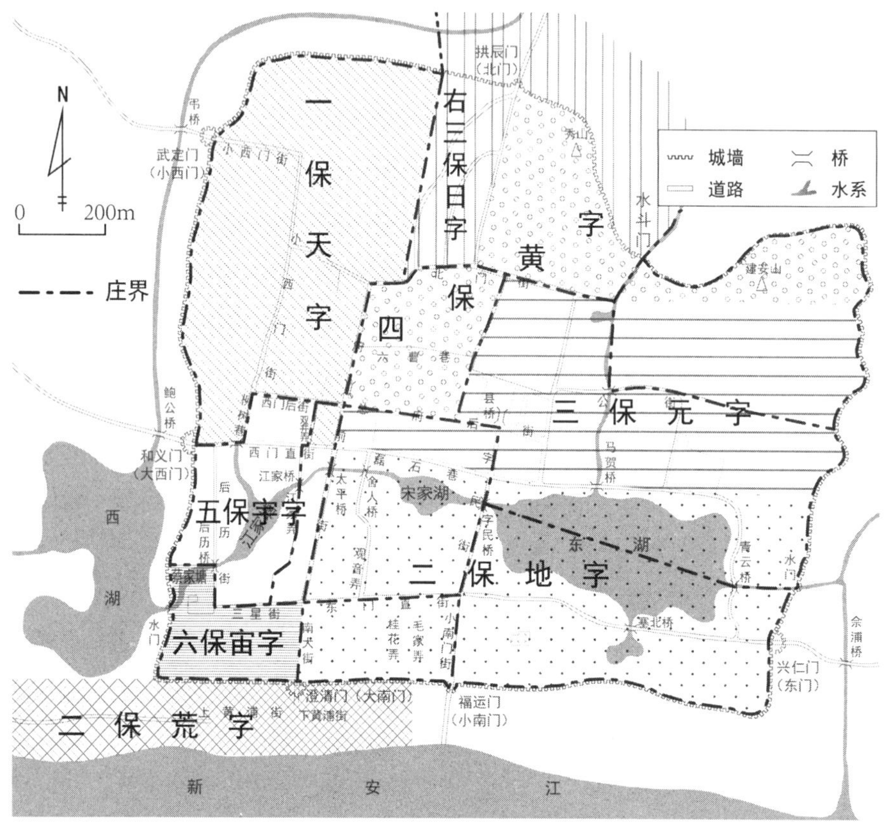

图 2　清雍正“庄”“庄保字号”与明至清初“图保字号”关系示意图

注：不同阴影纹理表示 7 个“庄保字号”(即“图保字号”)的大致范围，每一“图保字号”应该对应于一个“图”。

对比图 2 中的“庄”与“庄保字号”，可知两者并非单纯的对应关系。既有像六保宙字与辑睦庄、一保天字与纯孝庄那样完全或大部对应的情况，也有如五保宇字与里仁、宣化 2 个庄大致对应的情况，还有二保地字、三保元字、四保黄字那样地跨 3 庄的“庄保字号”。考虑到“庄保字号”承袭“图保字号”而来，反映的是明中叶城内 7 个图的空间分布，因此，此种“庄”与“庄保字号”在空间分布上的关系，则反映出上文提及清代以来城内分裂增殖的“图”(即《康熙县志》所载在城与一都的 11 图增殖为 16 图)及其继承者——雍正顺庄法之后的“庄”,在具体的编排上,既有完全或近乎完全地承袭代表早期城内基层组织——明中叶以来“图”的倾向,也有重新分割编排原先“图”的情况,而这也从侧面佐证了“庄”是在明代设置的“图”的基础上变化而来的这一点。

三、明代严州府城的平面格局与城中的“坊”

明初,城市基层组织在一定程度上承袭宋元旧制,《明史·食货志》载“明初,沿元之旧制。……洪武十四年诏天下编赋役黄册,……在城曰坊,近城曰厢,乡都曰里。里编为一册,册首总为一图”。这也说明了在明初的国家政策层面上,里、坊、厢、图为同一级别的基层管理组织,有时甚至可以相互指称。那么,具体到严州府城,其实际状况又是怎么样的呢?

为了解严州府城内的基层组织,必须先对该城在明代的平面格局有所认识。现存明严州方志 3 种,即上文提到的《弘治府志》,以及万历六年(1578)修《严州府志》与万历四十二年(1614)修《续修严州府志》,其中《万历续志》还留存了对当时严州府城的整体布局和城内街巷等地物的珍贵记载,成为复原当时该城平面格局的重要依据:

> 按严陵为东南孔道,奚止称富春江上帆樯鳞次之为纷扰哉。即舍舟而陆,由富春驿前登岸而西,直入东门,又直至南门灵顺庙前,向北则一直大街达府,向南则出南门渡江可以至金衢诸郡,沿城而西则过吕公桥至建昌山,沿江可以至淳遂寿,由淳而上可以达徽、宁。向北过太平桥至磊石巷,折而西行直出大西门,过西山岭,取道山中,亦可达淳遂寿三邑,此尤捷于江行者。又由府前而西,则至玄妙观前,出小西门过演武场,渐入西过,登乌龙岭而桐庐、分水可至也,此皆昼夜通行之路,倘遇洪水泛滥,挽舟逆水为艰,则是通衢所必由者,然舆马应付,近称疲甚,故惟单车就道易为力耳。由府前东转,则上至和丰仓,出北门而止于乌龙山之麓。东转直行则至杭严兵巡道前,至水斗门,亦可至城隍庙、建德县学前。由府前直下而东,则进六曹巷口,而至察院,亦可以至建德县。又由府前直下至三元坊,转东至千户所前而止建德县,转西则至严州府学前,亦可达大西门,又直下至磊石巷,东转则过马货桥至城隍庙,亦可由东湖坝上出东门,转西直出大西门,此皆大街也。若东有仓前中街、西街,有双桂坊,有洛县,

西有大树巷、后历桥达南城，而至东城为军营，虽系小路，然迤逦交错，俱可达大街。出南门外，沿城而下则为下黄浦，沿城而上则为上黄浦，有前、后两街，惟是徽人杂处，舟车往来，生意凑集，亦称闹市。惟太平桥下为半道洪，最为城中卑下之地，洪水一发，实先被灾。①

根据这段记述，并以本文图1为底图，叠次上溯城内街巷水道与衙署祠庙等地物，绘制明万历四十二年复原地图（图3）。该图显示严州府城自明晚期直至近代，不仅城墙轮廓保持不变，而且其城市内部的平面格局也维持了令人

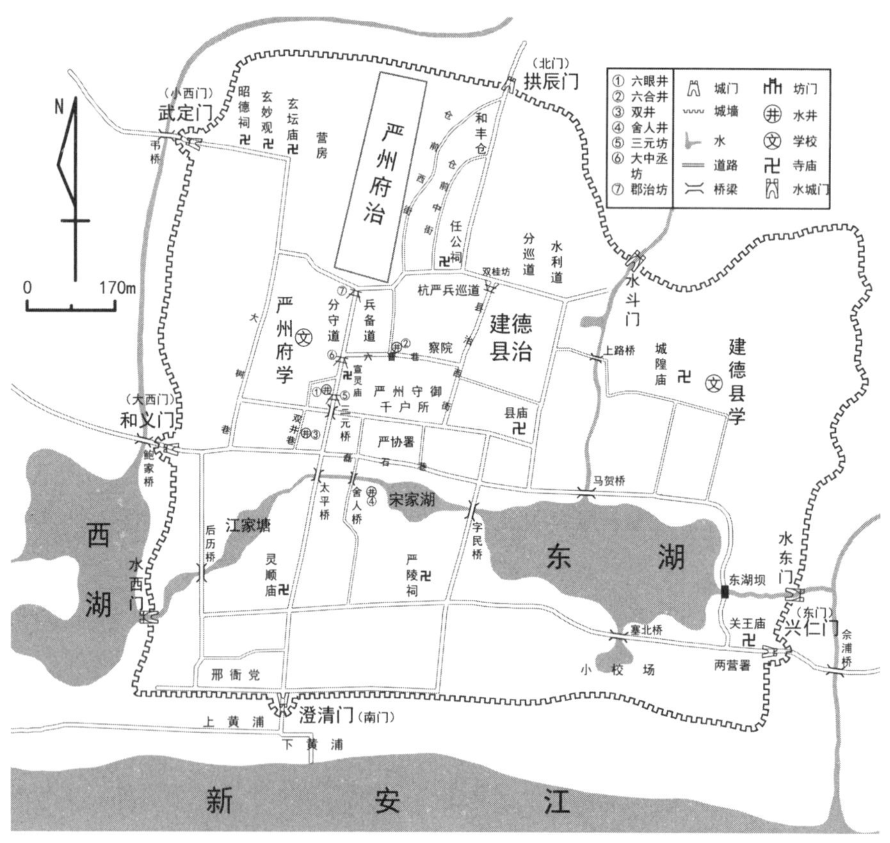

图3　明万历四十二年严州府城复原图

① （明）吕昌期修，俞炳然纂：《续修严州府志》卷三《经略志・街道》，《日本藏中国罕见地方志丛刊》据日本东洋文库藏抄本影印，书目文献出版社，1990年，第76页。原抄本有缺字，今据《康熙县志》补。

惊异的稳定，充分反映了近代化之前江南地方都市在历史形态上的安定性。而以此图为参考背景，查阅《弘治府志》等明志记载，可以发现除了“乡”“都”“里”“图”外，方志中还提到了城内的“坊”，诸如“严州守御千户所，在府治东南二百五十步善政坊内”[1]、“建德县，在府治东南四百五十步字民坊”[2]、“本府建德县社学三：其一在府治西，一在城富寿坊，一在东关”[3]等记述，显示严州府城内的“坊”应指一定的空间范围，那么明代中后期的“坊”是否依然指代“在城之里”？

坊，或称里坊制度，曾是我国古代的城市基层组织的基本单位。就严州府城而言，据南宋《淳熙严州图经》载，城内以府前正街（今府前街）为界分为左、右两厢，该志还记载城内有 19 个坊[4]；《景定严州新定续志》续载城内所增 6 坊，计 25 坊。[5] 这两种文献中记载的“坊”，从文本上看已有 2 种格式：其一如“亲仁坊，在左厢东巷”，所指可能是以城内某一街巷围护形成的一块街区，即厢坊制中的“坊区”[6]；另一如“育英坊，旧名秀士，在右厢州学前，今改”，应为单体的牌坊。但两者数量究竟多少却并未详细说明，一时难以遽断。不过，如果追查这些宋“坊”在明代 3 种府志中的记录情况，即可发现《弘治府志》将《景定续志》记载的 25 坊“照单全收”，而《万历府志》则有所减少，到《万历续志》卷三《坊表》之中，则仅收录了 11 个宋“坊”（即善政、亲仁、富寿、辑睦、富春、字民、双桂、福善、里仁、纯孝、宣化），并且这 11 个坊在该条目之中不仅予以集中记录，并且在文本表述上也与其他明代所建牌坊之“坊”全然不同，反映了这些宋代以来记录下来的坊，可能仍然具有指示城中居住区域——即宋代以来厢坊制中“坊区”的功能。为进一步了解《万历续志》中这 11 个宋坊的情况，将该志以及另外两种明代府志以及清初《康熙县志》中有关这些坊内地物的描述汇

---

① 前揭《弘治府志》卷六《守御》，第 481 页。

② 前揭《万历府志》卷三《经略》，第 57 页。

③ 前揭《万历府志》卷三《经略》，第 64 页。

④ （宋）陈公亮：《淳熙严州图经》卷一《坊市》，《中国方志丛书》本，台北成文出版社，1983 年，第 58—60 页。

⑤ （宋）郑瑶、方仁荣：《景定严州新定续志》卷一《坊市》，《中国方志丛书》本，台北成文出版社，1983 年，第 35—37 页。

⑥ 关于南宋严州府城的厢坊制，《淳熙严州图经》卷首所附《建德府内外城图》中可见城内左、右厢的明确标示，《景定严州新定续志》卷五《孝行记》载宋末“何崇源：居买犊乡右厢列字井安泰坊”“蒋德定：居买犊乡左厢寒字井醋坊巷”条，虽然“井”的区划与性质不甚明瞭，但至少可以印证直至南宋末年，厢、坊作为城内居住管理单位是可以明确的。

集制成表二。

表二　万历《续修严州府志》所载宋“坊”

坊名	位置描述	明及清初方志中相关地物描述
双桂坊	在县治西街，旧名仕义，宋元丰八年改今名。	双桂桥、军器局、桂泉井
亲仁坊	在府前善政坊南东街，直字民坊。	登云坊、保丰院、磊石巷、严协署
富寿坊	在府前亲仁坊下东街，直联桂坊，旧名易俗。	社学、旧税课司
辑睦坊	在府前安泰坊下西街，直传芳坊，旧名黄浦。	传芳坊
富春坊	在府东兴仁门内，宋时名望云，又名朝京。	
福善坊	在府治东偏九十五步。	福善桥
里仁坊	在府治西南，宋谏议大夫江公望所居。	
字民坊	在县治前，旧名申政，宋咸淳中因御制字民铭改今名。	建德县治、字民桥、县义学
宣化坊	在府前正街，景泰六年知府刘纲建。	双井、双井巷
善政坊	在府前三元桥下东街，旧名崇仁，宋淳熙中改惠政。	严州守御千户所
纯孝坊	在府治西北玄妙观前，旧名集贤。	安乐坊、严州府治、六眼井

同时，结合《淳熙严州图经》所附《建德府内外城图》等图上的标示，以及笔者的实地调查，并以图3为底图，绘制《明万历城内十一宋“坊”分布图》(图4)。

虽说这11坊在南宋《建德府内外城图》也显示为街口的牌坊形象，但从图4来看，这11个坊均位于城内各干线道路的路口，有的甚至是在两条主要街道的十字路口两相对立，反映这些坊具有较强的道路或者说是街区的标识功能。不过，根据上节研究，至迟在明中叶以后，里甲制下的严州府城之中以“图”为基层组织的基本单位，所以明及清初的此类宋“坊”，可能主要还是非正式的、或者说传统上具有的指示“街巷”或“街区”的功能。如《康熙县志》卷二《营建志·公署》记载“乡绅士民公议置买亲仁坊磊石巷生员邓敏仁房屋一座，

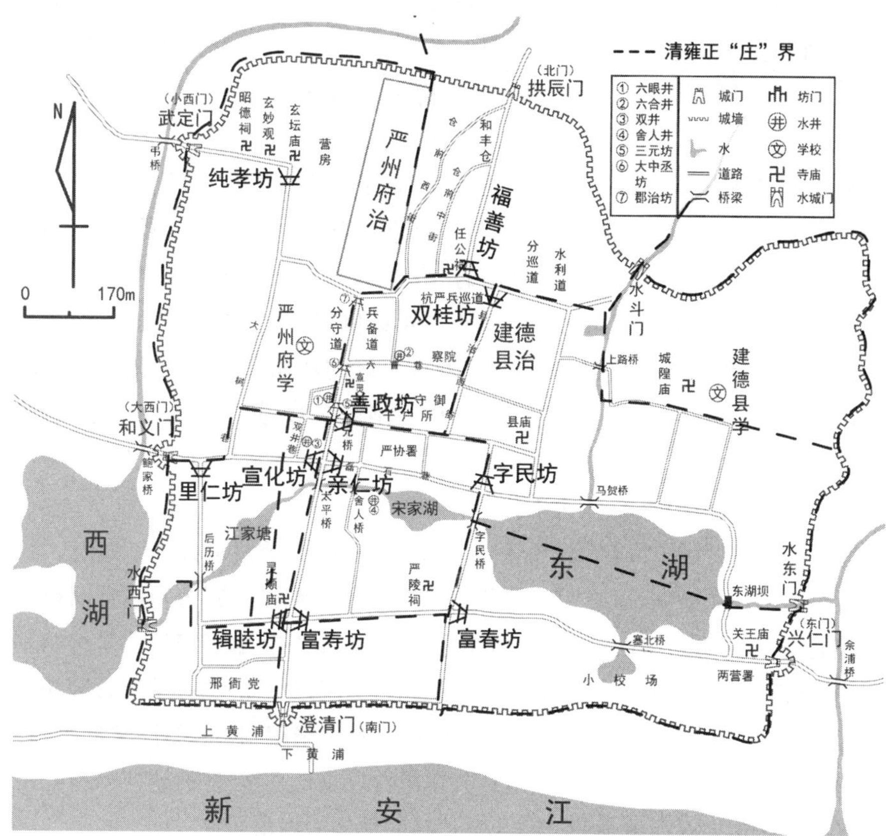

图 4　明万历城内十一宋“坊”与清雍正“庄”分布图

改造协镇衙门”。而在表二中，诸如登云坊在亲仁坊内、传芳坊在辑睦坊内、安乐坊在纯孝坊内这样的记载，也可印证后者的“坊”是指代街巷或街区的。此外，在方志资料中还发现除宋“坊”外，明代新建的“坊”也有个别可以指示街巷或街区，如“文魁坊，在府前东偏昼锦坊内”①，这个昼锦坊不见于宋志记载（不过尚不能否认是宋“坊”改名而来这一点）。

当然，明代方志中记载的城内之“坊”，其绝大多数并非作为标示街区之用，如《万历续志》所载严州府城内的“坊”，除宋代遗留下来的 11 坊之外，其余的 72 座绝大多数在其建立之初即可明确是为了表人事、旌节孝、榜科举而建的牌坊。这也是明代以来江南地区城市建坊的主流。

---

① 前揭《弘治府志》卷二《坊乡》，第 354 页。

不过,值得留意的是,本文开篇所提清雍正"顺庄法"在城内设置的11个庄(城外的黄浦庄除外),从庄的数量与名称来看,恰与《万历续志》所记11个宋"坊"有着很高的匹配度——两者数量均为11,名称上有9个是完全相同的。若再以两者的空间分布来看,则更能看出两者的传承关系——清之昼锦庄大约相当于宋至明之双桂、善政两坊之和,而宋至明之福善坊,可能相当于清之福善、仓前两庄之地,至于其他的庄,大体都能与宋明之坊建立起对应关系来。

由此可以明确,明代严州府城内的"坊"大致可以分为两种类型,其一是承袭自宋之"坊",此类"坊"至明万历四十二年续修府志之际仅存11个,但恰是这11"坊"继承了部分宋代"坊"指代街巷或街区的功能;而另一类则是明代新建之"坊",这部分"坊"在明代方志记录中占绝大多数,其功能为用以旌表,其建筑是单体的牌坊,不过这其中又有少数逐渐发挥了表厥宅里的功能,如明代中期的昼锦坊已经取代双桂坊用以指示街巷了。

上述宋"坊"的空间标示功能隐涵于有明一代、并透过清雍正"顺庄法"得以遂行这一现象表明,虽然明代严州府城内基层组织以"图"为基本空间单位实施管理,不过,或许明初施行里坊制之初,城内很可能承袭宋"坊"来编制基层组织(即"在城之里"),而后随着都图制成为主流,"坊"的这一基层管理功能逐渐淡出。但作为一种城市内部的空间观念,在后来编制"图""庄"之际,此种观念也许会被充分考虑,并得以重新分化组合也是合乎情理的,这应该就是清代推行顺庄法之时所体现的"庄"与"坊"趋同现象的理由所在。

结论

本文主要考察了明清以来严州府城内基层管理组织的变迁,并着重分析了对于该时期基层组织的空间形态而言最为重要的"图""庄"以及"坊"这三者的演变轨迹。明初严州府附郭建德县推行里甲制,在运行过程中,都图逐渐取代里甲,形成乡—都—图的基层管理体系。清康熙十年,严州府推行均田均役,城内的"图"被重新整合;雍正六年,严州府推行顺庄法,府城所属共12庄(城内11庄,城郊1庄),此后城内的基层管理组织以"庄"为主体,行赋役征派等职能,直至民国初期。从空间范围与分布格局上看,本文的分析揭示"坊""图""庄"三者之间存在密切的联系,"图"与"庄"在具体的地籍管理有着明确的传承,而源于南宋或更早时期的城内的"坊",虽然到明代其基层管理职能已经退化,不过作为一种指示城市内部空间区分的"历史形态框架"或者说是空间观念则长期存在，并在清雍正“顺庄法”推行之际得以再现，充分显示出在我国传统城市的内部，某些“历史形态基因”的稳定与固着。

A study on the Administrative Institutions and its Historical Evolution of Yan-zhou prefecture City from Ming and Qing Dynasty

Abstract: Yan-zhou prefecture city(严州府城) is located in Zhejiang province, which is a small city in Southeastern China. This paper draws some conclusions by analyzing local chronicles. The main grass-roots unit of the administrative institutions in the city is *Fang*(坊) during the Song dynasty and *Tu*(图)during the Ming dynasty, and after the implementation of *Shun-zhuang law*(顺庄法) in the reign of Yong Zheng of the Qing dynasty, *Zhuang*(庄) has replaced *Tu*(图). By analyzing historical data and restored plan of the *Fang* , *Tu*, and *Zhuang*, the paper discusses the morphological frame and significant inheritance of *Tu*, *Zhuang* and *Fang* in the historical urban-morphology of the city.

Key words: Yan-zhou prefecture city, Zhuang, Tu, Fang, historical urban-morphology study

作者简介：赵界，上海师范大学都市文化研究中心硕士研究生，主要从事城市历史地理学研究。钟翀，上海师范大学都市文化研究中心教授。本文为国家自然科学基金项目“基于早期近代城市地图的我国城郭都市空间结构复原及比较形态学研究”(41271154)、国家哲学社会科学研究基金重大项目“外国所绘近代中国城市地图集成与研究”(15ZDB039)、上海高校高峰高原学科建设计划资助的研究成果。

菲利普·罗斯“美国三部曲”的纽瓦克城市书写研究

苏　鑫

摘　要：美国犹太作家菲利普·罗斯的小说大多都以他出生和成长的故乡新泽西州的纽瓦克市为背景。“美国三部曲”被称为“纽瓦克三部曲”，其中罗斯赋予了纽瓦克以政治含义，以犹太移民融入美国社会的过程折射出纽瓦克城市繁荣和城市问题。本文从城市书写角度解读“美国三部曲”，结合作家创作历程和背景考察作者独特的城市书写动因和特点，分析美国多元文化融合发展的内在机理，揭示少数族裔追求美国身份所遭遇的困境。

关键词：菲利普·罗斯；美国三部曲；纽瓦克；城市书写

菲利普·罗斯(Philip Roth，1933—　)是当代美国文坛最具代表性的犹太作家，他的小说大多涉及他出生和成长的故乡新泽西州的纽瓦克市及纽瓦克人所面对的城市生存和身份探寻的问题。如同福克纳笔下邮票大的约克纳帕塔法体系，纽瓦克这一城市意象在罗斯的作品中构成了一种潜在的连贯性书写。罗斯的“美国三部曲”由《美国牧歌》(1997)、《我嫁给了共产党人》(1998)和《人性的污秽》(2000)构成，被美国学者迈克尔·吉米奇(Michael Kimmage)命名为“纽瓦克三部曲”。[①] 三部曲在主题上共同讲述了战后美国人尤其是犹太移民在纽瓦克的生活史，随后的《反美阴谋》(2004)与“美国三部

① Kimmage, Michael. *In History's Grip: Philip Roth's Newark Trilogy*. Stanford: Stanford UP, 2012.

曲"具有主题上的一致性,以具有逻辑性的历史想象去演绎纽瓦克生活的犹太家庭遭遇的恐怖历史,揭示出城市恐惧对普通人生活的影响,可谓是美国三部曲的尾声。罗斯通过犹太移民的所见所谓和亲身经历串联起整个城市空间的繁荣衰退的历史演变,尤其是二战至今的以纽瓦克为代表的美国城市图景,显示了犹太移民建设、逃离又依恋城市的生存轨迹。因此在罗斯笔下,纽瓦克这座移民城市也成为美国历史和国家具体空间的载体和表征,其"城市志"也正成为美国社会的"编年史"。

一、移民城市纽瓦克

罗斯出生在纽瓦克,纽瓦克之于罗斯就如密西西比河之于马克·吐温、拉法耶特之于福克纳、芝加哥之于贝娄,虽然纽瓦克在美国地理版图上并无什么特殊之处,不是政治中心,也非经济发达之地,甚至还是最不友善、最不受欢迎的城市,[①]然而对罗斯而言,那是他的出生地,是他唯一熟悉的地方。罗斯甚至把自己为何写犹太人归结于纽瓦克这个地方,因为罗斯本人并非宗教信徒,在他看来,这个世界上并没有上帝。他之所以老是写犹太人,可能跟他自己是犹太人也没啥关系,而是因为地域性:"在纽瓦克,大多数居民都是犹太人,如果我生活在明尼阿波利斯,就会写当地人了"。[②] 罗斯曾写到自己对纽瓦克的困惑:"托马斯·沃尔夫的阿什维尔或者乔伊斯的都柏林,对我想写亲身体验的强烈欲望没构成任何启发。艺术该怎么根植于一个狭小的犹太纽瓦克地区?尤其这个地方还没有什么时空、善恶、表象与实在的谜团?"[③]那个时候的罗斯还没有充分认识到纽瓦克之于他的重要意义,直至《波特诺的怨诉》(1969)罗斯才终于认识到近在咫尺的纽瓦克的意义。"我发现这些地方是我还孩提时就非常熟悉的——这座城市、这所高中、这周围地区——突然深深地冲击着我,像一份缪斯赋予我的礼物。"[④]罗斯的确将这份礼物倍加珍惜,并赋予这份礼物以他个人的印记,2013 年罗斯 80 岁寿辰之际,纽瓦克迎来了慕名

① 纽瓦克,地球上最不受欢迎的城市,英国《每日电讯报》报到美国旅游杂志评出全球十大最不友善城市,纽瓦克排名第一。

② 丁扬:菲利普·罗斯:反叛的终结,《国际先驱导报》,2013-04-03 08:57。

③ Roth, Philip. *The Facts: A Novelist's Autobiography*, Vintage International, 2004, p. 59.

④ Searles, GeorgeJ, ed. *Conversations with Philip Roth*. Mississippi: Mississippi UP, 1992, p. 102.

而来的游客，他们乘坐观光巴士参观罗斯书中描绘过的地方，如华盛顿公园、艾塞克斯郡法院和罗斯本人生活过的威夸克社区，并且萨米特大道与科尔大道交汇路口被命名为“菲利普·罗斯广场”。

的确，在美国历史上，纽瓦克似乎默默无闻，不如东部纽约大都市的国际化，不如西部拉斯维加斯一般奢华，但是纽瓦克却以一种自我特殊的方式见证着美国虽不悠久但却荣耀的建国、快速发展以及转型的兴衰历史。纽瓦克的历史始于殖民地时代，新泽西州是最初的北美13个殖民地之一，纽瓦克建于1666年，最初的含义是新的安身之地，因此有“新方舟”(New Ark)或“新工作”(New Work)，后被合成为“纽瓦克”(Newark)。纽瓦克在18世纪初迅速崛起，成为工业重镇，其中制鞋、皮革和酿酒是当地知名产业。19世纪纽瓦克的工业走向多样化和现代化，托马斯·爱迪生在纽瓦克成立了自己的工厂，发明了蜡纸、油印机、二重和四重电报机、第一台英文打字机，成为纽瓦克制造业发达的一个缩影。美国最大的人寿保险公司保德信保险公司在纽瓦克诞生，纽瓦克成为世界上保险销售量最大的城市之一。20世纪初纽瓦克又成为大型商业中心，市民的夜生活极其丰富。这里被称作“消费者的麦加圣地”，形成了很多少数族裔社区，其中以王子街的东欧犹太社区最为出名。

在罗斯的早期小说中，尤其是《再见，哥伦布》(1959)略带忧伤地记录了纽瓦克这座移民城市的困窘生活，主人公犹太青年尼尔并没有离开纽瓦克，而是回到了纽瓦克的公共图书馆工作，作品用一种满怀浪漫主义的依恋去抵抗现代化过程中纽瓦克城的物质匮乏。而“美国三部曲”以更加现实、理性的方式发现了纽瓦克这座移民城市的物质贫穷和种族歧视。《美国牧歌》中记载了瑞典佬的父辈在纽瓦克艰苦奋斗创业的历史。瑞典佬的父亲娄·利沃夫14岁就到皮革工厂干活，“每天12小时的劳作，像牲口一样忙碌，这里污浊不堪、臭气熏天、红色、黑色、蓝色和绿色的燃料水泼洒一地，碎块的皮子到处都有，地下尽是油洼、盐堆和大桶的溶剂。这便是娄利沃夫的高中和大学”。[①] 这反映出了纽瓦克在城市经济发展过程中少数族裔所从事的低下工作和窘困的生存状态，也正是在这样的艰苦劳作之上，为瑞典佬的生活奠定了丰厚的物质基础；《我嫁给了共产党人》中主人公艾拉出身在纽瓦克贫穷的犹太家庭，缺乏父母的关爱，脾气暴烈，在母亲的葬礼上7岁的他就满怀愤怒，不曾掉下一滴眼

① 菲利普·罗斯：《美国牧歌》，罗小云译，译林出版社，2004年，第10页。

泪，并且在工地上干各种力气活，与意大利移民发生冲撞，打死了人，他看到劳动人民的辛苦和社会的不公，坚定地成为了共产党员；《人性的污秽》科尔曼的家族是生活在纽瓦克的黑人，科尔曼的母亲是纽瓦克医院第一位有色人种护士长，父亲是验光师，由于经营的眼镜店在大萧条中倒闭，只能当列车服务员，开朗的科尔曼对自己的未来充满希望但是遭受到了无情的打击，卖热狗的摊主拒绝卖给他，叫他们“黑鬼”，妓院识破他黑人身份，把他抛到了马路中央。

二、逃离纽瓦克

随着有色人种的迁入，纽瓦克白人开始迁出，人口出现了明显的下降趋势。20 世纪 60 年代后期纽瓦克开始走下坡路，一度成为种族骚乱和犯罪之城。有作家写道：“纽瓦克曾是能生产任何东西的城市，现在却变成偷盗之都；过去每条小巷里都能看到工厂和紧张工作的人们，现在除了酒馆、比萨饼店和如同仓库一般破旧的教堂，整座城市变成了一片废墟。”[①]大量中产阶级仓皇逃离了这座城市，与向往之地和居住之城的纽约相对而言，纽瓦克成为背离之地的原型，又一次见证了人们的迁徙，只不过之前是到来，然而这次是离开。作家费德勒认为纽瓦克与文学是绝缘的，“即使作为孩子，我们也能感到一种不确定性，我们的家乡缺乏特征……或许我们不知道它的平凡之处到底在哪里，居住在那儿就像居住在它的丑陋里”。[②]

《美国牧歌》中穿插了纽瓦克城从移民时期经济上的兴盛发达到社会动荡衰落的变迁历史。“克尔大街是富有的犹太人居住区……战后到纽瓦克的第一代移民重组为一个社区。这种灵感主要来自于美国生活的主流意识……克尔街的犹太人已有像模像样的地下室、遮阳的走廊和石板阶梯，似乎房屋正面就表现出这些大胆先驱者对美国化形式的渴求。”[③]然而这种平静、祥和的氛围并没有持续多久，经历了手套工厂的繁荣与兴盛，保险业的发展等等，纽瓦克在 60 年代走向了黑暗，遭遇了经济上的衰落、城市暴动、纵火、犯罪等，几乎毁了纽瓦克所有的希望。“以前什么都生产，现在成了世界上的汽车盗窃之都……在纽瓦克每二十四小时有四十辆车被盗。……车是杀人凶器，一旦被

① 吴云：由衰转兴的纽瓦克，《人民日报》，2009 年 11 月 2 日第 013 版。

② Fiedler, Leslie, “The Image of Newark and the Indignities of Love: Notes on Philip Roth”, in *Critical Essays on Philip Roth*, ed. Sanford Pinsker. Boston: G. K. Hall, 1982, p. 23.

③ 菲利普·罗斯：《美国牧歌》，罗小云译，译林出版社，2004 年，第 7—8 页。

盗，就成了四下乱飞的火箭”[①]，成了世界上最糟糕的城市。吉米奇指出：“对于城市中心赤裸的描写是一种社会批评的形式，是揭发丑闻的创造性表达。”[②]《我嫁给了共产党人》更多地强调纽瓦克与美国社会遭受同样的政治上的麦卡锡主义；《人性的污秽》没有像《美国牧歌》一样密集集中地直接书写纽瓦克的历史，但是字里行间仍都能够看到一个种族分裂、暴力滋生严重的纽瓦克，符合纽瓦克作为最大的族群混居点的历史状况，书中黑人科尔曼一家在纽瓦克遭受到了严格的区分和歧视，虽然科尔曼的父亲母亲都已经从事较为体面的工作，但是却只能是有色人种的工作。父母极力反对科尔曼的拳击运动，认为这是粗野的不体面的下等的工作，“田径比拳击文明多了，对你更合适，科尔曼。亲爱的，你跑得多美啊”[③]。纽瓦克的拳击俱乐部几乎都是黑人，老板也都是黑人，并且是警察。之后科尔曼从犹太人身上看到了可能性，“犹太人……是为外人引路、展示社会可能性、向一个有文化的有色人种家庭演示成功之道的精明人士”。[④] 可见当时纽瓦克种族歧视的严峻，从一定意义上可以说“美国三部曲”中罗斯将纽瓦克作为整个当代美国社会的缩影，纽瓦克的历史就是美国的历史，生活在纽瓦克的少数族裔的命运也就是美国民众的命运。纽瓦克不仅仅承载着犹太移民、黑人等少数族裔的历史，也浓缩着整个美国二战后的历史和社会形态。

三部曲中的主人公们纷纷怀揣着各自的美国梦出发了，他们逃离了纽瓦克，去追寻、拥抱各自的美国梦，有瑞典佬田园牧歌的美国梦，有艾拉政治抱负的美国梦，也有科尔曼种族平等的美国梦。《美国牧歌》中瑞典佬很小时候就梦想着能够拥有纽瓦克郊区的大石头房子，白人妻子，中产阶级的牧歌梦，他还把美国19世纪的约翰尼·阿普瑟德作为自己的偶像，“个头高大，脸色红润，幸福快乐。也许不太聪明，但不需要那么聪明——做伟大的漫游者就是约翰尼·阿普瑟德全部的心思。完全的肉体上的快乐，迈开大步，提着一袋子种子，带着对大地景色的无比热爱，无论走到哪里便播下种子。多美的故事啊。

---

① 菲利普·罗斯：《美国牧歌》，罗小云译，译林出版社，2004年，第23页。

② Kimmage, Michael. *In History's Grip: Philip Roth's Newark Trilogy*. Stanford: Stanford UP, 2012, p. 3.

③ 菲利普·罗斯：《人性的污秽》，刘珠还译，译林出版社，2003年，第97页。

④ 菲利普·罗斯：《人性的污秽》，刘珠还译，译林出版社，2003年，第99页。

四下看看,到处走走。瑞典佬一生都喜欢这个故事”[1]。《我嫁给了共产党人》艾拉迁居到纽约的豪华房子,出身低微、向往在政治上施展抱负的艾拉终于能够在家中举办纽约文化名流的聚会,艾拉几乎要走林肯总统相同的道路,从演员到政治活动家,这也的确是美国梦的偶像版本,包括之后的里根、施瓦辛格等等都成为这样的政治代表;《人性的污秽》中科尔曼的梦想是平等、没有歧视、自由的美国梦,当他第一次意识到黑人所遭受到的歧视之后,他力图通过自我优秀能力的突出得到认可:

> 他自童年起所向往的,就是自由;不当黑人,甚至不当白人——就当他自己,自由自在。他不想以自己的选择侮辱任何人,也不是在企图模仿他心目中的哪一位优等人物,或对他的或她的种族提出某种抗议。他知道,在循规蹈矩的人眼中,世上的一切都早有安排,都是一成不变的,他们永远也不会认为他做的对。但,不敢越雷池一步,固守正确的界限,向来不是他的目标。他的目标是决不将自己的命运交由一个敌视他的世界以愚昧和充满仇恨的意图主宰,必须由他自己的意志决定。[2]

但是作为纽瓦克走出的孩子们,他们的美国梦都实现得太过虚幻,以至于美梦转化成为了噩梦,他们个人的奋斗、努力似乎都没有抵过历史的“偶然性”,而这种偶然性也正是历史切实发生在个体身上的必然性。《美国牧歌》中第二、三部分的标题就是“堕落”和“失乐园”,其中写到瑞典佬被美国社会60年代的动荡强行拖出了田园牧歌的美梦,家族产业手套工厂遭到破坏,妻子多恩出轨,女儿梅丽成为了恐怖主义者,瑞典佬毫无反抗之力,只能默默地承受。《我嫁给了共产党人》中艾拉雄心壮志要为无产阶级和下层人民争取更多的平等权利,但是在麦卡锡主义猖獗的时代,沉浸于美好理想的艾拉遭到了妻子的背叛,妻子在《我嫁给了共产党人》的回忆录中揭露了丈夫的政治生活,污蔑他是苏联间谍;艾拉及其家族被纽瓦克当地的非美委员会肃整,走投无路的他回到少年时干活的矿场,凄惨地度过残生。《人性的污秽》虽然小说的直接背景是1998年美国白宫的丑闻,即克林顿和莱温斯基性丑闻案,但是塑造科尔曼

---

① 菲利普·罗斯:《美国牧歌》,罗小云译,译林出版社,2004年,第307页。
② 菲利普·罗斯:《人性的污秽》,刘珠还译,译林出版社,2003年,第123页。

终身选择的应该是在科尔曼壮年的四五十年代，这个时期是美国种族歧视最为严重的时期，也直接导致了60年代的黑人城市暴动，更使得科尔曼最终决定僭越自己的黑人种族身份，扮演成为犹太人，这是美国历史迫使科尔曼做出的“正确选择”，但历史又给科尔曼开了个玩笑，在“政治正确”流行的90年代学院体制中，他因为一次普通的课堂点名，因把缺课的两位同学称作是“spook”(幽灵，黑鬼)，而带来了一系列的麻烦最终失去教职失去家庭惨死车祸。他们英雄主义的个人奋斗终究抵不过历史的车轮，最终成为历史的牺牲品。看似宏大的历史事件就这样直勾勾地进入了个人的世界，彻彻底底地改变了他们的人生，表面上看这是美国犹太人或者说少数族裔追寻美国梦的失败，然而从深层次上实际拓展了美国历史语境之下普通美国人重塑自我身份以及如何面对历史困境，在更为普遍的意义上指出了自我身份不仅仅是叙述建构，而且是更加复杂的历史的产物。

三、纽瓦克城市暴力

罗斯《人性的污秽》中内森总结科尔曼的一生时写道：

> 这个决定打造一个杰出历史前途的人，这个着手旋开历史弹簧锁、聪明决定地成功改变了个人命运的人，到头来却落入他不能完全指靠的历史的掌心：还没有成其为历史的历史，钟表正在一分一秒购销的历史，随着我的笔不断扩散的、一次增长一分钟的历史，未来将比我们更能把握的历史。这个无处遁逃的我们——当下，共同的命运，流行的情绪，所在国家的思潮，具有制约性质的历史，即我们自己的时代——被一切事物可怕的转瞬即逝的性质所蒙蔽。①

可以说这是对整个“美国三部曲”中的主人公命运与历史关系的总结，在这里罗斯把个体与美国的国家历史紧密联系起来。历史无处不在，看似已经消失在身后，但是几乎在消失的同时决定了个体的命运，个体无处遁逃。罗斯在之后的《反美阴谋》中更加突出了这种历史决定论和个体的无助感。

出版商在2004年推出了《反美阴谋》可谓是意味深长，“9·11”事件三周

① 菲利普·罗斯：《人性的污秽》，刘珠还译，译林出版社，2003年，第346页。

年，美国总统大选前夕，并且小说的标题很容易让人误以为这是一部“9·11”内幕小说。但纵观小说和“9·11”事件本身没有直接联系，“这部小说并不是纪念‘9·11’事件的产物，甚至可以说与‘9·11’毫无干系”。[①] 的确，从小说的故事情节来看，和“9·11”所指的美国遭受的伊斯兰极端宗教势力的恐怖袭击没什么直接的干系，也并非描绘恐怖袭击所造成的冲击和后果，但是却与“9·11”小说关注受害者而非恐怖分子这一点一致，尤其是对美国普通人所遭受的恐怖心理体验来说，《反美阴谋》和一般的“9·11”小说具有相通之处，小说依托恐怖事件来反思美国社会的弊病，揭示恐怖事件发生的政治逻辑以及对少数族裔身份认同的负面效应。

《反美阴谋》中也有恐怖事件，只是并非来自外部，而是来自美国社会自身，并且是罗斯通过想象对美国历史进行的重构。罗斯虚构了1940—1942年美国的历史，作品中出现的人物查尔斯·林德伯格实有其人，飞行员出身，是美国反犹势力的代表，但是并未当选过美国总统。罗斯假设林德伯格击败了罗斯福当选了美国第33届总统，他上台后在美国推行反犹政策，在国外与纳粹结盟，彻底改变了美国犹太人的生活，整个国家陷入了慌乱。小说重构历史并非目的，重点也不是在林德伯格当选总统或者是二战时期的事件，而是将历史的灾难、恐怖与个人的生活结合起来，强调个体在面对历史灾难的反应。小说在恐怖的国家氛围中，突出了以第一人称叙述的罗斯一家以及纽瓦克附近的犹太人所承受的压力。作品中写道：

> 现在已没人再蓄长须，也没人再着旧式服装或戴小圆帽了……在这片土地上已经生长了三代人。现在作为犹太人，已不需要什么特殊的标志，不需要特别的宗教或信条，也不需要另外的语言，他们已经有了与生俱来的母语，他们已能毫不费力地用各种方言土语来表达自己……但他们无法摆脱那与生俱来的本性，那是他们根本就不可能想到要摆脱的。他们身为犹太人，就因为他们就是犹太人，就像他们生来就是美国人一样。[②]

---

① 毛燕安：“雕空镂影　亦幻亦真——菲利普·罗斯的新作《反美阴谋》”，《外国文学动态》，2004(6)，第23页。

② Roth, Philip. *The Plot Against America: A Novel*. New York: Random House, 2004, pp. 4－5.

虽然犹太人认同了美国身份，但在整个反犹狂潮中，他们被迫需要面对自身的犹太民族身份，个体面对国家、历史的无奈、无助以及绝望的恐怖心理弥漫在作品中。罗斯的父亲赫尔曼每天都在问自己同样的问题："这件事怎么会发生在美国呢？美国怎么会让这样的人来领导我们的国家呢？"[①]在恐怖的心理压力之下，父亲崩溃了，他张开嘴巴大声哭泣着。而小罗斯则"恐惧占据着记忆，那是一种永恒的恐惧。当然，没有一个孩子的童年不和恐惧沾边的。然而，假如林德伯格没有当选总统，或者我不是犹太人的后代，我可能就没那么恐慌"[②]。

《反美阴谋》并不是把阴谋的矛头指向外部，而是发现美国社会自身的问题，或者说美国社会自身在文化转型过程中，美国梦掩盖之下的少数族裔认同的问题。虽然罗斯虚构了一段历史，但是虚构并非虚假，具有逻辑上的可能性，明确了美国历史上的反犹主义的存在以及在适当机会下有可能发生的历史转向。更重要的是罗斯虽然是从犹太裔出发反思美国社会，但是因为美国社会多元化族裔构成的现状，其实是指向了美国普通民众的生存状态，罗斯只是从犹太角度解释展现美国文化的属性，具有强烈的美国性。美国梦所代表的美国精神中自由、平等、民主基础之上的乐观的自我创造精神也许本身就带有许多弊病。在罗斯看来或许个人可以创造许多自我，去适应自己的欲望和外部的环境，同时个体必须要回答的是；这样的自我创造从开始就带有很深的历史传承性和保守性，人性的根本、历史的塑造、文明的修饰以及种族体质的特征和个别的经历等等都会在深层次上起到影响甚至决定的作用。罗斯出道之时《再见，哥伦布》以及《波特诺的怨诉》强调犹太族裔文化身份对个人身份的束缚，强调自我身份的再造性与可能性；而时隔近半个世纪的时间里，罗斯发生了彻底的转变，罗斯更强调历史决定了自我的可能性，同时罗斯拓宽了他的写作语境，从犹太家庭的故事去反映美国的社会现实，美国犹太移民后代如何实现美国梦的故事变成了美国自身的故事。

《反美阴谋》在"9·11"事件三周年的时机推出，是罗斯对美国文明内部痼疾的反思，罗斯之前在《美国牧歌》已经预见了美国国家内部遭受恐怖暴力袭

---

① 林夕："历史在这里拐了一弯——菲利普·罗斯的《反美阴谋》"，《外国文学评论》2005(01)，第114页。

② Roth, Philip. *The Plot Against America: A Novel*. New York: Random House, 2004, p. 1.

击的诱发基因。《美国牧歌》中瑞典佬唯一的女儿梅丽从小口吃，她一出生就是一个复杂的矛盾体，杰里叔叔称她是“天生的畸形人”。[①] 梅丽在祖父母家里，被认为是天主教徒；在外祖父母家里，又成了犹太人；在美国主流社会中，她既不是美国正统白人，也不是少数族裔犹太人，多元化的环境使得梅丽的认同陷入了危机，永远不清楚她到底是谁。在美国社会动荡的60年代以及越南战争的阴影中，她陷入了盲目的反抗之中，宣泄着自己无处释放的愤怒。她用一颗炸弹炸飞了小镇上的邮局和百货商店，炸死了善良的小镇当地的医生，从此开始了逃亡生活，最后成为了耆那教徒，不洗澡，拒绝一切文明的生活方式，荒唐地尊重所有的生命形式，包括寄生虫。“女儿将瑞典佬拉出向往许久的美国田园，抛入充满敌意一方，抛入愤怒、暴力、反田园的绝望——抛入美国内在的狂暴。”[②]尽管许多《美国牧歌》的研究认为作品针对的主要是美国60年代越南战争的时代，但是通过细读和定位叙述者祖克曼的叙事框架，就会发现祖克曼的叙述时间点是在1995年，应该不仅包括越战的70年代，还应该包括冷战结束后至“9·11”前的90年代的美国政治。因此有评论者指出：“罗斯通过形式上稳定常规的‘叙事暴力’策略暗示读者，他对美国国内空间的批判和促进反思美国国土安全的更微妙的政治图景”。[③] 虽然不能说罗斯的小说就预见了美国遭受“9·11”的恐怖袭击，但是他的小说的确展现了美国在多元化时代，国内空间遭受的不稳定因素的侵蚀，美国的国家安全以及保护家园正日益成为突出的社会问题。

与其他美国城市相比，纽瓦克独特历史价值体现在它移民城市的渊源以及城市在现代化过程中的变迁，这恰是美国历史独特性的典型体现。作为移民城市，罗斯的祖辈正是随着移民大潮，从东欧犹太小村庄来到这里，城市的历史正是他祖辈的历史，虽然短暂，但却是可供他追溯的家族史，城市虽然破败，但却是他们的根基；作为现代化的新兴城市，纽瓦克产业机构的变化和经济的兴衰转型也成为美国千千万万个城市的缩影。纽瓦克成为罗斯犹太族裔与美利坚民族联系的中心，成为犹太古老传统与现代文明的交汇地。纽瓦克对罗斯来说既是其犹太家族繁衍之地，更是他成为美国人的生成、见证之所。

---

① 菲利普·罗斯：《美国牧歌》，罗小云译，译林出版社，2004年，第61页。

② 菲利普·罗斯：《美国牧歌》，罗小云译，译林出版社，2004年，第81页。

③ Pattison, Dale. Writing home: Domestic Space, Narrative Production, and the Homeland in Roth's American Pastoral, *Twentieth-Century Literature* 60. 2 Summer 2014, p. 225.

无论纽瓦克兴盛、繁荣还是衰败、破落，罗斯全部的作品都直面它的社会现实，不美化也不贬低，忧伤地、怀旧地回溯它的辉煌历史，也客观地记录它的艰难不幸和痛苦。在美国历史上毫不起眼甚至被遗忘之地，在罗斯的文学世界中却换发了异样的文学光彩。

Title: Newark writing in Philip Roth's American Trilogy

ABSTRACT: As an American Jewish writer, Philip Roth always uses his hometown Newark New Jersey as the novel's background. "American Trilogy" is known as the "Newark Trilogy", in which Roth endows Newark with political meanings that the process of Jewish immigrants into the American society reflects Newark city's prosperity and problem. This article analyzes "American Trilogy" from the perspective of urban writing, observing the motivation and features of the writer' unique narrative about the city in the historical context. It probes into the implicit mechanism of pluralistic American society and endeavors to discover the dilemma of ethnic minorities in pursuing American identity.

Keywords: Philip Roth, American Trilogy, Newark, urban writing

作者简介：苏鑫，临沂大学外国语学院教授；本文为作者主持的国家社科"当代美国犹太作家菲利普·罗斯的身份探寻与历史书写"(12CWW038)阶段性成果。

认同与控制：社会时间的主体策略分析[①]

——以"秒杀"为研究中心

张　蕾

提要："秒杀"作为新兴词语充分渗透进我们的日常生活，通过对这个过程的描写和分析，我们希望能找出"秒"概念产生的动因及其背后的意义。本文从语言角度的分析入手，对"秒杀"和"秒"的产生和发展，通过认知分析和时空社会学的相关理论给出动因解释，并针对"秒"相关概念的流行，讨论其体现的现代意义。

关键词：秒杀；秒；时间社会学；认知语言学；隐喻

我们按照秒、分、小时、天、月、年、10年、世纪和时代来记录时间的流逝，似乎一切东西都在单独客观的时间刻度上具有其位置。即使物理学上的时间是一个艰难而有争议的概念，但我们一般都不会让这一点妨碍自己依其建立起日常程序的普通的时间概念。当然，我们认识到了我们的内心过程和感知可能受骗，使得片刻被感觉起来就像是光年，或者使令人愉快的时光的流逝快得难以觉察。我们也应学会意识到不同的社会（甚或不同的小群体）如何培养了完全不同的时间感受。

——戴维·哈维[②]

---

① 本文为上海市哲学社会科学一般项目成果（项目批准号：2014BCK004）、上海高校高峰学科建设"中国语言文学"阶段性成果。

② [美]戴维·哈维：《后现代的状况——对文化变迁之缘起的探究》，商务印书馆，2003年，第252页。

现代生活中的时间已经发生了很大的变化，相较于早前对物理时间的探究，人们对社会时间的关注越来越多，近年来兴起的时空社会学的研究也主要集中在从“量”到“质”的兴趣转变上，包括涂尔干、吉登斯、福柯等都对社会时间的产生和意义提出了解释框架，大部分研究者也都认同，社会时间是“社会互动的产物，并在互动中建立一种附加的意义关系”[①]。这种意义关系的构建取决于时间实践过程中的体验和经验，最终达成集体的、群体的认同，因为“社会时间不仅是一种量的规定，同时也是一种质的体验”[②]。我们可以通过社会个体在认知和语言上的表现，找到相应的证据，来再现社会时间对现代生活的深远影响。

以近年来异常活跃的新词“秒杀”为例，它从网络游戏平台初生，再由电子商务平台催生，再到成为流行词，并带动了“秒”进一步发展成为颇具生命力的新兴类词缀，织构起了一个以“秒杀”为中心的词群网络。这个词群网络跟当今推崇快速高效的社会节奏十分契合，所以接受度极高；同时它自身又变化很快，从词性到搭配，再到衍生，短短几年的时间里已经深入到了日常生活的方方面面。

一、“秒杀”的产生

“秒杀”的流行跟大部分的流行语类似，起于网络，从一部分人（主要是游戏玩家）中扩散出去，再经由商业活动的推广和媒体的传播，把专业性术语型的电脑游戏玩家流行词介绍到了大众的视野中。

在2007年发行的《中国语言生活状况报告(2006)》(也称“绿皮书”)中，列出了171条汉语新词语，其中就有“秒杀”。当时作为新兴词语，“秒杀”活跃在特定的网络群体中，最早出现在网络游戏中，英文为seckill，“是根据里面打斗招式的特别计算方式而命名的”[③]，在短时间内快速解决对手，出自于如金庸群侠传这类打斗游戏中特殊的计分方式，不仅要在招式的效果上致胜对手，还要考虑到使用招式的效率。尽管具体的游戏出处众说纷纭，但人们对其发源于网游的认定都已取得了一致的意见。在词义上，专门指游戏过程中“在一次

① 徐红曼：《社会时间：一种社会学的视角》，《北华大学学报》2015年第1期，第139页。

② [英]约翰·哈萨德：《劳动时间的质的范式》，《国际社会科学杂志》1989年第4期，第108页。

③ 许秋娟：《“秒杀”：从新词语到流行语》，《柳州职业技术学院学报》2011年第1期，第46页。

进攻中给予对方毁灭性打击"[①]。当时,"秒杀"的使用范围仅限于游戏玩家之间,在他们彼此的切磋和讨论中是一个出现频率较高的词语,如:

(1) 看了很多帖子,都说这个游戏跟(根)本没有秒杀,不支持的。老玩家都知道了,以前有短暂能量护符等三个状态的时候,法师的大火球能打人5000+以上……猎人的瞄准在三个状态下可以打布衣到7000+……那时候,那就是秒杀……(2006.7.15 百度贴吧-魔兽吧《魔兽世界的秒杀,大家来聊聊,给个意见》)

"秒杀"简短形象地总结了游戏中的实战现象,因此易于为游戏玩家所接受。从构词上看,"秒杀"的结构是状中关系偏正式的复合词。从语义上来看,"秒"以最常用的最小时间单位凸显了动作的快速,"杀"强调了行为的结果和效果。

随后"秒杀"出现在了大量网页标题中,用于吸引眼球和推广:

(2) AHK 快餐店[17]之秒杀 U 盘(2007.11.17)

(3) 秒杀多款小型车!国产版马自达 2 谍照曝光(2007 年 06 月 19 日 09:27 搜狐汽车)

(4) 秒杀北极银 Tt 含银硅脂 TG-1 个人实测(2008 年 08 月 22 日 eNet 硅谷动力　作者:CPU 频道)

(5) 秒杀 E65 超越 E71 S60 诺基亚 E66 性能评测(ZOL 首页〉手机频道〉其他 OS〉评测　2008-07-24)

这里例句中的"秒杀"从原有的游戏中的"彻底快速打败对手"的义项,发展出了"强势领先于对手"的意义。

到了 2009 年,由淘宝网发起了"秒杀"活动,带起了网购中的新兴购买方式,"秒杀"被借用为网上购物的商家噱头,引申为"(用低价)抢购":

(6) 淘宝"秒杀"活动　广告效应是真正目的(《中国经营报》2009-

---

① 刘松泉:《新词语"秒杀"》,《语文建设》2007 年第 12 期,第 52 页。

12-27)

(7) 网购新流行："秒杀"便宜货(2009 年 07 月 13 日 搜狐 IT 频道〉互联网〉国内互联网)

当时淘宝为庆祝成立 6 周年，在 2009 年 9 月 25 日 20 点整发起"一元秒杀"活动，通过抢购的方式，使买家们可以用超低价购入一些原价较高的数码产品，因限定了很短的竞拍时间，就借用了游戏术语"秒杀"作为噱头，后来各种线上和线下的活动也都效仿，使得"秒杀"成为一种购买方式的代名词，迅速流传开来，"秒杀"也由此成为人们普遍认识的一个新词语。从 2010 年出版的第六版开始，"秒杀"词条被《现代汉语词典》正式收录：

【秒杀】㊍ 1. 瞬间击杀，指在极短的时间内击败对手(多用于网络游戏中)。2. 泛指在极短的时间内就结束：～价(在短时间内就结束的优惠价)。[①]

对一个新词来说，进入《现汉》是其"官方身份"的认证，说明"秒杀"已不仅仅是一个新生词语，也是其影响力的一个证明。

二、"秒杀"的分化

"秒杀"中的"秒"最初是以时间的这个微量单位来说明结束时间的短促，我们发现，《现代汉语词典》中第一个"秒杀"义项(我们标记为"秒杀 1")在用于竞技类对抗性过程中，会呈现出两种不同的语义关系，如：

(8) 舜天险些复制 09 年一幕　终场遭秒杀又陷降级圈(腾讯体育 2010 年 08 月 09 日)

(9) 民工工资过万元"秒杀"白领　(《北京晨报》2013 年 06 月 20 日)

例句中的两个"秒杀 1"分别指向了两种截然不同的对抗关系，从结果看，

---

① 中国社会科学与语言研究所词典编辑室编：《现代汉语词典》第 6 版，商务印书馆，2010 年，第 948 页。

两个“秒杀 1”都是以一方的胜利而告终，但细究之下，我们发现这两种“赢”背后的胜率关系是大有差别的，例(8)中是在最后关头一方通过微弱的优势赢得了比赛，例(9)则是指双方实力悬殊，一方压倒性地赢过了另一方。所以，为了以示区别，我们把例(8)中的“秒杀 1”标记为“秒杀 1^{A}”，例(9)中的标记为“秒杀 1^{B}”。

我们认为，“秒杀 1^{A}”和“秒杀 1^{B}”的差异主要体现在对抗关系中的双方实力差距上，“秒杀”行为的施受双方在实力、能力、胜率等方面存在差别。所以表示实力差距大的“秒杀 1^{B}”又可以进一步被缩略，被直接用动词“秒 1”代替，原词中“杀”的意义并没有因脱落而消失，而是被吸收进了动词“秒”的义项，因为“秒杀 1”就意味着胜利，缩略后的“秒 1”不仅取“秒”隐喻产生的“迅速、快速”的意义，还涵盖了“杀”的“制服或获胜”的意思，如：

(10) 破纪录了，一炮没来开，敌人都没看到，全局第一个被秒，大概 1 分钟。(战舰世界吧_百度贴吧 2016 年 2 月 4 日)

(11) 大幅度秒人与大幅度被秒的对比，难以置信！(百度贴吧 身高吧 2013 年 10 月 28 日)

例(10)指缺省的主语(某战争中的某战舰)是被秒杀的对象，在莫名其妙地情况下，快速地被消灭了，例(11)则是用“秒人”和“被秒”分别指在比较身高的过程中，有绝对优势的胜利或者是一目了然地败下阵来的情况，这两个例句中的胜负的确都是在“迅速、快速”的情境中完成。

有趣的是，“秒杀 1^{A}”却没有继续被缩略，“杀”这个语素始终没有脱落，在我们找到的“秒杀 1^{A}”的例句中，都不能用“秒”来替换“秒杀 1^{A}”。我们认为，这说明“秒杀 1^{A}”和“秒杀 1^{B}”之间确实存在差别，“秒杀 1^{A}”中的“杀”还有“绝杀”之意，表示在最后关头扭转或改变了局势，所以这里的“杀”不能完全被“秒”吸收，只能保留“秒杀”原来的形式。

另外，通过“秒杀 1^{A}”的进一步意义泛化，我们也可以看到“杀”在“秒杀”中的原有动作性语义的弱化，如：

(12) 这嗓音～这声线，好声音里基本上就是秒杀三导师的节奏……(百度贴吧-呵呵吧 2013-08-31)

(13) 今天听到一个男生的声音，我瞬间被秒杀了(豆瓣小组 来自：某 's(never better than now) 2010 - 09 - 05 21：56：17)

(14) 最近被这个人严重秒杀　颜实在太强大了(百度贴吧-韩剧吧 2012 - 02 - 05)

例句(12)和(13)“秒杀”不是指对抗性的关系中的战胜的效果，而是使另一方“臣服”、“着迷”的结果，但不是有意的行为。“臣服”和“着迷”是一种自发的受对方控制的状态，因实力不及或无法匹敌而成为“败”的一方，是语义的泛化。例(12)中的“秒杀”则可以有两种理解，既可以是“战胜”，也可以是“使人着迷”，是一种语义的含混阶段。①

在受事体验的视角中，“秒杀 1”所带来的时间感受被压缩到了极致，时间之短促，变化之迅速，让人措手不及，所以我们看到上面提到的“秒杀 1”的两个分义项都强调时间的短促和挫败的压力。速度的时间感受在行为活动实践中被凸显，“秒杀 1”强调的是带给受事方的感受，其中包括战争、游戏或竞技比赛中的对手，各类比较中不占优势的一方，或者是普通的观者。“秒杀 1^{A}”和“秒杀 1^{B}”虽然存在语义上的差别，但在对时间的实践上都统合在了受事方的角度，无论是例(9)中的“白领”，还是例(8)中的舜天队，前者收入不及农民工，后者的保级希望破灭，这使他们都成了这些实践活动中的弱者，在无形的竞争中被对方压制住了，并给他们带来了深深的挫败感。例句(12)—(14)中“秒杀 1^{A}”的泛化情况也主要集中在了受事方的时间体验上，例句中由于对方的超乎常人的技能或特点，分别给“导师们”或“我”带来了压力甚至是碾压，在极短的时间内体验到了双方存在的差距或者是落差。所以，“秒杀 1”的时间特征主要体现在实践过程中的受事者视角，以及这种实践过程所带来的绝对的压制力，例(10)和(11)中“秒杀”的“杀”不出现了，实践活动中的“时”和“效”都由“秒”来承担，对速度的感知凝集在“秒 1”上。

“秒杀”在《现代汉语词典》中的第二个义项，我们可以标记其为“秒杀 2”，同时也出现了很多像“秒杀价”这样相关的词语，如：

① 刘大为：“流行语中的语义泛化及其社会功能”，《语言文字学刊》(第一辑)，汉语大词典出版社，1998 年，第 193—194 页。

秒杀平台、秒杀神器、秒杀店、秒杀活动、秒杀一族、秒杀族、秒杀软件、秒杀客……

通过比较，我们发现“秒杀 2”中的“杀”与前面分析的“秒杀 1”中的不同，不再是对抗性地击败一个特定的对手，而是从通过致死方式的“杀”的动作引申为结束、终结的含义，而因为这种终结也意味着该行为的胜利或成功，所以这个促销竞拍中诞生的“秒杀 2”也可以被缩略为“秒”，我们标记为“秒 2”，比如可以说“秒了一支股票”、“秒到了××新款手机”等，这里的“秒 2”不一定是指超低价购买到，只是用于指所购买的物品较为紧俏，或者从购买者的角度来说，是主观认为值得抢购的东西，而且是靠拼速度来取得的。

从两个“秒杀”缩略而来的动词“秒 1”和“秒 2”在实际的使用中并不会造成混乱，两个“秒”的受事有明显的区别，“秒 1”的受事名词为对抗中失败的一方，可以是人、群体，或者是抽象的对象，比如例(11)中的身高；“秒 2”的受事名词则具有可获取的特征，可以是交易购买的对象，如有形的产品，也可以是通过争取得到的无形的对象或服务，如“秒课程”、“秒职位”等。

由于“秒杀 2”的对象不是有生的，所以其受事不会产生如“秒杀 1”所具有的时间实践体验，那些在促销活动中被售卖的商品或服务活动本身在“秒杀”行为中是不具有能动性的。而能获得实践体验的只有施事方，也就是实施“秒杀”活动的有生一方。对施事方来说，“秒杀 2”使其感受到的是快捷和迅速，是主动出击的结果，最终让实施者体验到了操控力。

三、“秒 X”的泛化

伴随“秒杀”的普遍流行，出现了词语模“秒 X”，即动词“杀”被其他单音节或双音节动词替换，如：

秒变、秒哭、秒睡、秒怂、秒拍、秒赚、秒开、秒贷、秒赞、秒聘、秒传、秒退、秒删、秒懂、秒升、秒喝、秒搜、秒笑、秒死、秒醒、秒吃、秒过、秒秒……

秒评论、秒回复、秒送餐……

在网上的新闻标题中经常使用这种格式，如：

(15) 蒋欣见赵雅芝秒变粉丝 60 岁白娘子气质佳(2014 年 11 月 23 日 新浪娱乐)

(16) 樊少皇微博现不雅视频秒删 回应:账号被盗(2015 年 03 月 19 日10:41 新浪娱乐)

(17) 教你秒懂"男人心"的独门小秘笈(新浪时尚_新浪网 2014 年 6 月19 日)

(18) 黄磊爆金句笑翻全场 闷骚杨阳洋进鸡窝瞬间秒"怂"(2014 年 07 月 18 日 15:13 来源:中国广播网)

(19) "秒过"美国 B2 旅游签证(2014 年 4 月 2 日 美成达移民网)

我们发现,这个词语模中的动词 X 多为非持续状态的行为,一般都是有具体完成义的,行为是有终点的,也就可以通过用副词性的"秒"来修饰限定其时效上的范围,因此,和"秒"结合构成的这些偏正式新词都是强调完成时间短,强调快速或高效的,"秒"在此充当的是状语的角色。但比较上述例句中的"秒X",我们发现在物理时间上存在很大的出入,如例(19)中的"秒过"和例(16)的"秒删",前者经历的时间是一个完整的签证流程,只因这个过程很流畅,使人觉得过签证很容易,而后者删除错发微博的时间就要短得多,可能是几分钟、几秒钟,或更短,但不管删除得有多快,都已经被有心人发现并保存了截屏证据。可见,所谓的"秒 X"在不同的场合使用,其实是存在很大的时间偏差的,但是这种偏差并没有引起使用上的困扰,人们可以用"秒删"和"秒过"分别来表达特定场合中的快和急迫,用"秒懂"来显示有效性,用"秒变"、"秒怂"带出画面感。前面提及的这些"秒 X"之所以能整合在同一个格式之内,在于"秒X"中的"秒"指向的是非物理时间,确切地说,这里的"秒"是感知的时间,没有确切的时长,只有人们对时间的感受,是基于经验实践的社会时间,受主体掌控。

以"秒"为中心的社会时间概念经由集体和社会认同,到产生群体归属感,再到最终成为可控的因素,并根据具体行为调节与社会环境的呼应关系,认知机制及其"培育"的集体强化认同意识和主体性起到了关键的作用。具体来说,就是 Lakoff(1980)所说的"隐喻机制"在起作用。所谓隐喻,束定芳(2000)指出,它有两个基本类别,一是以始源域与目标域两者之间原有(包括固有的和想象中的)相似性作为构成隐喻的基础(similarity-based metaphor),二是以说话者或作者新发现的或刻意想象出来的相似性为基础(similarity-creating metaphor),而且在人类认知中后者显得更为重要。[①]

首先,“秒(杀)1”、“秒(杀)2”成为度量“秒”的概念的延续的基础在于相似性。“秒”原为名词,其本义为禾苗的末端,《说文解字・卷六上・秒部》的解释:“秒,禾芒也。”后引申为微小,如“造计秒忽。”(《汉书・叙传下》)因其微小的义项,又被用作量词,作为时间、容量、角弧度和经纬度的度量单位,一般为关于度量的普通认知范畴中最小的单位级量。表度量(主要是时间上)的“秒”和动词性的“秒 1”、“秒 2”之间所处的概念域存在相似性。对相似性的解读,认知语言学研究者们各家有不同的看法,比较有代表性的,如 Ortony(1993:342)就认为,相似性就是指两个事物具有共同的属性。这可以理解为两个事物之间共享了一定的相像的特征或特性。时间的微小量“秒”属于度量范畴的概念域,动词“秒”如前分析,是属于时间感知的概念域,两个概念域分属物理时间和社会时间,但后者以前者的存在为前提,这就是两者共享的特性,也是两者存在相似性的契机。

其次,在应用层面,集体认同和选择的结果说明了客观认知的共性规约。Lakoff(1980)认为,隐喻涉及两个概念域:源域(source domain)和目标域(target domain),隐喻是跨概念域的系统映射,“每一种映射都是源域与目标域的实体之间一系列固定的本体对应。一旦那些固定的对应被激活,映射可以把源域的推理模式投射到目标域中的推理模式上去。”[②]在隐喻中,从施喻者的角度来看,“使用隐喻,其目的是为了表述自己对特定客观事物的一种特有的认知,表现出对特定客观事物的一种认知的心路历程”[③]。语言社会中的个体在表述自己对社会时间的实践感知时可以采用隐喻的手段,把对社会时间的感受通过“秒杀”的形式输出,这是新词语生成的手段的一种例证。而当更多的人都从固定的“秒 X”格式中找到了固有的本体对应,从而促成了“秒 X”格式的泛化,那么这种对应可以理解为群体意识层面上的认同,人们不约而同地选择使用“秒 X”格式是他们产生的群体归属感的表征。泛化的过程就是将原有的推理模式投射到了更广的推理模式中,我们看到,“秒 X”系列的词

---

① 束定芳:《隐喻学研究》,上海外语教育出版社,2000 年,第 15 页。

② 李福印:《认知语言学概论》,北京大学出版社,2008 年,第 133 页。

③ 王文斌:《隐喻的认知构建与解读》,上海外语教育出版社,2007 年,第 91 页。

群中不再都局限在施受方的实践角度，还包括了中性立场，如“秒哭”、“秒笑”、“秒睡”、“秒醒”等“X”成分为非自主动词的词，其由“秒”触发的时间实践活动都是从第三方的角度给予认定，从旁观者来看“哭”、“笑”、“睡”、“醒”的速度很快，但缺乏量化的认定，也没有来自施受双方的体验参照，却都可以套用“秒X”格式。共有的普遍经验促成了异质个体间在共时领域的集体认同，因而促成了“秒X”词群的确立和壮大。

“秒X”的流行扩大了主体对社会时间的控制范围，可受“秒”修饰的行为有具体的，也有抽象的（如“秒评论”和“秒杀”）；有自主的，也有非自主的（如“秒签”和“秒睡”）；有持续性的，也有非持续性的（如“秒死”和“秒怂”）等，甚至还出现了“秒秒”这样的用法。“秒X”泛化所带来的结果不仅仅是数量上的影响，还涉及到了“秒”概念的全面渗透。凡是或快速的，或有效的行为，甚至不必是真正快速或有效率，只要是话语发出者认可的，都一并可以套用“秒X”，把其归入到快速或有效中去。所以，我们看到大量的“秒X”大都被夸张得煞有介事，实则不值一提，具有很强烈的主观态度偏差。

从当前外部社会环境来看，“秒杀”及“秒X”所代表的是人们对速度的追求、对效率的推崇的风气的反映，语言使用者们透过“秒杀”及其衍生词群传递了追求极致的要求，是当代生活的一个缩影，一方面作为人们对物理时间的认知结果而出现，另一方面则反映着人们对社会时间的感知、体认和相互的认同，经由不同的视角产生了分化，进而产生的对抽象时间的控制企图。身为一个“现象级”的“前”新兴词语，“秒杀”给我们在语言以外的启示可能更多更深远。

Identity And Controlling: Analyses on strategy about Social-Time

——Based on Catchword‘Miao Sha’

Abstract: ‘Miao Sha’ was an emerging word. It became popular and penetrated in our daily life. This paper discusses the motivation and meaning of ‘Miao’-concept. Through retrospection the emerging and development of ‘Miao Sha’ and ‘miao’, and according to the theories of cognitive linguistics and Spatiotemporal sociology, this essay offer explanation for the popularity and spread and discuss the modern significance about it.

Keyword: 'Miao Sha'; 'Miao'; sociology of time; cognitive linguistics; metaphor

作者简介：张蕾，上海师范大学人文与传播学院副教授；本文为上海市哲学社会科学一般项目成果（项目批准号：2014BCK004）、上海高校高峰学科建设“中国语言文学”阶段性成果。

在格调与性气之间

——明代松江文人莫如忠文学思想述略

雒志达

摘　要： 明代松江诗人莫如忠出身唐宋派门下，嘉靖中叶与吴维岳等结白云楼诗社。“直写性情”、“清新自然”是这文人群体的共同创作风格。莫如忠反对执迷文学形式而影响性情的抒发，强调作者性格与经历对作品风格的作用，他对吴中诗风加以辩护，指出文学复古与吴中前辈的启示有关，但其评判尺度则接近格调派。复古文人对莫如忠的评价，表现出格调论与唐宋派的根本矛盾并非诗歌风格，而是弃文入道的可能性。莫如忠虽宗尚毗陵，但并未走上性气一路，其文学倾向体现出由性气向格调的回归文学史趋势。

关键词： 莫如忠；白云楼社；唐宋派；复古派；吴中诗风

莫如忠，字子良，号中江，松江华亭人，嘉靖十七年(1538)进士，以浙江右布政使致仕，有《崇兰馆集》二十卷行世。明代松江是江南都会的代表州府，也是吴中文化的重镇，所谓“元魁继出，文献甲于天下”[①]、“一时文风之盛，不下邹鲁”[②]。莫如忠作为生长于松江、并以唐宋派高足身份登上文坛的优秀诗人，在影响力上具有得天独厚的人脉与地缘优势。《列朝诗集小传》借王世贞的评语称赞莫如忠“其诗清令，蔚有唐风。”[③]同郡文人陆树声则以“上方王、

---

① 吴履震：《五茸志异随笔》卷七，四库未收辑刊，第拾辑第12册，第202页。
② 钱谦益：《列朝诗集小传》，上海古籍出版社，2008年，第49页。
③ 钱谦益：《列朝诗集小传》，上海古籍出版社，2008年，第402页。

孟，抗行岑、刘”[①]誉之。莫如忠在创作上继承了吴中清新自然的传统审美，同时又表现出对中唐清远诗风的探索，不管从地域文化抑或文学思潮的方面进行解读，都是一个具有坐标意义的典型文人。

从明代嘉靖时期开始，文学流派的出现和更迭周期明显加快，先是唐宋派从文学复古的跟随者中蜕变而出，王慎中、唐顺之等人对前七子派的流弊做出了深刻反思，至于“尽洗一时剽拟之习”、“李、何文集几于遏而不行”。[②] 随后李攀龙、王世贞等后七子派继轨前哲，影响力牢笼一世，其声势又非唐宋派可比。文学史研究的目光往往被斩将夺旗的代表人物所吸引，但在不同流派间激烈的口诛笔伐背后，那些构成流派的中坚力量同样可以为我们提供重要参照。在唐宋派与后七子交替之间，莫如忠和他所代表的唐宋派后学是非常值得我们关注的文人群体，他们一方面继承和发展了前辈的思路，又都不同程度地指向并启迪了后来者。在嘉靖中叶至万历初期的明代文坛上，地域文化与文学思潮紧密结合在一起，共同影响着文学史的走向，而对莫如忠文学思想的研究，恰好可以作为一个有效的切入点，帮助我们把握这一时期文学的发展逻辑。

一

考察一个诗人在当时文坛的位置，可以从其所处的文学群体入手。作为唐顺之的弟子，莫如忠很自然地被归类于“毗陵诗派”[③]，莫如忠 26 岁拔贡入国子学，“大廷晋江王公慎中，毗陵唐公顺之阅其闻，置第一”[④]，次年会试不利，遂拜入唐顺之门下，称及门子弟。在嘉靖二十四至三十年供职京师期间，莫

① 陆树声：《中江先生全集序》，莫如忠《崇兰馆集》卷首，四库存目丛书，集部第一〇四册，第 376 页。

② 钱谦益：《列朝诗集小传》，上海古籍出版社，2008 年，第 377 页。

③ 按唐顺之，字应德，号荆川，嘉靖八年进士，因出身明代常州府（古称毗陵）武进县，故时人多以郡望称之，《明史》卷二八七《王慎中传》载：“（王慎中）与顺之齐名，天下称王、唐，又称晋江（慎中为福建晋江人）、毗陵。”“毗陵诗派”系后人追认的文学史概念，据陈书录先生《唐顺之与明代“毗陵诗派”考论》（《文学遗产》2011 年第四期）考证，其得名来自吴维岳之孙吴英奎《读明人诗戏效遗山论诗绝句三十五首》所云“少日成名众所希，毗陵诗派早知归”。陈先生在文中认为毗陵诗派首先是“弟子雁行而追随毗陵者”，吴维岳、莫如忠皆在此列。吴维岳字峻伯，号霁寰，孝丰人，嘉靖十七年进士，今存诗集《天目山斋岁编》。

④ 陆树声：《明通奉大夫浙江布政使司右布政使中江莫公墓志铭》，《陆文定公集》卷十一，明万历四十四年陆彦章刻，南京图书馆藏本。

如忠应邀入京师刑部白云楼诗社，同出毗陵门下的吴维岳正是社中的核心人物。

白云楼社不是一个特别耀眼的文人群体，但是这并不妨碍我们探讨其对文学史的影响。弘治、正德以来，郎署文人的文坛话语权逐渐加大，虽然文学主张几经改辙，但到嘉靖中叶，六部署僚中依然汇集了当时最为才华横溢的一批年轻官员，其中就有莫如忠的同年吴维岳、沈炼等人。嘉靖二十四年莫如忠出仕京师礼部，又恰逢第二次复古运动的发轫时期，李攀龙、王世贞等人先后及第，布衣诗人谢榛也游于京师，参与到年轻官员们的唱和活动中来，一时京中唱和于斯为盛。作为诗社的核心成员，吴维岳、莫如忠和蔡汝楠的等人唱和可以说是唐宋派文学观的一种创作实践，而在社中并不占主流的后七子成员也正是在嘉靖三十年(1551)吴维岳、莫如忠等人赴任地方后，才开始着手清理唐宋派的影响，再次举起秦汉盛唐的格调论旗帜。可以说，白云楼社是当时最杰出的青年文人们结识的条件，也为嘉靖时期不同的文学思想提供了交锋的舞台。关于这个诗社对嘉靖文坛的意义前辈学者已经有所关注①，这里我们从莫如忠的交游角度出发，对白云楼社做一定的文献考察与史实梳理。

白云楼诗社缘起于嘉靖二十年(1541)左右的北京刑部诸郎署，嘉靖二十二年(1543)，莫如忠的同年吴维岳入职刑部主事，与另一位同年沈启和刑部陕西司主事张瀚等人结社于刑部白云楼，“暇日与文学僚友吟咏其上”，时人目为“西台雅集”。② 嘉靖二十四年(1545)，莫如忠丁忧服除，入为礼部主客司主事，是年沈启、张瀚先后出守地方，吴维岳成为白云楼诗社的核心人物。吴维岳的《天目山斋岁编》卷七乙巳岁(1545)收录有《城外访莫子良留酌》，莫如忠大约就是在此时应同袍之邀加入诗社的。其时与他们唱和的还有袁福征、蔡汝楠等人。

嘉靖二十六年(1547)王世贞观政大理寺，应吴维岳邀入白云楼诗社，初会莫如忠。《列朝诗集小传》载：“元美初登第时，子良为前辈称诗，元美因仲山人

---

① 按廖可斌先生在专著《明代文学复古运动》中提出，白云楼诗社在形式上是后七子复古派的前身。杨遇青先生在《从白云楼到后七子派》(《文学遗产》2012 年第二期)一文中首次对白云楼社做了专题研究，并在专著《明嘉靖时期诗文思想研究》里有许多论述，具体观点下文有所引用，此不赘述。

② 陈田：《明诗纪事》，上海古籍出版社，1993 年，第 1788 页。

往交，称其诗清令，蔚有唐风。”[①]其时谢榛赴京师为卢楠冤狱奔走，后以布衣应邀入社。三年后沈炼入职锦衣卫经历，他与莫如忠和吴维岳同年及第，在诗社中的交往也很频繁。

吴维岳是浙江湖州人，湖州即古吴兴，亦是江南文化的核心地区，王世贞曾略带揶揄地评价他说“峻伯诗小巧清新，足炫市肆，无论风格”[②]。有意思的是，莫如忠的“清令”与吴维岳“清新”都是吴中诗风的典型特征，杨遇青在《明嘉靖时期诗文思想研究》中总结白云楼诗社的特点为“直写性情”和“自然清新”，这庶几正是毗陵一脉文学主张与诗风的典型代表。据《明史》载李攀龙亦参与了社中唱和[③]，但毫无疑问在嘉靖三十年以前，吴维岳是社中当仁不让的领袖。如《列朝诗集小传》所云：“峻伯在郎署，与濮州李伯承、天台王新甫攻诗，皆有时名。峻伯尤为同社所推重，谓得吴生片语，如照乘也。已而进王元美于社，实弟畜之。”[④]此从前面提到的“子良为前辈称诗”，王元美通过仲春龙前往结识的情形看，当时的元美姿态是很谦恭的，此时的李攀龙、王世贞并未崭露头角。

社中诸子的文集中收录了不少此时唱和的作品，如莫如忠《崇兰馆集》卷三《同吴峻伯比部、沈纯甫参军五日游射林》，《八月十三夜谭鸿胪平桥第同谢四溟山人、李石麓太史、张凤原给事各赋得材字》，卷六《同谢茂秦山人、蔡子木太守、张汝玉、王元美二比部过集吴峻伯比部宅即席各赋得飞字》；吴维岳《天目山斋岁编》卷九《谢四溟山人、蔡白石太守、莫中江膳部、张玉亭、王凤洲二比部过集分得仙字》；王世贞《弇州山人四部稿》卷三十二《冬夜同莫膳部、张户曹、蔡衡州、谢山人过吴比部，分韵得重字》；谢榛《四溟集》卷三《给事龚卿、莫膳部子良赋，得秋字》等。从这些作品看，王世贞与谢榛都在社中保持着比较融洽的关系，但李攀龙与社中的主要成员则鲜有唱和。杨遇青先生在《明嘉靖时期诗文思想研究》中指出：“从地望看，‘白云楼社’基本是一个由吴郡士人主导的文学群体，而作为山东人的李攀龙也有自己的小圈子。这个小圈子才是

① 钱谦益：《列朝诗集小传》，上海古籍出版社，2008年，第402页。

② 钱谦益：《列朝诗集小传》，上海古籍出版社，2008年，第434页。

③ 按《明史·文苑传》载“攀龙之始官刑曹也，与濮州李先芳、临清谢榛、孝丰吴维岳辈倡诗社。”见中华书局，1974年，第7377页。

④ 钱谦益：《列朝诗集小传》，上海古籍出版社，2008年，第434页。

孕育复古思潮的群体。”[①]李攀龙的小圈子包括齐人殷士儋、李先芳、谢榛，也有出身吴中的王世贞。谢榛作为一个清客布衣，不太可能脱离主流的唱和群体另立门户，而此时的王世贞还没有在李攀龙与吴维岳间做明确的归属表态。

嘉靖二十六年(1547)蔡汝楠授衡州知府，四年后，莫如忠与吴维岳、袁福征、徐文通等赴地方任职，与谢榛、王世贞等各赋诗赠别。这次人事调动成为了白云楼社与后七子派的分野，其后他们的矛盾也日益凸显。嘉靖三十二年(1553)李攀龙出守顺德，蔡汝楠曾经过访游处，王世贞在《赠李于鳞序》中借“吴兴蔡某”(即蔡汝楠)和李攀龙论文一事，对唐宋派的追随者做出了“辞不胜，跳而匿诸理”[②]的著名批驳。李攀龙归乡期间，当时居官山东的吴维岳前往拜访，攀龙称病不见并请王世贞转告“夫是膏肓者，有一毗陵在，而我之奈何？为我谢吴君，何渠能舍所学而从我?”峻伯答曰:“必是古而非今，谁肯为今者？且我曹何赖焉。我且衷之。”[③]此事在当时文坛颇引起一阵骚动。

实际上，李、王诸子登上文坛之时，唐顺之、王慎中均里居在野，尤其是受阳明心学的影响，已有“弃文入道”的意思，唐顺之在《答皇甫百泉郎中》一书中说:“追思向日请教于兄，诗必唐，文必秦与汉云云者，则已茫然如隔世事，亦自不省其为何语矣。”[④]既然文学上的追求已是过去式，他们也不愿与后学多费唇舌。因此后七子格调派的“师古”与唐宋派“师心”这两种思潮，真正交锋的领域正是在白云楼社的文学活动中。王世贞、谢榛以及后来的汪道昆等复古诸子和吴维岳等人私交尚好，如果白云楼社只是郎署士子公务之余的遣兴，那么他们接下来也不会产生什么矛盾，但是只要后七子想提出自己的文学主张，就必须从理论和创作上清算唐宋派及其后学的影响。

莫如忠是毗陵的及门弟子，在诗社中也一直步趋吴维岳，但他和王世贞一直保持着亲厚的关系。嘉靖三十年(1561)，莫如忠外任贵州提学副使，王世贞作《赋得养龙池送莫膳部视贵州学》[⑤]赠之。嘉靖三十八年(1559)，世贞父王忬以滦河战事失利下狱论罪，次年被杀，莫如忠致书世贞[⑥]，深为痛惜。父难

① 杨遇青:《明嘉靖时期诗文思想研究》，三泰出版社，2011 年，第 251 页。
② 王世贞:《弇州四部稿》卷五十七，文渊阁四库全书本，集部第一二八〇册，第 28 页。
③ 王世贞:《吴峻伯先生集序》,《弇州四部稿》续稿卷五十一，集部第一二八二册，第 664 页。
④ 唐顺之:《荆川集》卷四，文渊阁四库全书本，集部第一二七六册，第 270 页。
⑤ 王世贞:《弇州四部稿》卷十六，集部第一二七九册，第 204 页。
⑥ 莫如忠:《与王凤洲》,《崇兰馆集》卷十五，第 643 页。

后，王世贞无心仕进，里居在家八年，此时莫如忠亦弃官归乡，二人一在太仓、一在华亭，相去不远，常过访游处或致书互通声气。[1] 隆庆二年(1568)莫如忠升浙江右布政使，次年王世贞亦赴任浙江布政司参政，为莫如忠的同僚和副手，他们在公事之余常常流连胜景，以觞咏自适。[2] 莫如忠在布政使任上久患肺病不愈，世贞代上《患病不痊乞恩致仕书》，称莫如忠"清才博学，雅度冲襟，至行几于曾、闵，邃理媲乎卢、郑，初以乌哺之爱，滞家食者垂二十年，继而雉膏之美，腾荐剡者又十余次，从容应辟，駊历诸藩，节爱有闻，风稜愈著，迨乎两浙一任，拮据军政，夙夜在公，物望攸归"[3]，对莫如忠人品才学之敬佩溢于言表。世贞晚年述平生交游，亦列莫如忠于《四十咏》中。二人虽然宗尚不同，但并没有发生过任何龃龉，这一点在党同伐异激烈的中晚明文坛上是很难得的。当然，莫如忠虽与吴维岳同门，但并不想要执掌诗社的话语权，这也给他的创作和文学思想留有一定的自由空间。如同在诗社中的位置一样，莫如忠的文学思想虽然以毗陵为宗，但也表现出了对唐宋派与复古格调文学观的调和。

二

莫如忠留给后世的是一个儒者文人的形象，文集之外，还有《程朱意旨》、《尚书大旨》、《萃言质疑》、《格致臆见》等理学著作行世。[4] 茅坤赞之曰："一切宦游所向并以经术，饰吏治所处，进退崭然，不失其尺与寸，其所发之为诗歌文章之什，并本之仁心质性，而机杼独出。"[5]陆树声也在序文中称他"皆缘本经术，博综群籍，检括名理，渐□蕴藉，尚体要而发之藻蔚，故其文深厚尔雅，纡徐宛委，体裁于庐陵。诗则抒写性情，谐合风雅，而缘情体物，敷腴隽永"[6]。从这些论述中不难见出，尽管莫如忠试图将出发点立足于儒学，但他在创作中抒

---

① 按《崇兰馆集》卷四载有《王宪使凤洲、麟洲昆玉见访，山中留酌，遂造龙儿读书所二首》、《王宪使、陈太史同过小酌有作和答》(附太史作)、《和王宪使、盛吏部秋日宴集韵》，均为王、莫二人里居时唱和作品。

② 《崇兰馆集》卷一有《同郭左使、王大参二丈泛湖值风雨异常，回棹赋此》(附王大参作)，卷二《紫云洞与王大参、王佥臬、徐阃师同游醉归有述》(附王大参凤洲作)，卷十八有《题王元美怀素草书》。王世贞《弇州山人四部稿》卷十二有《初至杭左使郭公右使莫公邀宴西湖大风雨归作》。

③ 王世贞：《弇州四部稿》卷十百九，集部第一二八〇册，第 724 页。

④ 按以上著述记载见陆树声《陆文定公集》卷十一《通奉大夫浙江布政使司右布政使中江莫公墓志铭》，今不传。

⑤ 茅坤：《中江先生文集序》，莫如忠《崇兰馆集》卷首，第 380 页。

⑥ 陆树声：《中江先生全集序》，莫如忠《崇兰馆集》卷首，第 376 页。

写性情、缘情体物,还是能够把握道德与文章的平衡。

莫如忠在《范太仆诗集序》提出:"诗以言志,其教温柔敦厚,即事遂情,言乎其所当言,止乎其所不得不止。至于变化笔端,纵横象外,而忘其神诣之所从来,则存乎作者之自得也,非假牵缀于一字句之工也。"[①]在这篇序文中,莫如忠首先肯定"诗言志"的主张,但是他认为"温柔敦厚"的要求是"即事遂情,言乎其所当言,止乎其所不得不止。"这与《诗大序》主张的"发乎情,止乎礼义"有些微妙区别——莫如忠并未将诗教引向礼义性质的解读。莫氏此言源本苏东坡论文章:"水行山谷中,行乎其所当行,止乎其所不得不止。"也就是说,作文要应当畅,顺着情感和思路的运行,自然就能写出好的文章,若以滞涩之思,作枯槁之文,即令满眼都是诗云子曰也毫无意义。

在将探讨范围引导向文学本身之后,序中所谓"存乎作者之自得,非假牵缀于一字一句之工"同样指向了明代文坛的问题。明代文人面对的是中国两千余年灿烂的文学遗产,宗尚汉魏、六朝、唐、宋者尽有。是从学习典范入手以表达自己的才华性情,还是调整自己的才性以求与古人达到通融无间的境界,这是明代文人非常关心的命题。从何景明、李梦阳关于"舍筏登岸"的探讨到唐宋派与后七子的论争其实都是围绕这一命题展开。莫如忠接下来说:"今之谈者,往往玩心色泽,不则荡志空虚,指非本来,境无真迹,而方自喜,以为独擅骊珠,雄视千古者,吾不知之矣。"他从尊重作者本身的才情与经历出发,而贬斥那些极端追求文学形式者,这很容易使人联想到当时对复古主义的批判。

莫如忠出身于江南文化的重镇松江,又成名于京师文苑的唱和之中,在各种文学思潮激荡的嘉靖中叶,他的文学主张也表现出相当复杂的成分。作为唐顺之的弟子和毗陵诗派的成员,莫如忠的文学观鲜明地受到唐顺之"本色论"的影响,具体表现为对"作者之自得"的重视,虽然在探讨具体作品时依然有以古为师的倾向,但却时时将"自得"作为创作的先决条件,因此对唐诗接受的角度也与复古格调派有所区别,在为董传策作的《邕歈稿叙》中,莫如忠提到:

> 予览前载,盖士负奇节而娴于词者,无论三闾大夫而上,即所传汉苏子卿诗寥寥断简,犹为谈艺者宗,要以身处异域而述兴于思也。后数百年

① 莫如忠:《崇兰馆集》卷十,第523页。

若杜甫少陵之寓蜀迹几近，故其为作离忧挹惋，有屈之致，而矫健慨慷有子卿之风。今诵公诗或疑其矩矱盖祖于此，余窃以为，公非祖少陵，疑祖其所自出。[①]

这里莫如忠引屈原、苏武和杜甫的例子，屈原去国怀乡，苏武茹毡饮雪，杜甫流寓巴蜀，他们的遭际相似，又都是“士负奇节而娴于词者”，所以诗风有共通之处。董传策以弹劾严嵩坐罪，受刑几死，远谪南宁八年而未尝稍有悔，自己的遭际形于诗文之中，与杜甫夔州诸咏差相近似，这绝非言必称子美辈所能效仿。

莫如忠在《邕歈稿叙》对董传策祖述少陵的风格显然是肯定的，这与李梦阳等复古文人的取法范式没有太大差别，实际上很少有人会否认秦汉盛唐的成就，具体区别只是看如何达到这种艺术效果。唐顺之在《答茅鹿门知县》中提出：

夫两汉而下文之不如古者，岂其所谓绳墨转折之精之不尽如哉。秦汉以前，儒家者有儒家本色，至如老庄家有老庄本色，纵横家有纵横本色，名家、墨家、阴阳家皆有本色。虽其为术也驳，而莫不皆有一段千古不可磨灭之见。是以老家必不肯剿儒家之说，纵横必不肯借墨家之谈，各自其本色而鸣之为言，其所言者，其本色也。是以精光注焉，而其言遂不泯于世。[②]

历来我们讨论唐宋派对复古文学的反思，都会提到唐顺之的“真精神”与“千古不可磨灭之见”，针对格调论者的流弊，唐宋派文人以求真矫之，无疑是一剂良药。但如果片面强调求真，很容易陷入先天正确的思维模式，似乎复古文学要为矫饰模拟承担所有责任。实际上李梦阳等前七子派同样强调求真，只是他们认为“真”体现在诗歌的格律声调之中，因此辨析二者的区别，不在于“求真”这类抽象的追求，而在于如何理解，如何实现这种追求。莫如忠在为同乡文人何良俊所作《何翰林集序》中说：“夫文章高下，观气之盛衰，气之盛衰，

① 莫如忠：《崇兰馆集》卷十三，第600页。
② 唐顺之：《荆川集》卷四，第273页。

系世之升降，所从来久矣。"这样的表述很像是复古派"辩体"理论的基础，但莫如忠接下来说"及若唐宋诸贤，造述弥衍，斯义大明，非不务讥诃六朝而斥妍巧，本仁祖义，刻意修辞，一裁于矩矱，乃其气不无异于古所云，而彼以遒劲之力，险肤之辞，驰骛其间，如峻峰激湍之喻者，岂不曰气良在是"①。唐宋诸贤之气不能无异于古人，但他们能通过自己的材力独出机杼，也就是说尽管世有升降，但文人依然可以有自己独特的秉性气质，这与李梦阳孜孜求古，认为古人的法式是"物之自则"、"如方圆之于规矩"②的观点就完全相反了。是以他在综述何良俊的评价时指出："君于文法刘向、司马迁氏，诗本苏李，近体出高岑间，至其醖釀群籍，勒成一家，意匠纵横，不假绳削，或直陈事理，陶写胸臆，累数百言，要归于质厚。傥所谓醉庞沕穆之气，其在治古者不自是可想见哉。"何良俊的取法范式依然是西京、汉魏、盛唐一路，但他的立足点是其"质厚"之性，因此自然可以"直陈事理，陶写胸臆"，不必在古法上锱铢必较了。

前面提到，地域文化与文学思潮共同影响着文学史的走向。莫如忠的文学思想鲜明地呈现出强调"本色"的特点，其思想的直接来源当然是唐宋派，但更可以追溯到江南的传统诗学审美。直承前七子的薛蕙、高叔嗣和黄省曾等吴中文人在嘉靖初期便有意识地对复古文学加以改造，唐顺之等"嘉靖八才子"承复古之弊，改辙初唐，又受阳明心学的影响形成了崭新的文学流派。在后七子派执掌文坛之前，文化领域主要特点就是阳明心学的昌明与吴中诗风的流行，直写己意与清新自然成为一时诗歌的好尚所在。在白云楼诗社时期，李攀龙与社中诸子的初步分歧体现在对吴中诗风的看法上。李攀龙曾经与王世贞有这样一段讨论：

> 于鳞折节与余好，居恒相勉戒："吾子自爱，吴人屈指高誉，达书不及子，子故非其中人也。"予愧而谢之，又尝慨然称："少陵氏千余年，李何廓而未化，天乎属何人哉？"③

王世贞虽然是吴人，但对吴中诗风的说法更加刻薄：

① 李梦阳：《驳何氏论文书》，吴文治《明诗话全篇》二，江苏古籍出版社，1997年，第1983页。
② 莫如忠：《崇兰馆集》卷十，第516页。
③ 王世贞：《明诗评》，丛书集成初编本，第100页。

> 某吴人也，少尝从吴中人论诗，既而厌之。夫其巧倩妖睇，倚闾而望欢者，自视宁下南威夷光哉？[①]

唐诗对明人的影响是多方面的，而江南一带士人又有自己的唐诗效法风格。但在复古诸子看来，这种清新自然与盛唐雄浑高迈的风格相距甚远，不管“巧倩妖睇，倚闾望欢”的评价是否有失偏颇，王、李二子都认为这种风格是无法继轨“少陵氏”之诗歌正宗的。

实际上，很少有人会否认盛唐诗歌的崇高典范意义，只是文人创作时各随其性情所近，因而会写出不同的风格。复古派从盛唐的高度展开批评，其立足点占尽优势，如何从文学史的角度为自己的地域文化争得合法性就成了吴中诗人此时迫切需要解决的问题。这一点上，莫如忠所作《吴淞诗委序》正可以看做这样一种尝试。

在文中，莫氏首先对国初吴中四才子到弘、正间文学复古运动的脉络做出梳理：

> 迄于皇明启祚，列圣右文，海内诗道益广，时则高杨张徐四子崛起后先，其所撰造几贞观开元之逸响，诗未亡也。而近世谈艺之士，乃独称李崆峒、何大复二大家为国朝风始，前无古人，至曰广长数千里，上下数千年，诗得何与李，其见慕如此，岂不以二子诗律之工，见谓一洗胡元以来之纰漏，而远追哲轨于杜少陵氏，视三百篇指义特近哉。[②]

所谓“高张杨徐”者指的是高启、张羽、杨基、徐贲，即元末明初的诗人群体“吴中四杰”。从文学批评的视角看，南宋末年的《沧浪诗话》已经对宋人诗风做出了系统反思，元人杨士弘《唐音》等著作则表现出对唐诗格调有意识地学习，元末明初时高启等人的创作成就正是这一趋势的积极反映。当然，明初吴中文人对唐诗的认识角度和前后七子是有区别的，但将吴中四杰的诗风形容为“贞观开元之逸响”则没有问题。莫如忠进一步以松江诗人袁凯为例阐述自

① 王世贞：《李氏山藏集序》，《弇州四部稿》卷六十四，文渊阁四库全书本，集部第一二八〇册，第121页。

② 莫如忠：《崇兰馆集》卷十，第515页。

己的看法：

> 余第溯自草昧，最初如袁御史景文先生者，抱孤贞于海滨，归卧之日，志穷骚雅，力挽颓靡，诗非杜少陵弗道然，乃得其髓不独咀其华，领其神不独摽其格，读在野集，即寥寥断简，令人有一唱三叹之思焉。尝试以战喻，何李则斩将搴旗之功，而发踪指示者由景文始，胡谓前无古人也。[①]

袁凯字景文，号海叟，因《白燕》一诗驰名，时人号曰“袁白燕”。选择袁凯作为范例并非吴人高自标识，而正是立足于复古派文人的评价。据《列朝诗集小传》载李梦阳曾经论其集曰：“海叟师法子美，集中诗《白燕》最下最传，诸高者顾不传。”何景明也说：“我朝诸名家集多不称鄙意，独海叟较长。叟歌行法杜，古作不尽是，要其取法必自汉魏以来。”[②]直至晚明，李雯还在诗中感叹：“正始文章有数公，曾闻白燕擅江东。”[③]将袁凯放在有明文章正始的地位。莫如忠承认前七子李梦阳、何景明等人的成就和影响力，但认为其文学主张其实滥觞于吴地，文中说的“广长数千里，上下数千年，诗得何与李”可能微带讥讽，这让我们联想到归有光所谓“妄庸巨子”的言论。尤其是袁凯以盛唐之音发身世之叹，是以能得古人神髓，比起格调末流的那些“假古董”来显然高下立判。按照莫如忠的看法来推论，“近世谈艺之士”对吴中诗风与复古格调的渊源选择性无视，而独以前七子为本朝诗风正始，这不仅是对文献的无知，而且是借推尊盛唐以行党同伐异，为自己的流派张目，这样的主张是无论如何站不住脚的。

面对当时复古诸子对吴中诗风的偏见，《吴淞诗委序》无疑给予了有力回击，但是反驳偏见并不意味着吴中诗风的胜利。如忠此论没有立足于吴中诗风本身展开探讨，而是将推崇秦汉盛唐的格调论作为批评标准。不管是迫于无奈还是潜移默化，都可以看出，复古格调论的回归只是一个时间问题。

---

① 莫如忠：《崇兰馆集》卷 十，第 515 页。

② 钱谦益：《列朝诗集小传》，上海古籍出版社，2008 年，第 73 页。

③ 李雯：《秋日同辕文读书白燕庵追吊袁侍御海叟》，《蓼斋集》卷二十四，《清代诗文集汇编》上海古籍出版社，2010 年，第 23 册，第 576 页。

三

复古格调论者对吴中诗风的不满只是两者间的初步矛盾。唐宋派蜕变自六朝初唐一路，随后又洗净六朝初唐之华藻而趋向清新自然，这两种风格已经涵盖甚广，从六朝的陶渊明、谢灵运到初唐四杰，从盛唐之王维、孟浩然再到中唐至韦应物、柳宗元，许多历史上最杰出的诗人都是这一风格的代表，其中亦不乏格调派推崇的人物。从莫如忠的诗歌入手，我们或许可以进一步探究这种复杂的关系。

四库馆臣评《崇兰馆集》称："其诗颇具唐音，五言近体犹多佳句。"在莫如忠比较受到推崇的五言近体诗中，我们常能见到吴中的清远风格，如《拂水岩》云：

虞山临眺处，拂水日潺潺。喷壑高仍下，随风往复还。春雷喧石底，画雪洒松关。不是探奇遍，灵岩讵可攀。①

拂水晴岩是常熟虞山上一处胜景，而虞山则是江南自然与人文风物的一个缩影，常言道，站在虞山顶上可以望见整个江南。山岩与飞泉，水珠与松柏，物象鲜明，不假雕饰。整个拂水岩在诗人的抒写中展现出一派勃勃生机，庶几与大谢到王、孟的一路诗风非常接近。

淡泊明秀的诗风一直以来都与禅林古刹的世外之致不谋而合，莫如忠的诗歌中，也常表现出深深的禅趣：

策杖探奇遍，燃香燕坐阑。玄言酬物外，清啸发林间。萝月疑窥定，松风为掩关。坐来移永日，弥使道心闲。②

行路难如此，禅栖好是闲。白云纡竹径，清梵偃松关。喻法灯明灭，看心鸟去还。遽希遗世网，卓锡老深山。③

---

① 莫如忠：《拂水岩》，《崇兰馆集》卷三，第 451 页。

② 莫如忠：《陆少宰平泉招同夏司谏阳衢游白龙潭禅林各一首》，《崇兰馆集》卷三，第 451 页。

③ 莫如忠：《游憩禅房》，《崇兰馆集》卷三，第 444 页。

从留连山水到探究禅理，整体都是偏向书写诗人内心世界的平和，这也与当时唐顺之所提倡的“洗尽铅华，独存本质”[①]的诗学倾向不谋而合，也即是一个“以锻炼入平淡”的过程。按照时人对吴中诗风的印象，可能其发展脉络最终是要趋向陶韦，莫如忠的《山庄晚夏》一首，正与陶渊明诗差相近似：

村墟带落日，远见前林山。啄屋鸡已下，趁花蜂未还。孤烟白水外，凉吹绿荫间。饭罢科头坐，秖妨人叩关。[②]

作为一个功力深厚的诗人，莫如忠的诗风当然不局限于一途，但有意思的是，王世贞也是从“洗净铅华”的角度来称赞他的。世贞在《四十咏》第二首《莫布政如忠》里写道：“饥来甑清泌，衡门亦潇洒。时藻汰欲空，居然余大雅。”[③]这四句诗也被钱谦益引入《列朝诗集小传》之中。不过，王世贞对于与莫如忠师出同门的吴维岳的评价远没有这么温和，他同样在《广五子篇》之《孝丰吴峻伯》一首中说：“此道行世间，识者如其素。岂不谐众欢，要睹中心慕。纡怀历下生，改辙遵广路。雅郑辨已勤，况乃垂韶濩。”[④]同样的清新诗风，在莫如忠既是“居然余大雅”，在吴维岳这里则是雅郑之辨、广路与歧路之分，这或许也是王世贞的作为胜利者的一种宣言吧。

既然复古派在整体上并不推崇自然清新的诗风，何以在评价个人创作时又表现出一定的理解和赏识呢？其实复古诸子也有自己的把握尺度。前面说到，宗尚清新的诗人取得过很高的成就，尤其对复古派来说，王维、孟浩然的诗风本就处在盛唐的范畴之内。王世贞在《赠李于鳞序》中提出的“辞不胜，跳而匿诸理”，通常被认为是批驳唐宋派而言，王慎中、唐顺之确实有重道轻文乃至弃文入道的倾向，但这并非因他们才力不足，而是一种自觉的选择，从元美《明诗评》来看，他对唐顺之的初期的改辙有很充分的认识，元美论唐顺之曰：

弘正间，何、李辈出，海内学士大夫多师尊之，迨其习弊者，音响足听，意调少归，剽窃雷同，正变云扰，太史稍振之初唐，即其宏丽该整，咳唾金

① 唐顺之：《答皇甫百泉郎中》，《荆川集》卷六，第270页。
② 莫如忠：《崇兰馆集》卷四，第453页。
③ 王世贞：《弇州四部稿》续稿卷三，第一二八二册，第34页。
④ 王世贞：《弇州四部稿》卷十四，第一二七九册，第174页。

壁，诚廊庙之羽仪，文章之瑚琏。然欲尽废二家之业，殆犹溺嗜海错而废八珍者也，归田以后又见别纪。[①]

“振之以初唐”大约是指唐顺之供职翰林时所作的“儒生东阁承颜色，酋长西羌识姓名”一类诗歌，初唐诗承自六朝，多宫廷奉和题材，到盛唐“九霄阊阖开宫殿，万国衣冠拜冕旒”都是此类，这是后七子所推崇的格调。当然，这种诗歌非常正统，随着诗人官阶的上升则容易变成台阁体，若政途受挫则往往追求淡泊，有变为性气诗的可能，唐顺之的情况是有些接近后者的。对诗歌风格的追求是一个动态的过程，诗人一旦将“洗尽铅华、独存本质”强调过度，进一步就会轻视文学本身的审美形式，走上以说理论道为高的性气一路，比如唐顺之论陶渊明云“陶彭泽未尝较声律，雕句文，但信手写出，便是宇宙间第一等好诗，何则？其本色高也。”[②]这样的批评腔调已经非常类似宋儒，陶渊明的诗歌成就当然和他的人品高尚有关，但两者显然不能划等号。诗由清新到清远，由六朝到陶、韦，这是一个动态的过程，从背后的发展逻辑看，这种解读方式潜藏着对诗歌格律声调的否定，这才是复古格调派文人最为警惕的。

唐顺之以及与他同辈的复古文人有许多都走上了弃文入道之路，这是明代文学史、思想史上一个非常深刻的问题，篇幅所限，这里恐没有办法讨论清楚。关于唐宋派的“本色论”思想，有的学者强调其对晚明思潮的积极影响，也有学者认为这是理学家常有的观点，其实没有什么进步意义。至少在当时来说，唐顺之本人由文人向理学家的蜕变过于彻底，以至于“本色论”在文学领域并没有经历足够的发酵。作为弟子的莫如忠虽然对唐顺之一直非常崇拜，但是他对前辈文学观的理解已经有了偏差。唐顺之在《与莫子良主事》中敦敦教诲如忠“读书明理为先”，文辞已为末事，主张“备见经纶”、“应世之用”[③]，功利色彩很重，细细分析下来颇多理学话头，这或许是对于士人的道德修为有所期许，但已经不具备指导文学创作的任何意义。因此，莫如忠在《古文原序》中通过对“文足以志”和“辞达而已矣”这两个概念的阐释，相对其师说表现出了大幅度的转向：

① 王世贞：《明诗评》，丛书集成初编本，第 28 页。
② 唐顺之：《答茅鹿门知县》，《荆川集》卷四，第 273 页。
③ 唐顺之：《荆川集》卷四，第 275 页。

不闻诸孔子乎？曰："文足以志"，曰："辞达而已矣。"志恶其弗足也，故足之，意恶其弗达也，故达之，条贯无所不该，而载道之言，时若有求之备焉。曰："是得无非穷理性、镜天人、剖儒墨无憾，而后言乎？"则虽诗书所称，亦难以尽蔽，而引义正辞，缘饰于经术，则人人能矣，又可胜辩哉？[①]

"辞达而已"本是儒家文学观的重要传统，表现为明白晓畅的行文风格。对于"辞达"的过于强调则会导致诗文的鄙俚化，这一点在王守仁以及深受阳明心学影响的唐宋派这里都有所表现，是以王世贞还批评阳明说"晚立门户，辞达为宗，遂无可取"[②]。但在莫如忠的解读里，为了"志足"、"辞达"，反而需要在文上下功夫，这已经隐隐逗漏出探寻格调的可能性。进一步说，"道"的概念需要"穷理性，镜天人，剖儒墨而无憾"，即使诗书所言也不能完全涵盖，换句话说引经据典人人能为，但经典并不能使人成为"道"的代言人。这样一来所谓的"载道之言"就不是真正的载道，也就不能作为衡量文学的标准。如忠接下来说：

游、夏以文学名，不兼德行；老氏言称道德，而儒者非之；董生号儒喆宗，直不以正谊明道之数语，而其文著扬雄擅藻东都，而剧秦美新之论犹传；班、马称良史才，所撰醇驳参焉，而迄今不朽。又其下者，若逐客之论于李斯，春秋之著于不韦，捭阖之辩于仪、秦，刑名之学于申、韩，机利之谈于桑、孔，词赋之靡于相如，若此类，史不绝书。彼各有所长，要非典训，抑游艺之者之资也。故文之为言也，有经纬天地也者，有威仪文辞也者，至文无文，别之经纬。今所谈者，文辞也，而经纬之察，毋亦赘与？[③]

从游、夏到相如的大量例子，很容易让我们联想起唐顺之以诸子百家之言阐释"本色"的那一段话，诸子百家之言较之"吾儒"不免驳杂，但是"各自其本色而鸣之为言，其所言者，其本色也。"按照这个逻辑，从子游到相如的这些文人，虽然"醇驳杂参"，但各有所长，同样是以本色传世，后人又何必去攻击他们不够"典训"呢？可以说，莫如忠的看法是按照唐顺之"本色论"而来，但也是对

---

① 莫如忠：《崇兰馆集》卷十，第514页。

② 王世贞：《艺苑卮言》，丁福保辑《历代诗话续编》，中华书局，1983年，第1024页。

③ 汪道昆：《明故中宪大夫右都御史霁寰吴公行状》，《太函集》卷四十一，四库存目丛书，集部第一一七册，第511页。

唐顺之后期文学观的一种架空。

既跟从“师心”的主张，又对古学表示出谦卑的姿态，如汪道昆评价吴维岳所言：“虽逡巡师古，犹然以师心未能。”[①]这是这一辈唐宋派追随者的典型特征。实际上，不管有没有嘉靖三十年的人事变动，白云楼诗社都不可能像后七子复古运动那样，形成左右文运近五十年的文学思潮。作为整体较后七子派年长的一批士大夫，莫如忠白云楼社诸子其实有着比较强烈的追求功业心理，如吴维岳受命巡抚贵阳时，莫如忠作《赠吴霁寰中丞巡抚贵阳叙》，曰：“先生尝与余观乎射林，从语骑射，思蹶张超距一见其长，登潞河毗卢阁，指画都城形胜，叹曰：‘古称天府神皋殆是，令余得提万人之师，当一面于外，岂忧胡马南牧如庚戌之事乎？’”[②]这庶几可以窥见他们交游唱和之外，以闲曹度日为耻，迫切希望一展胸中抱负的心态。既想要大济天下苍生，又在写小巧清新的诗歌，相较李攀龙“少陵氏千余年，李何廓而未化，天乎属何人哉？”的豪情壮志，可能莫如忠、吴维岳等人本来就没有对文学生涯有什么规划，他们不会因“师心”与儒学的纠缠而走上性气一路，直抒胸臆、清新自然的诗文风格也足以成一家之言，但是汉魏盛唐的文学遗产对明代士人依然有着巨大的吸引力，只从一种风格入手显然是不能回应这种需求的。莫如忠与毗陵后学的文学理想经常为建功立业的心理所干扰，他们宗尚的“本色论”过快地转向弃文入道，没有在嘉靖时期孕育出晚明风格的浪漫文学思潮，反而是流于肤言性理的陈词滥调，这也使得他们也在性气与格调间莫衷一是，不管从那个方面说，莫如忠及他的同辈文人被立场更鲜明的后七子复古派所取代，早在嘉靖三十年以前就已是顺理成章的事情，由性气向格调的回归，也只是一个时间问题。

Between Pattern and Personality Poetry: A brief Talk of Song Jiang literati Mo Ruzhong's Literary Theory

Abstract: Mo Ruzhong came from the school of Tang Song, in mid-Jiajing era in

---

① 莫如忠：《崇兰馆集》卷十，第 514 页。

② 莫如忠：《崇兰馆集》卷十，第 527 页。

Ming Dynasty he joined Baiyunlou poetic society with Wu Weiyue etc. The direct describe of personality and nature is the key point of discussion between Baiyunlou poets and Late seven revivalists. Mo objects to over emphasizing literary form which hampers the personality, he regards the poetry as a expression of poet's own experience; he defended the poetry style of Wuzhong area by pointing out the connection between this style and literary revivalism. Mo was a student of Tang Shunzhi but he never went too far in personality poetry, from which we could observe the fundamental contradiction between the two literary schools.

Keywords: Mo Ruzhong; Baiyunlou poetry society; The school of Tang Song, Literary Revivalism; The poetry style of Wuzhong area.

作者简介：雒志达，上海师范大学人文与传播学院博士研究生。

论江渎庙的地理分布及其流播过程*

尹玲玲

摘　要：本文首先介绍了目前国内仅存的一处位于湖北秭归县的迁建江渎庙的现状，其次叙述了文献中记载的历史时期江渎庙的分布，发现在四川成都、茂州及湖北归州、沙市等地历史时期曾兴修有江渎庙，重点对成都与归州二地之江渎庙进行了探讨。然后对各地江渎庙的修建年代与时间先后进行分析，认为江渎庙最先是出现在茂州汶川一带，然后播迁到成都平原，继而又出现在峡江归州或者宜昌沙市，之后才泛化到了其他各地。最后，本文对江渎庙流播分迁的原因，江渎神的容相塑造及其流变做出推论，指出江渎神的形象与容相存在明显的多源合流的现象。这种水神崇拜与信仰的多源合流现象，一方面与播迁地的水利开发及生态环境有关，另一方面也和水神崇拜的建筑载体往往因某旧址而重修密切相关。

关键词：江渎庙；江渎神；水神信仰；多源合流

---

* 本文为国家社会科学基金重大项目“中国历史上的滨海地域研究”(14ZDB026)子课题《明清时期滨海地域的环境、生计、贸易与社会——以浙江滨海地域为中心》成果之一。本文初稿成于2010年4月，同年6月以《浅论江渎神信仰的流变——基于宋代三峡新滩滑坡灾害的讨论》为题，参加在日本由大阪市立大学与上海师范大学合办的“唐宋社会における文化力”中日学术研讨会上宣讲与交流。因对江渎神信仰的流变问题仍存疑问，文稿便被搁置。之后，为增进对这一问题的认识，又以《论江渎庙的流播与江渎神信仰的流变》为题，参加2016年于吉林长春东北师范大学举行的历史地理年会，会上与众多学者进行学术交流与讨论，其中晏昌贵先生与罗凯先生的观点对笔者多有启发。虽然笔者目前对于江渎神信仰的流变仍存困惑，但为深入对这一问题的认识与讨论，特将关于江渎庙的分布与流播的部分整理刊发，关于信仰的流变问题，则仅在余论中做一推断，希望能抛砖引玉。笔者谨记。

引言

目前，国内的江渎庙仅存一座，而且是迁建的。三峡湖北秭归县的江渎庙，原来位于屈原镇新滩桂林村，又名扬泗庙（应为“杨泗庙”后讹变成了“扬泗”），在长江南岸，依山而建，海拔高度110米，建筑面积850平方米。因处于三峡大坝二位线水位的淹没范围之内，现已整体迁建于凤凰山。江渎庙的新址凤凰山，位于秭归新县城最东部，与三峡大坝相距仅1公里。据江渎庙内檩枋上之题记可知，被复建的江渎庙建于“大清同治四年”，有200余年历史，其地位在“四渎”庙中仅次于全国重点文物保护单位济渎庙。江渎庙在新滩有很大的影响，是人们祭祀江神的主要场所，直到解放前还是香火鼎盛。但当地文物部门尚未能完全摸清江渎庙修建的历史由来，也未能厘清江渎神与屈原及水神杨泗将军的关系。

本文选题与撰写的缘起，乃因以往在做三峡地区地质灾害及其影响的研究时注意到峡江独特的信仰与风俗问题。峡江滩多江险，沿途两岸庙宇祠祀众多，分布较广，如：江渎庙、黄陵庙、黄魔神庙、屈原庙等。江渎庙是祭祀自然神的庙宇，系古人为祭祀长江水神而建，是中国古代坛庙的一种类型。古时候，人类征服自然的能力有限，常常在名山大川修庙宇，以便祭拜。江渎庙是“江、河、淮、济”四渎之首，是长江三峡保存最完好的一座庙宇。就笔者目前所阅材料来看，其中江渎庙的流播与江渎神信仰的流变似有规律可寻，透过其流播与流变突显出重要的社会学意义。谭徐明先生《古代区域水神崇拜及其社会学价值》一文研究了水神崇拜的起源，以及国家主导下的水神造神和祭祀活动历程。该文以都江堰为例，探究了都江堰在两千多年的历史中，水利活动所培育的文化现象，即都江堰的水神及其起源、嬗变。文中所提出的一些观点特别值得我们重视，如古代的水神崇拜是“历史进程中区域自然环境和人文环境的必然产物。生活在现代的人们应该以历史的眼光来理解和认识水利中的宗教文化现象”①。

查阅学术界以往的研究，涉及江渎神信仰的学术成果已颇丰。从断代史的角度进行的较为宏观的研究，早先就有日本的古林森广在其著作《中国宋代

① 谭徐明：《古代区域水神崇拜及其社会学价值——以都江堰水利区为例》，《河海大学学报》2009年第1期，第12页。

的社会与经济》中有专章讨论宋代长江流域的水神信仰，曾论及江渎神信仰问题。[①] 最近又有黄纯艳先生的《宋代水上信仰的神灵体系及其新变》，认为宋代水上神灵形成了高与低、正式与非正式的体系，四海四渎处于水上神灵体系的最高层，北宋基本上列入中祀，而南宋升入大祀。[②] 与此相关的专题研究，则有周九香的《江渎崇拜与西蜀文明》，梳理了山川祭祀中的江水与渎山崇拜，指出江渎崇拜与早期西蜀文明之间的密切联系。[③] 干鸣丰的《长江之神"江渎"祠庙勾沉》，对历史时期的江渎祠与庙作了一番梳理，对相关的礼制、民俗与水文化传统进行了探讨。[④] 尤为深入的专题研究，则有肖先进、邱登成先生的《鲧、禹神话与三星堆遗址》，文中认为佐禹治水的江渎神的"马首龙身"的神形与鲧为白马、身化黄龙的传说相吻合，认为三星堆龙、蛇和鸟，就是作为受祭祀崇拜的鲧、禹的神形。[⑤]

相对而言，从地理分布与流播过程的角度来切入探讨的研究成果不多见，相关成果如陈礼荣先生的《江渎宫与"天问阁"》[⑥]一文介绍了江陵沙市境内的江渎宫，但关于江渎宫的始建年代，文中似自相矛盾，区域性断代专题研究有陈曦女士的《宋代荆湖北路的水神信仰与生态环境》[⑦]一文，论及该区域内江渎祠庙的分布与崇拜对象。因其探讨区域限于荆湖北路，时段限于宋代，因此不可能全面讨论江渎庙的流播。在研读相关文献的过程中，笔者对此产生了较为浓厚的兴趣，以下即围绕这一主题展开探讨。

一、成都江渎庙

周公制"周礼"，定官方祭祀山川的活动，并确定四渎之礼。四渎者，江、河、淮、济也。四渎地位有别，河渎、江渎之神在历史时期的四渎崇拜中占有十分重要的地位。班固《汉书》中所记四渎以河为宗，"河岁五祠，江水四，余皆一祷而三祠云。"四渎水神崇拜之祀，以水名加方位称谓：西渎大河之神、北渎济水之神、东渎淮水之神、南渎大江之神。四渎之封爵，起自唐宋。唐天宝六年

---

① [日]古林森広：《中国宋代の社会と経済》，东京：国书刊行会，1995 年。
② 黄纯艳：《宋代水上信仰的神灵体系及其新变》，《史学集刊》2016 年第 6 期，第 11—24 页。
③ 周九香：《江渎崇拜与西蜀文明》，《文史杂志》2006 年第 1 期，第 22—23 页。
④ 干鸣丰：《长江之神"江渎"祠庙勾沉》，《美与时代》2015 年第 9 期，第 84—86 页。
⑤ 肖先进、邱登成：《鲧、禹神话与三星堆遗址》，《中华文化论坛》2005 年第 2 期，第 5—11 页。
⑥ 陈礼荣：《江渎宫与"天问阁"》，《决策与信息》2005 年第 3 期，第 59 页。
⑦ 陈曦：《宋代荆湖北路的水神信仰与生态环境》，《湖北社会科学》2009 年第 9 期。

间，封四渎为公爵：河渎为灵源公、济渎为清源公、江渎为广源公、淮渎为长源公。天宝十载正月并各遣使祭祀。宋时，给四渎加封号之事更进一步。江渎神加封为“昭灵孚应威烈广源王”。明洪武三年（1670年），朝廷认为唐宋以来对四渎封公封王之事，是亵渎神灵之举，令撤去前代所封名号。但给四渎封王号之事在清代又再度发生，且愈演愈烈。

根据唐宋时期的地理总志的记载和追述，可知“秦并天下，立江水祠于蜀”，唐宋时成都仍有江渎祠，有的记为“在县南八里”，有的记为在“县南上四里”。如《元和郡县志》中记云：“江渎祠，在（成都）县南八里。”[①]《太平寰宇记》则曰：“江渎祠，在（成都）县南上四里”，“至今岁祀焉”[②]。

北宋庆历年间，益州官员蒋堂建学宫，缺少建材而伐江渎祠之木料，祠因而在一定程度上被损坏，蒋堂还因此而在史上留下骂名。蒋堂字希鲁，常州宜兴人，“以枢密直学士知益州”。庆历初年，朝廷诏告天下建设官学。汉之文翁石室设在孔子庙中。蒋堂“因广其舍为学宫”，“又建铜壶阁，其制宏敞，而材不预具。功既半，乃伐乔木于蜀先主惠陵、江渎祠，又毁后土及刘禅祠。蜀人浸不悦，狱讼滋多”[③]。当时人对此即有负面评价，说蒋堂之“伐江渎庙木修府舍也，其尤失人心者”[④]。后蒋堂即因此事被罢撤，而由文彦博为枢密直学士知益州以代蒋堂。

与蒋堂破坏江渎庙相对照，其后任文彦博则对江渎庙进行了一次大规模的修缮活动。宋人笔记中有关于文彦博与江渎庙的一段渊源故事的记述：

> 文潞公少时从其父赴蜀州幕官，过成都，潞公入江渎庙，观画壁，祠官接之甚勤，且言夜梦神令洒扫祠庭，曰明日有宰相来，官岂异日之宰相乎？公笑曰：宰相非所望，若为成都，当令庙室一新。庆历中，公以枢密直学士知益州。听事之三日，谒江渎庙，若有感焉。方经营改造中，忽江涨，大木数千章蔽流而下，尽取以为材。庙成，雄壮甲天下。又长老曰，公为成都，日多宴会。岁旱，公尚出游，有村民持焦谷苗来诉。公罢会，斋居三

① 《元和郡县志》卷三十二《剑南道一·成都府》。
② 《太平寰宇记》卷七十二《剑南西道一·益州》。
③ 《续资治通鉴长编》卷一百五十三，《宋史》卷二百九十八《列传第五十七》。
④ （宋）程颢、程颐：《二程文集》卷九《蜀守记》。

日，祷于庙中，即日雨。岁大稔。异哉！[①]

这段故事从内容看虽有一定的附会成分，讲述其少时在江渎庙的奇遇，祠官因夜梦江渎神显灵告知将有未来宰相造访，故彦博曾受祠官热情接待，因而于庙内许诺发愿如将来真往成都为官，定将江渎庙修缮一新。后果于庆历中接替蒋堂而知益州，重谒江渎庙时忆起少时之许愿，故而重修江渎庙。在修缮过程中，再次如得江神佑助，因江涨，上游顺流而下数千章木材助其修缮，文氏将这批木材全部取用以修庙。可知，经宋庆历中这次大规模重修后，新落成的江渎庙极为雄伟壮观，号为"雄壮甲天下"。且遇天旱少雨时，文彦博斋居三日并于庙中祷告祈雨，江渎神即显灵降雨，以致当年得以丰收。

明人曹学佺在其《蜀中广记》中记曰："《汉旧仪》云：祭四渎用三牲、圭沈，有车马绀盖。以夏之日，觞焉。"[②]可知汉代时祭祀四渎的仪式是，在立夏之日，用三牲和圭璧沉江，并有车马绀盖，用酒致祭。宋时，江渎庙的祭祀仪式沿袭唐时制度："依《唐志》，立夏日祭。"[③]文献中还有关于清时江渎庙祭品和祭仪的记述，与汉时相较，似有变化。祭品为：香烛、酒、牛一，豆各十，簠簋各二。祭祀礼仪则与社稷礼仪同。[④]

唐宋以后，朝廷多次遣官至江渎庙致祭。唐时，遣李景让致祭。[⑤] 元时，遣"崇文太监杨国贤使祠西岳、江渎"[⑥]。明嘉靖初年，遣杨慎致祭。[⑦] 清"康熙六年冬，遣吏部左侍郎梁清宽致祭"[⑧]。官员在祭祀江神时大多撰有祭文或庙记等，其中不少得以留传下来。如：唐李景让之《南渎大江广源公庙记》[⑨]，明杨慎所作《江渎祠记》[⑩]。康熙六年遣梁清宽致祭时，且有御制碑文[⑪]，梁清宽

---

① （宋）邵伯温：《邵氏闻见录》卷九。
② （明）曹学佺：《蜀中广记》卷一《名胜记第一·川西道》。
③ （宋）祝穆：《方舆胜览》卷三十一《沅州》。
④ 雍正《四川通志》卷五下《祀典》。
⑤ （唐）李景让：《南渎大江广源公庙记》；（明）周复俊：《全蜀艺文志》卷三十七《记戊》；雍正《四川通志》卷四十《艺文志》。
⑥ （元）周伯琦：《近光集》卷三《送崇文太监杨国贤使祠西岳江渎》。
⑦ 雍正《四川通志》卷四十二《艺文》。
⑧ 雍正《四川通志》卷二十八上《祠庙》。
⑨ （明）周复俊：《全蜀艺文志》卷三十七；雍正《四川通志》卷四十《艺文》。
⑩ 雍正《四川通志》卷四十二《艺文》。
⑪ 雍正《四川通志》卷二十八上《祠庙》。

并有《奉使江渎庙》诗留传[①]。历代文人墨客也留下了许多关于拜谒、游览成都江渎庙的诗文。如黄度作有《江渎庙记》。宋苏德祥撰有《新修江渎庙记》，陆游撰有《成都府江渎庙碑》，宋喻汝砺有《谒江渎庙》诗[②]。

据谭徐明先生研究，“明代，成都东城府河边有禹庙，主殿立大禹像，蚕丛和李冰分立东西庑。禹庙可能是江渎祠旧址上重建的。20世纪初，禹庙因年久失修而毁圮。”[③]

二、归州江渎庙

今湖北秭归江渎庙之兴修最早应始于北宋年间，皇祐元年(1049年)进士曾华旦撰有《江渎南庙碑记》，这块碑目前仍保存在迁建之江渎庙内，上面字迹清晰可见。文献中最早提及此碑及碑文内容的是南宋陆游在《入蜀记》中的记载。以下原文录出以备后之剖析：

> 十二日早，过东濡滩，入马肝峡。石壁高绝处有石下垂如肝，故以名峡。其傍又有狮子岩，岩中有一小石罇踞张颐，碧草被之，正如一青狮子，微泉泠泠自岩中出。舟行急，不能取尝，当亦佳泉也。溪上又有一峰孤起，秀丽略如小孤山。晚抵新滩，登岸，宿新安驿。夜雪。十三日，舟上新滩，由南岸上。及十七八船底为石所损。急遣人往拯之，仅不至沈。然锐石穿船，底牢不可动。盖舟人载陶器多所致。新滩两岸，南曰官漕(平声)，北曰龙门。龙门水尤湍急，多暗石。官漕差可行，然亦多锐石。故为峡中最险处，非轻舟无一物不可上下。舟人冒利以至此，可为戒云。游江渎北庙。庙正临龙门，其下石罅中有温泉，浅而不涸，一村赖之。……十四日，留驿中。晚以小舟渡江南，登山。至江渎南庙，新修未毕。有一碑，前进士曾华旦撰。言因山崩石壅成此滩，害舟不可计。于是著令自十月至二月禁行舟，知归州尚书都官员外郎赵诚闻于朝，疏凿之。用工八十日，而滩害始去。皇祐三年也。盖江绝于天圣中，至是而复通。然滩害至今未能悉去。若乘十二月、正月水落石尽出时，亦可并力尽镵去锐石。然

---

① (清)梁清宽:《奉使江渎庙》，雍正《四川通志》卷四十七《艺文》。

② 雍正《四川通志》卷三十九《艺文》。

③ 谭徐明:《古代区域水神崇拜及其社会学价值——以都江堰水利区为例》，《河海大学学报》2009年第1期，第12页。

> 滩上居民皆利于败舟贱卖板木，及滞留买卖，必摇沮此役。不则赂石工，以为石不可去。须断以必行，乃可成。又舟之所以败，皆失于重载。当以大字刻石置驿前，则过者必自惩创。二者皆不可不讲，当以告当路者。十五日，舟人尽出所载，始能挽舟过滩。然须修治，遂易舟离新滩。①

据此可知，当陆游入蜀行经新滩时，该地有南、北双庙。在行游至新滩南岸江边的一座刚刚修建还没有全部竣工的庙宇时，在庙中发现了一块石碑，石碑上的碑文是曾华旦所作。曾华旦是福建龙溪县人，北宋皇祐元年(1049)己丑冯京榜进士②，陆游是南宋人，故称其为“前进士”。或者曾华旦曾在归州一带做过官，故于该地撰有此碑文。据碑文前后内容来看，是因为天圣中新滩发生崩岸，崩落下来的锐利石块壅塞江中，为上下往来行舟的一大祸患，造成不可计数的上下船只因破毁而沉舟的事故。新滩之险主要险在冬季枯水期水位较浅时，因该时段容易造成吃水较深的船只撞石破损翻船的事故。故而在十月至来年的二月枯水期时，禁止船只上下往来新滩。其时任归州知州的赵诚将此事奏闻朝廷，于是趁新滩冬季枯水期时组织人工进行疏凿，也就是将江流中的锐利石块尽量凿平凿掉。对此，《舆地纪胜》亦记曰，“天圣丙寅(1026)，赞唐山摧，遂成新滩。皇祐间太守赵诚疏凿，有磨崖碑”③。这一工程耗费了八十天近三个月的时间，接近整个禁止上下行船的时段。经过这样的整治，新滩地区船只上下往来的险情得到缓解。实施这一工程的时间是在皇祐三年(1051年)。值得引起注意的是，“害舟不可计”一句应该联系上下文来理解，这并不是指瞬间性的崩塌造成的大量船只损毁沉没和人员死亡，而是指“壅成此滩”后，锐利石块妨碍行舟导致一个时段内的大量船只因破损而沉舟的灾难。④

北宋天圣年间新滩发生滑坡事故后，对当地的航运交通造成了严重的影响。大量舟船破毁沉江。为了改善这一交通状况，皇祐三年归州知州组织人力进行了人工疏凿。此后，这里的航道交通有所改善。但事实上，皇祐三年组

① (宋)陆游：《入蜀记》卷四。

② 乾隆《福建通志》卷三十三《选举》。

③ (宋)王象之：《舆地纪胜》卷七十四《归州・景物上・新滩》。

④ 尹玲玲：《试论宋代三峡新滩地区的滑坡灾害及其影响》，《中国社会经济史研究》2008年第4期，第25—35页。

织的这次新滩疏凿工程只是起到一定的缓解险情和滩害的效果，并没有完全排除新滩的险情。自北宋中叶一直到北宋末期，新滩滩势之险并无根本改观。皇祐三年的人工疏凿对新滩交通形势的改善大概只是从几乎无法行舟而变为可以行舟，但舟行非常险恶，须极为小心。王象之《舆地纪胜》卷七十四《归州·官吏·赵诚》记云：

> 天圣丙戌（“戌”当为“寅”字之误），州东二十里赞唐山崩，蜀江断流，沿泝易舟以行，皇祐间郡守赵诚首以此留意，躬亲督责，附薪石根，火纵石裂。不半载而功成，江开舟济，名曰赵江，有磨崖铭。今新滩有双庙，在秭归县东二十里，祠江渎、黄牛二神象之。窃谓，赞山壅江流，沿泝皆易舟，故上祀江渎、下祀黄牛。自赵诚凿开新滩之后，沿泝无易舟之苦，皆赵史君诚之功。而祀典不及，第祀二神，失其旨矣。

王象之撰《舆地纪胜》一书时，新滩两岸有两座庙，是在新滩赞唐山崩后所筑，分别为祭祀江渎神和黄牛神。对于这一现象，王象之表示不解。他说，赵诚主持疏凿新滩，使江流通畅，上下船只不再有更换他舟的烦苦，这都是赵诚的功劳。却并没有受到祭祀，祭祀的反是所谓江渎、黄牛二神，真是失去了祭祀纪念的本旨。

据以上引文可知，在峡江之归州南、北两岸的江渎双庙是祭祀江渎、黄牛二神。但未知是双庙内均祀二神，还是一庙祀江渎、一庙祀黄牛。从庙名为“江渎”来看，不管是北庙，抑或南庙都应崇祀江渎神，或者黄牛神为配祀否?不得而知。事实上，夷陵州东湖县西黄牛峡中又有黄牛庙，该庙三国蜀汉时即建，“相传诸葛亮有庙碑记”，“欧诗刻石庙中”。[①] 陆游《入蜀记》中同样有相关记述：十月九日“晚次黄牛庙”，“庙灵感神封嘉应保安侯，皆绍兴以来制书也。其下即无义滩，乱石塞中流，望之可畏”，“传云神佐夏禹治水有功，故食于此。”[②]范成大《吴船录》中也提及欧阳修为夷陵令游黄牛庙并赋诗一事[③]，即前之刻石庙中的“欧诗”。祝穆《方舆胜览》记曰：“欧阳永叔为夷陵令日，作《黄牛

---

① 乾隆《大清一统志》卷二百七十三《宜昌府》。
② （宋）陆游：《入蜀记》卷四。
③ （宋）范成大：《吴船录》卷下。

庙诗》曰：大川虽有神，淫祀亦有俗。石马系祠门，山鸦噪林木。”[1]

至清朝前期，相关文献记及归州之江渎庙，已只云在南岸，想必北岸之江渎庙早已无踪。雍正《湖广通志》记曰：“江渎庙，在(归)州新滩南岸。”[2]

三、其他各地之江渎庙

1. 四川茂州江渎祠

雍正《四川通志》记云：直隶茂州有“江渎祠，在州东门外二里。”[3]乾隆《大清一统志》亦记曰：茂州“江渎祠，在州东门外二里”[4]。明人王樵在其《尚书日记》中记载道：“岷山，蟠踞华夷，江出其间”，“禹导江必有所始”，“汉制，县有羌夷曰道。汶山县，属茂州，有江渎庙，盖禹导江始此云”[5]。清人朱鹤龄在其《禹贡长笺》中引宋人欧阳忞之《舆地广记》曰：“岷山在茂州汶山县西北，俗谓之铁豹岭。禹之导江，发迹于此。”[6]

事实上，据《史记·封禅书》记载，早在秦时所祠之七名山中即有渎山，渎山就是蜀之汶山，渎山祠当然也应建在汶山。《山海经》云：“岷山神，马首龙身”，“大禹生于石纽，江渎神生于汶川”。《茂州图经》中记载，江渎神，姜姓，生于汶川。禹导江岷山，神佐之。岷山即渎山，岷山神即渎山神。[7] 由此或可推论，秦时之渎山祠后与江水祠合二为一，成为江渎祠。不仅在设有江水祠的成都与之合流，在原设渎山祠的茂州也合流为江渎祠。

据明人曹学佺《蜀中广记》之记述，在严道县有平羌桥，唐咸通十年时创，有上官朴所撰之《平羌江绳桥碑》。明时，碑在江渎庙中。又引宋人祝穆之《方舆胜览》记云：“平羌江，源出西徼，绕西北郭。谓武侯平羌夷于此”，“沬水自卢山发源，注于平羌江，与沉黎之阳山江合流”。[8] 根据平羌江、阳山江、严道县等之地望可推知该江渎庙所处之大概位置。

---

① (宋)祝穆：《方舆胜览》卷二十九《峡州》。
② 雍正《湖广通志》卷二十五《祀典志》。
③ 雍正《四川通志》卷二十八上《祠庙》。
④ 乾隆《大清一统志》卷三百十四《茂州》。
⑤ (明)王樵：《尚书日记》卷五。
⑥ (清)朱鹤龄：《禹贡长笺》卷八。
⑦ (宋)祝穆：《方舆胜览》卷五十五《茂州》。
⑧ (明)曹学佺：《蜀中广记》卷十四《名胜记第十四》。

2. 宜昌沙市江渎庙

据陆游《入蜀记》所记其行程，九月“二十六日，修船始毕，骨肉入新船。祭江渎庙，用壶酒特豕。庙在沙市之东三四里，神曰昭灵孚应威惠广源王，盖四渎之一，最为祀典之正者。然两庑淫祠尤多，盖荆楚旧俗也”[①]。可知至迟在陆游入蜀之乾道年间，今之江陵沙市东三四里有江渎庙。陆游曾入庙以“壶酒特豕”之礼祭拜，庙内供奉之神即为列四渎之一的加封号为“昭灵孚应三惠广源王”之江渎神。其时，除了官方奉为正祀的江渎庙以外，沙市沿江两岸还有很多沿袭荆楚旧俗的民间淫祠。

对于江陵沙市的这一江渎庙，宋人范成大在其《吴船录》中也有相关记述：“甲戌，泊沙头。乙亥，移舟出大江，宿江渎庙前。丙子，发江渎庙，七十里至公安县，登二圣寺。”[②]范成大的行程是顺江流而下前往吴地，船从江渎庙出发到达公安县间的行程为七十里，由此可判断该江渎庙应即陆游所记上述江陵沙市之江渎庙。

3. 夷陵州江渎庙

此外，在峡江中的下游江陵沙市与上游归州之间的夷陵江，也有关于江渎庙的记载：“江渎庙在(夷陵)州治内，龙王庙在州治南，黄陵庙在州西黄牛峡。相传神尝佐禹治水。”[③]由此可知，该江渎庙内所供奉的神祇即为前述曾佐助大禹治水的江渎神。

4. 河北大名江渎庙

除了上述成都、归州、茂州、沙市、夷陵等川蜀之地及川楚交界地有较为密集的江渎庙的分布外，偶见文献中记载在河北大名府亦有江渎庙的分布：“江渎广源王庙，在清丰县南十五里”；“江渎庙，在魏县双井集。”[④]

古代的山川祭祀，即“岳镇海渎之祀”，乃官方正祀，有着尊崇的地位，非地方与民间淫祀可比，也代表着官方的一种话语权力，甚至代表着政权的正当性。因此，当分裂时期，区域性地方政权为昭示自己的正当性，即便在自己的

① (宋)陆游：《入蜀记》卷三。
② (宋)范成大：《吴船录》卷下。
③ 康熙《湖广通志》卷二十五《祀典志》。
④ 雍正《畿辅通志》卷五十《祠祀》。

辖域范围内不能涵盖那些名山大川，比如说江、河、淮、济，但仍然在自己局促的地域范围内齐立四渎庙，全祀四渎神，这就导致四渎祠庙在地理分布上的广泛性。四方平定，新的大一统王朝建立后，则会逐步建立起岳镇海渎的常祀，废除分裂政权时期的伪号，重新赐封，建立天子与岳镇海渎神灵的统辖关系，以昭显"天子之命，非但行于明也，亦行乎幽。朝廷之事，非但百官受职也，百神亦受其职"。[①] 因此，这些非长江流域的江渎庙的分布，很有可能与各分裂时期区域性政权为昭示其权力的正当性所创设。与之相对照，长江流域上、中、下游的江渎庙的分布，则既有可能出于上述区域性政权的创设，也有可能出于对地方水神的崇祀，出于江渎神崇拜的流播。

结论及余论

综上所述，历史时期江渎庙的分布主要有四川成都、茂州及湖北归州、沙市等地。以上各地江渎庙的先后流播与分迁，除分裂时期区域性政权为昭显其权力正当性所创设的之外，分布于长江流域上中下游的江渎庙，溯其原因，大致可以得到以下线索：古蜀人发源地——成都平原开发与水利治理——三峡滑坡灾害与阻航——江陵沙市入蜀起点——泛化。也就是说，江渎庙最先是出现在茂州汶川一带，然后播迁到成都平原，继而出现在峡江归州，再又出现在宜昌沙市，最后才泛化到了其他各地。茂州汶川乃大禹故里，故最先出现江渎庙；然后，随着古蜀人自发祥地降至成都平原低地进行水利开发与治理而流播到该地；再因北宋年间三峡归州新滩地区发生大规模滑坡灾害与阻航，从而播迁至此；随后又播迁到湖北宜昌沙市，此地乃溯流而上入蜀之三峡的起点，最后因泛化而播迁到更远的地域。当然，宜昌沙市与峡江归州二地江渎庙修建时间的先后也可能是反过来的，因宜昌乃二、三级阶梯交界地，地形地势更为特殊。

笔者认为，江渎神的原始神相对于学术界关于大禹故里及其世系的争议当有启发。江神最初的容貌乃传说中的鲧羽化之马首龙身形，后来李冰也成水神，并出现李冰即为江神的多源合流现象。同样，后又出现屈原崇拜以及另一水神杨泗将军与江神多源合流的现象。前已述及，肖先进先生等已论及佐

① （宋）郑刚中：《枢密行府祭江神文》，《宣谕祭江神文》，《北山集》卷一四，台北商务印书馆影文渊阁《四库全书》本，1990 年，第 1138 册，第 154 页。

禹治水的江渎神的"马首龙身"的神形与鲧为白马，身化黄龙的传说之间的密切联系，但似未明确提及与冉駹民族之间的关系，尤其是"駹"字字形与江渎神容相的关系，白龙江等地名与其二者之间的关系等。从江神的神形相貌的变迁来看，大致经历了这样一个过程：1. 鲧羽化为"白马龙身"的江神佐禹治水——2. 李冰化苍牛斗江神、李冰配祀江渎庙/李冰作为水神叠合为江神——3. 江渎庙流播至归州、屈原配祀江渎庙/江神即屈原/江神甚即为杨泗将军。这一过程主要包括三个阶段，或者我们可以理解为，江神的形相至少由四个以上不同历史时期的治水人物所叠合而成。其中的"/"表示两种现象既有先后顺序也可能同时并存，因阶层和民众的不同而异。谭徐明先生谈及成都的江渎庙与大禹庙，指出李冰曾配祀大禹庙，也曾被作为江神祭祀，但未进一步深入剖析江渎神与作为江神的李冰相互叠合的现象。这种水神崇拜与信仰多源合流的现象一方面与播迁地的水利开发及生态环境有关，另一方面也和水神崇拜的建筑载体往往因某旧址而重修密切相关。

此外，呼风唤雨的龙与镇水之铁牛做为水神图腾又是一种怎样的源流？根据社会学功能将水神分为自然神与人格神这两类，这种划分是否合适？自然神既然有神相，我们就有可能透过神话看到背后的历史真实，实则亦为治水之历史人物。如河伯之神相为人面鱼身，则其与青海大通出土的人面鱼纹盆有否关联？等等，这些问题，我们都可以也应该做更进一步的深入而细致研究。

The geological distribution and spreading process of the Jiangdu Temples

Abstract: This essay first introduced the status of the last remaining relocated Jiangdu Temple within Zigui county at the Hubei province of our country, then the historical distribution of all the Jiangdu Temples according to documents, making the discovery that there were multiple Jiangdu Temples in Chengdu and Maozhou of Sichuan province, Guizhou and Shashi of Hubei province, focusing on the Jiangdu Temple in the area of Chengdu. Then an analysis on the construction dates and time order of all the Jiangdu Temples, suggesting that Jiangdu Temples first appeared in Wenchuna Maozhou, later spreaded to Chengdu Plain, in its footsteps Guizhou Xiajiang or Shashi Yichang, fin the end widely used in other locations. Finally, by analyzing the reason why Jiangdu Temples spread, the appearance of the Jiangdu Spirit and its immigration, this essay points out the phenomenon that the appearance of the God obviously came from multiple sources merging as one. Such a kind of hydrologic God worshipping and cultural merging is both connected to the hydrological development and ecosystem of the migrated area, and also closely connected to the architecture of the worshipping ground constantly being rebuilt from old structures.

Keywords: Jiangdu Temple; Jiangdu Spirit; Hydrological religion; Muitple sources merged as one

作者简介：尹玲玲(1973—)，女，上海师范大学人文与传播学院教授，研究方向为历史地理、区域环境史与社会史。

《儒林外史》中世俗化庙庵、道院的设置及叙事意义

石璐洁

摘　要:《儒林外史》中,世俗化庙庵、道院的出现十分频繁,且数量极多。这些场所的设置主要有三重意义:一是推动情节的展开;二是作为展现人物的舞台;三是这些空间的特殊性或这些空间的特殊设置为人物内心的曲折呈现提供了叙事便利。

关键词:《儒林外史》;庙庵;道院;设置;叙事意义

一、引论

《儒林外史》是中国古代讽刺小说的典范,其丰富的思想文化内涵、形态各异的人物形象、婉而多讽的语言风格、别具一格的结构形式等都引发人们的诸多探讨。

近年来,《儒林外史》中的叙事空间在推动情节展开方面所起到的作用也引起一定的关注。有学者对《儒林外史》的地域叙事及其作用进行研究,如杨义认为《儒林外史》对广阔幅员的空间进行了操作,对地域空间进行频繁转换,而其空间转移的重心为北京和南京,这两处构成小说叙事空间的双焦点。[①] 叶楚炎对小说中的地域转变过程进行更为细致、深入的分析,认为《儒林外史》的结构线索隐现于地域的频繁流动与转换之中,而地点的伏案起到推动情节

① 杨义:《〈儒林外史〉的时空操作与叙事谋略》,《江淮论坛》1995 年第 2 期。

展开的重要作用。[①] 这些研究都在宏观层面上把握《儒林外史》中叙事空间的转变与整体结构间的内在关联。而李东海等则从微观角度入手，将《儒林外史》中的筵席场景描写作为研究对象，探讨这一场景的特殊性及其起到的暗示情节发展的作用。另外，这一研究还探讨了筵席作为媒介的特殊环境对小说在揭示人物内心、塑造人物形象等方面产生的意义，认为作者"有意在一种世俗的氛围里深刻表现人性本质。"[②]此前，从传统文学理论角度出发，《儒林外史》中的环境对人物形象塑造及人物内心表现已得到关注，如韩石认为《儒林外史》对生活环境、居室布置的描写将人物精神状态外化。[③] 高朝俊表明："在《儒林外史》中，人物与环境具有一种同质同构效应，人物和环境呈定向关注和定向反馈状态。"[④]但无论是探讨环境对叙事情节还是对人物形象及内心表达方面的影响，这些研究都将"环境"限制于场景或景物及其营造的氛围，而在一定程度上忽略了特殊的空间处所在这些方面所体现的重要价值。有鉴于此，本文试从微观角度入手，以《儒林外史》中的特殊的空间处所——世俗化庙庵、道院为研究对象，探讨这一场所在小说中的叙事意义。

世俗化庙庵、道院是宗教世俗化的产物。一般认为，"宗教世俗化把宗教的重心倒向了人、社会，倒向了人的今生今世"[⑤]是宗教神圣精神衰退的一种表现。其内涵具体体现为"宗教教义解释平民化、宗教活动形式简约化、宗教组织和活动场所的多样化、教职人员戒律松弛，接受世俗生活方式"[⑥]等。世俗化庙庵、道院一般指兼具多样化功能的、糅杂佛道及民间思想的宗教活动场所。这一场所明清小说中频繁出现，如《金瓶梅》中的玉皇庙、永福寺，《红楼梦》中的水月庵、铁槛寺、清虚观、天齐庙等。而在《儒林外史》中，此类场所的出现则更为频繁，且数量极多。据统计，《儒林外史》中出现的庙庵、道院共有四十八处，其中世俗化庙庵、道观多达四十处(详见附录)。需要指出的是，这里所指世俗化的庙庵、道院不包括五河节孝祠、徽州节孝祠这两处表彰节烈之地；南京泰伯祠、青枫城先农祠、鸡鸣山曹武惠王庙这三处供奉儒家先圣的场

---

① 叶楚炎：《地域叙事视角下的〈儒林外史〉结构——兼论《儒林外史》的原貌问题》，《明清小说研究》2013 年第 1 期。

② 李东海、胡益民：《〈儒林外史〉中筵席的叙事》，《明清小说研究》2015 年第 4 期。

③ 韩石：《灵魂的镜像：〈儒林外史〉的日常生活描写》，《南京师范大学文学院学报》2003 年第 2 期。

④ 高朝俊：《论〈儒林外史〉中的人物塑造》，《南京师范大学文学院学报》2010 年第 4 期。

⑤ 刘永霞：《关于宗教世俗化的几点诠释》，《宗教学研究》2003 年第 2 期。

⑥ 马晓军：《宗教世俗化的表现及其社会意义》，《前沿》2009 年第 3 期。

所以及南京老郎庵这一维护戏行秩序的场所；陕西海月禅林一体现神圣宗教精神的场所及陕西山凹里小庵这一几乎与世隔绝之地。

世俗化庙庵、道观在《儒林外史》多且频繁的出现在一定程度上是对当时宗教世俗化这一客观事实的折射，但在某些情况下也是叙事策略的体现。杨义提出："楔子后的头七回的主要人物退居远背景，而这些次要人物则作为近环境而存在，共同构成了特定时代和地域的人文气氛。比如牛布衣曾是范进的幕客，其后当了二娄公子的座上宾和遽公孙的媒人，在航船上与匡超人邂逅之后，客死于芜湖甘露庵。他的名号却被牛浦郎假冒顶替，招摇撞骗于南京、仪征、扬州和安东县，在真真假假、断断续续之间绵延了十五回(第十至第二十四回)。江西术士陈和甫曾在周进设帐教书的观音庵中挂牌扶乩，后又到北京为王惠、荀玫扶乩判命……"[①]这些故事中涉及的山东观音庵、芜湖甘露寺等世俗化庙庵在推动情节方面就具有重要意义。另外，这些场所也是展现人物活动不可或缺的舞台。因为这些世俗化庙庵、道院所具有的特殊性为展现特定的人物形象提供了适当的空间，同时，小说中也多次通过对世俗化庙庵、道院特殊空间格局的利用或对其进行特殊的空间设置来呈现人物曲折的内心状态，体现出作者独具的匠心。

关于《儒林外史》中的庙庵、道院，有学者也进行过探讨，如刘汉光对《儒林外史》中的泰伯祠等祠庙意象进行研究，认为泰伯祠在结构上起到接榫作用，并表明这些意象具有象征社会理想的深刻内涵。[②] 而其研究对象不包括世俗化庙庵、道院。另外，也有学者以《儒林外史》世俗化寺庙生活为研究对象，对其中的污浊风气进行解读，并从当时的宗教背景及文化思潮入手，探讨吴敬梓对宗教否定的基本态度。[③] 但总体说来，对《儒林外史》中世俗化庙庵、道院及其在作品中体现的叙事意义的探讨存在一定空缺，从而给本文留下了较大的讨论余地。

二、世俗化庙庵、道院及其功能的特殊设置与情节的展开

明清时期，在宗教世俗化进一步加剧的背景下，世俗化庙庵、道院为迎合

---

① 杨义：《〈儒林外史〉的时空操作与叙事谋略》，《江淮论坛》1995 年第 2 期。
② 刘汉光：《〈儒林外史〉的意向式结构——以江湖和祠庙为中心》，《学术研究》2001 年第 6 期。
③ 伍大福：《空门不空，净土不净——浅析〈儒林外史〉的贬佛思想》，《玉林师专学报》1999 年第 3 期。

世俗需求而衍生出多种用途，这在小说中多有体现。有研究者对《三言二拍》中出现的世俗化庙庵、道观的用途进行梳理，归纳出包括读书场所、避难场所、旅游场所、公共活动场所及祈福禳灾场所这几大用途。[①]《金瓶梅》中的永福寺则既可作为烧香许愿、进行佛事礼忏的民间信仰之地，也可作为设置酒席的场所。在《儒林外史》中，这些场所的用途可分为以下几类[②]：

（一）民间信仰场所：山东薛家集观音庵、广东滕和尚家、芜湖吉祥寺、安东和尚家、南京石观音庵、南京延寿庵。

（二）游人居住（多为租住）场所：山东济南王冕租住的小庵、山东薛家集观音庵、浙江大觉寺、萧山土地庙、杭州吴相国伍公庙、乐清乡村和尚庵、芜湖甘露庵、芜湖吉祥寺、扬州子午宫、扬州兴教寺、南京报恩寺、南京东花园庵、南京承恩寺、南京神乐观、京城护国寺、恶和尚居住的小庵、五河宝林寺僧官家、南京牛公庵、台州城隍庙、南京天界寺。

（三）扶乩、买卖等经济活动开展地：山东济南王冕租住的小庵、山东薛家集观音庵、杭州吴相国伍公庙、杭州丁仙祠、芜湖吉祥寺、南京报恩寺。

（四）旅游场所：杭州净慈寺、杭州吴相国伍公庙、杭州丁仙祠、杭州城隍庙、南京报恩寺、南京三藏禅林、南京妙意庵。

（五）宴饮场所：山东薛家集观音庵、高要县关帝庙、杭州于公祠一和尚家、南京报恩寺、五河龙兴寺。

（六）学馆：山东薛家集观音庵、萧山土地庙。

（七）议事地：山东薛家集观音庵。

（八）停尸地：芜湖甘露庵、乐清一寺庙。

作为空间处所，这些世俗化庙庵、道院也与一般具有特定功能的世俗场所一样，起到为人物活动提供交往空间的作用。如第二十八回，鲍廷玺到扬州后查到季苇萧寓所为兴教寺，此后又在和尚处得知季苇萧在尤家招赘，从而与众名士在婚席相会，并引出其回南京时帮季苇萧带书，与季恬逸等相交等事。又

---

① 闵永军：《从庄严寺观到扰攘市井——〈三言二拍〉寺庙道观的世俗化特征》，《文山学院学报》2013 年第 4 期。

② 小说中未对萧山兰若庵、京城报国寺、竹山庵、鹫峰寺这四处世俗化寺庙的具体功能进行描述，仅知萧山兰若庵与权勿用奸拐案有关；京城报国寺是甘露僧在京城做方丈之地，后甘露僧因厌烦此处闹热而离开此地；竹山庵是王惠的避难之地，其中又有道士居住；而鹫峰寺仅作为地名出现。这四所世俗化庙庵的具体的世俗功能不明，因此未纳入分类。

如第三十三回出现的芜湖吉祥寺见证了杜少卿的落魄，杜少卿也因在此遇见来霞士而最终化解没有盘缠的尴尬，踏上了回南京之旅途。同样，南京报恩寺在众文人结交的过程中起到相似作用。再如第四十回，萧云仙到广武山阮公祠游玩，看到墙上名人题咏中的武书之作时，萌生请其帮自己书写一生功绩之念，从而为其此后特意拜谒武书，求其通过书写的方式来为自己留名等事件的发生创造契机。在这里，扬州兴教寺、南京报恩寺、广武山阮公祠等功能各异的寺庙在此起到的联结人物活动的作用与一般客栈、寓所、游览场所等世俗场所起到的作用相差无几。这些场所及其功能在《儒林外史》中的出现在一定程度上是对现实中这些场所及用途普遍存在的反映。

然而，其中一些空间处所及其功能则更多是作者出于叙事方面的考虑而精心设置的产物。而此类场所本身具备的特殊性为作者有意的安排提供了条件。首先，这些场所作为民间信仰场所而言，具有极强的包容性和开放性，是可以容纳各色人等的公众处所，这是一般世俗场所不具备的特征。第二，世俗化庙庵、道院的格局及其功能具有差异性，既有对外开放的宗教活动空间，也有相对封闭的僧侣的生活空间。第三，这一场所具有多样化功能，可为各类繁杂活动的展开提供场所。《儒林外史》中，作者利用了这些世俗化庙庵、道院的包容性、空间的差异性，并对其进行灵活的功能设置或者说多种功能的开发，从而为构架情节提供了条件。

第五十三回，聘娘、虔婆等议论国公府中人事。虔婆对想象中国公府富丽堂皇的景象艳羡无比，又以为若在那美人如云的环境中，聘娘之貌则显逊色。聘娘却道："人生在世上，只要生的好，那在乎贵贱！难道做官的有钱的女人都是好看的？我旧年在石观音庵烧香，遇着国公府里十几乘轿子下来，一个个团头团脸的，也没有甚么出奇！"[①]对于聘娘这样身份卑微的女子而言，根本无法在其他场所获得见到国公府中人的机会。《红楼梦》中贾府众人去清虚观打醮的场面引来寻常人家围观也可说明这一点。而在石观音庵中的这段烧香经历则给予其这样的机会，且不免令其自视甚高，这一心理为其"太太梦"伏线，并与其最终出家的结局不无关联。石观音庵这一具有包容性的民间信仰场所在这段情节的展开过程中起到了关键的作用。

而在牛浦郎冒充牛布衣故事中，作者对芜湖甘露庵的空间的差异化处理

---

① （清）吴敬梓：《儒林外史》，中华书局，2009年1月，第357页。

及对其功能的特殊设置推动了情节的展开。在芜湖甘露庵出现时,作者对其空间格局做出了细致的交代:"这庵叫做甘露庵,门面三间:中间供着一尊韦驮菩萨;左边一间锁着,堆些柴草;右边一间做走路。进去一个大院落,大殿三间,殿后两间房,一间是本庵一个老和尚自己住着,一间便是牛布衣的客房。"[①]这一交代绝非泛泛之笔,而是隐含甘露庵具有差异性的格局。在这里,作者对甘露庵的格局做出了区分,其供奉菩萨的宗教活动空间具有对外开放性,而柴房则具有私密性和封闭性。此后,作者对这两种不同的空间赋予了相异的功能:对外开放的供奉菩萨地成为容纳牛浦郎的读诗场所,并为牛浦郎与甘露僧结交,在甘露僧处偷得牛布衣诗集,冒充牛布衣诗名创造条件;而后者则作为牛布衣灵柩的停放之地。牛布衣死时,曾嘱托甘露僧将其停放在一处空地。而甘露僧因无处去寻空地,便将这原先封锁的柴房作为牛布衣的停尸地。这一设置看似随意,但在整段冒名故事中的地位十分关键。其直接导致的结果是牛布衣的死讯在很大程度上被封闭起来,以致后来牛奶奶寻到此地时,众人竟都"不曾听见他死",这便为牛浦郎在甘露僧进京后冒充牛布衣之身与董瑛相结交创造了契机,从而也引发了牛浦郎此后前往安东寻这位董知县及途中发生的一系列事件。

第二回和第七回中出现的观音庵及其被赋予的多重功能则在开启和过渡情节方面具有重要意义。《儒林外史》第二回,观音庵作为民间信仰场所和议事场所首次出现。众人由议事提及请周进做学馆先生,并将观音庵作为学馆及周进的住处。同时,观音庵又是文人旅途中的暂居之地。由此,观音庵作为学馆及寓所这两重功能引出了学馆先生周进、学生荀玫及游至此地的举人王惠间的交集。而王惠那个与荀玫为同年进士的梦也成为观音庵这一学馆中的学生相传的笑话,并进而迅速传为一集皆知之事,这由此成为一集之人憎恶周进,令其失馆的根源。也正由于周进失馆,才引出其随金有余去省城做生意,才有了众生意人闻其遭遇后出资助其纳监进场,周进高中后成为学道,随后在考试中提拔范进,范进成为学道后发落梅玖、荀玫等这一系列事件发生的可能。第七回中,观音庵则作为宴饮场所及经营扶乩算命的场所而出现。观音庵的这两重用途使荀玫这一宴席中的庆贺对象和算命的陈和甫结下渊源,为此后陈和甫拜帖求见荀玫埋线,并引出其为王惠及荀玫扶乩算命,测出荀玫服

---

① 吴敬梓:《儒林外史》,中华书局,2009 年 1 月,第 139 页。

孝，王惠升官、降叛军而后隐的命运走向。可以说，观音庵凭借其被赋予的多重性功能起结并串联了小说一至八回中集中叙述的读书求仕故事。此外，作为学馆和寓所的萧山土地庙为学馆先生权勿用和和来暂居在此的杨执中提供了交往的机会，杨执中的言谈激发了权勿用的名士梦，权勿用后来也因和杨执中的相遇相交而被杨推举到娄氏公子处。而经营茶铺及扶乩算命等各种经济活动的杭州城隍山寺庙则为喜好吃茶的马二先生和测字的匡超人提供了相遇的契机。这些庙庵的功能都是因人而设的，一方面这些场所的出现体现了人物的身份或境遇，另一方面多重功能的交叠又为他们之间人际活动的展开提供了可能。而世俗化庙庵现实中所具有的多样功能使小说中这一场所的功能交叠或转换显得十分自然，从中可见这一具有多重世俗功能的空间处所在推动情节展开方面的价值。

三、世俗化庙庵、道院的设置为人物的展现提供舞台

《儒林外史》中，世俗化庙庵、道院还是为展现特定人物而特别设置的舞台，这同样是与这些场所的特殊性紧密相关的。之前已经提到，相较于一般世俗场所而言，作为民间宗教活动场所的世俗化庙庵、道院具有更强的包容性，能够容纳层次差异较大的人物并为他们提供共处的空间。如果说在聘娘故事中，虚写的石观音庵的这一特征是为情节伏线，那么在王太的故事中，实写的南京妙意庵则因这一特点不仅为王太提供了展示棋艺的场所，更为其创造了一个难得的和世俗权贵及其追随者共处并展开交锋的舞台。当衣衫褴褛的王太凑上前去观棋，嬉笑，并说出勉强能赢这些大佬馆的话时，其本人已有必胜的把握。这一言行不仅表现其对自己的棋艺有足够的自信，更体现出一种鄙弃名利的傲然之气。这种情绪在王太获胜后的表现中体现得更为明显。在众人簇拥下，王太大笑道："'天下那里还有个快活似杀矢棋的事！我杀过矢棋，心里快活极了，那里还吃的下酒！'说毕，哈哈大笑，头也不回，就去了。"[①]其中包含着王太对名利场及周旋于其中之人的不屑及其对此的强烈反击。隐于市井是身怀绝技的王太坚守诗意生活的体现，是其心甘情愿的选择，同时这也是在世俗堕落之风的背景下不得已做出的选择。这选择本身包孕着一种被压抑的无奈、对追名逐利者占据社会主流的无比愤懑以及与世俗对峙的立场。但

① 吴敬梓：《儒林外史》，中华书局，2009 年 1 月，第 369 页。

这些对于王太这一贫贱的市井奇人而言，是鲜有机会在公众视野中得到表达的。而妙意庵这一开放、包容的空间处所则为王太大胜国手，痛骂世人，展现其独立人格创设了特别的舞台。同样，具有包容性和开放性的寺院也是季遐年的安身之处，同时也为展现其孤傲不羁的个性提供了适当的空间。

作为宗教活动场所，世俗化庙庵还蕴含着民间信仰文化。此类场所作为舞台出现时，对人物的表现也产生了特殊效果。范进中举后发疯的背景空间就是一处寺庙，从后文可知此庙为滕和尚家。胡屠户将范进打晕后，众人将范进抬到庙门口的郎中处贴膏药。“胡屠户站在一边，不觉那只手隐隐的疼将起来；自己看时，把个巴掌仰着，再也弯不过来。自己心里懊恼道：‘果然天上文曲星是打不得的，而今菩萨计较起来了。’想一想，更疼的狠了，连忙问郎中讨了个膏药贴着。”①蕴含因果报应思想的寺庙空间背景激发胡屠户强烈的心理暗示。而胡屠户对因果报应观与世俗名利观的融合则使这一思想在民间的现实境遇及胡屠户这一形象充满了荒诞感。胡屠户每日杀猪倒不担心菩萨计较，而打了成为举人的女婿却深恐受报的悖论将这一人物置于讽刺效果中，更显示其被世俗权利异化的卑微与可叹。这一效果的产生与寺庙这一特殊的空间背景密切相关。除了蕴含果报等思想文化，世俗化庙庵还是民间信仰传统的承载体。第七回提到，薛家集一集人在观音庵为周进设置了长生牌位。通过设长生牌位来为恩人祈福是一种民间信仰传统，这在寺庙中也很常见。但这一设置的讽刺性在于，曾经极其厌恶周进并令其潦倒的薛家集人在周进发迹后竟发生如此大的转变。同时，在这一舞台背景下，对阿弥陀佛供奉不周的和尚对周进的牌位供奉得格外周到；曾对落魄时的周进大加讥讽的梅玖竟以学生的身份拜其牌位，并叮嘱和尚对周进的亲笔加以装裱。在观音庵这一宗教活动空间中，民间信仰传统完全变异为名利观统摄下的附庸物，这一变异所折射出的是被世俗功名异化的众生相。

同时，在当时社会，一些世俗化庙庵、道院明为宗教活动场所，暗为藏污纳垢之地。这在明清小说中也有所反映。《金瓶梅》中，薛姑子将地藏庵作为藏奸之地，并从中收取报酬；祝道士将碧霞宫作为替权贵物色奸淫对象的处所。《醒世恒言》的《张淑儿巧智脱杨生》一篇中，宝华禅寺的和尚将寺庙作为抢劫行凶的窝点。宗教活动场所的外壳为这些行为的发生提供了隐蔽的空间。

---

① 吴敬梓：《儒林外史》，中华书局，2009年1月，第22页。

《儒林外史》中，身为贼头的恶和尚居住的小庵也是类似的场所，其寄寓在寺庙的目的在于获得取食人脑而免受惩处的机会。但同时，这一场所也为萧云仙的侠义之行的展现提供了空间。在这一空间中，萧云仙行为果断，弹法精准，胆识过人的英雄之气得以展现。萧云仙的义举与恶和尚的恶行有本质的不同，但如郭孝子戏言的，“清平世界，荡荡乾坤，把弹子打瞎人的眼睛，却来这店里坐的安稳！”[①]又如：“这冒险捐躯，都是侠客的勾当，而今比不得春秋、战国时，这样事就可以成名。而今是四海一家的时候，任你荆轲、聂政，也只好叫做乱民。”[②]萧云仙的行为是不合法的，也是难以在一般的世俗场所得到淋漓尽致的展现的。因此，这一小庵不仅为恶和尚提供了肆意作恶的机会，也为表现萧云仙这一侠客形象创设了被接纳的舞台。

四、世俗化庙庵、道院的空间设置与人物内心的曲折呈现

《儒林外史》多处利用庙庵、道院特殊的空间构造或对庙庵、道院进行特殊的空间设置来对人物的内心状态进行曲折呈现。小说中，五河龙兴寺、南京神乐观、南京报恩寺及马二先生在西湖驻足的庙庵、道院等空间的设置都体现作者这一独运匠心之处。

庙庵、道院一般由彼此相隔的房屋组成。而这些空间又往往对外敞开，不具备很强的私密性。小说在写到观音庵、甘露庵、恶和尚居住的小庵等庙庵时，对这一特点都有提及。在小说第四十七回中，五河龙兴寺也同样具有这样的格局，而这一看似普通的格局在表现唐二棒椎内心的起伏方面起到重要作用。第四十七回，在拜见过厉太尊后，唐二棒椎与虞华轩商定在衙门口的龙兴寺中等待太尊发帖请饭。此时，“只听得隔壁一个和尚家细吹细唱的有趣。唐二棒椎道：‘这次唱的好听，我走过去看看’。看了一会回来，垂头丧气，向虞华轩抱怨道：‘我上了你的当！你当这吹打的是谁，就是我县里仁昌典当行方老六同厉太尊的公子，备了极齐整的席，一个人搂着一个戏子，在那里顽耍。他们这样相厚，我前日只该同了方老六来。若同了他来，此时已同公子坐在一处。如今同了你，虽见得太尊一面，到底是个皮里膜外的帐，有甚么意思！’虞华轩道：‘都是你说的，我又不曾强扯了你来。他如今现在这里，你跟了去不

---

① 吴敬梓：《儒林外史》，中华书局，2009 年 1 月，第 265 页。
② 吴敬梓：《儒林外史》，中华书局，2009 年 1 月，第 266 页。

是!'唐二棒椎道:'同行不疏伴,我还同你到衙里去吃酒'。说着,衙里有人出来邀,两人进衙去。"①

唐二棒椎和虞华轩的生活追求及此行目的本来就不同。对唐二棒椎来说,驱使其来到这里的力量是其一贯对世俗名利的追求,是对结交权贵的向往以及由此获得享乐和吹嘘资本的愿望。而虞华轩到这里主要是为尽到回拜的礼数,其本人对追求功名是颇为反感的。可以说,唐二棒椎的内心本就向往喧嚣,而虞华轩则能忍受寂寞,虽然他对这种不得不寂寞的状态多有愤懑之感。而当声音从隔壁传来之时,此处被自然置于隔壁喧闹氛围的对照之下,也被自然赋予了冷清的内涵。在唐二棒椎固有观念的评判下,此处和隔壁的空间随即产生了高下之分,他身体当下所处的空间和其内心发生了明显的分离。而当隔壁的热闹气氛把他吸引过去后,寺庙对外敞开的空间格局又将酒食声色、似火人情完全呈现在唐二棒椎面前,并将其此行置于对照之下,使其此行的意义相形见绌。从唐二棒椎所说的前日只该同方老六来的话可以得知,他是知道方老六有此一会的。然而他还是提出和虞华轩一起来拜太尊,原因是其从不曾会过太尊,其实也隐含了他不可能通过其他人得到一个会太尊的机会。那么,此次相会是竞逐于名利场上的他人不曾有过的经验,这对于唐二棒椎而言,是一种特殊的荣誉及值得夸耀的资本。然而,在隔壁和尚家敞开的空间及其所呈现的内容面前,唐二棒椎原本以为荣耀的相会显得"皮里膜外",他即将要赴的酒席相比之下也显得无味,这便消解了其此行的快感。同时,尽管唐二棒椎的身心无比向往此处的氛围,但他却只能被阻挡在屋外,徒有艳羡之心而无法成为其中的一部分。于是,唐二棒椎只能回到原先的冷清之所,向虞华轩抱怨上当,说出前日只该如何,若如此,此时已经如何,如今又如何的话来。但唐二棒椎同公子坐在一处,身心与空间协调的画面只能存在于想象。这种想象喻示着他当下的处境,一是其当下的内心状态与其所处空间之间的分裂,二是其一旦跨过阻碍进入隔壁的氛围中,对于隔壁的空间而言也是一种突兀的存在,这对极其看重"官场仪制"的唐二棒椎来说也是难以接受的。隔壁对于唐二棒椎而言,不仅是墙对其身体的阻隔,更意味着心理上的阻碍。因此,唐二棒椎尽管抱怨,又不得不做出继续和虞华轩去衙门的选择,所谓"同行不疏伴"也并非出自其真实内心的表达。

① 吴敬梓:《儒林外史》,中华书局,2009 年 1 月,第 320 页。

杜慎卿到南京神乐观访来霞士一节中也体现了作者对道院空间阻隔及开敞式格局的利用及其对人物心理展现的效果。“(杜慎卿)将轿子落在门口,自己步进山门,袖中取出纸包来拆开一看,上写道:至北廊尽头一家桂花道院,问扬州新来的道友来霞士便是。杜慎卿叫轿夫伺候着,自己曲曲折折走到里面,听得里面一派鼓乐之声,就在前面一个斗姆阁。那阁门大开,里面三间敞厅:中间坐着一个看陵的太监,穿着蟒袍;左边一路板凳上坐着几十个唱生旦的戏子;右边一路板凳上坐着七八个少年的小道士,正在那里吹唱取乐。杜慎卿心里疑惑:‘莫不是来霞士也在这里面?’因把小道士一个个的都看过来,不见一个出色的。又回头来看看这些戏子,也平常,又自心里想道:‘来霞士他既是自己爱惜,他断不肯同了这般人在此,我还到桂花院里去问。”[①]杜慎卿在访来霞士前,季苇萧曾给过他一个关于来霞士形象的心理预设,称此人年少俊美,自爱且爱才,这是符合杜慎卿内心期待的。但此人具体如何,季苇萧却不曾明示。甚至在杜慎卿到神乐观前,都不知自己要访的人叫做来霞士。在这里,道院曲曲折折的形态似乎是杜慎卿充满疑虑的内心状态的隐喻。而从开敞空间传来的鼓乐之声则为内心缺失方向感的杜慎卿提供了一个方向,使其忘却应往桂花道院寻来霞士,而是径直走向乐声传来处,这同样暗示了其复杂的内心状态。接下来出现在杜慎卿面前的是对他敞开且彼此相隔的三间房间及其分别容纳的不同人群,而杜慎卿将身体继续保持在被阻隔在外的状态则体现其内心的犹疑、顾虑和审慎的态度。同时,杜慎卿面前这三个空间及其容纳对他而言意味着选择,从中可见杜慎卿真实心理的流露。右边一间应是杜慎卿心中的来霞士最可能出现的地方,但在杜慎卿仔细观察,不见其中有相貌出众者后,他便看向左边一间中的戏子。杜慎卿曾向季苇萧表明自己所要寻的是一个知己,断不能往梨园求之,否则与好女色者寻青楼女子无异。然而在这里,当三间对外开放的房间中的一间为杜慎卿提供了看戏子的机会时,杜慎卿也并不像拒绝看中间那间中的太监那样拒绝看戏子,而是关注了他们的容貌。从他之后心生的“来霞士他既是自己爱惜,他断不肯同了这般人在此”的想法来看,他也并不排除来霞士在这些戏子中的可能。而只是在没有见到相貌出众者后,杜慎卿才产生来霞士因自爱而不可能在此的想法。可见在杜慎卿心中,来霞士自爱的内涵仅是不与容貌平常者交往。这样的想法其实投射

---

① 吴敬梓:《儒林外史》,中华书局,2009 年 1 月,第 204 页。

了杜慎卿的自我心态，流露出其贪恋男色，而非追求知己的真实心理。

第二十八回则通过对南京报恩寺的内部设置来展现人物内心状态的落差。第二十八回通过萧金铉、诸葛佑、季恬逸三人寻下处表明南京报恩寺由若干和尚家聚合而成的格局，体现其内部空间存在很大的差异。萧金铉、诸葛佑、季恬逸三人先寻至一个和尚家。此处不仅租金高昂，且须一个买办、一个厨子方可弥补其所处位置带来的不便，从而才可维持日常生活。同时，和尚对三人的穷酸流露出轻蔑、冷淡之意。而在过了二里路的僧官家，三人则见到完全不同的情形，得到完全不同的待遇。和尚不仅伺候周到，听凭三人出价，还请三人游玩听戏，引领三人领略寺中开阔之景。至此，这三人与所处的环境可以说是十分协调的。但在第二十九回，三人见到杜慎卿坐轿往先前那个和尚家去，便想与之相会。此后，这三人与杜慎卿在彼此处所分别进行了两次会面。萧金铉处是满眼的刻本文章、几句沿袭前人之诗，这不免令杜慎卿露出轻笑之意。同时，萧金铉处还常有催纸钱酒账客人上门；而杜慎卿处则是牡丹绣球、清新菜肴、高曲雅乐，并有和尚伺候。萧金铉等三人从杜慎卿处回到下处时，便产生了恍惚梦中之感，其身体与所在的空间之间也产生了明显的分离。而不时有人讨债的现实则把他们从梦幻中拉回。相距不远，而生活场景如此不同，三人对杜慎卿处所的艳羡之情自然显露，但也仅限于可望不可即的艳羡而已。因为即便在杜慎卿处，这三人的身体与环境仍是不协调的，他们粗陋的行为同样为杜慎卿所轻笑。两处空间的落差揭示出这三个毫无地位而追逐名利者的强烈欲望及欲望难以得到满足的尴尬与无奈。

在马二先生第三天的西湖之旅中，作者通过对多处庙宇进行空间设置来表现马二先生漫无目的的心理状态。马二先生最先到达的是吴相国伍公庙，里面的“片石居”窗户紧闭，内景隐约可见，被阻隔在外的马二先生往里张望后，猜测众人似在请仙问功名。于是马二先生便想进去扶乩，求问功名大事，但因听到众人说出一些与科举无关的人来，马二先生又立即放弃进入其中的念头，转而离开此地。接着，马二先生路过几个经营各种生意的庙宇，又因突然见到茶铺中一女人招呼他而逃开。向来对吃茶感兴趣的马二先生只得特意跑到间壁吃茶。过后，马二先生到城隍庙瞻仰一番。最后，马二先生经过艰难曲折的路途到达自己所认为的求签圣地丁仙祠，并在此遇到了他眼中的仙人洪憨仙。奇特的是，洪憨仙又领着马二先生由一条平坦无阻的大路迅速回到了其最先到的吴相国伍公庙，马二先生由此看到吴相国伍公庙中的开阔景象，并在此接受了洪憨仙声称可用以生钱的“银母”。一路上，马二先生经过了许多寺庙，但没有任何一处空间真正符合其内心期待或与其身心相协调。马二先生的身心似乎是无处可安放的。他只是在不断回避某些东西，比如无关科举的李清照、朱淑真等“仙人”、招呼他的女人，而从未自觉追求过什么东西。即便寺庙中的扶乩、签子偶然合其心意，使其为之驻足，但他所求之事也是不确定的，如他第一次到吴相国伍公庙时问功名，第二次在洪憨仙面前又想问生财之道，在丁仙祠时又想求签以问吉凶未知的命运，似乎唯有盲目的游走才使得马二先生获得真实感。而最终令其身心在吴相国伍公庙安定下来的洪憨仙是骗子的结局更使马二先生在一系列寺庙间的游走和追寻显得毫无意义。这一路上纷繁的、各异的寺庙设置体现出马二先生空虚、茫然及毫无归属感的内心状态。

正是在这里，《儒林外史》对庙庵、道院的特殊设置在展现人物心理方面所起到的作用，达到了一个非常精湛的境界，值得我们来仔细推敲。

附录：

《儒林外史》中世俗化庙庵、道院一览表

序号	庙庵或道院的名称	出现回目
1	山东济南王冕租住的小庵	1
2	山东薛家集观音庵	2、7
3	广东滕和尚家	4
4	高要县关帝庙	4
5	浙江大觉寺	9
6	萧山土地庙	12
7	萧山兰若庵	13
8	杭州净慈寺	14
9	杭州吴相国伍公庙	14、15、52
10	杭州丁仙祠	14、15
11	杭州城隍庙	14、15
12	乐清乡村和尚庵	16
13	杭州于公祠一和尚家	18

续　表

序号	庙庵或道院的名称	出现回目
14	乐清一寺庙	20
15	芜湖甘露庵	20、21、22、23
16	芜湖吉祥寺	20、21、22、23、33
17	京城报国寺	21、38
18	扬州子午宫	22、23
19	扬州木兰院	23
20	安东和尚家	24
21	扬州兴教寺	28
22	芜湖一寺庙	33
23	南京报恩寺	19、28、29、30、48、55
24	南京三藏禅林	28
25	南京东花园庵	29
26	南京神乐观	30
27	南京承恩寺	22、30、34、46
28	京城护国寺	35
29	恶和尚租住的小庵	38
30	四川竹山庵	38
31	广武山阮公祠	40
32	南京鹫峰寺	42
33	五河宝林寺僧官家	46
34	五河龙兴寺	47
35	南京牛公庵	48
36	台州城隍庙	51
37	南京石观音庵	53
38	南京延寿庵	54
39	南京天界寺	55
40	南京妙意庵	55

The Setting of Secular Temples in The Scholars and Its Significance of Narrative

Abstract: The setting of secular temples in The Scholars is frequent, and the number of them is large. The significance of the setting of secular temples in The Scholars is three-fold: the first is pushing the plot forward, the second is creating the stage for showcasing images, the third is that the peculiarity of the space of secular temples or the peculiar setting of the space of them contributes to reveal the complicated feeling of images.

Keywords: The Scholars, temples, setting, significance of narrative

作者简介：石璐洁，上海师范大学人文与传播学院研究生

1949 年前后一个商务代理人的日常生活变迁

——基于《史久芸日记》的考察

洪九来

内容提要： 对商务人丰富的日常生活进行探究是深化商务史研究的一种可行路径，商务资深的管理者史久芸及其留存的日记资料为商务出版生活史提供了一个典型的样本。1949 年前后史久芸在私人领域与公共事务上的日常生活样式均发生了巨大变化，根源在于新中国成立后出版制度的变革对一个旧式出版代理人起到了重塑的效果，其个人生活形态变迁的理路某种意义上是当时商务艰难转向的一个人格化符号。

关键词： 史久芸；日记；日常生活；商务印书馆；公私合营

1949 年前后，随着中国社会政治场域的革故鼎新，商务印书馆（下文简称"商务"）迎来一段困境重重、蹒跚前行的过渡时期。从抗战后期在重庆的"苦斗"，到胜利后返回上海在经济萧条中的挣扎，从新中国成立后公司主体业务北迁，到摘牌合营又复牌重组，曾经辉煌无比的商务在时代洪流的激荡之下可以说元气大耗、向死而生。对于商务这一段转型历程，主流的史学解释模式基于宏大的政治叙事框架，从国民党政权政治腐败、经济失控，以及新中国对资本主义工商业的社会主义全面改造这一政治生态来进行解释，这当然是正当也是合理的，因为任何一个企业组织尤其像商务这类具有高度市场影响力的文化企业，其产业生态环境尤其是政治经济环境的瞬息骤变对企业来说无疑是性命攸关的。但传统的政治叙事也存在功能性缺陷，主要不足是它把商务视为一个完全受外部环境驱使、被动的改造客体，用本质主义的既定判语对商务转向现象进行符号标签式的抽象解释，无视商务作为一个浸淫出版市场多年的文化巨头，是一个由众多商务人、产品、社会资源、商业准则与文化理念等合力而成的生命有机体，自身有极为韧性而强大的主动应对外部挑战的生存基因。因是之故，对1949年前后商务转向的研究当然可以继续沿用传统叙事方式，从制度变迁主线进行外部的、描述式的研究，同时，从本体性的角度把握商务企业运营的规律性与文化调适的灵动性，进行内部的、建构式的研究也显得非常必要。

要丰富对商务“内部的历史”的研究，借助生活史研究的方法从商务人的日常生活状态进行拓展是一种可行的路径。生活史研究是一种以人为中心而展开的“新文化史”研究范式，一般而言，中层性甚至边缘性的普通民众是生活史研究最为适当的择取对象，衣食住行、休闲娱乐、人际交往等等日常活动是生活史研究的优先议题，而日记、书信、档案等一手文献是最为值得依仗的研究资源。“由于普通人的活动离不开社会组织、生活环境、人际交往、社会认知等内容，尽管在生活史研究中发现普通人多存有集体无意识的行为，但他们又在更大方面侧面表现了时代的特点。”[①]也就是说，生活史研究的具体对象尽管是个体的，但它的覆盖面则是网状群体性的；研究的内容可能多落脚在一些普通琐碎、非主流的事项上，但研究的指向则是追问时代感与规律性。因此，如果我们能充分挖掘到一些商务人的“日用性”生活样式，用细节化、情景性的生活史素材拼贴出相对精细的历史图像，那么整个商务史包括1949年前后商务整体转向的历史可能会呈现出更加丰富而又多元的面相。

史久芸作为商务资深“代理人”的身份属性，再加上其留存的记载1949年前后商务变迁情势的详实日记资料，为我们提供了一个十分难得的研究样本。史久芸（1897—1961），浙江余姚人。1915年以“练习生”考入商务印书馆，先后担任哈尔滨分馆会计主任、总馆人事股股长、平版印刷厂厂长等职。抗战时期，先后随商务辗转港渝，任商务印书馆重庆办事处（实为总管理处）主任。抗战胜利后返回上海，任总馆代经理、经理。新中国成立后，赴京历任中国图书发行公司副总经理（商务代表）、高等教育出版社与复牌独立后的商务印书馆

① 周洪宇，“教育生活史研究丛书”总序，福建教育出版社，2016年。转引自范军、欧阳敏，“《出版生活史：出版史学研究新视阈》”，《现代出版》，2017(2)，第67页。

经理部负责人(实为商务私股代理)等。史久芸与商务恰逢同年诞生,从18岁进馆到64岁在任上离世,可以说其一生历程与商务的发展脉络相始终。作为商务本馆培养出来的人才,史久芸深得商务不同时期董事会的信任,在四十年代已位居商务中高层管理职位,解放后又作为商务私股的代理人在北京一线负责商务的改制、重组等具体事务,可以说是商务1949年前后企业变迁的亲历者与见证人。尤为难得的是,以财务管理见长的史久芸还以其细致、精炼的职业习惯留下了一部约60多万字的日记资料,"流水账"式的记录内容恰好跨越1949年前后十多年的时段。[①] 日记主体内容涉及两大类:一是关于其个人及家庭、亲友之间衣食住行、生老病死等私人生活领域内容,记录详实,值可当一部解放前后城市高级职员日常生活变迁史或家庭志来解读;二是涉及其所在企业、社团、组织等社会网络关系中的公共事务信息,尤其是作为商务不同时期高级管理者的许多亲力亲为、所见所思,有较为完整的脉络性记录以及大量情景性细节,带有私人体馆史实录的性质。

在史久芸日记庞杂而丰富的记录中,有若干连续性、重复性呈现的日常生活现象,每一具体现象的产生当然有各自的时空情景,没有必然的因果联系,但是放在1949年前后中国社会大格局与商务小空间均发生转换的背景下来观照,它们之间隐然又是有关联的,生活样式的前后反差、此消彼长其实是史久芸此间个体心路历程发生较大转变的直接写照,同时,也是商务企业发生转向的轨迹在一个商务人身上的具体印证。

一、私人生活:从"听经、念佛"到看电影、听戏

史久芸是旧商务管理层中笃信佛教的代表人物,其信佛的因缘发端于1943年重庆时期,因早年重度肺病治愈后需要静心修养的需求、妻儿艰难辗转到重庆团聚后又病魔不断的家庭困惑,这些都是导致史接近佛教的显性的机缘。但是,商务在40年代的经营危局可能是触发史吃素持斋的一个更隐性的、心境上的诱因。从现有记载看,史久芸在服务商务生涯中也有两次要辞职而去的念想。一次是1945年春节,"在白象街写致云公信,为经济压迫,忍痛

① 现存《史久芸日记》含1943年、1945年,1947—1948年、1953—1961年11月共约15年的完整记录,其他年份的日记不幸佚失。原件保留在上海新闻出版博物馆,整理后的日记即将由商务印书馆正式出版。

言辞事。"(2 月 13 日)[1]抗战时期由于重庆物资匮乏、物价飞涨，史的家庭用支常常入不敷出，多次向亲友借款周转。当时商务职员中跳槽现象频频，史作为管理处负责人一边苦苦劝留他人，而自己处境又如此不堪，可想其内心痛楚。作为商务长期主管人事的负责人，自八一三抗战军兴辗转沪港渝，史久芸的一项主要事务就是处理职工遣散与复工等等十分棘手的劳资问题，不胜其烦。例如，1942 年初大量香港馆厂的工人云集至韶关面临遣散救济，王云五派史久芸前去应付，"费了很大的口舌，及很大数字的金钱，方得解决"。[2] 1946 年春商务总管理处回迁上海不久，上海职工发起了长达半年多的要求改善待遇的运动。7 月，史在处理商务工潮时被职工殴打致伤、住院休养数月，第二次有"辞职之说"。尽管此次辞职举动经张元济、朱经农等商务高层极力挽留而作罢，但风波本身在史的内心是落下阴影的，事后他曾自责"愧对公司"，"既不克效奔走之劳而卧听交涉迭次失败之消息，中心痛苦，实较殴伤为甚"。[3] 据他自述，1946 年回到上海并赴家乡余姚"小住"(实为受伤回家休养)，"实则当时还没有皈依三宝"。后来才"参加上海功德林读经会、念佛会；并追随心光讲学会、佛教青年会诸君子之后，参谒名师，亲近大德，于佛教的教理稍有研究，才算正式皈依佛教，成为佛教弟子"。[4] 基于以上的梳理，史久芸从重庆时期的接触佛教到返回上海尤其是 1947 年以后崇信佛教，是由个体秉性、家庭状况、人际交往、职业环境等多方因素叠加形成的，其中，他所供职的商务作为旧中国典型的民营企业在经营中带有难以克服的劳资矛盾与利益冲突，企业文化中存在斗争性的时代面相也是催生史一心向佛的重要添加剂，这是毋庸讳言的。从史久芸日记中还可以发现，在 40 年代末商务中高级管理层中，信佛之风较盛，带有一定的群体色彩。如 1947 年 4 月 23 日傍晚，"主计部同事见贺升经理事，在功德林聚餐，请余与内子两人。……饭后念经，同人参加者有十余人"。此类记载表明：在商务特定的时空情景中，纯属商务人个体自由选择的宗教信仰问题在生成原因上是有同构性的，在选择认同上是有传播性的。

在 1947—1948 年的日记中，史久芸日常生活轨迹如下："晨，诵、听经，做早课"；白天，至公司上班；"晚，至功德林念佛"。功德林(后期还有觉林、心光

---

① 括号中为日记原文标注的公历日期。以下日记引文均同。

② 《王云五文集》五(下册)，江西教育出版社，2008 年，第 818 页。

③ 《张元济全集》第一卷，商务印书馆，2007 年，第 319 页。

④ 史久芸：《我的学佛因缘》，载《入佛因缘》，福建莆田广化寺佛经流通处，1993 年。

讲学会等)是除家庭、商务之外史久芸生活的又一必备空间,诵经念佛、同道议事聚餐、办佛学讲座、上电台宣讲等等是他几乎唯一的私闲生活乐趣。但奇异的是,史久芸耗费了大量时间与精力倾心佛事活动,与他作为商务管理层奉献于本职岗位的活动并行不悖,似乎没有任何的抵牾。因其“一切事务均甚熟悉,人极坦直,肯负责任”[①],商务知人善任,把他提升为代理经理。当时教界中人对他有一段评价,言谈中似乎隐含着对这个奇异现象的解答。其云:史久芸“英挺练达,蔼然仁者,信佛至笃,凌晨即起礼佛早课,以礼佛运动肢体,促进健康,……自言学佛后,于事业推进,裨益至巨,待人接物,一以慈悲喜舍出之,故人亦乐为之用”[②]。如果剔除其中一些因果报应的味道,上述解释还是合乎事实与逻辑的,即史久芸当时践行的人生价值观就是以超然“出世”的心态奋力做“入世”的事物。日记中记载有他获知自己被推为代经理后的反应:“余告经农先生:余现在职务无法为加一衔而增多,亦不致因少一衔而减少。任余经理于余实无所损益。此实情也!”又言“今日为四月十九日。余与‘十九’关系洵大矣哉!”(1947 年 4 月 19 日)这一番表白在坦诚、超脱之情中又蕴含某种敬畏感,是一个虔诚的信徒加勤恳的职业经理人合于一体后自然心态的流露,一定意义上也是商务 40 年代后期企业文化的部分写照。

由于缺失 1949——1952 年的日记,我们无法具体得知史久芸每天必修的佛事功课是如何“荒废”的,但至少从 1953 年以后,佛事活动在史久芸的私人生活记录中几乎完全退场,间或有一些与旧道中人迎来送往、飞鸿传音的零星记载,也多属于礼节性或公务性的世俗交往。日记中焕然一新的消闲方式是看电影、观赏各类曲艺表演、摄影、阅读报纸等等,尤其是观看电影及各类戏曲成为最主流的日常娱乐方式。从初步的统计看,整个 50 年代史久芸观看影剧的频率逐年提高(见表一)[③],由每周平均一场升至二、三场,而且是不加挑剔、逢影(戏)必看,甚至有时一天之内连场或转场观赏,乐此不彼。涉足的影院也分布众多,比较密集的电影院有首都、中央、新中国、大观楼、大华等,各类剧院有实验、民主、进康、北京、青年宫、大众等。由于日记对每次观影的时间、地

① 《张元济全集》第二卷,商务印书馆,2007 年,第 27 页。

② 史久芸:《我的学佛因缘》编者按,载《入佛因缘》,福建莆田广化寺佛经流通处,1993 年。

③ 表中“戏曲”泛指传统戏剧、现代话剧、歌舞表演等。1958、1959 年观看场次减少,概因这两年史久芸赴香港分馆厂办事分别达 3、4 月之久,这部分日记佚失无法统计。但参照 1961 年史在香港密集观影的记录情况,1958、1959 两年的场次总数依然可观。

点、内容等场次细节均有准确的记录，加以整理值可当作1950年代北京电影发行史的档案资料。总之，大致在上海解放之后到1951年北上中国图书公司任职期间，史久芸日常生活中的情感寄托方式发生剧变，从沉浸于宗教色彩的个体性体验，转换成世俗气息的大众化娱乐。

表一 1953—1959年史久芸观看电影、各类戏曲表演场次统计

	1953	1954	1955	1956	1957	1958	1959	总计
电影	56	51	69	71	71	29	14	361
曲艺	20	11	20	37	58	24	28	198
总计	76	62	89	108	129	53	42	569

无论陪都重庆还是大都市上海，各式影院及梨园舞台并不少见，问题是这一类都市休闲空间在1949年以前的史久芸日记中是非常稀缺的，没有发现他观看一场电影的记录，曲艺类欣赏的记录也是寥寥无几，如1943年10月22日，家人等"往银行进修社观话剧《杏花春雨江南》。余因不感兴趣，未往"。1947年1月4日，往中国大戏院看梅兰芳演出，"在梅戏未上场前，做武行戏，既落伍，又繁杂，且毫无艺术意味。此种戏剧，实有大加改良之必要"。诸如此类，不是挑剔不满就是直接拒绝，总之没有任何兴趣。为什么史久芸对同样的娱乐媒介在不同时代的接受度如此天壤之别？或者说解放后为什么对电影、曲艺之类能欣欣然接受，成为其日常生活中须臾不离的必需品？这是非常耐人寻味的。毋庸讳言，在新的意识形态与宗教政策氛围下，史久芸每日念经礼佛的日常生活样式难以为继，客观上不得不断舍离，因此需要新的仪式活动来填补心理上已成惯性的情感寄托机制，日用性与艺术感兼具的影剧载体能较好地起到这个补偿作用。在日记中，史久芸许多观影场次的情境完全出自一种本能式的身心需求，尤其是一人赴剧院时，对影戏类型不作任何选择，随遇而安、消磨时间聊以填补某种缺失的色彩特别显著。诸如"夜饭后无事，去西单剧场，见有四排七座的退票遂买了"（1959年3月29日）这样的记载概是明证。再者，从日记中还可以透见，每当商务在改制转型中有所进展，如1954年4月公司全面进入公私合营、1958年从高教社分离迁至新址、每年接待沪来的私董进京召开董事年会或海外分馆代表来京观摩等重要时间节点后，史久芸观影的频次就特别密集，似乎在用这种休闲举动释放自己作为老东家代理人

的某种责任压力或胜利喜悦。还必须看到的一点是，新中国成立伊始，“国家意识形态强势进入大众文化消费领域，电影的宣传教育功能日益凸显”。在“把有闲阶级的消遣场所改变为劳动人民的文化教育与娱乐相结合的人民影院”的口号下，新政权进行了许多占领影院空间、改造电影观众的举措。[①] 像学习教育式观摩、集体性娱乐活动、先进荣誉的奖赏、加演时事新闻片等等“被看”的规训大为增多，电影的教化导向对个体观看影戏习性的养成无疑起到催化作用。在日记中此类“被看”的记载比比皆是，诸如“往大众剧场看评剧《苦菜花》。今日系馆中请本馆同人往京华、五十年代联工联欢。戏于七时开始，先由陈翰伯同志简单致辞云”(1959 年 1 月 31 日)。“午饭后，内子往民主剧场观《我的一家》话剧，是招待军属的。我去首都剧场看《百炼成钢》话剧，由新文化报社招待。”(1959 年 2 月 15 日)在诸如之类的电影仪式熏染之下，集体归属感与身份认同感油然而生，这也是促成史久芸当时对影戏爱不释手的重要成因之一。

二、公共事务：从“请吃、聚餐”到“开会、听报告”

当下有业内人士在反思出版业危机时说：“出版业衰退是从出版社不做出版开始的，从出版社不把钱花在请作者喝酒……开始的。”[②]此言看似戏语，但如果用来验证解放前商务这类民营出版企业的运转情况，可谓切中肯綮，“请吃、聚餐”现象确实在企业生态中是个不可或缺的日常景观。

根据初略统计(见表二)[③]，1947、1948 两年中，史久芸涉足的上海各种餐饮场馆总数达 20 家，以适合史久芸食素习惯的众多老字号素菜馆居多，回头率也颇高，其中，距离福州路总管理处不远的功德林是当之无愧的首选之地，全年有一半的饭局云集于此。估算下来，史每周在外出席的各种饭局约为 3—4 次，有时数天不断，甚至每天两场。例如，1947 年 7 月 26 日，“中午，因杭各家分庄经理来沪，同在功德林午饭。傍晚，至觉园同伯翁、仁翁请孤翁吃饭”。27 日，“中午，为嘉兴事邀六家同业及杭分庄经理在功德林午餐、集会。傍晚，为十九家同业商国定本价格事在功德林夜饭”。如此连轴转的饭局现象

① 张济顺：《远去的都市》，社会科学文献出版社，2015 年，第 271—272 页。

②《陈昕谈传统出版业的数字转型时刻》，《东方早报 · 上海书评》，2015 年 8 月 9 日。

③ 说明：该表统计的宴请情况均为在公共空间的公务性活动(以商务的各类活动为绝大多数，有少部分佛教团体的活动)，不包括纯属亲友间的私宴以及商务同仁间的家宴，尽管后者有时也与公司事务有关联。

在日记中经常出现。从该列举中还大致可见当时饭局的两种主要类型：一是商务内部人员之间的聚餐，如招待各地分馆来沪公干的人员、上海董事会与总管理处等管理层的议事餐等等；二是业界同行间往来交谊的宴请，多集中在与中华、世界、开明等出版企业之间，"七联"、"十一联"等书业联合体以及书业同业公会、书业商会、印刷业公会等行业组织成员间相互议事交往的活动。除此之外，饭局还有一大类型是与行业外的各种社会资源的交往之需。作者是出版业的第一重要资源，应该是饭局中的常客，不过或许史久芸承担的管理职责不太牵涉编译部门，所以日记中与一般作者群的交集并不多见，但商务编译部或董事层款待一些重量级的知名作者，如冯友兰、马寅初、任鸿隽、郑振铎等等，日记中多有列席作陪的记载。在史久芸出面参加的请吃中，有两类身份的社会资源出现频率较高。一为南京国民政府以及地方省县级的教育口官员，甚至包括一些中学名校的校长之类，这无疑是商务当时千方百计争取国定教科书发行份额以及推广自版教育用书进行的公关活动；二是上海多家银行、钱庄、财务咨询与代理等金融机构的人士，这显然与1940年代末商务试图通过融资活动挣脱经营危机的努力密切相关。

表二　1947—1948年史久芸参加各类公务性宴请情况统计

	功德林	松月楼	聚源斋	蜀腴	杏花楼	觉林	青年会	国际饭店	其他	总计
1947	92	36	17	12	5	3	2	2	13	182
1948	59	29	2	3	2	9	6	5	9	124

对现代出版企业而言，饭庄酒楼带有准"公共空间"性质，是企业处理日常事务的第二办公场所，感情联络、信息交流、议事决策等功能叠加在一场场的饭局酒局中，真可谓"酒里乾坤大"。从史久芸的饭局信息中，我们就可以感知一些旧中国出版业浓郁的生态气息。首先是上海出版业与外部餐饮业、娱乐业互生互动形成的商业氛围。以福州路为中心的现代上海出版业的兴盛，"首先是先进的（出版）设施而引起商业、娱乐业的盛集。由此所产生的大量信息和便利的发行条件，吸引着书报业向此地的集聚。……同时也必然拉动商业、餐饮业、娱乐业的同步发展。"[①]总之，各业之间互动形成的规模集聚效应，伴

① 陈昌文：《都市化进程中的上海出版业》，上海人民出版社，2012年，第168页。

随着现代出版业发展过程的始终。“请吃”之风在当时出版业是极为普遍的，史久芸每年一百多场的饭局既有“请吃”的，也有“被请吃”的，由包括商务在内的十多家出版同行在二十多家餐馆间你来我往、穿梭唱和汇集而成，星罗棋布、服务周到的餐饮场所为出版同行的切磋交流提供了便利的空间。其次，是出版业内部重新构建的竞争加合作的产业关系。激烈的竞争现象一直存在于旧中国较为同质化的出版机构尤其像商务、中华等几大出版巨头之间，但这中间有起承转合，应该说到1940年代中后期出于共纾国难、共解危局的情势，基本上已呈合作大于竞争的态势。从重庆到上海，民营出版企业或公开向政府机构就教科书发行或纸张分配提出解决方案，或私下就员工薪酬、复工条件等统一行规，大多是在轮流坐庄甚至公请式的和睦饭局中达成的，史久芸日记中于此有较多的记录。最具代表性的一例是1947年接待南京教育部来沪的官员，“中午，往国际饭店丰泽楼陪吴研因及薛科长吃饭。系本馆与中华、世界公请。”(6月11日)像这种前三家巨头面对同一个要争取的政府资源能共聚一堂、合资“公请”的情形在二三十年代是绝对少见的，一定程度上显示出1940年代末出版界合作、融洽的状况。最后，在“请吃”活动中，各家出版企业与外部商业饮食符号构建的某种关联形象一定程度上是对自身企业文化品性的彰显。就商务的饭局而言，首选有“素食鼻祖”之称的“功德林”就具有些许象征性意味，与它“在商言商”、平和稳重的“老大”气质形成某种默契。当然，对史久芸个人而言更有特别的意味。功德林当时在三楼专门为信徒设置了念经的佛堂，这极大地满足了史久芸以及一部分同道中人公私兼顾的个性要求，

用饭局数量来衡量出版业的景气与否一定程度上有说服力，但并不是绝对有效，验证于1950年代的中国出版业则基本上是失效的。在1953年以后的日记中，昔日热闹异常的请吃、聚餐现象在商务日常业务中可以说屈指可数，就偶尔出现在逢年过节的集体性聚餐、每年股东会议以及海外分馆人员到京时的礼节性宴请等极少场合。开会、听报告等学习型样式取代过去世俗日用性的办事方法，成为新商务人进行业务运营、信息沟通以及思想交流的新常态。从记载的内容看，开会、听报告活动主要分为两大类：一是赴上级行政主管部门参加高端的专场会议或报告(见表三)，聆听领导人关于内政外交的现场报告或间接的“听读电报”、专家学者对经典阅读的辅导讲座、各种运动动员与交流等等，内容众多，形式不一。这一类是基于史久芸当时的级别身份才能参加的公务性会议，所以基本上逢会必去，兴致很高，仅偶尔对报告人的不精

彩略有怨言。如“往高教部听唐守愚司长作关于《联共党史》第十章‘社会主义工业化’的报告，索然无味”（1954 年 9 月 21 日）。再一就是单位内部的大会小会，几乎每天不断。除日常的业务会议，另有两类会议最为显眼，一是每周三下午固定的政治学习时间，主要是连续地学习有关社会主义制度的经典读本，如《实践论》、《联共党史》、《政治经济学》等等，有专家辅导、个人自学、小组讨论、集中考核等规范性流程，费时较长，如《政治经济学》在 1956—1957 年间陆陆续续学习了一年多。二是配合历次政治、思想运动在馆内进行的“跟风”会，如“胡风分子”批斗会、“右派”检讨会、整风“交心”会等等，每一次均延时较长，甚至要占用不少常规的工作时间，以至于到 1958 年下半年，为了生产“跃进”与开会“整风”两不误，“宣布馆中拟推行二四制，即一星期中，四天工作，两天学习和开会等；晚间两个晚上自由活动，四个晚上学习和开会娱乐等”（7 月 23 日）。综合以上可见，各种会议的密度已成为考察 1950 年代出版企业是否跟上时代步伐的重要指标之一。

表三　1953—1958 年史久芸参加上级主管部门各类报告、会议统计

	1953	1954	1955	1956	1957	1958	总计
出版总署	15	7	4				26
高教部		19	17	26	35	10	107
文化部				3	20	5	28
其他	4	4	6	2	4	2	22
总计	19	30	27	31	59	17	183

从请客吃饭到开会、听报告的变化，实质是 1949 年以后新政权重塑出版业意识形态与价值立场的努力，是对跨入新时代的传统出版人进行的一场暴风骤雨式的思想洗礼，力度与效果均是颠覆性的。以 1958 年 6 月商务开展向党“交心”运动为例，这是“整风”运动进行到第四阶段的一道特意设置的步骤，意图让知识分子完成从被动接受政治动员到主动政治参与的思想飞跃。商务从 6 月 5 日开始动员，“号召苦战 15 天，争取全胜”。于是在接下来的半个月中，全馆员工从每天下午开始直至深夜轮流自我解剖，至 6 月 20 日“交心”告一段落。“据报告，全馆 136 人，报名交心者 116 人，发言者 103 人云。”6 月 9 日史久芸第一个发言，讲了三个问题：①思考改造过程；②资本金代理人问

题;③退休问题。其中最核心也最敏感的即是“代理人”的身份问题。其实早在 1954 年公私合营时,原商务一批管理人员出于远离政治是非的心态均不愿再以商务私方的身份工作,正如当时出版部负责人戴孝侯后来回忆说:因为代理人“受到感情的支配,常常不自觉用商务的改造来迎合国家的政策,而不是首先根据国家的政策来改造商务”,不可避免会犯错误。所以他在高教社成立后,“立即向商务辞卸了压在身上两年两个月的资方代理人包袱,重被职工会接受为会员”[①]。史久芸当时属于也想卸包袱但又被多方劝留而不得的情形,日记对此有明确记载:5 月 3 日下午,“同沈季翁应沈静芷同志招约往谈话,为我二人不肯做清理组的私股董事代表事”[②]。在公私合营以后,尽管史久芸怀带与时俱进之心折中于多方利益之间,但特定的身份使他在具体工作中对商务的一些全局性决策还是存在认知上的偏差,错误自然难免。如 1956 年 4 月的一次社务会议上,他对新调来的干部多病号、低效率现象颇有微言,事后被商务领导提出批评。尽管他坦诚反省:“我常常从直觉的来发言,没有考虑到所受影响,的确太不应该。”(4 月 20 日)但内心一定是非常纠结、希望倾诉的。我们现在无缘知道“交心”时史久芸具体的发言内容,但以他坦直的性格一定会竭力利用这个会议空间诉说作为代理人复杂、矛盾的心迹,从而客观上达到了解剖自我、升华灵魂的运动意图。

三、出版业制度转型是私人日常生活律动的机枢

1949 年前后史久芸日常生活的巨大变异其实是他所在的商务企业发生时代变化的缩微与细化。中国民营出版业在 1940 年代末由于深陷国民党千疮百孔的政经泥潭,作为一种社会文化力量本来就处于一个不断被弱化的境况中,整体产业内生地需要寻找突破困境的新路径。知名文化人夏丏尊在抗战胜利后就敏锐地看到,传统编印发俱全的出版组织庞大如是,“非有巨大资本不能应付”,而现实几无可能。因此要寻找一种新途径,“即将原来机构改组,把出版机关与发行机关分立是”,“出版社专管出版事业”,而组织“联合书店”像邮局一样专注于全国发行。[③] 这种理想设计与新中国成立后政府对出

---

① 戴孝侯:《黎明前后》,载《商务印书馆九十五年》,商务印书馆,1992 年,第 391—392 页。

② 沈季翁即沈季湘,时为商务上海办事处负责人。沈静芷时为商务公私合营中公方出版总署的代表之一。

③ 夏丏尊:《中国书业的新途径》,载《中国现代出版史料丙编》,中华书局,1956 年,第 142 页。

版业组织流程的拆分、选题的专业分工、发行的统一集中等政策举措非常暗合，但在当时条件下仅凭民营出版业自身是无法兑现的，也只有在它们获得可以附着的新国家力量之后才可以付诸行动。建国后新政权运用国家威权对传统出版业进行改造，不仅基于在产业性上进行宏观调整与计划统筹是合理与必要的，更具深层的战略意图是从建构意识形态角度对出版属性及出版人身份重新定位，即对庞大的民营出版业用公私合营的方法和平性赎买，把传统商业性、民间化的社会文化资源逐步统摄到政治化、计划性的国家权力系统之中。出版业面对的是新旧制度之变，而不是简单的产业分合问题。对此时势大局，当时商务一些高层元老如张元济、陈叔通等极具敏锐的感知力。在与陈叔通的通信中，张元济对陈氏所言“公私合营之事，系领导被领导之关系，而非合股云云”非常赞赏，誉为“一语破的，唤醒群迷”。[①] 所以在公私合营过程中，商务审时度势，始终抱定“领导、被领导”五字原则，最后得偿所愿，顺利融入新时代。

现有史料充分显示，史久芸在商务合营中是重要的决策参与者与执行者之一，这当然与他身为北京总管理处负责人的应尽职责有关，但最关键的应是在时代潮流洗礼下，他的生活态度与职业理想发生了质的提升。1950 年史作为商务代表之一出席了全国第一届出版会议，在一次座谈中有如下一番推心置腹的发言：“坦白的说，我的思想是陈旧的，还要随时随地向诸位先进学习。……一位商务代表在发牢骚，他说：‘我们开办的年数，已五十多年，过去出版的书籍，在两万种以上，我们各地分馆，如北京、天津、沈阳等，都是巍巍大厦，有那里不如人呢？但是你看，会议的名称：三联、中华、商务，名落第三，唉！’……(我)常常觉得在会议中不好意思多发言，……想想那一椿事于我商务是无利的，那一椿事于我商务是有害的，……常感说不出的苦闷。后来把‘我商务’三字抛去，改换为‘我五联’，……如此一来，在会议的时候，觉得我的意见很容易和他人融洽，回家之后，也觉得心神愉快。”[②]此番言语淋漓尽致地再现了其从彷徨、痛苦到决断、升华的心迹历程，尽管还带有一丝佛家的解脱色彩，但其超越自我、适应时代的志趣彰显无疑，恰是多年参禅后的“顿悟”一

① 《张元济全集》第二卷，商务印书馆，2007 年，第 434 页。

② 史久芸：《我的个人经验》，载《三联中华商务开明联营五单位联合干部会议文集》，中国图书发行公司总管理处秘书处编印，1950 年。

般。所以陈叔通当时非常惊喜地告知张元济，说“久芸自参加出版会议后大为改变，此人可以利用，要添经理仍以久芸充之……”[①]这应该是对史久芸当时生活与工作面貌焕然一新做出的最权威、可信的注解。

新中国对新闻出版业的社会主义改造是一个复杂的系统工程，伴随资产清理、机构调整、产品把控等有形改造的同时，对从业者的思想主体性进行灵魂重塑式的无形改造才是重中之重，这也是当时在新闻出版界发动众多运动的深层原因。对知识分子的改造固然有雷厉风行的原则性与斗争性的一面，但也有春风化雨的灵活性与平和性一面。借助各种新的空间、符号、仪式等表征手法不断重复地释放新时代的精神元素，使知识分子在日常生活中无意识地养成新的习惯、思维与观念，从而达到旧人换新貌的效果，是新中国成立之初国家实施改造过程中非常高妙、有效的一种策略。史久芸日记中有这样一则专门的记载：从 1950 年参加全国出版第一次会议起，以后数年每逢重大节庆都被邀赴天安门参加观礼(见表四)。[②] 这种经常化的政治仪式使史久芸既倍感自豪，又鞭策自省，“自思于社会于人民毫无贡献，受此特殊待遇，实甚惭汗。嗣后即使有参加机会，也应尽量让给别人去参加”(1956 年 4 月 30 日)。所以，史久芸能以老骥伏枥之态积极投身于新商务，个中的缘由概与国家能在其私人性或公共性日常生活中不断释放精神动力有密切关系。

表四　1950—1955 年史久芸参加天安门观礼情况统计

	1950	1951	1952	1953	1954	1955
五一节	尚未来京	左台	为搞五反在沪	南一台	右台	南一台(偕女代)
国庆节	左台	左台	右台	右台	南二台	因公赴津

1957 年以后，已届退休年龄的史久芸曾两次提出申请，均被商务高层“不能批准”而继续留任，他也“只能表示服从”，直到 1961 年在现职岗位上去世。从一个资本家的代理人，转变为“把一身奉献给了我国的出版事业”的新出版人(胡愈之代表官方在追悼会上的赞誉)，源于史久芸对商务的挚爱与感恩情怀，也端赖新社会对出版人的重塑之力。1949 年前后史久芸个人日常生活的变化轨迹，实为当时商务企业整体性追寻进步与发展历程的一个人格化缩影。

---

① 张树年主编：《张元济年谱》，商务印书馆，1991 年，第 557 页。

② 本表内容源自史久芸在 1956 年 4 月 30 日日记附录中的自我统计。

Changes in Daily Life about an Agent of Commercial Press around 1949

——A Study Based on Shi Jiuyun Diary

Abstract: It is a feasible path to deepen the study of Commercial Press history from the rich daily details of Commercial Press people. Shi Jiuyun was a senior manager and retained the diary data, all provides a typical sample studying in view of publishing life history. The reason that caused the great changes about Shi Jiuyun daily life style both on private and public affairs around 1949, rooted in the publishing system reform of new China playing a remodeling effect on a traditional publisher. From a certain point of view, the changing logic of Shi Jiuyun personal life is the personification symbol on the hard transition of Commercial Press at the time.

Keywords: Shi Jiuyun Diary Daily Life Commercial Press Public-private Joint Management

作者简介：洪九来，华东师范大学传播学院副教授。

滑稽戏《七十二家房客》与近代上海的空间社会

楼培琪

摘　要:本文将滑稽戏代表剧目《七十二家房客》作为近代上海空间社会的观察对象与研究标本。通过对空间社会活动过程中,各色人物以喜剧形式展现在大众面前的世情百态、滑稽表演、幽默语言等现象的观察与分析,简要论证了近代上海空间社会中空间的压缩分隔和空间的反抗突破;空间的损害摧残与现实意义的反转;空间的割裂分离和空间的凝聚重合等三对矛盾主体之间的辩证关系,揭示了近代上海空间社会中,各种滑稽荒谬关系背后的真实根源在于当时社会的阶级矛盾和社会制度。

关键词:《七十二家房客》;近代上海;空间社会

马克思认为市民社会是全部历史的真正发源地和舞台。列斐伏尔认为空间是社会行为的发源地,空间产生相对的社会行为。近代上海的空间社会在租界势力、黑社会势力和资本势力的共同控制下,使城市空间的真正主体——广大劳苦大众成为被束缚、被奴役、被压迫、被剥削和部分失去自由的对象。滑稽戏《七十二家房客》从近代上海一条普通石库门弄堂的社会叙事开始,论述了以三六九为代表的城市管理空间、以流氓炳根为代表的城市黑社会空间和以二房东为代表的城市资本空间,牢牢把控着城市空间的社会秩序,以及其中以大多数中下层劳动人民为基础的空间社会主体。城市的居住空间本质上是都市人赖以维持最低限度生存条件的社会空间。生活在其中的空间主体从日常生活开始形成经济上的消费空间、文化上的思想空间和生活上的情感空间，以及因为利益交换形成的斗争空间和观念碰撞形成的精神空间。本文通过对滑稽戏《七十二家房客》的剧本分析，从社会学等多元角度观察和解析近代上海都市社会中各种独特的文化现象，剖释和阐述都市合理的居住空间、舒适的生活空间、温暖的情感空间和诗意的人文空间等等所组成的综合性的空间社会，对于形成都市文化特征和都市精神品质的影响。

一、狭小逼仄的居住空间

"七十二家房客"之所以成为近代上海住房局促、居室狭小的代名词是与当时社会人口暴增、物价上涨与城市有限的住房和商品供应之间的矛盾有关。面对房租上涨的情况，对于居住在城市的中下层市民来说，产生了两个结果：一是在城市边角及缝隙的低地价地区出现了大面积的棚户区，这种住屋的租金大大低于一般的里弄楼房；二是出现了所谓"七十二家房客"现象，就是一家人家尽可能地挤在最小面积的房间里栖身，而整幢房子住进了很多人家，以此把房租摊薄。[①] 体现人与城市之间关系的空间意义，被隐藏在城市日常生活所分布的各个区域空间之中，表现为各种空间隐喻，如居住区域、住房位置、生活环境、工作领域等等都显现出主体划分自己与异己边界的意识，这样的空间意义透露的是社会阶层的界限与社会权力的标志是从"空间向度"来划分和确定相关主体的。列斐伏尔认为城市化是对现代性和日常生活的战略性空间规划，以便成功地再生产其基本的生产关系。[②] 城市的资本和权力可以为所欲为地利用城市孱弱无助个体的生存必须对空间进行任意的压缩和分隔，如在铁路沿线和车站、工厂、码头等附近地区，劳动大众有可能找到更多地出卖自己劳动力的机会，以及找到廉价的居住场所和购买到较为廉价的生存资料。

城市空间在生活实践中发生着由自然空间向社会空间、由物理空间向人文空间让渡与转换的现象，这是由城市提供给人的生存条件所决定的，因为马克思认为人在社会与自然的关系中具有空间同一性：人们对自然界的狭隘的关系制约着他们之间的狭隘的关系，而他们之间的狭隘的关系又制约着他们对自然界的狭隘的关系。[③] 空间作为城市主体日常生活的基本要素，在实际

---

① 杜恂诚："收入、游资与近代上海房地产价格"，原载于《财经研究》2006 年第 9 期。
② 吴宁：《日常生活批判——列斐伏尔哲学思想研究》，人民出版社，2007 年 6 月第一版，第351 页。
③《马克思恩格斯全集(第 3 卷)》，人民出版社，1960 年 12 月第一版，第 35 页。

形态的呈现过程中由自然形态的物质性特征转化为社会形态的精神性特征，空间通过城市主体再生产的实践，不断凸显和强化其在社会活动中的双重意义。滑稽大师姚慕双、周柏春表演的独脚戏《七十二家房客》中，二房东将一幢原本三上三下的石库门房子，改造成九层楼的简易棚户危房。在原本每一层楼上各搭建一个阁楼，变成六层楼，又将晒台加建一层，将屋顶掀掉再搭一个阁楼，在利益的驱使下本来一幢三上三下的石库门楼房变成九层楼的简易危房。城市资本在利益最大化的精打细算面前，第一要务是将自然空间与社会空间中的一切可利用的东西转化为商品，居住空间被不断分隔的背后是自然环境与人文环境渗透共生的和谐性被打破，空间分隔虽然提高了其利用率，但是透过分隔自然空间行为的观察，其本身所赋予的人文空间的独立性和社会空间的完整性却被损害、被阉割了，人赖以生存和生活的空间，反过来成为对人的挤压和迫害。为了想方设法加收房租，二房东又绞尽脑汁把十多平方米的石库门天井“奇迹”般地分别租给了六个做小生意的房客，天井门口租给卖大饼、油条的山东人，剩下的一半地方租给了老裁缝和汏衣裳作老板。滑稽戏的叙说虽然存在着荒诞性和讽刺性，但是生活提供给观众的想象往往又是合理的，如剧本再深入地揭露了挖空心思赚钱的二房东，甚至将天井到客堂间二级水门汀台阶分早晚两个时段，分别租给了收旧货和贩卖水果的小摊贩。最后，剧本又通过天井角落一个阴沟洞上的一块方寸之地展开戏谑嘲讽，二房东将这方寸之地不可思议地租给了一个卖奖券的小贩，由于地方小得只有一个小柜台的面积，小贩每天必须像门板似的挺直身体站在那里，进出一定要先移开柜台。如果把空间置于自然和社会两者关系之中去认识和剖析，自然空间为社会活动提供场所来显现其社会价值，社会空间需要借助自然空间生发其现实意义，空间社会化和社会空间化的转换过程中不断演绎着两者相生相成的辩证关系，并最终揭示了人在这样空间中的非人状态。但这还没完，接着文本又作了一系列的交代，石库门房子的公用自来水旁边是老虎灶，老虎灶隔壁是炒面摊，楼梯背后斜面的低矮空间本来是没人租赁的，二房东却“因地制宜”地租给了修鞋的小皮匠，因为皮匠修鞋是坐在矮凳上低头作业的，楼梯下面的低矮空间正好符合皮匠工作的特性。城市资本为现代社会分工细化提供了配置合理的行为空间的同时也扼杀了人对于空间生活自由性和舒适性的体验，作为空间主体的人，在不断的压榨和剥削下已经成为近代上海工商业社会中的一个资本工具或生产机器。“铜钿眼里翻门槛”的二房东连上下过道的楼梯也出租掉了，一个踏三轮车的工人为了避免晚上睡觉时露宿街头而租下了上下楼梯的过道，表演过程中姚慕双惊奇地问：睡在楼梯上，背不要碰痛的?[①] 周柏春幽默地回答：不要紧的，背痒的时候还可以自己蹭蹭哝。原本在楼梯上睡觉这样荒诞滑稽的现象也出现在寸土寸金、房价飞涨的近代上海，人在被分隔的不完整的空间中，其生活状态是疲于奔命和流离失所的，其人性标准也是苟延残喘和卑微屈辱的，城市中最底层的劳苦大众为了求得一个藏身栖息之所要付出多少艰辛，经历多少磨难，感受多少酸楚！

类似的叙事情节也出现在滑稽"三大家"江笑笑和鲍乐乐的滑稽说唱《闸北逃难》的文本之中，在"八一三"事变后难民纷纷涌入租界，江笑笑唱道：所以男男女女老老少少长长短短壮壮瘦瘦粗粗细细……提着箱子卷起铺盖，逃到租界里面住旅店，一瞬间大小旅馆客满的牌子挂起来，租界中有几家二房东的良心黑得像煤炭，房租立即大涨起来，极小极小一间亭子间，房租要二百块钱的大洋。[②] 搭档鲍乐乐故意问：房租要二百元？听也没有听说过。[③] 江笑笑也装作一本正经地回答：这是真的，不是造谣，这是战争时期。[④] 鲍乐乐问：你家房租借多少?[⑤] 江笑笑答：我家借二十八元。[⑥] "啊?！一上一下的房子，亭子间要借二十八元？你的房子借来时总共多少钱?""总共十九元钱。""借来总共十九元钱的房子，现在亭子间就要借二十八元。"[⑦]最后鲍乐乐对租来时整幢房子只要十九块洋钿，趁打仗大发国难财，连一间亭子间房租要价廿八块的二房东给予了尖锐猛烈的抨击："你的良心黑得不像火炭，更像煤球。"[⑧]

资本垄断生产工具和生活资料下的近代上海，每一个天灾人祸的城市劫难都会引发丧心病狂的投机狂潮，每一次资本剥削变本加厉的后果是接踵而

---

① 文本原词：睏叻该扶梯上，背脊勠碰痛咯?

② 文本原词：故所以么男男女女老老少少长长短短壮壮瘦瘦粗粗细细……提箱子浪打铺盖，逃到租界浪向开客栈，只觉得大小栈房客满牌子挂起来，租界上有两家二房东的良心黑得像火炭，格个短命房钿一时三刻大起来，蛮小蛮小一间亭子间，倒说道洋钿要加二百块。

③ 文本原词：房钿好借二百块？听匣呒没听过。

④ 文本原词：这是真的，不是造谣言，咯是打仗辰光。

⑤ 文本原词：侬屋里厢借多少?

⑥ 文本原词：阿拉屋里厢借廿八块。

⑦ 文本原词："啊?！一上一下咯房子，亭子间要借廿八块？侬一埸刮子几钿?""一埸刮子十九块洋钿。""一埸刮子十九块，亭子间要借廿八块"。

⑧ 文本原词："侬格良心不像火炭，倒像煤球！"

至的社会正义与秩序的全线崩塌。正如马克思所言：社会就像司机无力拉开紧闭的安全阀的一辆机车一样，迅速奔向毁灭。[①] 生活在狭小逼仄环境中的空间主体本能地形成对压抑逼迫空间的一种扩张力和破坏力，作为城市空间主体的广大劳动群体，如《七十二家房客》中的众房客和作为城市控制主体的统治集团，如《七十二家房客》中的伪警察三六九、黑社会流氓炳根、二房东等在对于城市空间的争夺过程中永远成为一对矛盾的主体。在滑稽戏《七十二家房客》第三场戏中，小皮匠和卖香烟的杨老头居住在二房东房间下面低矮狭小，高不过身的阁楼里，凶狠霸道的二房东由于打骂阿香引起小皮匠的抗议，她一边骂一边用凳子在地板上狠命地砸，楼板上的灰尘纷纷落到了杨老头和小皮匠的二层阁里，由此展开了二房东和小皮匠穿透二层楼板的一场隔空争斗，小皮匠不但反击性地敲开了二房东家的地板，还收缴了二房东用来攻击的扫帚、拖把。二房东居住的楼房和小皮匠居住的二层阁本来是两个分隔的空间，但是在二房东压迫和剥削下，以小皮匠为代表的劳苦大众冲破了被资本分隔和压缩的空间，空间主体对于不合理性空间的主动性破坏，将资本实现压榨和剥削的自然空间变成了反抗压榨和反抗剥削的斗争的社会空间。

总之，个体的人在城市的一定空间中展开和存续的生存体验、生产实践、社会交往和精神生活等等活动可以作为整个城市的空间实践、空间事件、物质存在进行观察、分析、塑造和叙写。恩格斯在《论住宅问题——蒲鲁东怎样解决住宅问题》的文章中指出，所谓的住房短缺并不是指一般的住房恶劣、拥挤、有害健康，这种住房短缺并不是现代特有的现象，这是一切时代的一切被压迫阶级几乎同等地遭受过的一种痛苦。要消除这种住房短缺只有一个方法：消灭统治阶级对劳动阶级的一切剥削和压迫。[②] 城市统治集团通过对空间的压缩和空间的分隔不断地获得更大的权力和更多的利益，作为城市主体的劳苦大众在不断地反抗空间和突破空间的过程中，强烈地申述和捍卫着自己对于空间的合理诉求。

---

① 中共中央马克思恩格斯列宁斯大林著作编译局译，《马克思恩格斯文集(第九卷)》，人民出版社，2011 年 4 月第二版。第 164—165 页。

② 中共中央马克思恩格斯列宁斯大林著作编译局译，《马克思恩格斯文集(第三卷)》，人民出版社，2011 年 4 月第二版。第 250 页。

二、肮脏龌龊的生活空间

近代上海因为城市公共资源配置的差异、社会财富占有的差距、社会群体素质的差别等原因，使许多上海人将城市居民的生活居住空间分为“上只角”和“下只角”，近代上海所谓的“上只角”是指静安、黄浦、卢湾等租界地区，而“下只角”是指当年闸北、杨浦、普陀等“滚地龙”和“棚户区”较为密集的地区。近代上海人口居住密集拥挤和南来北往人口流动频繁的城市管理特点，是造成中下层劳动人民集中居住的以棚户简屋为主的“下只角”中“七十二家房客”生活卫生与环境条件落后低下的直接原因。忻平在《从上海发现历史——现代化进程中的上海人及其社会生活》一文中论述到：在当时上海市区人均面积低于 1.5 平方米的空间中，天井、客堂、前楼厢房、亭子间、幽暗陡直的“咯吱”作响的楼梯，晒满衣物与尿布的小晒台，挤满了煤炉的公用厨房，呛人的油烟绕于每个角落，以至于对面房子中马上知道烧的菜，笑声，吵骂声，洗澡声，如厕声，搓麻将牌声整日充斥耳际。[①] 人口居住密度不断增大的“下只角”垃圾成堆、粪便四溢，在居住区域中随处可见的老鼠、蟑螂、臭虫，以及污染的空气、不洁的水源，使鼠疫、霍乱、脑膜炎等传染病在当时由中下层劳苦大众居住的“七十二家房客”区域内频繁爆发。

近代上海旧区里弄蚊蝇肆虐、臭虫横行的场景出现在《七十二家房客》第二场戏的文本叙事中，虽然演员是用滑稽搞笑的形式进行表演的，但是这一幕幕场景却从一个侧面完整地再现了旧式石库门简易里弄的卫生状况和城市最底层劳动人民的健康状况。伪警察三六九借调查户口的名义对唱“小热昏”卖梨膏糖的杜福林进行敲诈，聪明机智的杜福林假借为三六九拍脸上蚊子的机会，狠狠地教训了这个平日里为非作歹、鱼肉百姓的蠢警察。在戏中，杜福林突然指着三六九的脸说“不要动！”[②]没等三六九反应过来，杜福林上前对着三六九的脸上就是一巴掌。然后捏着似乎拍着的“东西”故作神秘地一步一步走到屋子里的光亮处……被打得七荤八素的愚蠢的三六九一边捂着脸一边还探过头去问：“哎唷！什么东西？”[③]“一只蚊虫！”“唉！我当是啥么事了？原来是

---

① 忻平：《从上海发现历史——现代化进程中的上海人及其社会生活》，华东师范大学出版社，1996 年第一版。第 325 页。

② 文本原词：覅动！

③ 文本原词：哎唷！啥么事啊？

拍一只蚊子,拍一只蚊子么你轻一点,这么重干啥嘞?"机智的杜福林立即回答"轻了打不死的。"[①]"重了么我人吃不消哎。""那么我下次打得轻一点。"[②]一只手捂着脸,被杜福林打得哭丧者脸的三六九顿时暴怒道:"下趟还要打！他妈的！下趟假使有蚊子侬关照我一声,我自己会拍的。我这牙疼你不知道吗?我疼了好几天了,连饭都不能吃。"三六九往地上吐了一口血水,用手电筒一照"呸！你看！牙齿血也打出来了。"看到自己刚刚狠狠教训三六九的一巴掌,把这个既贪财又愚蠢,既凶恶又笨拙的伪警察的牙齿血都打出来了,平日里一直遭受警察欺负的杜福林看了看妻子,两个人会心地笑了。"不要动!"杜福林又突然指着三六九另一边的脸,伸出手又要帮他"打蚊子"。害怕又要遭到杜富林以打蚊子为名掌脸的三六九连忙阻止他"你不要动,我自己来,啥地方?""脸上!""哪里?""这里！那里！上面！下面!"随着杜福林故意上下左右地乱指挥,三六九噼噼啪啪朝着自己的脸上一阵乱打。这段极具戏剧性的表演,体现了城市中的生活主体在维护自身生存空间时所具有的那种机智和聪慧。

政治权力并不真正代表价值的合理性、真理的原则性和事件的公正性。[③]本来在空间侵扰杜福林一家的蚊子,这时候却成为杜福林实施斗争的武器和反抗的工具,扮演着以毒攻毒,惩罚邪恶的角色。与此相似的是,在随后的一段戏中,通过演员的表演和对话还原出近代上海普通市民居住的房屋内遍地臭虫的环境状况,但这种卫生的恶劣,再次成为劳苦大众戏弄和反抗反动政权的武器。三六九突然间一边叫着哎呦哇！一边从坐着的凳子上跳了起来。杜福林妻子问他"我们家的小孩在生病,你怎么叫哎呦哇!"[④]三六九用手摸着自己的屁股"我给你们凳子上的臭虫给咬了一口嗳!"说完拿起凳子在地板上使劲地砸了几下"啊呀！你看呀！这么许多臭虫!"三六九又走到另一个凳子旁边,刚想坐下。杜福林故意说"这个凳子上也有臭虫的。"[⑤]三六九被杜福林一说马上从凳子上站起来,又慢慢地想把屁股挪到桌子上。杜福林看见三六九想坐在桌子上,又说"台子上也有的!"三六九从台子上跳下来,又走到杜福林

① 文本原词:轻么打勿死咯。

② 文本原词:咯么我下趟打得轻点。

③ 高兆明:《制度伦理研究——一种宪政正义的理解》,商务印书馆,2011 年 10 月第一版。第 123 页。

④ 文本原词:伲咯小囡叻该勿适意,侬哪能叫哎呦哇?

⑤ 文本原词:跌只阿凳上匣有臭虫咯!

家的床旁边，想坐在床上，杜福林继续威胁他"床上臭虫更加多！""那没有办法，我只有站着和你说话了？""地板上也有臭虫的！"愚蠢的三六九边跳着脚边骂道"他妈的！你家里连我站的地方也没有啦？"

事件的呈现因为其戏剧性的逆转才显得滑稽可笑。穷得身无分文、家徒四壁的杜福林成为三六九的敲诈对象，本来专门吸取穷人血汗的三六九在蚊子臭虫面前却成了被叮咬吸血的对象，本来代表反动政权欺压百姓的三六九在蚊子臭虫肆虐侵害的空间中，犹如过街的老鼠成为广大劳苦大众声讨和追打的对象，空间对于主体的损害摧残在现实意义的场景中实现了反转，当权者反倒成为被殴打侵害的对象、"吸血鬼"反而成为被叮咬吸血的对象，剧本在看似不合理的逻辑结构中通过喜剧性的矛盾冲突，现实空间意义上的反转，加强了对反面人物的讽刺和揭露。黑格尔认为在贫困以及随之而来的权力，即消除这样的贫困的手段之间存在着斗争和矛盾。[①] 当然，剧本在以滑稽形式表演杜福林智打三六九的同时，也真切地反映了当时这样一个社会现实——广大劳苦大众不但生活在狭小逼仄的空间中，更生活在蚊蝇肆虐、害虫遍地的脏乱环境之下，造成肮脏空间状况的直接原因则来自于当时的社会及其制度。

近代上海城市人口过分稠密拥挤，大量人口产生的生活垃圾得不到及时有效的处理，城市中底层居民长期生活在肮脏龌龊的居住空间中，更因为移民城市社会人员交往频繁的特点，使霍乱、痢疾、脑膜炎等疫情流行成为事实。在最后一场戏中，二房东与炳根计划将养女阿香嫁给警察局长做三房姨太太，绝望中的阿香向弄堂里的房客求救，金医生、老裁缝、老山东、小宁波急得团团转，小皮匠急得要去和恶势力拼命，还是小宁波妻子的一句话"哦哟！乃真要急出毛病出来嘞呀！"提醒了足智多谋的杜福林，他急中生智，两手一拍，立刻想出了一个好办法：让阿香冒充小宁波患急性脑膜炎的远房亲戚，吩咐大家故意在弄堂里造成脑膜炎疫病流行的恐慌气氛，使二房东自吞鱼饵、自愿上当"嗳！嗳！你们不懂的！脑膜炎是不能看的，要传染的！哎呦！感染后死路一条！我告诉你！看这种毛病必须出诊，不能来看门诊，看门诊时万一传染要死人的，什么玩笑！"[②]当听到金医生说"病人"就躺在她身后的病床上时，二房东

① [意]洛苏尔多：《黑格尔与现代人的自由》，丁三东译，吉林出版集团有限责任公司，2008年12月第一版。第185页。

② 文本原词：嗳！嗳！侬勿懂嘞！脑膜炎是勿好看咯，要过人咯！哎呦！过着仔死路一条！我关照侬嗷！看搿种介咯毛病侬要出诊咯！勿好门诊看咯，门诊是过着仔要死咯！打庞一样！

一边怪叫，一边飞快地逃出金医生的诊所，“我告诉你！马上将病人弄走！你要是不把病人弄走，立即搬家！”[①]小宁波夫妻又唱起了双簧“啊呀！勿来噻咯！现在伊是走匣走勿动嘞呀！”“走勿动唻！”……害怕受到传染的二房东又央求小皮匠和小宁波一起抬“病人”去医院，在杜福林等众房客“嚎稍！嚎稍！嚎稍……脑膜炎！嚎稍送医院！越快越好！”的热心掩护下，小皮匠和小宁波抬着用被单包裹着全身的阿香顺利地从二房东、炳根和三六九的眼皮底下逃出了弄堂。空间对于主体的损害摧残又一次实现了反转，本来已经被伪警察严密看守的弄堂空间对于阿香来说无疑是插翅难飞的监狱和牢笼，而急性脑膜炎的疫情一旦爆发，瘟疫一经流行，生活环境肮脏、卫生设施缺乏的旧区里弄和棚户简屋立即成为城市中疫病首当其冲的侵害对象。而正是空间在现实意义中的反转，使阿香假冒脑膜炎“病人”顺利出逃，让伪警察局长误认为二房东已经将阿香卖到哈尔滨赚大价钱，不肯嫁给他当三房姨太太，而将二房东、炳根、三六九一起抓进了监狱。原本的施暴者和受害者之间进行了角色互换，滑稽冲突的剧情结构将两个矛盾体的空间进行了合理的反转。问题是，这一反转之所以成为可能，恰恰是当时近代上海生活在“下只角”最底层的广大劳苦大众，不但受着贫穷的折磨，更受到疾病威胁的普遍社会现状的真实反映。

三、人性冷暖的情感空间

近代上海城市表面的繁荣和畸形的发展是以牺牲大众的个人生存空间为代价的。齐美尔认为空间的五种社会特质包括：排他性、分割性、对社会关系的固定效应、空间接触对行动者之间关系的改变、行动者空间流动与社会分化的相关等等。[②] 生活空间的密度对空间主体的心理活动有着重要的影响。近代上海弄堂高密度的生活空间，使“七十二家房客”们不断地在日益狭小的空间、逐步恶化的环境之间调节着心理上的安全感和舒适感，在弄堂社会阶层的分化与重构中抱群斗争，结团抗争，对抗着统治阶级的压榨剥削和现实生活的重压磨砺。每一次的空间割裂分离和空间凝聚重合的演绎，都使挣扎在石库

① 文本原词：我关照侬嗷！马上拘生病人弄走！侬要勿弄走，侬忒我搬场！

② [德]齐美尔：《社会学：关于社会化形式的研究》，林荣远译，华夏出版社，2002 年。第 461—511 页。

门弄堂最底层的劳苦大众之间的生活交流和思想回应充满更多的情感和温度。

《七十二家房客》第一场刚刚开幕，弄堂场景就在一声声的小贩叫卖中被充满温情的声音唤醒了，山东嫂嫂用扇子扇着烘大饼的炉子，老裁缝不紧不慢地整理着裁缝铺的制作台，小宁波妻子在汏衣裳，弄堂口卖香烟的杨老头拎着卖香烟的箱子回家，与邻居碰头打招呼。杜福林哼着卖梨膏糖的曲调，手里拿着做糖用的铜勺从楼梯上下来，金医生端着脸盆和西装裤从舞台右边上场，一边用绍兴话叫着"汏衣裳作老板，汏衣裳作老板"。此时的石库门弄堂空间作为人们生活的基本场景以物质状态实践性地进入人们的观赏视野，人与人在空间的权益互动、活动交往、情感交流中体现出彼此之间固定的社会关系，舞台在叙事内容和表演形式上既体现多方参与的集中互动，更有此长彼消的流动生成。空间反映社会，社会体现空间，空间与社会互相建构形成统一和谐的人文情感世界，人物与人物、人物与空间在舞台实践中形成共同的情感主体。初次出诊的金医生对老裁缝关于出诊费的疑问回答道："如果遇到一般的穷苦人，我非但诊费不加倍，而且一分钱也不要。"①接着他又继续说："我和你们说，我们这里的左邻右舍，除了楼上的二房东，你们不管是大毛病小毛病，你们有了毛病都要叫我看，你们不叫我看，我心里要难过的。"②尽管邻居都认为现在自己没有毛病，金医生的免费推销可能是一种"触霉头"的征兆而尽量躲避，但是金医生的热心和诚恳却使邻里之间的空间情感更加聚合凝固了，他真诚的品质和善良的举动影响和感化着弄堂里的每一个人，成为左邻右舍日常行为的标杆和准则。

《七十二家房客》中苏北小皮匠和二房东的养女阿香是一对正处于热恋中的年轻人，在剧中第四场戏中阿香从楼上下来，一边抚摸着身上的伤痕一边哭泣，看到正在修鞋的小皮匠像看到亲人一般"小皮匠！小皮匠！"地叫个不停，小皮匠急忙停下手中的修鞋工作，跑过来关切地问："是阿香么，什么事情啊？是侬妈妈又打你啦？"此时阿香将胸中的一腔怒火和怨气都倾吐出来，用滑稽戏中"妈妈勿要哭"的曲调唱道："可恨炳根白相人，心肠实在狠，三日两头将

① 文本原词：闲话倒勿是什梗话咯，我叵要看情况去咯。如果碰到一般咯穷苦人，我非但诊费勿加倍，而且一个铜钿勿要。

② 文本原词：我作倷话，伢咯里格左邻右舍，除了楼上的二房东，倷勿怪有大毛病小毛病，倷有仔毛病统统呕我看，倷勿呕我看，我心里要难过咯啦。

我打，打得我浑身痛，现在又替二房东，想出恶毒计，将我卖到向导社，送进火坑门，小皮匠……”《七十二家房客》虽然是滑稽戏，但是这段表演却影射了近代上海生活在社会最底层的千千万万个像阿香、小皮匠一样的年轻人的痛苦遭遇和绝望处境，连丫头都不如的阿香，每天都要饱受二房东的谩骂和毒打，还要忍受养母的姘头流氓炳根的欺负与侮辱，社会恶势力要将她卖入向导社，使个体与个体之间的空间产生割裂和分离，空间的压力越大则反空间的张力也越大，离间空间个体的作用力越强则对于社会恶势力的仇恨和憎恶的反空间作用力也越强，弄堂底层劳动人民的情感空间在每一次的割裂分离之后反而聚合得愈加凝固、愈加坚强。

人们站在喜剧世界的情感之外观看喜剧，往往会得到些许的安慰，因为喜剧同样具备激发人们换位思考的能力，滑稽生命中那股突如其来的顽强抗争精神和爱情叙事里勇敢承担的社会责任意识，使观众为角色或悲伤流泪或捧腹大笑。滑稽大师姚慕双、周柏春在一个独脚戏段子中用充满生活情感和艺术想象的方式讲述了近代上海一条弄堂里两个苏北小青年谈恋爱的故事，石库门弄堂中两个情窦初开的年轻人，通过狭小弄堂之间可以相互观望的老虎天窗，利用一副扑克牌传递着彼此的爱慕之情，一直守候在自家老虎天窗旁观望弄堂对面的苏北籍男青年，终于看到同乡女青年出现在她家的老虎天窗旁边，他迅速拿出扑克牌的两张Q示意女方，两张Q用苏北话讲的意思是：谈谈；女青年也拿来一副扑克牌，抽出一张Q、一张10、一张2，苏北话是：谈什尼？意思是：谈什么？男青年又拿出Q、2、A，苏北话是：谈恋爱。女青年拿出8和Q，意思是：不谈。男青年立即拿出10、2、4、8、Q，苏北话：什尼事不谈？意思为：为什么不谈？女青年拿出8、Q、9、4、8、Q，苏北话意思是：不谈就是不谈。男青年急忙拿出9、9、2、Q、Q、4、4、K，意思是：求求你谈谈试试看，女青年拿出两张怪、一张5、一张9和两张Q，意思是：怪怪！吾就谈谈。爱情永远是老百姓日常生活的主题，也是近代上海弄堂社会的主题，更是各类戏剧和曲艺表现的主题。狭窄的石库门生活空间中，人与人之间的交往关系在有限的范围内为空间的价值意义提供了升华的基础。

石库门里生活的大多数都是社会最底层的劳苦大众，他们有的做小商小贩、有的摆摊卖艺，凭着勤劳和智慧在城市的社会空间中生存和挣扎，但是共同经历的苦难、共同遭受的压迫使“七十二家房客”牢牢地团结起来，在城市空间中为争取自身的合法利益，勇敢地与敌对阶级做着不屈不挠的斗争。在第二场戏中,杜福林儿子毛头生病,咳嗽了一个晚上。天刚亮,杜福林只好去请金医生来为儿子看病。金医生诊断后,要杜福林立即将患急性肺炎的儿子送仁济医院救治。杜福林问金医生大概要多少钱?“几个铜钿么?至少……至少要三个大头嘞。”听到至少要三块大洋,杜福林妻子急得叫起来“啊!要三个大头啊!啊呀!福林啊!我们哪里有大头啦!金医生!我们哪里有大头啦!”杜福林深更半夜受到伪警察三六九的敲诈骚扰,“屋漏偏遇连日雨”,现在又遇上儿子生病,逼得杜福林转身拿起床上唯一一条被子就要去当铺当掉。金医生连忙上前劝阻“怎么给你想出来的?当被子!被子当掉了大人不要盖了?小孩子毛病没有好,大人倒要冻出毛病了!”[①]看到邻居犯难,直性子的小皮匠二话不说,从身边拿出仅有的一块银元说:“金医生,我倒有一块大头。本来要去买皮子的,孩子看病要紧!”金医生和小皮匠各自拿出一块银元给了杜福林,正当杜福林还想出去借一块银元时,只见老裁缝伸手在自己的破棉袍里东摸摸西摸摸,摸了半天,终于在破棉袍的夹层里掏出一个布包。他边说边把布包一层一层地打开,在最后包着的一张红纸里拿出了一个银元:“福林啊!我这里也有一块大洋,我这一块大洋,不瞒你说,还是从小当学徒的时候省吃省用节俭下来的。唉!自己想吃一点零食也舍不得,唉!为了这一块大洋啊,女儿和我吵了好几次,她要做衣裳,我不答应。现在你小孩有毛病,有毛病要看的,不看不会好的,你拿去替小孩看毛病,你拿去!”[②]弄堂邻里之间的情感由于具有共同的苦难和艰辛,在日常生活空间中渐渐地发酵和升温,丝毫没有因为空间狭小而产生闭锁状态。与二房东、流氓炳根在争夺空间权力的斗争中自发形成的以杜福林、小皮匠、金医生和老裁缝等为代表的斗争主体,以彼此间的情感和信任的统一性,化解了弄堂中九十六号门牌的“七十二家房客”因主体活动不固定、主体交往不成熟、主体生活不展开等因素所造成的空间障碍,并在随后的几场戏中主动领导“七十二家房客”与二房东、流氓炳根和伪警察三六九进行全面的空间抗争。

---

① 文本原词:呢个拨侬想出来咯?当被头!被头当忒大人勦盖啦?小人毛病嗯拗好,大人倒要冻出毛病出来哉!

② 文本原词:福林啊!我噻该沓有一块洋钿,我咯一块洋钿勿瞒傢说,还是从小当学生意咯辰光省吃省用做人家下来咯。唉!自家想吃一眼零食噻勿舍得,唉!为仔搿咯一块洋钿啊,我囡伍忒我吵仔几趟,佴要做衣裳,我噻勿答应。现在傢小囡有毛病,有毛病要看咯,勿看勿会好咯,傢挪去忒小囡看毛病,傢挪去!

结论

马克思把资本主义工厂的生产空间作为批判研究的核心，列斐伏尔则把城市市民的日常生活空间作为批判研究的核心。[①] 滑稽戏代表剧目《七十二家房客》反映的近代上海一条普通石库门弄堂里发生的故事，其实是近代上海都市社会和都市文化一个舞台版的缩影，是将都市社会中阶级人物的世情百态以滑稽幽默的戏剧形式展现在大众面前。戴维·哈维将社会生活的再生产视为在规定总体性或整体的边界内运行的持续过程。[②] 本文所论证的近代上海空间社会中存在的空间的压缩分隔和空间的反抗突破、空间的损害摧残与现实意义的反转、空间的割裂分离和空间的凝聚重合等三对主体矛盾之间的辩证关系，基本揭示了近代上海，在资本勾结反动政权势力和黑社会帮派势力控制下的空间社会，在包含生产、交换、分配和消费等环节在内的社会活动过程中，都潜在地隐含着关于一切社会空间的剥削与反剥削、控制与反控制、压迫与反压迫、敲诈与反敲诈的运动过程。马克思认为喜剧的本质是现实社会两种力量的冲突造成的，是新事物取得胜利后或即将取得胜利时对旧事物的否定。剧本通过对空间社会中荒诞事件和反动人物的无情批判和辛辣讽刺，揭露事件或人物滑稽荒谬背后的根源在于当时社会的阶级矛盾和社会制度。

Burlesque “The House of 72 Tenants” and space society of Shanghai in modern times.

Abstract: This article takes burlesque “The House of 72 Tenants” as object of observation and study on space society of Shanghai in modern times. Through analysis of the thousands of aspects of life, comic performance and humorous language presented by characters in the process of space social activities by means of comedy, this article briefly demonstrates the compression and division, and the revolt and breakthrough of space in the society of Shanghai in modern times; damage and destroy by space and the reversal of

① 吴宁：《日常生活批判——列斐伏尔哲学思想研究》人民出版社，2007 年 6 月第一版。第 158 页。
② 戴维·哈维：《正义、自然和差异地理学》，胡大平译，上海人民出版社，2010 年 11 月第一版。第 74 页。

practical significance; the dislectical relationship of three contradictions such as the separation and division of space and agglomeration and superposition of space. It indicates that the real cause of the various absurd relations in Shanghai space society in modern times lies in social class conflicts and social system at that time.

Key word: "The House of 72 Tenants"、Shanghai in modern times、space society.

作者简介：楼培琪，上海师范大学人文与传播学院博士研究生。

身体建构与新生代农民工的文化适应
——以上海市F区为例

杨彩云　赵方杜

摘　要： 近年来，具有鲜明代际特征的新生代农民工群体的城市融入问题越来越受到广泛关注。文章基于上海市F区的调查资料，从身体社会学的视角展开对这一群体身体建构行为的深入阐释，以更好认识他们在日常生活实践中的主体建构和城市融入进程。研究发现，新生代农民工在时尚重于品质的消费观念引导下，采取自主化与个性化的策略不断装扮身体和建构自我，从而呈现出分殊化与多质态的身体表达。他们身体建构的多元图景，表现了收入与圈子的双重协奏，职业与生活的两极律动，传媒与技术的立体渲染。他们的身体建构塑造了"个体社会化"及"城市性"，也带来了消费美学霸权与普遍化身份焦虑，制造了消费空间的"新穷人"。他们的身体建构过程，是从文化接触、冲击、调试到整合的文化嬗变过程，也是他们利用逐渐形成的文化自觉性在经验和反思的基础上，不断进行自我选择和主体建构的自我重塑之路。

关键词： 新生代农民工；身体建构；文化适应

近年来，新生代农民工群体越来越受到广泛的关注。他们不仅数量众多，占到了农民工总量的61.6%[①]，而且在成长经历、教育程度和社会认同上具有

---

① 实际上，这一数字在不断变化。国家统计局发布的《2013年全国农民工监测调查报告》显示：1980年及以后出生的新生代农民工为1.2528亿人，占农民工总量的46.6%，占1980年及以后出生的农村从业劳动力的65.6%。

鲜明的代际特征。因此,围绕这一群体的问题领域也发生了改变,即从生存论预设下的“生存-经济”叙事模式向公民权视野下的“身份-政治”叙事模式的转变①,使得市民化、社会认同、城市融入、文化适应等成为重要的研究主题。身体建构无疑是农民工城市融入与文化适应的重要表征。尤其是消费文化和大众传媒不断强化对身体的消费诱导和符号建构,显著影响了他们消费欲望和选择偏好。但由于经济收入、社会资本等因素的制约,他们的消费需求难以得到有效满足。这既产生了身份区隔、心理冲突与地位落差感,也影响到他们的自我认同、主体建构和城市融入。因此,从身体建构入手剖析新生代农民工的消费行为和路径选择,能发掘其具体消费行为背后的价值表征和文化意涵,探究其在日常生活实践中的文化适应与主体建构进程,以更好促进他们的城市融入。

一、身体的社会学蕴意和文化适应表征

身体社会学在近年来逐渐成为一种新的理论范式与研究取向,构成了聚焦和理解当代社会的新视阈。这既与社会学本身的理论旨趣有着内在的连贯性,也是对消费社会中身体、经济、技术和自我之间关系根本转变的一个必然回应。身体建构是行动者在维护和保养“内在身体”与“外在身体”②时所进行的身体改造与自我重塑,如装扮、整形、美容、时尚、健身等。这不仅是一种经济现象,更是一种文化现象。在当代消费主义语境下,身体成为了“最美的消费品”③。身体是维持连贯的自我认同的行动系统和实践模式④,身体可以转化为文化资本或经济资本,身体的差异性体现了阶层之间的“区隔”⑤。身体建构不仅体现了一种自我重塑,更暗含我们对其所代表的权力资本、意识形态及社会文化的遵守。⑥ 在看似自我选择的身体建构背后,潜藏着制度、权力、

① 王小章:《从“生存”到“承认”:公民权视野下的农民工问题》,《社会学研究》2009年第1期,第121页。

② Mike Featherstone, Mike Hepworth, Bryan S Turner, *The body: social progress and cultural theory*, SAGE, 1991, p. 54.

③ 让·鲍德里亚:《消费社会》,刘成富、全志钢译,南京大学出版社,2000年,第138页。

④ 安东尼·吉登斯:《现代性与自我认同》,赵旭东等译,生活·读书·新知三联书店,1998年,第11—12页。

⑤ 皮埃尔·布迪厄:《实践感》,蒋梓骅译,译林出版社,2003年,第101页。

⑥ 约翰·奥尼尔:《身体形态——现代社会的五种身体》,张旭春等译,春风文艺出版社,1998年,第5页。

文化的深层规训与控制，甚至造成“永远的被迫消费”[①]。

新生代农民工更加积极的消费行为及身体建构是其城市文化适应的重要表征。传统农民工在汇款回家的压力下消费倾向偏低[②]，而新生代农民工已经成为积极的消费者，其消费水平、消费结构和消费心理均发生了明显变化。[③] 消费使他们的社会识别、自我认同和生活方式更具有“城市性”[④]。在各种结构性约束下，打工妹建构了两栖消费策略来满足自己的身体建构需求，并形成了与之对应的两栖身份认同。[⑤] 打工妹对身体资本的建构是其主体性再造和身份转换的一种显著手段[⑥]，更是其城市文化适应的重要内容。[⑦] 这种文化适应是具有不同文化——城市文化和乡村文化——的两个群体之间，发生持续的、直接的文化接触，导致一方或双方原有文化模式发生变化的现象。[⑧] 从过程来看，文化适应分为接触、竞争、冲突、调整和同化等阶段[⑨]，或存在同化、分离、整合和边缘化等四种策略。[⑩] 从内容上看，一般将文化适应划分为心理适应和社会文化适应两个层面，或内在适应和外在适应两部分，即心理适应和行为适应。

以往国内学界在探讨文化适应的时候，关注到农民工进入城市空间后，会面临因生活环境改变、认知转换而产生的适应性问题，也探讨了工程移民群体在重建与发展生产系统时，会遭遇文化冲突和文化整合等适应性问题。[⑪] 但总体看来，对新生代农民工这个在诸多方面具有鲜明代际特征、在作为“生产

---

① 让·鲍德里亚：《消费社会》，刘成富、全志钢译，南京大学出版社，2000 年，第 56 页。

② 李强：《中国外出农民工及其汇款之研究》，《社会学研究》2001 年第 4 期，第 64—76 页。

③ 李培林、田丰：《中国新生代农民工：社会态度和行为选择》，《社会》2011 年第 3 期，第 1—23 页。

④ 王春光：《新生代农村流动人口的社会认同与城乡融合的关系》，《社会学研究》2001 年第 3 期，第 63—76 页。

⑤ 王宁、严霞：《两栖消费与两栖认同》，《江苏社会科学》2011 年第 4 期，第 91—99 页。

⑥ 余晓敏、潘毅：《消费社会与“新生代打工妹”主体性再造》，《社会学研究》2008 年第 3 期，第 143—171 页。

⑦ 朱虹：《身体资本与打工妹的城市适应》，《社会》2008 年第 6 期，第 153—175 页。

⑧ Robert Redfield, Ralph Linton and Melville J. Herskovits, “Memorandum for the Study of Acculturation”, *American Anthropologist*, No. 1, 1936, pp. 149 - 152.

⑨ Robert Ezra Park, *Race and Culture*, Glencoe, Illinois: The Free Press, 1950, p. 150.

⑩ John W. Berry, “Acculturation as Varieties of Adaptation”, In A. Padilla (ed.), *Acculturation: theory, models and findings*, Boulder: Westview, 1980, pp. 9 - 25.

⑪ 施国庆、陈阿江：《工程移民中的社会学问题探讨》，《河海大学学报》(社会科学版) 1999 年第 1 期，第 23—28 页。叶继红：《城市新移民的文化适应：以失地农民为例》，《天津社会科学》2010 年第 2 期，第 62—65 页。

工具”的同时兼具“消费主体”特性的群体文化适应研究还比较少，更缺乏从身体建构的角度对他们的文化适应进程及表征展开深入阐释，以更好认识他们在文化整合与城市适应中的消费行为及其逻辑机理。同时，有必要加强对新生代农民工身体建构的时空场域、行为惯习、文化意涵等的深入分析，并将其置于这一群体日常生活实践过程中加以理解。而且应注重农民工在不同代际、性别、生命历程、场域和地区中的身体建构实践差异，从而在多元时空格局中把握这一群体文化适应的整体面貌。本文根据 2015 年 4 月至 2106 年 5 月在上海市 F 区对 42 个服务业领域新生代农民工的深度访谈资料，从身体建构的维度对这一群体的文化适应展开具体分析，避免了农民工的抽象化及主体性丧失，有助于对这一群体城市融入的深刻认识和综合分析，拓展对农民工研究的理性思考和理论建构。

二、新生代农民工身体建构的结构图式

在城市文化适应进程中，新生代农民工表现出独特的身体建构结构图示：他们在时尚重于品质的消费观念引导下，采取自主化与个性化的策略不断装扮身体和建构自我，从而在日常生活实践中呈现出分殊化与多质态的身体表达。

1. 时尚重于品质的消费格调

新生代农民工的消费观念与其父辈之间存在显著差异。传统农民工虽然从农村空间进入城市空间工作和生活，但基于家庭成员之间天然的“利他主义”，他们遵循的仍然是农村生活模式的“功能性必要条件”，从而表现出“尽量不花钱或少花钱”的简朴型消费习惯。[①] 他们在消费上比较朴素和简单，没有过多的时尚追求，不会过度和超前消费，更多的是把钱存起来寄回家。新生代农民工具有相对较高的受教育程度和生活期望，其消费观念更加积极、开放。或者说，新生代农民工的进城动机已经从“经济型进城”转变为“经济型进城和生活型进城并存”或“生活型进城”[②]，因而他们具有更高的物质生活和精神享

① 冯桂林、李淋：《我国当代农民工的消费行为研究》，《江汉论坛》1997 年第 4 期，第 74—78 页。

② 王春光：《新生代农村流动人口的社会认同与城乡融合的关系》，《社会学研究》2001 年第 3 期，第 63—76 页。

受要求。新生代农民工大多比较年轻，对流行元素的接受度和认知度高，比较注重自己的身体装扮和外在形象。加之都市消费文化的不断熏陶，使得追逐时尚、新鲜的生活方式逐渐成为他们消费观念中不可或缺的选项。笔者在访谈中发现，一些新生代农民工认为自身工作压力较大，把自己打扮的时尚、漂亮一些，可以给自己带来一种内心的愉悦，进而缓解工作的疲累。在工作之余，他们主要的休闲方式之一就是去逛街、购物，认为消费是对自己辛苦工作的犒赏。

受到独特的成长经历、价值取向的影响，新生代农民工的消费品格呈现出明显的个性。相对于传统农民工而言，新生代群体具有较高的文化程度，因而在价值观上呈现出强烈的自我性、务实性和多元性，加之纷繁芜杂的城市生活所带来的文化冲突、调适和整合，使之形成追逐时尚、彰显自我的消费格调。这为他们提供了将个人行为普遍化的法则，把他们引向了大多数城市人都在选择的时尚生活之路。和城市青年相比，他们同样追求时尚，但他们对衣物、饰品的款式、流行的追求超过了物品本身的质量。他们看重的是样式、时尚的结合体，而非价格与质量的均衡体。这正如法克尔(Pasi Falk)所认为的：在当代社会，人们的自我观念很大一部分是通过对食物、衣着、奢侈品及其他物品的消费来表现，笛卡尔式的“我思故我在”已经部分地被“我消费故我在”(I consume, therefore I am)所取代了。[①] 在超市上班的小李曾说：年轻人嘛，就是不像中年人一样，要会打扮一些。我经常和几个朋友去南京路逛街，那里的衣服太贵根本买不起。我们经常在那里把好看衣服的商标拍下来，到淘宝或七浦路市场找相同款式买。虽然可能不是正品，但好看又便宜。每个季节都能穿上流行的衣服。上班后毕竟不一样了，你会受影响，穿着打扮就要和平常接触的人差不多。这无疑是新生代农民工时尚重于品质的消费格调的最好诠释。

2. 自主化与个性化的身体装扮

新生代农民工逐渐从依附型消费者转变为自主型消费者。这主要表现在如下两点：一方面，经济独立是他们消费自主的基础。相关调查显示，新生代农民工在进城务工前，七成多是在学校读书，两成左右是跟随家人、亲戚做生

---

① Pasi Falk, *The consuming body*, SAGE, 1994, p. 92.

意等活动，不到一成是在家短暂务农。他们普遍缺少稳固的经济收入而在身体建构方面没有充分的自由和空间。如今，该群体进城后独自谋生，经济独立，可以根据自己的意愿和喜好进行消费。在F区，将近10%的被访者表示有过为购买笔记本、iphone手机或其他物品而分期付款的经历。他们甚至认为"只要是自己挣的钱，想怎么花都无所谓"。而传统农民工则不同，他们的汇款比例远高于其他国家，这种节俭式的个体消费模式却对其家庭发展乃至整个农村社会的发展做出了显著贡献。[①] 另一方面，消费品格养成是新生代农民工消费自主的动力。他们已经形成了独特的选择偏好、消费心理和行为惯习，这无疑是其消费行为塑成的不竭源泉。对此前文已有论述，这里不再赘述。总之，在当今社会，个体有能力从众多精心包装的知识体系中进行选择。"个体对成就、幸福和终极生活价值的感知，被置身于这样一个私人领域，'人可以自由地以自己的方式选择和决定如何处置自己的时间、家庭、身体和上帝'。"[②]

新生代农民工在消费上的自主化，使之形成个性化的身体建构策略。从消费内容上看，他们注重服饰装扮，认为紧跟潮流的打扮能让自己显得"时尚"和"洋气"。他们也从美发、美容、健身、整容等方面对自己进行全方位的装扮和改变，提升对身体的塑造和美化。据笔者调查，绝大部分接受访问的新生代农民工都做过染发、烫发，一半左右的男性会使用护肤品，基本全部的女性都会关注并购买一定的化妆品、护肤品。其中有几个体型偏胖的农民工表示曾经或正通过节食等途径减肥。从消费手段上看，新生代农民工的消费方式也日趋现代化，依靠网络平台的现代购物模式逐步融入到他们的日常生活中。"自己每次出去购物前，都会先在网上看看再做选择"和"几乎每周都会上淘宝或网购"是部分受访者对自己消费方式的真实描述。他们有时也通过电视购物为自己或老家的父母购买商品。在酒店当服务员的小婷在电视上看到cosplay秀后，自己也拍了30多张类似的照片放在QQ空间内，引起很多好友的关注。她说：觉得那些动漫人物的打扮比较好看，所以就穿成那样拍了好多照片。自己觉得很开心，颜色艳，比较有个性。但不敢给老家的人看，他们

---

① 李强：《中国外出农民工及其汇款之研究》，《社会学研究》2001年第4期，第64—76页。

② Mike Featherstone, Mike Hepworth, Bryan S Turner, *The body: Social progress and cultural theory*, SAGE, 1991. p. 54.

不太能接受，观念不同吧。拍这个不太贵，才几百块，是同事介绍的，也是想给自己留点回忆。这表明身体是镶嵌在社会场域中的，与生活世界中的其他身体和事物处于实践的联系中。[①] 他们对身体服饰、肤色和体型的改造，都是在寻求都市文化所认可的身体形象与社会认同。

3. 分殊化与多质态的身体表达

在城市生活中，新生代农民工的身体塑造在性别、生命历程、场域等方面呈现出差异化的表达形态。第一，性别差异。女性的身体建构活动更为频繁，她们在周末休息时基本都会去逛街和购物，有时即便没有明确的购买欲望也会在朋友、同事的邀请下前往，每次消费耗费的时间较长。男性的消费频次相对较少，往往没有明确的时间限定，大多在换季或需要添置衣服时才会去购物，消费消耗的时间也较少。这说明女性的身体建构行为主动性强，消费目的多元，消费以感性居多，易受到周围环境的影响；男性的身体建构行为有一定的被动型，消费目的单一而明确，消费以理性居多，不易受到消费环境的影响。同时，男性的身体建构以常规化的服饰、美发、健身居多，女性的身体建构则除了这些项目之外，更涉及化妆、美容、美甲、塑身、整形等内容。这表明男性的身体建构注重普遍化选择和功能化效用，风格刚健；而女性的身体建构注重个性化选择和审美化效用，风格细腻。身体消费支出占到女性农民工收入的一半左右，她们强烈的消费欲望和有限的支付能力之间的矛盾与冲突比较明显。反之，男性农民工在这方面的花费约占其收入的三成左右，其经济收入基本能满足消费需求。

第二，身体建构的生命历程差异。生命历程的理论视角源于芝加哥学派对移民问题的研究，关注剧烈的社会变迁对个人生活与发展的显著影响。新生代农民工的身体建构也随其生命历程的变化尤其是进城事件的发生而有所不同。在F区调研中，多位男性农民工表示自己在老家时没有染发，刚进城的时候有去染发，颜色根据当时的流行色而定，认为“染发很酷”，“有个性，自己一直想染”。但两三年后他们基本就不再染发了，觉得“还是黑色的头发好看”，或“没有必要去染了”、“没有那些闲钱”等。这明显反映出他们的身体塑造意识及行动随着进城时间的增加而改变，以前追求个性现今则更加务实。

---

① 郑震：《论身体》，《社会学研究》2003年第1期，第52—59页。

第三，身体建构的场域差异。从微观上看，新生代农民工处于工作、生活等不同空间体系时，其身体装扮差异显著，这将在后文深入论述。从宏观上看，经济发展的不均衡势必对各地的文化价值、社会心态以及人们对时尚、品牌和潮流的感知产生影响，进而映射到农民工的时尚观念和身体建构上。打印店的小王表示：在老家的时候，一般认为真维斯、班尼路、森马、安踏等算是很不错的，有钱的才会买。到上海后发现这些算不上名牌，流行的款式也多。有时遇到外国牌子的衣服打折我也会买一件，觉得更好一些。这些都是不同时空场域中身体建构的多元化表达。

三、新生代农民工身体建构的规训机制

波多(S. Bordo)认为，对身体的理解包括在科学、哲学和美学方面对身体的再现，或通过规范体系的训练，使身体成为社会化的、“有用的”身体。新生代农民工身体建构的多元图景，无疑也是社会机制规训的结果，尤其是收入与圈子、职业与生活、传媒与技术等多重结构性力量交错形塑的产物。

1. 收入与圈子的双重协奏

收入对农民工身体建构具有决定性影响。2011 年初，全国总工会发布调查报告指出，新生代农民工的整体收入偏低，平均月收入 1747.87 元，这仅为城镇企业职工平均月收入的 57.4%，也比传统农民工低 167.2 元。就 F 区的调查情况而言，从消费水平上看，新生代农民工月消费支出大多在 1500 到 2500 之间，这约占其收入的 40%到 60%，他们每月的结余较少，汇款回家的约占三成，基本在 500 与 1000 之间。《2013 年全国农民工监测调查报告》显示：新生代农民工更倾向于就地消费，其月生活消费支出平均比老一代农民工高 19.3%，人均寄回带回老家的现金则比其少 29.6%。从消费结构上看，服装、交际、娱乐、护肤、健身等支出构成他们消费支出的主体。受制于经济收入和消费需求之间的张力，其中有过向亲戚、朋友借贷用于消费的比例为三分之一。但多数被访者表示，当偶尔出现超支情况时也会及时填补上，将自己的消费行为控制在经济条件许可的范围内。他们追求时尚，基本是“量入为出”，很少出现过度消费、超前消费和攀比消费的现象，为买品牌衣物而透支信用卡的比例更是少之又少。当拥有丰厚的经济收入时，他们则有可能维持与城市青年一样的消费主义生活方式。在 H 大学校园内开超市的小吴则属于这种情

况。她说：今年店铺的生意还可以，有朋友去香港或韩国的时候，我经常会让他们帮我代购一些衣服或化妆品。那里的东西质量会好一些，款式也新。

圈子尤其是同辈群体对新生代农民工身体建构的影响是非常显著的。根据农民工与群体成员的关系可将参照群体划分为“所属群体”和“渴望群体”。所属群体是农民工实际存在的群体，如家人、亲戚、朋友等日常关系网络，他们对农民工的心理和行为有着直接的、持续的、重要的影响或制约作用。笔者在调研中发现，新生代农民工进城后对服饰、化妆品、护肤品的款式、品种的选择，基本都是在先进城的朋友、同事的引导下进行的。他们时刻向农民工传递身体装扮的建议和各种流行信息，展示对商品的选择、评价、购买和使用等全套消费过程，从而激发新生代农民工的消费意识和消费行为。在水果店打工的小许表示：我平时都是和朋友一起去买衣服，她们会向我推荐一些品牌，我看她们平时穿衣服的效果都很好的，所以比较信任她们。我以前不化妆的，现在看她们化妆自己慢慢就会了。这种影响是正面的鼓励，但有时则是负面的排斥和嘲讽。[①] 在理发店工作的小温表示自己曾经被朋友嘲笑过服装外形：对我他们都很无语的，说我一点都不注意自己的形象。我就想平时工作穿那么好看干嘛，又没人看你，像我们一天工作 12 个小时，哪里有时间打理自己啊。一开始还没有很在意，就当是玩笑话，后来说多了就觉得不是很开心了。我也在尝试改变自己。渴望群体是农民工希望成为其中一员却尚未实际加入的群体，如打扮时髦的城市市民或气质优雅的明星，他们被消费文化塑造的“标准化身体”对农民工具有强烈的示范作用。渴望群体是农民工的角色典范，他们的消费行为不只是一种生活方式的呈现，更是一种价值观念的表达。在理发店工作的小成对一位顾客印象深刻：她穿的很时髦，化淡妆，很好看也很自然。根本看不出是 40 多岁的。每次来她都会说一些如何打扮、保养的经验，我们跟她学了不少。但受到经济收入的限制，新生代农民工的实际身体塑造更多是参照在各方面与自己相似性较高的同辈群体所传递的消费信息和消费行为，对渴望群体的消费模仿更多发生在职位和收入相对较高的少部分人中。

2. 职业与生活的两极律动

新生代农民工处于城市社会的不同空间体系——尤其是以科层制占主导

① 王宁、严霞：《两栖消费与两栖认同》，《江苏社会科学》2011 年第 4 期，第 95 页。

的生产空间和社会交往、休闲、娱乐为主的生活空间时，其身体装扮不尽相同。生产空间中的身体规训随着行业的不同而有所差异。一般而言，在工业尤其是流水线上工作的农民工，其身体形象与生产效率没有必然的联系。因而，工厂除了规定上班时间要穿统一的工作服装之外，对员工的身体装扮并没有别的要求。但在服务业中，农民工的身体不仅是生产的身体，也是消费的身体。他们不仅要接受“劳动规训”，还要接受“形象规训”。他们的身体装扮、举手投足、表情姿态等都是被管理的对象。对此，在某连锁酒店工作的小光描述道：我们酒店规定，员工工作时要穿工作服，尤其是领子和袖口的洁净。工作时要穿皮鞋，要保持皮鞋的干净和光亮。要淡妆上岗，严禁浓妆艳抹，不能披肩散发，不留长指甲。要求与人交谈时保持微笑，目光柔和地正视对方的眼睛。酒店还对我们的站姿、坐姿、行姿、手势等做了很多规定，凡是违反的都要罚款。在服务业生产空间中，员工所从事的并非是简单的体力劳动，而是包含了“情感劳动”、“互动性劳动”等多重劳动。顾客消费的除了直接服务之外，还包括对其形象、意识、情绪、态度等元素的感知和体验。[①] 当然，工业和服务业农民工在不同劳动强度下的工作时间和工作自由度不同，他们对闲暇时间的支配方式也不同，都会影响他们外出购物的频率和身体建构状况。

在生活空间中，新生代农民工的身体装扮与城市本地人并没有明显的差异。他们在进入城市的消费、娱乐空间时，会十分注重自己的身体装扮。小林是一名工地的基层管理者，初次见到的他穿着一套灰色的衣服，头发上沾满工地的灰尘，皮鞋也有磨损、掉漆的痕迹。在第二次约见时，他穿着休闲时尚、干净利索，仿佛换了一个人。他表示：这个(穿着)也不是很绝对，你像我们在工地中整天干活，就不能穿好衣服，穿好衣服也糟蹋了，一般就穿一些老家带来的衣服。但是出去就不一样了，总要穿得好一点，形象还是很重要的，我这都是去年在商场买的。在调研中很容易发现，小林的情况并不是个案，很多摆地摊的小贩、食堂烧饭的大哥、餐厅的服务员都是类似的情况。他们通过对身体的整饰，希冀至少在休闲、娱乐场所时“更像一个城里人”，以更好地融入当地的生活。部分农民工在生活场域中的身体建构，则是为了满足社会交往的需求。小王是一个开店的小老板，这几年生意做得不错。从外表上看，他是一个

① 王宁、严霞：《两栖消费与两栖认同》，《江苏社会科学》2011年第4期，第96页。

比较追求时尚的人，在H大学范围内小有名气。在谈到自己的身体建构时，他认为：工作的时候和平时出去是不一样的，工作的时候要方便干活，但是出去的话会把自己打扮的休闲时尚一点，还是要有点品位。像我从事的工作，是要和外面的一些朋友打交道，穿得好一点对广交朋友、做大生意也是有帮助的。在职业和生活的两极之间，身体已经成为一种象征符号，它既是规训权力的承受载体，也是社会交往的文化资本。

3. 传媒与技术的立体渲染

当今社会，身体在大众文化与社会生活中完全出场。这使得电视、网络、报纸等大众传媒通过选美、健身、养生等节目，向人们大肆宣扬消费文化所倡导的生活方式，尤其是竭力倡导对身体的维护和保养，并将身体建构转换成意义丰富的价值体系。在这种情境下，青春靓丽、高挑白皙、时髦前卫一时间成为理想身体形象的标准，也成为享有社会身份、社会地位与生活品质的象征。在消费文化的熏陶下，新生代农民工时刻感受到自己的身体形象与这个标准身体之间既有差距，又能逐渐通过不断的自我改造和重塑来缩小这种差距，从而激发起他们的消费欲望和消费行为。小萍是某制衣厂的员工，她来到上海已经有七年的时间，问及这七年自己形象的变化时，她说道：以前不怎么在意自己的打扮，但是现在会比较注意一点。看看电视里的广告什么的，把自己打扮得稍微洋气一点。人靠衣妆啊，这样打扮后还真是不一样，整个人精神了很多。我一般会参照电视、杂志里的介绍来打扮啦，虽然买不起那些名牌的衣服，但在同事中我还是比较舍得为自己花钱的。女人就要对自己好一点，挣钱就是用来花的。这其实代表了现在新生代农民工群体的普遍特性，他们努力赚钱，也懂得享受生活，更懂得如何消费。在身体形象的改变过程中，他们的生活理念和价值得到了新的诠释，自我发展和社会体系之间的相互渗透也愈益显著地表达出来。

而且，身体改造技术不断发展并得到普遍化和标准化运用。“身体技术”来源于著名社会学家马塞尔·莫斯(Marcel Mauss)。他认为身体技术是人们在不同的社会中，根据传统了解使用他们的身体的各种方式。[①] 在当代，身体技术则成为科技发展在人类自我改造上的技术体现。尤其是消费文化将理想

---

① 马塞尔·毛斯：《社会学与人类学》，佘碧平译，上海译文出版社，2003年，第299页。

的身体形象确立之后，运用各种标准化的技术手段来塑造身体、维护身体和保养身体的手段，以塑造出符合理性标准或人们个性化需求的身体形象，如护肤、化妆、整容、养生、健身等。而且，在市场机制的运作下，这些身体改造技术被不断发掘和运用开来，从而把大众传媒塑造的理想身体形象推向普遍化，成为这个消费主义文化氛围中人人争相追逐的身体规范，形成一种典型的"身体美学"。在工厂上班的小万平常比较忙，他利用周末时间到健身房锻炼。他说：我以前也不怎么锻炼，现在觉得应该注意身体。那天看到他们的宣传广告，就和几个朋友一起来了。我有点超重，身上的赘肉比较多，还有轻度的脂肪浸润。他们说在这里锻炼一个周期这些问题都解决了。我还想有时间去做个美容，最近熬夜太多气色不好。这里的健身房其实是现代都市社会一种典型的身体改造机制，它和大众传媒一起不断向人们渲染重塑身体、改变自我的消费诱导和符号建构，并将之塑造成一种看似自发的自我意识，从而创造了巨大的消费需求和消费市场。

四、新生代农民工身体建构的社会实践意涵

新生代农民工的身体建构不仅是其城市适应的外在表征，更是文化融入的内在体现，具有丰富的社会实践意涵。它塑造着青年群体的社会化进程及"城市性"的获得，在文化整合与文化适应中重构了新生代农民工的日常生活世界。但它带来的消费美学霸权与普遍化身份焦虑，在一定程度上造就了消费社会的"新穷人"。

1. 个体社会化与"城市性"的获得

西方社会在经历了漫长的禁欲苦行主义之后，身体作为解放人的符号逐渐被人们重新发现。身体不再是灵魂和宗教的附属品，人们对自我现实存在和身体世俗追求持肯定和赞许的态度，身体在人的自我觉醒中逐渐从以前的遮蔽状态走向彰显和解放。与之类似，新中国初期的"苦行者社会"也实施了消费抑制和"神圣化激励"。随后，在改革开放进程中国家逐渐放松了对社会生活领域的直接干预，使得社会氛围变得相对自主化和生活化，身体又重新回到个体的私人领域，更多人把现实生活的消费、感受和体验作为生活的重要内容。由此导致了一场新的"个体社会化"进程，它影响到个体对现代性语境下的自我认同与日常生活世界的重构。"个体社会化"既包涵自我价值的形成和

多样性社会化过程的扩展，也囊括了个人风险的扩散。[①] 尤其是当代科技进步和医学技术发展对身体的塑造和改变，产生了法律、伦理和社会等各方面的风险和争议。新生代农民工身体建构的结构图式，编织出了他们多样化个人需求和个体选择的连续谱系，再现了他们在城市生活中的自我论证、自我发展与自我认同，这完全有别于传统社会具有高同质性的社会化进程，也有别于其父辈的城市生活群像。这种新的“个体社会化”的生产，既源于青年群体明显的代际特征，也源于消费文化和城市生活的本质属性。

身体建构是一种自我塑造和认同表达，也是“城市性”建构的镜像。笔者在调查中发现，新生代农民工渴望获得城市人的身份，他们在外表穿着方面已经和城市人没有本质的差异。在“个体社会化”进程中，他们在生活方式上具有鲜明的“城市性”，并逐渐发展出金钱崇拜、务实态度、分辨力钝化、张扬个性、表现自我、热衷消费、追求时尚等齐美尔所说的“大都市人格”[②]。但他们在理性思维和社会认知上仍然和城市人有一定的差距，他们眼中的上海人是“精打细算”、“善于算计”和“十分讲究”的。只有少数被访者认同“感觉自己更像城里人”，相比之下，基本所有人都认为身体建构有助于社会交往拓展和生活世界的重建。他们在身体塑造后会更积极、更有信心与人打交道，继而融入到城市生活中。小红是学校文具店的售货员，在访谈中她不时的用手机屏幕做镜子照一下自己，并缕缕头发补补妆。她认为：形象好了你出去办什么事情很方便，也能交到很多的朋友，但实际上我们和他们（城市人）还是不一样。也就是说，新生代农民工的“城市性”是不完整的，尤其是在自我认同上仍然与城市存在一定的隔离。类似的研究也表明，当打工妹对身体建构欲望进行满足时，她们犹如“现代意义上的消费者”；当她们在消费中省吃俭用时，她们又明白自己其实不过是一个“生产者”。她们的身份在消费者和生产者、城里人和乡下人之间“来回游走”，造成无所归属的失落与迷惘。

2. 身体美学霸权与消费空间的“新穷人”

当前，城市发展导致消费空间不断地生产和再生产，如购物广场、大型超

---

① 扈海鹏：《“新消费空间”下青年个体社会化——一种消费文化视角的分析》，《社会科学》2012 年第 12 期，第 70 页。

② 齐奥尔格·齐美尔：《时尚的哲学》，费勇、吴燕译，文化艺术出版社，2001 年，第 186 页。

市、连锁店等鳞次栉比，呈现出一种以生产为中心的社会经济秩序向以消费为中心的社会经济秩序的转变。[①] 这使得身体和消费主义更加紧密地结合在一起。西方消费理论的奠基人鲍德里亚(Jean Baudrillard)也认为：在经历了千年的清教传统后，身体在广告和时尚中完全出场，人们给它套上卫生保健学、营养学、医疗学的光环，时刻萦绕在心头的对青春、美貌、阳刚/阴柔之气的追求，以及附带的护理、饮食制度、健身实践和包裹着它的快感神话，使得身体成为了这个消费社会最美的消费品。[②] 对此，我们有必要保持一份警惕与不安。消费主义在解放以往附着在身体上的束缚与遮蔽，给身体带来改造自由与交往自由的同时，也因身体美学的标准化和普遍化运作，不可避免的带来对身体的压制和“暴力”。[③] 在身体愈加鲜艳、美丽表象的背面，不可忽视的是消费文化、生产资本和技术理性共同实施对身体的规范化训练和结构性约束。这种身体美学霸权，不再以暴力手段作为支撑，而是通过“标准化身体”的吸引和同化，使得个人尤其是青年群体在不知不觉中主动进入这个规训的牢笼。这种趋向是持续而稳固的，绝望和时间能够消蚀钢铁的镣铐，但却无力破坏这两者的习惯性结合，反而只能使之变得更为紧密。

在《工作、消费、新穷人》中，鲍曼(Zygmunt Bauman)提出了消费社会的“新穷人”，即“有缺陷、欠缺、不完美且不充足的消费者”。[④] 贫穷意味着金钱的极度匮乏，有限的收入仅能维持基本生存需要，在面对消费社会提供的琳琅满目的商品时无法选择，无所适从。但这里的贫穷不能简单缩减为“物质匮乏”和“身体的痛苦”，贫穷也包括被排除在正常生活之外的社会地位、自我信心丧失的社会和心理状况，由此导致一个底层社会群体的出现。鲍曼所说的“新穷人”实质是资本主义从生产社会向消费社会转型的过程中，在福利国家解构以及新的“工作美学”取代传统的“工作伦理”时，底层群体比任何过往时代更加变得“无望”和“痛楚”。在这个意义上，新生代农民工也可能成为消费社会的“新穷人”。相关研究表明，与传统农民工相比，新生代农民工的消费模

① 扈海鹏：《“新消费空间”下青年个体社会化——一种消费文化视角的分析》，《社会科学》2012 年第 12 期，第 62 页。
② 让·鲍德里亚：《消费社会》，刘成富、全志钢译，南京大学出版社，2000 年，第 138 页。
③ 汪民安：《身体的文化政治学》，河南大学出版社，2004 年，第 16 页。
④ 齐格蒙特·鲍曼：《工作、消费、新穷人》，仇子明、李兰译，吉林出版集团有限责任公司，2010 年，第 13 页。

式有所变化：消费结构从简单转向复杂，消费工具从传统转向现代，消费行为从保守转向开放，消费心理从后卫转向前卫。[①] 具体而言，他们的身体建构出现了明显的结构失衡和消费分层，引发了他们的社会区隔和社会网络重组，导致了微观世界权力格局变迁。而且，他们的消费欲望凸显，个体主义张扬，消费追求迷狂乃至身体审美庸俗化，这势必对他们的自我建构和城市融入产生消极影响。

五、结语：文化自觉与主体性建构

美国历史学家克恩（Stephen Kern）认为：我们的时代是一个痴迷于青春、健康与外表美丽的时代，电视、电影图画和占主导地位的视觉媒体不断的提醒我们，优雅自然的身体和面带笑靥的脸庞，是获取幸福至关重要的因素。[②] 研究发现，新生代农民工在从乡村场域进入到城市场域后，其消费观念更加积极、开放，他们在日常生活中通过自主化的行动策略，在不同空间体系中建构了多样化身体形态。虽然他们的身体建构受到多重因素的限制，但仍然塑造着他们的“个体社会化”，并体现出城市现代性的特征。在新生代农民工的身体建构过程中，消费文化、大众传媒和技术理性一起形成新的权力机制实施对新生代农民工的规训，制造了消费空间的“新穷人”。他们的身体建构过程，是其不断积累城市社会的“库存知识”和文化资本的文化适应过程。但这种文化适应并非是对城市文化的全部认同和接受，而是从文化接触、冲击、调适到整合的文化嬗变过程，是他们利用逐渐形成的文化自觉性，在对城市生活进行感受、体验和反思的基础上，赋予自我行为以特定的主观意义，从而不断进行自我选择和主体性建构的自我重塑之路。[③] 不过，要完全实现新生代农民工的文化自觉和文化系统的重新建构，势必是一个长期而曲折的过程。

---

① 严翅君：《长三角城市农民工消费方式的转型》，《江苏社会科学》2007 年第 3 期，第 224—230 页。

② Mike Featherstone, Mike Hepworth, Bryan S Turner, *The body: Social progress and cultural theory*, SAGE, 1991. p. 54.

③ 高梦媛、郑欣：《文化自觉：从娱乐消费看新生代农民工的城市适应》，《中国青年研究》2013 年第 7 期，第 72—78 页。

Body Reshaped and Acculturation of the New Generation of Migrant Workers

——A Case Study in Shanghai F District

Abstract: This paper analyzes the consumer behaviors and acculturation of the new generation of migrant workers from the perspective of the sociology of the body. It is revealed they pay more attention to fashion rather than the quality of consumer goods, take independent and personalized strategies continue to dress the body and reshape themselves, show a variety of body images in everyday life. These are influenced by their income, social network, Occupation requirements, everyday life, mass media and body reshaped technologies. The body reshaped constructs their "individual socialization" and "urban nature", produces the consumer aesthetic hegemony and universalization identity anxiety, creates a "new poor" consumer space. Their body reshaped process is made up of the cultural contacts, cultural shock, cultural adaption and cultural integration, it's also the way of self-reshaping and construction of subjectivity by using the cultural consciousness which is gradually formed in their urban daily life.

Key words: The New Generation of Migrant Workers, Body Reshaped, Acculturation

作者简介：杨彩云，上海师范大学人文与传播学院讲师，博士；赵方杜，华东理工大学社会与公共管理学院副教授。本文为国家社科基金项目“文化适应视角下新生代农民工的身体消费研究”(12CSH031)的阶段性成果，同时也得到国家社科基金项目“城市社区服刑人员的身份均衡及社会工作干预研究”(16CSH066)的支持。

江南双城记：地域文化传统中的现代性资源

余大庆　余志乔

摘　要：历史上中国经济文化重心由中原向东南的转移过程，尤其明清时期江南区域经济/社会的发展，造就了奠定在市场基础之上的商业消费城市，并以其雄厚的经济实力支持了先民的文化创造，形成“苏意”、“扬气”乃至“海派”的风格特质。它的城市文化性质与乡土中国的农民文化背景反差如此之大，既以富庶被人钦羡，又因势利、轻浮迭遭传统文人的指责。我们认为，作为中国传统文化的区域构成部分，商业性的江南城市文化作为中国传统文化资源中最富于现代性的因素，是中国文化/社会现代性转化的内在根据之一。

关键词：中国传统文化；江南城市文化；现代性资源

马克思曾特别指出古代中国、印度等“东方社会”完全不同于西欧社会，而是亚细亚生产方式与君主专制相结合的亚细亚社会。“不存在土地私有制，确实是了解整个东方社会的一把钥匙。这是东方全部政治史和宗教史的基础。”①“亚细亚生产方式”不是专指亚洲的生产方式，而是特指在土地公有的原始社会后期，由于治水、灌溉等公共经济职能的需要而形成的土地王有、自然经济的农业生产方式，是与古希腊罗马生产方式、欧洲中世纪生产方式、游牧生产方式相并列的古代社会的一种生产方式。亚细亚社会既不是原始社会，也不是奴隶社会，而是古代社会的一种类型。于是，中国人的家园就被马

① 《马克思恩格斯全集》第28卷，人民出版社，1972年，第260页。

克思统辖在“亚细亚羊圈”之内，自给自足的生产方式和血缘氏族/家族的生存方式是这一结构的基本经纬。在此基础上，农业文化就成为正统的中国传统文化，凡数千年中国之政治军事经济，都是农民意识的胸襟，各个地域文化都因此呈现出农业文明的厚重垒积之状。

但是，当我们考察中国的区域历史文化时，却发现了一个例外。当华夏文明在中原兴起之时，江南无疑属于边鄙之地，也因此具有与中原不同的文化特质。中古以来中国社会的经济文化重心从中原往东南转移的过程中，江南城市文明也随着“地气南移”逐渐发展，先是隋唐扬州，后是明清苏州为代表，终以近现代的上海在中华文化传统中独树一帜。

古代城市从起源和功能来讲，有军事政治中心、市场及文化中心之别。而早在中古时期，扬州由于其独特的地理位置和交通条件，形成了奠定在市场基础之上的商业消费城市，并以其雄厚的经济实力支持了扬州先民的文化创造，好比“亚细亚羊圈”中混入的一只异兽，在农民文化的国度创造了区域性的古代市民文化。它与乡土中国的农民文化背景反差如此之大，致使其既以富庶被人钦羡，又因势利、轻浮迭遭传统文人的指责。唐李匡义在《资暇集》卷中《扬州》条说：“扬州者以其风俗轻扬，故号其州。”（见《热书集成》初编本）及至清代，学者钱泳在《履园丛话》中说：“余谓天下之势利，莫过于扬州；扬州之势利，莫过于商人。”有偏见的诗人甚至这样吟唱：“青山也厌扬州俗，多少峰峦不过江。”总之，势利、俗气、轻扬就是古代人们心目中的扬州文化形象，人们以“扬气”一词概括之。与此异曲同工，明清时期苏州市民则被时人称为“苏空头”。我们认为，作为中国传统文化的区域构成部分，历史扬州、苏州等商业性的城市文化正是中国传统文化资源中的现代性因素，是中国文化现代化转化的内在根据之一。

一、中古扬州的文化异质性

随着隋代京杭大运河开通，中国南北两大区域物资的流通更趋频繁，吞吐量更大。唐代扬州作为中国东南沿海的重要海港，“海上丝绸之路”的起点之一，肩负着中国大批物资的外运任务。唐代的扬州是国际性的经济贸易大都市，“富商巨贾，动逾百数。”（罗隐《广陵妖乱记》）还有大批来自波斯（伊朗）、大食（阿拉伯）的胡商在扬州经营珠宝业的贸易，同时也有大批中国货物在扬州集中后，通过海运发往世界各地。由于这种世界性的商业地位，扬州文化对伊朗、阿拉伯地区，甚至欧洲各国的影响也是很大的。意大利旅行家马可·波罗的著作《马可波罗游记》对扬州的记载，就说明了扬州文化流传到西方的情况。一直到晚清，由于世界历史近代化进程中东西方力量的消长以及由此引发的中国历史大变局，扬州全国性的商业都市地位才被新兴的上海所取代，于是许多世居扬州的盐商大户，纷纷携资而去，落户上海。

经济基础决定上层建筑。这种与传统中国农业主体相异的商贸活动和生活方式，造就了中古扬州的文化异质性。

1. 城市规模逾制僭越

从城市起源和发展的历史来看，中西之间是大异其趣的，中国偏重于“城”，而欧洲主要是“市”。所以刘泽华先生在其《专制权力与中国社会》中说：“中国城市的建立者是各代的统治阶级，他们建城首先是为了适应他们的政治、军事需要，而不是为了适应人民的经济生活需要。中国城市是政治性的，这一点到近代以前从未变过。”①但是正如英国谚语所说，有一般就有特例。古代社会频繁的商业活动不会不给中国城市带来影响。美国学者斯塔夫里阿诺斯在他的《全球通史》中这么写道：“宋朝值得注意的是发生了一场名副其实的商业革命……根源在于中国经济的生产率显著提高。技术的稳步发展提高了传统工业的产能……经济活动的迅速发展还增加了贸易量。中国首次出现了主要以商业活动而不是以政务活劝为中心的大城市……尤其是宋朝，中国的对外贸易量远远超过以往任何时候。”②斯氏毕竟是外国人，治世界史而不专攻汉学，对中国的情况有点隔膜。其实，扬州很早就是并且一直是这样的一个商业都会。并且有趣的是，的确存在着行政的和商业的两个扬州城市，而在区域规模上更庞大，在文化上起广泛而深远影响的恰恰是后一个商业扬州。唐代扬州就由两重城组成，“街垂千步柳，霞映两重城。”这是杜牧咏扬州的诗句，反映了唐时扬州的城市景观。两重城指的是局促在蜀冈上的子城和铺陈于蜀冈下广袤的罗城。蜀冈上的“子城”，亦称“衙城”，是官衙机关所在地；蜀冈下的“罗城”，为百姓居住区和商业区。商业都会罗城中的坊里街道星罗棋

---

① 刘泽华等：《专制权力与中国社会》，天津古籍出版社，2005年，第190页。

② [美]斯塔夫里阿诺斯：《全球通史》(第7版)(上)，董书慧、王昶、徐正源译，北京大学出版社，2005年版，第260页。

布，有一条横过罗城中部的十里长街，市井相连，店肆罗列，夜市千灯，邈若仙境。“春风十里扬州路”，到处是一片繁华的景象。十里长街，住有不少新罗、日本、波斯、大食（阿拉伯）的商人、留学生、学问僧和传教士，开有波斯胡店，还有许多珠宝、丝绸、陶瓷、冶铸等商行和作坊。外国友人和中国人民通过物资贸易和文化交流共同谱写悠久灿烂的历史，留下许多令人怀念、遐想的胜迹、文物。

刘泽华先生谈到传统中国的城市规模时说：“一个城市的大小不取决于那里的工商业等经济因素，而主要是取决于该城市在整个封建统治结构中所处的地位。”（同前引刘著，第 183 页）但是扬州的城市规模却明显例外地因商业需要而新建和扩大，这种僭越现象还不仅仅出现于中古时代。与唐代的相应，明清时期则有作为行政中心的旧城和商业都会新城两个扬州城。汤显祖《牡丹亭》中有一句台词：“维扬新筑两城墙”就是说的新城的修建。扬州经过宋金对抗和元明战乱之后，遭到的破坏极为严重，城市残破，人民流徙。当朱元璋取得扬州时，史载“籍城中，仅余十八家”。现在扬州还有“十八家”地名。朱元璋命元帅张德林守扬，张德林因旧城空旷难守，于是截取宋元扬州城的西南隅，筑而守之。随着扬州从战乱中恢复过来，商业经济迅速发展，重新成为两淮盐业和南北货物的中转交易中心。明清两代的富商在扬州为了方便交通，在扬州城的东南，沿着古运河兴建了大量的住宅，这就是现今的南河下一带的盐商住宅群。形成了一大片繁荣的商业区和手工业区，就是依附旧城而扩展出来的新城。明代构建的扬州新旧城，是一个整体的两个相连的部分，清代沿袭不改。一般认为，旧城多官署，新城多市肆，旧城多文士，新城多商贾，旧城多平房，新城多深宅，此风一直延续到晚清。值得注意的是，新城其实不仅仅是物质文明高度发达的商业中心。早在明代，新城在文化上就出现了睢景臣等一批杂剧、小说家。入清以后，经济基础的决定作用造成“半是新城半旧城，旧城寥落少人行”的局面。原先安居在旧城的文人们，后来也不断移居新城，与他们所依附的盐商靠得更近。比如扬州八怪中的汪士慎，后来就在新城北隅购置草堂，取名“青山旧馆”；而八怪中的另一位，高翔的“五岳草堂”与他相邻，都在大盐商马氏兄弟的小玲珑山馆附近。马氏兄弟在新城东关的丛书楼藏书 10 万余卷，交游文士，资助文化事业。文化人也以与他们交往为荣。汪士慎别号“七峰居士”，就因为马家小玲珑山馆有个七峰草堂。金农寄寓的三祝庵、高凤翰寄寓的董仲舒祠堂、罗聘居住的弥陀巷，也都在新城，都与小玲珑山馆相距不远。汪氏的"青山旧馆",后来成了扬州八怪们的常聚之所,以至在新城西北隅,形成了一个"扬州八怪"汇聚的特别文化区。罗城、新城无论是规模、富庶、繁华,还是文化的创新发展,都远超衙城、旧城。可以说,造就扬州经济繁华、文风昌盛的历史名声的,不是作为官衙所在的子城、旧城,而是罗城、新城。当然传统社会地方官府代表着皇权对一方子民的家长式统治,它在传统农业文化中的象征作用不可低估。扬州地方文化是在这官城和商市两重城的交互影响之下发展着。但是体现扬州特色、反映区域社会文明性质的,是后者。

2. 城市风俗轻扬逐利

杜佑在其《通典》的扬州卷末《风俗》中特意提到扬州文化的形象内蕴体现:"扬州人性轻扬,而尚鬼好祀。每王纲解纽,宇内分崩,江淮滨海,地非形势,得之于失,未必轻重,故不暇先争。然长淮、大江,皆可拒守。闽越遐阻,僻在一隅,凭山负海,难以德抚。永嘉之后,帝室东迁,衣冠进难,多所萃止,艺文铭术,斯之为盛。今虽闾阎贱品,处力役之际,吟味不辍,盖因众颜徐庚之风扇焉。"

扬州人的这种性格似乎有着许许多多的佐证。如张祜的一些诗篇,像《扬州法云寺双桧》、《到广陵》、《隋堤怀古》、《途次扬州赠崔荆二十韵》、《庚子岁寓游扬州赠崔荆四十韵》和《纵游淮南》等,描述了扬州的民俗生活内容。最典型的是他的《纵游淮南》:"十里长街市井连,月明桥上看神仙,人生只合扬州死,禅智山光好墓田。"这使我们联想起杜牧的《寄扬州韩绰判官》中的诗句:"二十四桥明月夜,玉人何处教吹箫。"张祜未仕,浪迹扬州,看惯的是"小巷朝歌满,高楼夜吹凝,月明街廓路,星散市桥灯",而杜牧却在扬州担任着淮南节度推官等职,杜牧和张祜的身份不一样,但他们描绘的扬州画图几乎是完全相同的。如他的《赠别》:"娉娉袅袅十三余,豆蔻梢头二月初。春风十里扬州路,卷上珠帘总不如。"又如他的《遣怀》:"落魄江南载酒行,楚腰纤细掌中轻。十年一觉扬州梦,赢得青楼薄幸名。"《太平广记》卷 273 载高彦休《唐阙史》中有一段记述杜牧在扬州的生活琐事,我们也可管窥到扬州市民文化生活的狂欢境遇:"扬州,胜地也。每重城向夕,倡楼之上常有绛纱灯万数,辉罗耀烈空中。九里三十步街中,珠翠填咽,邈若仙境。牧常出没驰逐其间,无虚夕……所至成欢,无不会意。"《全唐文》卷 744 载《〈成都记〉序》:"大凡今之推名镇为天下第一者，曰扬益。以扬为首，盖声势也。人物繁胜，悉皆土著；江山之秀，罗锦之丽，管弦歌舞之多，伎巧百工之富，其人勇且让，其地腴以善，熟较其要妙，扬不足以侔其半！”又如李肇《唐国史补》卷中所载一段：“扬州有王生者，人呼为王四舅，匿迹货殖，厚自奉养，人不可见。扬州富商大贾，质库酒家，得王四舅一字，悉奔走之。”这些材料给人一种深刻的印象，帝国皇都的那种富丽这里有，那种等级分明、井然有序的秩序这里却一改为放浪形骸，表现出充分的自由。这就难怪宋代学者邢禺《尔雅疏》卷七《释地第九》中讲扬州“江南其气燥劲，厥性轻扬”。《旧唐书·李袭誉传》中载李袭誉目睹“江都俗好商贾，不事农桑”，直到清代还有诗人调侃扬州人“十里栽花算种田”，也是讲扬州文化性格与传统农业大相径庭的一面。扬州作为一个文化概念，既是富有，又是轻浮，同时也包含着“纤音”、“变诈”等与传统道德形成鲜明对比的“恶臭”。

如果进一步探究古代扬州人的生活，就能发现，他们已经突破传统宗法伦理的束缚，理性趋利、重商崇信。最迟到明清，就已经形成了城市生活必需的契约精神和有一定程度自治功能的自治团体。本来，只要有商业活动，就会必不可少地产生商业契约和协议。但是扬州人的市场经济关系已经发展到这一步，即契约不仅仅反映直接的商品交易关系和劳动雇佣关系，而且渗透到了组织经营之中。《扬州画舫录》卷二《草河录》中关于清代的扬州盐商记载说：“是园周氏，后归于王履泰、尉济美二家，皆山西人。王、尉本北省富室。业盐淮南，而家居不亲筹算。王氏任之柴宜琴，尉氏任之柴宾臣，皆深谙鹾法者。”这就是说，山西商人出身的扬州盐商王、尉二家的主人并不亲自经营业务，而是将之委托给熟悉盐务的柴宜琹、柴宾臣去办理。这颇类似于现代股份公司的资本的所有权与经营权相分离的情况。产业所有者对熟悉市场业务的经营者的信任，不是基于血缘亲情和地缘乡谊，而是业缘上的契约安排。直到20世纪90年代，我们的企业改革还在取法这种“现代治理结构”，不过这时我们已经把它误当成纯粹“西方”的东西了。

还有，具有重农抑商传统的历代王朝政府并没有提供中国商业发展的法律环境，扬州市民经济社会活动中的纠纷和秩序维护，很大程度靠的是契约和行会自治。中国宗法专制的传统社会，民法、商法付之阙如，朝廷颁布的法律差不多就是一部刑法。虽然像《大明律》、《大清律》这些法律的某些条款可以扩展到商业事务，但从当时的记载看，直接受理大量司法案件的县官、州官处理最普遍的是婚、户和田土方面的纠纷，明显地没有包含商业合伙和银钱借贷在内。这种局限,要从地方行政的角度来理解。这些"父母官",由于其儒学的传统,对家礼有相当的认识。作为地方官,他对税收和田产登记负有责任,所以也就必须熟悉田地的交易。商业不属于其经验范围,追求利润的德性本身也受到质疑,所以地方官通常对做生意的错综复杂的情况,既不敏感,也缺乏同情。因此传统社会的商业仲裁者是行会,而不是衙门。行会制定行规,也代表其成员与外人和官府打交道。行会是应市场交易的需要而产生的,但其主体并不局限于商人。事实上工商业等城市从业人员,在有所需要而政府公权力又不愿过多介入时,自行组织自治团体就是一个正常不过的选择。扬州城内,常常有各种行业帮会和会馆,对同乡、同行实行救济贫疾、养生葬死、尽同籍之义、稳同业之缘,举办公益和慈善事业,排解商业纠纷、调解内部矛盾;定期举行各种祭祀和公共娱乐活动等。

3. 对重农抑商传统的文化突围

唐代开始,有"扬一益二"的说法。它虽然不是全国性的政治中心,却是经济、文化中心、顶级繁华之地。扬州的繁荣,不仅仅是由于隋炀帝开运河等举措使扬州处于长江与北方水系相联系的机遇,更重要的是这个地区的人所具有的观念——它打破了固守残缺的文化中心主义。所以,照一些人看来它就显得那样轻浮,不合乎规范。这是商业文明史的一个普遍规律,它的兴起所付出的代价就是礼崩乐坏。可以设想,若没有战火的烦扰,扬州会成为一个非常了不起的城市。扬州、益州作为一种文化典型与西安、洛阳形成鲜明对比,这是我们的古典文明所培养的两种类型的文化都城,其中有许多问题值得我们思索。有许多史料表明,我们对都市文化的培养缺乏应有的自觉意识,而更多的是压抑或扼杀;封建朝廷为了限制藩镇等政治需要,尽量削弱或裁灭新兴都市的生命力,这不能不说是我国古代都市缺乏规模化的一个重要因素。扬州人"好商贾"应该是社会发展的积极因素,而几乎所有的史家对此表示出轻蔑或愤慨。事实上,《广异记·张李二公》和《玄怪录·张老》等文献中所描述的一些故事,诸如有卖药人凭一草帽就毫不犹像地付出千万贯,如果市场商务机制自身发展不健全的话,这些都是不可想象的。而正是由于"厥性轻扬"、"风俗轻扬"的文化判断的偏颇,对于扬、益二州的发展无论是朝廷还是知识层他们都缺乏冷静分析,所以就有意无意地抑制了我国古代商业都市的发展和繁荣。他们更多地是仅从表面去述说"江南其气燥劲,厥性轻扬",而没有看到

“市鄽持烛入”(姚合《扬州春词三首》)的内在因素。李绅《宿扬州》中讲:“江横渡阔烟波晓,潮过金陵落叶秋。嘹唳塞鸿经楚泽,浅深红树见扬州。夜桥灯火连星汉,水郭帆樯近斗牛。今日市朝风俗变,不须开口问迷楼。”这是很有代表性的,人们更多是为表面繁华所迷惑,根本没有人认真总结扬州发展经验,要么如苍蝇逐臭一样去求索安逸,要么诅咒自己没有得到的财富为何被他人占去那么多,进而在所有的文学作品中出现一种情结:仇富、仇乐,即仇视自由,仇视富有。这是我们的文化史不应该回避的问题。元慎《估客乐》为我们展示了一幅图画,其中既有“父兄相教示,求利莫求名。求名有所避,求利无不营”,又有着“城中东西市,闻客次第迎,迎客兼说客,多财为势倾”、“先问十常侍,次求百公卿。”一方面是商贾们唯利是图、不择手段的卑微心态,一方面则是为权势所欺压的孱弱。长安是这样,洛阳也是这样,而扬州、益州,尤其是扬州却不是这样,这里更多的是“轻扬”名下的商贸独立和自觉,因而它才有迅速发展起来的繁荣。扬州人喜爱的是生活中的歌楼,仰羡的是富商大贾,如王建《夜看扬州市》中的“夜市千灯照碧云,高楼红袖客纷纷,如今不似时平日,犹自笙歌彻晓闻”,他们的“淫靡放荡”又如何不是自由的天性体现呢!

权德舆的《广陵诗》写得更真切:“广陵实佳丽,隋季此为京,八方称辐凑,五达如砥平……青楼旭日映,绿野春风晴。喷玉光照地,颦蛾价倾城,灯前频巧笑,陌上相逢迎。飘飘翠羽薄,掩映红襦明。兰麝远不散,管弦闲自清……且申今日欢,莫务身后名,肯学诸儒辈,书窗误一生!”(见《全唐诗》卷328)这是扬州市民文化性格的集中体现,它告诉我们,城市文明的发展和繁荣常常以打破旧的道德观念和社会秩序为基础,人们的广泛的追求和需要被不断地满足才能刺激城市文明的迅速发展和繁荣,“书窗误一生”不仅是个体生命的悲剧,也是时代悲剧。这也是历史的规律。扬州地域文化的背后是城市文明发生发展机制的复杂运行,它的繁华和褒贬告诉我们,城市文明作为时代的先锋,其每一次飞跃都意味着对传统模式的超越,而传统模式无外乎农耕文明即小农生产方式下的宗法制占支配地位的社会秩序。千百年来,这种模式始终使我们陷人其苍白、贫乏,以至于我们的文化史在一定意义上讲就是农耕文明史,就是宗法观念史。鲁迅在《文化偏至论》中对文化中心主义的批判至今仍不乏启迪意义。同“礼失求诸于野”的文化生态观念一样,城市文明的发展更多的依赖于民间自觉和独立的发展机制,扬州是这样,世界上更多的文明都市也是这样。

以此来观察传统文人对扬州的责难，更能体会商业扬州作为农耕社会的异数，其历史进步意义。马克思有句名言："一切社会的思想都是那个社会统治阶级的思想。"古中国"自给自足的自然经济占主要地位，农民不但生产自己需要的农产品，而且生产自己需要的大部分手工业品。地主和贵族对于从农民剥削来的地租，也主要地是自己享用，而不是用于交换。那时虽有交换的发展，但是在整个经济中不起决定的作用"。所谓"自给自足"是就社会经济整体而言，主要表现为统治集团的穷奢极欲，而广大劳动人民则陷于普遍的贫困之中。农业与家庭手工业紧密结合在一起的小农制经济成为中国社会经济的基本核心，从春秋战国时期开始直到近代，时间经历了两千多年，从未有过任何质的变化。历代王朝普遍实行"重农抑商"政策，一方面把农民牢固地束缚在土地上，另一方面把主要的手工业、商业收归官府垄断经营，形成官营工商业，"工商食官"；实行"禁榷"制度，禁止私人经营获利丰厚的工商业（如盐铁），堵塞工商业自由发展的道路，以巩固专制统治的经济基础。有这种严密的制度防范，专制权力还不放心，他们还要收拾世道人心，用宗法伦理来打压商业文化与创新精神。在社会主流意识形态的影响下，人们普遍看不惯扬州城市文化这只"异兽"：圣人教我们"正谊明道"，扬州人却充满了市侩习气；大家都遵循"三从四德"等宗法义务，扬州人却偏偏张扬个性，浪漫轻浮。一切都不符合"存天理，灭人欲"的道德训诫和君父所规定的人伦日用。"人们自觉地或不自觉地，归根到底总是从他们阶级地位所依据的实际关系中——从他们进行生产和交换的经济关系中，吸取自己的道德观念。"①"一切以往的道德论归根到底都是当时的社会经济状况的产物。而社会上到现在还是在阶级对立中运动的，所以道德始终是阶级的道德；它或者为统治阶级的统治和利益辩护，或者当被压迫阶级变得足够强大时，代表被压迫者对这个统治的反抗和他们的未来利益。"②传统文人批评扬州所依恃的就是统治经济的道德，也就是社会主流道德。而扬州市民的行为所体现的却是当时人们并不能理解的新道德，是中国传统文化中的现代性的因素。

二、明清苏州的"资本主义萌芽"

20 世纪我国的马克思主义者认为明清时期在苏州为代表的江南地区出

---

① 《马克思恩格斯选集》第 3 卷，人民出版社，1972 年，第 133 页。
② 同上书，第 133—134 页。

现了所谓“资本主义萌芽”(目前学术界又有指其为“内卷化”发展的;但美国学者彭慕兰的《大分流》将18世纪的英格兰与明清的江浙进行对比,认为这比拿工业革命时期的英国和中华帝国做比较更合适,并称明清的江浙更有活力)。毛泽东在《中国革命和中国共产党》中说:“中国封建社会内的商品经济的发展,已经孕育着资本主义的萌芽,如果没有外国资本主义的影响,中国也将缓慢地发展到资本主义社会。”明中期以后,以生产商品为目的的纺织业逐渐兴起,并在江南一些地区发展成为独立的手工业工场。当时苏州所谓“机户出资,机工出力”的“机房”,就是手工工场。富有的机户依靠雇佣工人进行生产,这就是早期的资本家;靠出卖劳动力为生,计日领取工资的生产者“机工”就是早期的雇佣工人。与此相关的是一种唯物史观和阶级斗争话语体系。从20世纪90年代末开始,逐渐兴盛起来的新文化史研究,为传统史学注入了新鲜的血液,提供了一种新的研究范式,一些过去被历史研究者所忽视的内容得以重新界定。透过被定义为资本主义萌芽的历史现象,我们发现江南地区发展到明清时期,社会价值观念和生活方式出现了较大的变化,苏州市民文化在农民中国的背景下化蛹成蝶,破茧而出了。

1. 繁华的工商业城市

《红楼梦》一开头就提到了苏州。第一回中叙述:“当日地陷东南,这东南一隅有处曰姑苏,有城曰阊门者,最是红尘中一二等富贵风流之地。”明代南北两京是政治、军事中心,苏州是商贸都会。明代初叶,苏州的田赋在明中叶前是全国第一,后来因为发展了手工业,田赋缴税大户的地位被湖广取代,从天下粮仓变成工商业大都会。明代中叶开始,苏州的商业税收和手工业税收都是全国翘楚。据《万历会计录》,整个明代苏州的浒墅关在全国8个主要钞关中税收额名列第二,明显高于其他南方钞关,清代苏州浒墅关是重要的收税大关,直接属于中央和最高统治者掌握。

发达的手工业生产是苏州城市经济繁荣的突出表现。丝织业是传统的手工行业。唐宋以后,苏州即已成为丝织业生产最为发达的地区之一。相对于其他行业而言,丝织业更多地集中在城市,因而苏州享有“丝绸之都”的盛誉。花团锦簇的丝绸织品,与苏州城市的发展结下了不解之缘。早在宋元时代,苏州已有官办手工业机构织染局的设置。明初苏州织染局的规模共计房屋245间,分为东纻丝(即缎类织物)堂、西纻丝堂、纱堂、横罗堂、东后罗堂、西后罗堂

6 堂，共设织机 173 张，在居匠役计 667 名。

清初苏州织造局沿用了明代的方法，即“佥报苏、松、常三府巨室充当机户”。在总织局内设苏州、松江、常州三堂，佥派三府富户充堂长，额设花素机 400 张，工匠 1170 名。织造局按照派充机户的财力大小，分别派定机数，然后由他们雇匠织造。由于这种佥报制度弊害甚大，清廷于顺治八年予以飞出，而改为“买丝招匠，按式织造”的方式。“买丝招匠”制度，就是佥派富裕机户充当堂长、管事，负责局内生产的经营管理，同时由官府招募民间机户机匠，充当织造局的工匠。这些被召集的机户工匠，从官府领取口粮和工银，因而由民间独立手工业者转变为官营手工业工场的工匠。苏州织造局所实行的诸如“佥报巨室，以充机户”制度、“买丝招匠”制度，以及丝经整染加工中的“承值”制度、织挽中的“领机给帖”制度等，实质上都是封建的差役制度。建筑在封建国家所有制基础上的官营手工工场，依靠政治权力，剥削机户，充分表现了清朝官营手工工场的封建生产关系。

苏州织造局的工匠不断积累生产经验，技术水平较明代有所提高，表现为产品品种更加丰富，花色更加繁多，分工更为细致。但是，苏州织造局的产品，主要供作上用和官用，满足朝廷和官僚奢侈生活的需要，生产目的是产品的使用价值，因而无益于商品经济的发展。随着民间丝织业的迅速发展，从乾隆以后，官营丝织业的地位不断下降，其影响也就日渐缩小了。

明代中期以后，在官营丝织业渐趋衰落的同时，苏州民间丝织业得到了长足的发展。苏州东北半城已经发展为丝织生产的专业区，杨循吉记载嘉靖年间苏州城市丝织业的盛况说：“绫绵紵丝纱绸绢，皆出郡城机房，产兼两邑，而东城为盛，比屋皆工织作，转贸四方，吴之大资也”。万历年间，苏州的丝绸染织工匠约有万人之数，万历二十九年的一份奏折中说：“吴中浮食奇民，朝不谋夕，得业则生，失业则死。臣所睹记，染坊罢而染工散者数千人，机房罢而织工散者又数千人。”而且这还是经过宦官的横征暴敛、“吴中之转贩日稀，织户之机张日减”以后的情况。据统计，明末苏州的丝织机户约有 3 万人。

入清以后，苏州丝织业有了进一步的发展。生产的分工更为细密，除了丝绸织作以外，还有“结综掏泛”、“捶丝”、“牵经接头”、“上花”等多种辅助行业。从事丝织业的人数更为增加，康熙年间，“郡城之东，皆习机业”；乾隆时，“织作在东城，比户习织，专其业者不啻万家”。据计算，乾隆年间，苏州城内约有织机 1 万 2 千台，大约从事机织者 2 万人，从事迁经捶丝者 2 万人，从事掉经纬者 3 万人，其余经行、丝行、染坊、练绢坊、制机具工等各种分业者，亦为 2 万余人。另外，从事丝绸商业的商人约有万余人。这样，苏州城市从事丝绸生产和贸易者约为 10 万人，连同他们的家属在内，计近 30 万人，约占当时城市人口数的三分之一。有人对清代丝织业在苏州城市中的作用和地位作了这样的评价："有清一代，苏垣东半城几全为丝织业所聚居，万户机杼，彻夜不辍，产量之丰，无与伦比，四方客商，麇集于此，骎乎居全国丝织业之重心，而地方经济之荣枯，亦几视丝织业之兴衰以为断"。苏州民间丝织业的兴盛，于此可以概见。

作为明清全国经济中心的工商业城市苏州不仅丝织业极度繁荣，其他各行各业也走在前列。这里我们大篇幅介绍丝织业，是因为它被"资本主义萌芽论"者深入探究、广泛介绍，我们因袭陈说，旨在阐明新意。其实浏览《中国会馆志》，不难发现明清苏州为全国中心市场。明清时期，苏州共有会馆 64 家，公所 163 所(所属 136 个行业)。公所一般是行业性的，会馆一般是地域性的，苏州的会馆优势还不是特别明显，公所优势非常明显，苏州掌握了全国各种行业的命脉，说明了苏州作为全国商业、手工业中心的地位。明成化年间，苏州已是"列巷通衢，华区锦肆，坊市棋列，桥梁栉比"。明代中期以后，市场更为兴旺，唐伯虎《阊门即事》诗中称："世间乐土是吴中，中有阊门更擅雄。翠袖三千楼上下，黄金百万水西东。五更市买何曾绝，四远方言总不同。若使画师描作画，画师应道画难工。"诗中描述了来自各地的富商大贾操着不同的方言通宵达旦地进行巨额交易的情景，是当时苏州商业兴盛、贸易发达的真实写照。苏州城内货物丛集，所谓"枫桥之米豆，南濠之鱼盐、药材，东西汇之木排，云委山积"。入清以后，城市经济的恢复和发展相当迅速，市区扩张，人口稠密，市肆繁荣，乾隆年间更达到了鼎盛阶段，孙嘉淦《南游记》卷 1 中说："阊门内外，居货山积，行人水流，列肆招牌，灿若云锦，语其繁华，都门不逮。"乾隆二十四年(1759 年)苏州画家徐扬所绘《盛世滋生图》(又称《姑苏繁华图》)，生动形象地反映了当时苏州高度文明繁荣的情况。据初步统计，画面上人物摩肩接踵，熙来攘往，约有 12000 之众，河上货船、客船、竹木筏等约近 400 只，街上林立的商店铺户约有 230 余家，包括了 50 多个行业。当然，苏州的繁荣决非一幅图所能表达，实际情况犹有过之。

2. 突破轻商抑商传统

所谓的资本主义萌芽是指"处在萌芽状态的雇佣关系"，所以马克思主义史学前贤多从此入手研究明清苏州社会。认为取代超经济掠夺的官方手工业,大量民间手工业的雇佣劳动体现了新的生产关系。的确,苏州织染局这样的机构固然反映了苏州手工业的发达,但庞大的官方手工业的存在,对于丝织业商品经济的发展是一个障碍。从文化史的角度,织染局里的劳动者无奈地被朝廷权力强行编入工匠户籍,世代为匠作,不得参加科举,地位低于农民;而当社会上有大量人口主动选择以丝织品的生产与销售为职业的时候,其实也反映了人们价值观念的变迁。

明中后期丝织商品市场的扩大,丝织品已不尽是皇家御用和赏赉品。官僚、地主、士大夫和商人,也要衣锦衾绸了。市场上贩卖的,也不只是低级的纲、绢、帛、腰机、包头之类,也有了较高级的产品。事实上,民间机户的设备和工艺并不亚于官局,皇朝所需丝织品,也早就在向民间市买了。如成化时,福建、江西、湖广等处岁造缎匹不足,即“委官赍银”,到南京、苏州市买,以至“价值太高”(明《宪宗实录》卷155,成化十二年七月出申)。大约市买相当普遍,所以成化二十年(1484)下令各司府织染衙门,“不许另科银价,转往别处织买段匹”(《大明会典》卷201,工部21)。这里的“织买”也包括向民间机户订织。

明代织染局的工匠,主要是存留匠。他们原是民间机户,不再步赴京轮班,以存留形式在当地官局供役。所以,官局在工艺上实际上是以民间机户为基础的。他们的供役时间未详,即使比照住坐匠答算,每年也应有三分之一的时间是自营生理。当他们自营时,便是民间机户。但从市场情况看,单这些官匠自营,还生产不了那么多数商品,还必须有不给官局眼役的民间机户。苏州“东北半城皆居机妙”,到万历时“机户罢而织工散者又数千人”(明《神宗实录》卷361,万历二十九年七月了未),单这部分织工就比苏州官局的匠丁1700人多得多了。

清初建立苏州官局时,设机800张,织工2330名,康熙大年(1667)缺机170张,有人提议,由每20张民机中派一张充官(孙佩编:《苏州织造局志》卷四)。因此,当时苏州民机至少有3400张,为官机的4.2倍。明人小说中,有一段关于吴江县盛泽镇的描写,颇为生动:

“镇上居民稠广,……络纬机抒之声,通宵彻夜。”“温饱之家织下绸匹,必织至十来匹,最少也有五六匹,方才上市。即大户人家积得多的,便不上市,都是牙行引客商上门来买。施复是个小户儿,本钱少,织得三四

匹便上市出脱。”(冯梦龙:《醒世恒言》卷十八,施润泽滩间通友)

民机大户凭借规模效应,等客上门,从容讲价。小户等米下锅,非常紧张。而大户家里织机太多,不可能都亲自操作,必得雇工。普通绸绢,也要夫织妻络;若织较高级的产品,须另有人挽花,一般要一机三人。纺经、穿综,就要另觅熟手,否则贻工费时,不利竞争。逐渐,小户沦为大户的雇佣。这和其他行业不同。我们所见明清采矿、冶铁、井盐、陶瓷以至踹布等业的雇工,多半是失业农民,以至是被称为“赤身无赖”“亡命避罪”之徒。丝织业的雇工,则必是有经验的织工,乃至是从苏、杭等地请来的高手,并且未见有学徒之例。有个关于后起的丝织区吴江县震泽镇的材料,可见其概:“绫绸之业,宋元以来惟郡人(苏州人)为之。至明熙、宣间,邑民渐事机丝,犹往往雇郡人织挽。成、弘而后,土人亦有精其业者,相沿成俗,于是震泽镇及其近镇各村民乃尽逐级绸之利。有力者雇人织挽;贫者皆自织,而令其童稚挽花。”(乾隆《震泽县志》卷二十五,生业)明清笔记记载说:“我吴市民罔籍田业。大户张机为生,小户趁织为活。每晨起,小户数百人,嗷嗷相聚玄庙口,听大户呼织。日取分金为饔飧计。大户一日之机不织则束手,小户一日不就人织则腹枵,两者相资为生久矣。”(蒋以化:《西台漫记》卷四)

丝织业的巨大利益,不仅吸引民间资本和劳力涌入;连官方都表现出一定程度的“亲商”姿态,这是城市社会对“抑商”传统的又一次突围。分别立于康熙四十年(1701 年)和雍正十二年(1734 年)的《苏州府约束踹匠碑》、《奉宪永禁机匠叫歇碑》,针对日趋激烈的劳资纠纷,肯定“机户出资经营,机匠计工受值”,禁止工人随意叫歇勒索银两(罢工要求提高工资),完全不顾“士农工商”的传统尊卑顺序,亲商抑工。[①]

3. “苏空头”:被数落的市民风貌

明遗民艾衲居士写了一本小说集叫《豆棚闲话》,书中多处议论苏州人的缺点。例如在第二篇故事中,作者写“苏空头”爱听人家奉承:“吴王是个‘苏州空头’,只要肉肉麻麻奉承几句。那左右许多帮闲篾片,不上三分的,就说十分;不上五六分,就说千古罕见的了。”在第十篇故事中,作者更是指桑骂槐,借

① 《两块反映资本主义萌芽的碑刻》,《苏州日报》2012 年 06 月 18 日。

一种扁豆以讥刺苏州人。他说天下扁豆的品种甚多,开花后总会结出果实来,可以充饥,也可以入药。但是,“惟‘龙爪’一品,其形似乎厚实,其中却是空的,望去表里照见,吃去淡而无味,止生于苏州地方,别处却无”。此中缘故,作者借书中人之口解释说:

> 这也是照着地土风气长就来的。天下人俱存厚道,所以长来的豆荚,亦厚实有味。唯有苏州风气浇薄,人生的眉毛,尚且说他空心,地上长的豆荚,越发该空虚了。
>
> 苏州风俗,全是一团虚哗,一时也说不尽。只就那拳头大一座虎丘山,便有许多作怪。阊门外,山塘桥到虎丘,止得七里。除了一半大小生意人家,过了半塘桥,那一带沿河临水住的,俱是靠着虎丘山上,养活不知多多少少扯空砑光的人。即使开着几扇板门,卖些杂货,或是吃食,远远望去,挨次铺排,倒也热闹齐整。仔细看来,俗语说的甚好——翰林院文章,武库司刀枪,太医院药方——都是有名无实的。一半是骗外路的客料,一半是哄孩子的东西。不要说别处人叫他“空头”,就是本地有几个士夫才子,当初也就做了几首竹枝词,或是打油诗,数落得也觉有趣。

这种口吻是不是似曾相识?当传统文人记录下农业文明对扬州“轻扬逐利”城市风俗的观感时,也是横竖不顺眼,认为轻薄而不厚重。这就是农民国度与市民城市的文化反差,主流文化与区域异端的反差。

孤证不立。征之史料记载,明清苏州人被称为“空头”,几乎俯拾皆是,而且多与买卖算计和市井生活相关。明代有一部笑话集,叫《时兴笑话》,题作“陈眉公先生辑”。里面有一则笑话,题目就叫“苏空头”,反映时人对于“苏空头“的看法:

> 一帮闲苏州人,谓大老官曰:“我为人替得死的。”一日,大老官病将笃,医生曰:“非活人脑子不能救矣。”大老官曰:“如此我得生矣。”遂谋之苏人,苏人曰:“非是我不肯,我是苏空头,是没有脑子的。”

这则笑话所透露的信息,一是当时苏州的帮闲很多,二是帮闲们喜欢说大话,三是他们的大话实际上并不能兑现。言过其实,名不副实,正是“苏空头”

的特征。苏州的浮华风气，远不只是帮闲们身上才有，这是一种影响了整个社会的风气。明人谢肇淛在《五杂俎》卷三里，已经剖析过这种风气流行的广度与深度。他认为，在苏州，从知书识礼的文人到游手好闲的市民，都无不沾染了华而不实的陋习：

> 姑苏虽霸国之馀习，山海之厚利，然其人儇巧而俗侈靡，不惟不可都，亦不可居也！士子习于周旋，文饰俯仰，应对娴熟，至不可耐。而市井小人百虚一实，舞文狙诈，不事本业。盖视四方之人，皆以为椎鲁可笑，而独擅巧胜之名。殊不知其巧者，乃所以为拙也！

这与今天人们对上海人"精明而不高明"的议论何其相似。与扬州人被讥为"扬盘"一样，"空头"还有虚张声势、华而不实的意蕴。这与既让人钦羡又令人鄙夷的明清苏州奢侈风俗不无关系。作为以农业立国的传统国家，中国社会以及儒家价值观都是主张勤俭与质朴，而明清时期的苏州所在的江南地区却反其道而行，奢侈之风大肆盛行，并且弥漫于整个社会，成为各阶层争相追求的新时尚，时人述评："衣食之原，在于勤俭。三吴风尚浮华，胥隶、倡优，戴貂衣绣，炫丽矜奇。"（袁景澜《吴俗箴言》,《吴郡岁华纪丽》）本来，"江浙犹尚朴素，子弟得乡举始著绸缎衣服"，明清以降，丝绸已由官僚士绅的专用品成为民间百姓的一般服饰，由供少数人享用的奢侈品成为多数人都能享用的普通消费品。"不论富贵贫贱，在乡在城，俱是轻裘，女人俱是锦绣，货愈贵而服饰者愈多"，时人感叹道："天下饮食衣服之奢，未有如苏州者。"[①]女性和一般平民，在奢侈盛行的社会风气下，也成为其不懈的追随者和践行人，与豪门富室实有过之而无不及。袁景澜又说道："妇女惟贵端庄，不在艳妆华服。裙布钗荆，足徵女德。乃有首戴金银，身穿罗绮，已云华美；何乃衣裙必绣饰织金，钗环必珍珠宝石，群以鬼美为胜。更有贩竖妻孥，亦皆绸缎金珠，不肯布素。"[②]

袁氏在此显然表达了他不赞同民众尤其是女性和一般平民去刻意追求华美豪奢的服饰，相反，他坚持认为妇女的德性在于"端庄"而不是"艳妆华服"，

① 石琪主编：《吴文化与苏州》，同济大学出版社，1992年，第265页。
② 袁景澜：《吴俗箴言》，载《吴郡岁华纪丽》，江苏古籍出版社，1998年，第7页。

充其量有“裙布钗荆”的简单装扮即可。但是,明清时期的广大苏州女性可不这样认为,在她们眼中,一般的头戴金银、身着罗绮已经不够,身上的衣裙必须要“绣饰织金”,首饰也必须要有“珍珠宝石”,这样才能彰显她们的高贵与美丽。但更让人吃惊的是,连一般小贩的妻室,也身着华丽的绸缎以及佩戴金银珠宝之类的首饰,绝不肯“布素”。苏州城之富庶与民众生活之奢侈在服饰上面表露无疑。可见,广大民众皆以追求奢华的服饰为尚,形成一股强大的社会潮流与消费风气,这显然不是单个人的批评反对所能挽回的,时代的大环境决定了民众服饰及其享乐生活的走向和结局。

兼之,苏人好游,逸乐消费甚钜。“吴中自昔号繁盛,四郊无旷土,随高下悉为田。人无贵贱,往往皆有常产。以故俗多奢少俭,竞节物,好游遨。”(范成大《吴郡志》卷二《风俗》第13页)明清时评,认为苏州人精明而不高明,“苏空头”聪明过头反而转为“苏呆子”,依据之一就是苏州人好游成风。清人揆叙,是满洲正白旗人,明珠之子,容若之弟,他在《隙光亭杂识》中引袁中郎语云:“苏州三件大奇事,六月荷花二十四,中秋无月虎丘山,重阳有雨治平寺。”这三个节日,苏州人无论阴晴,均要倾城而出,故揆叙讥曰:“由此以观,‘呆’名果不虚也!”前引明人《豆棚闲话》所谓“只就那拳头大一座虎丘山,便有许多作怪”,就反映了他们对苏州游乐文化的看不惯。但是苏州人就是喜好虎丘山下、白堤七里,青衫白袷点缀其中这逸乐生活的奢华享受与审美追求。奢侈风气下的民众服饰与逸乐生活下的山塘、虎丘——集吴中经济文化与自然风光为一体的历史载体,在明清的历史大舞台上完美契合,共同演绎出华丽服饰点缀下的苏州城市山水的逸乐场景。透过这些微不足道的、以往不受史家重视的物象,我们能够更清晰和全面地了解明清时代苏州城和苏州百姓的真实生活,从而解读出在传统生活与儒家伦理之外,还存着另一种人生价值的追求和生活实践。

三、“苏意”、“扬气”:江南城市文化特质

明清时期,江南形成了由南京、扬州、苏州、杭州等一系列城市构成,比较发达的城市群体系。苏州、扬州作为江南城市的代表,两地的风俗对流在物质生活方式、行为方式、价值观念等各个层次上展开,部分风俗竟表现出惊人的一致。

1. 苏扬双城风俗比较

物质生活上以服饰、饮食为例，服饰犹如社会镜子，明清苏州妇女的服饰最为绚丽多彩，在装扮上领导时代潮流，予扬州妇女以不小影响。一佚名诗人曾在《广陵古竹枝词》中咏道："杏放娇红柳放黄，谁家女子学吴妆？乌绫三寸齐眉勒，阔袖迎风几许长"，即是扬州女子以苏州装扮为时尚的生动写照。及至清末民初，臧谷在《《续扬州竹枝词》中对维扬女子发饰作了描绘"茉莉花浓插满头，苏妆新样黑于油"，在乌黑的头发上插满散发浓香的茉莉花，是扬州妇女争梳的头饰"新样"，而这种时式仍来自"苏妆"。可见，长期在妆束上左右扬州妇女审美情趣的，正是不断推陈出新的苏州女妆"苏式"，还直接催发了扬州的服饰业。乾隆时，城内出现了专门的彩衣街，服饰妆束，趋异竞新。

饮食方面，苏、扬两地人士竞相斗侈，讲究丰奢与排场，为人尽知。此外，两地的有闲人，无不嗜好喝茶饮酒、听戏拍曲、游山玩水、打牌赌博。于是，又催化出了富有特色的茶酒风俗。在苏州，城厢内外，茶馆极多。大街小巷，到处可见酒店。"任尔忽忙步未休，不停留处也停留。十家点缀三茶室，一里差参数酒楼"，苏人惯于早上起身便孵茶馆，在茶馆里喝茶，兼用小吃，吃饱喝足后方始办事，称之为"早上皮包水"。至于苏人饮酒，不但去处多，仅《盛世滋生图》上所绘自枫桥至胥门一带的酒肴小吃店就不下百处。虎丘山塘一带的酒家也有上百户，且讲究艺术。骚人豪客或宴饮于色艺称雄的名媛书寓，形成所谓"书寓菜"；或载酒乏舟于鱼浅波平的水上，形成所谓"船菜"……精、洁、俏、雅，其味隽永，非他处所能及"。[①] 平民百姓则在小酒店内，买一筒热酒，端一盆焐酥豆，浅斟细酌，自我陶醉。无独有偶，扬州人也好闲居茶肆，啜敬清谈，因而素有"渴相如"之雅号。扬人尤尚苏州茶俗之悠雅，为能领略其清雅韵味，他们遍设茶坊，出现了《邗江竹枝词》中所说的"老班茶社翻苏馆"、"扬款焉如苏式昂"之情景，足见苏州茶酒风俗对扬州的影响。

行为方式上，苏、扬两地不约而同，盛行着矫饰和靡费风习。以闲俗为例：苏人素喜游山玩水，冶游之风颇盛四时八节，各种游乐活动连续不断，相沿成习。扬州盐商追慕苏州浮靡世风，逢佳节也必举行盛集，供邀宸赏。富商巨贾，曲中名妓，一切好事之徒无不藉机成集，以致熏染了闺阁。"凡在邻境，皆有妇工。唯扬州群与嘻嘻，无所事事，共趁青春之景，约去看花。难消白日之

---

① 石琪主编：《吴文化与苏州》，同济大学出版社，1992 年，第 329 页。

闲，邀来斗叶。甚至锣鼓响处，莲步争趋；茶酒肆中，玉颜杂坐”，[①]蔚为一时风尚。这种浸在池中的享受，在苏被称之为“水包皮”。同样，扬州有闲阶层也有“午后水包皮”之僻，城内外浴室数以百计，浴滔之盛，“美甲他处”（费执御：《梦香词》，见林苏门：《邗江三百吟》卷 3《俗尚通行》）。

社会信仰方面，苏、扬两地同被笼罩在拜金之风中。明清时的苏人，为求发财，特别热衷于“接财神”。每年正月初五，家家户户都要高悬大红灯笼，供奉财神老爷，“五日财源五日求，一年心愿一时酬。提防别处迎神早，隔夜匆匆抢路头”，咏唱的就是苏人迫不及待的求富心理。每年农历八月十八前后，苏人至上方山，从五通神庙里向神借阴债，冀日后财运亨通。当以重香重物借得阴债（纸制大元宝）回家后，还要烧香点烛，“招财进门”。扬州有着与苏州极为相似的求财风俗：“每逢新春佳节，各贸易铺户书写‘对我生财’四字，或贴门头，或置柱上，以祈来年吉市。正月初五日，俗祀财神，称‘财神圣诞”，家无贫富，必设供以招之，名日‘接财神’”，[②]以盐商祀奉财神最虔诚。扬州运河旁有邗沟大王庙，俗称”邗沟财神庙”，内供吴王夫差和刘濞之位，当地俗谚日：“扬州好，借贷上邗沟，天鉴苦衷如我愿，人难应手向神像，黄白解穷愁”。（惺庵居士：《望江南百调》，见《扬州丛刻》）上述“借元宝”即”借阴债”，原系苏州独特的民间信仰风俗，屡禁不止。其在扬州如此兴盛，同盐商财神崇拜和趋利心态难以分开。

陋俗方面，引人注目的是苏州娼妓，世人称“苏帮”，亦叫“苏浜”。李斗在《扬州画舫录》卷九中说：“官妓既革，土娼潜出。如私窠子、半开门之属，郡城呼之为‘网船浜’. 遂相沿呼苏妓为‘苏浜’，土娼为‘扬浜’。一逢禁令，辄生死逃亡不知所之”，这便是其名的来历。“苏帮”常随船飘流，在扬颇有势力。从佚名《邗江竹枝词》所述“扬帮难得及苏帮，水色原来下路强”，及金长福《海陵竹枝词》中“扬帮不比苏帮好，误煞良家美少年”之句来看，在扬州，“苏帮”的地位要高于“扬帮”。张维桢《湖上竹枝词》云：“多少游船停桨望，堂名认识是苏帮”，说明了“苏帮”的活动范围不仅在扬州城里，还扩展到城外瘦西湖，甚至连扬州府属邑泰州，也能见到其踪迹。苏娼虽身处社会底层，却不乏能歌善舞之

① 桂超万：《宦游纪略》卷五，转引自王振忠：《明清徽商与淮扬社会变迁》，生活 · 读书 · 新知三联书店，1996 年，第 139 页。

② 王振忠：《明清徽商与淮扬社会变迁》，生活 · 读书 · 新知三联书店，1996 年，第 141 页。

辈，正是她们把“吴腔”、“吴歈”、“苏腔”、“苏唱”传至扬州，以致吴腔风行于扬，富家子弟纷纷醉心于此。“年轻无业学滩簧，憋得苏腔不落堂”；“郎惟街头听苏唱，妾喜庵中结福缘”，《邗江竹枝词》和《红桥舫歌》维妙维肖地刻划了扬人的痴迷之态。他们学“苏腔”，听“苏唱”如此乐不思蜀，客观上促进了苏、扬两地风俗文化的交流。

作为江南大都市，苏、扬两地存在着太多的同中有异和异中有同。经济的富足，文化的昌盛，使两地人的感官日益敏锐和细腻，他们创造出无数新异、精致，用于赏玩的风尚习俗。风格上又各具特色，发展为“苏帮”和“扬帮”。如园林：“苏州建筑及园林，风格在于柔和，吴语所谓‘糯’。扬州建筑与园林，风格则多雅健。”[①]如盆景：苏派追求造型自然，舒展，以“浑然天成”为最佳境界。扬派讲究一寸三弯，孤峭狂傲，以“鬼斧神工”为上乘。又如裱褙：苏、扬两派均善仿古，配色古雅，又各有妙处。苏派擅精裱纸本和绢本，可数百年不损。但漂洗灰暗之纸绢及修补割裂等技，逊于扬派。扬派裱画，一经装潢能洁白如新，然不及百年，纸绢损裂。再如绘画：吴门画派以山水为主，致力于宁静淡远、蕴蓄风流的艺术风格，体现自得其乐的心态，温雅而平和。扬州八怪以花鸟为主，师造化、抒个性，表现出愤世嫉俗、清刚跌宕的独特人格，傲岸而奇倔。再如戏剧：“雅部”昆腔谐于律，音繁缛。“花部”“乱弹”则词直质，音慷慨，妇孺亦能解。文学方面：苏、扬两派是清末民初文坛上并驾齐驱的两支劲旅。苏州派以平淡素雅著称，扬州派却以曲折幽深闻名。其他如烹饪、叠石、琴学、工艺、经学等领域，均有苏派、扬派之分。其分别以口味之淡浓，形态之正奇，旋律之疏密，技法之秀雄，及治学之好古或求通来表现出各自的特有精神。正是在苏、扬两派不断的交流与碰撞中，江南风俗文化才被发挥到极致。

2. 苏意与扬气

明清时候的苏州，有一个词叫“苏意”，反映了它作为当时全国时尚风向标的社会现象。但凡苏州人说好，大家便群起效仿、追捧。苏州人说过时了，全国人便弃之犹恐不及。王士性在《广志绎》中说：“善操海内上下进退之权，苏

---

① 陈从周：《惟有园林》，百花文艺出版社，1997 年，第 75 页。

人以为雅者，则四方随之而雅，俗者，则随而俗之。”[①]明代文震孟《姑苏名贤小记·小序》亦言：“当世言苏人，则薄之至用相排调，一切轻薄浮靡之习，咸笑指为‘苏意’，就是‘做人透骨时样’。”不仅如此，在当时，一切希奇鲜见的事物，也径称为“苏意”。[②] 如史载，时有一人刚到杭州上任做官，笞打一个身穿窄袜浅鞋（这是当时的一种时尚穿着打扮）的犯人，因一时想不出如何书封，灵机一动，写上“苏意犯人”四个大字。而明人吴从先在其《小窗自纪》中所言“苏意”，又特指一种生活方式，“焚香煮茗，从来清课，至于今讹曰‘苏意’。天下无不焚之煮之，独以意归苏，以苏非着意于此，则以此写意耳”[③]。总之，正如有的学者所论，所谓的“苏样”，就是苏州人生活中累积的文化样本，而此“苏样”所具体呈现出来的生活态度、行为，则被世人指目为“苏意”。

“苏样”是时尚和潮流的代名词。在明清的社会语境中，时尚代表了两层含义：一为新鲜、离奇；二为风雅。从这个意义上讲，“苏式”代表的又是一种时尚的文化品位。首先，凡是见到式样新鲜、离奇的苏州东西，一概称之为“苏样”；见到别的希奇鲜见的事物，也径称为“苏意”。如万历《建昌府志》称：“迩来一二少年，浮慕三乏吴之风，侈谈江左，则高冠博袖，号曰苏意。”[④]

“苏式”之所以能成为时尚和潮流的代名词，这里面有着复杂的原因。“吴中素号繁华，……凡上供锦绮、文具、花果、珍羞奇异之物，岁有所增，若刻丝累漆之属，自浙宋以来，其艺久废，今皆精妙，人心益巧而物产益多。至于人材辈出，尤为冠绝。”[⑤]明人王铸《寓圃杂记》这段记载点出了苏州时尚是如何形成，并日益为天下所宗的最重要因素：一为“物产益多”，二为“人心益巧”。换成现代的术语，即地域性的“原生态环境”，即“地理——人文环境”。而明人张瀚在《松窗梦语》所说，又提供了第三方面的生成原因，即今天所讲的新生态环境：“四方重吴服而吴益工于服，四方重吴器而吴益工于器……工于器者，终日雕镂，器不盈握而岁月积劳，取利倍蓰；工于织者，终岁纂组，华不盈寸，而锱铢之缣，胜于盈丈。是盈握之器，足以当终岁之耕；累寸之华，足以当终岁之织

① 王士性：《广志绎》（卷二两部），中华书局，1981年。

② 文震孟：《姑苏名贤小记》，明代传记丛刊本，台北明文书局，1991年。

③ 吴从先：《小窗自纪》，中华书局，2008年。

④ 劭子彝等修，琪光等纂：《建昌府志》，台北成文出版社，1989年。

⑤ 王锜：《寓圃杂记》卷五《吴中近年之盛》。转引自谢国桢、牛建强、王学春、汪维真：《明代社会经济史料选编：校勘本》（下册），福建人民出版社，2004年，第41页。

也”。[1] 可见，工艺美术较高的商业价值，进一步刺激了它的生产与进步，加快了苏州操持海内进退之权的优势地位。时尚的形成，无疑是生活时代性的最好体现。但既然是时尚，则就如一股流行之风，处于一种不断变化的过程之中，其变化之快，有日寸可能转瞬即逝。如邱维屏《亡友魏应搏传》记魏氏：“游吴、越归，冠吴冠，高尺有二寸，县中人尽笑之。后三月，县中无不冠者，冠或尺四寸。”

而扬州则以所谓“扬气”与它双峰并峙，共同诠释着江南市民的精神风貌。唐宋以来，扬州向以繁盛而著称，到了清初，扬州更是盛极一时，成了全国的偶像，于是便有了“扬气”一词，“作事轩昂，向曰‘扬气’，以江南盐商为多，其作事尽事奢华也”。18 世纪的《扬州画舫录》中提到扬州盐商奢侈畸形的消费风气：选美选腻了，开始选丑，姑娘们大热天在脸上涂上酱油，在太阳底下暴晒，比谁更丑些；比有钱，在金箔上刻上自己的名字，集体跑到镇江金山的宝塔上，把金箔往外扔，看谁家的金箔第一个飘到扬州……

将这种消费方式发展到极致的结果是，优美的居住环境，演变为成熟的园林建筑，并养活了大批的花匠、瓦匠、木匠；闲情蔓延出现了发达的戏曲艺术和戏院，历史上“扬州美女”的出处也与此有关；当时有“养瘦马”一说，又衍生出香粉业，现在是老字号的旅游商品；钻研口腹之欲，出现了淮扬菜系和名厨；打发时间又出现了大量的茶馆和浴室……。

当时许多城市以“小扬州”自居，以显示自己的繁华，如北方重镇天津，就有诗人形容它“十里鱼盐新泽国，二分明月小扬州”。当年的上海，则远远不能同扬州相比。正如知名记者兼作家曹聚仁在《上海春秋·开埠》里所说：“中国历史上最悠久最热闹的大城市，正是扬州，并非上海。上海是在长江黄浦江交汇处一个小港口，三百年前比不上浏河，百五十年前只敢以苏州相比，夸下口来说，小小上海比苏州。至于扬州，实在太光辉了，高不可攀，怎么能比拟得上?”但到了近代，形势逆转，画家丰子恺在《说扬州》一文中称：“我觉得扬州只是一个小上海了。”繁华的都市扬州，恰恰与上海换了一个位置，“洋气”取代了“扬气”。

马克思说：“典型的古代的历史，这是城市的历史，这是一种城市和乡村不分的统一（在这里，大城市只能看作王公的营垒，看作在经济制度上一种真正

① 张瀚：《松窗梦语》，中华书局，1985 年，第 76—77 页。

的赘疣），在中世纪（日耳曼时代），农村本身是历史的出发点，历史的进一步发展，后来便在城市和乡村对立的形态中进行。”①古代中国在苏州、扬州这样的局部区域，也出现了以商业资本积累为铺垫的城市与市民阶层。但是，由于种种特殊的原因，马克思所说的那种“典型的古代的历史”或者说“城市的历史”，在中国并没有完全铺展开来，没有形成独立的历史进程。于是，既往历史的大背景，就只能是一种亚细亚式的农业文化氛围，进士郎中、庶民百姓，都不以自身主观意志为转移地熏染其中。以至于在今天的现代化进程中，我们仍然强烈地感受到传统文化的重负。偏激者因此全盘否定中国文化，主张西化。本来，任何一个民族的现代化相对于其自身的历史传统，都一方面是一种超越，另一方面又是一种继承。只有在自身历史传统中能够找到良性的文化根基，才能够成为一个民族现代化运动的精神支撑。江南城市文化虽然在历史上并没能挣脱农业文明宗法社会文化的罗网，但作为一种中国本土文化，是传统文化中最富于现代性的资源，值得我们挖掘利用。在中国文化传统中，除了江南城市文化之外，其他传统对个体基本上都是充满蔑视与敌意的。所以说，江南城市文化最重要的现代性意义就在于，它最有可能成为启蒙、培育个人主体性的传统人文资源。尽管它还有严重的局限性，还不够全面，但毕竟是来自中国文明肌体自身的东西，也是我们所能设想的最有可能避免抗体反应的文化基因。

Two Cities of Southern Region of Yangtze River: Modernism Resource in Regional Cultural Tradition

Abstract: Historical culture of Southern Region of Yangtze River is an exception of traditional Chinese culture. That the process of Chinese economic and cultural core moved from central China to southeast China in the history, especially the regional economy and social development during Ming and Qing dynasties, forged the commercial consumer-city based on market, supported ancestor's cultural creation with rich economic strength, and made the traits of Su-taste, Modern and Shanghai-style. Its urbanity character was so

① 马克思：《资本主义生产以前各形态》，人民出版社，1956 年，第 15 页。

hugely different from rural Chinese cultural settings, which both being envy of its richness and being denounce of its snobbishness and frivolousness by normal literati. It is said that commercial Southern regional culture of Yangtze River, as a part of Chinese traditional culture and as the most modern factor of Chinese traditional resource, was and is one of the inherent basis of Chinese cultural/social modernism transition.

Key Words: Chinese traditional culture, Southern region of Yangtze River, urban culture

作者简介：余大庆，苏州行政学院教授；余志乔，上海师范大学人文学院研究生；本文为环太湖发展研究中心 2017 年度项目(编号 HF1702)《环太湖地区传统文脉及其传承发展研究》阶段性研究成果。

艺术中的都市文化

《红楼梦》叙事与时间问题

詹　丹

摘要：《红楼梦》的叙事，其时间跨度从贾宝玉出生到出家为止，大致有十九年，整体节奏是中间慢两头快，并通过穿插家族的节庆活动和人物的人生礼俗，表现家族的盛衰以及人物思想情感的独特性。

关键词：《红楼梦》；时间节奏；节庆活动；人生礼俗

一、关于《红楼梦》时间问题的说明

《红楼梦》的时间问题可以从几个角度来讨论，这里先讲《红楼梦》时间的整体分配。

以前分析空间的问题时我就谈到了时间，谈到时间是如何与空间纠缠在一起、渗透进空间的。因为小说是以大荒山的石头为虚拟的叙述者，这块石头下凡伴随着贾宝玉在贾府出生、长大的经历，直到它离开，构成了《红楼梦》小说主要内容的整个时间跨度。我们根据贾宝玉出家时贾政说的“宝玉是下凡历劫的，竟哄了老太太十九年”这句感叹，来推断《红楼梦》所写的整个时间跨度大致是十九年。以前我上课时，有同学对我引用这句话提出疑问，认为后四十回是程伟元、高鹗等人的续作，很难说符合曹雪芹的原意，是否也可以把这十九年作为时间跨度的一个依据呢？我只能说这也是无奈之举。虽然也有学者提出，后四十回基本还是曹雪芹的原稿，程伟元、高鹗等人不过是在这个基础上整理加工的，但我还是认同更多学者的意见，认为这不是原作。这个问题讨论起来就复杂了，我们以后讨论《红楼梦》“接受”专题时，会稍稍谈到它。这里只能简单说，因为从艺术直觉上来判断，从一个具有阅读经验的读者立场来看，我们很难把前八十回与后四十回认定为同一个作者。关于这两部分的艺术本质差别，我们以后也会有专题讨论，先不展开。现在我们只能说，后四十回虽然是别人的续作，但大致上还是延续了前八十回的一个创作思路，我们相信续作者是在对《红楼梦》前八十回有过比较深入研究的基础上进行了续作，才不至于与原作的构思差别过大。所以从一百二十回的范围来讨论小说的跨度问题，还是有一定的合理性。

不过在进入叙述的时间分配问题来讨论时，我先要说明一下，小说的时间问题以及《红楼梦》本身的一些时间错乱问题。

首先是小说的时间问题。

小说中的时间与生活中的时间有联系也有区别，联系是什么呢？就是这两种时间都是我们人加到世界里的，都是我们人对这个世界做出的一种规定性，一种约定性。当这种规定性、约定性被大家都认可了，大家都承认了，那么这种规定性、约定性，好像就变得是世界的客观属性了。其实不是。如果地球上从来没有过人，就既谈不上有什么空间，也谈不上有什么时间了。理解了这一点，那么我们就可以知道，小说中的时间，既在一定程度上，遵守着大家已经认同的那种约定，同时，也可以根据作家个人创作特色，自己来对小说中的时间做出重新的安排。但其实呢，大家的这种约定，也不是说中外古今全部一致，没有任何变化的。比如，我们现在已经习惯用的公元纪年的方式，是从西方传过来的，公元元年是从传说中的耶稣诞生开始。从这一年开始，时间就一直往向走了，就像一枝射出的箭，不再回头。但是我们中国用天干地支来纪年的话，就不是直线往前的，而是走了六十年一甲子后，又重新开始了，它像一个个圆圈，可以不断循环。

在《红楼梦》里，石头从大荒山出去，来到人世，最后又回到大荒山，就像走完了一个循环，石头的循环可以说是静极思动，动极思静。而这种循环，在人世社会，就会表现为盛衰节奏的互相交替，就像我们在贾府的盛衰史中所看到的变化。当然了，现实生活中约定的时间观念，与小说中的时间，也会有区别。这种区别，与作家创作的特殊意图是有非常大的关系。就《红楼梦》来说，总体上看，小说的时间是中间膨胀的，但两头就相对收缩了。特别是大观园建成后，小说的时间节奏缓慢了下来，时间拉得特别长，这是总体的一种情况，我们后面会作些具体解释。

其次,《红楼梦》自身的时间错乱问题。

大家都知道,《红楼梦》是把几个世界的时间叠加起来的,所以就比较复杂。这里有大荒山的开天辟地以来的时间,有太虚幻境的梦幻般的时间,有曹雪芹在悼红轩中一门心思写他的《红楼梦》的时间,有甄士隐一家在相对独立的世界中展开的时间。这些时间的演进、推进方式,都是与描写贾府兴旺和衰败的时间过程有一定联系,但更是有重要区别的。如果说,这是《红楼梦》小说内部整体世界构成的复杂性而带来的时间多重性,在同一种时间的向度上,必然带来的各种错位,那么,小说本身写成的复杂性,比如多次修改过程中,常常把早期手稿中相对独立的部分安插在后来的修改稿中,以及书中人物太多,头绪太繁带来的时间错乱,可能最后作者自己也来不及好好梳理一下、协调一下,也会给我们读者带来不少困惑。这里,有时候发生的问题是人物自身的年龄前后不太一致,比如,当年俞平伯就提出巧姐年龄忽大忽小的问题。一会儿像抱在手里的婴儿,一会儿又可以下地跟小男孩玩了。有时候呢,人物与人物之间的年龄,好像无法匹配起来,好像他们虽然生活在同一个世界里,又有着不同的计算时间的方式。比如,第二十二回,小说比较慎重其事地写到了荣国府的管家王熙凤和贾琏筹划着怎么为薛宝钗过生日,因为这是薛宝钗十五岁的大生日。但是,第四十五回,又写到了林黛玉向薛宝钗说知心话时,说自己是"长了今年十五岁",但是这一年其实和薛宝钗过十五岁的生日还是在一年里,不过从春天到了秋天。那么,林黛玉怎么就变成了与薛宝钗同年龄了呢?这明显是不可能的。因为薛宝钗要比贾宝玉大二三岁,而贾宝玉又比林黛玉大一二岁,这样推算下来,薛宝钗要比林黛玉大三四岁是起码的,但在同一年里两人居然都是十五岁,显然是作者弄错了。或者本来没弄错,只是把不同阶段写成的稿子合并在一起,还来不及前后统一。或许,也有一种可能是,林黛玉故意有夸张的成分,把自己说大了,强调自己经历的时间久,这样把自己十岁出头,就说成了十五岁,结果让自己虚长了三四年。如果是这样的话,就更不可能用她的年龄作为时间的一个依据了。那么,如果碰到不同的人物,年龄有错乱的情况,到底用谁的年龄作为基准呢?我的观点是,既不能用薛宝钗的,也不能用林黛玉的,而是要用贾宝玉的年龄作为标准,用他的年龄作为一个依据,来校准其他人物年龄。

对于《红楼梦》小说的时间梳理,我基本上是参考了周绍良先生的"《红楼梦》系年"(周汝昌也有系年,不过周汝昌只梳理了前八十回的)的排列,他是依据120回的程高本，把《红楼梦》里的时间，根据每一回的次序，一回一回，往后排下来。当然，也有研究者，比如我们上海的一位老先生，不认同根据每一回依次往下编年的做法，他认为要根据书中写到的人物年龄，来重新梳理情节的关系，他说他花费了多年时间，总算得出了全书有两大板块和七个断点的看法，从而把《红楼梦》里的时间问题，都给解决了。比如，他举例说，林黛玉在第四十五回说自己今年十五岁并没错，但是薛宝钗在第二十二回是十五岁也没错，因为从第二十二回到第四十五回不是在写同一年发生的事，为什么这样说呢？他认为第三十七回有一个断点，就是这一回开头写贾政当了学政，到外地出差。贾宝玉没人管教他，于是就呆在大观园里过得自由自在的，书中有一句话写的是“光阴虚度，岁月空添”，那么这就是一个断点，这里没写出来的具体时间，就是给二年多的时间缺口留出了一个补充的机会，这样一来，就把薛宝钗和林黛玉同岁的问题很顺利解决了。不过，我觉得呢，这个观点其实还是可以再推敲的。因为依照贾宝玉的时间立场看，这里其实还是在同一年里，一个重要的依据是，依据周绍良每年算下来，这年贾宝玉是十三岁左右，正好比薛宝钗小二三岁，而且，第二十五回，写到把通灵宝玉带到人间的癞头和尚，又再次看到这块玉，就说了一句，“青埂峰一别，展眼已过十三载矣！”大家知道，这块玉是含在贾宝玉嘴里一起来到人间的，所以，根据这一点，我们是可以判断贾宝玉这年就是十三岁左右。那么，后来，从第二十五回到林黛玉说自己十五岁的那年，是不是在同一年呢？答案比较明确，还是同一年。因为直到第五十六回，写江南的甄家来人，说到甄宝玉的年龄，也是十三岁，甄宝玉是贾宝玉相对应的影子，年龄也相仿。而写到甄宝玉的第五十六回，从书中看，不过是第二十五回的下一年，两下一比较，还是比较合理的。这样，从小说自身的时间跨度来看，好像也无法从第三十七回可以插进去两年左右的时间。再说了，第三十七回开头说贾政出差，是八月，即使后面写贾宝玉在大观园里玩得很开心，有“光阴虚度，空添岁月”的描写，但如果把这些岁月的时间想得太死，也不妥当。仔细想来，似乎是无法用具体的年月来填补进去，因为也是在这一回，写探春提议成立诗社，然后用海棠花来写诗比赛，还写了吃螃蟹的状况，其实都是在秋天里发生的事。与前面写贾政八月出差，前后连得起来的，所以这“空添岁月”，其实添不进去多少天的。上面说的这些，大概也部分解释了我为什么要用贾宝玉的岁数，作为小说的基准时间的理由了。下面就来说说《红楼梦》里时间的具体分配。

二、小说整体的时间分配

1. 以贾宝玉年龄为小说时间依据

如果在一百二十回的范围内来对十九年的整体时间进行分割的话，中间最长的时间跨度是贾宝玉十三岁的那一年，大概占了三十多回。也就是说，从第十八回到第五十三回，有三十五回都在写贾宝玉十三岁那一年，占据了全书将近三分之一的篇幅。元妃省亲的这一年是在第十八回，是元宵节的时候，一直到第二次重要的元宵节是在第五十三回，所以说这一整年就占去了三十五回，可能是《红楼梦》中最核心的一年。其次便是下一年，贾宝玉十四岁，从五十三回到七十回，占了十七回的篇幅。然后七十回到八十回这十回的篇幅写的就是贾宝玉十五岁。因而，小说中占据篇幅最多的便是贾宝玉从十三岁到十五岁的这段时间。

那么贾宝玉十三岁往前推的情况又是怎样的呢？我们看第十二回到十七回贾宝玉大概是十岁到十一岁的样子，写了两年左右的时间。第九回到第十二回这四回写的是贾宝玉九岁到十岁的样子。第五回到第九回贾宝玉大概是九岁。因为第三回贾宝玉大概是八岁左右，第二回贾宝玉大概是六七岁，我们依据这个，就可以这样加以推断。接下来我们再看，贾宝玉十五岁这一年终止在第八十回，直至他十九岁出家，中间还有四年，也就是说用第八十一回到第一百二十回的篇幅写了四年的时间，粗略地算一下大概平均每十回写一年。

这样我们就把《红楼梦》整体时间的节奏给划分出来了。我们会发现主人公贾宝玉是迅速地长到十三岁，之后主人公成长的节奏明显放缓，小说书写的时间基本凝滞在主人公十三四岁的年纪，主人公十三、十四岁这两年加起来就占据了全书的五十二回，用了将近一半的篇幅写这两年。请大家注意十五岁是一个临界点，一般认为贾宝玉从十六岁开始就长大了。如果我们按照主人公贾宝玉的成长线索来给《红楼梦》的时间划分一个阶段的话，《红楼梦》的整体时间正好涵盖了主人公的童年、少年和青年，当然这都是粗略地大致而言，并不是很精细地刻画。需要再强调一下，主人公十三岁之前的儿童阶段过得很快，到了十三岁之后的少年阶段，成长节奏明显放慢，而且主要集中在十三岁和十四岁这两年，到了十六岁进入青年阶段之后时间节奏又放慢下来，四年之后主人公就马上出家了。所以这样来看，大家就更能理解有人讲的“《红楼梦》是一部拒绝长大的书”这句话的含义了。

我刚才讲到的就是《红楼梦》的一个整体时间节奏问题。我们可以来思考为什么《红楼梦》要这样来写？通过刚才的分析我们可以看到《红楼梦》整体的时间分配策略是：中间不断膨胀而两头相对概略，特别是前面的童年阶段尤其概略。所以时间节奏的问题是可以引起大家思考的。有一种说法是，因为曹家是在曹雪芹十三岁时遭遇抄家的，他们家族从此败落，所以十三岁成了曹雪芹心中永远的痛，他似乎想用书中拉长了时间的美好，来遮蔽现实生活中的伤痛，但我认为这更应该是一种人物塑造的艺术策略，是情节安排的需要，也跟小说着意表现的人生理想性有关系。

另外，我们在看《红楼梦》中的时间的分配时还应该注意的是，在贾宝玉十三、十四岁这样的时间段里有几件比较重要的事情的时间跨度尤其长。时间跨度最长的是一天的事情占了三回半的篇幅，在十三岁之前基本上三回的篇幅是可以写一年的，而在这里只写了一天里发生的事情。这件事情就是宝玉挨打。宝玉挨打前一直到宝玉挨打后的时间跨度是一天左右，所用篇幅达到了三回半。这里就体现了整体时间分配的策略。小说作家一般都会考虑时间节奏的问题，比如在明代小说集《警世通言》的名篇“杜十娘怒沉百宝箱”中，男女主人公李甲和杜十娘相识相恋的故事，中间有两个时间段落，作者刻意写得特别慢。第一个写得较慢的时间段是李甲为沦落在风尘的杜十娘赎身筹款三百两银子，到了第六天却还没有着落，于是在十娘屋子里流泪，从半夜到五更，一筹莫展，十娘拿出自己积攒下的一百五十两银子帮助李甲，让李甲突然生出了把杜十娘赎身出来的希望。第二个时间段就写得更慢，那是李甲赎出十娘同她一起南下后，因为惧怕严父而不敢马上回老家，结果经不起富商孙富的诱惑，把杜十娘偷偷转卖给了他。作者详细写的一段，就在李甲把真情吐露给杜十娘后，写两人之间在一个晚上相对时的言语、行为和表情。时间被细细地分割成四五个片段，大致是这样的：天色已晚、挑灯以待、到夜半、时已四鼓、天色已晓。在这里，李甲的心理状态以及杜十娘震惊、痛苦、绝望的复杂情感被表现得跌宕起伏。这常常成为小说创作的普遍性规律。也就是说，一般情况下，泛泛的情节推进都是比较快的，但到表现有些很关键的情节时，叙事节奏就慢下来了。

2. 宝玉挨打事件的慢节奏问题

《红楼梦》里也是如此。在《红楼梦》前八十回中，宝玉挨打这一事件占了最多的篇幅，叙事节奏最慢，可见宝玉挨打在整部《红楼梦》的描写中所占的分量。当然,这里要请大家注意,事件的重要性不完全跟描写的篇幅长度等价的,有时候也跟作家创作风格有一定关系。这里有含蓄或者直白处理题材的不同方式,但从概率上说,小说描写篇幅的长度与内容的重要性相关,也是合理的。一般来说对作品中比较重要的事件作者也会用比较多的篇幅去描写它。当然也不排除有时作者对重要事件会采用某些特殊的侧面表现的方式,故意一笔带过让读者产生联想。

值得注意的是,《红楼梦》是书写日常生活的,所以书中所写的事情一般都不是什么大事,而宝玉挨打作为《红楼梦》中的一桩重大事件,其起因纷繁复杂,有远因和近因的交织,因而会裹挟进许多之前的事件,将它们纠葛在一起。比如贾宝玉之前同金钏儿的调情,王夫人迁怒金钏儿致使她投井自杀。贾宝玉同蒋玉菡私交特别好,还互相赠送了纪念物,蒋玉菡后来逃出忠顺王府,王府派人到贾府来要人,好像还暗示人是被贾宝玉藏起来似的,最后贾宝玉吞吞吐吐地把蒋玉菡所在的地址告诉了来人才作罢。再后来贾环又趁机诬告贾宝玉强奸金钏儿,让金钏儿羞愤难当投井自杀。在这之前还有一处小细节,贾政让贾宝玉同贾雨村见面,贾宝玉因为听闻了金钏儿自尽的消息,心中感伤不已而显得萎靡不振让贾政来气。诸如此类的事,这诸多原因交织在一起,最终汇聚成贾政要把贾宝玉痛打的推动力。

而贾宝玉挨打以后,又派生出许多的事件。比如林黛玉和薛宝钗去探望贾宝玉,两人的表现就完全不一样。薛宝钗看望贾宝玉的时候表现是多么地含蓄啊。我觉得薛宝钗为人的厉害之处就在于她是物质文明和精神文明一起抓的,一方面劝贾宝玉要听家中长辈的话,另一方面又给他带来治伤的丸药说"把那淤血的热毒散开,可以就好了"。就是这丸药,还成了一个巧妙的伏笔,后来贾琏也被贾赦痛打一顿的时候,平儿特意跑到薛宝钗那边来讨药。这两件事情前后联系起来是很有意思的,贾政打贾宝玉是正面描写,贾赦打贾琏是侧面描写,两位长辈都是下了狠手痛打,但是贾政打自己的儿子是为了让他好好的念书,而贾赦打儿子是因为贾琏拿话来气贾赦"为这点子小事,弄得人坑家败业,也不算什么能为!"原来贾赦让贾琏去买石呆子收藏的古董扇,石呆子不肯卖,贾琏也就作罢了。结果这事让贾雨村知道了,贾雨村为了讨好贾赦,讹诈石呆子拖欠了官银,让他变卖家产赔补,把古董扇抄了来,作了官价给贾赦送去,弄得人家家破人亡。这里通过平儿向薛宝钗讨要治伤的丸药,就将两桩父亲打儿子的事件勾连了起来。

如果从时间的跨度来说，贾赦打贾琏的侧面描写几乎没有占用小说里的多少时间，但宝玉挨打就不一样了。

如果我们把这部分关于时间提示的交代梳理出来，就看得比较清楚了。我们前面说过，围绕着宝玉的描写，都是发生在一天里的事，但在时间上，占用了三回半左右的篇幅。确切点说，从第三十一回开始，前半回主要是写了端阳节，后半回从端阳节的第二天中午开始写起，节奏就大大放慢了，我们的阅读，就应该放慢自己的节奏，来细细品读作者的描写。

从这天午间开始，一直到深夜的大半天时间里，直接有叙述者交代或者人物的说话来暗示时间，把这些时间与相对应的事件大致梳理一下，就可以列成这样的一张表：

<table>
<tr><th></th><th>时间</th><th>地点</th><th>事件</th></tr>
<tr><td rowspan="11">下午</td><td rowspan="3">至此日午间（叙述者语）</td><td>贾母住所</td><td>史湘云来贾府，给袭人等带了礼物。</td></tr>
<tr><td>往怡红院路上</td><td>史湘云和翠缕讨论阴阳问题，并捡到宝玉的金麒麟。</td></tr>
<tr><td>怡红院内</td><td>宝玉驳斥史湘云的仕途经济之话，被黛玉偷听到。</td></tr>
<tr><td rowspan="2">大毒日头底下，出什么神？（宝钗语）</td><td>怡红院外</td><td>宝玉向黛玉表白心迹，让黛玉感动而听到一半就离去，不料让赶来送扇子的袭人听到，大为震惊。</td></tr>
<tr><td>王夫人住所</td><td>金钏被王夫人训斥后自杀，宝钗往王夫人处安慰。</td></tr>
<tr><td rowspan="5">大暑热天，母亲有何生气亲自走来。（贾政语）</td><td rowspan="5">荣国府厅堂</td><td>忠顺王府来人到贾政处索要与宝玉亲昵的蒋玉菡。</td></tr>
<tr><td>贾环向贾政诬告宝玉强奸金钏，致使金钏投井。</td></tr>
<tr><td>贾政痛打宝玉，门客相劝无效，宝玉昏厥。</td></tr>
<tr><td>王夫人赶来相劝，双方僵持。</td></tr>
<tr><td>贾母赶来怒斥贾政，宝玉被救下。</td></tr>
<tr><td></td><td>怡红院内</td><td>宝钗探视宝玉、送丸药。</td></tr>
</table>

续 表

	时间	地点	事件
晚上	天色将晚（叙述者语），虽说太阳落下去，那地上的余热未散，走两趟又要受暑（宝玉语）		黛玉探视宝玉，哭肿了眼睛。
	至掌灯时分（叙述者语）	王夫人房内	袭人向王夫人进言希望把宝玉与女孩子分开，防患于未然。
	黛玉已睡在床上（叙述者语）	黛玉房内	宝玉支派晴雯送黛玉两块旧手帕，黛玉题上情诗。
	至二更。宝钗方回来（叙述者语）	薛姨妈处	薛宝钗听信传闻，以为宝玉挨打与薛蟠有关，与薛蟠发生了争吵。

把这里的下午和晚上两个时段分开来看的话，我们可以发现，下午的时间基本是聚焦在宝玉挨打事件本身，而晚上则是宝玉挨打后，他身边最亲近人的反应。当然，宝钗过去探视时，已经是午后，但根据下文，可以推测，太阳还没有下山。她主要是去送特效的伤药，所以不容耽搁。但黛玉应该是最关心宝玉的人，为什么到太阳下山后才去呢？我的理解是，这一方面确实像宝玉说的，黛玉身体一向虚弱，太阳下山后出门，宝玉还会说地上余热未散，她身体可能吃不消。大暑天里顶着毒日头出门，似乎也不合适。但还有一个更合理的解释是，黛玉听闻宝玉挨打，已经把眼睛哭肿了，所以对白天出门就有点忌讳，怕被人见了讥笑。所以她才在太阳下山后去探视宝玉的。等到听闻凤姐上门来，又急急忙忙从后门躲避走掉了。

从时间和空间的处理看，宝玉挨打后，宝钗和黛玉，是在同一空间又不同时段的表现，形成了一种尖锐对比。这种对比性前人已经讨论得非常多了。概括起来说，薛宝钗在探望的过程中既有言语的劝慰也有落到实处的疗伤的丸药。而林黛玉给贾宝玉的只有一样东西，那就是情感。贾宝玉当时睡着养伤，半梦半醒之际恍恍惚惚听得有人悲戚之声，从梦中惊醒睁眼一看，“林黛玉两个眼睛肿的桃儿一般，满面泪光”。眼泪是表达情感的最好的符号，林黛玉在这里以眼泪很鲜明地表达出了自己对贾宝玉的感情。而薛宝钗则太过含蓄，在情感表达的时候只是眼圈稍微红了一红，我们隐隐约约可以感觉到宝钗也是有情感的，但她基本上还是受理性控制的。所以我说薛宝钗主要是在“理”和“利”这两方面体现出她的特色。这与薛宝钗的家庭出身有关，她既是在备选作为宫中的才人，又是皇商家庭出身。有人说薛宝钗受儒家文化的影响非常深，但我认为她身上体现出的品质跟传统儒家文化还是有些差异的。薛宝钗是非常讲究实惠的，而根据传统的儒家观念，尤其是在孟子的理念中对“利”是深恶痛绝的。但薛宝钗则不一样，她一方面讲“理”一方面又讲“利”，所以她非常强调要给别人实惠。她最喜欢做的事情就是到处送礼，宫里的绢花自己不要全部送掉。薛蟠在外经商回来之后，薛宝钗就跟薛蟠说要给每个人都置办一份礼物，连赵姨娘也没漏掉，每个人都要送到，所以大家都说薛宝钗好。特别是给林黛玉的礼物尤其多，所以有人说后来薛宝钗和林黛玉的关系之所以这么好是因为薛宝钗用礼物收买她了，林黛玉每天都需要吃燕窝，薛宝钗就跟她说不要走公账的流程，而让自己家里的下人把燕窝给她送去。因而做人非常实惠就是薛宝钗的一大特点。而林黛玉跟薛宝钗就很不同，她既不讲究“理”也不讲究“利”，她唯一献给贾宝玉的就是情感，在林黛玉那里除了“情”还是“情”。

当然，关于薛宝钗看望贾宝玉时的言语神情，在不同的版本中处理是不一样的，深入比较一下，也是很有意思的。

比如，庚辰本与程乙本的文字就有较大差异，详见如下：

庚辰本	程乙本
宝钗见他睁开眼说话，不像先时，心中也宽慰了好些，便点头叹道：“早听人一句话，也不至今日。别说老太太、太太心疼，就是我们看着，心里也疼。”刚说了半句又忙咽住，自悔说的话急了，不觉的就红了脸，低下头来。	宝钗见他睁开眼说话，不像先时，心中也宽慰了些，便点头叹道：“早听人一句话，也不至有今日。别说老太太、太太心疼，就是我们看着，心里也——”刚说了半句，又忙咽住，不觉眼圈微红，双腮带赤，低头不语了。

这里，宝钗开口说话时，庚辰本写出了薛宝钗流露情感的“心里也疼”，但程乙本却没有把最后一个“疼”字写出来。考虑到小说后面都是写她“刚说了半句又忙咽住”，所以程乙本把“疼”字删除了，让宝钗说了“心里也”这样的半句话就打住，似乎保持了逻辑的前后一致，要比庚辰本处理得更为合理些。但如果把两个版本的后面几句话结合起来看，就会发现问题远远没有这么简单。

因为程乙本不但截去了宝钗言语的最后一字，让她把这最后一个字吞了回去，也改变了对她的神态描写，是用外视的角度，写出了她的眼圈发红、脸腮发赤。也就是说，写她说了半句话就咽住，不但与前面的言语描写相呼应，也和后面的神态描写相一致。但也正因为表现其害羞心理的逻辑贯穿得这么彻底，本来是语言断裂带来的理解多歧性反而被简单化了。除了能够让宝玉也包括我们读者发现宝钗理智掩盖下的情感外，值得玩味的深意其实是不多的，甚至连宝钗隐去的那一个字，也是我们读者能够毫不费力地补充进去的。

但庚辰本就不一样了。这个版本虽然写全了宝钗的"就是我们看着心里也疼"这句话，似乎跟下文的"刚说了半句又忙咽住"的交代前后有矛盾，但这种矛盾其实只是表面现象。依据紧接的描写，我们是可以对这种矛盾加以合理解释的。因为庚辰本写的是薛宝钗的内心活动，特别是一句"自悔说的话急了"，才导致她"不觉的就红了脸，低下头去"。也就是说，这里的描写，外视的神态与内视的心理描写，交织在一起。也因为有这样的交织，使得本来是比较单纯的宝玉与宝钗的交流，成为复杂的、掺杂进了宝钗的自己对自己的反思式内容。特别是当她把自己的感情暴露在宝玉面前时，她对自己的"非礼"语言的反思，在她的自我意识层面，成为一种纯粹的语言表达上的反思，所谓话说得"太急"，并因此而觉得惭愧，而不是对言说内容的反思。这样的反思，就与实际的言说表现出了某种不一致，这种不一致，恰恰是更深层的意识对自我言行加以监控筛选的结果，好像自己对自己实行了思想的过滤。由这种不一致，我们也不妨可以说，实际上把话说全了与交代她说了半句又忙咽住的行为，其矛盾也许可以理解为是发生在她心里意识与实际行动的不一致，是情感上的冲口而出与意识滞后调控所产生的偏差。这样看来，因语言断裂所带来的理解歧义只是流于表面的，只有把这种可能的断裂与意识深层次的作用结合起来分析，以人的立体化的视野来分析人的言语及其他行为的整体协调（当然也包括无法协调），而不是仅仅拘泥于表面逻辑的前后一致，才能稍稍接近对《红楼梦》深刻描写的真正理解，也才能不辜负《红楼梦》留出那么长时间来细细描写各种人物的反应，而庚辰本要比程乙本更能够提供这种理解的可能。

在时间被详细前后分割的同时，作者还通过变换叙述方式，通过并叙的方式，就是传统所谓的"花开两朵，各表一枝"，把不同空间但又是在同一时段发生的事情，详细叙述出来，从而产生另一种对比的效果。

黛玉哭肿了眼睛从宝玉房间里离开后，宝玉一直牵挂着她。尽管天已经很晚了，他还是有意找了个借口，让袭人去宝钗那边借书，等袭人离开后，他才让晴雯跑到黛玉住的那边去看看她在做什么。晴雯觉得自己这么晚，到人家那边去看看做什么没道理呀，总得找个借口吧，于是宝玉就让晴雯拿两块自己用过的旧手帕给黛玉送过去。到了潇湘馆，黛玉已经睡下，灯也熄了。起来拿到了宝玉的旧手帕，一阵感动，就在上面题下了三首情诗，情绪激动起来，更睡不着了。与此同时，袭人去宝钗那里借书，没能等到薛宝钗，原来薛宝钗到薛姨妈那里去了，直到二更天才回来。然后作者回过头来，重新在黛玉拿到宝玉手帕的时间段里，写了宝钗的行为。她是干什么去了呢？原来她在看望宝玉时，听信了袭人的传言，认为宝玉挨打和薛蟠与他争夺蒋玉菡有关，结果让薛蟠有口难辩，情急之下，就攻击薛宝钗想着自己有金的，要宝玉来配，所以一心要嫁他，处处回护他。这样的指责，对于薛宝钗这样一个恪守传统礼仪，把婚姻大事都交给父母来安排的人来说，是有很大伤害性的。所以不由得把宝钗气哭了。到这里，憋在心里头、忍在眼眶里为宝玉其实是更为自己的泪水，终于在二更天后回到自己的房里，才稀里哗啦哭了出来。以至于第二天，连黛玉也发现宝钗脸上有哭泣的痕迹，不由得嘲笑说："姐姐也自保重些儿，就是哭出两缸眼泪来，也医不好棒疮。"在夜晚的同一个时间里发生的对比性的情感暴发，在第二天早晨，通过一个玩笑，获得了逆转性的显现。一个真正为宝玉动情而大大流泪的人，反而就拿这事作文章来嘲笑别人，还有比这更荒诞的吗？而薛蟠加在宝钗头上的指责，因为同一时间里黛玉与宝玉的情感缠绵，也加重了这种指责的无理性，或许我们也不妨理解为，一个获得了宝玉倾心相许的人，对于他人的痴情，多少有了些看好戏的心情，只不过这种看好戏，其实是一种误会，反让人觉得她自以为的看好戏，其实是有些滑稽的。

现在我来把这部分内容稍稍小结一下。在写到宝玉十三岁这一年的时候，有两个地方占的篇幅是比较多的，除了我刚才讨论的宝玉挨打事件之外，还有一处就是刘姥姥第二次进大观园，占了两回多的篇幅。所以我们可以看到在贾宝玉十三岁那一年发生了两桩比较重要的事件，一个关于父子之间的冲突，一个是刘姥姥二进大观园。在刘姥姥第二次进大观园这两回多的篇幅中，可能是大观园中的人们活得最开心、笑得最畅快的时候（大概只有群芳开夜宴有些相似，不过规模要小许多）。而这两件事在小说文本中都作为一个事件的描写，其实有它的一种相似性，相似在于当一件事成为一个事件描写时，都需要相冲突的异质化因子而不能太同质化，因为太同质化的描写表现力就显得不足。在宝玉挨打这一事件中,父子冲突就有很异质化的因子在对抗,而且是一个人生观、价值观的冲突,围绕着这冲突,差异的东西得到了多方面的反映,不过参与冲突的各方,都是在同一阶层的,所以按照以前斗争哲学的观念,这就算路线斗争了。但是刘姥姥进大观园就不是一种同一阶层的冲突,表面看处处是一种审美趣味上的冲突,但在这一事件中又处处显示出平民和贵族之间的尖锐反差,也形成了一种隐含的冲突,不过没有以阶级斗争的形式体现出来,更多表现出不同阶层人之间在大目标上的互相合作和支撑,这样,彼此间的冲突,就变成了好像仅仅是审美的趣味之争了。这是不是在说明,不同阶级的人,也可能有和谐相处的另一面? 这个问题是值得我们深入研究的。但不管怎么说,小说文本中写得好的、篇幅比较长的部分一般都需要引入异质化的因子来组织行文,调整叙事时间的疏密度,用时间来对事件进行分配。

3. 四季轮转的时间分配

我们刚才分析考虑的是小说中将时间进行一种线式流动而分配的策略,是从贾宝玉每一年岁在小说中所占篇幅来考虑的,还有一种方式是通过季节的分配来考虑的。以贾宝玉的年龄来分配时间,基本是线性的向前发展的,但是通过季节的分配方式来分隔,就是轮回的了。以前有学者梅新林在《红楼梦学刊》上发表过一篇很长的文章谈《红楼梦》中的四季意象问题,也涉及到时间节奏的问题,用春夏秋冬来对《红楼梦》一百二十回的时间进行分配,统计写春夏秋冬四个季节各占了多少回的篇幅。这篇论文以一百二十回作为整体时间,认为秋天写得最多,占了超过四十回的篇幅,其次是春天,写了三十多回,总体来说春秋两季写得最多。这是符合我们常识的,因为一般认为春秋两季都是容易让人善感的,春季有春愁,秋季有秋思。古代诗词也是如此,多见写春秋两季的,而夏季则百无聊赖让人感到难以下笔。一般来说,文学作品中写到的季节多见的是春秋冬三季,而写到夏季就比较少了。《红楼梦》也是如此,秋季用的笔墨最多,其次是春季,再次是冬季和夏季。刚才我们是在一百二十回的范围内来讨论以四季分配时间的问题,那么如果我们仅仅看前八十回的话,又是怎样的一个情况呢? 在前八十回中,秋季占篇幅也是最多的,大约有二十五回到二十六回的样子;春季其次,大约占二十三回左右的篇幅;再其次,冬季占了二十一回,夏季占了十四回。在这些回数的统计里,有些有重合,因为有时小说一回当中跨了两个季节。在《红楼梦》写到的季节中多春秋季节而少冬夏季节，很大程度上是因为《红楼梦》是一部重情感的小说，而容易引发人们感慨的季节基本就是春秋两季。不过，需要提醒大家注意的是，《红楼梦》中写到夏天也不算少，在前八十回中就有十四回，夏天的那种无聊、困倦与慵懒在《红楼梦》中也有所表现。这可能也算是《红楼梦》的一种特殊性了。

因为运用了以季节来进行时间划分的策略，由此有很多学者就依据这一点提出了《红楼梦》中的四季意象，将时间的问题化解成了四季意象的问题，对这些意象加以详细的分类，而且有些意象与意象之间也有所叠加。大家都知道意象经过叠加就常常形成了意境。就林黛玉所写的诗作而言，其中比较动人的也是写春秋两季的居多。学者们由四季意象进一步生发认为《红楼梦》中有四季之梦：春之梦、夏之梦、秋之梦、冬之梦。有的学者还继而进行了如下的划分，认为第一回到第五回是春之梦，第六回到第六十三回是夏之梦，第六十四回到九十八回是秋之梦，第九十九回到第一百二十回是冬之梦。也就是说一方面作者在写四季循环，另外一方面从第一回开始都有一个相对独立而完整的季节的梦的宗旨：到第五回是春梦的结束，到了第六十三回是夏梦的结束，到第九十八回是秋梦的结束，因为第九十八回“苦绛珠魂归离恨天”林黛玉死去。整部小说在第一百二十回结束，从第九十九回到第一百二十回就是冬之梦，一百二十回的最后就是留下一片白茫茫大地真干净。每一个季节都带有一个标志性的终结来显示这样一个四季的梦的结束。这是从季节角度来切入分析《红楼梦》的时间分配策略，这是第二个时间的问题。

对小说进行这类的时间分配，可能受到了西方原型批评学者弗莱的影响，他的代表作《批评的解剖》(也有翻译成《批评的剖析》)，就谈到了四季意象的问题，相对应的就有四种叙述结构，比如他那本论著的第三篇就提出了“春天的叙述结构是喜剧，夏天的叙述结构是浪漫故事，秋天的叙述结构式悲剧，冬天的叙述结构是反讽”，大家有兴趣的话，可以去读一下的，这本著作在西方理论界还是相当有名的。但我想提出的一点是，由于《红楼梦》这本小说有其很大的特殊性，主要是为女性人物立传的，所以，四季意象的问题，是不是可以与女性关联起来，而在小说中，女性与花木是互为对应的，如同贾宝玉住所“怡红院”中的“红”，既指院子中的海棠花，也指众多的年轻女子。这样，《红楼梦》所表现的四季意象，既有季节带给小说内容的一种整体氛围，又可以理解为是有特定的指向的。比如林黛玉属木的，更像是春天的意象，她在春天桃花树下和宝玉共读西厢，她葬花的标志性行为，以及后来因为她写《桃花行》而重开桃花诗社，还有她的春困发幽情，都可以让人联想到春天的故事，她和桃花的关联。而薛宝钗是属金的，那么金的肃杀、内敛，是否也跟秋天的意象有一定关联？比如她在秋天题咏的白海棠拔得头筹，也许让我们容易把她跟白海棠联系了起来，当然，她的“珍重芳姿昼掩门”句子，使得这种联系不能如黛玉那么直接和自然，其他女子是否也可以与四季中的某个季节对应起来呢？其实还是可以深入讨论的。总之，单单是从自然鲜花这一角度看，《红楼梦》也是从多角度、多层面来反复描写的，就像我们把薛宝钗归入秋天的意象时，和她有一定关系的牡丹、柳絮、菊花、白海棠等物象，在直接体现季节意象方面，其实是比较暧昧和朦胧的（因为包括了春夏秋的多个季节），而这样的暧昧和朦胧反倒是把她的个性通过一种含蓄的方式，形象地体现了出来，或者说，因为她的为人更多体现的是社会属性，所以与自然物的对应性，反倒是比较薄弱了。而她这种丰富社会性的具体展现，我们会在人物专题中加以进一步讨论的。

三、节日活动的丰富性

在《红楼梦》这部小说的时间河流中，也写到了不少的节日活动。

在我们的日常生活中，节日活动的意义是很不平常的。我们也可以说，节日活动对于日常生活显示出的意义正在于它的不正常、它的非常态性。它就是用它的不正常对正常化的日常生活起到了一种调节作用。因为节庆的这个“节”呢，总是相对于日常生活来说的，它给日常生活带来的是停顿、是休止，或者说，把日常生活的节奏与意义放到了一个新的时空中去，让人们在日常生活中变得麻木与疲惫的感觉重新敏锐一些，让人们被重复生活压抑的情绪和精神给稍微释放出来一点。当然，也有人会不习惯过节日，因为它把正常生活给打乱了。在节日里，有些人会觉得自己的生活没方向了，不过这不是《红楼梦》里所描写的，我们且不去讨论。我们要讨论的是，对每一个具体节日来说，它的起源、它的风俗习惯在不同的时段或者地区的累积和变迁，包括曹雪芹这样的作家在处理这些节日活动时，出于自己的理解和需要而把特殊的意义添加到笔下，也给节日活动的书写带来许多特殊的意义。节日是一个笼统的说法，大致说来包括了两个方面，一个是岁时方面的节日，一个是人生礼俗方面的节日。关于这两方面，在《红楼梦》都有描写，不过，描写的侧重点和笔法，是在不断变化的。这里我们先讨论小说中关于岁时方面的节日活动。

1. 岁时节日和元宵节的书写

我们知道,《红楼梦》第一回写甄家的荣枯,写甄家的中秋节和元宵节,对贾府有着特殊的概括意义。其实,《红楼梦》写到过不少节日,比如第二十七回写到芒种节,第三十一回写到端午节,第六十四回写到瓜果节(瓜果节里一般包括七夕和中元节的,所以林黛玉在这个节日,还安排了祭奠活动),第七十五回写到中秋节等等。这些节日,虽然都有一些活动,但意义是不一样的,有些是把这些节日作为喜庆的事来组织活动,有些就是属于恶节,要通过一些相应的活动来逃避它。比如像端午节和七夕就是恶的节日。我们现在认为七月初七是七夕情人节,但实际上以前人们觉得这一天是因夫妻离散偶然得到团聚的日子,所以是不好的节日。王熙凤的女儿就生在七七,所以王熙凤认为自己的女儿命不好、身体太弱,于是就让刘姥姥给她起个名字,刘姥姥就给她起了"巧儿"这个名字,这是以毒攻毒的一种方法。按理说女子是不应该取跟"七巧"相关的名字的,因为七七是不好的节日,而刘姥姥为巧姐偏偏取了这个名字,就是为了以毒攻毒。所以有人认为贾宝玉的父亲不喜欢他可能是因为他出生在端午节,克父。但也有认为不是,因为小说在第三十一回写到端午节时,根本没有提到贾宝玉过生日的事,这是很难想象的。一般认为在端午节各种毒虫、病菌之类不好的东西都复活了,所以在端午节这一天家门口要放艾草将有毒的东西挡在门外,还要喝雄黄酒来避毒,因为到了夏天那些蛰伏着的有毒的害虫就出来活动。于是人们就认为这是一个百毒侵袭人身体的有害的节日。当然根据闻一多的研究,他认为端午节本来是我们民族纪念图腾的一个节日,因为我们民族是龙图腾,传说在端午这一天,龙出来要把异类都吃掉,所以那些凡是龙图腾民族的人都会躲在龙舟里面,这样龙一看是自己的同类就不会去伤害他们,还有一些人,要在身上画鳞片好像自己是龙一样。或者不画鳞片的话,就用红丝带编成一个个小方块套在手腕上。鸡蛋也要用红色网线织成的套子兜住,变成了鳞片的标志,表明自己还是和龙同类,龙出来的话就不会伤害自己,这都体现了端午是一个龙图腾民族的节日。《红楼梦》作为重点来写的,主要是两个岁时方面的节日,一个是中秋节,一个元宵节,而元宵节又费了最多的笔墨,所以我们这里主要讨论元宵节。

脂砚斋的评语曾经不止一次把《红楼梦》的一些描写技法与《金瓶梅》进行了联系。同样,有关小说情节中元宵节的设计,以及添加上的特殊意义,也是继承着《金瓶梅》而来的。虽然在《红楼梦》中,摒除了《金瓶梅》一书中,关于男女借节庆团聚而对性活动的过于沉溺的描写。但是，那种有关元宵节的表面华丽与内在脆弱、那种热闹与冷清的矛盾对比，在《红楼梦》中依然得到了贯彻。

似乎是一种巧合，就像《金瓶梅》一共写到四次元宵节一样，《红楼梦》全书也共写了四次元宵节。不同的是，《红楼梦》中，第一回中关于第一次元宵节的描写，涉及的是甄家。这些，我在"开头"专题中已经和大家讨论了。只是从第十八回的第二次元宵节描写起，才开始交代贾府的活动。但在第五十三、五十四两回写了第三次元宵节后，应该在八十回以后才有的最后一次元宵节描写，由于原稿散失了，或者作者的设想并没有加以具体实现，所以我们的讨论，也主要针对前二次发生在贾府里的元宵节描写。

这里需要大家注意的是，在甄家元宵节是作为一个转折点出现的，因为一僧一道就曾对甄士隐说过"好防佳节元宵后，便是烟消火灭时"。

那么元宵节在贾家是不是也是一个转折点呢？元宵节在贾家也可以说是一个转折点，但它和我们通常意义上理解的转折点不一样。

第十八回元妃省亲，表面上看是贾家一个极繁盛的时期，而且让贾府里的人都感到喜气洋洋的，但你把文本细读之后，就会发现在这一回中，从头到底都贯穿着眼泪。亲人团聚本应该带来欢乐的，但恰恰是元妃在元宵节的省亲，伤感的而不是欢乐的情绪贯穿在聚会的始末，这种伤感情绪，具体表现在元妃对三组不同人物的言语中。

她对贾母、王夫人等说的是：

> 当日既送我到那不得见人的去处，好容易今日回家，娘儿们一会，不说说笑笑，反倒哭起来。一会子我去了，又不知多早晚才来！

对他的父亲贾政说：

> 田舍之家，虽齑盐布帛，终能聚天伦之乐；今虽富贵已极，骨肉各方，然终无意趣。

最后对他的同胞弟弟宝玉说："比先竟长了好些……"，而且是"一语未终，泪如雨下"，等等。

这种悲哀，似乎把血缘亲人间的每一类关系都囊括了进来。如果说，节日的意义是在于对刻板的、不自由的日常生活方式的打破，使平日压抑着的一种欢乐情绪充分宣泄出来的话，那么在这里，亲人的一刻团聚并没有从根本上改变日常生活分离的事实，而仅仅是把平日因为分离而被压抑着的悲哀完全释放了出来。

因为这样的情绪是省亲的元妃和迎接省亲的贾府中人所共有的，这样，要说有喜庆，我们就只有在省亲别墅的物质环境中，在借助于物质材料营造的气氛中，才感受到了元宵佳节亲人团聚本应有的欢乐和祥和。结果是，这种外在的欢乐气氛越浓重，外观越显得璀璨华丽，它跟贾府中人物的情感体验就越不协调。这种不协调，既从叙述者角度的具体视角中反映了出来，也涉及到其他人物（比如众姐妹赋诗）的一种立场。林黛玉是用“世外仙源”来题咏省亲别墅的：

> 名园筑何处，仙境别红尘。借得山川秀，添来景物新。香融金谷酒，花媚玉堂人。何幸邀恩宠，宫车过往频。

她题咏的如同仙境般的其乐融融，与之前亲人见面时悲悲戚戚的场景联系起来的话，也给小说增添了反讽色彩。

在元妃和家人刚刚见面的时候是悲悲切切的，这或许可以解释为人之常情，但除此以外引起这种伤感情绪的还有更深层的潜在因素。因为我们读到后面就可以知道，元宵节的元妃省亲表面上看是皇帝隆恩让妃子回家探望亲人，但对贾府实际上说有点雪上加霜，后来，第五十三回写乌进孝向贾府交租的时候，贾珍就跟他提到“再两年再一回省亲，只怕就精穷了”，所以元妃省亲表面上看是喜事，其实是天大的灾难，接一次驾对于贾府这样的大家族而言也是巨大的经济负担。

在小说中如此，在现实生活中大概也是差不多的情况。一般认为曹家之所以遭受那么大的重创直到最后一蹶不振，主要的一个原因就是接驾接得太多，康熙南巡的时候动不动就住到曹家去，吃一顿饭就要摆一百桌，而且菜品也不能太过普通、必须是美味佳肴。所以据相关材料记录，单单是在曹雪芹的祖父曹寅担任官职的时候，累计算下来接驾的时间就有整整十天，接驾到后来曹家就真的要成为穷光蛋了。康熙也知道曹家接驾的耗费巨大、亏空太多，所以就让曹寅接任过两淮巡盐使。明清时期官员的薪水其实不算很高，如果不贪污的话，生活未必能富裕，海瑞做清官的代价就是家中十分贫穷。康熙让曹寅接任两淮巡盐使倒是个肥缺，接任了几年，康熙帝就问他家中的亏空是不是补得差不多了，这话问得很有意思，傻瓜也能听出来了。可惜的是，直到康熙帝死了之后，曹家的亏空还没有补足，据说曹家在那时还欠了十几万两白银。雍正皇帝登基之前就掌管户部，所以财务是他十分擅长的事，在继位之后，大力抓拖欠官员亏空事，雍正皇帝就以曹家要还清所欠的钱为理由，抄没了曹家的财产。所以我们说元妃省亲对于贾家而言未必是一件好事，贾家当时已经开始出现败落的迹象了，在第二回冷子兴演说荣国府的时候就提到贾家“外面的架子虽未甚倒，内囊却尽上来了”，但没有想到在这种情况下，贾家又要操办元妃省亲这样大的事，花钱花得像淌海水似的。这是在前八十回提到的贾府过的第一个元宵节。

顺便说一下，有人因为《红楼梦》里写到的亏空问题，就突发奇想，认为林黛玉家本来应该是很有钱的，因为她父亲林如海做过巡盐御史，这是肥缺，应该有不少灰色收入，所以也有财力为贾雨村去打点。但后来他去世后，家财应该都拿到了贾府，等于成了林黛玉的嫁妆，所以贾府最后没娶黛玉，又把嫁妆给吞没了，实在太可恶了。这样的推论其实是根本不成立的。因为小说毕竟不等于现实生活，所以小说中没写到的有些东西，就是在一个虚拟的世界里也是不存在的。我们不能根据现实生活两淮巡盐史是肥缺的依据，来推论小说中的巡盐御史必定很有钱。一句话，我们只能根据自然规律来从现实推论小说，比如，小说中没写到人吃饭，我们不能得出结论说，小说是在暗示，人不吃饭也能活，但如果是一些社会属性，是人自身可以掌控的东西，那么小说中没写的，就是没有。

下面我们接着谈元宵节问题。

当小说进入到第五十三和第五十四回，写到贾府的第二次元宵活动，喜事给家族带来的是不祥的反讽色彩，在贾府的第二次元宵节活动中得到了强化，不过这种强化是在语言层面上得到丰富表现的。

贾府的日常生活是以贾母为中心的，第二次写到的元宵活动，也不例外。因为贾母岁数大了，再加上这样的贵族身份，所以贾府中人是在园子的花厅里安排欢聚，并没有像传统诗文小说中提及的女性在元宵节里会跑到街上去观灯、去走百病，参与到陌生人群的狂欢中。他们基本是以静坐不动的方式，陪着贾母来看戏听故事说笑话。在这样的过程中,引发众人的接连不断的笑声,似乎也能够把节日的气氛烘托出来。但仔细阅读这一过程的描写,依然会发现有一种别样意味的感受。

第五十四的回目突出了贾母听才子佳人故事时的一番反驳,认为在当时,讲求礼仪的贵族之家不可能有青年男女单独见面的机会,这当然没错。但我们也应该看到,贾母认为才子佳人故事在大家庭里不可能发生的议论,只是具有认识现实的普遍性,却没有特殊性。特殊到贾府孩子们住的大观园,像这样在一定程度上的与世隔绝,以及宝玉与黛玉的先天情缘,使得贾母的一番反驳,只显示了她聪明反被聪明误。我们可以认为,作者在处理贾母的这番反驳言论时,并没有与笔下的人物站在同一个立场,而是把这种简单的反驳放到自己的笔下,并在自己创作中,改造了才子佳人小说的模式后,把贾母那样比较简单化的反驳也作为自己讽刺的对象了。其实,贾母反驳的不仅仅是一种才子佳人小说的创作模式,而是对自己这样的大家族尊严的维护、对传统礼仪的维护。但是,考虑到第二回,冷子兴演说荣国府时,已经说明贾府的后继乏人是他们衰败的主要特征,那么,贾母声明大家族不可能有违背礼仪的事发生,其中的反讽色彩就更加鲜明。

当然,关于元宵节直接的反讽意义,是在王熙凤给出的故事中得到总结的。当大家都急切地听王熙凤来讲故事,王熙凤用她的伶牙俐齿,叙述了在元宵节的众人积聚后,除了对这一群体发一句感慨"真好热闹"外,却没有给她的人物补充上任何行动的内容。这段笑话,被王蒙戏称为是"淡化情节的先锋派小说"。只是在他人的一再追问中,她才用"底下就团团的坐了一屋子,吃了一夜酒就散了"来归结。而众人呢,"见他正言厉色的说了,别无他话,都怔怔的还等他下话,只觉冰冷无味。"接下去,王熙凤又用了一个聋子放爆竹,爆竹放过了聋子还不知道的笑话,把对元宵节的总结意义进一步深化了。

如果说第一次元宵,因为有元妃省亲这样的非常事件而使这一节日活动比较特殊的话,那么,在第二次,在以贾母为中心,在以贾母的欢乐为欢乐的活动中,妙语连珠的王熙凤,却冷不防讲出一个让人感到冰冷无味的笑话,与其说是她在卖关子,还不如说是她对竭力支撑起的元宵节活动意义流露的直觉式的迷茫、困惑。对贾母来说,利用元宵节的团聚,靠众人烘托起的欢腾,会使她进入一个欢乐的巅峰,并产生家族长盛不衰的一种幻觉,她好像也很迷恋这样的幻觉。但对这一活动的实际组织者王熙凤来说,在家族一点点衰落下去、人心慢慢涣散的过程中，勉强去支撑起的这种欢乐的聚会，除了看到人群的聚与散，除了感到自己身体的疲惫和心灵的迷茫外，已发现不了太多的实际意义。但是，众人却并不能意识到这一点，还是要执著地来追问意义，来向元宵节活动硬套出点欢乐来。大家都逼着王熙凤，让她不得不在下一个笑话中，把大家这种追问的举动也放到笑话里去了。在笑话中，聋子无法听见爆竹声，把别人偷偷点着爆炸的爆竹，是误以为爆竹没有扎结实，是爆竹自己散了架。王熙凤连用两个笑话的散，来连接贾府欢会的散，在词义上既有意关合着这一次的元宵离聚，但也无意中把家族之散暗示了出来。这样的一种艺术上的隐喻，还不仅仅是为了增加表现的形象感问题。因为笑话反复渲染出的无意义，包括后一个笑话强调众人集聚只听得一声"噗哧"，而聋子甚至连这声音都没有听到，甚至连爆竹放与没放都不知道，从一方面看，固然是强调了聚会的无意义，强调了聋子抱怨的可笑，但另一方面，也是把王熙凤自身的心力交瘁直接反映了出来。元宵过后王熙凤的小产，既是她心力交瘁的证明，也是家族的不祥预兆。

当然，第二次元宵节活动的描写，不是简单地把盛衰关系交汇在一起来写，并不是仅仅把衰败的种种迹象放到繁盛的内部去。小说还通过一种小插曲的描写，表现了元宵节主旋律活动之外，还有着多样化的内容。比如，贾宝玉突然离开大家，要回自己的屋子，他去干吗呢？后来才知道，他是要小便。不过，当他走进怡红院的时候，发现鸳鸯和袭人躲开了热闹，来到怡红院室内歪在炕上悄悄说着话，那种难得的清静，那种说知心话的温馨，使得躲在窗外看到这一幕的贾宝玉都不忍心来打破它。就是这样一个并无多大意义的生活细节，却引出了在光华灿烂的世界外一个更真实、更有意义、也更让人难得一见的温馨世界。读过辛弃疾《青玉案・元夕》词的人，可能会有一种类似的联想。这时候，借助贾宝玉偷偷看到的一幕，我们了解了又一个人们在灯火阑珊处的温馨画面，这与元宵节体现的盛衰转化没有多大关系的世界，但又确确实实是元宵节里的，在丫鬟们闲下来时，才能发生的状况。《红楼梦》的世界，总是有那么多的丰富和生活的例外，从而让我们在看到一种大趋势的同时，也看到另一种的可能。

下面我们讨论小说人物的人生礼俗活动。

2. 人生的礼俗活动

人的一生从生下来到死亡，要经历许多的礼俗活动。这些礼俗活动的大致意义，和岁时节庆活动是不太一样的。按照一些民俗学家的观点，如果说岁时的节庆活动是对日常生活进行调节，让常态生活与非常态的内容互补起来，形成生活在时间推进中的一种节奏感，那么，人生的礼俗就有些不一样了，或者说，它主要的意义不是这样的。它是通过人生不同阶段发生的一些节点，把人生的社会化的意义不断加进去。从出生到成人、到结婚直到死亡，各个时间的节点，都有相应的礼俗，伴随着不同的社会意义，往往成为小说家描写的内容。另外，好像看上去重复的一年年的人的生日，那种对人的不断长大的强调，也同样具有社会学的意义。不过，在《红楼梦》里，这些关于人生的礼俗描写，往往还有更丰富的特殊意义。比如第二回写到的贾宝玉抓周习俗，就是要在表面上给人一种将来他是“好色之徒”的印象。在人生的大节点上，前八十回基本没有写到正规的婚姻，这当然是跟主要人物年龄小有很大关系，而像贾琏迎娶尤二姐，因为是偷偷做下的事，喜事办得就草草，小说写到时，也只能算一笔带过。贾宝玉和薛宝钗的婚事，那是续作者补写的，而且通过并叙的方式把黛玉的奄奄一息来进行对比，这种强烈的戏剧冲突，好像不一定符合曹雪芹创作风格，虽然也有人欣赏这样的对比性，但我是不太认同的。

那么《红楼梦》里主要写了那些人生方面的礼俗呢？

首先当然是丧礼。前八十回里，就提到了不少人去世。不说贾府外面的，就算贾府里头，也有上层人物如秦可卿、贾敬死亡的丧葬之礼，身份较低的如贾瑞、秦钟、尤二姐等人的葬礼，还有丫鬟如瑞珠、金钏等。不过写得最引人注目的，当然是秦可卿的葬礼。关于这盛大葬礼的描写，红学家们包括一些作家等讨论得已经非常多了。有人是从比较宏观的表现贾府的繁盛，或者是交代人物的结构关系等等角度着眼的，还有人从微观的比如贾珍与秦可卿的暧昧关系、王熙凤借办丧事弄权等等角度来讨论的。但从一切细微角度进入，我们也能发现葬礼描写给人的独特感受，比如，小说中给我印象很深的一个相关片段是第十四回写一大早凤姐去可卿灵位前凭吊：

来旺媳妇率领诸人伺候已久。凤姐出至厅前，上了车，前面打了一对明角灯，大书“荣国府”三个大字，款款来至宁府。

大门上门灯朗挂，两边一色戳灯，照如白昼，白汪汪穿孝仆从两边侍立。请车至正门上，小厮等退去，众媳妇上来揭起车帘。凤姐下了车。一手扶着丰儿，两个媳妇执着手把灯罩。簇拥着凤姐进来。宁府诸媳妇迎

> 来请安接待。凤姐缓缓走入会芳园中登仙阁灵前，一见了棺材，那眼泪恰似断线之珠，滚将下来。院中许多小厮垂手伺候烧纸。凤姐吩咐得一声："供茶烧纸。"只听一棒锣鸣，诸乐齐奏，早有人端过一张大圈椅来，放在灵前，凤姐坐了，放声大哭。于是里外男女上下，见凤姐出声，都忙忙接声嚎哭。

在这里，跟随和侍立的仆人们都白汪汪穿孝服，与照如白昼的灯光浑然一体，营造了一种肃穆的气氛。接着，跟丧礼相关的鼓乐与周围许多人的嚎哭，声势滔滔，情感由压抑立刻变为尽情的宣泄。这过程中，凤姐刚开始看到可卿棺木，无声的眼泪滚将下来，众人在旁默默伺立，反而更显压抑。只是当她的放声大哭与众人嚎哭混杂在一起时，这种压抑感才被彻底释放了。不过，也因为大家并没有像凤姐那样动真情的无声落泪，而后来的嚎哭也是礼节性的"忙忙接声"，所以尽管礼仪层面显示了凤姐的一呼百应，大家与之保持了一体化的协调，但在情感方面还是有深有浅的。这样的大场面，对于表现凤姐的个性以及她与可卿的关系，都是十分重要的。

当然，从时间节点上看，描写葬礼的意义前提，是描写人物的死亡意义。讨论秦可卿葬礼的文章再多，关于她的死亡怎么来看待，这是一个绕不过去的话题。虽然刘心武花了很大力气研究这个问题，但我认为他研究的基本出发点是成问题的，而且我感到奇怪的是，他也是搞创作出身的人，他研究的思路，似乎表现出他是分不清小说创作和现实生活的差异的，他在两者之间生硬地画上了等号。反驳他观点的文章很多，我就不展开了。我这里只想把我的观点说出来，小说为什么在开场没多久就写了秦可卿的死亡呢？因为这是作为一种人生的阴影投向每个人的，特别是当秦可卿处在人生最美妙的阶段，得到了大家一致喜爱时，她突然离世，就带有了宗教哲学的启悟性意义。她主要出现在贾宝玉、王熙凤梦中的形象，也是跟这一点有关系的。如果聚焦在一个人身上的话，《红楼梦》的梦，直接呼应在这两个梦中出现的秦可卿形象上的。

其次，就是关于人物生日活动的描写。

在前八十回中，写到了四个非常重要人物的生日，写到了薛宝钗的生日、王熙凤的生日、贾宝玉的生日和贾母的生日，还有一些人物的生日，是顺带提到的，比如金钏的生日和王熙凤是同一天，所以在写王熙凤生日的那一天，贾宝玉就一早溜出去，跑到郊外去祭奠金钏。还有给宝玉过生日时，顺带把和宝玉同生日的其他不少人，都列举了一些。第二十二回，在薛宝钗过生日之前，王熙凤问贾琏，薛宝钗的生日要办成什么样的规模，贾琏就说按照以往给林黛玉做生日的规模办，王熙凤就说薛宝钗这次的生日和以往不一样是一个十五岁的大生日。那这个生日就和一般人的生日不一样，因为逢五逢十都是大生日，所以就要为薛宝钗办得规模大一点。读到这里，有人就会奇怪，为什么林黛玉的生日读者无人知晓。这也是值得研究的一个问题：前八十回为什么不写林黛玉的生日？因为薛宝钗、王熙凤、贾宝玉、贾母这几个重要人物的生日都有具体的描写，这就让林黛玉生日的缺失显得尤为奇怪。当然其中贾母的生日有其特殊性，因为写到贾母生日的时候已经写到了贾府的衰败，所以这个生日办得已经是不太热闹了，只是表面上的繁盛，内里的衰败已经显露出来了。也因为前八十回没写林黛玉过生日，所以就给续写《红楼梦》一个写的机会。

当然，从描写生日本身而言，写得最令人印象深刻的，还是为贾宝玉过生日，贾府里的姐妹大家聚集在怡红院里，喝酒作乐。特别是写群芳开夜宴，那些女子通过抽到的花名签酒令，把小说里面的许多情节都联系了起来，处理得还是比较巧妙的。《金瓶梅》第二十一回，为孟玉楼过生日，西门庆的妻妾们在一起行酒令，用的都是《西厢记》里的词句，就已经把人物的遭遇作了大致的暗示。只不过《红楼梦》在处理这方面内容，更加全面，也更加深入。这些花名签酒令提及虽然只是一句古诗，但如果从那句古诗引出原来的整首诗歌的话，对情节和人物命运的暗示，就更加明显了。这些暗示，加上金陵十二钗的判词，“曲演红楼梦”的曲词等等，就组合成了一个比较系统的人物命运的暗示性内容。关于这些内容，学者有过不少研究，我们学校的朱淡文老师，包括本科生李欣然同学，都下过很大的功夫，也有过相关的成果发表，我就不多说了。我只是从叙事的时间性因素，来跟大家交流两点体会。第一，就是有关宝玉过生日的描写，其实构成贾府女性人物的一个叙事上的节点，所以，大家似乎在很随便的交谈中，就把里面的一些重要人物的生日，作了比较全面的梳理。然后，再通过聚会，集中反映出几个特别重要女性的命运。这样，这个生日聚会，就有了承前启后的特殊意义，在时间上，有了小小的总结性，这当然也是和贾宝玉特殊身份有关，正是贾宝玉的生日，才有权利把女性的命运展示聚拢在一个场景中。第二，就这次生日聚会本身来说，其对时间的节奏掌控，也处理得相当出色。这种出色，是通过热闹中别开生面的一个个相对独立的宁静时空来表现的。一个是写了史湘云喝醉后，离开喧闹的酒席，睡到了芍药花下青石板上，在梦中呓语。一个是写群芳开夜宴后的第二天早晨，芳官居然睡在了贾宝玉的炕上，让醒来后的她，很有点害羞。一个是写贾宝玉突然发现，妙玉昨晚已经送来过贺贴。史湘云睡在芍药花下的行为举止，大家分析得很多了，似乎不需要再来讨论。但是如果我们把妙玉送来贺贴却人不出现，芳官喝醉后睡在宝玉炕上的描写连起来看，我们会发现作者描写的一种策略，这既是让某些特定的人物从人群中独立出来，得到聚焦式表现机会的一种策略，也是对群芳白天、黑夜狂欢的一种预告和回望。我说过，因为贾宝玉的特殊地位，所以也只有在他生日的时候，才能把女性的命运总结性的来一次表现。但即使是回望，也需要回到宝玉这边。我们举其中一个例子来分析。

第六十三回群芳开夜宴后，宝玉和芳官等都喝得酩酊大醉，结果不知避讳，一起睡在床上，第二天醒来，袭人嘲笑芳官睡错了地方，接下来书中写道

> 芳官听了，瞧了一瞧，方知道和宝玉同榻，忙笑的下地来，说："我怎么吃的不知道了。"宝玉笑道："我竟也不知道了。若知道，给你脸上抹些黑墨。"

在这里，芳官说她吃的不知道，当然是指她睡了不该睡的地方。但贾宝玉接上去的回答却非常巧妙。前一句说他不知道，当然是实情，因为他自己也醉得厉害。关键是他的假定，说是要给芳官"脸上抹些黑墨"，虽然纯粹是一句玩笑话，但恰恰是不能当真的玩笑话，掩盖了他们之间的一个无礼的行为，这样，就把芳官流露的含羞心理化解在似乎毫无心机的游戏中。正因为有宝玉这样的假设，芳官本来是不该有的一种无礼的举动，现在好像也当作是可以接受的了，因为，这是带有合法化的小孩子的游戏。作为宝玉生日而举办的狂欢活动，却在宝玉最终巧妙化解芳官的难堪、袭人的不满中，显示出他的一种成熟，或者说，他本来就很成熟，但年龄相仿的人一起过生日的狂欢，却反过来提醒了我们读者，其实他们也有小孩子的一面。

除开节日活动在叙事的时间上加以聚焦式研究外，我们还可以考虑把时间分割为白天和黑夜。也就是说，四季的意象、节日的意象、白天和黑夜的意

象，都是可以提供给我们研究的可能，如果大家有兴趣，可以自己来作一点专门的研究。我的这一专题，需要告一段落了，下面来小结下。

四、小结：指向人的时间

我们今天所讲的所有问题最终都可以归结到我们前面讲到的一个最基本的问题，也就是人的年龄和人的生命的问题。因为所有的时间问题千言万语都会归结到人的年龄和生命的问题，时间的问题最终都是跟人有关。

这样一来，我们就可以从两个角度来对《红楼梦》的时间生命进行一个总结。这也是我在一篇论述到秦可卿的文章里面对它加以总结的。因为红楼梦主要是写女性的，所以可以用两种时间的长度来进行总结：一种是小说的时间生命特别短，那就是秦可卿，人物刚一出场就死去了；一种是时间的生命特别长，她不断地在受折磨，那就是香菱。用一种宗教的观点来说，小说中时间生命的问题表现出的是一种命运的无常。拆解开来的话，秦可卿是有运无命，而香菱是有命无运，两个人物合起来就体现了命运的无常。命运在《红楼梦》中是不统一的。有的人命特别长，但他不断地在受折磨，这种折磨还不仅仅是说这个人一直生活在底层，如果真的一直在底层，也未必会感到受折磨。而是把一个人物抬高了再丢下去，这才是真正的折磨，这就是命运对一个人的捉弄，香菱就是这样的。香菱本来在甄家被甄士隐当作掌上明珠，生活得是非常快乐的，然后被人贩子拐卖，一下子跌落到底谷，后来好不容易被冯渊看上打算把她娶过去，香菱也“自为从此得所”，结果又落到了薛蟠手里，薛蟠一开始对香菱还不错，后来夏金桂嫁过来之后，香菱的生活又一下子跌落到底谷。人生的命运在不断地捉弄香菱，让她体会到一种大起大落的悲哀，这就是所谓的有命无运。而秦可卿恰恰是在人生的巅峰状态突然夭折了，这就叫做有运无命，运气再好，你也需要有一个生命的时间来承受它，没有这个生命时间的承受的话，一切都是没有意义的，是无从谈起的。所以在小说中香菱和秦可卿这两人是长得最为相像的，在第七回周瑞家的第一次见到香菱的时候就说“倒好个模样儿，竟有些像咱们东府里蓉大奶奶的品格儿”。而且有人还认为这两个人应该是《红楼梦》女性当中长得最为出色的，因为秦可卿兼有林黛玉和薛宝钗之美，而香菱又和秦可卿长得很像。

所以，我们说如果从时间角度来探讨《红楼梦》的话，最终还是回到了人的问题。是人的时间的问题、时间的流逝问题，以及命和运的分离问题才构成了

《红楼梦》的一种悲剧性。但悲剧性的问题聚焦于时间，聚焦于命运，只是一种现象，这种现象最终是跟人所关联的社会问题、制度问题、文化问题、观念问题等缠结在一起的。

On the Narration and Time in *A Dream of Red Mansions/The Story of the Stone*

Abstract: The time span of the narration *in A Dream of Red Mansions /The Story of the Stone* was nearly 19 years, beginning with JIA Baoyu's birth and ending with his renunciation. The overall narrative tempo is fast in both ends and slowing down in the middle. The author also described the family festival activities and life rites of characters alternately during the whole process. This structure of narration can help display the prosperity and decline of the family for one thing, and depict the peculiar thoughts and emotions of characters for another.

Key words: *A Dream of Red Mansions /The Story of the Stone*; time rhythem; festival activities; life rites

作者简介：詹丹，上海师范大学人文与传播学院教授。

艺术政治化：上海春节戏曲竞赛(1950—1951)

王　亮

【摘要】1950—1951年，上海市政府先后举办两次春节戏曲竞赛，展示的是艺术政治化的发展趋势——戏曲作品从体现思想政治性到配合时事宣传工作，以达到统一思想、巩固政权的目的。然而组织机构的不健全，致使宣扬时政效果的持续性欠佳，因此，物色群众干部，组建国营剧团，成为推动戏曲改进工作的重要一步。由于群众干部、剧团成员多为竞赛获奖人员，因此，可以说，两次春节戏曲竞赛成为20世纪50年代大量国营剧团得以成立的一个重要诱因。

【关键字】春节戏曲竞赛；政治；艺术；评弹；越剧

1949年，上海解放，华东地区最大的城市并入解放区。军事斗争的胜利，并非意味着经济环境、政治思想上的相安无事。就经济环境而言，沪上资本家利用金融债券，掀起"银元之战"，借助"两白一黑"（指棉布、大米、煤炭）进行"米棉之战"，却被华东军管会成功击溃，但解放初期市场凋敝的大环境并未改观。作为华东重镇的上海因其特殊的地理环境，还承担着各项任务："正处在对敌斗争的前沿阵地，负有繁重的解放舟山台湾光荣的支前任务，还要恢复生产，还要遭受美蒋匪机垂死前的轰炸和反动派的海上封锁。"[①]为了统一民众

① 伊兵：《短论：大竞赛大改革》，《戏曲报》第1卷第1期，新华书店出版社，1950年2月18日，第2页。

的思想、维护社会的稳定,急需开展政治宣传工作。“上海戏曲界在全国都市中也有着最大的比重与复杂”[①],“戏曲曲艺二十余剧种和它们的优秀剧团艺人大部分汇集在这里”[②]。政治宣传工作以上海戏曲界为依托得以展开。

上海戏曲界是庞大而复杂的,剧场、游艺场、书场共 142 家,22 个剧种在此活动,构成 96 个戏曲剧团和 200 多个曲艺演出单位(不含郊区)。戏曲界的繁荣与发达的经济、开放的环境相适应,在容纳东西方文化艺术方面体现了兼容性的特点。这一特点遭到新政权的批判:戏曲舞台上充满“形式主义的、黄色的、低级的戏,可说是上海戏曲的一个特点”。[③] 戏曲改造工作由此开始。7 月,创办地方戏剧研究班,奠定改造旧剧和旧艺人的基础;上海文艺处剧艺室在京剧、评弹等十个剧种中建立学习小组,或成立分会、公会等机构,初步实现组织化;下半年,剧艺界演出 69 部新戏,“评弹是先锋队”。[④] 为了展示旧剧改造的成绩,促进工作全面的开展,剧艺室开始筹划举行一场戏曲竞赛。

(一) 全面剧改的基础

1949 年 12 月,剧艺室就计划在次年春节举行竞赛活动,即“春节戏曲竞赛”(以下简称“春赛”)。目的是总结解放以后的戏改工作,推动 1950 年的旧剧改造运动,即克服原有工作弊端,明确今后任务中心,扩大旧剧改革范围,使所有剧种的一切艺人都参与其中,培养戏改能力,提高政治觉悟。[⑤] 春赛的目标是具体而宏大的,即通过一次竞赛,推动整个上海戏曲界的前进。剧艺室选择在春节期间开展,有其原因:戏改运动是“人民文学革命重要的一翼,是将来文化运动高潮重要的基础之一”[⑥],而“竞赛是推动运动的

① 刘厚生:《全国戏曲工作会上——上海市戏曲改革工作报告(1949.5—1950.10)》,《戏曲报》第 4 卷第 1 期,华东人民出版社,1951 年 2 月 20 日,第 11 页。

②《全国戏曲工作会议上——华东戏曲改革工作报告》,《戏曲报》第 4 卷第 1 期,华东人民出版社,1951 年 2 月 20 日,第 7 页。

③ 刘厚生:《全国戏曲工作会上——上海市戏曲改革工作报告(1949.5—1950.10)》,《戏曲报》第 4 卷第 1 期,华东人民出版社,1951 年 2 月 20 日,第 11 页。

④ 姚芳藻:《春节戏曲竞赛专栏:旧剧改造工作的回顾(下)》,《文汇报》,1950 年 2 月 14 日,第三版。

⑤《上海市文化局关于上海市地方戏曲曲艺改造运动春节演唱竞赛的报告》,1949 年 12 月 2 日,上海市档案馆藏,档案号:B172-1-16,第 24 页。

⑥ 伊兵:《短论:大竞赛大改革》,《戏曲报》第 1 卷第 1 期,新华书店出版社,1950 年 2 月 18 日,第 2 页。

发动机”，是推动戏改前进的最好形式；针对当时“‘解放戏不卖钱’，‘演戏只为吃饭，要啥改革不改革’等种种藉口来反对演新戏”[①]的言论，加上“旧历新年本来是各戏院最好的时候”[②]，在春节举行新戏演出活动，是为了与旧戏一决高下，推动戏改工作的持续与深入。剧艺室的一厢情愿开始并未得到戏曲界的认可。

12月12日，剧艺室召集各剧种公会负责人和代表召开动员大会，总结各个剧种的改革工作，宣布春赛规章，选举产生竞赛委员会（简称“竞委会”），通过各剧团的学习小组，把动员要求进行普及。推行中，困难重重：

> 最大的障碍是，大部分人对新戏能否叫座没有信心。他们想，改新戏当然应该改，但一年好容易有这几天卖座保险客满的旧历新年，演了新戏，万一卖座跌了，其不损失？因此心里犹豫，有敷衍，不积极的现象。……有些剧种则发生了比较大的影响全局的问题，妨碍了大家对春节竞赛的情绪，像江淮、常锡、越剧中小型场子普遍发生加座问题；沪剧因出现有钱老板高价拉角，大演员在好些剧团里都不安心工作，作种种藉口要脱离原来剧团，因而影响整个剧团的存亡问题；评弹四红档受香港商人高价聘去，引起评弹界议论纷纷；通俗话剧和滑稽的不合作问题；还有寒冬淡月，卖座较差，各剧种普遍发生前后台合同纠纷和劳资纠纷问题。[③]

对春赛不够热心，根本原因是对新戏没信心，担心在春节时演出新戏，会受损失，而且戏曲界组织“涣散”，艺人独立性强，易受市场变化的影响，产生经济纠纷，“妨碍了大家对春节竞赛的情绪”。由于组织的不健全，市场调控度较大，文艺政策在推行中受阻。为此，剧艺室，一方面建立健全组织机构，如京剧、沪剧、评弹等成立公会，越剧建立剧团，另一方面联合其他行政机关，帮助解决剧

---

① 文艺处剧艺室行政股：《工作总结：春节竞赛动员工作总结》，《戏曲报》第1卷第1期，新华书店出版社，1950年2月18日，第10页。

② 洪荒：《团结起来，克服困难！》，《戏曲报》第1卷第4期，新华书店出版社，1950年3月18日，第4页。

③ 参见文艺处剧艺室行政股：《工作总结：春节竞赛动员工作总结》，《戏曲报》第1卷第1期，新华书店出版社，1950年2月18日，第10页。

种内部的经济纠纷，提高威信，调动各个剧种参赛积极性。评弹、沪剧、京剧等剧种都先后报名，其中，评弹上报了《红灯记》、《刘巧团圆》、《李家庄变迁》、《九件衣》等18部新书，“起了带头作用”①。

凭借各剧种的公会、剧团等组织，剧艺室将艺人的积极性调动起来。另一个亟待解决的问题浮出水面——活动经费。这笔经费，剧艺室是难以负担的，而且还要剧艺界认购“胜利折实公债”，以支援国家经济建设。1950年1月20日，人民胜利折实公债上海市推销委员会文化艺术界分会成立，进行宣传鼓动工作。竞委会主席周信芳做了说明：春赛须与认购胜利折实公债相联系，“作为一个大的运动”。② 结果，春赛费用由竞委会承担，实际上由参赛的各剧种艺人自行筹募。2月11日，竞委会组织的联合公演在天蟾舞台举行，其中评弹艺人范雪君、李伯康、严雪亭表演了《杨乃武会书》。此后，又举行了多次义演，才将竞赛经费凑齐。刘厚生赞扬道：此次竞赛花费的2000多万元，是艺人通过公演募集得来的。③ 经费到位，筹备工作结束，不久，春赛开始。

讲述春赛盛况之前，将《上海市地方戏曲、曲艺改造运动春节演唱竞赛条例》（以下简称“条例”）做一番介绍，很有必要。剧艺室计划举行春赛之时，选出了竞赛委员会和评奖委员会，颁布了“条例”，重申比赛宗旨，制定赛事规程。在竞赛资格上，参赛剧目须于1950年1月31日前到剧艺室报名，且“一律以新创作或新改编为限制”；在评定奖项上，节目由评奖委员会作评判，选出特等荣誉奖、一等、二等及三等优胜奖，参赛脚本的评比工作与演出节目相同；在奖励发放上，竞赛结束后举行授奖典礼，获荣誉奖的单位得一面锦旗，个人得一张奖状和一枚奖章，获优胜奖的单位得一张奖状，个人得一张奖状。④ 准备工作就绪，1950年2月17—23日，春赛在上海各大剧场举行。见表1。

① 《春节戏曲竞赛剧目初步决定》，《文汇报》，1950年1月18日，第三版。

② 《戏曲竞赛筹备会议选出委员负责人决定联合大公演一次·将全部收入作为经费》，《文汇报》，1950年1月26日，第三版。

③ 《刘厚生同志总结性的报告》，《文汇报》，1950年3月29日，第三版。

④ 参见《上海市地方戏曲、曲艺改造运动春节演唱竞赛条例》，1949年12月2日，上海市档案馆藏，档案号：B172-1-16，第26页。

表1　1950年春赛各剧种及上演剧目情况统计

剧种	参演剧团(剧院、艺人)、演出节目、节目总数
京剧	中南《三打祝家庄》、共舞台《三本水泊梁山》、大舞台《武松》、天蟾舞台《李闯王》、大京班《水泊遗恨》《野猪林》《黄泥岗》。共7个。
越剧	东山《万户更新》、玉兰《袁世凯》、少壮《郎才女貌》、合作《儿女情仇》、永乐《喜洋洋》、新新《第二代》、云麟《渔樵耕读》、新光《火烧华家庄》、明月《花魁女》、民光《踏上新生路》、群乐《大家喜欢》、五星《仁义缘》、合众《红菱艳》、春光《碧血丹心》、新光《九件衣》、青春《血债》、艳月《九件衣》、新乐《野猪林》、光明《两全其美》、联谊《还金国》、群义《仁义缘》、复兴《豹子头林冲》。共22个。
绍兴大班	同春《大家发财》。共1个。
沪剧	中艺《幸福门》、上施《赤叶河》、英华《水上吟》、文滨《别有天》、佩芳《天亮的社会》、子云《珊瑚类》。共6个。
江淮剧	淮光《九件衣》、麟童《三上轿》、兄弟《九件衣》、申江《逼上梁山》、联义《渔夫恨》、日升《八件衣》。共6个。
维扬剧	努力《无情公子》、苦干《三上轿》、新艺《闯王进京》、合义《洪杨英雄传》、金海《乐与恨》、友谊《九件衣》。共6个。
甬剧	立群《活宝进门》、建立《欢天喜地》。共2个。
常锡戏	宏艺《兄妹参军》、毅风《铁窗泪》、汉清《显应桥》。共3个。
滑稽剧	艺工《财不露白》、联合《王老五复仇记》、五星《全家福》、人艺《团团圆圆》、合作《活菩萨》。共5个。
通俗话剧	新生《苦尽甜来》、新大陆《幸福在东方》、大声《新天地》。共3个。
评弹	朱雪琴、朱雪吟《林冲》、朱琴香、姬梦熊《洪宣娇》、沈笑梅《国仇家恨》、吴剑秋、朱慧珍《井儿记》、周玉泉、华博铭《大雷雨》、金月奄、尤惠林《三上轿》、范雪君《三上轿》、姚荫梅《金素娟》、徐云志《三上轿》、徐雪月、程红叶、陈红霞《九件衣》、徐绿霞《花木兰》、陈鹤声《地雷阵》、祝逸亭《刘巧团圆》、夏德海、葛培芳《腐蚀》、黄静芬《赤叶河》、黄兆雄、徐小兰《红灯记》、曹啸君《井儿记》、曹汉昌《野猪林》、张鸿声《鲁智深》、杨仁麟《野猪林》、杨斌奎、杨振言《渔家乐》、杨振雄《武松》、杨振新《李闯王》、刘天韵、谢毓菁《小二黑结婚》、薛筱卿、郭彬卿《花木兰》、严雪亭《九纹龙》、严祥伯《新水浒》、顾又良《三打祝家庄》、顾韵笙、顾竹君《传家宝》、韩士良《新水浒》。共30个。

续 表

剧种	参演剧团(剧院、艺人)、演出节目、节目总数
街头艺人	徐和其《正义歌》、杨清飞《加紧生产支援前线解放大上海》、沈燕飞《抗战八一三》、小福财《全国解放》、王天虹《烟、赌、娼》、方钧《渔夫恨》。共6个。

说明：本表只录入剧团(或艺人)名称及作品，如京剧中的“中南剧团《三打祝家庄》”简写为“中南《三打祝家庄》”，如朱雪琴、朱雪吟《林冲》，以此类推。另外，共舞台、大舞台、天蟾舞台都是以“剧院”为名号参加的。

资料来源：《参加上海市戏曲春节演唱竞赛单位名单》，《戏曲报》第1卷第2期，新华书店出版社，1950年3月4日，第13页。

由表1可知：一、12个剧种参加，其中十个剧种以剧团、剧院的名义参赛，只有评弹和街头艺人以个人名义参赛，说明评弹与街头艺人还没有新政权认可的组织团体，也表明，较之其他剧种，评弹和街头艺人的演出形式更为简洁，即由1—3人便可演出一台节目；二、12个剧种，97个节目，而评弹独占近1/3，在贡献节目的数量上远超其他剧种，由于参赛节目均为新创作或新改编作品，因此，评弹在编创新节目上是最快捷的，参赛的积极性最高，这与上文所说“起了带头作用”相一致；三、97部参赛作品中，许多名称相同，如《九件衣》有5个剧团、1档艺人演出，《三上轿》有2个剧团、3档艺人演出，《野猪林》有2个剧团、2档艺人演出，加上内容相似作品，如反映梁山好汉及太平天国运动的节目就有相似之处，重复率不低。这些作品，或来自于老解放区，或近期演出中已被认可，相对成熟。将较为“成熟”的作品改编演出，至少保证在政治上不犯或少犯错误，可见，此次春赛对作品思想性的要求是很高的。这一特点在评奖中也有体现。

演出结束，评奖工作展开。评奖委员会做出评判原则：1.鼓励新创作；2.剧团对剧改运动的积极性、原有水平及对竞赛的努力程度；3.该剧评奖分数。“鼓励新创作”的原则使新创作的作品比新改编的更易得奖，因为更能满足时事政治宣传的需要，从而向艺人表明何种作品更受新政权欢迎，也直接影响未来戏改的方向——时事政治的迎合度。评奖还需考察剧团在戏改运动中的积极性及参赛的努力程度，积极性越高，越努力参赛的，会获得较高的奖项。这一原则是对赛前的评判，而对赛后积极性的维持难以考察，这一漏洞就决定了许多剧种在赛后，往往出现“舍新取旧”的局面，这一点在评弹界表现尤为突出。赛前，评弹界最积极，贡献节目最多，“起了带头作用”，但赛后纷纷上演旧书。由于评弹在江南的巨大影响，及评弹界缺乏统一的领导与约束，这成为组建上海评弹团进行试验示范的重要原因。[①] 关于“该剧评奖分数”，见表 2。

表 2 1950 年春赛作品的评奖流程及评分标准

评奖流程		初赛	决赛
参加对象		所有参赛剧团或艺人。	初赛后获一等奖的剧团或艺人。
评判奖项		评出一、二、三等奖的作品。	评定出获得荣誉奖的作品。
评分标准	政治思想	政治立场与思想水平 50 分。	政治立场与思想水平 30 分。
	艺术考察	文字技巧 5 分，结构布局 10 分。	剧本 20 分。
	演出评定	个人表演 15 分，音乐 5 分，布景设计 5 分，导演水平 10 分。	个人表演 15 分，音乐 10 分，布景设计 10 分，导演水平 15 分。

资料来源：《竞赛评奖委员会决定评分标准》，《文汇报》，1950 年 2 月 17 日，第四版。《春节戏曲竞赛初赛成绩揭晓·头等奖廿一出参加决赛》，《文汇报》，1950 年 2 月 27 日，第三版。《春节竞赛胜利结束·得奖戏曲昨日评定——越剧〈万户更新〉，沪剧〈幸福门〉〈赤叶河〉和京剧〈三打祝家庄〉获荣誉奖，〈万户更新〉得分最多》，《文汇报》，1950 年 3 月 14 日，第三版。

初赛和决赛评分标准不同——初赛政治思想性的分数占一半，决赛艺术表演的分数则扩大到 70 分，说明在初赛时评分标准是突出政治思想性的，即政治立场应正确，思想水平要高，决赛时强调艺术表演性，作为获得荣誉奖的作品，立场正确、思想过硬是前提，但更应具备较高的艺术水准，能够代表竞赛的最高水平，获奖作品的演唱脚本列入戏曲丛书交新华书店付印出版，作为模范和榜样来带动其他艺人和戏改运动的前进，对优胜奖，特别是荣誉奖的评定，需谨慎从事，确保政治合格的前提下，注重对艺术的考察。各剧种获奖情况如下。见表 3。

表 3 1950 年春赛 12 个剧种参赛作品获奖情况

奖项 剧种	荣誉奖（个）	一等奖（个）	二等奖（个）	三等奖（个）	合计（个）	参赛人数
京剧	1	2	2		5	963
越剧	1	2	8	6	17	560

① 关于上海评弹团的组建问题，参见王亮：《由单干到集体：上海评弹艺人国营化的心态研究(1949—1951)》，《都市文化研究》(第 8 辑)，上海三联书店，2013 年，第 320—334 页。

续　表

剧种＼奖项	荣誉奖（个）	一等奖（个）	二等奖（个）	三等奖（个）	合计（个）	参赛人数
绍兴大班			1		1	60
沪剧	2		1	2	5	276
江淮剧		3	1	1	5	293
维扬剧		1	3	2	6	189
甬剧		1			1	58
常锡戏		1	1		2	83
滑稽剧		1	1	2	4	165
通俗话剧			1		1	146
评弹	1	3	7	5	16	43
街头艺人			2	1	3	6

说明：演唱四明南词的周廷黻亦参加竞赛，演出《祝福》，获得二等奖；电台获奖的作品有：姚慕双、周柏春演出的滑稽戏《殷实富户买公债》和施炳初演出的宣卷《杨桂香》，都获得三等奖。

资料来源：《春节戏曲得奖佳作》、《大竞赛小统计》，《文汇报》，1950 年 3 月 14 日，第三版。《参加上海市戏曲改造运动春节演唱竞赛获奖单位名单》，《戏曲报》第 1 卷第 4 期，新华书店出版社，1950 年 3 月 18 日，第 3 页。

依据表 3，进行分类比较：关于奖项数量的对比，由于初赛时只有一等奖可参加决赛，来评选荣誉奖，因此将荣誉奖和一等奖放在一起考察，评弹以四个奖项（1 项荣誉奖，3 项一等奖）位列第一，二等奖 7 项、三等奖 5 项仅次于越剧（二等奖 8 项、三等奖 6 项），获奖总数（16 项）仅次于越剧（17 项），在获奖数量上，评弹与越剧名列前茅；就参赛人数与获奖比例来看，每获得一个奖项，京剧约需 192 人、越剧需 33 人、绍兴大班需 60 人、沪剧约需 55 人、江淮剧约需 59 人、维扬剧约需 32 人、甬剧需 58 人、常锡戏约需 42 人、滑稽剧约需 41 人、通俗话剧约需 146 人，评弹约需 3 人，街头艺人需 2 人。评弹和街头艺人每个节目只需 1—3 人便可演出，比京剧等戏剧投入，人数少得多，也说明在适应形势发展的需要上，曲艺因其简便易行，比戏剧更具有优势，仅就曲艺而言，街头艺人由于参赛人数少（仅 6 人），获奖数量少（仅 3 项），很难与评弹相提并论，因此从参赛人数和获奖比例来看，评弹所需人数较少，获奖比例很高；关于参赛作品与获奖的比例，结合表 1 和 3 分析可知，评弹需要 1.875 个节目才能有 1

个节目获奖，位列第八，说明评弹简便易行，参赛作品的数量最多，但质量参差不齐，鱼龙混杂。就获奖作品来看，评奖委员会第二组委员汪培曾言：16部获奖作品都是“思想水平高、政治立场正确”、“技巧成熟、艺术完整”的佳作。[①]

除了对参赛作品进行评奖之外，评奖委员会也对有突出贡献的个人进行奖励：“凡属于竞赛得特等荣誉奖之各演唱单位之剧作者、导演、唱本作者，主要演唱者及主要舞台工作人员各得荣誉奖状一张和荣誉奖章一枚。”[②]由于评弹界表现突出，因此以获荣誉奖的评弹艺人为个案来分析获奖原因。

1950年的春赛，有五位编导演员获得荣誉奖：中艺沪剧社的邵滨荪，东山越艺社的范瑞娟，共舞台京剧工作者李瑞来，立群甬剧社的王宝云，评弹工作者刘天韵。3月28日，在天蟾舞台举行颁奖大会。就评弹界而言，刘天韵的获奖原因有三：“一、为上海评弹界说新书说全的第一个人，《小二黑结婚》他在电台上说足了四十天。东方书场早场说新书，是唯一说足卅天。二、为了说《小二黑结婚》，曾被人恐吓过，但仍能坚持。在说新书中，起带头作用。三、平日学习积极。”[③]刘之所以能获得个人荣誉奖，在于积极说新书，即使被恐吓，也继续坚持，“起带头作用”，与评奖原则一相符。《小二黑结婚》以90.8分的成绩获得一等奖第二名（注：杨振新的《李闯王》以93.2分的成绩获得一等奖第一名，被评为荣誉奖），[④]积极参加比赛，与评奖原则二相符，成绩上佳，这样优秀的艺术家被评为个人荣誉奖的获得者是理所当然。值得注意的是，以说唱《李闯王》获得作品荣誉奖的杨振新，却不是个人荣誉奖的获得者。这是因为尽管《李闯王》思想性超过了一般新评弹作品，对评弹革新也“起着示范的作用，”但杨的成功得力于集体创作的脚本，“其中弹词家黄异庵是出力最多最大的一位”。杨的作品虽获荣誉奖，但并非一己之功，而是众人帮助、集体智慧的结晶，他本人还需深入改造，“提高自己的思想文化，确立正确的立场观点……以推动评弹的改造运动”。[⑤] 与刘天韵相比，杨的不足体现在有待提高的思想

① 参见《上海市文化局关于参加竞赛剧本审查意见》，1950年，上海市档案馆藏，档案号：B172-1-16，第30—31页。

② 《上海市地方戏曲、曲艺改造运动春节演唱竞赛条例》，1949年12月2日，上海市档案馆藏，档案号：B172-1-16，第27页。

③ 《五位戏曲工作者为什么会获得个人荣誉奖》，《文汇报》，1950年3月29日，第三版。

④ 《上海市文化局关于剧本竞赛得奖名单》，1950年，上海市档案馆藏，档案号：B172-1-16，第45页。

⑤ 林禽：《得荣誉奖的评话〈李闯王〉》，《文汇报》，1950年3月20日，第三版。

意识和有待确立的立场观点上，即杨的政治思想性还未达标。个人荣誉奖花落谁家，不言自明。

从评判原则的鼓励新创作到评分标准的突出政治性，从参赛作品的评奖工作到个人荣誉奖的评定，一部作品、一位艺人能否获奖，特别是最高的荣誉奖，政治思想性往往起着决定性的作用。这一作用在第二届春赛时，表现为迎合时政。

（二）时事政治的迎合

在"稳步前进、量力而行"，"推陈出新"等方针指导下，继续戏改工作：学习上，举办首届戏曲研究班，200 多位艺人参加，组织上，创立戏曲改进协会，统一领导上海各剧种，参加政治活动和社会公益事业，在剧本编审、业务改进、制度改革等方面有所有突破，戏改工作有了一个初步基础。剧艺室主任伊兵指出"通过竞赛，来团结和整顿戏曲工作者的队伍，全面动员整个戏曲界"，竞赛意义是"把旧剧改革工作向前推展"。① 戏改工作前进方式，新政权有自己的打算。

1950 年的春赛，政治思想性对作品的评奖往往起着决定性的作用，那么是否可以说戏改运动只强调政治思想性即可？刘厚生并不这样认为：解放初期的政治启蒙，是对的，但持续一年，时间过长，忽视了艺人所需要的文化与业务学习，这就不对了。政治学习只能贯穿在文化与业务的学习之中而不能孤立。② 8 月，戏曲改进协会举办第二届戏曲研究班，以戏改为中心，通过学习，将政治与业务相结合，从事戏改工作。研究班上课十五次，其中八次业务课，七次政治课，就算是政治课也"大部分是以戏曲题材作为题例的"。③ 第二届研究班的举办，既是对首届研究班不足的修正，也是对春赛以来作品过度注重政治思想性的改良，满足艺人对文化学习及业务提升的要求，树立对劳动人民负责的态度来从事戏改工作。政治与业务相结合来推进戏改运动，是一项缓和平稳的措施。一次会议的召开却打破了这一进程，使戏改运动朝着更激进的方向前进。

---

① 《为全面剧改打下基础——春节演唱竞赛开始》，《文汇报》，1950 年 2 月 17 日，第四版。

② 参见刘厚生：《全国戏曲工作会议上：上海市戏曲改革工作报告（1949.5—1950.10）》，《戏曲报》第 4 卷第 1 期，华东人民出版社，1951 年 2 月 20 日，第 13 页。

③ 李晴：《上海市第二届戏曲研究班概况》，《戏曲报》第 3 卷第 4 期，新华书店出版社，1950 年 10 月 5 日，第 378 页。

8月15日，华东戏曲工作干部会议在上海举办。中央戏曲改进局特派员马少波出席，并讲话，肯定华东地区的戏改工作，批评急躁粗暴的态度去消灭旧戏曲的封建毒素，指责对旧戏曲放任自流、保守主义的错误，论述对旧戏曲不加修改完全保留的危害之处，明确提出停演的指示，即有下列情形者，应停演："宣扬麻醉与恐吓人民的封建奴隶道德与迷信者"，如《九更天》，"宣扬淫毒奸杀者"，如《双钉记》《杀子报》，"丑化和侮辱劳动人民的言语与动作"如对武大郎挑簾裁衣的刻划。[①] 马是中央戏曲改进局的特派员，他关于传统戏曲停演的论调代表了中央对华东地区戏改工作的指示，为下一步推进戏改工作指明方向——突出政治性。原本政治性与艺术性相结合的观点，更改为强调政治性的突出地位，即若旧剧中有不良表现，会遭到停演厄运。质言之，若政治立场不正确，艺术性再高也无济于事。会议确立的指导思想对艺人影响巨大，这体现在1951年春赛中。

1月16日，戏曲曲艺春节演唱竞赛委员会(以下简称"竞委会")成立，发布《1951年戏曲曲艺春节演唱竞赛条例》(以下简称"条例")，确定比赛宗旨：总结1950年戏改工作，掀起爱国主义宣传运动。关于竞赛与评奖事项如下：

> 竞赛资格：凡上海市一切在业的戏曲演唱单位均可报名参加，参加之剧目一律以日夜场演唱的而未经演出过之新创作或新改编为限，……评奖标准：……剧本部分，创作及改旧重于改编，改编又根据所改编电影(自美帝电影改编者不给分)、歌舞剧等而评奖标准有所区别。办法如下：自小说诗歌等改编者剧本评分不打折扣，自电影改编者打九折，自歌舞剧改编者打八折，自其它戏曲剧种改编者打七折。[②]

在竞赛资格上，参演剧目须是"未经演出过之新创作或新改编为限"，将演出过的戏曲排除在外。由于未演出过的新创作或新改编的作品更能体现最新时事的宣传效果，因此，这一竞赛资格，实质上将比赛作为一种时事政治的宣传工具。对于演出剧本，强调"创作及改旧重于改编"，对改编的来源进行分门别类的"打折"，尽量缩小演出剧本的范围来源，相对便利了剧本的政治

① 《华东戏曲干部会议上·马少波的戏改工作报告》，《文汇报》，1950年8月19日，第三版。
② 《上海市1951年戏曲曲艺春节演唱竞赛条例》，《大公报》(上海版)，1951年1月15日，第四版。

审查工作。

竞委会服务于政治宣传的举措，遭到了华东军政委员会文化部的不满："条例"缺乏竞赛内容的具体表述，应体现中央文化局教育部"关于开展春节群众宣传工作与文艺工作的指示"；"条例"将竞赛资格限于"未经演出过之新创作或新改编的剧目"，这一规定限制了《信陵公子》《活菩萨》等作品的竞赛资格，而这两出戏至今仍为群众所爱好，卖座上佳，具有教育意义，"如果因此换戏，对爱国主义宣传可能得不偿失，希望能补救这一缺点"；在评奖标准的剧本要求上，全国戏工会议明确提出改编重于创作的方针，而"条例"却规定"创作及改旧重于改编"，进行不适当的分类打折，限制戏曲作品多方面搜求爱国主义题材的道路，"与全国戏工会议的精神方针是不适合的"。[①] 修改意见是对地方戏曲的一种保护，纠正了艺人因自保而被迫采取的"过激"行为。华东军政委员会文化部的目的在于实践爱国主义宣传，贯彻全国戏工会议的改编重于创作的方针。

全国戏工会议是中央文化部于1950年11月27日在京召开的，要求总结戏改经验、明确戏改方针。由于正值抗美援朝之际，此次会议担负起"动员戏曲界力量以服从当前的政治需要"的历史任务。作为戏曲界领军人物的梅兰芳表态：我迫切希望通过这次会议的决定，"拿出我们的力量"，进行广泛宣传，配合抗美援朝运动。[②] 12月1日，大会通过上海代表周信芳等人的提案，把响应抗美援朝保家卫国的运动作为一项政治任务确定下来。1951年的春赛便在这样的背景下开展。竞委会修改原有"条例"：将演出宗旨改为"上海市戏曲界为了掀起新爱国主义的戏曲演唱运动，总结一九五〇年一年来戏曲改进工作"；将剧本内容改为"创作、改旧与改编并重"；竞赛资格上，加上新条款："评弹曲艺由于情况特殊，可允许去年曾参加竞赛的作品加以继续编写后参加"。[③] 最终形成新"条例"。

新"条例"一经公布，沪上剧种踊跃报名，报名时限为1月8—27日，为适

① 《华东军政委员会文化部对上海市戏曲界1951年春节竞赛条例草案提出修改意见》，1950年1月25日，上海市档案馆藏，档案号：B17-4-68，第8—9页。

② 梅兰芳：《迎全国戏曲工作会议》，《文汇报》，1950年11月28日，第四版。

③ 《贯彻戏工会议精神——戏曲竞赛条例拟予部分修改·竞赛报名日期延长五天》，《文汇报》，1951年1月27日，第四版。

应各剧团实际要求，特将报名期限延长五天，“参加的单位，较去年大为增加”[①]。经过2月6—15日的初赛和2月20—25日的决赛，比赛结果浮出水面。见表4。

表4　1951年春赛12个剧种参赛作品及获奖情况统计　单位：项

剧种	参赛作品	12个剧种获奖情况统计				
		荣誉奖	一等奖	二等奖	三等奖	小计
京剧	5	1	1	2	1	5
越剧	21		5	4	8	17
绍兴大班	1					
沪剧	9	1	3	1	1	6
江淮剧	10	2	1	3	4	10
维扬剧	6			4	1	5
甬剧	2		2			2
常锡戏	6		1	4	1	6
滑稽剧	18		4	3	5	12
通俗话剧	3					
评弹	39	2	3	7	9	21
街头艺人	8			3	1	4
备注	1. 评弹参赛艺人及其作品：张鉴国《红娘子》、《华尔洋枪队》，张鸿声《李家庄变迁》、《鲁智深》，杨振新《李闯王》，沈俭安、薛筱卿《林冲》、《翟万里》，邹宏霞《新孟家女》，曹仁安《信陵公子》，钱丽仙、钱美仙《方珍珠》，朱介生、朱介人《红楼梦》，凌文君《活阎王》，秦纪文《情探》，魏含英《吉元和番》，杜剑鸣、杜剑华《武松》，汪菊韵、汪逸韵《刘巧团圆》，朱雪琴、朱雪吟《红楼梦》，徐雪月、程红叶、陈红霞《九件衣》，莫天鸿《南北十三侠》，张可伯《玉麒麟》，唐骏麒《吕梁英雄传》，陈绿波《三上轿》，杨振雄、杨振言《武松》，何芸芳、何剑芳《祥林嫂》，唐凤春《潘金莲》，杨斌奎、杨振言《新渔家乐》，汪雄飞《太平天国》，周云瑞、陈希安《弃暗投明》、《陈圆圆》，陆士鸣、徐琴韵《九件衣》，刘天韵、谢毓菁《小二黑结婚》、《三上轿》、《一脚跌进泥淖里》，姚荫梅《金素娟》，唐耿良《太平天国》，韩士良《水泊梁山》，姚声江《文天祥》，黄异庵《李闯王》，高授亭《三打节妇碑》。					

① 《各剧种百余家剧团报名参加戏曲竞赛》，《文汇报》，1951年2月2日，第四版。

续 表

<table>
<tr><th rowspan="2">剧种</th><th rowspan="2">参赛作品</th><th colspan="5">12个剧种获奖情况统计</th></tr>
<tr><th>荣誉奖</th><th>一等奖</th><th>二等奖</th><th>三等奖</th><th>小计</th></tr>
<tr><td></td><td colspan="6">2. 评弹获奖艺人及其作品：一等奖包括唐耿良《太平天国》，刘天韵、谢毓菁《三上轿》，张鉴庭、张鉴国《红娘子》，刘天韵、谢毓菁《小二黑结婚》，唐骏麒《吕梁英雄》；二等奖包括秦纪文《情探》，汪雄飞《太平天国》，杨振雄、杨振言《武松》，张鉴庭、张鉴国《华尔洋枪队》，蒋月泉、王柏荫《林冲》，周云瑞、陈希安《弃暗投明》，徐雪月、程红叶、陈红霞《九件衣》；三等奖包括沈俭安、薛筱卿《花木兰》，张鸿声《李家庄变迁》，曹仁安《信陵公子》，姚声江《文天祥》，黄异庵、苏少卿《李闯王》，杨斌奎、杨振言《新渔家乐》，钱丽仙、钱美仙《方珍珠》，姚荫梅《金素娟》，葛佩芳《腐蚀》；荣誉奖包括唐耿良《太平天国》，刘天韵、谢毓菁《三上轿》。</td></tr>
</table>

说明：关于参赛作品的数字。就戏剧而言，每家一个节目，如京剧共有五家剧团（或剧院）参赛，则共有五个节目，再如沪剧共有八家剧团参赛，则共有八个节目，其他戏剧剧种类似。就曲艺而言，每人一个节目，如四明南词有二人参加，共有二个节目，街头艺人共有八人参加，共计八个节目，另外，评弹共有39档艺人参赛，共计39个节目。

资料来源：《戏曲曲艺春节竞赛·各剧种踊跃报名》，《大公报》（上海版），1951年1月27日，第四版。《戏曲曲艺春节竞赛·报名延至明天截止·评弹名家几全部参加》，《大公报》（上海版），1951年1月30日，第四版。《各剧种百余家剧团·报名参加戏曲竞赛》，《文汇报》，1951年2月2日，第四版。《春节戏曲曲艺竞赛·初赛评分结果揭晓·一等奖将于明日起参加决赛》，《文汇报》，1951年2月25日，第四版。《上海市一九五一年春节戏曲演唱竞赛初赛结果揭晓》，《戏曲报》第4卷第2期，华东人民出版社，1951年3月5日，第61页。《春节戏曲曲艺演唱竞赛·评定荣誉奖六个》，《文汇报》，1951年3月25日，第四版。《上海市一九五一年春节戏曲演唱竞赛·决赛结果揭晓》，《戏曲报》第4卷第4期，华东人民出版社，1951年4月5日，第139页。

从参赛作品和获奖作品的数量来看，评弹都远远超过其他剧种，获奖数量独占鳌头，各个奖项也名列前茅。就最高水平的荣誉奖而言，评弹获得两项，不仅在曲艺类的剧种中独一无二，在戏曲界，也和淮剧并列榜首。两项荣誉奖是唐耿良的《太平天国》和刘天韵、谢毓菁的《三上轿》。

就作品本身来说，具有较高的演出水平，严肃认真的工作态度并受观众的欢迎，更重要的是配合了当前的政治任务，高扬爱国主义精神，采取正确的创作方法，“思想性和艺术性都是有了一定程度的紧密结合”。两部作品对评弹艺术进行革新：发挥原有优势，在说唱方式上有所创造，如《太平天国》中刻画侵略者的面目就是创新；认真严肃的弹唱态度，结合时事进行适当穿插，如《三上轿》穿插了一段《打狼》的语言，“用以激励今天的抗美爱国运动”。[①]

---

① 春赛评奖委员会：《对于评定荣誉奖的意见》，《文汇报》，1951年3月25日，第四版。

就艺人自身来讲,唐耿良、刘天韵也是个人荣誉奖的获得者。唐耿良积极钻研,曾求教于陈白尘同志,向戏改协会借阅材料,运用评话技巧完善加工《太平天国》的表演,受到老听众的欢迎,说明"只要思想性与艺术性结合的戏曲曲艺,听众必然表示欢迎,……唐耿良的成就给予今后评弹创作更好结合现实一个强有力的启发"①。对春赛工作也极其热心,积极奔走筹措决赛场地。1950年,刘天韵便独得荣誉奖,在评弹界是独一无二的,1951年的比赛,他表演了两个节目,《三上轿》(荣誉奖)、《小二黑结婚》(一等奖),成绩卓著。刘一直坚持说新书,配合政治任务,恰当地时事穿插,使听众"获得政治教育",分享说书材料,表现了互助友爱的精神,起到带头作用,其他艺人受影响而加紧学说新书。②

两位荣誉奖的获得者,无论是作品水准,还是艺人自身,都紧密配合了时事宣传工作,进行政治教化。1951年的春赛是在抗美援朝战争爆发后,在宣扬爱国主义的背景下举办的,因而对戏曲界作品的时事政治性要求颇高,以达到统一民众思想的目的。同时,也要求"政治性与艺术性紧密结合",这样才能既进行政治宣传教化,又满足观众欣赏需求以达到支援前线抗战的目的,如上海戏曲界通过义演先后"捐献了超出十五万发的子弹,让他们(指志愿军)更好打垮美帝的侵略武装"③。1951年的春赛对新书是极其提倡的,所以许多艺人编说新书,如黄异庵、谢毓菁、杨斌奎、朱耀祥、徐雪月等人,形成了说新书的良好局面,这也是"评弹艺人经过多次政治学习,……在思想上和技艺上都提高了一步的缘故"④。只是这一局面并非评弹界的一致行为。

许多艺人对于春赛持有一种敷衍的态度。比赛时,说《水浒传》的杨仁麟,选择了"潘金莲调簾、王婆拉线、武大郎捉奸一段,把其中的黄色成分渲染了一番",说《农民翻身》的顾韵笙、裘凤天,将书名改为时事新说,但内容仍是旧的,如"正德游江南"一段,正德皇帝因为吃了周元的一只鸡,便给他配了一个老婆。⑤ 许多书场也持有类似的态度。米高美书场在初四评过奖之后,初五即

① 《介绍获荣誉奖的六位艺人》,《文汇报》,1951年4月28日,第四版。

② 参见《介绍获荣誉奖的六位艺人》,《文汇报》,1951年4月28日,第四版。

③ 洪荒:《文艺界联合大演出专栏:掀起爱国主义的戏曲运动——上海市戏曲界春节演唱竞赛前奏》,《文汇报》,1951年2月3日,第四版。

④ 《评弹界呈现新气象——艺人们经过学习政治水平提高·各书场所说新书普受观众欢迎》,《文汇报》,1951年2月12日,第四版。

⑤ 《不重视春节戏曲竞赛·部份评弹工作者中途说旧书》,《文汇报》,1951年2月16日,第四版。

说旧书;其他书场也在初五、六换了旧书。说新书就是为了比赛。

面对评弹界参差不齐地"进步",虽有将艺人组织起来的举措,如评弹改进协会的组建,但协会软弱无力,难以完成时事宣传和思想教育的任务。刘厚生曾说:把戏曲艺人组织起来不容易,"需要一批有威望、有工作能力而又能任劳任怨的群众干部"。[①] 1951 的春赛过后,新政权开始物色这样一批群众干部,建立了上海评弹团。成员 18 位,其中 15 位是在 1951 年的春赛上获奖——唐耿良、刘天韵获得荣誉奖,谢毓菁、张鉴庭、张鉴国获得一等奖;蒋月泉、王柏荫、周云瑞、陈希安、徐雪月、程红叶、陈红霞、张鸿声、姚声江、姚荫梅获得三等奖。另外,韩士良获得一等工作奖,[②]吴剑秋、朱慧珍在 1950 年的春赛上,因表演《井儿记》获得二等奖,[③]两次春赛为组建评弹团提供了最为需要的"群众干部"。

余论

两次春赛体现的是艺术政治化的趋势。1950 年的春赛,在评判原则、评分标准、参赛作品的评奖、个人荣誉的评定,无不体现了政治思想性的决定作用,即作品立意要高,符合新政权口味,以达到统一思想、巩固政权的目的。1951 年的"春赛"则更进一步:演出作品须满足时事政治宣传的要求,即把响应抗美援朝保家卫国的运动作为一项政治任务确定下来。新中国成立初期,政治对艺术的渗透作用由此可见一斑。然而由于组织机构的不健全,春赛宣扬时政成效的持续性欠佳——竞赛过后,重新搬演旧戏,"演新书就是为了比赛"思想,比比皆是。以评弹为例,许多书场和大量艺人在大年初四评奖之后,初五即改说旧书。为了扭转这一局面,新政权开始物色"任劳任怨的群众干部",建立健全组织机构,以推动组织化运动。上海评弹团就是在这样的背景下成立的,其成员绝大多数来自竞赛的获奖人员。可以说,上海春节戏曲竞赛的举办,成为 20 世纪 50 年代初期大量国营剧团得以成立的一个重要诱因。

---

① 刘厚生:《全国戏曲工作会议上:上海市戏曲改革工作报告(1949.5—1950.10)》,《戏曲报》第 4 卷第 1 期,华东人民出版社,1951 年 2 月 20 日,第 13 页。

② 《上海市文化局关于 1951 年上海市戏曲界春节竞赛一等奖得奖名录》,1951 年,上海市档案馆藏,档案号:B172-4-83,第 69 页。

③ 《参加上海市戏曲改造运动春节演唱竞赛获奖单位名单》,《戏曲报》第 1 卷第 4 期,新华书店出版社,1950 年 3 月 18 日,第 3 页。

The politicization of arts: Shanghai Spring Festival Traditional Opera Contest (1950 - 1951)

Wang Liang

Abstract: The Shanghai Spring Festival Traditional Opera Contest, held by Shanghai municipal government in 1950 and 1951 respectively, demonstrated the development of the politicization of arts. With the purpose of unifying ideology and consolidating regime, entries of the Contest reflected political thoughts and coordinated with political propaganda. However, the effect of publicity worked in snatches due to inadequate organization. In this regard, promoting cadres from the mass and establishing state-owned troupes became a vital step to further drive forward the traditional opera reform. Since most prize winners of the Contest became cadres and members of stated-owned troupes, it can be said that the Contest was an important incentive for the establishment of the massive state-run troupes in the 1950s.

Key words: Spring Festival Traditional Opera Contest; Politics; Art; Pingtan; Shaoxing opera

作者简介：王亮，浙江理工大学马克思主义学院讲师，历史学博士后，本文由浙江省高校重大人文社科项目攻关计划项目资助(项目编号 2016QN042)。

都市文化浸润下的沪剧形象研究

吴强华

摘要：在中国戏曲中，沪剧以贴近都市生活的"西装旗袍戏"独树一帜，"西装旗袍戏"的形成与繁荣，离不开上海这座国际化大都市的滋养。本文拟从沪剧不同时期的剧目、表演形式、表演平台、社会反响等多维度展示沪剧不同发展阶段的戏曲形象，揭示沪剧从乡间草根小曲到都市戏曲的演化路径，解析上海城市化进程对沪剧发展所产生的影响，探索传统文化的现代转型道路。

关键词：西装旗袍戏；沪剧；都市文化

随着起自偏僻海隅之地的"永嘉杂剧"唱响临安城，戏曲很快便风靡天下，成为民间最受欢迎的娱乐方式。及至元代，有姓名可考的剧作家就有200余人，剧目600多种，戏曲甚至成为有元一代特具代表性的文化符号为后人所景仰。元剧的鼎盛彰显出的自然是民众对戏曲的喜爱，这种喜爱并未随朝代鼎革而稍减。直至近代，中国人对戏曲的热衷依然给英人麦高温留下了深刻的印象，他以其在华近半世纪的生活经验指出，"戏曲是中国人的一大消遣，它风靡全国，且雅俗共赏。无论其他什么样的娱乐方式，没有一种能像戏曲那样，在闲暇时给人们带来如此大的欢娱。"[①]民间对戏曲的热情在地方志书中亦有着传神的描述，诸如"入春以来，各乡村次第演春台戏，几无虚日"[②]的记载，生动地展示出了近代乡村社会几近狂热的戏曲盛宴的场景。尽管历经岁月的淘

---

① [英]麦高温(John Macgowan)：《中国人生活的明与暗》，中华书局，2006年，第184页。

② 丁世良、赵放主编：《中国地方志民俗资料汇编：华东卷》上，书目文献出版社，1992年，第437页。

洗，据不完全统计，时至今日全国依然有戏曲360余种，遍布天南地北，演绎着各自的地方文化，是中国传统文化的重要载体。

在传统戏曲的百花园中，沪剧是颇有些特立独行的，相较于其他的地方戏曲，植根于上海这座近代化国际大都市的沪剧无疑拥有着较为独特的生存环境，并最终建构起以“西装旗袍戏”为标识的跨越传统、汇通中西的都市戏曲形象。在上海重建国际化大都市的今天，解读沪剧形象的演进历程，剖析“海纳百川，有容乃大”的海派文化精神对沪剧形象建构的精神滋养和上海城市的近代化进程对沪剧形象建构的物质保障，不仅是沪剧研究的重要内容，也为传统文化的现代转型提供了有价值的分析样本，对当代上海都市文化的再建构亦有着重要的参考意义。

一、乡土气息浓郁的草根戏曲形象

相较西装旗袍戏的都市形象，沪剧的源头却是在江南水乡的田头水边，浦江两岸的山歌俚曲是沪剧最初的渊源，虽不免稚拙，却也质朴，充斥着浓郁的乡土气息。一般认为，沪剧起始的时间大约在乾隆年间，当时在浦江以东的川沙、南汇等地传唱着东乡调，在浦江以西的松江、青浦、奉贤、金山等地则传唱着西乡调，而东乡调便是沪剧的滥觞。所谓东乡调，有学者认为全称应为东乡花鼓调[1]，换而言之，沪剧最初的形象是花鼓戏，而之所以隐去花鼓二字直称为东乡调，则是因为花鼓戏素有“诲淫诲盗”的恶名，经常受到士大夫和官府的声讨乃至禁演的缘故。

有关沪地花鼓戏的记载始见于嘉庆年间。嘉庆元年(1796年)杨光辅在《淞南乐府》中有“淞南好，官禁役生财，地棍盆堂牛劫数，村优花鼓妇淫媒，革俗待谁来”之语，其自注称：“男敲锣、妇打两头鼓，和以胡琴笛板，所唱皆淫秽之词，宾白亦用土语，村愚悉能通晓，曰花鼓戏。演必以夜，邻村男女，键户往观。”[2]刊刻于嘉庆十八年(1813年)的《明斋小识》亦称：“花鼓戏传未三十年，而变着屡矣。始以男，继以女，始以日，继以夜，始于乡野，继于镇市，始盛于村俗农甿，继沿于纨绔子弟。”[3]从这些记载我们可以看到，沪地花鼓戏始兴于乾

① 文牧：《从花鼓戏到本地滩簧》，《上海戏曲史料荟萃·沪剧专辑》，上海艺术研究所，1987年，第3页。

② (清)杨光辅：《淞南乐府》，中华书局，1991年，第14页。

③ (清)诸晦香：《明斋小识》(第三册)卷九，进步书局印，第3页b。

隆年间，唱戏的演员并非职业演员，最初只有男演员，后演化为男女合演，演出时间最初只是白天，后来大约是观者日众，增加了夜场的演出，演出地点也从乡村扩展到市镇，观众也从乡野村夫扩大到纨绔子弟。可见在沪地花鼓戏诞生的前三十年，为了适应观众的需求，其自身的变化是颇大的，这种善于适应市场的灵活性，在沪剧日后的演化历程中亦时有体现，是沪剧重要的特质。

沪地花鼓戏诞生后，便迅速在上海周边各地广为传播。除《明斋小识》和《淞南乐府》有花鼓戏的记载外，地方志书如嘉庆《月浦志》、道光《蒲谿小志》、咸丰《紫隄村志》、光绪《盘龙镇志》、光绪《松江府续志》、光绪《南汇县志》、光绪《宝山县志稿》、光绪《罗溪镇志》等都有关于花鼓戏的记载，而一批成书于同光年间的文人著述如《沪游杂记》、《新辑上海彝场景致》、《海上十空曲》、《桃华圣解盦日记》、《上海繁花小志》、《海上花天酒地传》等亦记载了花鼓戏在沪传播的情况。从这些记载可以看到，自乾嘉至同光的一百余年间，沪地花鼓戏在上海周边的南汇、宝山、松江、青浦等县及上海城区已有广泛的传播，所谓“春时搭台演戏，遍及城乡”[①]。而且花鼓戏在民间有很强的号召力，从《盘龙镇志》描述的“观者如狂，趋之若鹜”的场景便可见当时演出之盛况，而从松江人钱学伦对花鼓戏致使“后生子弟，着魔废业，演习投伙，甚至染成心疾，歌唱发癫”[②]的责难中，我们或者能更真切地体味到民众对花鼓戏的追捧与痴迷。

沪地花鼓戏之所以受到民众的欢迎，首先自然是因为它是土生土长的上海乡音，所谓“宾白亦用土语”，熟悉的乡音能给观众以天然的亲切感受，而源于田头水边的唱腔音乐曲调委婉动听，有浓郁的江南水乡情调，这种浓浓的乡土气息所发散出的独特韵味对于生于斯、长于斯的沪地观众而言无疑是极具亲和力的，因此很快在社会各阶层中赢得喜爱，形成了基础广泛的观众群，时人称“初村夫村妇看之，后则城中具有知识者，亦不为嫌。甚至顶冠束带，俨然视之”[③]。其次，花鼓戏的演出形制对它的流行也起到了积极的作用。尽管在诞生之初是只有男演员演出，但至迟在嘉庆初年沪地花鼓戏就开始出现男女合演，男女合演自然要比男扮女装更自然，更有观赏性，所谓“销魂最是莲花步”[④]，便是时人对花鼓戏女演员演技的赞赏，尤其在情感戏中，男女合演无疑

① (清)沈葵：咸丰《紫堤村志》，上海古籍出版社，2008 年，第 46 页。
② (清)钱学伦：《新语》，卷下，《笔记小说大观》三十九编第五册，台北新华书局，1987 年，第121 页。
③ (清)钱学伦：《新语》，卷下，《笔记小说大观》三十九编第五册，台北新华书局，1987 年，第121 页。
④ (清)葛元煦：《沪游杂记》，上海书店出版社，2006 年，第 259 页。

能让观众有更真切的感受，有更大的吸引力。花鼓戏演出形式多为对子戏和同场戏，对子戏整个戏社只有四五人，上场表演的二人多为一生一旦，也有一丑一旦，男角称上手，女角称下手；同场戏整个戏社有八九个人，上场表演在三人以上，相对而言，较对子戏能演情节更复杂的剧目。然而，无论是对子戏还是同场戏，上场的人数都不多，伴奏也较简易，所谓“男敲锣、妇打两头鼓，和以胡琴笛板”，因此对演出场地的要求并不高，所以花鼓戏通常是“沿城乡搭棚唱演”[①]，俗称“唱高台”。“唱高台”是花鼓戏在农村演出最主要的形式，所谓高台就是在乡村空闲地方临时搭建的露天舞台，搭台的材料大多是向村民借用，台中央用芦席隔为前后台就可以演出了。“唱高台”有春台和秋台之分，春台在农历二三月间，秋台在农历七至十月间。由于花鼓戏广受欢迎，有时还会发生“抢台脚”的情况，就是当有几个村都想邀请戏班去本村演出时，会派人在夜场演出结束时上台争抢戏班的胡琴或头髻，抢到的就可以让戏班到自己村里演出，这种“抢台脚”有时还会引发争斗，这也从侧面印证了花鼓戏在沪地受欢迎的程度。当然，沪地花鼓戏演出的内容无疑也是其广受欢迎的重要因素。周作人在论及民歌价值时曾指出：“‘民间’这意义本是指多数不文的民众，民歌中的情绪和事实，也便是这民众所感知的情绪和事实。”[②]花鼓戏演出的题材大多取材于农村故事，贴近乡村民众的生活，容易被乡村民众接纳与传唱，时人所谓“盖此戏俚俗不堪，最易学习，地方男妇，耳濡目染，皆能摹仿声容，互相传习，一人唱出，合巷皆闻”[③]便是此种情况的形象描述。当时演出的剧目如《拔兰花》、《磨豆腐》、《卖红菱》、《摘石榴》、《约四期》、《借黄糠》等，几乎都是婚恋情爱的内容，“有反映青年男女邂逅相遇后一见钟情的（如《拗木香》、《摘石榴》等）；有表现热恋的情侣设法摆脱父母包办婚姻的（如《十打谱》，即《双落发》等）；有描写年轻寡妇冲破封建礼教重新改嫁的（如《磨豆腐》、《小寡孀粜米》等）；有讴歌有情人在一方已经另嫁后力争摆脱现状，重新与之结合的（如《卖红菱》、《拔兰花》等）”[④]，有学者指出“早期花鼓对子戏百分之九十以上为婚恋戏，如被称为‘九计十三卖’中最流行的十三出卖头戏《卖红菱》、《卖花

---

① （清）钱学伦：《新语》，卷下，《笔记小说大观》三十九编第五册，台北新华书局，1987年，第121页。
② 周作人：《中国民歌的价值》，《歌谣》周刊第六号第4版，北大歌谣研究会，1923年1月21日。
③ （清）余治：《禁止花鼓串客戏议》，《得一录》卷十一之二，见王利器主编：《元明清三代禁毁小说戏曲史料》，上海古籍出版社，1981年，第314页。
④ 朱恒夫主编：《中华艺术论丛·二·滩簧研究专辑》，上海辞书出版社，2004年，第183页。

带》、《卖桃子》等"[①]，这些婚恋情爱题材的剧目自然是最能迎合乡村民众的兴趣，所谓"演者尽情摹绘，无非密约幽期，观者注目流连，暗动痴情幻想"[②]，可以说这正是花鼓戏的盛行最重要的原因。

然而，花鼓戏的盛行却也引起部分士绅的激烈反对，在现存有关花鼓戏的记载中，几乎都伴有斥责其为淫戏的言词，诸如"淫俚歌谣，丑态万状，不可枚举"[③]之类，甚至直视其为败坏风俗的罪魁祸首，认为"近日民间恶俗，其最足以导淫伤化者，莫如花鼓淫戏……所演者，类皆钻穴逾墙之事，言词粗秽，煽动尤多。夫床第之言不逾阈，中冓之言丑不可道，一自当场演出，万众齐观，淫态淫声，荡魂摄魄……遂至寡妇失节，闺女丧贞，桑、濮成风，变端百出，流毒更何忍哉……是国家岁旌节孝千百人，不敌花鼓淫戏数回之感化为尤速"[④]，因此纷纷要求官府禁绝花鼓戏的流行民间。不可否认的是，花鼓戏的演出过程中，所谓"淫词浪声"是确实存在的，甚至为迎合观众兴趣"以真女真男当场卖弄淫艳之态"[⑤]，如此的色情表演，花鼓戏受到士绅抵制也是事出有因的。在士绅的呼吁下，自嘉庆年间始，青浦、松江等地官府就已有查禁花鼓戏的举动，如嘉庆十一年(1806 年)，青浦县曾颁布《禁花鼓告示》[⑥]，但实际效果却并不如人意，时人称"年来贤宰牧虽屡严禁，迄弗能绝，良可痛恨"[⑦]，花鼓戏在各地的演出并未受到多大的影响，依然广受欢迎。

然而到同治年间，形势骤变，官府的禁演力度大幅强化。同治六年(1867年)，上海道颁布禁演花鼓戏的禁令，称："至花鼓淫戏，本干例禁，班内男女混杂，向后苟且暧昧之防，一切情事，何堪闻问。演之者皆图诱人聚赌，尤为风俗人心之害。去年业经通饬严禁，兹本道访闻此风仍未尽绝，各处多有演唱，自应一体严加示禁，以正人心而端风俗。除刊刻告示外，合行札发通饬，札到该某，即便遵照，将发来告示，转发各属，代为标刊，遍贴晓谕，并于常年淫戏最多

---

① 熊月之主编：《上海通史》第 6 卷《晚清文化》，上海人民出版社，1999 年，第 443 页。

② (清)余治：《禁止花鼓串客戏议》，《得一录》卷十一之二，见王利器主编：《元明清三代禁毁小说戏曲史料》，上海古籍出版社，1981 年，第 315 页。

③ (清)钱学伦：《新语》，卷下，《笔记小说大观》三十九编第五册，台北：新华书局，1987 年，第 121 页。

④ (清)余治：《禁止花鼓串客戏议》，《得一录》卷十一之二，见王利器主编：《元明清三代禁毁小说戏曲史料》，上海古籍出版社，1981 年，第 314—315 页。

⑤《请禁花鼓戏说》，《申报》，1872 年 9 月 14 日，第 1 版。

⑥ 中国戏曲志编辑委员会：《中国戏曲志·上海卷》，中国 ISBN 中心出版社，第 10 页。

⑦ (清)钱学伦：《语新》卷下，《笔记小说大观》三十九编第五册，台北新华书局，1987 年，第121 页。

之处，竖立禁碑，俾众触目惊心，以垂久远。其乡间演唱花鼓淫戏开设赌场之人，应如何拿办，以靖地方……绅士随时随地开导禁止，以挽颓风，均即由府、州、厅、县各级就地方情形，酌议具覆，总期事归实际，毋得徒托空言，是为至要。”[①]同治七年(1868 年)，江苏巡抚丁日昌又连续颁布查禁淫词小说和禁开设戏馆点演淫戏的禁令，花鼓戏常演的《卖草囤》、《拔兰花》、《卖橄榄》、《卖胭脂》、《卖油郎》等均在查禁名单之中。此次查禁系江苏巡抚和上海道直接颁布禁令，因此较以前县级官府禁令的覆盖面更广，而且措施相当严厉，包括首次采用的竖立禁碑等举措，最大程度上压缩了花鼓戏的活动空间，在乡村市镇无法立足的花鼓戏艺人只能另辟蹊径，转向官府无力控制的租界地区谋生。

作为沪剧的早期形态，诞生于田头水边的沪地花鼓戏具有浓郁的乡土气息，无论是演出的形态还是演出的剧目，都是植根于乡村生活之中的，是乡村民众所喜闻乐见的，因此，这一时期的沪剧形象与全国各地的传统地方戏曲并无二致，是乡土的、传统的戏曲形象。如果没有同治年间的禁演风暴，沪剧或许会继续维持着这样的戏曲形象，然而不期而至禁演风暴，却意外地给了沪剧形象一次面目一新的机遇。

二、步入城市的市民戏曲形象

为躲避清廷官府在乡村市镇的禁演压力，原本活跃在南汇、川沙、松江、金山、宝山等地的花鼓戏艺人陆续进入上海城区，最初在十六铺、老北门等靠近租界的偏僻之地演出花鼓戏。初入城区的花鼓戏没有固定的演出场所，只能以“跑筒子”、“敲白地”、“唱大篷”等形式进行流动演出。所谓“敲白地”就是在路边空闲的地方圈空地演唱，而“跑筒子”则是走街串巷流动卖唱，“一路走，一路唱，唱的内容是把所会唱的戏的主要情节编成三四句唱词边走边唱，就像在做活动广告……直到有人要点唱才停下来。叫住我们点唱的，有乘凉的一般居民，也有书香门第的有钱人家。一般居民点唱就在街头巷尾。有钱人家点唱，就把我们喊进屋去，在天井里演唱”[②]，“唱大篷”则是以布篷围成演出场地

① 《上海道通饬示禁淫戏颁发永禁碑式》，见王利器主编：《元明清三代禁毁小说戏曲史料》，上海古籍出版社，1981 年，第 140—141 页。

② 中国戏曲志上海卷编辑部：《上海戏曲史料荟萃》第 2 集，上海艺术研究所，1986 年，第87 页。

在篷围内进行表演，"又迩来英租界新大桥南每夜黄昏时分，亦有花鼓戏，系搭布蓬演作，男二人，一作为女，穿白洋布衫，淡蓝洋布马甲，项间提痧，细长匀密。其亵态淫词，难以言述。观者除男人拥挤外，妇女亦不可数什，履舄交错，殊属不成模样"[①]。"敲白地"和"跑筒子"、"唱大篷"的演出的时间大多从黄昏时分开始，自然是因为这个时间段是市民的闲暇时间，听众会比较多的缘故，这也是花鼓戏艺人适应城市生活节奏的改变吧。

随着花鼓戏在租界演出的逐渐增多，反对之声也随之而起，《申报》上抵制花鼓戏的呼声不绝于耳，或痛陈花鼓戏借租界保护之害，"上海地方最足坏人心术者又莫如花鼓戏……穷乡僻壤偶尔开台一阙，甫终片帆已挂。盖恐当道闻风驱禁，犹存顾忌之心，而乡间妇女尚有因之改节者密约幽期，尚有因之成就者诱人犯法，已属不堪。今则倚仗洋商恃居租界，目无法纪，莫敢谁何"[②]，或要求禁绝花鼓戏，"上海租界地方向有花鼓之戏，男女合演，淫声浪态，不堪逼视。自中西各官会禁，此风绝者二年，前月老北门法租界之新街口，有无赖某纠合花鼓戏借楼开唱，男女皆坐而不演，已为人心风俗之忧。近闻女优二人、男优三四人竟于坐唱开篇之后起而互演。煌煌禁令，视若具文。司牧者想已有所闻，务当除其根株也"[③]，"花鼓戏久于例禁。今闻四明公所后之荒地上又有男女在彼演唱如《双望郎》、《拔兰花》等，种种淫亵声曰不堪入耳，纵听者半系肩挑负贩之流及乡村妇女，然伤风败俗莫此为甚，愿地方官及早禁止也"[④]。与此同时，清廷官府也在积极谋求与租界当局合作禁止花鼓戏，同治十一年(1872 年)，上海道台沈秉成与各国领事合商禁绝租界内女艺人演唱花鼓戏，随即公共租界就开始驱逐女花鼓戏艺人，并限制花鼓戏的演出，到同治十三年(1874 年)，法租界也开始禁演花鼓戏，时人记载彼时上海禁花鼓戏时称，"无业流民，及梨园子弟之失业者，纠土娼数辈，薄施脂粉，装束登场，荡态淫声，不堪听睹，名曰花鼓戏。向年新北门外吉祥街一带，不下十数家。自叶顾之观察宰我邑时，严行禁止，有犯必惩，其风始息。比年，虹口及西门外幽僻之处，时或一演；苟为捕房访闻，无不即时逮案。方整鸳鸯之队，旋罹犴狴之

① 《淫戏类志》，《申报》，1881 年 9 月 13 日，第 2 版。

② 《请禁花鼓戏说》，《申报》，1872 年 10 月 15 日，第 1 版。

③ 《花鼓戏宜禁》，《申报》，1877 年 10 月 1 日，第 2 版。

④ 《复演花鼓戏》，《申报》，1880 年 5 月 31 日，第 2 版。

灾,而若辈遂不敢明目张胆矣。”[1]可见在当时中西会禁的严峻形势下,花鼓戏在租界亦是受到很大的制约,发展可谓步履维艰。

与花鼓戏叠遭查禁形成鲜明对比的是,此时的上海却正处于戏曲大发展时期。在咸丰、同治年间的纷飞战火中,较为安全的上海成为江浙绅商理想的避难之地,人口的激增带来了戏曲消费市场的快速发展,据《中国戏曲志·上海卷》统计,上海在同治年间开业的戏园有25家,光绪年间开业的戏园有79家,而据黄懋材在《沪游胜记》的记载,同治初年“夷场(指租界)大小戏园,共有卅余所”[2]。在这种情况下,部分进入租界的花鼓戏艺人做出了沪剧发展史上第一次更名的重要抉择,将花鼓戏更名为滩簧。之所以更名,最重要的目的自然是为了摆脱花鼓戏的生存困境,谋求更好的发展空间,而选择更名滩簧,一则是因为滩簧在上海较为流行,有较广的观众基础,能带来更好的经济效益,就如老艺人沈锦文所言:“花鼓戏艺人看到滩簧在上海生意好,也改叫滩簧”[3],二则滩簧与花鼓戏均为草根曲种,无论是演出形制还是演出剧目都较容易效仿。花鼓戏更名以后,舍弃了屡屡引发责难的男女合演,同时效仿滩簧的演出形式逐渐改表演为坐唱,为与其他滩簧其区别,亦称本地滩簧,简称本滩。

晚清时期,上海的戏园大多以茶园命名,不售戏票,只收茶资,主要是因为乾隆年间清廷曾下令勒停戏园,当年北京的戏园为掩人耳目,改头换面将戏园改称茶园,上海戏园兴起时,援北京成例也以茶园命名。上海的茶园大多位于租界内,在租界当局注册,具有合法身份,因此在茶园内演出清廷官府是无力干预的,可以为本滩演出创造相对安全稳定的演出环境。光绪二十四年(1898年),许阿方、庄羽生等人在公共租界的升平茶楼以坐唱形式登台演出,这是沪地花鼓戏进城以来首次有确切记载的茶园书场演出,堪称意义重大,标志着沪剧从流动演出的花鼓戏时代发展到了茶园书场的滩簧时代,正因为如此,许阿方被后代沪剧艺人尊为祖师爷。

由于租界当局限制男女合演,许阿方等人在升平茶楼的演出只用男演员,

---

① (清)黄协埙:《淞南梦影录》卷一《上海禁花鼓戏》,见王利器主编:《元明清三代禁毁小说戏曲史料》,上海古籍出版社,1981年,第157页。

② 转引自林明敏:《上海旧影——老戏班》,上海人民美术出版社,1999年,第8页。

③ 文牧、余树人:《从花鼓戏到本地滩簧——沪剧早期历史概述》,中国戏曲志上海卷编辑部编:《上海戏曲史料荟萃》,第2集,上海艺术研究所,1986年,第7页。

女性角色亦是由男演员扮演，演出则采用苏滩的坐唱形式。沪地花鼓戏转型滩簧后，其演出形式得到了租界当局的认可，为自己赢得了合法的地位，时人称“演唱花鼓淫戏，例禁綦严。本邑法租界中迩来市面清寥，好事之徒遂赴工部局纳捐请暂行弛禁，工部局董俯顺舆请，准其演唱对白滩簧，以兴市面。不料此端一启，靡然从风，自公馆马路(今金陵东路)以及小东门外各茶肆，每晚座客常盈，演唱花鼓戏之风，盛行一时。”[①]地位的合法化使得滩簧迎来了快速发展，自升平茶楼以后，滩簧艺人又相继进入聚宝楼、乐意楼、如意楼、杏源楼、复阳楼、天香楼、百花村、天宝楼等茶园演出，在短短三四年间，“以法租界论，茶楼书场竟发展到八个以上，演唱班子也增加到了八人左右的规模”[②]。随着滩簧在租界的风行，华界地区的茶楼也出现了滩簧的演出，如南市里马路、四牌楼等茶楼都有滩簧演出，甚至出现了专唱滩簧的茶楼，“如旧城区花衣街的万福茶楼等还专门演唱滩簧，其他的曲艺很少在彼处立足”[③]。随着影响的扩大，为了与其他滩簧如苏滩相区别，滩簧遂更名为本地滩簧，亦称本滩。

本地滩簧在茶楼书场的演出，对于早期沪剧的发展有着重要的意义。一方面，越来越多的市民通过茶楼听书接纳并喜爱上本滩，数年间“茶资(票价)由制钱 40 文涨到 60 文”[④]，从茶资的变化上也可以看出当时本滩受欢迎的程度，听众数量的增加自然能带来更多的演出机会和收入，对艺人提升自己的表演水平无疑是有益的，但更重要的是，随着观众主体逐渐从乡村民众转变为城市居民，对于沪剧未来发展的路径自然会产生重要的影响。另一方面，本地滩簧为了适应茶楼书场的演出要求，在演出剧目、曲调配乐、唱白表演等各方面都在向其他滩簧尤其是苏滩进行学习。就剧目而言，本滩曾较多地使用苏滩的剧目，“如《荡河船》就是从苏滩移植过来的。戏中李君甫角色，演唱时夹用苏白。其他如《捉垃圾》中的‘大搬场’，《双怕妻》中的‘吃看’，都是从苏滩中吸收而来”[⑤]；而在曲调上则吸收了苏滩的太平调、快板、流水等唱腔的音调和节

---

① 《禁唱淫词》：《申报》，1900 年 3 月 5 日，第 3 版。

② 文牧、余树人：《从花鼓戏到本地滩簧——沪剧早期历史概述》，中国戏曲志上海卷编辑部编：《上海戏曲史料荟萃》，第 2 集，上海艺术研究所，1986 年，第 7 页。

③ 朱恒夫：《滩簧考论》，上海古籍出版社，2008 年，第 113 页。

④ 周良材：《百年沪剧话沧桑》，中国人民政治协商会议上海市委员会文史资料委员会：《上海文史资料选辑》第 62 辑《戏曲菁英》，上海人民出版社，1989 年，第 7 页。

⑤ 文牧、余树人：《从花鼓戏到本地滩簧——沪剧早期历史概述》，中国戏曲志上海卷编辑部编：《上海戏曲史料荟萃(沪剧专辑)》，第 2 集，上海艺术研究所，1986 年，第 7 页。

奏。在此过程中，原来花鼓戏时期习用的对子戏等形式则渐渐淡出舞台，这些学习的经历对沪剧丰富艺术表现手段、提升艺术表现能力无疑有着积极的影响。

民国建立后，所谓新朝新气象，社会风俗的革故鼎新便被提上议事日程，沪剧的发展由此迎来新的契机。1912 年 1 月，刚刚上台的民国政府教育部便通电全国要求筹办通俗教育，以改良社会、普及教育等为宗旨。1913 年，时任上海县知事吴馨成立上海县通俗教育事务所，以李济为事务所主任，组织通俗宣讲团，鼓吹文化改良，其中便有"改良花鼓戏"一项。1914 年，施兰亭、邵文滨、胡雪昌、马金生、陈阿冬等著名艺人发起成立了振新集，这是沪剧史上第一个行业组织，是沪剧组织化的滥觞。振新集最主要的举措是提出了两项号召，其一是建议统一剧种名称，当时乡村地方依然沿用"东乡调"、"花鼓戏"的传统名称，城区茶楼书场则称"滩簧"、"本地滩簧"或"本滩"，施兰亭、邵文滨等建议统一改称"申曲"；其二是号召停演传统老戏中涉及淫秽内容的剧目，如《王长生》、《何一帖》、《驮过桥》等。施兰亭等人的举动，可以说是用心良苦，以"集"为名，是因为当时沪上京、昆最著名的社团名为"遏云集"、"雅歌集"，而剧种更名为"曲"，自然是仿戏曲中最为高雅的"昆曲"之名，而是"申"为名则是强调是上海的地方戏，因此这次更名无非是想借政府推行文化改良之机达到使沪剧脱俗入雅，脱乡入城，自抬身价的目的，而禁演淫戏自然是脱俗入雅最基本的要求了。事实上，振新集的两大建议都并未完全实现，在此后的数年间，沪剧的剧名依然是各自为政，出现了诸如"申滩时调"、"改良时曲"、"改良本滩"、"时事本滩"、"改良戏曲"等多种称谓，而停演淫戏虽然取得了一定的成效，但有的社班直至 30 年代依然有上演涉淫剧目的情况。尽管如此，振新集的努力还是得到了社会的好评和政府的认同，1914 年，《申报》刊登《改良花鼓准予开唱》的文告，称："南市第一区境内德兴楼茶馆拟附设改良滩簧，遵章认缴月捐，补助地方公费。曾经呈请上海工巡捐局，给谕在案。兹经朱局长函，由第一警区查明，该茶楼附设之滩簧确系改良小说，并无淫词秽语，自当照准。故于昨日批示，准予开唱，给发执照矣。"[①]

几乎与民国政府推行文化改良措施同时，上海的城市发展则为沪剧转型创就了全新的发展平台。1912 年 11 月 24 日，上海第一家游乐场楼外楼在新

① 《改良滩簧准予开唱》，《申报》，1914 年 4 月 12 日，第 10 版。

新舞台五层楼顶正式开业，楼外楼除了有哈哈镜等各种趣味之物外，还设有剧场，表演苏滩、评弹、戏法等，这种综合性游乐场在当时国内是独一无二的，因此上自达官贵人，下至平民百姓，无不趋之如鹜，生意异常兴隆。1915年，新世界游乐场开业，除了设有跑冰场、跑驴场等各种游艺活动，还有近十个场子演出戏曲、杂技、魔术等，大受市民欢迎。此后，上海迅速掀起一股兴建游乐场的风潮，大世界、小世界、花花世界、大千世界、神仙世界、天外天、云外楼、绣云天、先施乐园、永安天韵楼等游乐场相继建成，新式游乐场成为市民公共娱乐活动的新宠，游乐场也成为沪上戏曲表演的新舞台。1916年，丁少兰、陈阿东等人以本地滩簧之名进入天外天游乐场演出，这是沪剧在游乐场的首秀，此后施兰亭、胡锡昌、邵文滨、花月英、沈桂英、王筱新、刘子云、孙是娥、马金生等艺人也纷纷登上了游乐场的演出舞台。然而，初登游乐场舞台的本滩艺人在与南北戏曲的同场竞技中感受到了自己的尴尬处境，本滩相对简陋的表演形式和剧目很难吸引更多的观众，观众"迷京戏，迷文明戏，却独独看不起申曲……申曲文不文武不武，既无京戏规范严整的程式，又不如文明戏内容新颖"[①]，正因为如此，初登游乐场舞台的本滩只能以插场的形式进行演出。面对如此窘境，进行适应游乐场演出要求的变革是势在必行的。首先，在演出形式上，艺人们将原本在茶楼书场时的坐唱形式改为立唱形式，增加了表演的成分，同时经过艺人们的多方努力，当局最终同意允许男女合演，1918年，女演员孙是娥首次在新世界游乐场登场与男演员同台演出，随即马媛媛、沈桂英、花月英、花月明、丁婉娥、王雅琴、沈筱英等女艺人亦纷纷登台表演，这些女艺人年轻貌美，颇受观众追捧。其次，在演出剧目上，由于源自对子戏、同场戏的传统剧目大多以乡村生活为背景，远离上海的城市生活，难以满足市民的欣赏要求，因此编演新戏势所必然，当时主要的做法是搬演评弹与京剧中的经典剧目，诸如《珍珠塔》、《玉蜻蜓》、《双珠凤》、《红鬃烈马》、《火烧红莲寺》等，这些新戏的引入不仅丰富了沪剧的剧目，而且在搬演过程中大量借鉴了其他剧种的表演形式、舞美设计等方面的内容，极大地提升了沪剧的舞台表演能力。在搬演弹词戏的同时，1921年，"子云社"在文明戏编剧范志良的帮助下，排演了以当时上海真实事件为背景的时事新戏《离婚怨》，这是沪剧史上第一部时装戏，开启了西装旗袍戏的先河，意义重大。这些变革措施很快起到成效，"1917年以后，

① 邵滨孙：《从艺岁月》，《戏曲菁英》下，上海人民出版社，1989年，第74页。

本地滩簧由原来的每场一个至一个半小时的插场演唱，扩至每场四个小时的正场演唱”[1]，沪剧由此在游乐场站稳了脚跟，逐渐成为上海市民最喜爱的剧种之一。

从茶楼书场到游乐园，从本滩到申曲，沪剧从乡村走进了城市，从演对子戏、同场戏到演连台本戏，沪剧在它的城市化过程中迅速成长，面对城市市民为主体的观众群体，沪剧逐渐抛却了乡土草根戏曲的形象，尽管此时的剧目依然以演绎传统故事的清装戏为主，但是以《离婚怨》为代表的时事新戏的诞生，无疑已经能够让我们看到沪剧走进城市、走近现代的市民戏曲形象。

三、融通中西的都市戏曲形象

自 20 世纪始，上海便是中国最大、最繁华的都市，作为中国最早开埠的城市，无论是物质文化层面还是制度文化层面，上海都是中国西方文明输入的窗口，无论是政治、经济、社会还是文化，西方文明对上海城市的发展影响至深且巨，上海也由此成为中国近代化进程开始最早、近代化程度最高的城市，被誉为“东方的巴黎”。近代上海是全国文化人才最多的地方，自开埠以后，来自全国各地的知识分子逐渐汇聚上海，活跃在教育、新闻、出版等文化领域，20 世纪 20 年代，大批留学西方的文化人归国来到上海，从事各种文化事业，鼓吹新文化、新文明，使上海成为新文化最重要的实践阵地，极大地推进了上海文化事业的发展。到 20 世纪 30 年代，上海已成为中国的文化中心，文化名人荟萃，文化团体林立，国内外文化交流频繁，上海成为文化风气的引领者，文明新剧在上海发轫，中国电影在上海诞生，诸多文化新事物都是从上海走向全国。上海文化事业的鼎盛为戏曲的发展也创造了良好的环境，据不完全统计，20 世纪 30 年代的上海，戏曲演出剧场有一百多座，观众席位达 10 万个以上，在全国首屈一指，京剧、昆曲、越剧、淮剧、评弹等各种戏曲活跃在上海的舞台上，当时，戏曲演员只有在上海唱红才能称得上是名角，足见上海戏曲市场在全国的权威性与影响力。20 世纪 30 年代上海社会的高速发展为沪剧提供了良好的发展机遇，沪剧也由此进入了鼎盛时期。

20 世纪 20 年代，部分文明戏演员进入戏曲界，文明戏演员加入申曲戏班

---

① 文牧、余树人：《从花鼓戏到本地滩簧——沪剧早期历史概述》，中国戏曲志上海卷编辑部编：《上海戏曲史料荟萃》第 2 集，上海艺术研究所，1986 年，第 7 页。

后带来了幕表制的编演方式，幕表制的施行使申曲戏班得以大量搬演观众喜爱的弹词戏和京剧连本台戏的剧目，此举极大丰富了申曲的剧目，尤其是文明戏编剧范志良为子云社编排的时事新戏《离婚怨》，是对时装戏的一次有益尝试，对申曲未来的发展有着重要的意义。进入20世纪30年代，随着唱片和无线电台的普及，申曲获得了更广阔的传播空间，“法商百代公司、德商高亭公司以及胜利、大中华等唱片商都纷至沓来，邀请胡兰卿、施兰亭、邵文滨、王筱新、丁少兰等灌制留声机唱片。形形色色的电台，五花八门的堂会，也遍布沪剧艺人的足迹”①。先后建立的申曲班社达三十余家，其中较著名的有筱文滨、筱月珍的文月社，王筱新、王雅琴的新雅社，刘子云、姚素珍的扶风社，施春轩、施文韵的施家班等，他们多以改良申曲为号召，或称“儒雅申曲”，或称“高尚申曲”，或称“文化申曲”，在观众中颇有声誉。在这种情况，为提升整个申曲队伍的凝聚力，同时也为了规范申曲的改良与发展，一些知名的申曲艺人提出“兹为同业谋福利，暨改良歌剧起见，有欣复组织之必要”②，1934年11月28日，上海市申曲歌剧研究会举行成立大会，出席大会的会员有206人，加入研究会的申曲艺人则有395人。与曾经昙花一现的振新集不同，申曲歌剧研究会有较为严密的组织和会员基础，并有自己的会刊《申声月刊》，在培养申曲人才、规范会员行为、推进申曲改良等方面都起到了积极的作用。在申曲歌剧研究会的推动下，原本的申曲班社纷纷更名为剧团，如施家班更名为施家剧团、文月社更名为文滨剧团等，剧团成员也扩展到三四十人。此外申曲歌剧研究会还举办了二十余次大会串演出，申曲在上海的影响力进一步扩大。

淞沪抗战爆发后，租界人口从战前的167万激增到400多万，人口的大量涌入带来了空前规模的消费市场，大众娱乐业也呈现出极度的繁荣，申曲再次获得发展良机，“百行百业，均形特殊发展，那么申曲界亦不能例外，各申曲剧场，生意兴隆，日夜售座，无场不满，以今例昔，大有一日千里之感”③，“剧场如雨后春笋的创设，且竞相争聘申曲班子演唱”④，一时间沪上的申曲剧团纷纷

① 周良材：《百年沪剧话沧桑》，中国人民政治协商会议上海市委员会文史资料委员会：《上海文史资料选辑》第62辑《戏曲菁英》，上海人民出版社，1989年，第147页。

②《上海市教育局关于申曲歌剧研究社呈请立案》，1934年8月—1936年10月，Q235-2-1706，上海档案馆。

③《申曲进展及价值谈》，《申曲画报》，1940年5月18日，第102号，第3版。

④《赓庐杂缀》，《申曲画报》，1939年11月18日，第44号，第2版。

进入剧场演出，如“文滨剧团之登台于恩派亚，施家班之登台大华及福英社之演出于中南”[①]等等，还出现了专门演出申曲的场地，如申曲花园剧场、新乐宫申曲场等。急剧扩大的演出市场需要更多的剧目，据有关统计[②]，从1916年到1937年，申曲每年排演新戏约十几出，但在1938年，新增的演出剧目多达117出。不仅是剧目数量激增，剧目类型也发生了很大的变化，事实上，自《离婚怨》上演后，申曲排演的时装戏并不多，至1937年仅有《离婚怨》、《自杀结婚》、《可怜姨太太》等几出时装戏，其余多是弹词戏或京剧中搬演而来的古装戏，而在1938年的117出新戏中，时装戏剧目却占了一半以上。到1940年时，申曲演出剧目中，时装戏已占半壁江山，以申曲三大剧团文滨剧团、新光剧团、施家剧团在1940年1月的演出剧目为例，三家剧团共上演59出戏，其中时装戏27出，而演出频次已超越活跃申曲舞台近二十年的弹词戏，可见时装戏发展势头之猛。随着《冰娘惨史》、《碧落黄泉》、《寒梅吐艳》、《叛逆的女性》等一系列时装戏剧目的上演，申曲逐渐脱离了对弹词戏和京剧连台本戏的依附，走上了独立发展的道路。

1941年1月，新光大戏院老板夏连良聘请了文滨剧团的王雅琴、凌爱珍、解洪元，施家剧团的范灵僧、赵云鸣，鸣英剧团的夏福麟、俞麟童、顾月珍等一批知名申曲艺人组建了上海沪剧社，以申曲界大革新为号召，声称：“过去的本滩叫做申曲，今年的申曲改称沪剧。一样的申曲，异样的演出，一般的观众，眼福的不同。电影界、申曲界、话剧界联合阵线组织下上海沪剧社崛起。”[③]上海沪剧社的成立，是沪剧发展史上重要的里程碑，这不仅是因为自此沪剧之名取代了申曲，更为重要的是，所谓电影界、话剧界、申曲界联合阵线的形成，对于申曲而言，无疑是一场具有颠覆性意义的革命，而在这场革命中诞生的沪剧，展现出的是与传统戏曲完全不同的形象，在上海沪剧社首演的剧目《魂断蓝桥》中，后台工作人员几乎全部是电影界和话剧界的人士，导演是著名电影导演严幼祥，编剧是话剧导演戈定波，布景是资深电影布景师包天鸣，舞台监督是话剧界名人陆介人，由他们编演组织的沪剧，展现出来的自然是与传统戏曲截然不同的形象，是电影化的沪剧，是话剧化的沪剧，是受到西方艺术文化深

---

① 《申曲界近几年来的一篇流水账》，《申曲画报》，1939年12月3日，第49号，第3版。

② 上海沪剧院艺术研究室：《1916—1938年沪剧演出资料辑录》，《上海戏曲史料荟萃》第2辑，上海艺术研究所，1987年，第131页。

③ 《一九四一年序幕：申曲界大革新》，《申报》，1941年1月8日，第14版。

刻影响的沪剧。

在沪剧发展史上,《魂断蓝桥》被誉为第一部真正意义上的“西装旗袍戏”,所谓的“真正意义”,自然不是指服饰,而是指其所展现出来的全新沪剧形象,正如时人所描述的,是“导演电影化、剧本话剧化、表情艺术化、唱词申曲化、布景立体化、灯光科学化、服装时代化、道具美术化、化装舞台化、配音写实化”①的沪剧形象。自《魂断蓝桥》后,沪剧编演了《乱世佳人》、《哈姆雷特》、《茶花女》、《铁汉娇娃》(《罗密欧与朱丽叶》)、《家》、《雷雨》、《骆驼祥子》、《上海屋檐下》等一批“西装旗袍戏”,风靡海上,沪剧也最终融入了上海都市化的进程中,完成了向融通中西的都市戏曲形象的成功转型,成为中国戏曲百花园中风姿独特的一朵奇葩。

诞生于江南文化的氤氲化育和欧风美雨熏染中的沪剧,在古今、中西、雅俗的冲击与回荡中曲折前行,最终从田间村头的乡间小曲羽化为融通中西的都市戏曲。在这一过程中,沪剧的发展与上海城市的发展是息息相关的,从滨海小城到国际都市,从鄙陋乡野到文化中心,上海在开放中前行,而沪剧则以同样的开放一路相随,在都市文化的滋养中化蛹成蝶。相较于同样活跃于上海舞台的京、昆、越诸剧,生于斯长于斯的沪剧无疑是最得海派三昧的,创新、开放、灵活、多样的海派特质在沪剧身上体现得最是淋漓尽致。在戏曲发展困顿蹇滞的今天,回首过去,或许对于我们瞻望未来也是有所助益的吧。

Research on the image of Shanghai opera under the influence of urban culture

Abstract: In Chinese opera, the Shanghai opera (“Hu Ju”) is known as “Opera of Suit Cheongsam”, which is close to the urban life. The formation and prosperity of the “Opera of Suit Cheongsam” cannot be separated from the nourishment of Shanghai as a metropolis. This article studies drama image of Shanghai Opera from multi-dimensions during different time of Shanghai, such as the list of opera, the form of performance, the

① 《申报》,1941 年 1 月 9 日,第 14 版。

platform of performance and the social resonance; researches the development of Shanghai opera from the rural grassroots tune to the Metropolitan Opera; analyzes the impact of urbanization development to Shanghai opera; explores the modern transformation of traditional culture.

Keywords: Opera of Suit Cheongsam, Shanghai Opera, urban culture

作者简介：吴强华，上海师范大学人文学院副教授。

流行音乐学研究方法论
——基于研究现状与现实实用性视角

王　韡

内容提要：流行音乐学是一门新兴学科。研究方法的合理使用对于流行音乐学学科的发展具有重要意义。本文从两个方面对流行音乐学中的研究方法及相关问题进行阐述。第一，指出目前流行音乐学研究中在使用研究方法上出现的一些问题。第二，指出了一些在流行音乐学研究中较为常用且需要重点关注的研究方法。

关键词：流行音乐学；研究方法；流行音乐演唱；音乐形态分析

研究方法是工具型“利器”，对于流行音乐学①的规范化、科学化、动力化、持续化发展有着重要意义。由于流行音乐的诞生较之西方古典音乐、中国民族民间音乐要晚很多，再加之其娱乐化、大众化、时尚化等文化表征特点，似乎缺乏传统音乐文化严肃性的一面。因此，在学术界对于流行音乐的研究比较滞后与薄弱。基本情况如下：第一，漠视研究的价值性与重要性；第二，研究起步较晚；第三，研究的深入程度较之传统音乐学科要浅；第四，研究成果有限；第五，研究方法与范式呈无序性，也没有形成一套系统的研究规模与体系；第六，还未形成一个研究人员众多，并具有较强影响力的学术团体和阵地。单

① 流行音乐学(Popular Musicology)是一门对流行音乐的表演实践、创作与理论层面进行研究的学科。流行音乐与西方古典音乐、中国民族民间音乐相并置，属于不同音乐类型的学科。王韡：《流行音乐学学科设置论》，《高教发展与评估》2017年第3期，第100页。

就此点来讲，对于其他音乐专业方向，则不然。从国内来看，中国音乐学院已经成为中国民族声乐的表演实践与科学研究的核心基地，中央音乐学院和上海音乐学院已经成为西方古典音乐研究的核心基地，中国艺术研究院又在中国民族民间音乐、中国古代音乐史研究中有着一贯的学术传统和研究优势，中国传媒大学则成为新兴学科——音乐传播学以及流行音乐学研究的领航基地……当然，对于当今流行音乐研究的困境在国内外也是普遍存在的。曾任加拿大蒙特利尔大学(Université de Montréal)音乐系系主任的流行音乐研究学者菲利浦·塔格(Philip Tagg)就指出，“即使在美国，音乐学对流行音乐的研究也远远落后于其他学科，特别是社会学对流行音乐的研究。”[①]流行音乐研究的窘况，直接导致其研究中出现了诸多问题。

一、流行音乐学研究中出现的相关问题

(一) 一味地进行本体描述，缺乏理论性地阐释与研究方法的介入

在流行音乐学的研究中，对于流行音乐本体进行研究的成果与群体占据着相当的位置。从研究成果方面来看，对于流行音乐演唱方法与技巧的研究成果又较多。主要涉及流行音乐演唱中的发声问题、气息问题、咬字问题、共鸣问题等。这些成果大多属于描述性的，研究者多为从事西方古典声乐或中国民族声乐专业出身。他们利用自身的学术背景，以及对流行音乐的相关涉入情况从而得出的研究成果。这些成果为流行音乐学的学科建设起到了一定的积极作用，但在这里不得不指出，这其中的很多成果流于表面、描述性较强。很多成果都是研究者自身的演唱实践经验之谈，这些成果的主观性较强、理论性较弱。这种基础性、描述性、表面性的本体化、形而下式的研究，是一种比较单一且不完满的研究方式。另外，很多实践出身的教师，未受过系统的音乐学研究的学术训练，对于研究手段、方法、程序等较少通晓，因此，最终研究成果的价值性、创新性也就会大打折扣。例如：对于流行唱法、美声唱法、民族唱法三者进行比较性研究的论题，是声乐界时常进行研究探讨的。如果运用音乐学研究中的比较法，按照科学的思维、正确与严谨的逻辑来进行，完全可以做出很多有价值的成果。可以对三种唱法的发声方式、共鸣、咬字、气息、演唱技巧、审美追求等方面进行有规律、程序化、科学性的比较论述。但是目前出

① 王彬：《流行音乐呼唤新的研究方法和阐释模式》，《音乐研究》2005年第4期，第71页。

现的很多成果，缺乏研究方法的介入与逻辑性的论述方式。一些研究者往往是天马行空性的论述形式，“东一榔头、西一扫帚”，也就是我们常讲的“想到哪、说到哪、写到哪”的写作方式，最终得出的即是“一锅粥”式的论述结果。这点也更说明了流行音乐学的研究中必须要有研究方法的介入与正确使用。

（二）研究方法与手段虽丰富多样，但机械使用或论述方式完全形而上、不接地气、脱离音乐本体

“之所以要把艺术实践作为研究方法之一拿来讨论，这主要是针对一些从事艺术学理论研究但不懂艺术的人而言的。这部分研究者既包括在这个研究领域中的一些青年学者、博士研究生、硕士研究生，也包括一些较有资历的研究者。他们过去没有艺术实践经验，有的未曾从事过艺术理论研究，而是从事美学、文学的研究者，因为这个学科发展迅速，这些研究者才开始从事艺术学理论的研究。”[①]这是李倍雷、赫云两位学者针对艺术学理论这一学科研究中出现问题的阐释。笔者认为此状在流行音乐学的研究中也较为常见。有一些流行音乐的研究学者，不懂音乐本体，即既不会演唱、演奏，也不会作曲、造词，甚至有的连识五线谱和简谱都成问题，可以说还处于流行音乐玩票的业余水平。但这些学者，大多为文学、美学、哲学等人文学科出身，有一定的文化素养。可以说文笔上功底较强，缘于对流行音乐的喜爱，以及对流行音乐想当然的理解，进行了一系列的研究。这些研究成果中，使用的研究方法与手段丰富多样，例如：涉及阿多诺为代表的法兰克福学派大众文化批判理论、德里达的解构主义理论、布迪厄的场域理论、福柯的知识与权力理论、伯明翰学派大众文化理论、萨义德后殖民主义理论、索绪尔结构主义理论等。很多学者将这些“高大上”的理论与研究方法，不合事宜、机械的、生搬硬套的使用到流行音乐学的相关研究上，出现了很多故弄玄虚、“不知所云”、缺乏实际价值与意义的研究成果。例如：有一位学者在对“黎锦晖为什么能写出中国第一首流行歌曲——《毛毛雨》”这一问题上，想当然的指出，黎锦晖是在当时受到了弗洛伊德“性幻想”思想的启发和萌动，是一种由生理刺激而引发的音乐创作行为。其阐述的依据是——在黎锦晖生活与创作歌曲《毛毛雨》的年代，正好为弗洛伊德的“性幻想”思想在中国大肆传播的时期。这种间接性，没有任何逻辑性、科学性的推理方式而产生的“成果”，令人匪夷所思，其更无任何价值可言。

---

① 李倍雷、赫云：《艺术学问题研究》，上海科学技术文献出版社，2016 年，第 52 页。

另外，还有一些研究者在实际的研究中，采用高谈阔论式、完全形而上、“想当然”的方式，脱离流行音乐本体。仔细分析，习惯形而上论述的学者，大多都不是研习音乐本体出身。可以说这些学者一谈音乐本体就出破绽、漏“底牌”，只能悬虚在“上面”进行“空对空”式的研究阐释。大多读者都看不懂、也理解不了其撰写的研究文论。但是这些学者的文笔功力较为深厚，在研究中使用的研究方法与理论“高大上”，论述语言也是文学化与哲学化的方式。他们撰写的研究成果初看似乎非常“高深”“吓人”，实则其社会意义与价值很低。此状在目前的流行音乐学研究中非常多见，需要引起我们的特别注意与重视。笔者始终认为朱光潜先生所言的“不通一艺莫谈艺，实践实感是真凭”①有非常重要的道理。

诚然，出现这种现状，与研习流行音乐本体出身的学者往往属于音乐匠人——“只有术，没有学”，即只注重艺术实践中的技能，本身文化素养稍弱，在语言文字的阐述功力与理论素养上处于弱势有一定的关系。这就造成很多“形而上学者”利用自身“术”的优势，在流行音乐研究的学术圈中占据了一定的发言权。所以这也是导致流行音乐学术界较少出现真正具有较高学术水准，产生重要社会价值、学术价值、实践价值成果的一个重要原因。我们摒弃单纯的实践总结类或完全的“空对空”、形而上式的纯理论性研究，而是提倡基于实践出发，上升到理论层面，实践与理论结合、形而下与形而上结合的创新性研究。这也是笔者这些年来一直遵循且追求的研究方式与目标。笔者在撰写博士学位论文——《音乐社会学视野下的中国流行音乐演唱风格研究》②时，始终以此理念为基点和核心出发点。当然，笔者在这里并不是有意要褒扬与宣传自己的研究成果，即所谓的“王婆卖瓜，自卖自夸”，也更没有“贬低他人，抬高自己”之意。相反笔者认为自己的研究成果还有很多值得深化的地方与不足之处。而是想通过自身进行的研究实例，以一个践行者、亲历者的身份和视角，来呼唤和倡导流行音乐学的有效性、价值性、科学性研究而不是站在一旁“说空话，喊口号”。

---

① 朱光潜：《怎样学美学》，《编辑之友》1981 年第 1 期，第 79 页。

② 笔者的博士学位论文为《音乐社会学视野下的中国流行音乐演唱风格研究》，2014 年 5 月 24 日全票通过答辩，并被评为中国传媒大学优秀博士学位论文。后经近两年的修改、补充，2016 年 3 月以《中国流行音乐演唱风格研究（1927—1979）》与《中国流行音乐演唱风格研究（1980—2010）》两本专著的形式，由中国文联出版社出版。

(三) 对美学观与历史观的消解或漠视

我们深知“美学的观点和历史的观点曾被恩格斯称为文学批评的最高标准”[①]。事实上,美学观与历史观不仅仅使用在文学批评中,其早已应用到更为广阔的人文社会科学中。其也不单单再是一种批评方式,更具有一种方法论的意义与价值。当然这也是马克思主义方法论中的一个基本理论。然而,在流行音乐学的研究中,美学观与历史观时常被一些学者有意或无意的消解、漠视。

由于流行音乐具有较强的个性化特点,使得其审美标准相对难以统一。这也就造成了诸多流行音乐人或学者在流行音乐审美观上出现了偏差或相关问题,以丑为美的现象更是比比皆是。例如:近年来随着一些电视歌唱选秀节目的热播,一时间推出了许多新锐歌手。这些歌手中,有的无论是在歌唱实力,还是在自身形象与素养方面都较高,成为具有社会正向价值且百姓喜爱的明星。也有一些歌手,无论是自身的内在素养还是外在形象以及歌唱实力都令人唏嘘不已,但却在一些媒体(人)或者流行音乐乐评人的操作下,也一跃成为了社会关注的焦点,甚至打造成为了炙手可热的明星。可以说,这种对相关歌手进行大肆虚假性、拔高性、炒作性的宣传与评论,是一种指鹿为马、以丑为美、甚至助丑为“美”的行为。这种行为致使很多观众,尤其是青少年群体乃至学术界部分人群对流行音乐的审美方向产生了迷乱,审美标准与审美价值观也出现了偏差。此种以庸俗、低俗、媚俗,甚至恶俗的文化产品来引领大众的审美方向实在令人叹息,更令人惊恐。叹息是感慨与悲叹这种文化畸形潮流能在社会中有如此的影响力。惊恐是惊悚与恐惧这种不良的文化潮流对整个中华民族审美观的错乱影响,要导致整个社会的审美及相关方面产生莫大的负面影响。可以说,这是典型的对“美学观”进行消解的行为。另外,目前还出现了很多以经济观来代替美学观的现象。众所周知,商品性是流行音乐重要的文化属性之一。流行音乐的发展也始终与经济有着紧密且千丝万缕的联系。近年来出现了很多流行音乐作品的创作与传播导向,是以经济观为核心,取代了美学观的核心地位。通俗地来讲,即以产生经济效益高的作品为传播引领,而不是以具有较高美学品位的作品为核心。流行音乐是一种艺术形态,并非一种完全脱离精神意义传达的物质性商品,在其美学标准与经济效益产生矛盾时,自然要以美学标准为先,但是最好的是达到美学性与商品性的统

① 童庆炳:《文学理论教程(修订二版)》,高等教育出版社,2004 年,第 359 页。

一。习近平总书记在文艺座谈会的讲话中就指出，“一部好的作品，应该是经得起人民评价、专家评价、市场检验的作品，应该是把社会效益放在首位，同时也应该是社会效益和经济效益相统一的作品……同社会效益相比，经济效益是第二位的，当两个效益、两种价值发生矛盾时，经济效益要服从社会效益，市场价值要服从社会价值……要坚守文艺的审美理想、保持文艺的独立价值。”[①]当然，这其中的社会效益就含有美学价值与艺术价值的内容。因此，对于目前的社会文化环境来讲，我们不能让一些五音不全的“小鲜肉们”来引领流行乐坛，更不能以此演唱水准与内容呈现来承载流行乐坛的审美标准。

对历史观的消解和漠视，也是流行音乐学界时常出现的问题。例如：对于流行音乐评论来讲，一名成熟、高水准、高素养、高学养的评论者，历史观是在其音乐评论实操过程中最应持有的基本方法，但是有一些学者则不然。一些新锐派乐评人在对某些过往流行歌手或经典流行歌曲进行评论时，无视历史观的评价标准。在提及毛阿敏、毛宁等这些在中国流行乐坛产生过重要影响的人物时，他们时常不屑一顾，声称这些歌手的演唱风格和方法太土了、太low了等等。诚然，这些歌手并不一定是当下中国歌坛的引领人物，他们各自的演唱风格也不一定是当下最流行、最时尚、最前卫的风格，但是这些歌手在其曾经红极一时的年代，或者说在其事业巅峰时期，他们都是引领中国流行乐坛的中心人物。对于这种只看当下，不回望历史的评说，完全是对历史观的漠视，或者说是其根本不懂何为历史观。因此，“我们的研究者要学习历史，感知历史，通晓历史运行的基本规律，把握科学的历史意识。在研究中，把科学的历史意识消融到审美思维的全过程中去，虽要站在时代的思维高度，但要发现历史与现实相联结的契机及其内蕴的智慧，把艺术作品还源于当时的历史”。[②] 另外，还有一些学者，打着抛出新观点、提出新史观的旗帜，肆意编造或者牵强附会出很多流行音乐历史事件，例如：1949年至1979年中国大陆没有真正意义上的流行音乐，但是有的学者为了突显自己的学术创新性，无视大家对流行音乐概念与定义的共性理解，一厢情愿的、有意人为地对流行音乐概念进行无形的篡改或把其概念无限的夸大。把这一时期的很多抒情性、通俗

---

① 中共中央宣传部：《习近平总书记在文艺工作座谈会上的重要讲话学习读本》，学习出版社，2015年，第22—23页。

② 仲呈祥、张金尧：《坚持“美学的历史的”标准的和谐统一——关于艺术批评标准的若干思考》，《文艺研究》2008年第10期，第12页。

性、并带有民族性的歌曲，强硬地归入到流行音乐的范畴之中。这属于典型的历史主观臆断论。

(四) 哲学思辨能力缺失与逻辑思维错乱

恩格斯曾指出说，“任何科学研究都要对哲学方法和实践方法结合使用，……不管科学家采取什么样的态度，他们还得受哲学的支配。”[①]一些流行音乐学者在研究中对哲学的基本方法，尤其在哲学思辨方面缺少必要的训练和应有的能力。缺乏对事物去粗取精、去伪存真的辨别能力，以及对事物由此及彼、由表及里的本质分析能力。这就必然导致其最终的研究“成果”出现问题。例如：有些学者把中国“文化大革命”时期的《造反有理》《革命不是请客吃饭》《你不打他就不倒》《决不能让它们自由泛滥》之类带有激昂气质、斗争力量，充满豪气与激进的毛主席语录歌曲，认定为中国的摇滚歌曲，甚至还冠上了一个看似很有文化的头衔——“文革红色摇滚歌曲”。其认定的依据是这些歌曲演唱时声音高亢、激昂、有力，使人充满斗志。笔者认为这是典型的对事物思辨方法使用缺失而导致出现问题的案例。摇滚歌曲并不是单凭演唱时声音高亢、激昂、有力这一方面就可认定。英国的披头士乐队，其主唱在演唱歌曲时呈现出来的声音并不高亢，但其属于典型的摇滚乐队。属于不属于摇滚，不完全取决于声音表现这一个方面，例如：歌曲的编配中鼓的敲击是不是反拍重奏？电吉他是否使用了失真音色？主题的表达是否带有一定的反叛性？歌手演唱时的声音是否带有典型的摇滚特质——声音苍劲、有力？歌手演唱时是否使用了典型的摇滚唱法——实唱唱法[②]等等，诸多因素加在一起综合认定才会更准确。单从演唱力

---

① 马克思、恩格斯：《马克思恩格斯全集(第二十卷)》，中共中央马克思恩格斯列宁斯大林著作编译局编译，人民出版社，1971年，第552页。

② 实唱唱法，英文为Belting，是摇滚演唱中的标志性、典型性唱法。“实唱也是一种歌唱风格，发声由胸声统领，声音响亮、丰满且充满激情。‘实唱’最具代表性的即是延长胸声，达到比通常转换到头声的更高音区。这种演唱风格被用于音乐戏剧、灵歌、摇滚乐、蓝调和R&B音乐中。术语‘实唱’也被用于描述男女歌唱的强有力且充满能量的方式。”安妮·佩克汉姆：《当代流行歌手声乐技巧基础》，赵仲明、傅显舟译，人民音乐出版社，2009年，第47—48页。实唱可细分为两种演唱方式，一种是使用胸腔共鸣，完全靠喉咙的嘶喊来演唱，这种方式对歌手声带的损害较大，汪峰、崔健的演唱属于此类；另一种是以使用胸腔共鸣为主，适当加入头腔共鸣，声带在摩擦产生毛边音的同时，注意喉咙的打开，这种演唱方式对歌手声带的损伤较小，丁武、邦·乔维(Bon Jovi)的演唱属于此类。实唱对于传统唱法是禁止的，但是其发声的美学效果符合摇滚乐的审美标准，摇滚乐不进行“实唱”反而认为演唱风格不突出。王韡：《中国流行音乐演唱风格研究(1980—2010)》，中国文联出版社，2016年，第256页。

度这一点来认定是否属于摇滚歌曲是完全不够的，也是片面的。

另外，很多学者在研究中逻辑不清、思维方式错乱，例如：将流行歌曲的类型并置分为校园歌曲、影视歌曲、爱情歌曲……。这样的分类方式体现出研究者对于事物的分析完全没有在一个思维逻辑起点上。我们细想一下，校园歌曲很多都是一些影视剧中的插曲或者片尾曲，两个概念不是相对的，而是交叉的；同样，有很多校园歌曲也是爱情歌曲，高晓松创作、老狼演唱的《同桌的你》就是这样的例子；影视歌曲中也有很多就是爱情歌曲，例如：在由李亚鹏、徐静蕾、王学兵等主演的青春偶像电视剧《将爱情进行到底》中，主题曲《等你爱我》即既是影视歌曲又是爱情歌曲。这种对事物分类的逻辑思维方式，好似把人分为军人、男人、好人……这样的方式。这属于典型的逻辑思维错乱的实例。

上述指出的这些关于方法论方面出现的问题，在流行音乐学的研究中尤为常见。这些问题不得不引起我们的注意和重视，以此来规范流行音乐学的研究，确保研究成果的价值性与正确性。

二、倡导流行音乐学研究方法的规范化、体系化、合理化、科学化的使用与发展

笔者曾在撰写自己的博士学位论文时，就研究方法的规范性、有效性使用这一问题，阐述了自己一直秉承的一个观点和理念——“不要盲目追风、跟潮流，使用所谓的‘洋理论’‘洋方法’‘新理论’‘新方法’，故弄玄虚地提高著作的‘品位’，产生研究方法夹生化的问题。同时，也不要牵强附会、强拉硬扯地使用一些所谓的‘大理论’‘名理论’，产生研究中‘大炮打小鸟’的庸俗化、机械化的问题。而是要根据研究对象的实际需要，不为虚，只为实。要本着实事求是的科学态度，踏踏实实的研究精神来进行。”①这即是笔者倡导的研究方法实操观。

（一）呼唤针对于流行音乐学研究的有效方法与模式

流行音乐学的研究方法与模式在吸取一般性、通识性的范式时，我们还可以根据流行音乐这门艺术的自身特点，来不断总结甚至创造出更加适用于其

① 王韡：《中国流行音乐演唱风格研究(1927—1979)》，中国文联出版社，2016年，第15页。

自身的研究范式。笔者在进行博士学位论文的撰写过程中，在对流行音乐作品[①]进行音乐形态分析的时候，总结了一套进行音乐形态分析的模板。具体来讲，即按照表1的分析模板对近40首流行歌曲进行了音乐形态的分析阐释。此举保证了歌曲分析阐释的统一性，在答辩时也受到了答辩评委的褒扬和肯定。

表1　流行歌曲音乐形态分析模板表

流行歌曲音乐形态分析模板	
歌曲名	音域
作曲者	曲式
作词者	体裁
演唱者	题材
节拍	技法[②]
节奏	配器
调式	其他
速度	

下面以歌曲《鬼马双星》为例，进行音乐形态的示范性分析。

表2　歌曲《鬼马双星》音乐形态分析模板表[③]

流行歌曲音乐形态分析模板	
歌曲名	《鬼马双星》(见谱例1)
作曲者	许冠杰
作词者	许冠杰
演唱者	许冠杰
节拍	4/4
节奏	0　XX　XXXX 与 0 X X X 为基础

① 这里的流行音乐作品主要是针对流行歌曲。

② 主要涉及旋法、和声等方面。

③ 王韡：《中国流行音乐演唱风格研究(1927—1979)》，中国文联出版社，2016年，第154—156页。

续　表

流行歌曲音乐形态分析模板	
调式	A 自然大调
速度	中速
音域	$^{\#}c^1$—$^{\#}f^2$（纯十一度）
曲式	再现单三部（见图 1）
体裁	民谣摇滚
题材	描写城市市民生活，充满了浓郁的城市市井色彩，带有一定的哲理性。该曲是对香港地区之前流行歌曲题材大多为爱情缠绵主题的一个突破。
技法	歌曲的结构规整，每四句为一段。A 段的第一句与第二句是同头换尾的形式，强调了音乐动机。而且同头的旋律都是在歌曲的高音处，第一句就出现高音，往往会把听众的心紧紧抓住。B 段的第三句是第一句的上四度变化模进，这样做加强了音乐的紧张度。旋律从弱拍开始进入与架子鼓的节拍重音正好形成反差，这样做的目的是为了突出摇滚乐反拍节奏的特点。例如：A 段的四句各自的结束字——“世”“谓”“丁”“星”都是先停在弱拍再延长到强拍部分。但是许冠杰在演唱这四个字时，唱得都很实、很强，形成了反拍效果，突出了摇滚乐弱拍强处理的特点。音乐上以八分音符为主，整个旋律呈现出一种迈步向前的感觉，步步有力且稳健。 另外，这首歌曲的旋律朗朗上口，具有较强的易记性特点。如果去掉重拍、长时值的Ⅳ级（re）音，这个歌曲就会变成民族五声调式，因此，歌曲有民族调式的倾向感。其实，这也是许冠杰创作上的一个重要特点，如果仔细研究，后来许冠杰创作的很多歌曲都采用了民族五声调式，只不过配器欧美流行化而已。 许冠杰在创作中注意旋律与粤语歌词韵律的结合，这也是其进行作品创作的秘籍之一。
配器	歌曲的配器明显摇滚化，与英国“披头士”乐队的编配较为相似。这在记述许冠杰的著作中有印证，“许冠杰自十六岁开始玩电吉他，长期迷恋 Elvis（猫王），崇拜 Beatles（披头士），要他做一些这样奇怪混杂的粤语歌，可有挣扎”。① “我作的曲，深受 Beatles 影响，我好多歌你会发觉有 Beatles 的影子存在。我喜欢从他们那些‘歌路’里去发掘东西”。② 许冠杰创作、制作的歌曲配器多以吉他、贝司、架子鼓、合成器这四件现

① 吴俊雄：《此时此处：许冠杰》，天窗出版社，2007 年，第 75 页。

② 同上书，第 83 页。

续　表

流行歌曲音乐形态分析模板	
	代流行音乐乐器为主。尤其是电吉他通过效果器制造失真音色，以及颤音、滑音、推弦、制音技巧的使用，使歌曲更加突出摇滚风格。电贝司在使用时，加强了低音声部厚重的效果。同时，电贝司演奏的低音旋律与歌曲旋律进行呼应。架子鼓的演奏也很有特色，镲片不时常使用，这一点儿与重金属摇滚有很大的区别。从音乐分析的角度来看，此歌曲带有一定的抒情性，如加上镲片会破坏歌曲的意境。架子鼓从始至终都以“敲边击”的方式来进行，使音乐动感十足，并有清秀、透亮之感。合成器的音色使用也比较有个性，电子化味道十足，尤其在间奏处。
其他	1974 年香港同名电影《鬼马双星》的主题曲；粤语流行歌曲

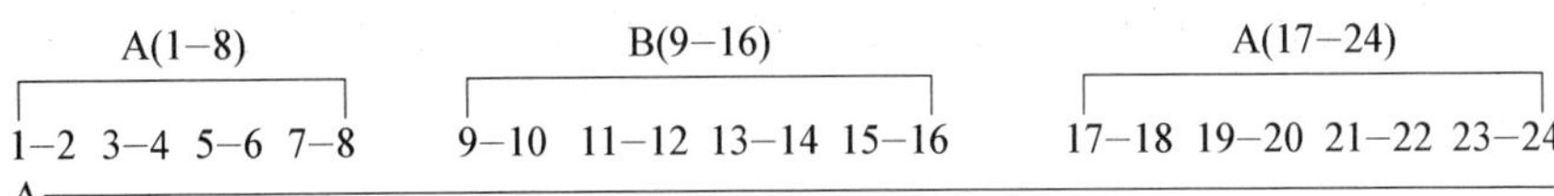

图 1　歌曲《鬼马双星》曲式分析图

鬼马双星

许冠杰词曲唱

谱例 1　歌曲《鬼马双星》谱例

另外，对歌手的演唱形态，笔者也设立了模板（见表 3），并进行了对应性分析（见表 4）。

表 3　歌手演唱形态分析模板表

歌手演唱形态分析模板	
歌手	发声①
演唱歌曲名	声区
声部	共鸣
声种	呼吸
音色	咬字
音量	技巧
音域	表演
声线	声音频谱分析
演唱风格	其他

以歌手汪峰，演唱歌曲《飞得更高》时的声态为例，进行演唱形态的示范性分析。

① 主要涉及发声位置、起音、声带、喉位、喉咙打开程度、声道、软腭、硬腭、咽肌力量等方面的内容。

表 4　歌手汪峰演唱形态分析模板表[①]

歌手汪峰演唱形态分析模板	
歌手	汪峰
演唱歌曲名	《飞得更高》
声部	高音
声种	男声
音量	较大
音域	较宽
声线	曲线型;苍劲、沙哑;传统的摇滚歌手尤其是重金属歌手往往声线属于直线型的,不注重歌曲细节的处理,而流行摇滚歌手则不同。汪峰在演唱中使用很多主流流行(POP)歌手常用的技巧,例如:在"一条大河"的"河"、"现实就像"的"像"等长时值处,汪峰使用了颤音的演唱方式。
演唱风格	流行摇滚
发声	高音区采用强起音
声区	高、中、低声区保持统一
共鸣	头腔共鸣
呼吸	汪峰在演唱中使用胸式呼吸的方式,这也是其一个重要特点。胸式呼吸方式并不是传统声乐理念上科学的呼吸方法,因为胸式呼吸的气息较浅、呼吸量也较少,歌手在演唱时总会给人一种憋气、闷胸的感受。汪峰在演唱高音的时候可以明显地发现其使用了胸式呼吸,尤其在演唱"我要飞得更高"的"飞"处,整个胸腔的气息全部涌到喉咙处,腔体的通畅性稍显不够。
咬字	汪峰的咬字比较清晰,不像重金属摇滚歌手追求怪异、个性的咬字方式,他还是进行字正腔圆的演唱呈现。
技巧	B段演唱中使用了毛边音技巧[②],例如:"我要飞得更高,飞得更高"中的两个"飞"字、"狂风一样舞蹈"的"舞蹈"等处;汪峰在演唱高音时运

① 王韡:《中国流行音乐演唱风格研究(1980—2010)》,中国文联出版社,2016年,第255—257页。

② 摇滚歌手在演唱时,刻意让自己的声带不完全闭合,使声音变哑、变虚,以此来符合摇滚演唱的审美要求。这样发出来的声音往往给人一种毛毛糙糙的听觉感受,这就是流行声乐界所说的"毛边音"。王韡:《中国流行音乐演唱风格研究(1980—2010)》,中国文联出版社,2016年,第96页。

续　表

歌手汪峰演唱形态分析模板	
	用了实唱技术；汪峰还使用了嘶哑声技巧①。
表演	较张扬，宣泄型
声音频谱分析②	第1、2、3泛音的声压高于基音，整个谐音列的声压在4至48分贝之间，表明歌手演唱时的力度较大、能量也较强。泛音数量较多，一共有24个。谐音列频率之间基本是1：2：3：4：5：6：7：8：9：10：11：12：13：14：15：16……的整数倍关系，度数之间也基本是上行纯八度、纯五度、纯四度、大三度、小三度、小三度、大二度、大二度、大二度、大二度、小二度、小二度、小二度、小二度、小二度……的关系，其中第4泛音 c^4+43 与第5泛音 e^4-41 是上行大三度、第5泛音 e^4-41 与第6泛音 $^\#f^4+25$ 是上行大二度、第6泛音 $^\#f^4+25$ 与第7泛音 a^4-44 是上行小三度、第8泛音 b^4-39 与第9泛音 c^5+43 是上行小二度、第10泛音 d^5-4 与第11泛音 e^5-39 是上行大二度、第14泛音 g^5+47 与第15泛音 a^5-41 是上行大二度的关系，这与标准的谐音列相对应的音程关系有一定的微差，这说明此音属于复合音。这是由于摇滚歌手的沙哑嗓音所致。另外，频谱中第3泛音强于基音，整体泛音数量也较多，这些都是由于汪峰的声音高亢、有力，采用强起音的演唱方式所造成的。第5、6泛音处于歌手共振峰③的频率区间内，这两个峰有一定的高度和宽度，具有歌手共振峰的特征。第14、15、16以及第18、19、20泛音所形成的峰也有一定的规模，这应该是歌手共振峰的补充峰，此种情况在其他摇滚歌手中也比较多见，这是由于歌手演唱时力度较大所造成的。（见图2、表5）

① 所谓嘶哑声就是在演唱中歌手发出的声音呈嘶哑状态，也有人称之为“破锣嗓子声”。嘶哑声是模仿声带水肿、闭合不严等病态下的一种声音状态，其常常与哭泣声结合在一起使用，用来表现悲伤、颓废等情绪。气声是声带有规律的不闭合，嘶哑声是声带无规则的不闭合。王韡：《中国流行音乐演唱风格研究（1980—2010）》，中国文联出版社，2016年，第256—257页。

② 为了更加科学地来分析歌手的声音特点，笔者将汪峰演唱歌曲《飞得更高》时的声音片段进行了声学采样，于中国传媒大学的声学实验室进行了专业的声学测试。采样字为汪峰声音最具特点“飞得更高”一句中的“飞”字（也是全曲的最高音），通过中国音乐学院音乐科技系主任韩宝强教授开发的声学测试软件——“通用音乐分析系统（GMAS 2.0B）”，得出了相应的测试结果。

③ 歌手共振峰是指出现在2200至3200赫兹频率范围的一种共振波峰，它的存在可以增强歌唱者嗓音的明亮度和穿透力，不至于被乐队伴奏或其他音响所掩蔽。韩宝强：《音的历程：现代音乐声学导论》，中国文联出版社，2003年，第260页。

续　表

歌手汪峰演唱形态分析模板	
其他	以汪峰创作与演唱为代表的流行摇滚风格歌曲，在题材上不再完全是亚文化的内容，很多都与主流意识形态接轨。例如：汪峰演唱的歌曲《我爱你中国》《飞得更高》等。以汪峰为代表的流行摇滚风格歌手在演唱时，往往中低音区采用主流流行的演唱方式，强调抒情性，只是在高音区才采用传统摇滚高亢、沙哑、狂野的演唱方式。

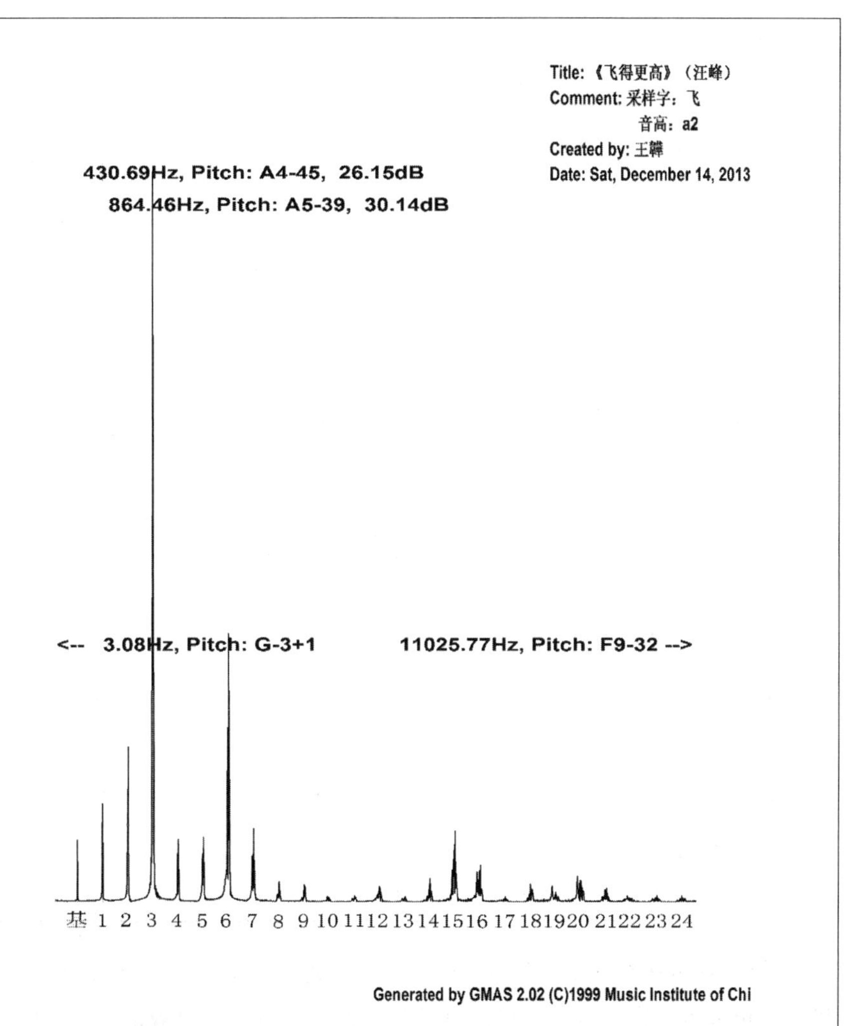

图 2　汪峰声音频谱图

表 5 汪峰声音频谱分析数据表

谐音列	频率(Hz)	音高	声压级(dB)
基音	430.69	a^1 −45	26.15
第 1 泛音	864.46	a^2 −39	30.14
第 2 泛音	1295.16	e^3 −39	34.11
第 3 泛音	1725.85	a^3 −42	47.68
第 4 泛音	2156.55	c^4 +43	26.22
第 5 泛音	2587.24	e^4 −41	26.55
第 6 泛音	3017.94	$^\#f^4$ +25	38.89
第 7 泛音	3448.63	a^4 −44	27.66
第 8 泛音	3882.40	b^4 −39	16.36
第 9 泛音	4313.09	c^5 +43	15.11
第 10 泛音	4709.95	d^5 −4	4.47
第 11 泛音	5180.63	e^5 −39	5.43
第 12 泛音	5605.18	f^5 −3	13.95
第 13 泛音	6045.10	$^\#f^5$ +28	5.18
第 14 泛音	6475.79	g^5 +47	17.73
第 15 泛音	6909.49	a^5 −41	27.38
第 16 泛音	7340.26	$^\#a^5$ −36	21.53
第 17 泛音	7770.95	b^5 −37	4.38
第 18 泛音	8201.65	c^6 −44	15.22
第 19 泛音	8567.74	c^6 +32	14.30
第 20 泛音	8998.43	$^\#c^6$ +17	18.52
第 21 泛音	9493.73	d^6 +9	13.30
第 22 泛音	9850.59	$^\#d^6$ −27	5.44
第 23 泛音	10358.19	e^6 −40	6.54
第 24 泛音	10788.89	e^6 +31	5.54

诚然,此分析范式也是借鉴了传统音乐分析的思路与方法,其对于我们在进行分析大批量作品时有重要的意义与价值。此范式相对规范、统一并且利

于歌曲之间进行比较研究。因此，笔者认为这是一种较为实用的分析范式。当然，笔者在这里并不是以此来炫耀自己所谓的“成果”“创造”，只是借自己的研究实际为例，抛砖引玉，以期能够给大家以示范性阐释与启迪意义。笔者期望在今后，各位学者能够在流行音乐的不同领域，制定出相对应的研究范式或方法，畅想最终能够达到“一把钥匙开一把锁”的研究效果，这对于流行音乐学学科的建构有着基础性意义。

（二）流行音乐学研究中常用与重点关注的方法

在科学研究中，有从不同逻辑与角度提出的各式各样的研究方法，例如：有按照学科进行的——美学研究法、哲学研究法、史学研究法、数学研究法、传播学研究法、社会学研究法、心理学研究法、文艺学研究法等；有按照研究思维方式进行的——定量分析法、定性分析法、定量与定性综合分析法；有按照研究手段进行的——统计法、实验法、田野调查法、文献法等；有按照研究范式进行的——实证主义研究法、解释主义研究法、批判主义研究法等；有按照特定专有释义进行的——阐释学法、符号学法、现象学法、精神分析法、申克分析法、象征主义法、形式主义法、结构主义法等。本文对于研究方法的论述有一个基本的宗旨，即在此不再讨论与赘述一般性的、通实性的研究方法，主要阐述在流行音乐学的研究中，笔者认为较为常用的、实用的、重要的以及容易忽视的研究方法。

1. 体验法与经验总结法

流行音乐学是一门实践性较强的学科。流行音乐学中的流行音乐演唱、流行音乐演奏、流行音乐作曲等专业方向都非常强调艺术的实践性。这些专业方向的介入者都需要有大量的舞台实践为基础。例如：对于流行音乐演唱专业来讲，无论是舞台表演的歌手，还是传道授业的幕后流行声乐教师，如果要进行一定的理论研究工作，都需要以自身的艺术实践为基础，而且这个基础是重要且必要的。歌手或教师在自己的艺术实践活动中，要有意识、审慎的把自身演唱实践或教学实践中的体验记录下来，再经过科学分析与思考，进而形成理论性的文字或其他（教学视频等）成果。这种方式即为体检法与经验总结法的实际运用。体验法与经验总结法往往是紧密联系在一起使用的。无体验必无总结，即便有总结，也是臆想捏造之言；有体验无总结，体验也即变成一场空；有体验有总结，体验的价值才可能实现。一些古代歌唱表演艺人带徒弟时,常采用的口传心授法即是体验法与经验总结法的一种综合实现方式。体验法与经验总结法在实践性较强的专业方向中使用较多、效果更明显。

2. 比较法

比较法也是在流行音乐学研究中最为常用的一种方法。爱因斯坦曾指出,"知识不能单从经验中得出,而只能从理智的发明同观察到的事实两者的比较中得出"。[①] 例如:对于流行音乐演唱的研究来讲,为了找出其自身的艺术规律,往往会将其与美声唱法、民族唱法甚至戏曲唱法进行比较分析,从而发现他们之间的异同,进而了解流行音乐演唱中与众不同的特征。在这里需要指出的是,一些流行声乐教师,无论是在自己的教学实践还是在其撰写论著的过程中,时常将流行音乐演唱与美声唱法、民族唱法进行比较。但是最为关键的是很多演唱实践出身的学者,在进行比较法的使用(无意的使用,或是一知半解的使用)时,常常使用不当。那么,即使其使用了比较法,也会影响最终研究成果的价值性、正确性。我们在进行比较研究的时候,第一,要注意对比之间的事物要有可比性;第二,要在同一个逻辑层面上进行比较。例如:宏观上,流行音乐作曲与传统音乐作曲相关方面可以进行比较。如果进一步进行微观比较,可以进行流行歌曲的和声技法与艺术歌曲的和声技法进行比较。这种比较就在一个逻辑起点与层面上。再如:可以对中外相同历史节点或时段的流行音乐人物进行相关的比较分析。笔者曾注意到中美早期(20 世纪 20 年代至 40 年代)的流行歌手在性别、外貌形象、社会生态环境、社会地位、生命归宿等方面有一定的可比性,并进行了简略的比较研究,并对其背后的社会学、人类学因素进行了宏观考量。具体展开来讲:

第一,性别方面对比分析。中国早期的流行歌手大多都是女性,例如:黎明晖、周璇、姚莉、李香兰、白光、白虹等。男歌手出现的稍晚且较少,在当时的流行歌坛也大多是处于配唱的角色,例如:严华、姚敏等。大规模男性歌手的出现直到 20 世纪 70 年代左右,即台湾的校园民谣时期和香港的粤语歌曲时期。早期这种以女性歌手演唱为主的表演形态,由诸多社会因素造成。其一,20 世纪 20 年代至 40 年代,中国流行音乐的受众人群主要是资本家们。因为

① 爱因斯坦:《爱因斯坦文集(第一卷)》,许良英、范岱年编译,商务印书馆,1976 年,第 276 页。

只有这些人群才有充足的经济能力和时间去夜总会、歌舞厅、咖啡厅、电影院等娱乐场所进行消费,来欣赏流行音乐。而这些人群中大多都是成功的中年商业男士,他们所期待与喜爱的流行歌手自然是青春靓丽的年轻女性。其二,在当时封建思想尚未完全根除的年代,社会中的大多传统女士是很少出入这些娱乐场所的,在当时出入娱乐场所的多半是所谓的风尘女子。那么,出入这些场所的观众主要是男性人群,喜欢靓丽的年轻女性自在情理之中。当然这与当时的传播媒介、人的娱乐消费能力、社会思潮、社会观念、社会认知以及社会的开放程度等方面有很大关系。从这两点还可看出最为重要的一点,即在当时的中国社会,男性为主的娱乐化诉求较为深重,即社会的娱乐活动主要围绕着男性来展开。此状直到 20 世纪 70 年代之后,随着传播媒介的多样化,欣赏流行音乐逐渐成为一种低消费、低门槛的艺术行为,受众人群才开始随之多元化、多层次化,流行歌手的性别也开始趋于男女平衡。

在流行音乐的主要发源地——美国,情况则完全相反。美国早期的流行歌手——乡村布鲁斯歌手,大多都为男性,例如:雷蒙·杰斐逊(Lemon Jefferson)、查理·帕顿(Charlie Patton)、桑·豪斯(Sun House)、罗伯特·约翰逊(Robert Johnson)等,虽然期间也有几位女歌手出现,但是其影响力远远不及男歌手。这种男女歌手数量、性别反差现象也是到 20 世纪 70 年代左右才有所改观,女歌手数量开始增多。进入 20 世纪 80 年代后,美国男女歌手才开始真正的同步发展,性别的差异趋于淡化。此状况与中国完全相反,这也是由一定的社会等原因造成的。其一,当时的美国社会经济发达,男女地位相对平等、经济独立,娱乐化诉求也相对均衡。其二,美国很多风格的流行歌曲更适合于男性歌手来呈现。例如:常常以失恋为题材,音乐较为伤感的布鲁斯歌曲;狂野、阳刚、放荡不羁的,常常以揭露社会阴暗面的摇滚歌曲。其三,美国的流行音乐除了娱乐功能之外,还承载了对社会的控诉、宣泄等功能。美国早期的很多黑人流行歌手都是通过演唱自己创作的流行歌曲来表达对社会的种种看法及不满。在表达对社会的不满情绪中,男性比女性更加冲动、更有激情,因此,在早期的美国社会男性流行歌手较多。

第二,外貌形象及相关方面对比分析。中国早期的女流行歌手一般仅对演唱这一项艺术技能掌握娴熟,其他音乐才艺较少涉及,仅有个别的女歌手参与电影和广告的拍摄。但是这些女歌手的外貌靓丽、身材婀娜多姿,属于靓丽演唱单一型;而美国早期的男流行歌手,除了掌握演唱这一项技能外,大多还会弹吉他、弹钢琴、作曲、编曲等音乐技艺,集创作、演奏、演唱甚至制作于一身的歌手较多。但这些男歌手大多相貌丑陋、身材臃肿或瘦小,甚至有些还为残疾人,例如:雷蒙·杰斐逊、威廉·塞缪尔·麦克泰尔(William Samuel McTell)、威廉·约翰逊(Willie Johnson)、亚瑟·布莱克(Arthur Blake)等都是盲人,属于丑陋演唱综合型。出现这些差异并非巧合,也与上述产生男女流行歌手性别差异的社会原因有着千丝万缕的联系。

第三,社会学层面对比分析。中美早期流行歌手也有很多相同的社会特征,例如:他们的生存环境基本一致,主要是在夜总会或酒吧等娱乐场所进行演唱,以此来获得收入,维持生计。至于后期录制唱片获得的收入,也多是在这些娱乐场所成名之后发生的。

另外,中美早期的许多流行歌手,在社会处境、生活习性,甚至生命归宿等方面都有较多的相似之处。美国很多男流行歌手都有酗酒、嫖娼、吸毒的不良嗜好,例如:雷蒙·杰斐逊由于这些不良嗜好,身体每况愈下,1929 年酗酒后露宿街头被冻死。而中国的女歌手薛玲仙也时常吸食毒品,最终毒瘾发作死在街头。中美早期流行歌手出现这样类似的境遇,仔细思考之后会发现,其原因也较简单。这是因为中美早期流行音乐的生存环境和传播空间主要集中在从事现场表演的娱乐场所,而这些娱乐场所中充斥着大量不健康的事物,自制力较差的歌手往往会受到影响,深陷其中,染上诸多不良恶习。

总之,就比较法来讲,笔者认为,其是一门新兴学科在落地生根时期,最有必要使用的一种研究方法。因为这样可以发现新兴学科与传统学科之间的差异,利于新兴学科的深入化发展。流行音乐学作为一门新兴学科,必然需要与其他兄弟艺术门类进行比较,这样才会促进其的深入化、持续化、良性化、科学化发展。

3. 口述(史)法

口述(史)的方法对于流行音乐的历史研究有着重要的意义。因为真正意义上的流行音乐诞生于 19 世纪末 20 世纪初,以乡村布鲁斯音乐为代表,迄今有一百余年的历史。中国流行音乐则诞生于 1927 年,以黎锦晖创作、黎明晖演唱的歌曲《毛毛雨》的出现为时间点,直至今日还不到一百年的历史。对于中国流行音乐来讲,跨越此时间段的流行音乐人有一些还健在。那么,对这些亲历者的口述采访就显得尤为重要和有价值。因为这些采访相对是直接的。

而在对西方古典音乐或中国古代的民族民间音乐进行研究时，口述法就显得有些“束手无策”。虽然进行古代史的研究，可以对相关人物进行递进式的转述性采访。例如：进行明代或者更早时期的音乐历史研究，有的音乐人是家族传袭式的，可以对其健在的后人进行采访。但这种方式至多可以进行其上三至四辈人的回忆性讲述，再往上追述就非常困难。同时，这种口述得到的材料，其真实性、准确性相对有限。因为人际之间的口语转述性传播对于事件的真实性还原势必会有一定的差异性、主观性。

因此，对于流行音乐历史的研究，我们的学者完全可以抓住此点——流行音乐的历史相对较短，有的亲历者还健在，利用口述的方式对相关史料进行充分发掘。笔者的恩师付林将军，1946 年生人，可以说是改革开放后中国大陆流行音乐的重要亲历者、参与者，其见证过很多著名歌手、音乐人的成长与成名以及中国流行乐坛重要事件的发生。例如：崔健是中国摇滚乐的教父、开拓者，其在 1986 年百名歌星演唱会上，演唱自己创作的摇滚歌曲《一无所有》标志着中国摇滚乐的诞生。事实上，崔健在 1986 年百名歌星演唱会之前，就曾演唱过《一无所有》。据付林老师回忆：在 1985 年的一天，广州一个唱片公司的音乐编辑[①]来北京寻找有商业价值的歌手准备进行专辑制作。付林老师推荐了崔健，并让崔健到其海政大院家中约见这位音乐人。崔健在付林老师家中的客厅，非常投入地弹着吉他喊唱着《一无所有》。由于没有麦克风等扩音设备，唱片公司的音乐人眉头紧皱，不知崔健所意所唱。后来付林老师给崔健递上了一个麦克风，音乐人才勉强听完了整首歌曲。但由于当时中国的音乐人对摇滚音乐的不解或半解，最终没有答应制作崔健的这首歌曲。但是等到来年(1986 年)崔健成名之后，当时的这位音乐人急匆匆地又来找付林老师，让引荐崔健，并为其制作歌曲的时候，崔健已经名声鹊起“难以寻觅”了。这种重要的口述历史史料，对于我们了解崔健、了解歌曲《一无所有》以及中国摇滚乐的诞生都有着重要意义。

再如：李琼青歌赛的民通唱法事件，也是笔者通过对付林老师的口述采访后才了解所悉。付林老师参与了数届中央电视台举办的全国青年歌手电视

---

① 当时音乐编辑的职权与现在的音乐制作人基本相同，只是当时还没有音乐制作人这一称呼，统称为音乐编辑而已。音乐制作人的这一称呼，是随着 1993 年中国大陆签约制的兴起而逐渐被广泛认知的。

大奖赛，在其中任评委与策划。据付林老师回忆：在1998年4月，由中央电视台举办的第八届1998年“大红鹰杯”全国青年歌手电视大奖赛业余组上，歌手李琼以流行歌手的身份参赛，在流行唱法①组中演唱了一首名为《三峡，我的家乡》的歌曲。李琼的演唱风格在比赛期间引起了评委们很大的争议，争议的焦点为——其唱法到底属于民族唱法还是流行唱法？最终评委们给出了一个较为统一的说法、认知，将李琼的唱法称为民通唱法②，列为流行唱法中的一种风格，自此民通唱法这个概念开始被大家熟知。另外，对于李琼的比赛名次，还有一个不鲜为人知的事件。李琼在复赛阶段由于其对演唱技术，尤其是高音技巧的娴熟掌握，其演唱得分一直是最高的（第一名）。其中还有一个小插曲，在比赛间隙，美声唱法组的吴天球评委，用醇厚的男低音声音还对付林老师讲，“你们组（流行唱法组）的那个李琼不错啊”。李琼的成绩出现变化缘于决赛当天下午的走台。流行唱法组的评委在决赛歌手走台后，进行了认真的合议。大家认为如果李琼获得了此届流行唱法组的第一名，这样有可能会导致未来的一段时间，这种半民族化、半流行化的唱法（即民通唱法）会在社会上广泛流行开来。为了使中国的流行唱法更加国际化、时尚化，最后认为让其拿二等奖（第二、三名）为好。因此，在当晚决赛打分的时候，每个评委都执行了此决议。大家都稍稍打低了一点儿分数，孰不知，你低一点儿，我低一点儿，

① 实际当时称为通俗唱法。“在1983年的全国轻音乐会议上，绝大多数专家认为，对流行音乐不能硬性禁止，应允许其存在而因势利导，使其为社会主义市场经济服务。但对于称呼，为了避免使人联想到20世纪30、40年代的流行歌曲，就定了“通俗歌曲”这个名字。这是可以理解的，因为那不是现在，毕竟是1983年啊。但从此，流行音乐有了合法身份，与美声唱法、民族唱法形成鼎足三分之势，却一直沿用了‘通俗歌曲’（‘通俗唱法’）这个意义不确切的称谓。”孙蕤：《中国流行音乐简史（1917—1970）》，中国文联出版社，2004年，第2页。这一并不确切的称谓，在中国大陆沿用了20多年。直至到2008年3月第十三届青歌赛时，才把通俗唱法改称为流行唱法。同时，通俗音乐也逐渐改称为流行音乐、通俗歌曲改称为流行歌曲。王韡：《中国流行音乐演唱风格研究（1980—2010）》，中国文联出版社，2016年，第66—67页。

② 民通是中国特有的一种流行音乐风格，在民国“大上海”时期就曾出现过，例如：由贺绿汀作曲、田汉作词、周璇演唱的歌曲《天涯歌女》。民通风格的歌曲大多是作曲家利用中国民族民间的音乐元素来进行创作的，在歌曲的编配与歌手的演唱方面，民族化与流行化特征兼具。民通唱法歌手发出的声音比民族唱法歌手的声音更靠前、更白一些，演唱时的气息也相对较浅、共鸣也相对较少。同时，民通唱法的歌手大多都有民族唱法的演唱基础，在情感的处理上更为细腻，但高音区的演唱还是采用民族唱法的用声方式。在歌手李琼出现之前一直未对此风格给出一个明确的称呼和定义。另外，除了歌手李琼之外，歌手李娜在演唱歌曲《青藏高原》、张迈在演唱歌曲《黄河源头》、谭晶在演唱《在那东山顶上》时都采用了民通唱法。王韡：《中国流行音乐演唱风格研究（1980—2010）》，中国文联出版社，2016年，第190、194页。

结果李琼连三等奖(第三至五名)都没有获得,成为了优秀奖获得者。当然成绩一出,无论是观众们还是评委们都有些波动。后来央视赛事组为了平复公众的情绪,最终给李琼颁发了一个"特别奖"。这个"特别奖"是自 1984 年中央电视台举办第一届青歌赛至 2013 年的第十五届[①]中唯一颁发的一个奖项。李琼虽然未在青歌赛上夺得头筹,但其民通唱法随后影响巨大。青歌赛之后,李琼在当年(1999 年)央视春晚上又演唱了一首民通歌曲《山路十八弯》,使民通唱法风潮一时间风靡全国,乃至海外华人地区。歌曲《山路十八弯》也成为随后几年内各种歌手大赛,流行唱法女高音的常选曲目。这些口述史料对于我们了解民通唱法称谓的出现以及其传播有着重要的价值。类似李琼青歌赛中发生的这些内部事件,如果没有当事人、亲历者的口述回忆,唯恐我们难以知晓获悉。

对于音乐表演实践与创作方面,进行口述采访的方式也尤为重要。例如:对一些著名歌星的演唱、作曲家的创作进行采访。这些面对面的交流,对于艺术实践中的理论总结有着最为直接的意义。笔者曾经在 2005 年参加河北电视台的一档节目时,对著名歌星孙楠进行过采访或者说请教,主要是请教孙楠其高音是怎样演唱出来的?使用的什么方法?孙楠当即就指出,第一,声带要有力量,并且要进行强化性训练;第二,声音要集中。这两点是对解决流行音乐演唱中的高音技术——关闭技术[②]的核心、经典、精炼总结。孙楠当时简短且看似随意的两句话,孰不知对笔者高音技术的解决有着巨大的作用和意义。笔者作为直接的亲历者、受益者,充分体会到了口述对于演唱实践的重要意义(坦然讲,笔者当时只是一名音乐专业的本科毕业生,也不太懂所谓的口述法。如果通晓,可能还能发掘更多有价值的信息)。

另外,还需要指出的是,很多流行歌手与音乐人往往只注重社会实践,一般不会通过付出笔墨,以文字记载的方式来对自己的艺术实践中的宝贵经验

---

① 2013 年的第十五届青歌赛为迄今的最后一届,目前青歌赛处于停办状态。

② 关闭技术,是解决流行音乐演唱高音的一种方法。其是指"歌手在发声时,以制止声带的方式使声带压缩变薄、振动频率加快,这样两片声带就会更加紧密地闭合在一起,这就是所谓的声带'关闭'状态,这种方法即称为'关闭'技术(close)。声带'关闭'之后,将所发出的声音集中到眉心处(额窦),通过头腔共鸣润色爆发出来,就是'关闭—集中'。也就是说,正确的'关闭'必然会有'集中'的效果,而'集中'则是应用'关闭'的最直接反映。关闭技术对流行唱法的发展,尤其是高音技术的发展起到了重要的推动作用,使歌手在演唱实力上有了一个质的飞越和提高。"王韡:《"关闭"技术在流行唱法中的运用》,《艺术探索(广西艺术学院学报)》2012 年第 4 期,第 76 页。

进行总结。那么,我们的流行音乐研究学者对其进行采访,让其进行口述的方式即是对他们艺术实践进行总结、研究的最好方式。当然比口述法更进一步、深一步且更具综合性的即下面指出的田野调查法。

4. 田野调查法

流行音乐学属于典型的人学。例如:我们要想探求流行音乐演唱实践与创作的真相,走进这些歌手、音乐人的生活与工作中间是非常重要的,这就需要我们采用田野调查的方法。进行田野调查还有如下缘由:第一,我们都了解美声唱法与民族唱法其日常的歌唱练习状态,演唱者往往是在琴房,跟着钢琴伴奏来进行。但是对于流行歌手平常怎样进行歌唱练习,大多数人很少了解,这就需要我们走进歌手的日常歌唱练习中。第二,很多人都说流行歌手是在录音棚中制作出来的。从这句话中就可见录音棚中一定有很多的音乐制作奥秘,那么我们走进录音棚,从中观看和体验音乐制作人是怎样对歌手的演唱进行实际的指导与音乐制作,我们便会了解其中的奥秘。这会使我们能够非常直观且迅速的看到与听到一首原创歌曲,是怎样经音乐人的指导被流行歌手演绎出来,又是怎样经过录音师、制作人等人员与环节将歌曲制作完成的。第三,流行音乐演唱是一种非常强调表演性的艺术。那么,我们走进酒吧、歌舞厅等演艺场所,进行实际的、面对面的观看与体验流行歌手的舞台表演活动是极其重要的。第四,很多流行音乐人都有晚上酗酒与聚会的习惯,这也许就是流行音乐人的社会生长环境。他们往往在酗酒后,变得更加充满性情。很多的音乐人往往在此状态下,音乐的才华与激情更容易迸发出来。虽然这不是一种好的习惯,但是根据笔者在业界的大量观察,这种情形在流行音乐人圈非常多见。类似这样的状况,如果我们想了解音乐人的创作状态、生活状态等,进行田野调查是一种非常有效的方式。笔者清晰地记得在2015年9月于浙江温州召开的第三届中国流行音乐学会全国代表大会结束的当晚,很多音乐人聚集在一起喝着啤酒,畅谈着创作与生活境况。很多流行音乐人都是在喝酒喝到尽兴之后,即所谓的“酒后吐真情”,才敞开心扉、打开“话匣子”,畅聊自己的音乐创作及相关事宜。笔者在当时的现场,亲历并感受到了要想了解一些音乐人真正的创作与生活状态,必须进入其空间。此时我们看到与听到的这些音乐人的讲话,与平日其在电视等媒体的采访情境并不完全一样,从某种程度上来讲,此时的讲话更加真实,往往更具新意与价值。

5. 批评法

从某种意义上来讲，流行音乐学是最具实效性、现实性，“吞吐现实人间烟火”的艺术学科之一。为此，评论在流行音乐的学术研究，尤其在人们对流行音乐的审美认知与价值导向判断上有着重要的指引意义。在评论中，使用正确的方法论又是一项非常重要的内容。但是目前流行音乐的批评方面比较混乱，当然这也与评论的操行门槛儿相对较低有一定关系。也就是说专业的、业余的都可以对流行音乐的相关事项评头论足。目前的流行音乐评论主要有三个方面的问题：第一，评论者在进行评论的实操过程中，对美学观与历史观的消解或漠视。这在上文已有阐述，此处不再赘述。第二，评论者受经济利益控制，缺乏激浊扬清、褒扬正义的学术精神与职业操守。第三，对评论行为的曲解，批评方法的无力与错位使用。这是一种较为隐匿的失效评论行为。例如：随着近年来诸多卫视歌唱竞技类节目的热播，出现了一些青年乐评人。他们往往在每一期的节目播出后，迅速跟上进行所谓的“评论”。其评论的套路是——对现场歌手演唱歌曲的音乐本体进行分析，涉及歌曲的调式调性、音乐风格，以及与原唱歌曲在配器等方面的差异等，最后简单地对歌手的演唱进行形容式的、描述式的评说。首先，笔者认为，此类行为不是音乐评论，而是音乐分析。音乐评论从狭义的角度上来讲，是评论者对音乐进行价值判断的一种行为。当然这种价值判断内涵较丰富，涉及艺术价值、审美价值、经济价值、社会价值等方面。没有价值判断算不上真正意义上的音乐评论。其次，对于一位职业的、高水准的乐评人，在进行音乐事物的评论时，语言要准确、犀利，不能含含糊糊，出现过多不伦不类、花里胡哨、花拳绣腿式、万能式的描述性语言，这样会让大众对评论者的价值判断观点产生偏差或迷乱。如一位评论者在节目中指出某歌手的演唱如奔驰的骏马……，像这样的语言即是一种缺乏直接判断力的语言，是我们在进行流行音乐评论中应该摒弃的。

6. 思想方法论

“思想是指导实践的灵魂者、先行者，如果思想方法论是谬误的。那么，在我们的研究实践中就不可能找到正确的方向，进而得出科学、客观、正确的研究结果。”[1]为此，在思想方法论上，我们的研究者一定要坚持使用辩证唯物主义和历史唯物主义的思想方法论。在对音乐作品进行评述时，一定要坚持使用历史与美学相统一的方法，防止陷入历史虚无主义与唯心主义的漩涡。例如：有一本台湾地区出版的流行音乐著作，在某些方面有一定的价值，但其中的写作观点完全是站在蒋介石国民党政府的一边，把中国共产党丑化、妖魔化，甚至歪曲历史事实。另外，流行音乐源于欧美，很多国外流行音乐著作的写作观点与论述角度都站在资产阶级的立场。那么，像这样的资料在使用上就要极其慎重，正确的思想方法论就起到关键的作用。

最后需要指出的是，在我们的研究中不但可以合理地使用人文学科的研究方法，而且可以采用一些自然学科的研究方法。例如：笔者曾在撰写博士学位论文时，对歌手的音色分析运用了音乐声学的研究方法（上文的“歌手演唱形态分析”部分也相关阐释）。根据笔者当时的文献检索，这在流行音乐演唱研究上还是首次。类似这样的方法，笔者呼吁在今后流行音乐学的相关研究中可以进行大胆的尝试。

总的来讲，笔者提倡在流行音乐学的研究中，努力实现三个方面的统一——实践与理论、微观与宏观、学界与业界的统一。这其中的第一、二方面——实践与理论、微观与宏观的统一是比较好理解的，也是其他艺术门类时常提出与倡导的。对于第三方面——学界和业界的统一，是流行音乐学研究中较为特殊与值得注意的一点。从某种意义上来讲，流行音乐与业界的联系密切度要高于学界，或者说其在业界彰显出来的影响力更高、更突出。这就需要我们的学者必须熟悉其在业界的发展与运行态势，在自己的研究中将业界与学界的相关信息、观念进行统一整合后再进行分析。否则自己的研究结果，会与流行音乐在社会中的实际呈现产生巨大差异。

Research Methodology of Popular Musicology

Abstract: Popular Musicology is a new subject. The rational use of research methods

① 王韡：《流行音乐研究中需要注意的问题——从研究方法的角度论及》，《新疆艺术学院学报》2013年第1期，第29页。

is of great significance to the development of Popular Musicology. This paper expounds the research methods and related issues of Popular Musicology from two aspects. Firstly, it points out some problems in the current research of Popular Musicology in using research methods. Second, we point out some research methods which are more common and need more attention in the study of Popular Musicology.

Key Words: Popular Musicology, Research Methods, Popular Music Singing, Analysis of musical morphology

作者简介：王韡，中国传媒大学艺术研究院助理研究员，音乐学博士，兼任中国音协流行音乐学会理事兼教育委员会副主任，中国音协音乐传播学会常务副秘书长；本文为2017年度中国传媒大学科研培育项目“流行音乐学学科设置的综合研究”(CUC17B39)、2016年度中国传媒大学科研培育项目“音乐传播学教学体系研究”(CUC16A47)研究成果。

“远东梵蒂冈”的性别空间

莫 为 李 平

摘 要：作为耶稣会在中国江南最大的天主教教堂区，在1847年以来的一百年间，徐家汇虽然经历了许多历史风雨，但总体上却在不断发展和完善，逐渐形成了以耶稣会总院和圣依纳爵大教堂为中心、功能颇为齐全的宗教机构及其建筑群，被誉为“远东梵蒂冈”。本文以1948年的徐家汇地图为对象，从一个不同于“功能”分类的全新视角，揭示了徐家汇教堂区在地理格局上的“性别空间”，以及沟通这两个空间的介质，并试图对这种现象的原因做出自己的说明。

关键词：徐家汇；性别空间；耶稣会；慈云桥；沟通

审视教堂区空间的新视角

1948年，上海，这座在欧洲人地理概念中居于远东的中国大城市，正处在时代大变局的历史关口。这座都市的广大区域(包括原公共租界、法租界和华界)，已经能听到日益迫近的隆隆炮声了，然而“徐家汇”(即今日掩隐于繁华喧嚣之中的“徐家汇源”所在地)，这片地处沪西一隅的天主教圣地却显得懵懵懂懂，依旧那么宁静安谧。与人来车往、灯红酒绿、高楼林立的市区相比，1948年的徐家汇真是一个奇怪而圣洁的所在。它是以耶稣会总院(Jesuit Residence，也译为“耶稣会会院”、“耶稣会住院”等)和圣依纳爵大教堂(St. Ignatius Cathedral，也称为“天主之母堂”、“徐家汇天主堂”)为中心而构建起来的一大片教堂区，是地处城郊、独具特色的宗教建筑群(complex)。

自从 1843 年上海开埠以来，尽管紧随着英租界和美租界，法国人也建起了法租界，但是真正住在法租界的法国人并不多，他们中的许多传教士长期居住在徐家汇；尽管在租界和华界，也有一些天主教机构和建筑（比如 1640 年的"敬一堂"和 1847 年的"董家渡天主堂"等），但是大规模的、集中的天主教机构和建筑无疑是聚集在徐家汇。徐家汇是上海乃至中国一个极为特殊的地区。从历史上看，直到明代末年它还只是江苏一个三等县城的郊区，因为这里曾是三条河流（肇嘉浜、法华泾、蒲汇塘）的交汇之处，也是明末文渊阁大学士（相当于宰相）、中国第一个受洗礼的天主教徒徐光启的安息之地和徐氏后人的汇聚之地，故被称为"徐家汇"。可是后来这里成为了"西学"、"西教"汇聚的灵杰之地、东亚最大的天主教教区，也是"西学东渐"和"东学西渐"的源头之一。更为关键的是，它对上海乃至中国的现代化发展和现代性建设产生了重要的影响。

法国耶稣会在上海徐家汇建立耶稣会总院的具体时间是 1847 年。之所以选址徐家汇，主要是三个原因：1. 这里是徐光启的安息之地，具备天主教传教的基础；2. 徐光启墓地旁已有一座本地教徒建立的简朴小圣堂；3. 这里远离喧嚣、地域僻静，但河渠纵横、交通方便，且地价也较为便宜。因为宗教的特殊性，以及受到法国政府、法国驻沪领事和法租界公董局的保护和帮助，所以在建院初期、小刀会事件、辛亥革命、太平洋战争，以及各种国内战事进行期间，教堂区虽然也遭遇过一些周折，但往往都有惊无险地得到了化解。整个教堂区的机构与建筑不但没有被损坏，而且逐渐丰富起来。经过百年的历练和发展，这个属于天主教江南代牧区的徐家汇教堂区，逐渐在规模上达到了十分完整而宏大的境地，甚至被誉为"远东梵蒂冈"①。当年西方各界要员凡到上海，往往要抽出时间专门到访徐家汇，看到这里教会建筑与田园景色融为一体，完全不同于紧邻租界商业环境和世俗喧嚣的宗教文化氛围，总是赞叹不已。

在西方，因为历史和文化的原因，都市空间往往包含四大要素：教堂、宫殿、博物馆和广场，宗教是这些要素的主题。比如一张当代英国大都市伦敦的地图，在介绍伦敦的游览方位时，是从西北角的圣詹姆斯教堂开始，由此沿着泰晤士河向东，一直到圣海伦大主教门结束。地图标出的重要景点有 16 处，

① 事实上，方圆约 1.5 公里的徐家汇教堂区要远大于梵蒂冈。

其中10处与宗教有关，一所是神殿，九所是教堂。[①] 在我国古代，北魏迁都邺城多年以后，抚军司马杨衒之重游洛阳，追忆了遭劫之前洛阳城郊佛寺鼎盛的情况。以城内、城东、城南、城西、城北为序，以一寺一条的方式，写下了伟大的记叙性著作《洛阳伽蓝记》[②]。这种关于城市或城郊与宗教气象紧密联系的叙写，不仅富有历史感，而且是意味深长的。

如果从空中俯瞰20世纪40年代的整个上海，我们立刻就会发现：徐家汇与城市中心区域这种南部与外围、圣城与凡界的并列遥望和互不相扰的城市模式，同样是世所罕见的。对整个上海城市格局的研究是一个庞大复杂的课题，本文仅以1948年的徐家汇教堂区地图[③]为对象，就其地理和空间特点，从某个新颖的角度提出一些自己的看法。

在这幅1948年绘制的徐家汇地区图中[④]，贯穿南北的河流是“肇嘉浜”。在这条河的两岸，南自蒲汇塘运河，北达肇嘉浜汇流处的1.5平方公里区域，正是被誉为“远东梵蒂冈”的天主教耶稣会徐家汇教堂区。在以往的研究中，徐家汇教堂区的宗教建筑通常按照其“功能”被划分成四类：

第一类是宗教建筑：如徐家汇天主堂、耶稣会总院楼群、大修院、小修院、神学院、圣心修女会、圣衣院；

第二类是教育建筑：如徐汇公学、汇师学校、崇德女中、启明女中、类思小学、震旦学院；

第三类是科学文化建筑：藏书楼、观象台、博物院、圣教杂志社、圣心报馆、土山湾印书馆；

第四类是慈善事业建筑：如土山湾孤儿工艺院、善牧院、圣母院。[⑤]

这种分类法基本上厘清了徐家汇教堂区建筑的用途类别，便于后人认识并还原耶稣会传教事业的版图。然而，只要认真审视上面这幅1948年的徐家汇教堂区地图，就会醒悟和窥见，这里还存在一个绝对值得我们花费精力去探究的伦理场域和宗教场域。经过第一代耶稣会传教士的长期传教实践和探

---

① [英]路易斯·尼克逊：《伦敦》，邱玉玲译，辽宁教育出版社，2001年，第56页。

② 杨衒之：《洛阳伽蓝记》，尚荣译注，中华书局，2012年。

③ 其中有几处标示了旧址的所在地，当时建筑已不复存在或已迁移，如徐家汇老天主堂、博物馆、汇师中小学。

④ 此1948年徐家汇地图，载[美]马爱德编：《徐家汇今昔》，刊于美国 *Tripod* 杂志1992年7—8月刊，第4页。本文在提到具体建筑和地名时，以此地图的中英文为参照。

⑤ 李天纲：《人文上海：市民的空间》，上海教育出版社，2004年，第194—195页。

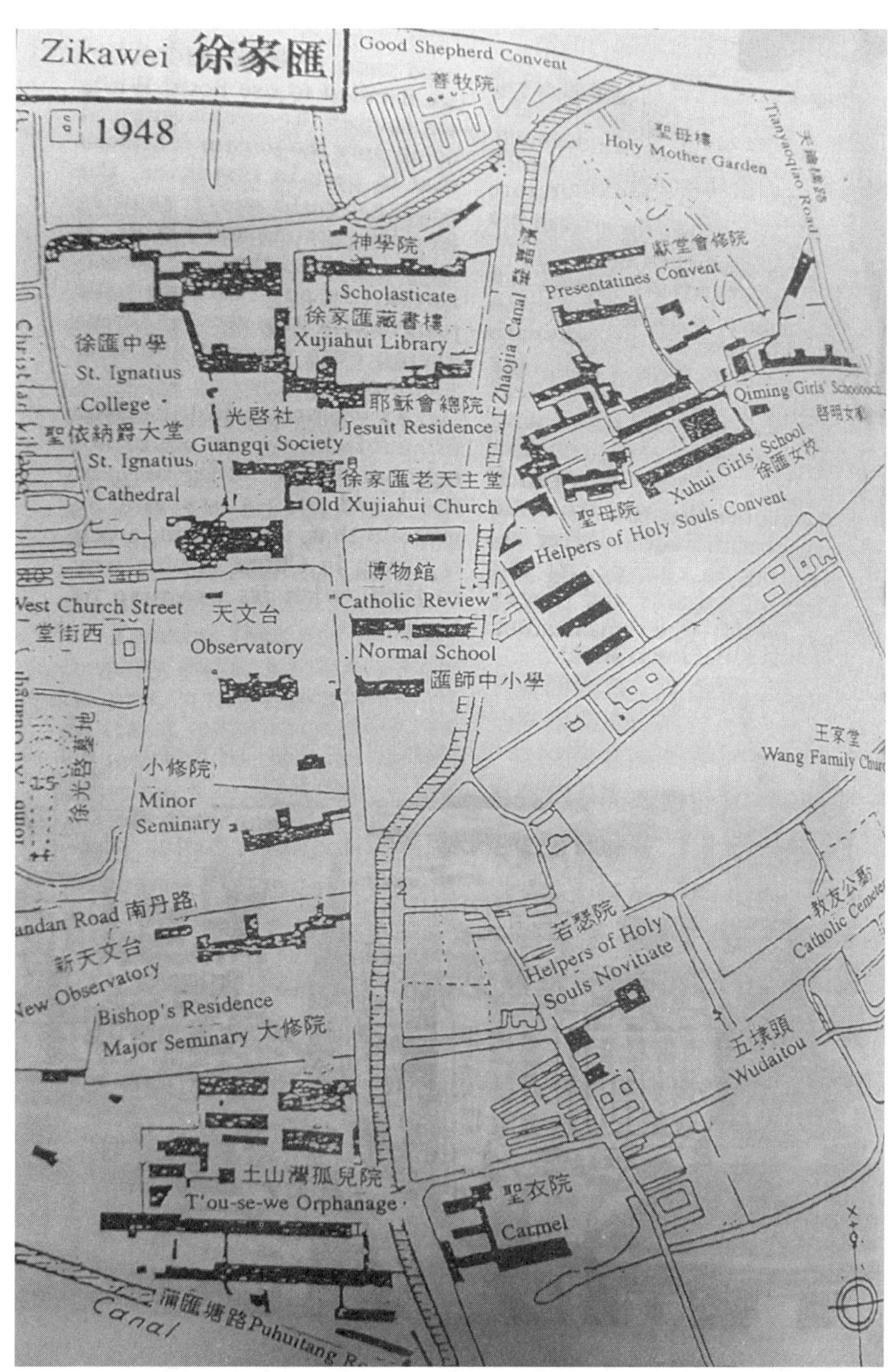

图一　1948 年徐家汇地图

索,属于法国巴黎省耶稣会的第二代耶稣会传教士于19世纪40年代来到上海的徐家汇时,已经拥有了非常发达而完备的传教实践经验。构建这样一个成熟、完善的天主教耶稣会社区,很有可能是经过仔细规划和精细落实的,是具有潜在的伦理和宗教意味的。

1948年的徐家汇地图清晰地显示了:以贯穿南北的河流肇嘉浜为主要分割线,整个徐家汇被分成"西岸"与"东岸"两大块[①]:肇嘉浜的西岸集中着神学院、徐家汇藏书楼、耶稣会总院、圣依纳爵大教堂、徐汇中学、光启社、博物馆、汇师中小学、大修院、小修院、天文台、土山湾孤儿院等属于男性教徒的机构;肇嘉浜的东岸,则是圣母院、圣衣院、善牧院等女性机构。而勾连东西两岸的是一座有名的小桥——慈云桥。[②] 于是,一个宏大的天主教性别空间,便一一清晰地呈现在我们面前。

西岸:天主教男性圣地

耶稣会总院(Jesuit Residence)

1846年,法国耶稣会江南新教区首任会长南格禄(Claud Gotteland)神父决定,在徐光启墓地旁(水路交通也比较便利)建立新的耶稣会总院(Jesuit Residence)。这里的"总院"即"住院"或"会院"之意,实际上就是一个耶稣会士的集体居住、僻静、工作和学习的公共生活空间。按高龙鞶(Augustinus M. Colombel)的说法,南格禄神父的想法,是要模仿澳门的保禄学院,在徐家汇培训天主教传教辅助人员,然后把他们派往中国各省去工作。1847年3月,总院建筑就在原先的小圣堂边上开始动工。同年7月,徐家汇耶稣会总院建筑竣工,总院从原先栖身的"地气潮湿"的青浦横塘迁来,以后就一直坐落于此。

根据记载,初期的徐家汇耶稣会总院建筑只是一些简陋的住宅,1860年才在法军东向改道肇嘉浜河道而拓展出的土地上,陆续增建了一些楼房,分别为神父住院、文学院和初学院。1867至1868年,总院建筑改建成一幢四

① 西方人曾把巴黎塞纳河左岸的天主教社区称作"拉丁区"。在后来比较成熟的徐家汇的马路上,学生在学习法国的音乐、舞蹈、绘画、体操,很多人以讲法语为高雅,神父们都能够说出流利的拉丁文,喜欢卖弄自己的学识和技艺。这种情景的徐家汇,与巴黎塞纳河畔的"拉丁区"十分相似,是上海兀自独立的"拉丁区"。

② 徐家汇教堂区在肇嘉浜被填以前由北至南起码有三座桥:天钥桥(也称"徐家汇桥")、圣母院桥(也称"观堂桥")、慈云桥。前二者鲜有历史记录。

层楼的西式建筑，坐北朝南，每一层朝南11间，东西侧有宽大阳台，成左右对称布局。最上一层用作南格禄1848年创立的神学院的教室，下面楼层则是耶稣会士的宿舍。1896年到1899年大修，向东西两侧各增建三个开间，在原四层的建筑上，再加盖一层。就建筑造型而言，耶稣会总院正面中间廊柱挺立，屋顶是尖顶设计，整体风格恢弘，足见徐家汇地区作为耶稣会重要活动中心的地位。当年，全国的耶稣会士在江南与河北巡视工作，定期返回徐家汇，多数人居住于此。还有一些来自意大利和法国的传教士也长年生活在总院。

这里有一个十分有趣的现象，从当年的史料看，1861年时的徐家汇教堂区平面图，与公元529年罗马贵族圣本笃(St Benedict of Nursia)所创立的著名的卡西诺山修道院十分相似。①

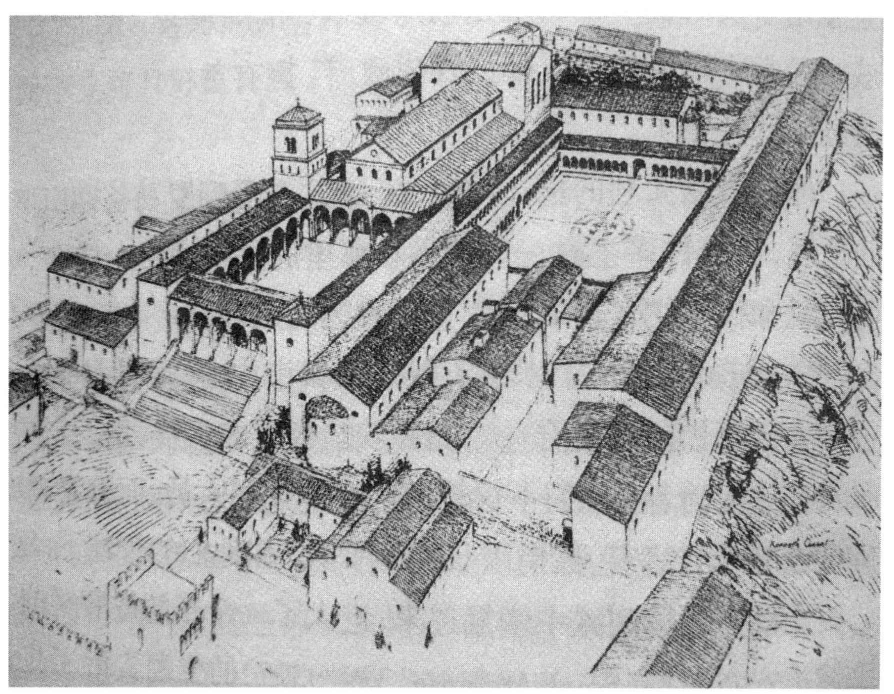

图二　公元6世纪罗马贵族圣本笃创立的卡西诺山修道院平面图

① 参见1.[美]玛格丽特·L.金：《欧洲文艺复兴》，李平译，上海人民出版社2015年，第22页；2.[法]高龙鞶：《江南传教史》第三册(下)，张廷爵译，辅大书坊(台北)，2016年，第674页。

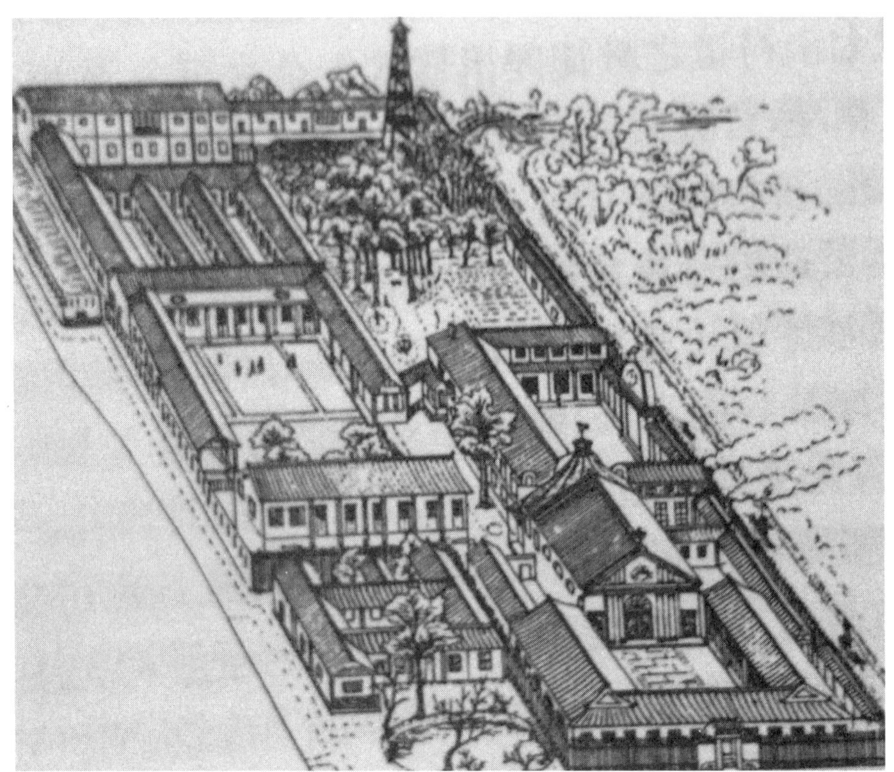

图三　1861 年耶稣会徐家汇教堂区平面图

徐家汇藏书楼(Zi-Ka-Wei Library)

徐家汇藏书楼(也称“藏经楼”)是耶稣会总院的附属建筑,于当年大修时,建于总院东侧(也被称为“东楼”)用于藏书,以供耶稣会士和神学院学生(均为男性)学习之用(之前的藏书多置于各种临时的阅览室)。藏书楼为上下两层砖木结构楼房,外墙为清水砖墙,多窗以利通风。徐家汇藏书楼建筑是中西文化交融(也可以说是“并置”)的产物:上层为西文书库,仿照梵蒂冈图书馆的格局;而下层为中文书库,仿照明代宁波天一阁的风格,其空间构造根据《易经》“天一生水(长廊),地六承之(六扇拱门)”的说法。

今天的徐家汇藏书楼包括两幢独立的建筑,一是由总院残留部分(20 世纪 90 年代因为建圣爱广场总院部分建筑被拆除)构成的一楼展厅和二楼阅览室(保存着范廷佐神父雕刻的圣依纳爵大型塑像);二是作为书库的原藏书楼(沿马路的一端因道路拓宽需要而被改建成拱廊)。

图四　徐家汇藏书楼西文书库的书架

圣依纳爵大教堂(St. Ignatius Cathedral)

圣依纳爵大教堂(以耶稣会创始人圣依纳爵·罗耀拉为主保)，还被称为“徐家汇天主堂”和“天主之母堂”(Church of Our Lady)。1848年，总院刚建立，南格禄神父便依循耶稣会习惯和当时一些来沪外国修士需要继续深造的情况，决定在徐家汇总院创立神学院[①]。另外，随着耶稣会事业的发展，原来教徒建造的小圣堂显然不敷使用了。1851年初他宣布，要在总院边上建造一所相当规模的正式的教堂(教堂、神学院、住所，是广义“修会”的基本要素)。该教堂由西班牙籍耶稣会传教士范廷佐(Jean Ferrard)设计，法国籍耶稣会神父罗礼思(Father Louis Helot)担任建筑师。工程很顺利，当年7月底就竣工了，即徐家汇老教堂，正式名称为“圣依纳爵堂”，可容纳200余人，是近代中国最早的西洋式教堂之一，“是中国第一座按西方建筑学建造的教堂……这座秀

① 徐家汇神学院(不同于培训中国当地人为修士的大小修道院)主要是培训外国人为未来神父的机构，是耶稣会总院的构成之一，初期称为“初学院”和“文学院”，最初设在总院大楼的上层。

丽的希腊式教堂加上中国宫灯的装饰，在很长的一个时期被认为是上海的一个奇观。”[①]徐家汇老教堂今已不存。

随着教徒的不断增加，1886 年法国耶稣会士开始募款筹集资金，准备在旧教堂西南侧，即今蒲西路 158 号处另建新堂。1904 年，道达洋行设计师开始设计新堂，1906 年破土动工，历时四年，1910 年 10 月落成。落成当日，举行了盛大的祝圣典礼。新堂规模堪称东亚之冠，曾被誉为“上海第一建筑”。新堂建成以后，旧堂改为徐汇中学的小堂。

圣依纳爵大教堂是天主教上海教区主教座堂。这是一座典型的法国哥特式双尖顶建筑，其平面为拉丁十字形，巴西利卡式大厅。纵向形成前厅、中厅、后厅，后厅之上是唱诗楼；横向形成南北两厢，教堂高五层，砖木结构，建筑面积 6670 平方米；大堂进深 79 米，阔 28 米，十字形两翼处宽达 44 米，可容纳

图五　圣依纳爵大教堂

① [法]史式徽：《江南传教史》(第一卷)，天主教上海教区史料译写组译，上海译文出版社，1983 年，第 220 页。

图六　圣依纳爵大教堂俯瞰示意图

2500余人。室内大厅被两列哥特式束柱分为中厅和侧廊。地面方砖地坪，顶脊成尖拱状。教堂正面中央是大玫瑰花窗，教堂顶部是两边对称的尖塔，顶端均设十字架。尖塔高达57米，其中青石板瓦覆盖的塔尖高31米。堂内拥有64根金山石精刻而成的楹柱，中庭和侧廊的天花板均为木筋灰泥的四分券肋骨拱顶，拱顶下是木质束柱支撑。中厅两侧墙面由三层构成，连续券廊、廊栏和尖券高侧窗。正立面朝东，装饰以及细部较为简化。在装饰重点部位如玫瑰花窗、塑像，华盖和基座、两侧女儿墙的吐水兽、入口等，局部采用了石料。耶稣、圣母像，雕刻精美，色彩鲜明。堂中有19座祭台，中央的大祭台是1919年复活节从巴黎运来上海的。大堂两侧有小祷告堂。每逢天主教节日，教徒们都会前来礼拜，场面十分盛大，充满崇高的仪式感。

神学院(Scholasticate)①

徐家汇耶稣会神学院（Scholasticate是耶稣会神学院的专属名词）是培养

① Scholasticate和Seminary都是指培养基督教神职人员的学校，但前者专属耶稣会，后者没有限定。在徐家汇的各种文件（包括这张1948年的地图）上，为了以示区别，把耶稣会主要培养外国神父的学校称为“神学院”（Scholasticate），把培养中国神职人员的学校称为大小“修道院”（Seminary）。

天主教男性高级神职人员的学校,"负责培养被梵蒂冈认可的神学博士"[①],学生多为外国人。神学院起初位于总院建筑内部,1909年搬入新建的正式院址。新院址位于耶稣会总院之东,是一座庞大的四层钢砖木结构建筑,红砖花窗,法式办公室设计。由于第一次世界大战的缘故,神学院曾于1914年一度关闭,剩下的少数几名学生和那些在战后贫乏年代前来的学生,或者去欧洲或者在徐家汇修道院与中国学生一起继续他们的神学学习。1931年,耶稣会规定,所有未来的传教士必须在中国进行神学学习,由此神学院于是年重新开放,并升格为"大学院"。1933年神学院兴建新楼,位于徐汇中学和老楼之间,高五层楼,内部结构为现代钢筋混凝土建筑,柚木地板,新式钢窗,建造标准极高。神学院教授哲学、神学以及各种文学(典籍)。哲学部三年毕业,神学部四年毕业。1935年神学院又造新楼,这时的神学院已经成为耶稣会远东神学院,聚集着来自中国和远东地区10个国家的51位修士,他们完成高等学业之后成为未来的传教神父。徐家汇耶稣会神学院于1953年关闭,后被拆除。其址位于现在的东方商厦和上海实业中心大厦处。

图七 耶稣会神学院图书馆登记卡

大小修道院(Major Seminary, Junior Seminary)

徐家汇的修道院是耶稣会培养中国本地神职人员的机构。清康熙年间始有中国籍的天主教神职人员。鸦片战争之前,他们都是在澳门修道院接受培训的。意大利主教罗伯济(Mgr. Louis de Bési)出任南京教区署理主教后,于1843年委托耶稣会神父在松江佘山山麓的张朴桥创办教区修道院。虽然规模不大,但哲学班和神学班先后开学。在以后的50年里,由于种种原因修道院不断搬迁。经过许多周折,1877年大修道院(Major Seminary)终于迁定徐家汇,院址在徐汇公学始胎堂旁的老头门内。大修道院负责培养中国籍江南地区需要的神父,分为哲学班和神学班,哲学班2年制,主要学习科目为经院哲学、中国子书和基督教会史。神学班4年制,主要学习科目为教义神学、伦

① 参见李天纲:《人文上海:市民的空间》,上海教育出版社,2004年,第194页。

理神学、神修神学、教会法典、教会礼仪等。哲学班结束以后可以直接升入神学班。一个高中毕业的中国青年，经过小修道院和大修道院约 10 年的学习，毕业以后可以成为神父，其造诣可能并不亚于外国神父。现在依然保存较为完好的大修道院四层西式楼房于 1929 年 10 月落成（今漕溪北路 336 号），为砖混结构四层白色大楼，里面对称分段，形成三个单元，大楼坐北朝南，主入口和两端入口略前突，顶部有气楼，饰三角形山墙花。它和周围的几幢教会建筑是当时徐家汇一带最高的房子。1929 年 11 月 1 日，大修道院新堂开堂。院长南格禄制定了严格的章程，规定了课程、学习期限和年龄等方面的要求，这已经和西方天主教的修道院非常相近。大修道院奉“圣母无玷之心”为主保，故也称“母心修院”。

1901 年，小修道院（Junior Seminary）也搬到徐家汇，经历了与大修道院的分分合合，终于在 1919 年定址于天文台南侧（今蒲西路 284 号）的一幢新楼。新楼是东西长 62 米、南北宽 20 米的建筑，并加有气楼的二层房屋（今已不存）。其中供修士用的小堂祭台上奉有“耶稣圣心像”。小修道院负责神学初

图八　今日徐家汇大修道院旧址

级训练，当时也称“文学班”，学制 3 年。主要学习科目为拉丁文和其他外文、中国古典文学和历史地理等，为进入大修道院做准备。小修道院奉“耶稣圣心”为主保，故也称“主心修院”。[1]

徐家汇大小修道院的修生均为男性，大多来自比较殷实的虔诚宗教之家，也有一些是贫寒教徒的子弟。徐家汇修道院使用的教材，除了中国的文史哲，都采用拉丁文或其他外文课本。[2]

徐汇中学(St. Ignatius College)

1849 年，江浙皖等地洪水泛滥，徐家汇一带涌入大批灾民，其中有不少儿童。当地居民因为无力抚养，只能将他们送往徐家汇教堂，请求耶稣会神父收容并施教。当时，刚来华一年的年仅 23 岁的意大利耶稣会士晁德利(Angelo Zottoli)慨然允诺，并借总院内的光启社房间设立了读经班。1850 年，因生源陡增，原教室不堪承受，故改临时收容为有组织的教导，创立了圣依纳爵公学(St. Ignatius College，奉耶稣会创始人圣依纳爵为主保)，因为地处徐家汇，也称徐汇公学，是法国天主教会在中国创办的最早的教会学校。徐汇公学为寄宿制学校，专收男生，但学生不一定是教徒。学生毕业以后或升入震旦学院或出国留学。

1878 年，时局稳定，学生激增，学校新建三层大厦一所，后加高一层(即今日之老校舍，1991 年被改建为尚学楼)；后又建西校舍两层(1991 年改称为崇德楼)，下层是教室，上层是教员宿舍。1905 年，学校为提倡体育，辟建新操场。1917 年竣工的崇思楼(初叫“新校舍”)，占地 38.6 亩，是徐汇中学的代表性建筑。崇思楼是在 1915 年酝酿新建校舍时，由比利时建筑师(也是神父)设计草图，并亲任督工的。外立面为砖石结构，内部以木结构为主，共四层。外墙有水磨红砖和人工凿毛的花岗岩为主材构筑，小礼堂正门为其轴线，两侧各有 9 根高达顶楼的科林斯式柱子，东西侧入口廊柱也为科林斯式，科林斯式柱子的装饰纹样是古埃及象征太阳的莲花纹、棕榈叶纹样变化而来的，由于其很强的“适合纹样”的特点，也就为建筑师处理整栋楼的建筑雕饰提供了统一的基调，产生了让人愉悦的艺术效果，使人联想到富有生命力的鲜花、绿叶、阳

---

① 参见《上海宗教志》第四编第三章第一节“修院”，上海社会科学院出版社，2001 年。

② 关于培养中国神职人员的修道院是否必须用外文(特别是拉丁文)教学，早期耶稣会内部曾有过不同意见的争论。参见徐宗泽：《中国天主教传教史概论》，上海书店出版社，2010 年，第 179 页。

光、热浪，文艺复兴风格的经典建筑艺术在中国徐家汇熠熠生辉。1931 年，学校更名为徐汇中学。徐汇公学自创办以来培养了一大批后来著名的神职人员和其他杰出人才。

汇师中小学(Normal School)

汇师中小学的历史较为复杂。1884 年，法国耶稣会在徐家汇蒲西路 120 号建造了一座名为始胎堂的小教堂(“始胎”是圣母怀耶稣之意)。始胎堂除了传教之外，还开设了一个专招男生的蒙学班，让学生读圣经，了解西方文化。传教士们称其为“外学堂”，以区别修会直接管辖的“内学堂”。1904 年，耶稣会在始胎堂附近建造更大的教堂并于 1910 年开堂。蒙学班随之迁往蒲西路当时的天文台旧址。时值辛亥革命，教会为适应形势，给“外学堂”起了一个正式的校名，叫“类思小学”。类思，是天主教一个年轻圣人的名字，以此命名，是要求师生们以类思为榜样，做到“抛弃俗世，安于神贫，绝对服从”，这也是教会赋予类思小学的办学宗旨。

1925 年，耶稣会在类思小学北面创建了“徐汇师范”学校，类思小学就成了徐汇师范的附属小学，后来政府不允许私人办师范教育，1934 年徐汇师范改名为“汇师中学”，类思小学也就改名为“汇师小学”。1940 年，汇师中学并

图九　传教士指挥徐汇公学男童唱歌

入“徐汇中学”，汇师小学和徐汇中学小学部合并。1948年徐家汇地图所标示的“汇师中小学”是其原址。

土山湾孤儿院(T'ou-Sè-Wè Orphanage)

关于土山湾的地名，是由于早先疏浚河道，挖出的泥土堆置于此，故名。耶稣会传教士为了建造孤儿院，铲平了这些大土堆，但土山湾的地名沿用了下来。法国传教士根据上海话的发音，将它拼写成法语的T'ou-Sè-Wè。

1864年，法国耶稣会士薛孔昭(Sica Louis)创办的孤儿院由沪南董家渡迁入徐家汇土山湾，从此称土山湾孤儿院(由于注重工艺教育和生产，中文也称“土山湾孤儿工艺院”、“土山湾工艺院”，但西语一直称“土山湾孤儿院”)，专门接受教外男孤儿，自六岁到十岁不等。后来逐渐也接受那些有父母的孩子(家境贫困而托养给教会)。理念为“衣之食之，教之以工艺美术”，经费由中西教民捐助。当时的中国处于苦难时代，天主教救赎的教义可能使人们获得精神上的解脱。这也是当时为什么许多人愿意信奉天主教、穷人将孩子送到土山湾学习的原因之一。孤儿院内有“慈母堂”，这是孤儿院中的小教堂，是进行宗教活动的重要场所，也是孤儿院精神的象征。院内还有“慈云小学”，主要收教本院收养的贫苦男生，也兼收工人子弟，使之略知书算。四年的小学毕业以后，继以两年的半工半读，使“孤儿们于学业上具有初中程度，工艺上获得灵巧之手腕”。上午7至9点，上国语、代数、物理、化学、地理、外语等，下午1点至3点上修身、打样等，每星期公布学习成绩，奖优罚劣。两年后视学生天赋才能及兴趣爱好，由管理的修士分至各个工场。20世纪40年代，工场分为五个部门：印刷部、发行部、木器部、铜器部、图画部(要求最高)。每个部门均由一位经验丰富的耶稣会修士管理，凡上课、游戏、饮食、休息都有规定，星期天与休假日，由修士领至郊外散步，以调节体质的困乏。土山湾孤儿院在中国近代文化史上有重要的影响，其培养的中国孤儿和学生中，有不少人后来成为中国著名的画家、雕塑家、工艺师，如张充仁、刘德斋、周湘、徐咏清、徐宝庆等。

土山湾工场的“印书馆”(由印刷部和发行部组成)，是土山湾孤儿院影响很大的重要部门。耶稣会传教士在1850年创办孤儿院时，就向孤儿传授木版印刷手艺，刊印明清间在华耶稣会士利玛窦、庞迪我、艾儒略、南怀仁、潘国光、柏应理等人的宗教译著。孤儿院迁到土山湾后，仍沿用传统的木版印刷，后采用石印，成为上海最早应用石印技术的印书馆。1874年引进活体铅字印刷，出版了《益闻录》、《汇报》、《圣心报》等报刊。到20世纪初印书馆已能浇铸铅字，技术在当时上海是先进的。以后不断引进国外新式的印刷机械设备，规模逐步扩大。1934年，土山湾印书馆已拥有印刷工人和学徒130人。印书馆自20世纪30年代开始每年平均出版中文书刊60种，35万册；西文书刊50种，75万册。该馆除出版教徒使用的宗教书刊外，还出版上海天主教会所属文化科学机构的学术书刊，传教士编写的有关中国各方面的著作、通讯、资料，包括各种地图。其中不少出版物被寄往国外，使土山湾印书馆在国际上也有影响。它的铜版、玻璃版、三色版等制版技术，在沪上一直居领先地位。抗战期间，这里的西文排字间已备有最新式的从法国进口的自动排字机。

土山湾孤儿院耶稣会传教士的个人品质(多才多艺、兢兢业业、说汉语甚至方言，“汗漫不可归也”。生活清苦，从未听说贪污什么的)多令人赞叹。土山湾孤儿院1956年公私合营，1960年停办、关闭。现在原址建有“土山湾博物馆”。

图十　土山湾生产的彩绘玻璃

光启社(Guangqi Society)

耶稣会于1927年在耶稣会总院内部设立了“光启社”这个以徐光启名字命名的研究机构,它的法文名字是“Bureau Sinologique”,意为“汉学研究所”。其任务是编译天主教教理和经典神修著作,负责教会内部刊物和书报的审查,协助教会办好教育事业,出版正式中文月刊《圣教杂志》和中法文年刊《中国的传教会修道院和天主教事业》等。抗日战争中期曾试办黄钟播音社,播报的节目包括:宗教知识、天主教新闻、音乐及医学卫生讲座等。主讲人皆教区神父或震旦学院教师。1943年起光启社由耶稣会中国神父张伯达主持。今光启社位于漕溪北路中金国际广场内。

天文台(Observatory)

天文台也叫“徐家汇观象台”。观象台的建立经历了漫长的过程。17世纪中叶,西方先后发明了气压表、温度表等气象仪器。18至19世纪,近代气象科学随着西方传教士的东渡传入中国。明末,耶稣会传教士在南京北极阁建观象台,为朝廷天文气象事业服务。1841年,南格禄神父任江南新教区首任耶稣会会长,开始筹建观象台,但未果而终。1873年2月,耶稣会决定在徐家汇建一座与“耶稣会相称”的观象台,并于当年8月建成,这是中国沿海地区

图十一 20世纪30年代徐家汇天文台

第一座观象台。观象台主要用于气象观测和记录,并将观察记录编成一部法文杂志《天文月报》,在上海出版并寄往欧洲。但旧台在肇嘉浜畔,只是平屋数间,十分简陋。后于1899年在徐光启墓东首辟地建新楼,1901年建成,观象台遂迁入新址工作。

新建观象台外立面为灰色清水砖墙,圆拱券窗,窗框和窗下装饰采用红砖,局部墙身带有齿形装饰,部分窗框由红砖筑成。平台及室外楼梯采用古典式宝瓶状栏杆,大楼为罗马式建筑,高17米,在大楼中央建砖木结构测风塔,顶高40米。主楼正面还有法国伯爵夫人赠送的大钟一座,逢刻奏乐,遇时鸣钟,为周围居民报时,据说这个钟到1980年代还能精准报时。目前天文台正在维修,未来将作为天文博物馆开放。

博物馆(Museum of Natural History)

博物馆也称"徐家汇博物院",是由精通物理学和动植物学的法国耶稣会传教士韩伯禄(Pierre Heude)于1868年发起并创立的上海第一家博物馆。院舍坐落于圣依纳爵堂旁、耶稣会总院南侧。耶稣会一直保持着科学与传教相结合,借科学之力以传教,扩大耶稣会影响的传统,因此对科学研究极为重视。在徐家汇博物院创立之前,圣依纳爵堂已经藏有少量珍贵标本,1868年韩伯禄到达上海之后,在此基础上筹建博物馆。在韩伯禄的主持下,耶稣会长期以来积累了大量的动植物标本。1931年,院内大批标本连同土山湾孤儿院修士收集贮藏的3500件古物一起移至吕班路(今重庆南路)新建的博物院内(即今日中国科学院植物研究所所在地),藏品对全社会开放。原址改由《圣教杂志》社(Catholic Review,见1948年徐家汇地图)使用,后来还用于神父住所。此建筑现已不存。

在逐个审视了徐家汇西岸的男性天主教圣地以后,我们再来看看徐家汇东岸几乎平行的天主教女性圣地。

东岸: 天主教女性圣地

圣母院(Holy Mother Garden)

徐家汇圣母院是历经多年发展起来的耶稣会的一个庞大宗教机构,其面积要大于土山湾,它内部名园繁多、机构复杂,"占地百亩,二桥横空,两水潆潆,女墙之内,崇楼节阁,不知东西"。上海的圣母院原由耶稣会士薛孔昭发起,1843年建于青浦横塘,1855年正式定名为"圣母院"。1869年圣母院迁至徐家汇,并先后建造了 14 幢两层楼房。圣母院内有西方拯亡会[①]女修院(Helpers of Holy Soul Convent)和中国献堂会女修院(Presentantines Convent)等女性宗教机构,是徐家汇一带女天主教徒过宗教生活的中心场所。此前的 1867 年,法国拯亡会应南格禄神父之邀到徐家汇主持耶稣会传教的一系列辅助性服务。新的圣母院落成以后,拯亡会以圣母院为主要基地,做了大量的工作。拯亡会还在圣母院内,为 1869 年迁入徐家汇的当地女修会"献堂会"建立了一所女修院,献堂会建会初期吸收的是守贞姑娘,后来是女青年教徒。其宗旨是培养本堂神父主要助手的修女或教师。其主要工作是联络教友、做女校的教习,分管育婴堂或诊所的事务,向要求入教者讲解教理等。

拯亡会虽然是应耶稣会之邀来徐家汇做传教辅助工作的(这也是女修会的特点),但在徐家汇所办传教事业颇多,被认为仅次于耶稣会的天主教组织。除了在徐家汇的另一地区设有初学院(若瑟院),以培养自己修会的初学生,拯亡会的事业主要在圣母院内展开,包括育婴堂、幼稚园、诊所、聋哑学校、徐汇女校、启明女校等。仅存的单幢圣母院建筑现为"上海老站"饭店租用。

图十二 20 世纪 30 年代徐家汇圣母院

① 拯亡会(Helpers of The Holy Souls,也译为"圣心会")是 1856 年创立于法国巴黎的女修会,以传教、"拯救亡灵"、办慈善事业为宗旨。

育婴堂(Girl's Orphanage)

早在1851年,在徐家汇王家堂已办有女育婴堂,1856年献堂会创办后,始由中国本地献堂会修女管理。1867年,法国拯亡会修女来沪后,取得了圣母院的领导权(献堂会居于从属地位),自然也就承担起管理育婴堂的责任。育婴堂主要接收女童,如偶有男童,一到6岁便转送肇嘉浜西岸的土山湾的男孤儿院,而女孩则入圣母院的幼稚园。据1912年出版的《上海徐家汇圣母院育婴堂概况》载:“每年统计,辄在四千左右。……收数虽多,而挽救所得,目前襁褓至二三岁之幼儿,仅有一百二十人……,自四五岁至十五岁左右;十五岁以上者,则有八十人;总数约五百五十。”据民国十九年统计,自创办起共收婴儿11464人。[①] 据《圣心报》民国三十三年5月统计,已“不下八万人”。“一二八淞沪战事后,每天所收婴儿少则十余人,多则三十余人。”由于婴儿多为弃婴,加上管理不善,环境恶劣,婴儿死亡率在90%以上。修女们(被称为“嬷嬷”)收受婴儿后,即为之付洗,一待婴儿夭折,即被视为“去了天国”。该堂每年还将婴儿付洗人数上报罗马“圣婴会”,凭此而获得了奖状。女孩子长到13岁就进入大班,也就是“孤女院”。成年以后即在圣母院的工场间做花边、刺绣等工作,到了结婚年龄多与土山湾孤儿成婚。有残疾的孤女终身留在圣母院内做一些力所能及的工作,她们得到修女的照顾。[②]

聋哑学校(School for Deaf-mute Children)

1893年(光绪十九年)由法国拯亡会修女创办于圣母院内。1895年由献堂会中国修女朱贞姑续办。该校学制6年,学生可达初小程度。开始限收天主教堂孤儿,后面向社会,收取学费。1949年有学生47人,于同年停办。

徐汇女校(Xuhui Girls'School)

耶稣会神父创办的“经言小学”1867年在王家堂的时候就由拯亡会的修女授课。圣母院内的新校舍建成之后,学校便搬了进去。该校专招女生,当时已有学生百人,其办学宗旨是:努力培养学生为未来在中国传教的修女,拯救炼狱灵魂和教外人民。经言小学的授课内容十分丰富,除了教义经言,还有四书、书法、手工、医药,尤其重视医药课程,以便学生将来借行医协助神父传教。1890年以后还增设了算术、历史、地理、博物、体育、音乐,高年级可以选修法

---

① 张璜编撰:《徐汇纪略》,上海社会科学院出版社,2006年,第60页。

② 参见《徐汇区志》,上海社会科学院出版社,1997年,第663页。

文、钢琴、图画等课程。学校的校长和老师都是修女，也被称为“嬷嬷”。1898年学校改名“崇德女校”，这时的生源已逐渐由早期的圣母院所收孤女，改为专收富裕教徒家庭女孩，是一所寄宿制学校。崇德女校的基本目标是培养天主教各修女会的修女。1912年，学校改名“徐汇女中”，开始招收走读生。学制改为初级小学、高级小学和初中三部。徐汇女中宗教气氛浓厚，学生中弃俗修道者不少，自同治六年至1938年的70年间，该校共收学生5162人，后来进各个国际女修会修道的有372人，进献堂会修道的有586人，合计958人，占了学生总数的18.5%。1934年7月学校改名为“上海市私立徐汇女子中学”。该校一直作为徐家汇圣母院的一部分，校门与圣母院同一大门，直到1948年9月才改由天钥桥路启明女中校门出入。该校一直由圣母院的法国院长嬷嬷主持。徐汇女中历来限收教徒女生，故学生人数不多。1952年7月并入汇明女子中学。

启明女校(Qiming Girls'School)

启明女校是拯亡会于1904年在徐家汇办的第二所女子中学，学校专收非教徒女生，实行寄宿制。学校学膳费昂贵，早期只招收富家“千金”。其办学宗旨与崇德女中不同，提出“以普通及高深之学问。教授一般青年女子，养成优美德性，以植家庭贤淑女子之基础”。学校课程颇为高级，学生不是按年龄而是根据成绩和学习程度分别插入不同班次。该校程度之高、校风之美堪称全国楷模。其毕业证书由美国大学颁发。学校开始没有独立校舍，向徐汇女中借了一些房间。1917年，位于圣母院的新校舍落成。1931年，学校更名为“上海私立启明女子中学”。1952年7月与“上海市私立徐汇女子中学”一起并入汇明女子中学。

圣衣院(The Carmelite Monastery, Carmel)

圣衣会(Carmelite Sisters，也音译为“加尔默罗会”)，是著名的天主教四大托钵修会之一，会规森严，厉行苦修，与世隔绝。因为修女须穿着显眼的白袍，故称“圣衣会”。圣衣会的主要功课是默祷、代求、宣道和神学，故也被称为“苦修会”。1869年首批圣衣会修女自法国来到上海创办徐家汇圣衣院，一开始借住在附近的王家堂，1974年移入建于肇嘉浜东岸三角地(现为上海电影博物馆所在地)的新院址。徐家汇圣衣院属于法国拉瓦尔圣衣院的分院，多年来为上海天主教女教友提供了良好的祈祷环境。因为圣衣院要求自己的围墙高过附近最高的建筑，故将围墙增高过一次。

图十三　20 世纪 30 年代徐家汇圣衣院

善牧院(Good Shepherd Convent)

善牧会(Sisters of the good shepherd)是 1641 年创立于法国的女修会,其宗旨是教养和保护误入歧途或无家可归的青年女性。1933 年,法国善牧会总院派修女来徐家汇设立分院(今衡山路国际和平妇幼保健院所在地,当时与耶稣会的西岸有一河之隔)。专收娼妓等堕落妇女和少数未成年女孩,供给衣食住,经费靠国内外人士捐助。第二次世界大战后,联合国善后救济总署曾予资助。1947 年,徐家汇善牧院扩充规模,全院收容人数达 112 人,其中 60 人为该年度所收。同年起,开始收容少数流落街头的幼年难童。内设小教堂和修女院,有中外修女 15 人,平时向妇女与儿童进行宗教与识字教育,同时传授缝纫、刺绣、音乐、美术等工艺。

在平行观望和审视了肇嘉浜的西岸与东岸以后,我们再来看一看沟通两岸的介质,那就是著名的"慈云桥"。

慈云桥:沟通与博爱的象征

将肇嘉浜东西两岸连接起来的介质,是一座叫"慈云桥"(Mercy Bridge)的小桥。据史料记载,肇嘉浜的河面虽然并不宽,但是来往船只繁忙,是当时的水域要道。1872 年,法国耶稣会修士马历耀(Leo Mariot)在修建圣衣院的时候筑起了一座跨越肇嘉浜东西岸的小桥,桥的一头正对着土山湾的入口处,另一头正对着圣衣院。桥墩全部以巨大的木头做成。进入20世纪后，由于潮涨潮落的关系，原来的木制桥墩烂损，加上随着上海经济的发展，来往的小舢板逐渐变成了大型船只，不免会时时碰到桥墩，而桥面的木头也常有脱落。传说恰在此时，当地的两个大户人家宋家和俞家相继在徐家汇建造房屋，这座破败的桥梁不免让车马频繁的两家颇感危险。于是，宋、俞两家联合附近的张家，商量妥当后决定出资改造慈云桥。在教会的支持下，新桥于1902年开工兴建，桥墩改成了石制，桥身改为了铁制。1903年2月26日，新桥竣工，并被正式命名为“慈云桥”，意为经过此桥的人会沾染慈云之气，同时也含有勿忘土山湾慈母堂（位于桥西岸的土山湾孤儿内）的意思。从此，慈云桥成为了土山湾的标志之一，也是沟通肇嘉浜东西岸的主要媒介，它将徐家汇这片天主教圣地沟通、盘活了，使之成为一个“有分有合”的巨大的“整体”。今天，为了纪念“慈云桥”的历史意义，以它为名的“慈云街”（位于上海电影博物馆左侧，从漕溪北路一直通往天钥桥路），以一种崭新的面貌存在于大上海的版图上。

虽然肇嘉浜宗教机构和建筑的发展有一个时间过程和土地购置上的安排，也许在某些细节上两岸的情况并不是完全按性别绝对分划的，但是对于徐家汇东西岸性别空间的描述，以及“慈云桥”沟通意义的阐释，是一种全新的眼光。之所以这样说，应该是有理由的。

图十四　20世纪20年代土山湾孤儿院（左边）和慈云桥（右边）

耶稣会创立的16世纪是文艺复兴晚期人文主义思潮蓬勃而起的时代。这一文化思潮强调人类世俗生活中的现实以及人拓展本性张力的能力。然而16世纪的人文主义本质上是基督教人文主义,它与从中世纪传承下来的令人敬畏的宗教神灵启示和激情紧密结合在一起。耶稣会士在理论原则层面上是捍卫天主教理治的战士,在实践操作层面上却往往是基督宗教人文主义者。这样的双重性质,使得耶稣会成为天主教中极为引人注目的一支力量。其创始人圣依纳爵·罗耀拉也因此被称为不同于传统天主教的“曼瑞沙的新人”[1]。耶稣会士们重视教育与科技、内修同外张的并举,在海外拓展信仰版图的时候,将教育、科技、文艺等融合输出。这既是扩展天主教影响力的重要手段,也是他们传播福音时最显性的表征。如果说以利玛窦为代表的第一代耶稣会士开创了以一种新的方式在中国传播天主教的先河,并取得了重要的前期成果,那么带着一种“文明的使命”(mission of civilization)开展工作的上海徐家汇耶稣会总院,则在更高、更完整的意义上构成了中国天主教传播的新气象。

学者G.L.哈瑞斯总结了在中国的耶稣会士的整个传教方法:适应中国的生活方式,包括学习中国口语和书面语;结交精英人士并建立关系网;承担确定的社会角色;以基督教的名义提议把学习中国文化的精华作为一种必需;在基督宗教教义中区分出可改变的和不可改变的;运用西方文化如科学、艺术、哲学等;采用中国社会的交流渠道和方法;建立本地化教会的基础。[2] 耶稣会士不仅大量吸收文艺复兴的思想,其自身也是文艺复兴精神的推动者和传播者。由于耶稣的人性是文艺复兴时期人文主义神学的中心,耶稣会的信仰便是:回到精神化的教会,在人的维度上重新发现耶稣。

德国哲学家莱布尼兹说:“我认为在华耶稣会对于上帝的荣耀、人类的普遍利益、科学和艺术的发展,无论在我们这里还是在中国人那里,都是我们时代最大的事情。这是一次互相的启蒙,这使我们一下子了解了他们几千年做的工作,也使他们了解了我们做的工作。其中的伟大意义超越了我们所能想象的范围。”[3]

---

① 参见[美]布鲁斯·L.雪莱:《基督教会史》,刘平译,上海人民出版社,2012年,第274—283页。

② 参见[意]柯毅霖:“本土化:晚明耶稣会士的传教方法”,《浙江大学学报》,1999年2月,第29卷第1期。

③ 杨静、洪晓楠:“莱布尼兹科学观的现代解读”,载《自然辩证法研究》,第27卷第1期,第92页,2011年1月。

朱维铮先生曾说:“谁要了解十七世纪迄今的中西文化交往过程,谁就会把目光投向历史上的徐家汇。”[①]李天纲分析道:“上海之所以成为上海,19 世纪中叶到 20 世纪中叶的百年最关键。但是很长一段时间内,因为这一段被列强压迫、受屈辱的历史,‘西学’好像也成了被动的了。事实上,从徐光启到马相伯,没有谁是被动的,都是主动的,因为西方当时的确在很多方面有它的先进性。更重要的是,他们都不是单单传播‘西学’,而是把‘西学’和中国传统学术相结合、交融,产生了一种新的学问,进而演变成‘海派文化’。”“在这里,我也想用‘trade’一词来形容‘海派文化’,指的是文化上的一种交易,西学东渐的同时,我们也在东学西传,这是双赢、双利的。”[②]

继承和发扬了第一代耶稣会士注重“适应”性的传教传统,上海徐家汇的第二代耶稣会士在邀请西方女修会来上海从事传教的辅助性工作时,一方面小心翼翼地尊重中国传统中“男女授受不亲”的民间习俗,另一方面,在肩负“文明的使命”的同时,又通过自己的行动强有力地打通了这种自设的落后的文化心理障碍:两岸区隔,一桥连接,展现了“天下一家”的开放、沟通、博爱的伦理眼光和宗教胸怀。

本文关于“远东梵蒂冈”性别空间的看法,只是一种大胆的假设和推想。是耶,非耶,期待方家的批评和指正。

参考文献:

1. [德]哈特曼:《耶稣会简史》,谷裕译,宗教文化出版社,2003 年。
2. [意]利玛窦:《耶稣会与天主教进入中国史》,文铮译,商务印书馆,2014 年。
3. [法]高龙鞶:《江南传教史》,张廷爵译,辅大书坊(台北),2016 年。
4. [法]史式徽:《江南传教史》,天主教上海教区史料译写组译,上海译文出版社,1983 年。
5. [英]阿里斯特·E. 麦格拉思:《基督教概论》,孙毅、马树林、李洪昌译,上海人民出版社,2008 年。
6. [美]布鲁斯·L. 雪莱:《基督教会史》,刘平译,上海人民出版社,2012 年。
7. [英]沃尔特·佩特:《文艺复兴》,李丽译,外语教学与研究出版社,2010 年。
8. [美]吴小新主编:《远方叙事》,桂林:广西师范大学出版社,2014 年。
9. [英]阿伦·布洛克:《西方人文主义传统》,董乐山译,生活·读书·新知三联书店,2012 年。

---

① 参见宋浩杰主编:《历史上的徐家汇》,上海文化出版社,2005 年,第 3 页。
② 参见于颖:《徐家汇藏书楼探秘》,文汇报,2015 年 11 月 15 日。

10. 徐宗泽:《中国天主教传教史概论》,上海书店出版社,2010 年
11. 赵林:《基督教与西方文化》,商务印书馆,2013 年。
12. 李平:《人文艺术之城》,上海人民出版社,2017 年。
13. 张伟、张晓依:《遥望土山湾》,同济大学出版社,2010 年。
14. 王成义:《上海土山湾艺术》,上海大学出版社,2014 年。
15. 章卫民、周秀芬:《薪尽火传》,上海文化出版社,2010 年。
16. 李天纲:《人文上海:市民的空间》,上海教育出版社,2004 年。
17. 李天纲:《历史活着》,生活·读书·新知三联书店,2015 年。
18. 王钱国忠:《风云岁月——传教士与徐家汇天文台》,上海科学普及出版社,2012 年。
19. 黄树林编:《重拾历史碎片——土山湾研究资料粹编》,中国戏剧出版社,2010 年。
20. 上海市徐汇区文物志编辑委员会编:《徐汇区文物志》,上海辞书出版社,2009 年。
21. 陈澄泉、宋浩杰编:《留存的历史》,上海文化出版社,2008 年。
22. 上海市徐汇区档案馆编:《百年影像历史回眸——中西交融的徐家汇》,上海锦绣文章出版社,2009 年。
23. 宋浩杰主编:《历史上的徐家汇》,上海文化出版社,2005 年。
24. 宋浩杰主编:《土山湾记忆》,学林出版社,2010 年。
25. 张璜编撰:《徐汇纪略》,上海社会科学院出版社,2006 年。
26.《徐汇区志》,上海社会科学院出版社,1997 年。
27.《上海宗教志》,上海社会科学院出版社,2001 年。

The Gender Space of "Oriental Vatican"

Abstract: Although Zi-Ka-Wei, as the largest Catholicism parish in Kiang-nan Area China, had experienced suffering with the history for a hundred years, it was still developing and improving in the general view. Functional religious institutes and building complex, centered by the Jesuit Residence and the St. Ignatius Cathedral, had been gradually established, thus was honored the "Oriental Vatican". Focusing on the map of Zi-Ka-Wei in 1948, the paper is making an attempt on revealing the "gender space" on the geographical view and the media between the connection of both genders, so as to sort out the reason behind in a personal way.

Key Words: Zi-Ka-Wei, gender space, Society of Jesus, Mercy Bridge, connection

作者简介:莫为,上海师范大学与加拿大维多利亚大学联合培养博士生、美国旧金山大学利玛窦中西文化历史研究所访问学者;李平,上海师范大学人文与传播学院教授、博士生导师。

栖居、建筑与空间
——海德格尔后期的空间叙事

成　瓅

摘　要: 海德格尔认为,人在大地上的栖居有多种方式,建筑即为其中之一,其特点是:通过设置位置与场所而开放出供人实际逗留的空间;人与空间的关系说到底是栖居;而建筑的本质则是让人能够在大地上安居。海氏的相关论述不仅改变了我们对于空间的体验,加深了我们对人生在世之本质的理解,而且还对建筑设计的理念和实践多有启示。

关键词: 海德格尔;栖居;空间;建筑

如所周知,建筑是空间艺术,也是处理空间的艺术。说它是空间艺术,是因为它与那些在时间中展开的艺术如诗歌、音乐等不同,是存在于外部空间之中的,人们一眼就看到它并能从各个方向加以观察。说它处理空间,是因为它既要考虑建筑物与周围环境的空间关系(外空间),又要考虑建筑物内部空间的分割及其关联(内空间),同时也要考虑这两种空间之间的融汇贯通。当赖特(F. Wright)说"房屋不仅要展示空间,而且也要展示精神"时,当柯布西耶(L. Corbusier)把"阳光、空间和绿色"作为他设计的理念时,当吉迪恩(S. Giedion)以三种空间概念来划分西方建筑史时,他们所说的空间就是这种属于空间艺术的建筑的空间。而海氏所谈的空间虽与这种空间(主要是外空间)密切相关,却不是作为建筑艺术的空间,更不是建筑学上对空间的具体处理。那么,他对建筑空间又是如何理解的呢?下面,我们就来看看他的具体论述。

一、筑造与建筑：栖居的一种方式

“栖居”问题是海氏后期着力思考的主题之一。这一主题牵涉到包括建筑在内的很多问题。要谈建筑与空间的关系，就必须先了解他关于“栖居”的论述。

一提到“栖居”(Wohnen, Dwelling)，人们想到的往往是住房，而一提到“筑造”，人们想到的往往是对住房的修建。在这里，栖居是目的，筑造是达到居住这一目的的手段。这样想固然也不错，但依海氏，却远未切中事情的肯綮。一是因为人们也建造居所之外的东西，如桥梁、车站、发电厂、水坝、高速公路和商场等等。虽说它们也是为人的栖居服务的，却并不直接供人居住。但更为重要的是，目的-手段的关系模式掩盖了它们之间的本质联系，即：“筑造不只是获得栖居的手段和途径，筑造本身就已经是一种栖居了”。[①]

能把“栖居”直接等同于“筑造”吗？回答是肯定的。原因是两者在词源上相互涵摄。根据他的考察，在古高地德语中，表示“筑造”的词“buan”就意味着“栖居”。筑造(buan)也即德语中的“是”(bin)。我是(ich bin)、你是(du bist)的意思是“我居住”、“你居住”。这种居住也即人在大地上的存在方式。海氏进一步区分了筑造的两种方式：一是作为“爱护和保养”的筑造，诸如耕种田地、养植葡萄之类，“这种筑造只是守护着植物从自身中结出果实的生长”[②]。二是“作为建筑物之‘建立’的筑造”，比如建房造桥之类，这种筑造不是守护自然中已有的事物，而是要造出自然中所无的人工物。这两种筑造方式虽有所不同，但都包含在真正的筑造即栖居中。由此，海氏就栖居与筑造的内在关联得出了与庸常理解不大一样的三个命题：

1. 筑造乃是真正的栖居。
2. 栖居乃是终有一死的人在大地上存在的方式。

---

① 海德格尔：《筑・居・思》，载《海德格尔选集》(下)，孙周兴选编，上海三联书店，1996年，第1189页。

② 海德格尔：《筑・居・思》，载《海德格尔选集》(下)，孙周兴选编，上海三联书店，1996年，第1190页。

3. 作为栖居的筑造展开为那种保养生长的筑造和建立建筑物的筑造。[①]

其中，第一、二两个命题涉及的是栖居与筑造的同一关系及栖居的本质，第三个则是栖居的两种类型。

除了上述两种类型外，海氏还谈到了另外两种：思与诗，即运思与作诗。关于前者，海氏只是说，“思想本身在相同的意义上就像筑造一样——只是以另一种方式——归属于栖居”[②]，并未展开论述。而对于后者，海氏则在《荷尔德林与诗的本质》一文中作了较为集中的处理。以下主要讨论的，只是作为筑造内容之一的建筑。

二、建筑与空间的建构

什么是空间？空间是客观存在的实体，还是一种主观的感受方式？

在一般人的感受中，空间仿佛是一个巨大的容器，就像一个“空盒”一样，我们人和万物都生活在这个空盒中。这个容器是客观存在的、永恒不变的，而人和万物则在其中不断地运动、变化。这个空间就是牛顿所设想的绝对空间。但也有人并不这样想，比如康德。他认为空间（还有时间）并不是客观实在的，而只是人的知觉（直观）方式，因而只属于我们心灵的主观构造。我们就是带着空间这副“有色眼镜”去感知外部世界的。正是由于主体这种“自带空间”的感知方式，才使得外部事物显得是一种空间性的存在。关于空间的这两种看法都不为海氏所认可。他指出：“空间既不是一个外在对象，也不是一种内在的体验。”[③]他所理解的空间是一种出现在日常生活中的源始空间（生存空间）。这种空间是通过把物设置为“位置”和“场所”而建构起来的。

其实，这个思想在《存在与时间》中就已得到表述。不过在那里，海氏是以日常操持中的“用具”来作分析的。根据他的分析，用具有其“位置”。这指的

① 海德格尔：《筑・居・思》，载《海德格尔选集》（下），孙周兴选编，上海三联书店，1996年，第1191页。
② 海德格尔：《筑・居・思》，载《海德格尔选集》（下），孙周兴选编，上海三联书店，1996年，第1203页。
③ 海德格尔：《筑・居・思》，载《海德格尔选集》（下），孙周兴选编，上海三联书店，1996年，第1199页。

是用具在上到手头的工具联络中的不同位置，是由总是有所“去远”和“定位”的烦忙操持活动指派给上手者的。“场所”是使用具得以相互联属的“何所往”，能“确定上手东西的形形色色的位置”[①]。所谓空间，即是由此位置和场地开放出来的。在本文着重讨论的《筑·居·思》中，海氏沿袭了这一分析思路，只是把笼统的“用具”换成了具体的用具——桥，并把这种用具称为“物”。

通观他在该文中关于桥的分析，有以下几个要点。

第一，桥通过设置位置和场所而开放出空间。提到“位置”，人们可能会想到某个孤立的点，某物恰好就在这个点上。其实，这已是对位置的抽象了。实际的情形是：“物乃是位置，它们提供出诸空间。”[②]为什么物就是位置呢？因为它们设置位置。“让世内存在者来照面。”在这里，能够设置位置的“物”不是一般的自然物，而是被规定为建筑的人工物，也就是“桥”。为什么建一桥就能设置位置从而开出空间呢？桥在被建之前，所建之处并没有所谓的位置，有的最多只是可供选址的地点。随着选址的确定，地点的性质改变了：“当在建筑地点放下第一块基石的时候，就改变了地点的意义，使之变成了建筑。”[③]“一个地点作为位置而出现……是通过桥而出现的。所以，说到底桥并非首先站到某个位置上，而是从桥本身而来才首先产生了一个位置。”[④]一旦桥被建立起来，它就在相互关联的两种意义上开启出空间。一是“创设”：在桥出现之前，沿河两岸已经有了许多事物，但还未形成空间关系。只是随着桥这一位置的设置，桥周围的事物才向之聚拢并依其与桥的关系（方位、距离）而各逐其位。这样，“通过桥，河岸的一方与另一方相对峙。……桥与河岸一道，总是把一种广阔的后方河岸风景带向河流。它使河流、河岸和陆地进入相互的近邻关系中”[⑤]。这时，家住附近的人，还可从烦忙操持中抽身出来进一步地描述说，桥的上游不远处有一水车，下游的对岸有一片树林，桥的两旁长满了灌木，桥的这边是农田，那边是浅丘，等等。桥就是这样通过设置位置而提供“诸空

---

① 海德格尔：《存在与时间》，陈嘉映、王庆节译，生活·读书·新知三联书店，1987年，第128页。

② 海德格尔：《筑·居·思》，载《海德格尔选集》（下），孙周兴选编，上海三联书店，1996年，第1201页。

③ 王受之：《世界现代建筑史》，中国建筑工业出版社，1999年，第337页。

④ 海德格尔：《筑·居·思》，载《海德格尔选集》（下），孙周兴选编，上海三联书店，1996年，第1197页。

⑤ 海德格尔：《筑·居·思》，载《海德格尔选集》（下），孙周兴选编，上海三联书店，1996年，第1195页。

间”的。这个“诸”，指的是具体空间，而不是几何学之抽象、统一的空间(“‘这个’空间”)。二是“接合”：把周围由其他建筑开启出来的“诸空间”也连接起来。这一连接使得人们现在可依据桥来重新描述他们与周围事物的空间关系了。比如描述者根据自身处位，就可说过桥多远就到了某处，某镇就在桥的某个方位上等等。这是桥的“定向”作用。[①] 当然，人们与作为位置的桥的关系不限于描述，他们还可以多种方式来与桥打交道，比如观赏桥，在桥头等候，从桥上通行，在岸边写生，在桥边约会，等等。

第二，“桥以其方式把天、地、神、人聚集于自身”[②]。这个方式就是：通过设置位置和场所而“提供出一个容纳天、地、神、人的空间”。上述桥“使河流、河岸和陆地进入相互的近邻关系中”，说的就是“桥把大地聚集为河流四周的风景”。此外，桥显然还与能造成“暴风雨”和“洪水”的“天气及其无常本性”有关。同时，桥的建立还使人们“得以往来于两岸”。至于神，海氏则说：“作为飞架起来的通道，桥聚集在诸神面前——不论诸神的在场是否得到专门的思考并且明显地犹如在桥的神圣形象中得到人们的感谢，也不论诸神的在场是否被伪装了，甚或被推拒了。”[③]意思是说，不管想未想到、承不承认，神都莅临到场了。但这样牵出神来，终使人感到不如后面他举出的“神庙”那样有说服力。[④]

第三，桥所提供的空间使人的栖居得以可能。在海氏看来，人与空间的本质关系乃是“栖居”：“终有一死者在栖居之际根据他们在物和位置那里的逗留而经受着诸空间。”[⑤]所谓“栖居”，说到底，就是“在物和位置那里的逗留”。逗留不可理解为短暂的停留，仿佛还可以离开到别处去似的。人只能在“物和位置”处逗留并永远在那里逗留。这种逗留规定着人的存在。我们在工厂上班，在会议室开会，在教室上课，在画廊看画，在公园散步，在车站候车，在商店购

---

① 在生活中，我们都有过问路或被问路的经验。比如，我们对某个问路的人说：到了某幢建筑后，往某个方向走，经过某一标志性建筑，再走多久就到了你所要找的地方(多半也是一些建筑)。

② 海德格尔：《筑・居・思》，载《海德格尔选集》(下)，孙周兴选编，上海三联书店，1996 年，第 1196 页。

③ 海德格尔：《筑・居・思》，载《海德格尔选集》(下)，孙周兴选编，上海三联书店，1996 年，第 1196 页。

④ 据说中国上世纪五六十年代，在乡下的一些桥头旁边还可看到用砖砌成的小神龛，里面供奉着土地神，用以保佑人们来往平安。这似乎正可用来说明桥对“神”的聚集。

⑤ 海德格尔：《筑・居・思》，载《海德格尔选集》(下)，孙周兴选编，上海三联书店，1996 年，第 1200 页。

物；我们在家中与亲人相处，在咖啡厅或茶馆与友人聊天，在就近的桥边林间与恋人幽会；我们也许还会去到异国他乡，游览名胜古迹、体察异乡风情；等等。我们无时无刻不在物和位置那里，并且一生一世都在那里。而在物和位置那里逗留也即在各种各样的空间逗留。空间是摆不掉的，必须"承受"的，因为我们与空间是相互归属的。即便在我们进入自我反思状态时，我们的身体也依然滞留在当下的物和位置处。存在就意味着存在于某处（某时），它是有方位（和时间）的。由此可见，"人与位置的关联，以及通过位置而达到的人与诸空间的关联，乃基于栖居之中。人和空间的关系无非是从根本上得到思考的栖居"①。

第四，客观空间（物理空间和几何空间）乃是对由此位置和场所开启出来的空间（源始空间）的一种抽象。尽管我们最先和一向与之打交道的就是这种与我们日常生活紧密联系在一起的空间，但我们想到的却往往是那些派生的空间形式。海氏在其论述中提到三种（呈渐次抽象之态）。一种是作为距离（远、近）出现的空间。我们通过观察人和物以及物和物之间的距离而说它们处于一种什么样的空间关系中。二是作为广延的空间。从作为距离的空间中"提取出长度、高度和深度上的各个纯粹的向度"②，以此来估量事物的大小、体积和规模。三是把作为广延的空间再抽象为"分析的和代数学的关系"，这些关系所设置的空间也就是海氏所说的"'这个'空间"，即一个可由数学来加以精确计算的几何空间。然而，所有这些空间表象，皆奠基于日常生活的源始空间之上。唯当这个空间已先行开启出来之后，上述空间的抽象和计量才得以可能。这个源始的空间正是由位置设置的："我们日常所穿越的空间是由位置所设置的；其本质植根于建筑物这种物中。"③

无论在这里还是在《存在与时间》中，海氏所揭示的都是本源性的生存空间。不过，在前者中，空间的存在论地位远不如时间根本：不仅论述的篇幅较少（仅3小节），而且还把时间性视为"空间性之所以可能的条件"④。而在这

① 海德格尔：《筑・居・思》，载《海德格尔选集》（下），孙周兴选编，上海三联书店，1996年，第1200页。
② 海德格尔：《筑・居・思》，载《海德格尔选集》（下），孙周兴选编，上海三联书店，1996年，第1198页。
③ 海德格尔：《筑・居・思》，载《海德格尔选集》（下），孙周兴选编，上海三联书店，1996年，第1199页。
④ 海德格尔：《存在与时间》，陈嘉映、王庆节译，生活・读书・新知三联书店，1987年，第433页。

里，空间的地位显然有所上升：空间参与了世界的建构，是人的栖居的要件之一。”同时，在对这种源始空间的揭示上，窃以为“桥”比前期的“用具”更具优势。用具太笼统、太抽象，桥则更具体、更生动，因而也更能体现现象学的“展示”方法：让事物本身如其所是地显现出来让人看；用具的空间位置总是随操持的具体情况而变动的，而桥作为建筑物一旦建成便固定下来，而它的体量也使其更能起到“定向”的标志作用；用具容易让人想到技术性的工具，而桥，特别是海氏提到的“海德堡古桥”（大概都是传统工艺的产物），则显然要比前者更适合用于达到分析所要达到的目的。另外，我们看到，海氏用以揭示位置设置的，仅“局限于物之建立意义上的筑造”①，即建筑这种人工物。那么，自然物，比如山、水、树等，能否设置空间呢？海氏没有谈及。但根据他的有关描述，自然物似乎只是在建筑物作为位置提供出场所之后才依其与该建筑物的关系各各形成相应的位置，具有被动性。但经验表明，在某些情况下，某些自然物似乎也能“主动”设置空间，比如我说：从这里走十分钟左右就能看到“三棵柏树”（或一片白桦林什么的），从“三棵柏树”右转再走十分钟就到了镇上。显然，“三棵柏树”在此是作为具体的空间位置出现的，我完全可以根据这一位置而定出到镇上和到我家的距离。有些名山大川，比如黄河、泰山之类，似乎更能起到这种设置空间和定向的作用。但人们可能会说，这已经是结果了。“三棵柏树”在设置位置前，先已被人们的筑造活动（作为建筑的村落和城镇）定了位置，而名山大川则更是早在先民的世代活动（包括筑造）中被定了位的。我们只有在撇开先前已经形成的空间位置关系的情况下，才能相对孤立地、抽象地把某些更具标志性的自然物视为位置。但这不也适用于桥吗？

三、建筑的本质

建筑物是由作为建立的筑造活动生产出来的。一般理解的筑造活动是一种有所投入和有所产出的生产活动。投入的是砖、木、水泥、钢筋等，产出的是可供各种用途的建筑物，如住房、工厂、大厦、桥梁、道路等。为了造出美观、结实、合用的各种建筑物，我们只须遵照建筑学的相关要求，合理设计和精心施工就行了。然而，在海氏看来，“无论是根据建筑艺术，还是根据结构工程，还

① 海德格尔：《筑·居·思》，载《海德格尔选集》（下），孙周兴选编，上海三联书店，1996年，第1195页。

是根据两者的简单结合，我们都不能充分思考筑造生产的本质。"[1]甚至"在原始希腊'τεχνη'意义上一味地把筑造生产思考为让显现，那种把作为在场者的被生产者带入已经在场者之中的让显现，筑造生产的本质也还得不到适当的规定"[2]。那么，该从何处下手才能触到筑造生产的本质呢？海氏告诉我们，应从"栖居"入手，即从把建筑物思为为四方一体提供场所并以此来聚集与保护四方一体的角度入手。"筑造建立位置，位置为四方一体设置一个场地。……建筑物保藏着四方一体。它们乃是以其方式保护着四方一体的物。保护四方一体——拯救大地，接受天空，期待诸神，伴送终有一死者——这四重保护乃是栖居的素朴本质。因此，真正的建筑物给栖居以烙印，使之进入其本质中。"[3]最后两句的意思是说，真正的建筑物乃是那种符合栖居本质的建筑物。海氏把生产这种建筑物的筑造称为"让栖居"(Wohnen lassen)："筑造的本质是让栖居。"[4]

何谓"让栖居"？按我们的理解，就是让人能够栖居。是谁在"让"？是筑造。是谁在从事筑造呢？是人。最终决定我们是否能够栖居的依然是我们自己。我们固然只是"四方"中的一方，但由于我们是存在的看护者，故我们的存在方式和活动方式必然会影响到包括我们人自己在内的四方一体。怎样做是"让"，怎样做是"不让"？是否凡是生产出作为位置的建筑物就一定"让栖居"呢？显然，那种使城市变成一片巨大的水泥墙，使住宅变成仅供居住的机器，使道路拥堵不堪和环境污浊的"让"，并不切合栖居的本质。那么，相反的情形是否就一定切合呢？"今天的居所甚至可以有良好的布局，便于管理，价格宜人，空气清新，光照充足，但是：居所本身就能担保一种栖居的发生吗？"[5]看来也不见得。那何种筑造才能让人栖居呢？海氏并未具体谈及，而是举出建造在黑森林中的一座农舍：

---

① 海德格尔：《筑·居·思》，载《海德格尔选集》(下)，孙周兴选编，上海三联书店，1996年，第1202页。

② 海德格尔：《筑·居·思》，载《海德格尔选集》(下)，孙周兴选编，上海三联书店，1996年，第1202页。

③ 海德格尔：《筑·居·思》，载《海德格尔选集》(下)，孙周兴选编，上海三联书店，1996年，第1201页。

④ 海德格尔：《筑·居·思》，载《海德格尔选集》(下)，孙周兴选编，上海三联书店，1996年，第1203页。

⑤ 海德格尔：《筑·居·思》，载《海德格尔选集》(下)，孙周兴选编，上海三联书店，1996年，第1189页。

> 让我们想一想两百多年前由农民的栖居所筑造起来的黑森林里的一座农家院落。在那里，使天、地、神、人统一地进入物中的迫切能力把房屋安置起来了。它把院落安排朝南避风的山坡上，在牧场之间靠近泉水的地方。它给院落一个宽阔地伸展的木板屋顶，此屋顶以适当的倾斜度足以承载积雪的重压，并且深深地下伸，保护着房屋使之免受漫漫冬夜的狂风的损害。它没有忘记公用桌子后面的圣坛，它在房屋里为摇篮和"死亡树"——他们这样称呼棺椁——设置了神圣的场地，并因此为住在同一屋顶下的老老少少预设了有各自特点的时间中的旅程。①

这里举出的不是现代城市中的电梯公寓，而是乡村里的农舍，而且还是二百多年前建的。从海氏写作该文算起大概在18世纪中叶左右。根据他的描述，这很可能是在那时低地德语区流行的一种样式，所谓伯尔尼式农舍。这是一种长方形的建筑结构，集居所、牲口棚和储藏室于一体，以石料为基础，屋顶为斜面，通常在起居室中靠近餐桌主人座位的后面设有一拜神的"祭台"(Herrgottswinkel)。然而，就是这样一幢原始、简陋的木制农舍，却被海氏当作"让栖居"的一个建筑典型。从这段不长的文字中不难发现，能够让人栖居的，乃是那种能为"四方一体"提供场所(空间)并以此来聚集和保护四方一体的筑造及其产物。看来，对四方一体的聚集和保护乃是"让"和"不让"的最终根据。

海氏说，他举农舍为例，"决不意味着，我们应该并且能够回归到这种院落的筑造过程那里"，而是"要用一种曾在的(gewessenen)栖居来阐明栖居如何能够筑造"②。然而，他作为"正面"例子而举出的，差不多都是些像农舍这样的"曾在的"建筑。《筑·居·思》中用作分析的"桥"，其原型很可能就是他文中提到的"海德堡古桥"。《存在与时间》中所提到的"有其向阳面与防风面"的房子以及"分别向着日出和日落设置"的教堂和墓地③，似也可推断为一些古式建筑。甚至海氏本人在黑森林托特瑙山上自建的小屋，也是一所与上述农

① 海德格尔：《筑·居·思》，载《海德格尔选集》(下)，孙周兴选编，上海三联书店，1996年，第1203页。

② 海德格尔：《筑·居·思》，载《海德格尔选集》(下)，孙周兴选编，上海三联书店，1996年，第1203页。

③ 海德格尔：《存在与时间》，陈嘉映、王庆节译，生活·读书·新知三联书店，1987年，第129页。

舍相似的建筑。根据他自己的描述，这所房屋之"低垂的房顶覆盖着三个房间：兼作客厅的厨房、卧室和书房。再往上，是草地和牧场，一直延伸到深暗的、长着古老高大的枞树的森林边"[①]。此外，海氏在《艺术作品的本源》中还举了另一个著名例子，其所涉及的建筑就更古老了，那就是希腊神庙。这里不妨也把它援引出来：

> 这个建筑作阒然无声地屹立于岩石地上。作品的这一屹立揭示了岩石之粗糙而又富于天然支承性的神秘。建筑作阒然无声地承受着席卷而来的猛烈风暴，因此才证明了风暴本身的威力。岩石的璀璨光芒看来只是太阳的恩赐，然而它却使得白昼的光天空的辽阔、夜的幽暗显露出来。神庙的坚固的耸立使得不可见的空间昭然可睹了。此作品的坚固性恰与拍岸波涛形成对比，并以它的宁静衬托出大海的狂暴。树与草、鹰与牛、蛇与蟋蟀才首次进入它们突出鲜明的形象中，从而显示为它们所是的东西。这个建筑作品包含着神的形象，并在这种隐蔽状态中，通过敞开的圆柱式门廊让神的形象进入神圣的领域。贯通这座神庙，神在神庙中在场。神的这种现身在场是在自身中对一个神圣领域的伸展与定界。但神庙及其领域并未漂浮于不确定性之中。正是神庙作品才嵌合那些道路和关联的统一体，并同时使这个统一体聚集于自身周围；在这些道路和关联中，诞生与死亡，灾祸与福祉，胜利与耻辱，忍耐与堕落——从人类存在那里获得了人类命运的形态。这些敞开的关联所作用的范围，正是这个历史性民族的世界。[②]

就像"桥"一样，在海氏的描述中，"神庙"作为建筑物，将天、地、神、人四方一体聚集在自己的周围，从而使希腊人在这个为神庙所敞开的世界中演出了一阙无比精彩的历史戏剧，以致他们的存在——诞生与死亡，灾祸与福祉，胜利与耻辱，忍耐与堕落——竟"获得了人类命运的形态"。[③] 这种建筑，显然非常切

① 张祥龙：《海德格尔传》，河北人民出版社，1998年，第130页。

② 海德格尔：《艺术作品的本源》，载《海德格尔选集》(上)，孙周兴选编，上海三联书店，1996年，第262页。

③ 以建筑命名的《西厢记》、《长生殿》、《牡丹亭》等中国古典作品，即可视为以建筑为空间所演绎出来的一出出人生戏剧。

合海氏所谓的“栖居”的本质，因为它“让栖居”。

四、海氏建筑-空间思想在建筑学上的意义

根据以上所述，我们或已知道建筑学上的空间与海氏所谈空间的异同了。建筑学上的空间是建筑师刻意设计的。建造师会根据建筑物的不同用途来安排空间。教堂、博物馆、办公楼、住宅等各有其自身的空间要求。即便同类建筑，理念不同，也会有不同的空间安排，如罗马教堂（如乌尔普亚教堂）和哥特教堂（如亚眠主教堂）对空间的塑形就很不一样。同为住宅，别墅和公寓楼对空间安排也会有差异。这些空间塑造会更多地联系于工程学和材料学。建筑物一旦落成，便进入不同人群的具体使用之中，而其空间的用途也大体是确定的。海氏所说的空间，则是建筑物作为位置和场所对空间的建构和开启，即随着一座或一些建筑物的落成，如何自然而然地把周围事物聚集在一起，从而为包括“定向”在内的人的各种活动提供一个逗留的场所。尽管有此分疏，但两者在这一点上却是相同的，即它们都与建筑有关，都是为人的栖居服务的，虽说海氏的栖居概念要比一般的居住概念更根本。应该说，海氏对空间的这一新理解超出了建筑学上的空间范畴，意义更为重大，但反过来也把新的意义赋予了建筑：建筑物不再仅仅是具有各种实际用途的东西，而且更是人在大地上的栖居（存在）得以可能的前提之一。人的波澜壮阔的历史戏剧，就是在由包括建筑在内的筑造活动所开启出来的世界中上演的。

如所周知，海氏对现代性是持批判态度的。他在建筑上举出例子，都不是他那个时代的，而是过去时代的。这似乎反映出他对现代城市和现代建筑并无多少兴趣。也许现代建筑并不符合他关于栖居的理念。他那个时代流行的建筑风格，是由包豪斯（也出现在他的国家中）开创并经转到美国后迅速形成的一种国际风格。这种风格的建筑物多为“包豪斯校舍”或“西格拉姆大厦”那样的立方体造型：平顶、无装饰的墙面（写字楼或为玻璃幕墙）、成排的窗户、单调的颜色。我们这里直到现在还差不多是这样的建筑。住在这种密集的、“鸽子笼”般的公寓中，不仅与自然的交流变得困难，而且与他人的交往也大为减少了。总的来说，这样的建筑是不太宜居的。但也不是全无是处。这种建筑简约、流畅、能最大限度地向上利用空间，功能突出，也展示了一种所谓的现代感。在一个人口爆炸、土地急剧减少的当今社会中，除了极少数的人外，要想人人都拥有像海氏所描述的那种聚集天、地、神、人为一体的居所，似已不再

可能。从根本上说，“国际风格”的现代主义建筑正是顺应新时代的这一处境而兴起的。它的确为亿万普通人提供了最起码的居住空间。但即使是这样，也不意味着我们可以无视它的弊端而不去追求更好的设计。西方早在上世纪中后期，中国则在本世纪初期，已打破或开始打破现代主义建筑的一统天下，而步入建筑风格多元化的后现代主义时期。现今的建筑设计所考虑的，已不再是简单的容纳功能，而是更多的方面：人性的、审美的、历史文化的、环保（绿色）的、生态的等等。人们在作这样的统一考虑时，海氏关于建筑乃是对四方一体的聚集和保护的论述，关于真正的栖居乃是人在大地上的诗意生存的论述，都可为作为筑造之一种方式的建筑提供有益的启示。事实上，以舒尔茨为代表的一些建筑理论家和建筑设计师，受海氏相关思想的启发，都在思考和探索如何在建筑中体现人与自然、人与环境、人与建筑相和谐的要求。在文丘里（R. Venturi）对本土和历史意味的追求中，在阿尔托（A. Aalto）对森林形式的模仿中，在格雷夫斯（M. Graves）对大地和天空色彩的采用中，在摩尔（C. Moore）对地点感觉的捕捉中，甚至在哈里里（Hariri）对房顶斜面的重拾中，似乎都能捕捉到海氏栖居之思的影响的痕迹。

Dwelling, Architecture and Space: Heidegger's Narration of Space

Abstract: In Heidegger's opinion, there are several kinds of dwelling. Architecture is one of them. The characteristics of this kind of dwelling are: (1) open the space for man to linger by setting up location and place; (2) the relationship between man and space is dwelling; (3) the essence of architecture is letting man settle down on earth. Heidegger's theory not only changes our experience of space and enhances our understanding of life on earth, but also brings the enlightenment for the idea and practice of architectural design.

Key words: Heidegger, Dwelling, Space, Architecture

作者简介：成瓅，博士，成都大学美术与影视学院讲师。

都市的夜宴：圣餐图像的当代俗世化进程

罗　乐

摘　要： 本文从“圣餐”[①]母题历时16个世纪的图像衍变中发现：从宗教绘画到个体精神隐喻再到当代视觉文化的拟古行为，圣餐母题世俗化进程成为入世的重要契机。与社会、政治、文化工业、都市化进程等因素在后现代语境中的相遇，更是让圣餐母题成为一个文化符号。由此，从当代视觉图像的圣餐个案中，可以发现后现代主义反中心话语和多元叙事特征的显现。

关键词： 圣餐母题；世俗化；后现代主义；当代都市文化

前言

英国当代美术史家罗斯·金将列奥纳多的《最后的晚餐》视为特修斯之船。“不同版本的叙事成就了真相的谜题，正如在时空中永恒航行的特修斯之船。尽管雅典人小心保护好船体，不断地更换船体朽烂的木材，然而，哲学家对此提出了质疑，那便是依次更换了所有木材的船体是否依然是特修斯之船

① 一般来说，圣餐(the Eucharist)具有三类含义：1. 宗教中的圣餐礼，天主教中称之为“弥撒”；2. 宗教文本福音书中的“逾越节筵席”的文字记录；3. 宗教图像中的圣餐和艺术创作中的圣餐母题作品。艺术家普遍以《最后的晚餐》命名，从公元11世纪至20世纪之间有60多幅不同艺术家创作的《最后的晚餐》作品，20世纪至今约有近40件以此为创作母题的艺术作品出现。本文中的“圣餐”、“圣餐母题”、“圣餐图像”等概念，都指涉的是第三类含义：即宗教图像、艺术创作中的圣餐母题。因此在英文摘要中笔者用“*The last supper*”指代以免混淆。

本身?”[①]对于这样的比喻可以分解为三个解释层面：1. 从物理性的层面来谈，对于《最后的晚餐》壁画而言，在漫长的时间洗礼中壁画本身已经严重退色，修护者们不断对其进行修复和重绘，致使列奥纳多的手绘遗迹越来越少。那么，现在所见的《最后的晚餐》壁画从绘画物质层面上讲是否依然是列奥纳多的作品？2. 从母题本身来看，《马太福音》《马可福音》《路加福音》《约翰福音》以及《哥林多前书》对“逾越节筵席”的差异描写，某种程度上来说是对千年前那场逾越节筵席事实真相的干扰。贡布里希认为列奥纳多的《最后的晚餐》参照了当时盛行的《约翰福音》，但从作品视觉呈现来看，艺术家视乎并未按照宗教文本进行再现，而是以艺术的名义创造出全新的圣餐图像。这样的艺术创新凸显了艺术家卓绝的艺术才华而远离了圣经故事本身。3. 当下视觉图像中出现的《最后的晚餐》是否依然是 1000 年前的圣餐？经历了千年的岁月清洗以及文化语境、美学认知的转变之后，身为现代人的艺术创作者们是否依旧将其认定为宗教系统中圣洁不可轻视的圣像画？当代艺术家的反复挪用和肢解之后的《最后的晚餐》又发生了怎么样的转变？

实际上，特修斯悖论针对的是询问者本身对同一性问题的思考，正如当代视觉文化中的圣餐图像，如果依然是千年之前的圣餐，但是图像中充斥着流行符号、都市寓言早已完全代替了悲悯的耶稣和焦虑的众使徒；如果不是，是什么时候圣餐开始改变？实际上，从现代性在西欧大陆萌芽之际，圣餐已经在基督教的世俗化、本土化的普世化策略过程中逐步走下神坛。文艺复兴之后的圣餐母题被分解为两种认知概念：宗教中的圣餐仪式与艺术中的圣餐母题。除了宗教系统中的圣餐完整保留了宗教神性意义，当代艺术中的圣餐母题却成为一个经典图像，成为对历史的回望、一种拟古行为、一种反讽以及一种崇高的情怀留存于当代视觉文化中。

一、世俗化的圣餐：圣餐中的城市符号

从绘制于 11 世纪的壁画《最后的晚餐》中可以看到，画家开始尝试人间景

---

① 罗斯·金：《列奥纳多与最后的晚餐》，英文原文如下：“The murals restoration has become a puzzle of spatiotemporal continuity to match that of the ship of Theseus, the vessel carefully preserved by the Athenians, who eventually replaced every one of its rotting timbers and thereby caused philosophical disputes about whether or not it was still the same ship.” Rose King *Leonardo And The Last Supper*, Bloomsbury, USA, NewYork, 2013, p. 274。

观的植入。尽管中世纪教廷对圣像画有极其严格的规约和标准，但是这幅作品在圣像画固有的圣餐标准范式之上，将画面背景进行了移置，即圣餐的室内空间放置到室外的公共领域，基督与众使徒在四周皆为具有地域特色的公共建筑空间中进行着晚餐。这样的图像策略直接影响了收藏于克罗地亚杜布罗夫尼克城圣像博物馆的16世纪《最后的晚餐》。在这件作品中，画家通过公共空间中的圣餐晚宴来凸显圣餐的神圣性以及背景中城市的地域性特点。

另一些画家试图通过室外城市空间的设定渲染室内圣餐现场气氛：尼德兰画家迪克·包茨创作于15世纪的《最后的晚餐》作品被迁移到具有尼德兰特色的建筑空间中，圣徒们坐在其中稍显拥挤，背景的柱式、门窗以及家具的样式具有荷兰15世纪的建筑和家具特点。城市空间通过画面中的几扇窗户显露出来，观者可以看到窗外宁静的花园和空无一人的街道，这与室内静默的圣餐现场是一致的。同样的创作方式在藏于美国纽约大都会博物馆16世纪的《最后的晚餐》挂毯中得到了体现。与迪克·包茨的作品相似的是，这幅作品表现的圣餐现场显得异常热闹，不仅仅限于室内，作品背景的城市高塔中同样热闹的众人与前景圣餐现场的争论形成呼应关系。委内洛塞的圣餐作品《利未家的晚宴》(原名《最后的晚餐》)不但将城市空间融入庄严的圣餐现场中，人间的世俗娱乐成为这幅作品表现的主要对象。小丑、醉汉、动物等元素充盈着整个画面，而这些元素致使这幅作品受到宗教法庭的审讯，最终艺术家被迫否定了画面的宗教成分，承认其为一幅普通意义上的晚宴作品，并更改了作品的名字。正是这个案例的出现，成为了文艺复兴时期圣餐图像被人间景观入侵，最终成为现实图景视觉载体的代表例证。

那么是什么原因导致了圣餐母题中的城市图像出现？

一方面，受到15世纪的艺术受众的审美倾向影响。文艺复兴时期的观众审美观由城市市民阶级审美和宫廷审美两者交融而成，即"城市市民趣味和贵族浪漫趣味交织"[①]的产物。市民阶级在15世纪已经成为具有一定市民权利的阶级，特别是在15世纪后半叶，其原本理性化的经济生活被骑士理想所取代，"鼓励一种回到宫廷-骑士和哥特式-唯灵论的中世纪理想的艺术"[②]。因此，市民的世俗生活、现实场景与理想、浪漫的宫廷色彩的混合作用，致使圣餐

① 豪泽尔：《艺术社会史》，黄燎宇译，商务印书馆，2015年，第160页。
② 同上书，第165页。

母题在创作上一方面表现了现实生活场景,同时又体现了其创作语言的叙事性、趣味性和理想性。

另一方面的原因是文艺复兴时期的基督教本土化、世俗化过程。它是圣像画图像世俗化过程的重要原因:一则为了基督教传播路径的拓展;二则是为了调解、融合不同地域教徒种族身份、文化差异。文艺复兴时期的圣像画有别于中世纪严格、古板的圣像画制作范式,教廷将图像编码的任务交到画家手中,画家实现了圣像画的艺术性与世俗性,可以说,圣像画在文艺复兴时期的转变很大程度上得益于教廷的放权。

宗教世俗化过程在文艺复兴时期的圣餐母题图像中得到显现。从建筑、服饰、食物三个方面可以发现人间风俗对圣餐母题的植入。首先从圣餐母题的建筑元素中可以发现不同的建筑范式。根据福音书中记载,逾越节筵席真实发生地为耶路撒冷的锡安山下的锡安教堂(又称马可楼),这座具有典型拜占庭风格的建筑至今都是基督教众所参拜的圣地。然而原址的建筑形态早在犹太教与古希腊罗马思想文化、本土宗教的混杂之后发生了改变,西方宗教画家笔下的圣餐场所与原址地有着巨大的差异:乔托绘制于 1305 年的《最后的晚餐》、吉兰达约的三幅《最后的晚餐》、列奥纳多·达·芬奇的圣餐图像等作品都改变了原初建筑以作品创作地的建筑为创作范本。其次,从服饰和配饰的多样性上可以看到大师如何与本土文化进行交互。很多创作者笔下的众信徒装扮远离了宗教文本所指涉的中东地区服饰,取而代之的是根据作品创作地的服饰特征为参考的视觉呈现。其中,希腊衫服饰装扮在圣餐图像中占有的比例最重,列奥纳多、吉兰达约、杜乔等画家均以希腊衫服饰为人物装扮。除此之外,很多画家依然选择与创作地点有关的地域服饰:意大利画家皮特罗的《最后的晚餐》、迪克·包茨的圣餐作品、德国画家老卢卡斯·克拉纳赫的圣餐绘画、15 世纪米兰最知名画家毕拉哥的圣餐插图等作品中众信徒的服饰均为民族服饰。最后,圣餐中的食物也是世俗化过程的显现。文艺复兴时期的圣餐图像中葡萄汁和面包(饼)是必不可少的食物。但是从大量图像分析比较来看,文艺复兴时期的创作者在圣餐筵席上不仅仅绘制面包和葡萄汁,15 世纪西班牙画家简尼·洪根特、意大利画家安托尼·万尼以及丁托列托等众多画家的餐桌上都发现了煮熟的羊羔和水果。另外,很多创作者在圣餐桌上绘制了鱼类,如公元 11 世纪的福音书插图,14 世纪意大利画家杜乔的圣餐以及 15 世纪收藏于梵蒂冈的彩色挂毯等图像中都有鱼类的出现。福音书中认为耶稣是上帝赐予人间赎罪的“羔羊”,羊羔肉是耶稣的肉身象征,与面包具有相同的作用,鱼类则是代表福音书中耶稣的神迹,与耶稣有直接关系。作品中的羊肉和鱼肉是画家主观选择的对象、是艺术家个性化意识的显现。

然而,值得注意的是,这些活性元素的变更并非是对神性的疏离。查常平博士认为基督教的世俗化,“实质上指在原有的神圣向度中拓展世俗的向度,即在创造者的领域内、在承认创造者的前提下拓展受造物的生存空间”[①]。所以,文艺复兴时期的《最后的晚餐》尽管开启了世俗化进程,但依然是对神性认同之下的产物。

在现代主义时期,《最后的晚餐》依旧频繁地出现在艺术家的作品中,但是其神圣的圣像画身份已经改变,成为艺术家感怀世纪剧变、彷徨新世纪到来的心灵寄托。从梵高的圣餐母题作品《吃土豆的人》,魔幻现实主义艺术家弗里达·卡洛的《最后的晚餐》、德国表现主义画家埃米尔·诺尔德的《最后的晚餐》中,学者们看到了现代主义的圣餐创作范式:一方面,在形式上,绝不囿限于传统写实的绘画技巧,艺术家可以用自身擅长的创作技巧创作圣餐母题作品;另一方面,此圣餐非彼圣餐,圣餐的宗教故事已经内化为艺术家的精神归属,成为个体内在世界与外在世界抗争的舞台。从这些图像中可以看到,现代主义时期的圣餐母题成为一种形式、一种符号、一种自我牺牲精神的承载物。它肩负着个体生命对宿命论的证明和质疑,对社会剧变之下生死的忧患,它甚至已经超越了世俗化的简单命题,而是内化为个体生命的一部分。

后现代主义时期的《最后的晚餐》彻底地由世俗化转化为一种俗世化[②]:首先,文艺复兴时期圣餐母题的改变,并非是圣餐图像本身的变化,而是宗教传播策略、社会语境、文艺思潮带来的变化,其宗教性依旧没有动摇。其次,现代主义击碎了圣餐母题包裹的宗教枷锁。圣餐母题迎来了从构图形式、观念背景、创作手法等全方位的改造。但是,此时依旧没有消除圣餐母题从中世纪以来“高高在上”经典性,圣餐母题背后所代表的依然是某种等级、权力的象征。最后,后现代主义时期的到来彻底的化解了圣餐母题背后的“政治”,正如

① 查常平:《中国先锋艺术思想史第一卷　世界关系美学》,上海三联书店,2017年,第34页。

② 查常平博士指出,世俗化与俗世化最大的不同在于前者指上帝的隐退,后者是对上帝的否定和弃绝。两个概念的理解来自查常平著作《中国先锋艺术思想史第一卷　世界关系美学》,上海三联书店,2017年,第34页。

福柯认为后现代性的微观政治瓦解了现代性的宏大叙事，圣餐母题一直以来高居人们心中某个神圣的位置被丢弃了，取而代之的是每个俗世个体心中圣餐。这就意味着圣餐母题从某种宏大的情感框架中走了出来，被细化为无数个微小的粒子，进入到后现代主义艺术家各自私密的、不可控的、随机的认知领域的心灵意识之中。

二、当代圣餐图像中的都市图景

当代视觉图像中圣餐的都市图景再现已不是西方文艺复兴时期圣餐中的城市图像那样简单的符号性的植入，而是从图像表征到观念意义的置换。都市生活已经渗入到圣餐母题的内核之中，实际上，这些作品只是在形式上借用了《最后的晚餐》，其艺术观念方面实则探讨当代都市生存的境遇问题。

那么，当代视觉文化中的圣餐图像主要通过什么方式实现自我的转换？这与后现代主义现成品的运用与挪用(appropriation)有直接的关系。挪用主要是指对既存文化中的图像、象征母题媒体等现成资料进行借用、取用从而创作出新的艺术作品。这样的行为一方面否定了现代主义所尊崇的原创性，另一方面将图像原时原真性抽离出来，并彻底消解并重新创造新的图像，从而对原图像实现了叙事的干扰作用。

对于圣餐母题而言，原图像的时空语境和新生图像时空语境之间的差异问题以及母题本身的宗教属性问题皆被后现代性弱化了。后现代主义的创作方法论更是彻底瓦解了母题的历史性、经典性和宗教性，最终剩下母题的废墟，而当代的视觉元素和大众媒介填充了废墟，使其在新的认知层面上得到重生。因此，在后现代主义复杂而交错的语境之中，当代视觉文化中圣餐充满多重再现的可能。

艺术家刘韡创作于1993年的作品《最后的晚餐》从视觉表现上以现代中国都市为背景，以列奥纳多的《最后的晚餐》构图形式为参照。画面中心是以“毛泽东基督”为中心的政治家们在丰盛的餐桌前鼓掌致意的状态，背景是高楼林立的现代化都市景观。作品中，红色伟人毛泽东占据着“人主基督”的地位，这与中国90年代流行的政治波普艺术有一定的对照作用，即作者通过反讽和挪用的表现手法传达出对中国的政治情节的自我消化。伟人毛泽东的形象作为一种唤起集体意识的重要符号，在作品中表达了中国特有的集体经济与现代消费社会之间的矛盾性，而这对矛盾最终解决的方案，画家已经给出了答案——作品署名为《最后的晚餐》正是对集体社会意识和现代性资本获取两者纠结关系的回应。从画面中身着中山服、军服的伟人们与背景欣欣向荣的现代化城市建设格格不入的关系来看：原有的集体主义经济生产方式逐渐被现代资本体系所取代，现代性社会发展势必将从思想意识、精神文化方面对人进行改造。现代性在中国的发展正是全球化的资本扩张的潜行能量，艺术家发现了现代政治、经济、文化意识的到来并通过画面中前景(红色伟人们)和后景(现代化都市)之间视觉的差异性来表现。

广州美院历届留校藏品展上，一幅揭示现代职场焦虑的《最后的晚餐》作品出现其中。这幅油画作品在形式上完全挪用列奥纳多《最后的晚餐》，仅将圣餐空间和人物进行了现代都市的置换：作品中的空间设置为现代公司中的会议室。主体人物身着黑色的西装，对周围下属们的争论显得无可奈何，背景密集灰色的高楼强化了画面的压抑、紧张感。而这种视觉的不适感内化为画中人物的貌合神离，明明是激烈的争辩和表明的衷心，但是在这件作品中早已经失去原图像在论争中显现出对耶稣的爱和敬畏之情，只剩下现代职场关系中不可化解的怀疑、孤独与落寞。

观念摄影作品《最后的晚餐》中，一个身着奢华服装的少年占据着图像的中心的位置。少年头带着钻石皇冠，身边就餐者就像信徒一样簇拥着他。背后的都市景观以一座高耸的摩天大楼为主，与前景孤傲的少年形成一种互文关系。从作品中高傲的少年、钻石皇冠、名酒、高耸而孤独的摩天大楼以及周围热切的青年男女等多个视觉符号中，艺术家试图展开两个层面思考：1.图像中的少年是金钱的象征，众人趋之若鹜的吹捧体现了当代人对于金钱作为最高生命准则的生存状态；2.作品中犹大位置上的青年女性和少年右侧年轻女士的衣衫是图像中仅有的两处红色，它代表了作品对宗教精神的回望，特别是右侧年轻女子衣衫上模糊的耶稣像表现了现代人以资本、消费为拜物教所带来的信仰危机。作品中其余的众人皆以黑白两色为主要色调，暗示了在膨胀物欲意识下，人性失去了崇高的期许和精神生命的活力，变得单薄而脆弱，只剩下空洞、华丽、苍白的躯壳。

在北京苹果社区 CBD 核心商业圈内的公共雕塑作品《盛宴》展开了多重阐释空间：一方面从图像本身的符号意义来谈，艺术家吕顺用 11 头猪作为圣餐的出席者隐喻人类永远无法满足的贪欲。“隐喻是解读具有一定开放性的比喻，喻体与喻旨之间的连接比较模糊，而且这连接往往只是在发出者的意图之中。”[①]因此，猪的符号象征建立在艺术家与观者之间的共有认同中：首先猪在中国传统文化中有几种象征意义：1. 中国传统十二生肖中认为猪是“有福”的语义；2. 中国古典文学作品《西游记》中投到猪胎的猪八戒是懒惰、好色、贪婪代表；3. 由于猪的生长环境、动物本性致使猪成为丑陋、肮脏、懒惰的代名词。艺术家选择猪作为圣餐主体契合了作者对都市消费深渊的警示，即个体无止境的贪欲最终导致个体的异化。这种萎靡的生命体验在城市的金钱漩涡中越发沉沦。反之，猪肉亦是人类的主食之一，《盛宴》里的动物的命运早已注定——享用人间最后的大餐之后它们将成为人类食物。食物链的自然属性触发了人类对自身命运的担忧。

另一方面，《盛宴》与周围画廊、商铺等形成共在的场域。动物“猪”的有机形态与周围直线、几何框架的建筑形成鲜明对照，超负荷的城市化进程带来的反噬作用消耗着生命的自然性和本真性。《盛宴》和公共空间从视觉主体和场域构建的双重向度对列奥纳多的《最后的晚餐》进行置换和消解，这不仅是后现代主义创作策略，而是对当代信仰危机的预警。作品中都缺失（或凸显）了人主耶稣和罪人犹大两个最具有宗教特征的角色，圣餐的意义因此变得无足轻重，虚空的能指和满溢的所指形成强烈的心理反差，让身处这个空间的观者无法忽视《盛宴》带给人的预言和警示。

2. 都市中的圣餐：都市视觉生产的切片

鲍德里亚认为：“城市首先是生产的场所，是实现工业商品、工业集中和工业剥削的场所。”[②]城市强大的生产力不断出现消费奇迹、制造奇迹、传播奇迹。圣餐母题在后现代文化浪潮中不可避免的受到了“生产”和“工业化”干扰。早在机器复制时代到来之际，圣餐母题作为一种精英文化图像的“光晕”已经消弭。同样，后现代主义图像制造过程中的挪用、复制、生产行为彻底打破了原图像闭合的“原时原真性”。本雅明认为导致光晕衰竭的原因在于“与大众日益增长的展开和紧张的强度有最密切的关联，即现代大众具有着要使物更易‘接近’强烈愿望”[③]所致。这里的“更易接近”源于一种占有，通过对物

① 赵毅衡：《符号学》，南京大学出版社，2012 年，第 192—193 页。
② 让·鲍德里亚：《象征交换与死亡》，车槿山译，凤凰出版社，2006 年，第 113 页。
③ 本雅明：《机械复制时代的艺术作品》，王才勇译，中国城市出版社，2002 年，第 13 页。

品的占有实现某种满足感和虚荣心。因此,拥有物品的复制物或者摹本的愿望直接导致了机械复制的产生。原物品的独一无二性和永久性被复制品的便捷和“易接近”所代替。尽管复制品几乎没有艺术价值,但大众的占有欲和资本的巨大利益使其在后现代主义的框架之下拥有了合法性地位,而文化工业正是在平衡原物品与复制品两种关系最重要的通道。布赫洛曾将19世纪的消费群体做了一个划分,即精英型和消费型。两者的缺陷需要各自的妥协和退让才能掩盖,因此,安迪·沃霍尔实现了“百货公司与博物馆之间的平衡”①。在他的《最后的晚餐》作品中,艺术家制作了一个圣餐套色底版,通过不断复制、印刷,短时间内生产出大量的复制品。这些复制品强化了作品产生的便捷性,却忽略了每件作品本身所蕴含的深意,这样的创作范式直接对应了福特主义的文化生产与资本快消费的现实语境。

当然,安迪·沃霍尔的成功并不是偶然,现代社会经济框架早已预示了沃霍尔的成功。佩里·安德森认为,问题的根源早在二战到来已经埋下伏笔。正是二战导致旧有经济秩序在各个国家的终结。福特主义通过一系列严格科学的生产和管理方式,在很大程度上实现了生产效率的提高和资本的大量囤积。同时,工人阶级收入增加,城市化进程加剧等原因在很大程度上刺激了大众消费、文化传播的无限能量,并“形成了一种稳定却压迫人、工业凌驾一切、资本通吃的文明”②。

艺术家皮里洛的《最后的晚餐》作品中融合了大量的文化工业符号。如文化工业创作范式的始祖安迪·沃霍尔的头像与汤保里罐头、影视名人符号、卡通人物、变形金刚等,人主耶稣端坐在画面正中,一手拿着红酒,另一手举着“Yo”的手势(其代表着都市街头文化、流行嘻哈族的标志)。这件作品表现了一个繁荣、游戏、享乐的娱乐消费盛景。他与沃霍尔的不同在于,其作品没有从形式、媒介上对圣餐的唯一性、经典性进行消解,而是从图像视觉符号本身来表现大众文化对艺术的渗透。

与此同时,在都市生活的另一面,圣餐母题也受到边缘文化、少数派团体的青睐。从后现代主义语境来看,正是这些滋长在边缘的、非主流的审美情趣将中心、主导、“正确”的主体审美价值观逐渐包围并瓦解,是作用于中心

---

① 本雅明·布赫洛:《新前卫与文化工业》,何卫华等译,凤凰出版社,2014年,第320页。
② 本雅明·布赫洛:《新前卫与文化工业》,何卫华等译,凤凰出版社,2014年,第321页。

权力抗争的有力手段。涂鸦艺术中的圣餐首先针对的是主体性、崇高性，因为正是它们成就了圣餐母题的中心话语体系，阻碍了艺术性的自由弥漫，而涂鸦艺术以其强烈的艺术感染力和生命力为圣餐母题增添了新的视觉范式。

美国著名街头艺术家巴斯奎特创作于1983年的《晚餐》成为街头文化中的圣餐的经典案例。作品完全瓦解了列奥纳多《最后的晚餐》的形式和构成因素，只保留原作中耶稣的头像作为涂鸦绘画的主体。巴斯奎特对圣餐母题作品进行三个方面的改装。首先，他将圣餐母题运用到装置艺术中，作品没有任何与饮食、晚餐相关的东西，而是由10个悬挂着的涂鸦沙袋组成。这些沙袋原本是遍布城市黑人社区拳击使用的训练器材。拳击运动是美国有色人种热衷的一项体育运动，巴斯奎特本人曾在画册封面展示自己戴着拳击手套样子。同时，沙袋也指向了两层含义：1.搏击与抗争；2.包括巴斯奎特自己在美国生存的有色人种。可见，搏击用的沙袋不仅仅代表的是一种体育运动，一种竞技，也是一种群体身份的象征。其次，巴斯奎特的圣餐只有一个人参加，那就是人主基督。在他的作品中，10个沙袋反复出现了一个图像，那就是列奥纳多圣餐作品中静默的耶稣像。不仅如此，耶稣面部或者沙袋的空白处随意、反复地写着“JUDGE”（审判、判决），这也是古今第一位在圣餐母题作品中写上信徒名字以外文字的艺术家，当然这种放松、自由的创作状态与涂鸦创作特点有关。最后，巴斯奎特的《晚餐》与传统的圣餐母题作品最大的不同之处在于，这幅作品中没有悲鸣、没有绝望，也没有对新生的期许，更没有用晚餐或者食物隐射某些东西，而是用粗暴、冲突、力量的方式作出抗争，寻求那个古老的神主持公道。从沙袋上耶稣的涂鸦和文字的含义来看，艺术家通过该作品表达出对美国种族歧视的愤怒和不满。

击屏小组的涂鸦作品则与列奥纳多的《最后的晚餐》构图和形式上几乎完全一直。尽管如此，后者在原图像的基础上实现了截然不同的视觉表达。画面中，所有的人物全部变成了虚拟形象，而这些虚拟形象没有任何故事、典故对其形象进行辨认，形象具有不及物性，是艺术家即兴创作的产物。另一个案例来自欧洲某个城市的交通禁止标志，涂鸦者将交通禁行标志中的白色横线，联想为圣餐中的长桌，并在其一旁加上了众信徒的形象。这个介于交通标志和圣餐图像之间的图像，解放了观看者的认知观，人们可以从自身偏好的视觉点进行观看。如开车路过路口的观众可以视之为禁止标志，欣赏涂鸦的观众可以将其看作《最后的晚餐》图像。由此，圣餐图像因为禁止标志具有了公共效用，而交通禁止标志也因为圣餐图像的存在显得与众不同，两者紧密相连，互为衍生体。在耶路撒冷市特拉维夫街断墙上的涂鸦作品《最后的晚餐》中，汇聚了众多世界知名的犹太名人，如马克思、爱因斯坦、弗洛伊德等等，他们依照列奥纳多的圣餐中的众人一样"端坐"在餐桌前，就像一张"英雄谱"静静地注视着众人。这件作品有趣之处在于表现了宗教之间的交互性：犹太人信奉《旧约》和上帝，对《新约》中耶稣的轶事以及圣餐等故事并不认同。但在这件涂鸦作品中却是依照列奥纳多的圣餐图像进行的改造，并绘制了犹太人认同的名人群像，其背后的意义充满了矛盾性，但正是这样的怪异和矛盾，体现了涂鸦中的圣餐早已脱离了原本的宗教叙事，成为一种新的开放式的视觉图像符号。

四、结语

有学者认为圣餐母题在各种文化中的"部分在场"，一方面摧毁了文化主体意识的控制力量，同时，"凝聚了爱恨交织的矛盾情感，其作用是分裂性的……将一切规范的知识都变得不确定，从而对权威提出质疑。"[①]当然，这样的论调为圣餐母题俗世化进程提供了合理的阐释。米歇尔的图像理论试图为各种图像展开一个与社会、政治、大众文化交互的平台，当然，这一切平等、自治景象的背后都在后现代主义话语阵营中展开，后现代艺术家用当代的视觉元素填充了废墟，并用新文化身份改装了废墟，使之在另一个认知维度上得到再生。

历史中的圣餐母题依然在历史的审美认知中是神坛上的祭拜之物，而新的圣餐将成为两个时间的联接者：一个是历史时间，另一个是后现代时间。前者在记忆中、历史中。后者成为居间之物，一半是历史，一半在后现代主义审美语境下得以改装、存活并不断滋长。因此，圣餐母题在当下的文化认知中成为了一个活性的、多元的符号，联接着无限的可能性以及未知的阐释空间。

---

① 翟晶：《边缘世界——霍米·巴巴后殖民理论研究》，文化艺术出版社，2013年，第53页。

The City Banquet: The process of secularization of *the last supper* in contemporary world

Abstract: The author finds a problem from one change, that the images of *the last supper* have changed from 16 centuries ago to today. From religious painting to the metaphor of individual spirit to contemporary visual culture, the secularization of *the last supper* becomes an important opportunity to enter the secular world. It meets with society, politics, culture, industry, urbanization process and so on in Post-modern Context, and makes *the last supper* become a cultural symbol. Therefore, from the contemporary visual images of *the last supper*, we could found the emergence of Post modernist anti center discourse and multiple narrative features.

Kewords: *the last supper*, Secularization, Post Modernism, Contemporary urban culture

作者简介：罗乐，四川大学艺术学院博士生。

评　论

主持人话

王建疆

如果我没有记错的话，这里发表的一组别现代文章应该是今年在国际和国内学术刊物上发表的第 10 组专题文章。其中，作为中国外国专家局长期引进的外国专家，基顿·韦恩对中国和美国的艺术现象进行了比较研究，对我提出并引起国际讨论的主义问题和别现代问题进行了理性的分析，既有鼓励又有警示。崔露什作为哲学博士和艺术史研究专家，从学术范式的高度论证了别现代对于树立艺术自信、审美自信的意义。杨增莉对莫言小说的分析，力图说明他的别现代倾向。这三篇文章对别现代理论都有各自的推进。

目前关于别现代理论的三个评价比较重要。一个是阿列西·艾尔雅维茨的哲学四边形说，即别现代主义的发展可能会使中国哲学改变当代世界哲学格局，形成一个哲学四边形从而突破西方哲学界的“哲学三帝国”说。另一个是洛克·本茨的说法，认为别现代思想可能会成为法国思想家罗兰·巴迪欧所说的人类哲学思想史上少有的历史时刻。最后就是著名美学家黄海澄先生的别现代创造了学术范式的说法。这些说法究竟怎样，能否成立，不仅需要从文学艺术、美学方面论证，而且需要从哲学、艺术学、语言学、社会学、旅游学、法学、经济学、科学等方面得到支持。可喜的是，对别现代理论的全方位的论证业已开始了。

王建疆：上海师范大学人文与传播学院教授，文艺学博士点负责人。

主义，理论的必要性和局限性①

〔美〕基顿·韦恩

摘要：主义(Zhuyi)的发展是一个艰难的过程。这个过程一直受到来自王建疆教授提出并发展的别现代主义的鼓励。② 近代以来的西方理论促使我们驻足于对理论战略的有效性和局限的反思。在全球化时代，资本主义市场经济似乎无所不能。通过观察理论话语的相关事件及其在阐释当代艺术作品中的运用，可以发现理论既具有揭示意义又具有遮蔽意义的双重作用。主义(ISM或理论)，包括别现代主义的出现是必要的和必然的。本文既是对市场貌似不可阻挡的力量的鼓励，又是对这种力量的警告。

关键词：主义；别现代主义；主义的必要性；主义的局限性；

一、需求

对于发展新的理论方法，我们的需求从未如此迫切过。在当今，超级资本主义业已形成，即便我们仍拥有超越市场去思考的能力，这种能力也会被视为是狂热主义抑或是异端邪说。加拿大哲学家查尔斯·泰勒(Charles Taylor)

---

① 本文讨论的问题来自于王建疆教授(Wang，Jianjiang)关于主义的文章："The Bustle and the Absence of Zhuyi. The Example of Chinese Aesthetics". *Filozofski vestnik*，Vol. 37，1(2016)。后又参考了一些中文相关文章，如王建疆《别现代：主义的问题与问题的主义》，《上海师范大学学报》2017.1。——译者注

② 王建疆：《别现代：国际学术对话中的哲学和美学》，《西北师大学报》2017.5；阿列西·艾尔雅维茨：《主义：从缺位到喧嚣——与王建疆教授商榷》，《探索与争鸣》2016.9。从近年来阿列西·艾尔雅维茨等西方学者对于王建疆提出的发展主义命题的热烈讨论来看，王建疆教授的确在引领一场全球性的关于主义问题的讨论。

表示，我们的身份被戒严、被规训，并在“现代社会想象(modern social imaginaries)”所界定的背景下，沦为纯粹的工具代理，我们因此脱离了其他的思维方式和体验方式。[①] 这在当代理论和美学领域尤为显著。在过去的150年里，一直对思想文化领域产生巨大影响的西方理论，已经开始尝试解放人类经验，但结果却是喜忧掺杂。西方理论对社会结构以及机构权力理论机制的细致描述，仅仅成功地使我们进一步融入了这些被戒严、被规训化和被工具化的身份。尽管理论已经能够在一定程度上改变这些“社会想象”(影响人类行为的信仰体系)，但是权力更深层次的结构依旧岿然不动。最令人印象深刻的理论几乎都是从西方发展起来的，譬如马克思主义、结构主义、女性主义和福柯的权力的解构。尽管他们的洞察力和描述清晰度令人钦佩，但却没有为发展出一个更加和谐的世界做出实际贡献。事实上，他们的描述甚至进一步加强了权力的模式和机制。马克思主义没有改变资本主义，后者已经开始对可能导致其衰落或转型的过度行为采取了预防措施。这进一步巩固了我们的“内在框架(immanent frame)”，经济现实成为如今唯一的现实。我们无法想象还有任何事情会有例外。物质主义现在掌握在公司手中，一切东西都和金钱挂钩，即使是虚拟现实亦是如此。与其说我们从资本主义和消费主义的压迫中解放出来，不如说是受到进一步的控制。如今，西方出口的可不仅仅是米老鼠、麦当劳、肯德基和可口可乐之类。社会上那些一度给予我们解放和转型的希望的理论，现在成了理解当代社会结构的标准方法。因为那些理论没有提供“出路”，只是简单地描述我们为什么被主宰以及怎么被主宰。它们并没有给我们前进的方向以及未来的愿景给出建设性的意见。正如泰勒所指出的那样，内在框架(immanent frame)已经拘囿了我们，通向彼岸的道路正在消失。[②] 没有意义就没有美学。意义不仅是材料系统的平行的相互关联，更是

---

① 查尔斯·泰勒，加拿大哲学家，晚近英语哲学的关键人物之一，社群主义的主将，现任加拿大麦基尔大学哲学与政治科学教授。泰勒将世俗性理解为一种社会想象(social imaginary)。用他自己的话来说，社会想象是“人们想象他们的社会存在、他们如何与他人和谐共处的方式……以及潜藏在这些预期背后的更深层次的规范性观念和图景”，它是“使共同的实践和广泛的共享的正当性感觉成为可能的共同理解”，“它实际上是对我们的整体处境的一种大体上零散的、未经语言整理的理解……”。可参见 Charles Taylor, Modern Social Imaginaries, Duke Univerisity Press, 2004。——译者注

② 泰勒认为，支持“世俗性”这种社会想象(social imaginary)的是自足的内在框架(immanent frame)，“内在框架”不仅意味着理性的祛魅，更导致了理性的自我限定，并最终使“工具理性”成为引导人们社会行为的主要心智，这意味着我们理解和经验这个社会的全部资源都来 (转下页)

来自于可反映出其与更为宏大的整体关系的整体观点。正如许多人所指出的那样，西方文化已经构成了一种虚假的调解意识。物质主义和工具手段为描述和测量提供了简单便捷的方式，但是却无法提供整体性的意义和目的。正是基于这一认识，我鼓励从当地文化丰富的根基中发展出可替代的建设性理论。一个有着3000＋年烹饪文化的丰硕，有谁会吃快餐也能心满意足呢？

二、别现代

王建疆教授提出的别现代理论试图描述当今中国面临的复杂现实。王建疆决定与其采用西方的战略模式硬套中国的现实，还不如自己开始创造一套适应于解决中国问题的理论。他从而开始了一个艰难的过程。带着他创造的别现代理论，艰难之旅展现于前。他的别现代理论是对于同时困扰着东方和西方的伪现代的识别。这种伪现代瘟疫般地造成东方和西方一样都在用一只眼片面地看待现代主义与当下现实的组合。不可否认，当代中国话语需要一种量身而定的理论，而别现代主义则是必要的批评视角。发展主义的困难不应当阻止主义本身的队伍和它的向前行进。尽管主义可能是有限的和不完美的，但主义在当代文化中仍然是必不可少的。一个理论是对人的解放，还是仅仅构建出新的更巧妙的链条？拥有批判性反思的工具要比没有它们的好。咬知识的苹果会导致我们无法回头只能前进的幸运的降临。别现代主义会成为抵制市场选择性质的新工具，还是会成为另一个被市场强加于消费者身上的锁链？无论哪种方式，主义需要的都是清晰。

三、经验

自2008年起，我在中国访问了多家艺术院校，发现它们对理论和艺术史方法的接触并不均衡。如我预料的那样，艺术学院通常机会和资源更多，而一些低层次的学习机构很少甚至几乎没有这样的机会和资源。除去精选的大学之外，其他院校多注重设计，对任何形式的批评方法涉猎甚少，若涉

(接上页)自于人间生活，因此超越此在的超验世界和超越今生的彼岸世界要么不存在，要么就是与我们无关。可参见Charles Taylor，A Secular Age，Cambridge，Massachusetts and London，England：The Belknap Press of Harvard University Press，2007。——译者注

及艺术史，多聚焦于赏析层面或者是时间顺序的罗列。我甚至曾听过有教师和管理人员质疑为学生开设艺术史课程的作用，他们认为这根本没用。另一方面，他们又迫切地希望提升学生的创造能力和批判性思维，但与此同时他们却几乎没有意识到这与艺术史和艺术理论密切相关。压力继续存在于更高等的教育中，以至于大学的职能仅被视为一种工作训练，而对更深层的文化发展的兴趣却受到限制。这样的压力也存在于西方的，包括我所在大学的高等教育中。在教育领域强调思想的工具身份和工具价值将是主义发展所面临的一个巨大威胁。若是仅有专业艺术院校和精选出来的机构而无各教育阶层的深层参与，理论发展将会日渐衰退、岌岌可危，沦为仅是一个晦涩古奥的视角，与所有人教育的整体过程毫无关联。我们需要采取一种更加实际的方式通过广泛参与从而有所改变，一种主义若未对不同层次的教育产生影响，那么它也不会在全球范围内对更广泛的文化形成更多的影响。

北京的中央美术学院的艺术史和理论教授邵亦杨指出了一些积极迹象。她指出在过去的十年间已有一个这样的共识：为有所收获，基于新的理论研究方法的新艺术史教学已经扩展壮大了它的领域。她承认：

“中国的艺术院校里理论与实践的交叉无疑促进了中国艺术的发展。”①

从邵亦杨设定的视角来看，近年来的这些发展有悖于有着悠久历史传统的中国传统艺术话语。中国的传统艺术话语可追溯到公元550年左右谢赫的“国画六法”。在中国，当代艺术策略的发展紧跟“文革”之后，与大多数未受阻碍地发展了数千年的传统方法相比，它们参与艺术当代策略的时间不过短短30余年。主义未来的发展充满了希望，只是个时间问题。当学者们针对严格的西方模式提出替代方法时，邵教授给出了这样的警告：

“中国艺术史受到的主要威胁可能不是来自于西方的新方法，而是中国教育系统内由经济和意识形态主导的决策。”

这些似乎对中西方都是可能让人心惊胆颤的挑战。随着市场及其影响力继续成为一股难以抵御的合力，西方在理论上重申了这一警告。正如策展人高名潞所言，在中国这是显而易见的：

---

① Shao Yiyang “Whither Art History?” *The Art Bulletin*, *College Art Association CAA* vol. 98 2016.

“中国当代艺术变得臣服于市场中的机会主义及国外策展愿景。它渐渐变得形式空洞、程式化以及受时尚驱使……随着中国经济增长，艺术市场将成为众多提升社会阶层的残酷渠道之一。艺术的生态变得越来越残酷。真诚的艺术家和艺术品越来越少。”①

他继续说：

“当今，市场里的批评家们通常搞统一战线。很少有批评家令人信服地为学术教育出力或者是澄清艺术对普通观众的重要性。这意味着我们，作为批评家必须质疑。”②

虽然有着一大把“主义”的西方艺术形势并不见得更好，但众多批评方法是牵制市场、挑战霸权倾向的良方。马克思主义者、女权主义者、结构主义、解构主义、性别和身份研究，最为重要的也许是米歇尔·福柯的著作和他阐述的权力，所有这些理论皆是检测和质疑市场底线所持有的简单清晰逻辑的重要工具。怀着保留市场纯工具性语境之外的人类价值的希望，这些理论得以实施。显然，主义是必要的：得有一个或者更好些是有许多可对应当代中国特定语境的主义。如若主义可以发展至能与影响市场的思想和灵魂相对抗，它无疑将找到引领全球的力量。中国的“声音”将被听到。高名潞再度声明道：

“如今关注社会和道德问题的人越来越少。由于艺术的生态与社会的其他部分密切相关，艺术家应该有一种社会和道德责任感，以及一个独立的声音。”③

四、市场的力量

让·鲍德里亚(Jean Baudrillard)说：

“当创造者和消费者观察‘奇怪’，即仅仅指涉他们自己以及艺术理念的令人费解的事物时，他们在默识中达成了可耻的共谋。”

“艺术不再有任何区别。只有对现实的斤斤算计依然存在。如今，艺术不

① Minglu, G. (2012), “Changing motivations of Chinese contemporary art since the mid-1990's”, *Journal of Visual Art Practice* 11: 2+3, pp. 209— - 219(211).

② Ibid (218).

③ Ibid (218).

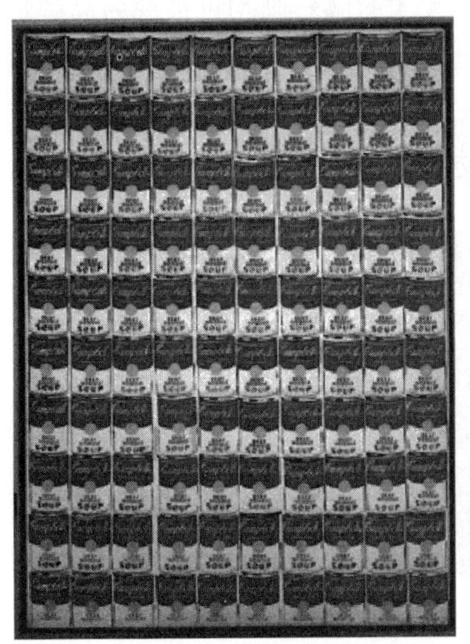

“100 个汤罐”,1962

艾格尼丝·马丁,“无题”,1960

过是粗制滥造出来的想法。”[①]

我们可以在安迪·沃霍尔(Andy Warhol)的作品中看到鲍德里亚所说的。鲍德里亚视沃霍尔的作品为一个“人类学的时刻”,即人类通过制造平庸但我们视其为深刻而重要的无用之物,来表现非凡的东西的时刻。这些无用之物具有很大的经济价值。当我们将沃霍尔与他的同辈人进行比较时,我们可以看到他所作的事情的幽默之处。当我们对沃霍尔从 1962 年创作的《100 个汤罐》和艾格尼丝·马丁(Agnes Martin)从 1960 年创作的《无题》进行比较时,沃霍尔的评论“我喜欢无聊的东西”变成了对极简主义的一个幽默的批判。极简主义对观者只造成微量视觉刺激,要使其获得更为广泛的大众理解颇有难度。《100 个汤罐》和《无题》这两个作品空间相似,并且整体结构统一。

在另一组对沃霍尔自 1962 年创作的“绿色可乐瓶”和杰克逊·波洛克(Jackson Pollock)自 1950 年创作的“薰衣草迷雾”进行的比较中,我们可看到沃霍尔借鉴了全美最著名的画家杰克逊·波洛克的“滴彩画”,将可乐瓶用作

---

① 让·鲍德里亚,法国哲学家,现代社会思想大师,后现代理论家。可参见 Baudrillard, Jean. trans. Christ Turner. The Perfect Crime. Londong: Verso, 2008。——译者注

一种形式的品牌形象。可乐瓶和"正宗的"天才的滴彩画均可被视为品牌形式。它们有着对商品的迷恋,也不能超越市场的需求与逻辑。两者均是可以互换的品牌,因此对沃霍尔而言它们是平等的,都是成功的,因为它们最终都是"不错的交易",但是也许沃霍尔的甚至交易得更好。

"绿色可乐瓶",1962

杰克逊·波洛克,"薰衣草迷雾",1950

沃霍尔将这种超越绘画的技巧延伸至其雕塑作品——1964 年开始创作的"钢丝球盒"。该作品是对极简主义雕塑,特别是对像托尼·斯密斯(Tony Smith)于 1962 年开始创作,命名为"立方体"的那样的作品,做出的直接回应。斯密斯将雕塑削弱至一个立方体上的"崇高"存在。沃霍尔的"钢丝球盒"拾起了这个晦涩的哲学命题,并再度将之顶在了自己的头上。如果那个盒子是艺术的话,为何这个盒子不是艺术呢? 众所周知,阿瑟·丹托提出了这一问题,并将艺术品描述为"司空见惯之物的变形"[①]。对丹托而言,这是这件有趣的作品提出的深奥的问题。艺术可以问的最后一个哲学问题是:"为什么这是艺术?"丹托认为,这会将艺术引向它在哲学上的有用性的终结。正如黑格尔所认为的那样,艺术将会终结,会耗尽其向真理提供形式的能力,并不再是一个有效提供哲学发现的舞台。这种衰竭是现代形式主义的终结,以及概念后现代主义的开端,它强调思想大于形式。艺术依然坚持对形式的关注,即使形式上的"进步"不再可能。这是别现代主义[②],即使现代主义行将就木,别现代主义仍在某种程度上延续现代主义对形式的关注。

---

① Danto, Arthur: "Approaching the End of Art", *The State of the Art*, (Prentice hall, New York 1987), 202—218.

② 王建疆(Wang, Jianjiang). "The Bustle and the Absence of Zhuyi. The Example of Chinese Aesthetics". *Filozofski vestnik*, Vol. 37, 1(2016)。

“钢丝球盒”,1964

托尼·斯密斯,“立方体”,1962

杰夫·昆斯,“气球造型”

今天,许多艺术家信奉艺术的商品拜物教天性,为奢侈品颇具讽刺的无用性大唱赞歌。杰夫·昆斯(Jeff Koons)是这种新型的艺术工业的一个最佳例子。我喜欢称之为艺术娱乐。他的作品是已经进入博物馆的成人 r 级片版迪士尼乐园。他对媚俗的歌颂得到了理论的支持,他的作品轻而易举就能创作出来,因为当批评家都喜欢和讨厌的同时,他收悉了他所需要的媒体的关注以及像永动机一样运转的经济效益。这样的作品延续着沃霍尔的血统,但是失去了哲学意义。批评家们在大交易中装模作样时是沆瀣一气的。

李占洋,被观看的历史,(博伊斯与毛泽东)租—收租院,2007

约瑟夫·博伊斯,我爱美国 美国爱我,1974

理论，或者说主义的危险之处就在于它具有以此方式参与进来的潜力的同时，又可以提供一种合法意识。

有些艺术家试图抵制消费过程以及市场逻辑，他们通过表演或者其他策略对艺术品进行了去物质化。虽然这些作品确实是阔坦的审美领域，但这可能是要关注的次要问题。他们也通过移植前现代的宗教仪式行为，展现了别现代的特点。这种象征性的行为施以一种感应巫术，艺术家们希望可用此象征性的和社会性的方式改变世界。

德国激浪派艺术家约瑟夫·博伊斯(Joseph Beuys)从这一角度来看艺术。他的行为和表演继续影响着今天的艺术家们。他创作的作品也参与了构建分层的现实，并通过他像表演一样的萨满巫术体现出前现代风格。他认为艺术是塑造社会的工具，这已经成为当代艺术实践的主要观点。他从精神和象征意义两方面使用物质的方式继续潜藏在沃尔夫冈·莱布和阿尼什·卡普尔等艺术家的作品中。他的作品是建立在社会主义民主政治理论基础上的演绎和萨满教的杂糅。他渴望通过艺术释放人类的潜能是一种后现代的政治表现，而他对乌托邦未来的追寻非常依赖于现代理想。当沃霍尔表现出冷峻的距离，博伊斯却致力于提倡通过社会变革实现激进、热烈的追求。

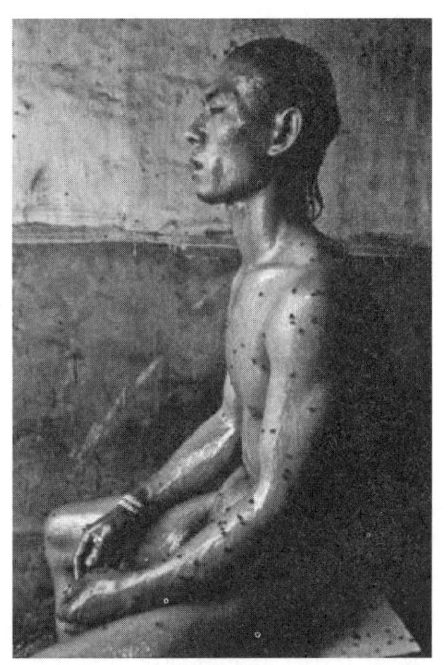

张洹，“12 平方米”，1994

这些当代行为艺术的创造性行为要被市场吸收和消化会更难，艺术家张洹就是个例子。他身体上的挑战性表演行为常被拿来和克里斯·布登(Chris Burden)后期的作品相比较。两个艺术家都将他们的身体作为行为艺术表演部分最关键的材料，他们将身体置于痛苦和危险之中，甚至是捆绑自己和伤害自己。伯顿在阐述西方概念艺术的未来发展的同时，讨论了艺术风险的持续神话以及艺术家的苦楚。作为一个在越战期间正处在应征年龄的男性，他的作品也是关于时间暴力的阐述以及发生在他的年龄里，很远很远的地方正在遭遇的事情。张洹用他的身体引起了人们对特定空间里的人类以及改变的潜力的注意，无论改变的代价是痛苦还是鲜血。在1995年的《为无名山增高一米》、1994年的《65公斤》、1997年的《为鱼塘增高水位》等行为艺术作品中，有的仅仅是他自己的，他朋友的以及支持者的身体，世界以一种可测量的方式改变了。冥想、感应巫术和救赎的苦难这些前现代主题在这样影响当代的空间的作品中被强有力地激发出来了。

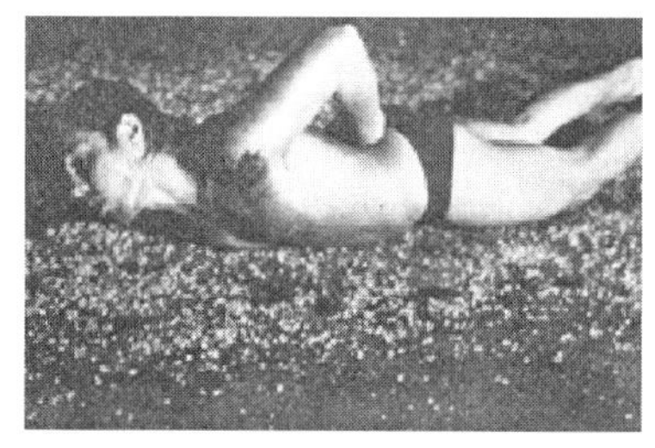

克里斯·伯顿，温柔地穿过黑夜，1973

张洹，为无名山增高一米，1995

克里斯·伯顿，“下坠中的观影”，1973

张洹，“65公斤”，1994

在他们后来的职业生涯中，张洹和克里斯·伯顿都转向了更为传统的雕塑形式。一旦有人通过挑衅艺术成名，就不可避免臭名昭著的可能性，这无论是因为继续这种行为艺术造成的身体创伤，还是因为对市场需求的回应，或是为了某些其他难以言明的理由。目前两位艺术家这些经认证的行为艺术照片和档案在拍卖会上取得了较好价格。因此，也许艺术不是完全的非物质化。

是消费的力量太大而难以克服吗？以理想主义开始职业生涯的艺术家们很快就被市场吸引。艺术家们能否在为社会变革的同时开拓市场？理论及其对权威的历史反对提供了一种道德上的权威感。艺术家艾未未和谷文达是以不同策略来浏览这些事件的例子。

艾未未，佛罗伦萨的回顾，2016

谷文达，神话：遗失的王朝，系列 J，2011

五、身份：我和另一个不同的我

为了双方今后进一步的发展，架设在东西方的“文人王国”应保持开放，这至关重要。要想真正了解自己的文化和信仰，关键点在于通过别人的眼睛来反观自己。西方形成的“我”（个人）与东方，确切地说，中国的个人主义意识截然不同。在西方，通过启蒙运动的发展以及政治革命，形成了一种僵化的个人主义，它反对大集体，也反对统治它的政治权力。西方政治和社会理论的策略性发展是为了保护个体免受限制自由的影响，我们称之为权利。自由的观念没有明确的定义，但是它是权力的自由民主建设的一部分，可保护其免遭更大的群体和政治权力的一致压力。所有的理论发展都有一个对立的立场，即一些错误必须改变，必须为个体的利益去改变，以保护其免遭权力的滥用。在某种程度上，这导致了社会的分裂和自我的神化。社会媒体和消费文化强化了这一概念，即我是事物的中心。这导致了在理论上产生非常具体的议题，但不一定会导致统一的共同体，它可以是两极化的。我们很难说得清，将来艺术将会发挥什么样的作用。最近在接受采访时，谷文达表示：

“艺术家是个人，你有发言权。但你也需要支持。这在中国尤为重要，因为文化大革命后，人们失去了所有的信仰，今天人们继续没有信仰地生活着。一切都变得越来越个人主义和自私，没有社会意识。艺术家有社会责任来反映他们在社会，政治和经济上的生活环境。但我不知道艺术在未来资本主义世界中可以发挥多大的作用。我觉得这不如在社会主义下发挥的作用。中国大部分企业艺术只是装修；它没有什么更深层次的意义。”①

儒家和道教的“方式”是寻求个人与群体之间的和谐与健康的联系。在一个相互联系的系统中发现自我。哪种主义将会由“我们”而不是“我”发展而来？主义可以这样发展吗？如果不可以的话，该是什么样的个人主义，什么样的“我”？

在与非西方世界的互动中，西方的前现代变成了现代，以此作为与“他者”接触的回应。在滥用殖民主义和帝国主义的恐慌中，西方开始关注自身的历史叙述，自我质疑和危机意识陡然升起。西方意识到，我们可能做错了，我们曾经做错过。正如亚瑟·丹托（Arthur Danto）指出的那样，现代西

---

① Gu Wenda, Interview Sixth Tone Website 9/21/16.

方的发展：

“……现代性开始丧失定义自身文化叙述的信心。当这种叙述是强大的，仅仅是像这样发展下去的话，几乎不可能受到另一种文化的影响。”①

当西方文化开始参与新的问题时，便以他者的观点来看待自己，最终摆脱了自身的传统。这些传统的前现代西方叙事被新兴的信仰所取代，如自由民主国家的优越性、资本主义、作为救世主的科学和其他进步现代主义的思想残余。中国和西方都成为了“他者”，并对自身的叙述阐述了质疑。但是，在这个新的后殖民时代，我们必须找到沟通和建设有用的思想的方法。如果中国和其他东方国家不提供相反的主义，我们就会面临单方面话语的风险，只能听到一个声音。西方的自我辩解的叙述将会继续下去，即如今已经退化为市场预测的凯旋之姿的现代主义叙述。

Zhuyi, Bie-modernism, Theory its Necessity and Limitations

Abstract: The development of Zhuyi is a difficult process. This process has been encouraged by Professor Wang Jianjiang's development of the Bie-modern. The recent history of western theory gives us pause as to the effectiveness and limitations of theoretical strategies. The market seems to be able to coopt anything. By looking at the issues surrounding theoretical discourse and it's use in interpreting contemporary works of art reveal both its ability to open meaning but also close it simultaneously. The development of Zhuyi (ism or theory) is essential and inevitable. This paper is both and an encouragement and a warning about the seemingly unstoppable forces of the marketplace.

Keywords: Zhuyi; Bie-modernism; necessity of theory; limitations of theory

作者简介：基顿·韦恩(Keaton Wynn)，美国佐治亚州西南州立大学视觉艺术学院美术史教授，雕塑家。

译者：李隽，上海师范大学人文与传播学院文艺学博士生。

① Danto, Arthur, “The Shape of Artistic Pasts: East and West”, 2011.

从“别现代”反思中国当代艺术的“审美自信”
——以张晓刚《大家庭》系列为例

崔露什

摘　要：中国当代艺术长期以来存在理论和概念上的混乱，这对于当代艺术审美自信的建立，以及创造出更高美学价值的艺术作品，产生了巨大阻碍作用。“别现代”概念的创建，从哲学本体论和方法论意义上，为中国当代艺术提供了理论基础和审美立场，进而为中国当代艺术建立起自身的审美自信起到了巨大推动和启发作用。本文以张晓刚《大家庭》系列绘画为例，具体阐释“别现代”的思想精髓对中国当代艺术美感创建的指导意义。

关键词：中国当代艺术；审美自信；别现代；张晓刚《大家庭》

一、中国当代艺术的内在矛盾性

“中国当代艺术”从产生之日起，就蕴含着诸种矛盾性，可以说它是中国近几十年来艺术领域出现的一种“新”的艺术形式，它既不同于西方的“当代艺术”，又与中国传统艺术发生断裂，因此它具有较强的“实验性”和“探索性”，难以用某种现成理论或概念来界定它，并具有明显的开放性，充满了争议。实际上，“中国当代艺术”矛盾的核心点就在于如何与西方“对话”，即我们在面对西方艺术的冲击和全球化事态的发展时，如何确立一个正确的“视角”，使得我们既不盲目跟风于西方艺术形式，又不陷入到狭隘的民族情结中。著名艺术理论家巫鸿教授认为“视角”的问题非常重要，它是一个“主体性”问题，他说：“不要简单陷入东西方的对立。西方以前经常以它们的特殊性来作为一种普遍性，这显然是有失偏颇的，但是我们也不要以自己的特殊性作为看世界的一种普遍性。”[1]而中国当代艺术的现状与发展，实际上也面临着“对话”与“视角”的问题，换句话说，即是如何确立中国艺术的“主体性”和审美的“独立性”、“自信性”问题。

具体来讲，中国当代艺术的内在矛盾主要体现在，新中国成立后中国历史文化形态的特殊性无法套用和适应西方话语权所制定的“当代艺术”概念，而西方的当代艺术却曾一度引导和限定中国当代艺术的走向，造成中国艺术话语权的缺失与审美不自信的普遍心理。众所周知“当代艺术”[2]是西方历史文化发展下的产物，西方艺术史曾以二战结束的 1945 年或 20 世纪 60 年代为当代艺术的起点，也有评论家如朱利安·塔斯拉布拉斯(Julian Stallabrass)以 1989 年冷战结束后的全球化时代为当代艺术的起点，但无论如何，这些节点的确立都是以其背后的政治、经济以及意识形态的崛起和转移为核心制动点的。西方当代艺术的主流表现形式和学术权重的判断标准就曾发生过这样的转移，二战以前西方基本保持着欧洲中心主义的心理习惯，以文艺复兴以来的几何、数学、透视为引导建立艺术模型，主要以“现代主义”艺术为核心统领整个时代；而二战以后政治、经济、军事力量的转移，使得美国成为艺术权重的中心，汉密尔顿(Richard Hamilton)、安迪·沃霍尔(Andy Warhol)等艺术家，通过取材于广告与商品的符号，构建了当代艺术的主流语法形式。

中国当代艺术并没有经历这样的发展与转变，从新中国建立到 1978 年这段时间里，中国现代油画基本延续上世纪二三十年代老一辈艺术家留洋学来的西画技法，如果以西方艺术史的视角来看，这段时期中国绘画是停滞不前的。从 1978 年开始，随着经济向世界的开放，西方各种绘画理念与艺术形态被大量引进，在各大高校美院掀起了一股向西方学习文化思想及绘画理念的热潮。然而其中所包含的内容远非西方近几十年兴起的“当代艺术”，而是囊括了西方 19 世纪以来的一切绘画风格与流派。可以说，中国从 70 年代末到 90 年代初这短短十几年间，经历和吸收着西方数百年来积淀的以意识形态为

---

① 巫鸿：《中国美术史研究要强调中国与世界交互视角》，《中国社会科学报》2009 年第 3 期。

② “当代艺术”中的“当代”不是一个历史性概念，西方社会普遍将 1789 年法国大革命之后的历史称为“当代”(Contemporary Age)，然而在艺术史上，无论中国还是西方，“当代艺术”都与这个历史的分期没有关联。

核心的艺术理念和文艺思想，当时的中国艺术家仅只保有“学习”和“模仿”的心态，巫鸿称这种引进与学习的欲望为“传教士心理”①，而中国当代艺术的产生与发展正是由此开始的。不可否认，中国的当代艺术的诞生缺乏一个传统的脉络或文化的根基，它是“文革”后知识分子的精神状态与西方多元文化相冲击的产物，因此“中国当代艺术”的历史根源性与文化特性不同于西方由现代化革命引发的现代性或当代性思考，它更多地表现为艺术家在西方现代性理论的冲击下，反向追寻文化根源，创造文化符号（如大头像、毛主席像、“文革”符号等）的创作现象。

中国与西方历史从未同步，国内学者近些年普遍将20世纪70年代作为中国当代艺术的开端，而中国当代艺术开始创造出自己的艺术符号并被西方认识和接纳则始于90年代。学界对“中国当代艺术”概念的界定也一直存在较大争议，且目前尚未上升到一定的学术高度，艺术价值的评判标准仍偏向于西方的审美习惯。长期从事中国当代艺术研究的鲁虹教授曾给出过较为温和的定义，某种程度上绕开了中西方艺术对话的矛盾冲突点，他说：“所谓‘当代艺术’，远不是一个时间上的概念，也不是某种特定艺术风格的代名词，更不是西方当代艺术在中国的翻版，而是专指那些在特定阶段内，针对中国具体创作背景与艺术问题所出现的艺术创作，特点是一直处于学科前沿，并对此前主流或正统的艺术持批判态度。”这段话语是对中国当代艺术较为客观的评价，但他接着指出：“不可否认，若是以世界艺术史作为参照，在中国出现的相当多的‘当代艺术’作品根本无法放到特别‘先锋’与‘前卫’的位置上，有些甚至带有明显的仿照痕迹。但我坚持认为，针对中国的具体情况，它们的出现却是非常有意义的。因为它们在充分展现新的艺术价值观与创作方式时，已经使中国的艺术史走向发生了转折性的变化。更何况中国当代艺术家通过挪用和创造性误读，加上对现实的关注与对传统的借鉴，的确创造出了许多与西方不同的作品，这是我们决不能忽视的。”②

在这段文字里，鲁虹教授似乎为我们指出了中国当代艺术的发展方向和未来的希望，但我们仍无法回避这样一个现象，即从80年代以来一直到今天的当代艺术创作，很多艺术家身上都有一个以上西方艺术大师的影子，国内和

① 巫鸿、朱志荣：《中国美术史研究的方法——巫鸿教授访谈录》，《艺术百家》2011年第4期。
② 鲁虹：《中国当代艺术史》，河北美术出版社，2016年，前言。

国外艺术评论界对此的抨击声屡见不鲜，例如美国《新共和》(*New Republic*)杂志经常发表批评家杰德·帕尔(Jed Perl)抨击中国当代艺术模仿抄袭、缺乏创意的文章，而国内一些艺术理论家或美学家也并不太认同中国当代艺术所创造出来的某些艺术形象或带有明显西方特征的艺术符号。如何面对这一问题，成为中国当代艺术必须进行自我反思的关键点。在笔者看来，这个现象背后隐藏着一种深刻的审美心理，即审美上的"自卑感"或"不自信"。我们不愿承认自己模仿和学习了西方某某大师的艺术风格，而将它作为自己的独创，就是一种审美自卑的表现，它造成中国当代艺术长期以来趋同于西方审美，且难以形成平等对话的两极局面之导火索。因此中国当代艺术首先应当面对自己的问题，承认自己弱势与强项，哪些是学来的，哪些是真正属于我们的文化和审美特有和独创的。况且，学习、借鉴、模仿本身并没有错，纵观世界艺术史，哪位艺术大师不是在学习前人和借鉴他国文化的基础上发展起来的？但关键是我们要以坦然的心态来去面对和承认，这是我们产生新的艺术形式，形成审美自信与审美独立的前提条件。

抛开一切外在干扰与准则，我们应当考虑的是西方文化所热衷的政治、女权、行为、商品、经济等问题，是否是我们这个民族真正面对和有感而发的问题；激进的符号化的表达方式，是否是一种源自内心的真实触动和审美体验。西方的观念符号与表达方式，不一定适用于我们的文化内涵和审美习惯，中国当代艺术的成功在于90年代创造的艺术符号，如光头形象、伟人头像、政治波普等，但给中国当代艺术带来灾难与束缚的也在于此，人们蜂拥而至地急切地去创造符号，而忽略了艺术表达的内在真实性。中国当代艺术理论家吕澎指出："对于中国艺术家来说，绘画被认为在倾向于思想与观念表达的同时，也可能会承载区别于西方文明的气质与趣味，这样的差异性是微不足道的么？目前没有统一的意见。可是，对中国绘画传统有知识和经验的人会同意：在很大程度上，正是特殊的气质与趣味，能够将思想与经验转化为一种特殊的绘画。"[①]不可否认，中国当代艺术家的部分精英，曾在对自己的传统缺乏系统知识的情况下，就将精力全用在了对西方知识的学习上，直到80年代末90年代初，他们才渐渐意识到传统文化的艺术形式与表达方式，是深植于血液和知识经验之中的，它对中国画家的侵染远远超出了西方的图像与符号，它会为中国

① 吕澎：《论绘画》，广西师范大学出版社，2016年，第10—11页。

当代艺术提供难以替代的差异性与可能性，从而在世界当代艺术体系中获得一定的话语权。

二、“别现代”对中国当代艺术的启发

“别现代”是王建疆教授在一次美学与艺术学的研讨会上提出的概念，他实际上涉及到了中西方对话的话语权问题，指出并强调了中国社会和文化发展中不同于西方的差异性和独特性，从学术思想层面上，为我们开启了构建中国现代美学自我独立与审美自信的序幕篇章。王建疆教授认为，中国美学的问题不是西方现代性问题，也不是西方后现代的问题，而是别现代的问题，这里的“别现代”其内在逻辑并非对西方话语逻辑的翻版，他说“别现代就是既不同于现代、后现代、前现代，但又同时具有现代、后现代和前现代的属性和特征的社会形态或社会发展阶段。因此，别现代就是别现代，不是现代，也不是后现代，更不是前现代，而是一个特殊的历史时期和特殊的社会发展阶段。在别现代时期，社会需要、时代问题、文化背景、思想话语都具有自己的特点，不可能把西方的需要当成自己的需要，把后现代的问题当成自己的问题，其文化背景、思想话语一定是不同于西方的。”①由此可见，别现代视角与立场的提出，为中国学术拥有自己的主体性和主导型打下了基础。

国内很多学者对“别现代”产生兴趣，并由此进行了诸多讨论，有的学者认为“别现代”是一个新概念，也有学者认为它是一个新理论，而黄海澄教授则认为它是一个新的“范式”，他说：“‘别现代’在中国和世界、传统和现代之间找到了一个聚焦点，提供了一个关于中国问题的有效的阐释视角，具有学术新范式的质素，它的适用范围应该不止于美学和文艺学问题。”②笔者更认同将别现代视作一种学术新“范式”的观点，因为如果单纯的一个理论或概念，是很难在主体性或主导型上占有一席之地的，即它仍有可能被纳入到某种学术体系或权威话语的统摄之下，而只有新的“范式”才能够将人们的视角拉回到一个新的或曾被忽略的领域，将今后的理论逻辑与概念内涵引导向一个新的语法结构与信仰体系中，才能算作真正具有了主体性与话语权。“范式”的提倡者是

① 王建疆：《“别现代”：话语创新的背后》，《上海文化》2015 年第 12 期。

② 潘黎勇：《“‘别现代’时期思想欠发达国家的学术策略”高端专题研讨会综述》，《上海文化》2016 年第 2 期。

美国科学家托马斯·库恩,他认为一个时代往往有一个较为普遍和公认的规则、公理或概念,它为其他诸多领域的理论研究提供模型。[①] 同时,它还拥有一个共同维护这一信仰的群体或学者,即他们都认同这样的话语体系或语法逻辑,并会在众多研究领域和研究对象上运用这一范式的核心结构,从而将某种态度或立场扩充为一种话语权。

"别现代"这一提法的重要贡献在于,一方面它与西方的"现代"、"前现代"、"后现代"等范式区分开来,前者是以实践中具体的生存空间和时间为对象,发现以往任何理论与概念都无法套用和解决的问题,进而提出一种新的理念与思维方式,即新范式的产生;而后者是以个别地域和文化的特殊空间为对象,在一种普遍主义或中心主义的要求下,同化或吞并其他地域文化的独有性和特殊性,但正因为如此,它以无法继续解决现实生存空间中存在的问题为停滞点,宣告其作为一个旧有范式的终结。另一方面,别现代为其他学科提供了新的理论模型与思考方式,尤其对于人文学科,"现代性"或"后现代性"的理论已经无法回答中国社会、文化、审美、艺术等方面的问题,因此"别现代"提供给我们另一种思路,当它与具体学科结合起来,才能形成更加实践的理论和体系,从而摆脱我们这一特殊时期文化艺术等领域面临的诸种困境。

具体来讲,这一范式的提出对中国当代艺术学科概念混乱的局面有很大启发,因为中国当代艺术长期与现代性、后现代性、前卫艺术、当代性等概念含混不清。这一方面是由于我们自己对这些概念梳理认识得不够清晰,另一方面是由于中国当代艺术本身有着自己的独到特点,故而很难用一种或几种西方概念术语来概括。一直致力于中国当代艺术研究的朱其教授曾发表观点说:"中国艺术从新文化运动以来,并没有推翻新文化运动以来使用西方现成的语言工具来替代中国过去的语言工具的方式。……安迪·沃霍尔为何著名?一是他确立了艺术的语法,把明星或商品的形象转换成为一种艺术语言,具有语法的原创性;二是讲清了艺术在消费社会是用来干什么的。"[②]这一说法是有道理的,中国当代艺术困境之出路不是模仿借鉴西方某个专业术语,而是独创自己的艺术语言或语法。"别现代"之"别",既意味着"告别"或"别离",

① 托马斯·库恩:《科学革命的结构》,北京大学出版社,2016 年,第 10—11 页。
② 朱其主编:《当代艺术理论前沿》,江苏美术出版社,2009 年,第 56 页。

又意味着“创造”或“建立”，这正是在全球化背景下，建立中国式的表达与语法的开始。接下来，笔者将试着从本体论与方法论两个角度，具体阐述这一语法表达的逻辑内涵。

首先，从本体论意义上来看，“别现代”是建立一种以“智慧”而非“线性逻辑”为本位的二元对立平衡结构，“别”字在这里有“另外”的含义，并有“表现差异”的功能，但这种“另外”或“差异”并非绝对的对立或分离，而是相互联系共同发展的关系。这一理论的深层意义使笔者联想到法国汉学家弗朗索瓦·于连的哲学主张，他在比较中西方哲学元思维后得出结论，认为西方哲学的一大思维弊端是从亚里士多德开始创立了“同一性”逻辑，事物的相反或对立变成了矛盾，对立或相别本身具有了“排他性”。但相反或对立本应是一种相互补充的关系，这是哲学所应具有的“智慧”，但西方哲学却阉割了它的继续发展，中国哲学却仍保有它。[①] 于连主张恢复这种“智慧”，即打破同一性的独断思维，让不同的主体拉开距离，在相互观望与照料中互为补充，兼容对立地发展。在笔者看来，“别现代”的提出结合了这一智慧内涵，它在建立新的审美或艺术语法或语境之前，先确立并选择了一种属于本土元思维形态中的态度和立场，即一种“别”或“另”的思想智慧，这为目前尚存在理论混乱的中国当代艺术界提供了重要的反思起点。

其次，从方法论意义上讲，“别现代”主张一种“跨越式停顿”的反思发展路径，即在“高速、高度的跨越发展中自主性的停顿，消解惯性，用于自我反思既定路线”，其具体表现是“多种思路并进所形成的时间之矢的平行、并置、交叉，从而终止了线性思维的独霸，将时间转化为空间，在多种维度中，消解了先后顺序，最终为思维的跨越提供了可能。”[②]这样的一种方法论，实际上与“别现代”的本体论是一致的，由于其本体是以“智慧”而非“线性思维”为核心的二元对立平衡，因此这种非线性思维是要在曲折、迂回、往复、领悟、反思的经历中发现和重建自身，这也与中国哲学曾推崇的温吞、迟缓、顿悟的思想核心有契合。这样一种方法论作为“别现代”本体论的支撑，很好地将它与西方的前现代、现代、后现代等理论领域区分开来，生发出具有本土意识的独特韵味，同时为我国当下文学艺术领域审美自信的建立做了有力铺垫。

---

① 弗朗索瓦·于连：《圣人无意——或哲学的他者》，商务印书馆，2006 年，第 89—91 页。

② 王建疆：《别现代：跨越式停顿》，《探索与争鸣》2015 年第 12 期。

中国当代艺术是在一个社会飞速发展、文化多元并置的大环境下产生和发展起来的，在这样一个看似顺势的直线发展历程中，“时间感”或“时代感”等内在审美体验成了这一特殊背景下人们最眷恋的历史情结。在中国文化强调内在体悟的智慧哲学与习惯温吞和缓的审美心态共同酝酿下，那个曾被西方五花八门的理论与概念无限淹没的审美主体性逐渐浮出水面，并与“别现代”这一学术范式的内在语法逻辑不谋而合。我们可以看到，中国当代艺术在经历过西方思想轮番轰炸的年代后(尤指“文革”以后到90年代初期那段时间)，艺术家们已经表现出了回忆过去的个人情结，和反思历史的内心需求。例如，西方的现代性理论强调以“个体”或“个人”(individual)为本位的独立自由主义，且很大程度上影响了国内艺术家的创作理念；但是，当他们看到以“血亲”、“家庭”为单位的图景，又会异常感动。巫鸿在采访中国当代艺术家时就发出过这样的感慨：“有时候我也不知道为什么我们会有这种情结，就是对社会主义时期照片的情结。这里似乎有个悖论：一方面我们都特别强调个人的独立，但是另一方面看到这些集体主义的东西的时候还是蛮感动的。”①

可以说，不论中国当代艺术是否从理论层面或学术层面真正意识到了这些问题，中国的当代艺术家都已经在实践层面上探索和发现着这些问题，并通过绘画与创作，生动地描绘出了这些发展脉络涌动出的图画景象。从上世纪80年代开始，他们就自觉或不自觉、被动或主动地在中西方文明与思想观念碰击的缝隙中找寻生存空间，他们甚至在那个对艺术领域相对束缚的年代下，不断逃离熟悉而又陌生的生存空间，却又不得不在异质化的体制中，找寻文化与艺术母体的温度。他们的作品无论成功与失败，无论是否被西方艺术体制接纳、追捧，还是被国人眼光排斥却又逐渐熟悉，都在以艺术的方式践行着“别现代”所含涉的精神与愿念。

三、审美自信的建立与张晓刚《大家庭》系列

笔者从诸多中国当代艺术作品中选取张晓刚的《大家庭》系列为范例分析，其原因并不在于他的作品是90年代中国当代艺术最具代表性的范例，而原因恰恰是他的作品是在90年代那个充满“先锋”、“前卫”、模仿西方的艺术“形式”最登峰造极的年代，最具有反思或反省精神的作品，这种精神和对这一

① 巫鸿：《当代艺术创作机制的实验——巫鸿对话张洹》，《东方艺术》2008年第23期。

精神的探索与提炼，可以帮助我们更好地理解"别现代"对中国当代艺术的重要性与启发性。张晓刚在那个"现代"、"后现代"、"政治波普"、"行为"、"装置"等观念充斥的年代，清醒意识到某种"中国性"和"主体性"在艺术表达中的本质地位。他的"别"在于将自身的个体性或主体性从"内在体验"和"内在精神"无法认同的文化符号或概念（尤指西方为主导的文化、概念、理论、符号）中抽离出来，他非常自信地将自身本有的或特有的属性置于世界之中，从而反倒形成了"有别于"西方文化体系的另一种表达形式。正如艺术评论家吕澎对张晓刚《大家庭》系列的评价："事实上，没有任何艺术像张晓刚的'大家庭'那样，将历史、现实以及关于图像的抽象含义结合得如此富于解读的丰富性，同时显示出难以替代的图像与符号特征。"[①]事实上，很多批评家认为张晓刚的作品是符号化的艺术，没有艺术的绝对精神，或是受西方政治波普的影响太深。而笔者却认为恰恰相反，他的作品并非单纯地创造一个哗众取宠、昙花一现的艺术符号，且他从不赞成政治波普或拿简单的中国元素去博得西方人的眼球的做法，他在其绘画作品中注入了更多历史性、精神性、民族性和永恒的东西。

对于通常我们能够见到的期刊杂志和网络板块上对张晓刚艺术作品的分析，笔者并不十分认同，他们似乎将张晓刚及其作品置于他那个时代的共性之中，只不过因为他的成果更加显著，而更具代表性。但笔者却认为，张晓刚的作品更多地体现了与那个一切艺术标准向西方世界靠拢的时代的不同。他看到了中国当时的艺术在世界面前的不自信，艺术在各种现代或后现代的名目下被消解，被改变得失去艺术本真，而他所做的就是重新构建起艺术的本真与真诚，从而树立起中国当代艺术的审美自信。我们看到的很多评论文章都将目光焦点聚集在《大家庭》系列的形式表现方面，关注于那些怪异而独特的符号，如呆滞的目光、严肃的表情、缺乏交流与沟通的人物关系等等，将政治映射，"文革"反讽等同他的童年经历发生关联，进行解读。然而从他大量的书信、手记、自述文稿中，笔者发现，他真正关心和探索的并不是那个单纯的"小"家庭，而是在那个特殊年代，中国艺术如何在西方主流文化中与之对话、诉说自己、表达自己的"大"的"家"的观念，也就是"国家"、"民族"、"文化"、"艺术"方面的自立与独立性问题。

---

① 吕澎：《论绘画》，广西师范大学出版社，2016 年，第 52 页。

张晓刚在创作《大家庭》系列之前，有着一段独特的精神探索历程，他接受过 80 年代席卷中国的西方观念与表达方式，崇尚西方的文化与精神。但从 80 年代末期开始，由于中国高层政治对艺术的态度摇摆不定，使得艺术家生存空间逐渐窘迫，大规模出走海外卖画为生。[①] 而他却没有被这股潮流所打动，坚持艺术不能离开本土的文化背景，否则什么都不是。他曾在写给友人的信中说："我对中国艺术仍充满了信心，而且我甚至认为中国艺术只有在本土上才能搞出有价值的作品来"，"我仍抱着这样的信念，我们已被赋予了责任和义务（且不说是否有这个能力）去促成中国现代艺术与世界文化的同等对话"等。[②] 这样的话语或民族情结在今天看来可能并不算什么，但在整个 80 年代末至 90 年代初，这样的民族自信多少显得自不量力和荒诞可笑。

1986 年厦门达达在福州美术馆前焚烧所有参展后的作品，1989 年中国美术馆肖鲁进行了行为艺术"枪击电话亭"，这些重大事件标志着中国当代艺术开始从"架上绘画"[③]转向"行为艺术"、"装置艺术"等西方流行的当代艺术形式，大批艺术家随之在世界各地制造"事件"，发出"动静"。然而张晓刚却发出这样的感慨："我们所处的是一个多么疯狂而虚无的年代！看着现代艺术大展上那些急躁的同行，真有某种说不上的东西，我感到我们的沉默并不意味这一种羞怯。对我而言，更多的是感到一种孤独。我感到我们与那些简单的'破坏者'是格格不入的，与那些虚无的权欲分子是格格不入的，与那企图让艺术更远离人的灵魂去接近戏弄视觉感官的样式主义、去接近金钱的占有者便更是格格不入。"[④]这里他所说的"急躁"以及"说不上的东西"实际上指的就是当时中国艺术家某种胆怯或不自信的心理，从而显得悲凉却又羞于表达出来。他后来补充道："抽离了精神，谈什么形式？离开了灵魂，说什么风格、完整？离开了这些，什么艺术在今天都是虚无的。"他认为："就艺术而言，中国艺术与世界的关系，并非什么走出去，打入国际的问题，恰恰是中国人只有自醒自立，才是出路，把中国的任何一件'最高档'的商品拿到西方的评判标准桌前，都会得

---

① 迈克尔·苏立文：《20 世纪中国艺术与艺术家》(下)，上海人民出版社，2012 年，第 363—364 页。

② 张晓刚：《失忆与记忆：张晓刚书信集(1981—1996)》，北京大学出版社，2010 年，第 149、160 页。

③ "架上绘画"又称"绘画室绘画"，是在画架上进行绘画创作的总称。1989 年中国美术馆"枪击电话亭"事件宣告了中国"架上绘画"时代的落幕，然而张晓刚、毛旭辉等一批 80 年代初期的前卫艺术家并不太接受这样的转向与做法。

④ 张晓刚：《失忆与记忆：张晓刚书信集(1981—1996)》，北京大学出版社，2010 年，第 147 页。

到一个悲哀的结果。”①

张晓刚的艺术风格的形成以及灵感的来源，主要得自于他在1992年他去德国访学的所见所感。他从异质的文化中体会到了陌生感，更加强了他要返回中国的本土环境，对历史加以反思和回顾的情结。他在7月8日写给毛旭辉的信中说：“你看我，就要奔赴尼采、赫塞、海德格尔、基弗尔的故乡，却情不自禁地流露出某种伤感。这些曾激励过咱们的光荣的名字，过去我们把他们当作了自己的知己，为他们的思想和生平所激动不已。不知是何时何地开始的，咱们开始清晰地意识到，自己真正的姓名原来叫做‘中国’。”8月9日写给艺术评论家栗宪庭的信中说：“出来后，更加感觉到国内有人提出所谓‘走向世界’、‘向国际标准靠拢’不仅是一句空话，且有时显得有些可笑。中国艺术离开了中国的文化背景，去企图加入西方人的游乐场，就显出毫无价值和意义可言。”②这几段文字中，我们都可以看到张晓刚艺术创作的主体性意识渐渐增强，他需要与那个曾经主导了他们青年时代的思想做一个告别，从而返回到主体自身的内在体验和感动中去创作属于自己的艺术作品。

回国以后，他逐渐完善和丰富了对艺术的理解以及自己的创作理念，终于在1993年至1994年间创作出了他的《大家庭》系列。在这期间他仍以书信的方式抒发着他的创作感言：“在快速发展的今天的中国人，可能的确缺少着某种自省能力，对历史和未来都常常采取虚无和不负责任的态度”，“在样式上的革命，西方人似乎早已做得非常完美。中国人这么多年来的悲欢离合，要说的‘故事’太多了，不是靠玩几把形式就能满足的。我现在的情况也许与年龄和地域有关系吧，更多地有一种‘历史情结’”。“我发现‘前卫’与否，常常不是艺术家所能预定的，相反，如果艺术家一味单纯地追求所谓的‘前卫性’，往往反而容易迷失了自己……还是那句话，咱们中国人有自己的‘话’要说。”③

由此，我们再来看张晓刚的《大家庭》系列作品，也许会发现他的作品上所呈现的很多东西，都并不是简单的画面分析、流派归类、政治嘲讽、童年心理溯

① 张晓刚：《失忆与记忆：张晓刚书信集(1981—1996)》，北京大学出版社，2010年，第162页。
② 张晓刚：《失忆与记忆：张晓刚书信集(1981—1996)》，北京大学出版社，2010年，第217—224页。
③ 张晓刚：《失忆与记忆：张晓刚书信集(1981—1996)》，北京大学出版社，2010年，第244—249页。

源等框架化的罗列就能解读出来的。他对绘画主题的选择，并非源自单纯的偶然契机或某种童年阴影，而是更多地源自他对中西两种文化碰撞与对话的思考。因此，他选择"家庭"这个单位作为表现对象，其目的是为了让他的艺术作品跳出西方文化限定的当代艺术的窠臼，从而拥有与西方当代艺术平等对话的地位。我们可以看到，90 年代产生过一系列脸谱化的中国人物肖像画，但与这些充满戏谑、调侃、嘻哈、无聊、放纵、嘲弄的表达方式不同，张晓刚的表达静谧、冷漠、凝重、干净，他试图以这种方式将自己从一种喧闹的情绪中抽离出来。前者的肖像是缺乏精神的、疯狂的、难以启齿的羞怯的表现，而后者则是冷静、诚实、具有反省精神的表达。

《大家庭》系列绘画中，人物的表情是最受人们热议的焦点，木讷、刻板、怪异等描述词在各种评论文章中屡见不鲜，似乎这样的表情与之前那段特殊历史的压迫无法分离开的，总试图把人们引向"政治嘲讽"、"文革符号"的图解思路上去。然而笔者认为这样的阐释有些过度，这种表情也许并无太多嘲讽之意，而更多的只是一种情结，一种亲切感。结合张晓刚写给友人的信件，我们似乎能够推断出，这样的表情正是他当时面对世界、面对那个急躁的社会所持有的表情，它们流露出胆怯、茫然、距离感和无归属感，似乎想要诉说什么，却又不敢或不知如何诉说，因为他不确定这个世界是否有他表达想法或意见的位置，因此只能保持沉默、静观、木然。他是想用这种方式提醒世人们反思，尽管我们不愿接受或认同这样的表情符号，但它恰恰就是我们曾经有过的一种精神状态，是我们无论何时都应该去面对和反思的一种精神状态。

可以说，张晓刚艺术作品的价值，是中国与西方文化的冲突与对话中凸显出来的，他并不是去创作了符合西方审美标准的艺术作品，而是返回到文化主体的内部进行反思。这样的创作方法与艺术追求，不应当被淹没在 90 年代充斥着西方"前卫"、"先锋"的创作洪流之中，他对两种文化的反思与抽离，正是我们今天所谓的"别现代"之"别"的实践方式。理论是灰色的，而艺术家往往在那之前就践行着理论的某些内容与要素。今天我们明确提出了这个概念，它能够对那些曾经痛苦摸索生活真谛的艺术家们，进行一次很好的概括与总结，将他们的精神抽象为一种理念、态度与立场；同时，也为尚处在摸索与迷茫阶段的艺术家们，指明一个更具体的方向，唯有这样，中国的当代艺术才能在世界上占有一席之地。

Reflection on the Aesthetic Confidence of Contemporary Art Take Zhang Xiaogang's Bloodline: Big Family series for instance

Abstract: the confusing art theories and concepts of Chinese Contemporary Art bring huge hindrance for us to constitute our aesthetic confidence and to create more valuable artistic works. The theory of Bie-modern provides us a new theoretical standpoint and promotes a progress of Chinese Contemporary Art. This article will take Zhang Xiaogang's Bloodline: Big Family series as an example to explain how cloes the theory of Bie-modern guide our contemporary art.

Key words: Chinese Contemporary Art; Aesthetical Confidence; Bie-modern; Zzhang Xiaogang's art of Big family.

作者简介：崔露什，哲学博士，河北师范大学美术与设计学院讲师。

批判与自我更新
——莫言小说《蛙》的别现代主义倾向

杨增莉

摘　要：莫言小说《蛙》以“娃”为中心，描述了改革开放前后高密东北乡的农民与国家计划生育政策从对立冲突走向和谐共谋的社会现实，前现代的传宗接代思想、裙带关系、人情关系不仅仅是对立冲突的根源，而且在资本的推动下成为链接各方利益的纽带，使得各方利益和谐共谋。但是这种和谐共谋并不是现代自由、平等、法治社会的标志，而是别现代社会的表征，别现代主义基于对别现代社会现实的批判，通过自我更新建立真正的现代社会，在莫言看来，别现代主义的自我更新还得从“人”做起，从解放人、尊重人做起。

关键词：《蛙》；别现代；批判；自我更新

一、莫言小说《蛙》的别现代特征

鲁迅曾在中国小说史略中说：“中国进化的情形，却有两种很特别的现象，一种是新的来了好久之后而旧的又回复古来，即是反复；一种是新的来了好久之后而旧的并不废去，即是羼杂。”[①]而这种新的来了旧的并不废去的情况在当下被王建疆教授概括为“别现代”。王建疆教授认为：“别现代是关于特定历史阶段和社会形态的新的表述，来源于我们这个时代的既有现代因素，又有前现代因素，也有后现代因素，但同时既不是现代，也不是后现代，更不是前现代

① 鲁迅：《中国小说史略》，商务印书馆，2011年，第218页。

的现实，是一个混合杂糅的时代。”[①]别现代的提出正是基于这样的历史现实。

莫言的《蛙》通过东北高密乡所发生的故事展开中国社会巨变的历程，揭示了中国当下社会形态的别现代性，深刻挖掘了中国在急剧转型的过程中，前现代、现代、后现代观念从对立冲突到和谐共谋的原因。高密东北乡的发展进程是中国社会发展的缩影，是中国在现代化进程中的一个特殊阶段。之所以说特殊是因为其混杂性。改革开放之后，中国引进了西方先进的国家管理制度，以期建立一个自由、民主、平等的现代国家。但实际上，在广大农村人们的思维方式还停留在前现代。从莫言的《蛙》中我们可以看到，国家为了实现四个现代化而采取了强制的手段去控制人口的增长，而这与农民传宗接代的思想是相抵触的。尽管市场经济的不断深入使得中国在一定程度上实现了物质现代化，但这也并没有彻底改变前现代人情关系、裙带关系及其思维方式对现代制度的渗透。在高密东北乡这种新近开发之地，土洋混杂，泥沙俱下，美丑难分，是非莫辩。[②] 在这个故事中我们既能看到前现代遗留的思想又能看到现代思想的强制深入，同时还有后现代思想的影响，三者之间既对立冲突又和谐共谋。

莫言《蛙》以计划生育这一国家政策为视角，描述了别现代社会的对立冲突与和谐共谋。计划生育作为国家现代化进程中的重要国策在实施初期激化了农民和实施者之间的矛盾冲突，体现了别现代社会初期的对立与冲突，在对立冲突中解构了传统文化对生命以及生育观念的看法。莫言《蛙》通过姑姑与超生村民所做的斗争，展现了传统的思想与现代国家秩序的强烈冲突。在国家看来计划生育是头等大事，事关国家前途、民族未来，建设四个现代化的强国，必须千方百计控制人口，提高人口质量。姑姑作为国家计划生育政策在农村强有力的实施者坚定不移地执行组织的决定，但正是这种决定触及农民的根本利益，因为在中国农民的传统思想里生儿育女就是天经地义的事情，更重要的是，在“重男轻女、养儿防老”思想的影响下，没有男丁意味着断子绝孙是会被人瞧不起的。从小说中我们可以看到在中国人的文化基因中有比生命更重要的东西，那就是血缘宗亲和对自己血脉的延续，尤其是对儿子的强烈渴望：

---

① 王建疆：《别现代：时间的空间化与美学的功能》，《当代文坛》2016 年第 6 期。
② 莫言：《蛙》，作家出版社，2012 年，第 260 页。

张拳嘟哝着:“谁敢绝我张家的后,我就跟谁拼命。”[①]

王仁美大声喊叫着,孩子是我的,在我的肚子里,谁敢动他一根毫毛,我就吊死在谁家门槛上![②]

大叔,像您这样的杰出人物,没有儿子实在是太不应该了。知道不?您这是犯罪,孔夫子说:不孝有三,无后为大……[③]

没有儿子,就是绝户。我没能为你生儿子,是我的遗憾。我为了弥补遗憾,找人为你代孕,为你生儿子,继承你的血统,延续你的家族。你如果想毁掉这个孩子,我就死给你看。[④]

中国的计划生育就是在这样的状况下展开的。在民主革命的推动下,中国从封建社会进入到了社会主义社会,现代思想以一种强制的手段挤压进中国的旧制度、旧思想中,因而就造成了前现代封建思想的残余与现代思想的并置,而计划生育正好激化了二者之间的矛盾。正如文中姑姑所说:“我们愿意野蛮吗?在你们部队,用不着野蛮;在城市里,用不着野蛮;在外国,更用不着野蛮——那些洋女人们,只想自己玩耍享受,国家鼓励着奖赏着都不生,可我们是中国的农村,面对着的是农民。”[⑤]这正点破了造成这一冲突的根源在于,封建思想的痼疾在中国广大农村地区的难以救药,农民没有现代民主与理性的思维,有的只是血缘宗亲的传统思想。

现代精神必然要贬低直接相关的前历史,并与之保持距离,以便自己为自己提供规范性的基础。然而,在中国强大的文化基因影响下,现代精神为自己所提供的规范的原则只能是浮于表面,计划生育以一种强制高压手段,控制了人口的增长,但这并不是以民众的自我觉醒为基础,相反,在民众眼里,自古到今,生孩子都是天经地义的事,生几个孩子,都是命中注定的事,因此,对于计划生育所造成的结果,农民除了咒骂之外,认为这是命运的选择。正如蝌蚪与父亲的对话所示:“其实也不能怨姑姑,她也没做错什么。我也没有怨她,父亲

① 莫言:《蛙》,作家出版社,2012年,第109页。
② 同上书,第118页。
③ 同上书,第236页。
④ 同上书,第256页。
⑤ 同上书,第124页。

说，这是命。”[1]计划生育虽然在一定程度上控制了人口的增长，达到了预期的结果，但是民众的思维却并没有因此而改变，人口的控制是一种被动接受的结果。

改革开放的深入使得市场经济在中国快速发展，资本成了社会发展的中心，社会发展开始出现多元化的趋势，金钱与权利的巨大功能导致那种并没有被突破的重男轻女、裙带关系、人情关系等前现代思想的抬头。为了维护经济的发展以及社会各阶层的利益，出现了各种各样的潜规则，在一定程度上潜规则变成了别现代社会中各阶层之间维护彼此利益以及社会和谐运行的条件。所谓潜规则也称为“游戏的规则”，是指没有显现出来但已是心照不宣的某些规矩，不成文、不公开，却在各自的领域内得到大多数人的默许和遵守成为相关法律法规之外的另一套行为准则和规范。各行各业游离于法规之外的“行规”和“惯例”，实质是非规则、反规则，“拿不上台面”、“见不得阳光”。莫言以讽刺的手法揭露了别现代社会的种种潜规则：卫生院的院长靠送礼拍马屁上位，官员以及有钱的资本家包二奶甚至三奶，保安想换工作也靠裙带关系，国家机关保护着违法的“代孕”机构，这种前现代的权力、人情关系破坏着社会的公正有序。但在以金钱、权力、人情为媒的潜规则下，社会各阶层的利益得到了平衡，正是在这种各方利益均沾的情况下，别现代社会呈现出了和谐共谋的状态。

由此，我们可以看到中国传统的思维方式决定了中国社会现代化的畸形，看似现代化的物质世界背后却暗含着不可见的前现代的影子。从莫言的《蛙》中我们可以看到中国广大农民在传统文化观念的影响下传宗接代、重男轻女、命运轮回等思想依然盛行，而这无疑是中国未来发展的绊脚石。尽管国家期待建立一个“民主、自由、公平、法治”的社会，但是善于调和的中国人总是能在法律、法规之外找到平衡点，以自己的思维模式修改着成文的规则与制度，在别现代中游刃有余。正是对这种别现代现状的揭示，显示了莫言思想的深刻和莫言作品的力量。也许正如莫言自己所说：“几十年时间，已经山河巨变，许多当年做梦也做不到的事物出现了，许多当年严肃得掉脑袋的事情变成了笑谈。”[2]莫言的别现代文学在现实主义的真实性基础上，表现着由别现代的和

① 莫言：《蛙》，作家出版社，2012 年，第 153 页。
② 同上书，第 250 页。

谐共谋造成的荒诞、吊诡而带来的冷幽默。

二、别现代主义的反思性批判

中国自古就有自我反思的传统，曾子的“吾日三省吾身”，荀子的“君子博学，而日参省乎已”，笔者认为，自我反思只是认识问题的开端，惟有批判才是推动社会进步的力量，正如马克思所说：“新思潮的优点就恰恰在于我们不想教条式地预料未来，而只是希望在批判旧世界中发现新世界。”[①]别现代主义不仅仅是对别现代社会现实的反思，更重要的是在自我反思的基础上对别现代社会进行批判，在批判中推动社会的发展，从这个意义上来说，别现代主义的反思性批判是推动别现代主义自我更新的力量。在莫言小说《蛙》所展现的宏大场景中，既有对前现代落后思想的批判又有对现代社会金钱崇拜的批判。别现代主义基于别现代社会形态以批判的姿态对阻碍现代文明发展的落后与激进思想予以批判，在反思性批判中推进社会的发展。莫言的伟大之处就在于他能直面中国当下别现代的社会现实，并且在小说中予以揭露。从《蛙》中我们看到一位对于当下中国社会敢于担当的作家，他在小说中借人物之口不止一次地表达了对我们当下别现代社会的深深担忧。

一方面，莫言揭露了金钱社会对人性的腐蚀。“许多庞大的工程机械已经隆隆开进。用不了几年这里就会发生巨大变化，你上次来看到的风景可能会荡然无存。这种即将到来的变化，到底是好事还是坏事，我无法做出判断。”[②]这些轰隆隆的机械改变了高密东北乡的面貌，新建的小区别墅雨后春笋般拔地而起、豪华邮轮在河上缓缓行使，极目所及，到处都是商场、超市、按摩院、花园、药店、家具店。外商纷纷投资、混血儿随处可见，“东北乡”也变成了“朝阳区”。市场经济的深入，不但改变了东北乡人的生存环境，也改变了东北乡淳朴的乡风。人是环境的产物，在这种以钱为中心的环境中，原来不为乡里所齿而今却富得流油的肖下唇竟然成为了全乡人的骄傲，病人无钱续费会被赶出医院，小孩子为了钱可以去抢，女人为了钱可以充当生育的工具。为了钱可以无所顾忌。蝌蚪因为在北京受到敲诈、辱骂，希望在自己的故乡找到温暖与善良，但令他没想到的是金钱已经以极大的威力席卷了整个中国，与人们对金钱

① 《马克思恩格斯全集》(第1卷)，人民出版社，1956年，第416页。

② 莫言：《蛙》，作家出版社，2012年，第152页。

的崇拜连带着的就是对穷人的冷漠。对于小说中蝌蚪的求助，旁边的鱼贩们有的袖手旁观、有的漠然无视、有的拍手喝彩，敲诈别人的女人穷凶极恶，用各种语言辱骂蝌蚪，使蝌蚪感到深深绝望。他说："我实在想不明白，人，为什么会如此可怕？"[①]苏格拉底曾说："那些专讲赚钱的人，除了赚钱，什么也不爱，他们对道德不闻不问。"[②]高密东北乡变成了人情冷漠、是非不分的地方，人人都在考虑着自己的事情，而忽略了对他人的关注与关爱，金钱让这个地方美丑不分、荣辱莫辨。

另一方面，莫言批判了重男轻女等前现代思想。现代化在改变着物质生活，在改变着人的同时也有其无法改变的东西——那就是中国人对生育的渴望和对传宗接代的矢志不移。"我的目光越过河堤，远眺着牛蛙养殖场那栋粉色的小楼，还有娘娘庙那金黄色的殿阁，心中泛起一种不祥之感。"[③]牛蛙养殖中心背地里是一个代孕中心，娘娘庙是祈子的地方，作者借陈眉之口指控文明社会里权力在握的人："你们这些杂种，重男轻女，封建主义，你们的娘不是女的？你们的奶奶不是女的？都生男孩不生女孩，这世界不就完蛋了吗？你们这些高官，大知识分子，有学问的大明白人，怎么连这么点简单的道理都不明白呢？"[④]牛蛙养殖中心的存在就是别现代社会的产物，它的出现是各种利益和谐共谋的结果。一个遵纪守法、照章纳税、热心公益的市级优秀企业背地里却做着"代孕"的勾当，它的存在满足了官员以及有钱人重男轻女、传宗接代的封建思想，在极大经济利益的驱使下，国家部门充当了保护伞。蝌蚪去计生委举报，计生委的人留下材料便没了下文；去公安局举报，公安局接待人员说不归他们管；打市长热线，接线员说一定向市长反映，却石沉大海。在后来陈眉不断地举报中，警察干脆以其精神不正常为由不予立案。金钱之所以能发挥其作用，从一定程度上来说也是这种前现代思想的作祟，即将传宗接代看得大过天。人们都在用最大的热情歌颂着生育，期盼着生育，庆贺着生育，有钱的罚着生、没钱的偷着生、当官的让二奶生……这些都是破坏国家计划生育政策的行为，但是作为国家执法机关的警察公职人员却是其保护者，这其中的原因不言而明。作者不禁发出了感叹："生育繁衍，多么庄严又多么世俗，多么严肃

---

① 莫言：《蛙》，作家出版社，2012 年，第 266 页。

② [古希腊]柏拉图：《理想国》，郭斌和、张竹明译，商务印书馆，1986 年，第 330 页。

③ 莫言：《蛙》，作家出版社，2012 年，第 236 页。

④ 同上书，第 295 页。

又多么荒唐。”[①]娘娘庙作为传统精神信仰的寄托已经失去了虔诚的追随者，取而代之的是功利的求子者，它的重建是传统封建思想与市场经济和谐共谋的结果，是传统、现代、旅游、文化的大杂烩，对于祈子的信众也以金钱的多少来衡量，奉献多的，手中的木鱼便会发出格外响亮的声音，似以这种方式提醒娘娘注意多加关照。莫言就是以这种戏谑的方式揭露了一种荒唐的信仰模式。富人可以超生，那些跟外国人结婚的人也可以超生，这样一来别现代时期的最为严肃的问题就成了儿戏了。

莫言在小说《蛙》中直面中国现代化进程中潜藏着的社会危机，不但批判了现代化进程对人性的腐蚀，也批判了前现代的，阻碍自由民主社会发展的重男轻女思想、裙带关系、人情社会等，并且以一种后现代的讽刺、戏谑的手法揭穿了文明背后所隐藏的假象："他笑了，这就是文明社会啊，文明社会的人，个个都是话剧演员、电影演员、电视剧演员、戏曲演员、相声演员、小品演员，人人都在演戏，社会不就是一个大舞台吗?"[②]通过对所谓文明的讽刺，揭露了别现代社会和谐的假象，这种假象背后隐藏着深刻的社会危机，阻碍民主的发展与社会的健康运行。基于社会现实的别现代美学其审美价值就在于对真相的揭示，在于对悖谬的展示，以客观而又不经意的叙事，暴露阳光下的龌龊。正如王建疆教授所说："在和谐共谋期，美学的最重要功能就在于揭穿'和谐假象'以幽默讽刺的艺术手法批判社会丑恶现象，抑制负能量，褒扬正能量，以审美的方式维护社会的健康发展。"[③]高密东北乡计划生育中的和谐共谋违背了现代社会的法治与公平，妨碍了社会的进步，这种顽固的重男轻女的思想，导致了高密东北乡性别比例严重失衡。高密东北乡的和谐共谋，即已成为潜规则的行贿、受贿不仅妨碍了司法公正，而且已将司法公正弃如敝履。高密东北乡的和谐共谋已成为现代社会秩序的破坏者，导致权力和资本的勾肩搭背，共同侵害弱势群体利益，阻碍着中国梦的进程。但是，在高密乡的权力与资本的和谐共谋中，这些都被天然地认为具有正当性和策略性，这就说明和谐共谋已成为一种别现代的文化腐败。这种文化腐败恰好在莫言小说中成了鲁迅所说的"将那无价值的撕破给人看"的爆料，借助后现代戏仿手法，别现代的标本跃然

① 莫言：《蛙》，作家出版社，2012年，第198页。

② 同上书，第258页。

③ 王建疆：《别现代：时间的空间化与美学的功能》，《当代文坛》2016年第6期。

纸上。

莫言基于当下社会形态社会中和谐共谋现象的批判也正是别现代理论的要义所在:“别现代理论并非盲目地认可这种现代、前现代和后现代并置的时间空间化现实,而是期望通过社会的更新和超越实现真正具足的中国式现代性。因此,别现代既是对中国特定社会形态和历史发展阶段特征的概括,又包含了建构别样现代性的期许,既告别虚妄的‘现代性’又期许别样的具有中国特色的现代性。”[①]莫言在《蛙》中所展现的别现代的社会场景以及对社会现实的批判不仅仅是别现代理论展现社会现实的一面,同时也体现了别现代主义。别现代主义在一种价值倾向的引导下试图通过对当下社会现实的批判在自我更新中实现对别现代社会现实的超越,最终建立中国真正的现代性,因此别现代主义的建立并不仅仅是为“主义”而“主义”,而是引导当下别现代社会现实进行自我更新的行动指南。[②] 国家于十八大之后开始强力反腐,老虎苍蝇一起打,据报道:“十八大之后,‘与他人通奸’”几乎是官员“双开”通报的标配,这已经充分说明了当下中国社会形态的别现代性及其公平正义的缺失,主导性力量对这种以和谐共谋为特征的别现代社会亮起的红灯也正是别现代主义坚持的价值倾向,别现代与别现代主义的提出并非仅仅为“话语创新”而生,而是基于当下社会现实对中国未来的发展以及“中国梦”的实现所提出的建设性理论,是对未来的一种期许。但是,在金钱代替人成了社会的中心的别现代时期,对于别现代的改造路途仍很遥远。正如齐奥朗所说:“在这个世纪里,文明的存在在运动中瓦解,在一种趋向最糟糕境地的极度冲动中,文明将在它所激起的旋风中化为碎片。”[③]正是从这个意义上说,莫言的《蛙》不失为对别现代和谐共谋现象的警示、反思和批判。

三、别现代主义的自我更新意识

别现代主义的反思性批判作为推动别现代主义自我更新的力量,为改变当下别现代的社会现实提供了方向,对人性的腐蚀以及前现代观念中对人性

---

① 王建疆:《别现代:国际学术对话中的哲学与美学》,《西北师大学报(社会科学版)》2017 年第 5 期。

② 王建疆:《别现代:主义的问题与问题的主义——对夏中义先生及其学案派倾向的批评》,《上海师范大学学报(哲学社会科学版)》2017 年第 1 期。

③ [美]卡林内斯库:《现代性的五副面孔》,顾爱彬、李瑞华译,译林出版社,2015 年,第 161 页。

的漠视是别现代主义的批判内容，而莫言的《蛙》则从全人类的角度出发来看待我们当下所处的社会，超越了民族、地域，从人性的角度来观照现实。超越民族才能看清农民阶级中的痼疾，扫除现代化建设的障碍；超越地域和国家才能正视历史；以史为鉴，才能走向未来。而这一切也正是别现代主义的立场。王建疆教授认为："别现代主义建立在结构分析和反思自我的基础上，因此它并不自满于别现代的现状，而是要努力改变这种现状，根绝前现代的思想干扰和制度障碍，建立现代思想和现代制度，将核心价值观落到实处。因此，别现代主义的历史使命就是要自我更新，超越这个历史阶段，而不是停留在这个历史阶段。"[①]别现代主义的自我更新必然具有超越意识，否则不可能完成自我更新，也不可能走出现有的历史阶段与社会形态。别现代主义的超越在莫言小说《蛙》中的体现就是，作者站在全人类可持续发展的角度来观照中国现代化进程中的计划生育政策，包括物质可持续和精神可持续两个方面。而人类的可持续发展关键在于人性，这是因为人性中对于生命的尊重与热爱是全人类共同发展的基石。中国以极端的方式完成了人口数量的控制，正如莫言所说："历史是只看结果而忽略手段的。在过去的二十年里，中国人用一种极端的方式终于控制了人口暴增的局面。实事求是地说，这不仅仅是为了中国自身的发展，也是为全人类做出贡献。"[②]计划生育就是要以小不人道换取大人道。这种大人道，对于全人类的可持续发展做出了贡献。但是站在尊重生命的角度来看，计划生育以极端的手段扼杀了无数的生命，有的是已经成型的胎儿，这种对于生命的扼杀在作者看来是一种更为深重的罪恶。他认为，我们对于生命的尊重，从其孕育就开始，从而反驳了那种只有落地才为人的看法。这种对人性的扼杀，对生命的冷漠，并不是中国社会形态进化的可取之道。随着中国现代化的发展越来越充分，中国作为经济大国，应该如何对待生命，如何对待金钱与生命的关系是社会未来发展亟需面对的问题。在别现代主义看来，别现代的自我更新以及中国未来的发展必然要以人为本，解放人、发展人，注重人的主体性作用是别现代进行自我更新的前提，而这一切都要以尊重生命为前提。

莫言《蛙》中除了对别现代社会混杂场景的描述以及对别现代社会的批判

---

① 王建疆：《别现代：时间的空间化与美学的功能》，《当代文坛》2016 年第 6 期。

② 莫言：《蛙》，作家出版社，2012 年，第 149 页。

之外，还对别现代社会的未来发展提出了“人”的要求，即需要一种超越了阶级、超越了国家的对生命的热爱。《蛙》贯穿其中的是对于“娃”这种新生命的赞美：“人生最大的快乐，莫过于看到一个携带着自己基因的生命诞生，他的诞生，是生命的延续。”[①]而只有这种生命的延续才是社会得以继续发展的基础。正因为如此，我们才能看到莫言小说中那些漠视生命、扼杀生命者的忏悔。蝌蚪希望通过艺术赎罪，用真诚的写作来为全人类赎罪。姑姑为自己曾经扼杀的无数生灵忏悔，日本的杉谷义人为自己国家曾经伤害无数生命的罪行认错。莫言企图以忏悔的方式唤醒别现代时期对生命的尊重，如卢梭所说：“暴露一个人的真实面目在世人面前”[②]。中纪委网站上推出的《忏悔录》栏目也正是坚持在反思中自我救赎的价值倾向，别现代主义在暴露中实现自我更新、实现对当下别现代社会的超越，建立真正具足的现代性。

人类在追求现代文明的进程中破坏了自然、毁坏了信仰、扼杀了无数无辜的生命。在社会历史的发展过程中，人类既是受益者又是施暴者。莫言作品中进行忏悔的三个人物，分别代表了个人、国家和历史。两次世界大战的爆发牺牲了众多无辜的生命，就中国而言作为被侵害的国家仅南京大屠杀就失去了 30 万以上的同胞，正是在这个意义上莫言希望日本能够正视历史，因而才有了杉谷义人的代父谢罪。这是历史的谢罪。蝌蚪因贪恋职务造成前妻及孩子的死亡，内疚自责，他期望通过艺术来谢罪并对自己进行救赎。他说：“既然写作能赎罪，那我就不断地写下去。既然真诚的写作才能救赎罪，那我在写作时一定保持真诚。”[③]实际上，蝌蚪不仅仅是为自己曾经犯下的错误忏悔赎罪，而是为整个人类在赎罪。在他看来人类世界最庄严的感情，那就是对生命的热爱，与此相比较，别的爱都是庸俗的、低级的。花花世界，缺一不可，好人是人，坏种也是人。在对生命极大的热爱的冲动下蝌蚪为了赎罪让陈眉把孩子生下来，但是，真诚的写作并没有减轻他的罪恶，每个孩子都是唯一的，都是不可替代的，沾到手上的血，是不是永远也洗不干净呢？被罪恶纠缠的灵魂，是不是永远也得不到解脱呢？这不仅是蝌蚪对杉谷义人的发问，同时也是作者对文明人类的发问。而姑姑则是国家忏悔的代表。计划生育以极端的手段伤

---

① 莫言：《蛙》，作家出版社，2012 年，第 258 页。

② [法]让・雅克・卢梭：《忏悔录》，黎星译，人民文学出版社，1980 年，第 1 页。

③ 莫言：《蛙》，作家出版社，2012 年，第 185 页。

害了众多无辜的胎儿，我们可以生存下来并且向着文明去追寻正是由于这些生命的牺牲所带来的极大的生存空间和节省下来的丰富资源。

姑姑是莫言《蛙》中的悲剧人物，她被作为国家施行计划生育政策的工具，执行国家计划生育的决策，对于国家来说她是英雄，国家为了治理的需要以及保持它在这个世界中的独特地位不得不采取极端的手段增强自己的权力，为了对抗企图毁坏国家统治的不法分子，不得不牺牲它内在人性的顾忌，就像姑姑说的："你知道我们的土政策是怎么规定的吗？喝毒药不夺瓶！想上吊给根绳。"[①]姑姑的悲剧也在于她做了国家实施政策的工具，因而也在施行过程中不得不以一种丧失人性的行为来对待那些无辜的生命。促使姑姑这样一位计划生育的英雄态度转变的是某天夜里姑姑的离奇经历。在这场与无数"蛙"斗争的过程中，姑姑受到了极大的刺激。常言道：蛙声如鼓，但那天晚上的蛙如哭声，仿佛是成千上万的初生婴儿在哭……可那天晚上的蛙叫声里，有一种怨恨、一种委屈仿佛是无数受了伤害的胎儿的精灵在发出控诉。[②] 这个来自于民间青蛙戏人的传说，将姑姑拉回到了遥远的记忆中，而这记忆就是先民的报应文化，佛教的因果报应理论，它们对中国传统文化和中国人的观念产生了重要而深刻的影响。中国人相信善恶终有报，而在十大恶业之首的即为杀生。不杀生虽然在佛教看来是一种劝善惩恶的道德教化，但在中国传统文化中却闪烁着人性的光辉。姑姑不止一次被诅咒要遭报应："你姑姑不是人，是妖魔！她糟蹋了多少性命啊！她的双手沾满了鲜血，她死后要被阎王爷千刀万剐！"[③]所以当她面对被无数"青蛙"围攻时，这个坚定的唯物主义者也开始了对业报的恐惧，而这种恐惧也使得姑姑开始对自己曾在国家大力推行计划生育期间"杀死"无数生命的行为开始反思：她自己是否真的是个罪人？是否作恶多端？由此，她开始了对生命的忏悔。虽然传统思想中对生命的尊重并不是以人道主义为基础的，但是这种延续了几千年多子多福的思想却在一定程度上着上了人性的光辉，在尊重生命这一传统观念的复苏过程中，姑姑这位计生英雄最终也发出了怒吼："这种伤天害理的事儿，我再也不会做了，我这辈子，亲手给人家流掉的孩子，已经有两千多个了！"[④]为了弥补自己曾经犯下的

① 莫言：《蛙》，作家出版社，2012 年，第 124 页。
② 同上书，第 222 页。
③ 同上书，第 129 页。
④ 同上书，第 219 页。

罪，姑姑将自己曾经引流的胎儿通过民间艺人郝大手重新复原并且每天祭拜，以期亡灵得到供奉能够再次投胎降生。尽管如此，姑姑仍不得安宁："一个有罪的人不能也没有权力去死，她必须活着，经受折磨、煎熬、像煎鱼一样翻来覆去地煎，像熬药一样咕嘟咕嘟地熬，用这样的方式来赎自己的罪，罪赎完了，才能一身轻松地去死。"①

科学的发展在打破迷信的同时也打破了传统因果报应对人的道德约束，人开始变得无所畏惧，就像姑姑说的"坚定的唯物主义者是无所畏惧的"，而就在这无所畏惧的旗帜下，人类却犯下了自相残杀的滔天罪行，扼杀了无数的生命，使得生命失去了应有的神圣与尊严，成为可以随意买卖与交换的商品。尽管别现代社会的金钱已经无所不能，传统重男轻女的思想也并不可取，但是传统文化中所蕴涵的对生命的尊重却是当下社会极其珍贵的财富。正如蝌蚪的母亲所说："党籍、职务能比一个孩子珍贵？有人有世界，没有后人，即便你当的官再大，大到毛主席老大你老二，又有什么意思？"②并不是机器使文明的人走向末日，而是文明的人发明了机器，因为他早就走上了通向末日的路，他寻找手段和辅助工具以更快、更有效地到达那儿。不满足于跑，他宁愿驱车趋赴毁灭。在此意义上，也仅仅在此意义上，我们可以说，文明人的机器能让他"节约时间"③奔向死亡。对于生命的扼杀是人类在走向文明的过程中所犯下的极大的罪恶，因而在作者看来，整个人类都有罪，作品中人物的忏悔是为了警醒现实中还未惊醒的人类，不管是个人或者国家都需要诚实地去面对过去的历史，而面对历史是为了更好地走向未来。

莫言的《蛙》在暴露中国当下别现代社会时期潜藏的危机的同时，也对人类所谓的文明社会提出了质问。前现代思想的遗留、对金钱的崇拜以及对生命的漠视是中国别现代社会时期所面临的严峻的问题，在一定程度上决定了中国社会形态的进化能否成功。因此，别现代问题的提出就显得极为重要，莫言的伟大不仅仅在于其发现了中国社会形态的别现代性并且予以揭露，更重要的是其所提供的解决问题的方法，即对人的尊重、对生命的热爱，而这也是别现代主义进行自我更新的前提。

---

① 莫言：《蛙》，作家出版社，2012 年，第 346 页。

② 同上书，第 117 页。

③ [美]卡林内斯库：《现代性的五副面孔》，顾爱彬、李瑞华译，译林出版社，2015 年，第 161 页。

Criticism and self-renewal: Bie-modern ideas in Mo Yan's novel " *Frog*"

Abstract: Mo Yanf's novel "*Frog*" with "wa(child)" as the center, describes the farmers in the Northeast Gaomi seek from conflicts to harmony before and after the reform and opening up and the national family planning policy. premodern ideas of family, nepotism, human relationship is not just the root of the conflict of opposites, and driven by capital became the link, link the interests of all parties harmony collusion makes the interests of all parties. But this harmonious collusion is not a sign of modern society, liberty, equality, and rule of law, but characterization of Bie-modern , "Bie-modernism" is the criticism on Bie-modern and sets up the real modern society from self-renewal. In mo yan's view, the modernism self-renewal needs to start from "man", from the emancipator and the respect of man.

Keywords: *The Frog* , Bie-Modern, criticism, self-renewal

作者简介：杨增莉，上海师范大学人文与传播学院博士生；本文为国家社科基金项目《别现代语境中英雄空间的解构与建构问题研究》(15BZW025)阶段性成果；上海高校高峰学科建设计划资助"中国语言文学"阶段性成果。

访 谈

18 世纪英国城镇复兴研究的开拓者

——彼得·博尔绍伊教授[①]访谈录

陆伟芳

陆：非常高兴再次见到您，自我们 1997 年在兰彼得[②]相见整整已经过去了 19 年。非常感谢您在百忙之中抽出时间，答应做我们的城市史家访谈系列，跟我们讲述英国城市史研究状况。我知道您是英国城市史领域知名的学者，做了许多关于休闲城镇的研究。那么，能不能谈谈您什么时候开始研究城市史的？您是怎样走上城市史研究这条学术道路的？

博尔绍伊(以下简称博)：我想所有一切都可以一直追溯到我在兰开斯特上大学时。[③] 我从 1969 年开始在那儿读大学，我从 1969 年到 1972 年读本科，从 1972 年到 1975 年读研究生。1975 年，我在兰彼得获得了我的第一份学术性工作。

---

① 彼得·博尔绍伊(Peter Borsay)是研究英国城市史的重要学者，英国皇家历史学会会员，长期在威尔士大学任教，先在兰彼得(Lampeter)后在阿布里斯特威斯(Aberystwyth)工作。他提出了 18 世纪英国城镇复兴(Urban Renaissance)而不是衰落的重要创见，从而改变了世界对英国 18 世纪城镇发展水平的认识。博尔绍伊教授是英国 18 世纪城镇文化史和休闲城镇研究方面权威学者。

② 兰彼得威尔士大学(University of Wales, Lampeter)成立于 1822 年，是英国第三古老的大学，仅次于牛津和剑桥大学。也是威尔士最早授予学位的大学，自 1852 年开始授予学位。本人在 1997 年曾获得该校的访问研究员基金，在系主任彼得·博尔绍伊领导下的历史系做了为期三个月的研究工作，得到了他的热心帮忙与指导。该校在 2010 年与三一大学学院合并，组建了威尔士圣三一大学(University of Wales Trinity Saint David)。

③ 兰开斯特大学(Lancaster University)是 1964 年由皇家特许状建立，是英国 60 年代设立的新大学之一。大学内设 8 个本科学院，现在还有一个研究生院。

60 年代晚期到 70 年代初的兰开斯特大学非常令人感兴趣。那是一所崭新的大学，它成立于 60 年代初。它在历史学，尤其是社会史领域迅速树立起名声。它教授所有历史，教授特定的历史如欧洲史等，但它迅速获得了作为社会史中心的声誉。我认为，这特别是因为任命了杰出的年轻社会史家哈罗德・帕金[①]。所以，我注意到了某种社会史的氛围，当我去那儿时，社会史正处于英国历史中的发展时期，也许是历史上最有活力的时期，这决定了该学科的发展模式。我想，20 世纪 70 年代中期是社会史期刊的创立时期，历史工作坊大多数也是那个时候出现的。

我注意到了这种社会史的氛围，我好像也有一种直觉，吸引我的是社会史而不是传统的政治史。那时社会史的关键人物是帕金，他在 60 年代末出版了《现代英国社会的起源》。他在工业社会的崛起上做了非常出色的研究，关于社会关系，特别是阶级社会的崛起。我在那儿读书时，帕金正在那儿，他在系里非常有影响力。但他并没有直接教我很多课。我去那儿的一个理由是因为强烈的社会史，我想做第三学年的强化课程，集中在特定领域。当时我感兴趣的特定领域如 19 世纪，如 19 世纪城镇，包括住房、环境问题、卫生问题诸如此类。所以我去那儿，希望研究特定的主题。

随后发生的事似乎是我的命。我在第三学年寻找研究主题时，恰巧帕金不在系里。所以我得寻找另外的特别研究方向，一个不同的方向。当时系里有个杰出的学者杰弗里・福尔摩斯(Geoffrey Holmes)[②]，他是一个非常出色的政治史家，在做 18 世纪初拉丁文学全盛时期英国的一个课题。[③] 我知道他

---

① 哈罗德・帕金(Harold Perkin, 1926－2004)是英国著名的社会史家，社会史学会(Social History Society, 1976)的创立者。他在 1965—1967 年在兰开斯特大学任高级讲师，1967—1984 年做教授，在 1974—1984 年是社会史中心的主任。著有《现代英国社会的起源》(*The Origins of Modern English Society*. 1780－1880)。作为一位杰出的社会史先驱人物，他的学术地位可以与阿萨・布里格斯(Asa Briggs)和霍布斯鲍姆(Eric Hobsbawm)相比。

② 参见 Peter Borsay, *Geoffrey Holmes and the Urban World of Augustan England*, Parliamentary History, Vol. 28 Issue 1, 3 February 2009, pp. 126－136。Wiley Online Library, http://onlinelibrary. wiley. com. ezproxy4. lib. le. ac. uk/doi/10. 1111/j. 1750-0206. 2008. 00068. x/full。

③ 原来是一个文学上的术语，广义指 18 世纪的拉丁文学全盛时期(the Augustan Age)、新古典主义时期(the Neoclassical Age)和理性时代(Age of Reason)。拉丁文学全盛时期的术语，源于该时期作家有意模仿奥古斯都作家维吉尔(Virgil)、贺拉斯(Horace)的写作风格。狭义的拉丁文学全盛时期特指光荣革命后到亚历山大・蒲柏去世(Alexander Pop, 1690－1744)的时段，即 18 世纪上半叶。这里显然指的是后者。

是一个非常好的历史学家，会给我很好的训练。巧的是虽然他自己主要是一个政治史家，写过《安妮女王时期的政治》的出色著作[①]，但他也受到社会史的影响。他的特殊项目不仅仅是关于政治史的，而且有大量我们所称的社会史元素。研究中我们使用的其中一个关键资料是丹尼尔·笛福的英国游记，[②]17 世纪 20 年代中期出版的游记与指南，我们用它们作为主要原始资料。那是那个时代的导游书。18 世纪初英国使他感兴趣的是城镇而不是乡村，这实在令人感兴趣。我们使用这类资料，还有如妇女游记法因斯(Celia Fiennes)的传记之类。读他的书使我对 18 世纪城镇产生兴趣。通过阅读他的书，我认识到，18 世纪就是一个有生机的时期，18 世纪早期已经迅速城镇化，城镇化社会是那时开始的，要早于我们所说的 19 世纪工业革命时期，这使我产生兴趣。我的专门课题导师杰弗里鼓励我，他也对社会史感兴趣，我就这样开始了我的研究。

社会史是一个崛起中的历史学的领域。而城市史有如戴尔斯[③]，他在莱斯特进行英国城市史研究，他从 60 年代开始在那儿发展城市史学科。他是那儿的教授。他把许多美国(城市研究的)思想带到英国，应用到英国背景中去。我意识到这些历史发展，我读了他的 19 世纪城市史研究成果。

另外，那时候，碰巧英国城镇史本身正在扩展领域。从单纯 19 世纪城镇研究扩展到我们所说的近代早期，即 1500—1750 年的时段，那正是沿海早期城镇的发展时期。但那时我并不知道这些进展，不知道一批年轻学者正在研究 18 世纪城镇，可能在研究我所在的兰开斯特。但我记得很清楚，1972 年出版了一本书，我在兰开斯特书店读到的有趣的书，叫《英国老城镇的危机 1500—1700》，那是一本由彼得·克拉克和保尔·斯莱克编的书，包括一系列年轻学者对现代英国早期城镇研究的令人感兴趣的论文集，作者有彼得·克

---

① Geoffrey S. Holmes, *British Politics in the age of Anne*, London: Hambledon Press, 1987.

② 笛福(Daniel Defoe, 1660 - 1731)是英国作家，启蒙时期现实主义小说的奠基人，被誉为欧洲的“小说之父”。这里谈到的是《大不列颠岛游记》(*A Tour through the Whole Island of Great Britain*, divided into circuits or journies, 1724 - 1727)。

③ 戴尔斯(Harold James Dyos, 1921 - 1978)是英国城市史的创立者之一，研究了英国的城市化问题。1963 年创立了《城市史通讯》(Urban History Newsletter)，1974 年成为《城市史年鉴》(Urban History Yearbook)，后来成为《城市史》(Urban History)。他在 1973 年被聘为莱斯特大学的城市史教授。

拉克、保尔·斯莱克、考菲尔德等。[①] 我记得我读着这本书,心想这是一本有趣的书,这正是我想开展研究的领域,正好不谋而合。

总之,这一些不同因素综合起来,形成了我最初的专门研究领域。我写了非常长的英国城镇论文《拉丁文学盛行期即 17 世纪晚期 18 世纪初的英国城镇》,主要使用了大量原始资料,因为那时还没有多少著作研究这个阶段的英国城镇。

我那时也做了我当时居住的城市沃里克(Warwick)的一些研究,那是 1694 年大火后重建的。那可以算是我的小型本科论文。接着,我要写我的研究生学位论文。我记得我当时坐在我的卧室里,尝试着考虑着研究生论文的题目,我得申请点什么,我得有个项目,那时可能"城镇复兴"这个术语闪现在我脑海中。克拉克和斯莱克的书没有注意到城镇复兴,他们集中在 16—17 世纪,他们描绘的近代早期城镇的图景是衰落、在危机中、前景暗淡,虽然有人写了某个城镇的发展,但整个编著的语调是英国城镇深受困扰,是危机。但我看不到这些问题。我所研究的时段 17 世纪晚期和 18 世纪初,城镇很兴旺很成功很繁荣,笛福游记里写到的是充满生机的,这种生机是建立在扩展的城镇中心基础上的。在某种意义上,我与克拉克、斯莱克著作的最初接触是非常负面的,但这刺激我思考。但后来,他们俩修正了他们的观点,说城镇发展确实在 17 世纪末发生了激动人心的事,我想他们没有回到原来的观点——关于后中世纪的城镇面临困境问题,现在他们接受我这样的观点。这样,城镇复兴这个术语重新诞生,成为大家接受的观念。

陆:您首先铸造了"城镇复兴"这个概念并为其他学者所接受,这在学术界产生了什么样的影响?对英国城市史研究有什么具体的影响?

---

① P. Clark & P. Slack, ed., *Crises and Order in English Towns*, 1500 - 1700: *Essays in Urban History*, London: Routledge & Kegan Paul 1972. 该书的导论部分,后来成为 P. Clark & P. Slack 的 *English Towns in Transition* 1500 - 1700(London: Oxford University Press, 1976)一书的基础,此书 1992 年武汉大学出版社出版了薛国忠译的中文版《过渡时期的英国城市 1500 - 1700》。全书收集的论文有: Peter Clark & Paul Slack, *Introductio*; Charles Phythian-Adams, *Ceremony and Citizen*: *the communal year at Coventry* 1450 - 1550; D. M. Palliser, *The trade gilds of Tudor York*; Peter Clark, *The migrant in Kentish towns* 1580 - 1640; Paul Slack, *Poverty and politics in Salisbury* 1597 - 1666; A. M. Johnson, *Politics in Chester during the Civil Wars and Interegnum* 1640 - 1662,; M. J. Power, *East London housing in the seventeenth century*; Penelope Corfield, *A provincial capital in the late seventeenth century*: *The case of Norwich*。

博：是的，确实如此，我首先杜撰了“城镇复兴”这个概念。你得记住，在那时城市史研究是非常开放的领域，没有多少人研究18世纪城镇，我不是得修正什么观念。这构成了我博士论文的主题。现在没人做这样宽泛的主题了，我们不允许学生做如城镇复兴这样太过宽泛太大的题目，而做某个特定城镇，或如18世纪城镇的剧院之类专题等，“收窄一些，别做什么宏大的东西”，这是我告诉我学生的，“你得做什么能在3—4年完成的东西，缩小点”。但在那时，从某种意义上，城市史领域是个非常开放的领域，那时我还没有想着要写出一篇宏大的博士学位论文，而是想要花时间进行研究，其他是以后的事。

这一切才是广泛的历史背景，如社会史、城市史，以及我个人所处的特定的处境。1972—1975年我做了这个主题。我想，还有其他广泛的因素，那些历史学家难以估计的东西，可能与我的背景有关，也可能与我没有多大关系。

20世纪60年代初(1961年)我搬家到沃里克。巧合的是，沃里克是个有趣的17世纪晚期到18世纪初的城市。它经历了1694年大火，大火摧毁了城镇中心的相当部分，它需要重建。那重建的记录非常好，在很大程度上可能是它在关键人物、沃里克城堡的主人布鲁克男爵主导下进行的。① 他非常热心于沃里克的重建，而且认为应该以最时尚的风格来重建。因为，如果城镇在大火中焚毁未尽，一定重建，或以新风格重建，一般以旧的木材结构重建。但沃里克完全不同，是以新古典主义风格重建。这样，文艺复兴建筑风格确实在17世纪末18世纪初穿越时空来到了英国城镇。布鲁克所做的事是试图把沃里克重建为古典城镇。重建的沃里克有点像意大利城镇，是旧瓶装新酒，不是古典的木结构城镇。有院子有政府建筑所在，重建的是个规划的城镇，这是极其不同寻常的，它有个小广场，可能是英国第一个外省建立的广场。那不是那么激进的，你可能知道伦敦现在进行伦敦大火350周年纪念活动。② 1666年伦敦大火，有3万所住房被毁。随后伦敦重建，重建时也有某些设计，雷恩基

---

① 指第五代布鲁克男爵(Fulke Greville, 1643－1710)从1677—1710年为男爵(5th Baron Brook)。威廉三世在1695年访问了沃里克城堡。沃里克的重建受他的很大影响。

② 2016年伦敦举办了多种形式的纪念活动，如伦敦博物馆在2016年7月23日至2017年4月17日举办“大火！大火！”展览，介绍英国伦敦历史上最严重的火灾“1666年伦敦大火(Great Fire of London)”的前因后果，伦敦重建以及后续发展；8月30日到9月4日的“‘燃烧的伦敦’现代艺术节”，包括一系列展览、演出、讲座、旅游观光活动，用现代化手段重现伦敦大火。如9月4日，在泰晤士河上的一座120米长的17世纪伦敦的模型，按伦敦大火时的模式燃烧，纪念伦敦大火350周年。

本上是古典主义的风格设计。[1] 这种模式可能给沃里克提供了模型。伦敦给布鲁克提供了某种模板,当时他在伦敦有住房,完全可能知道伦敦的情况,所以沃里克在某种意义上追随了伦敦的先导,那是第一个这么做的外省城镇。我甚至在上大学前就有点意识到这一点。当机会到来,能把我的个人经验与我住的地方、我的专业结合起来时,这再次强化了复兴成为古典主义城镇的概念,在沃里克发生的事提供了观察英国城镇景观的一个窗口。在历史学中,我感兴趣的是社会史和文化史。大多数人对如国王和女王这类大事感兴趣,对人感兴趣。但我最感兴趣的是社会文化等,想超越历史去观察如建筑,即完全历史外的东西,例如我对文学特别感兴趣,我想做大学的历史研究。这些事结合起来,成为我研究城市社会史的原因。

陆:所以,您的个人经历、教育经历、所处的环境、历史学的广义背景、你所见结合起来,导致你研究社会史、城镇史。那么,在社会史、文化史中,有许多城镇许多领域可以研究,那么您为什么/怎样选择你所研究的具体对象?

博:就如我说过的,我挑选英国,没有选择欧洲,没有选择全球史,我有英国的视角。对我而言,超越英国视野似乎是不大可能的。我以英国历史为研究中心是非同寻常的。随后事情发生了变化,有两个变化影响了我。一是我到了威尔士。我的第一份工作在威尔士,这促进我真正理解,迫使我思考,不列颠除了英格兰还有更多,迫使我思考全英国范围,现在我到威尔士已经有40多年了。二是与欧洲历史学家的交往促使我跨出英国背景以外进行思考。我的城镇复兴一书出版,[2]似乎引起了欧洲学术界的很多兴趣。人们开始要我写文章,德国、法国等其他国家的学者要我写书写文章等。还有与欧洲城市史家学会[3]的联系,这个学会每两年开一次会议,我会主持会议。在这种会议中,你不仅了解你自己的国家,还有其他国家,这样我就逐渐发展出了欧洲视

---

① 雷恩爵士(Christopher Wren, 1632 - 1723)是英国历史上最受推崇的建筑师之一。他在伦敦大火后,负责重建伦敦城。据说他负责重建了伦敦城的52座教堂,包括在1710年完工的杰作圣保罗大教堂。

② Peter Borsay, *The English Urban Renaissance: Culture and Society in the Provincial Town 1660 -1770*, Oxford: Clarendon Press, 1989.

③ 欧洲城市史学会(European Association for Urban History, EAUH)在欧盟支持下,于1889年成立,目标是为研究从中世纪至今的城市史研究的历史学家、地理学家、社会学家、人类学家、艺术和建筑史家、规划者和学者提供一个多学科的研究平台。它每两年举行一次双年大型国际会议。2016年的会议在赫尔辛基召开,2018年将在罗马举行。学会网址 http://www.eauh.eu/。

野。我原来写英国时,我以为英国与其他地方不同,有英国特色,不列颠岛有特别的地方,那才是为什么英国第一个发生工业革命,是上帝选民等,我相信那种英国特殊主义避免了现代革命如法国大革命。但与欧洲联系改变或者缓和了这种观点,因为在英国发生的复兴在德国也发生,并不是英国独有的,那在全欧洲发生,是一种欧洲现象,那真是打开了我的眼界。不过,我没有特别的世界眼光,我发展出了西欧眼光。我没有国际的视野,我不知道西欧外的世界发生了什么,如那时 18 世纪在中国/印度/东南亚等地发生什么。所以我只思考英国和欧洲范围。

陆:从您最初研究 18 世纪的城镇复兴,到后来研究像巴斯(Bath)的休闲城镇,到现在的研究领域,您觉得你的研究有没有某种轨迹可循?如果有的话,那是一种什么样的轨迹?如果其中有转变的话,是什么促使您发生这样的转变?

博:我觉得我确实有某种研究的轨迹可循。虽然我不是有意规划设计的、有什么计划,而是偶然的,是研究兴趣,是受周围世界的影响。从社会史、城镇史到文化史。总体上,对我而言,原来文化史只是看看剧院、音乐、建筑。但学界发生的是更广义文化史的崛起,有着强烈的理论基础,如福柯、德里达等。[①] 我没有真正了解那些,但我对后现代主义感兴趣,但并不是重理论层面。在 20 世纪 80—90 年代,欧美有如相对主义等的理论术语出现。对英国历史学而言,英国有些学者深深卷入其中,但大多数并没有。这些思想确实对历史学家有影响,历史学家进入了意象(image)和表现(representation)研究,重要如图像、绘画对社会的影响,权力的意象、民族主义的意象等。但我不是理论学派,如果说我受什么理论影响的话,那可能受到如 E. P. 汤普森的影响。汤普森是理论马克思主义者。[②] 我不是强烈的理论史家,而文化史在 20 世纪

---

① 福柯(Michel Foucault, 1926 - 1984)是法国哲学家、社会思想家和“思想系统的历史学家”,后现代主义者和后结构主义者。德里达(Jacques Derrida, 1930 - 2004)是 20 世纪下半期最重要的法国思想家之一,西方解构主义的代表人物。

② 博尔绍伊教授在 2017 年 8 月 11 日来信中进一步补充道,当时对自己及许多历史学家产生重要影响的是两位史学家,一位是 E. P. 汤普森对阶级的研究,以《英国工人阶级的形成》为代表;另一位是基思·托马斯及其他的著作《宗教与奇迹的衰落》(Keith Thomas, *Religion and the Decline of Magic: studies in popular beliefs in sixteenth-and seventeenth-century England*, Harmondsworth: Penguin, 1973)。托马斯的书是关于 16 和 17 世纪的英格兰,它揭示了这个阶段的奇迹与巫术的重要性,包括在村庄里;所有阶级在日常生活中都相信奇迹的力量。不过,到 17 世纪晚期,精英阶级放弃了这种信仰。

80—90 年代到了英国，我受其吸引。

陆：在英国的城市史家中，每个人有其自己的专门领域，那么你怎么看待你自己的研究和研究领域？

博：如果你考虑城市史的不同传统的话，那么对近代早期研究最初是强烈的经济-社会方向的。20 世纪初，经济-社会史从经济史中成长起来，这自然影响了我自己的工作。随后我移向更文化方向。还有其他人，如考菲尔德偏向更文化方向，克拉克也一样写了近代早期住房的书，然后转到社会的问题，他也走向更文化的方向。同样，19 世纪城市史也一样，戴尔斯的著作也主要是经济社会史而不是文化史。理查德・罗杰[1]一直告诉我们得把经济社会史带回城市史研究领域。我明白他的观点，因为他感觉城市史研究太偏向文化史方向了。比我年轻的罗伊・斯威特也是文化史。[2] 她的第一本书是关于 18 世纪城镇史，然后到一般城市史，然后研究大旅游，现在转到 19 世纪初，我觉得那是文化史方向的。此外，有人研究经济文化的，也有研究城市政治史学派的。

陆：您最初研究城市复兴，那么后来您为什么转到研究休闲城市？研究如海滨城市、温泉城市？

博：我想是从城市复兴生发出来的。因为我研究的关键城市之一是巴斯，那是我的第二本书，我对温泉城镇的兴趣是从 18 世纪休闲城市开始的。因为温泉城市、海滨城市是另一类城市，是全新类型的城市。从 16 世纪开始到 17 世纪晚期—18 世纪，温泉城镇涌现成为英国另一个重大类型的城镇，它们早在海滨城镇以前，绝对是新类型城镇。这是没有先例的。当然这只是指英国而言，可能在印度 17 世纪也许早有了。但是这在英国是全新的城镇。所以我自然转向研究温泉与海滨城镇。不过我只是研究 18 世纪，但这些城镇也发展到 19 世纪。在这里（阿伯里斯特威斯大学），我特别卷入了威尔士的海滨休闲城镇研究项目。一般来说，英国城镇史原来只是英格兰城镇史。但目前更加多元，如有强劲的苏格兰城镇史、威尔士城市史以及爱尔兰城市史研究。我感觉应该需要整合进英国城镇体系图景中。约翰・沃尔顿做了英国

---

① Richard Rodger 长期担任英国城市史中心教授，《城市史》主编，现在爱丁堡大学任教。

② 罗伊・斯威特（Roey Sweet）教授目前担任莱斯特大学城市史中心主任，以 18 世纪城市文化史研究见长。

1750—1914年的海滨城镇研究[①]，主要是英格兰的海滨休闲城镇，我觉得威尔士应该需要整合进去。所以，我与几个同事得到经费做了合作研究项目，最终发表了一些关于威尔士的海滨休闲城镇的文章。我认为威尔士海滨休闲城镇出现得非常早，我们今天早上谈到18世纪60年代的海滨浴场的沐浴机器[②]，这与斯旺西(Swansea)与腾比(Tenby)历史类似。斯旺西现在以工业港口城镇出名，但在1800年时纠结究竟向工业港口还是海滨城镇的方向发展？最终走向了偏工业港口城镇方向。所以，威尔士的海滨休闲城镇发展更早些，包括阿伯里斯特威斯、斯旺西、腾比。我的大多数研究不是阿伯里斯特威斯而是腾比。腾比是非常好的18世纪晚期的海滨休闲城镇，到19世纪还繁荣，直到今天仍是海滨休闲城镇。[③] 这部分地展示了在威尔士所发生的事、英格兰海滨所发生的事，都是英国海滨休闲城镇的一部分。威尔士海滨休闲城镇并不是孤立的存在，而是其他海滨休闲城镇体系中的一部分。北威尔士休闲城镇是英国西北部休闲城镇体系的一部分，如布莱克波尔(Blackpool)等。南威尔士也一样，把英格兰和威尔士分开的布里斯托尔海峡是一个满布海滨休闲地的巨大水域，休假者从南威尔士腾比到英格兰西部海滨，所以这并不只是威尔士的海滨用地，而是整合进英国海滨胜地体系。19世纪威尔士发展出了我认为可能是某种特定类型的海滨胜地，即遥远的微型海滨胜地，不像布莱顿(Brighton)和布莱克波尔那样的大型海滨胜地，而是非常微型的海滨胜地。它们很容易被人遗忘，因为他们不在大的图景中。但在威尔士沿海有很多，它们往往人口不到1000，但充满了假日休闲人口。它们常常比较偏僻，但在发展，游客总体流量相当大。我有个博士生正在做这方面的研究。这些是小地方，但人们之所以去，就因为它们地理上是遥远偏僻的，社会上是孤立的，可以远离如布莱克波尔的嘈杂人群。今天早上我们观察到的是，他们环境优美，有美丽大海美丽山脉，适合中产阶级文化。这种文化是对城市化的回应，来这里的是西米德兰城镇如伯明翰的中产阶级人口。远离工业环境有助于这些小型

---

① J. K. Walton, *The English Seaside Resort: A Social History* 1750 - 1914, Leicester: Leicester University Press, 1983.

② 当天上午，博尔绍伊教授带我参观了阿布里斯特威斯，谈论了海滨城市发展。

③ P. Borsay, From port to resort: Tenby and narratives of transition 1760 - 1914. In P. Borsay, J. Walton eds, *Resorts and Ports: European Seaside Towns since* 1700, Channel View Publications. 2011. pp. 86 - 112.

休闲胜地的发展。

陆：你能谈谈未来你打算做什么新的研究呢？

博：我刚介绍的2006年出版的书，分析英国休闲观念的发展。当我写城镇复兴时，休闲一直是我关注的中心之一。当人们不工作时，他们做什么？这是一个大问题。有文章说，这个问题在工业革命前并不是严肃的问题，说休闲阶级观念是随工业革命而来的。这时人们全日制工作，于是出现了休闲的需要。

当然可以说，工业革命前有上层阶级、有闲阶级。但工业革命改变了这一切，有了更为广泛的休闲。出现休闲部分是要作为针对工作的良药，但也是社会财富普遍增长所致。我的关注点之一是测试这个假设，所以我的著作并不从1800年开始，而是从1500年开始。[①] 我想检验休闲是一直存在的，在工业革命前并不只为有闲阶级，而是为整个社会群体。所以我追溯到1500年，我想有一个长的大图景。我并非不赞同工业革命确实改变了休闲图景的观点，但对我而言，休闲是早就存在的现象，并不是全新的，也许只是概念界定不同而已。在以前，甚至普通人也有休闲，我们可能回忆起如集市、市场、节庆、游戏、五月节，它们都是前工业革命的。以前普遍休闲也是存在的，为普通人，并不只是休闲阶级。休闲阶级观念也并不是黑白分明的，前工业社会涌现的17—18世纪中产阶级，但不能称他们为有闲阶级，他们得工作。是工作界定了他们自己，但同时他们生产了大量财富，让他们可以参与休闲，尤其是女性。所以大众休闲在工业革命前就存在，这就是我在做的，即休闲的漫长发展，这是非常雄心勃勃的工作。[②] 另一件事我决心在此书中做的，不是线性的，而是有空间、时间、场所、阶级的章节。对阶级概念的态度变化很有趣。我记得在我读本科时，阶级一词家喻户晓，马克思成为关键词汇关键概念。我记得在学校里，马克思的英译本出现后，学生们购买马克思的书，夹在胳膊下到处带着，在咖啡厅阅读。我不是这样的学生。关于阶级的书方面，历史家汤普森、帕金的书论述了英国的阶级观念。但自从那时起，阶级一词逐渐淡出了历史研究

---

① P. Borsay, *A History of Leisure: the British Experience since 1500*, Basingstoke: Palgrave Macmillan, 2006.

② 最新的出版物是2016年的。参见 P. Borsay, J. H. Furnee. eds., *Leisure cultures in urban Europe, c. 1700-1870: A Transnational Perspective*. Studies in Popular Culture, Manchester University Press, 2016。

领域。随着时间推移，阶级一词越来越失去尊严。受法国思想等的驱动，出现了文化史的观念。文化史家抛弃了阶级概念，他们认为马克思主义说文化是由经济决定的，但他们认为文化是飘浮的，并不一定有经济基础。这也是非常保守的英国 80 年代，撒切尔夫人政府推行自由放任，她不愿与马克思、阶级有任何瓜葛。这样，阶级逐渐淡出了，极少历史学家使用该词。但我有一章“阶级”。这是我的方式，想说明阶级仍然是重要的，不应该简单抛开了事。在城镇复兴中有一件我没有涉及的是性别事宜，性别在学界是很主流的。随后我有学生在做这方面的研究。那是另一个重要身份认同。通过休闲探索，巴斯成为我的第二个重大发现。那出于我对 17 世纪 90 年代城镇的兴趣。在某种意义上，那是一本奇怪的书。我感兴趣的不是乔治时代巴斯本身，而是乔治时代巴斯的概念，即随后巴斯的观念。巴斯是一座非常美丽的休闲城镇，全球性的热门休假地，全世界人——有日本人中国人南亚人美国人游客。18 世纪的巴斯形象为今天赚了许多钱，我想探索为什么会这样？它的历史想象为商业经济所驱动所利用。另一个是为文化社会目的使用巴斯的途径。我想今天居住在巴斯的人，他们很多人用居住在巴斯来从社会上界定自己，他们意识到居住在一个乔治时代城镇的社会地位，他们有一种文化声誉。有人谈论白领生产性服务阶级、某种中上层阶级，他们通过拥有社会资源获得财富和地位，如作家、作者、专业人员。对我来说，他们是通过利用历史来获得社会地位，所以可以生活在巴斯的特权性部分，如皇家新月。[①] 那会提供巨大的社会地位，他们可能在别外工作，如在布里斯托尔、伦敦工作，但居住在巴斯。因为他们与有着如此巨大的文化资本的场所相连。我对这如何发生的感兴趣。当地人在普通行业工作，你告诉他们因为这点历史部分的巴斯需要保存，所以这也不能做那也不能做，这很成问题。但那点历史的巴斯需要保护，是经济原因，是为了旅游，但也为保护文化资本，让这些白领居住在那儿也是为了保护文化资本，这会引起本地人的注意力，这就给了我关于遗产的思路与想法。[②]

自 20 世纪 70 年代起，英国有巨大的遗产和保护浪潮，想保护旧建筑。整个国家兴起了寻访古建筑运动。你听说过国民托管组织(national trust)？它几

---

① 皇家新月是巴斯最著名的历史建筑群之一，整个建筑呈弯弯的新月状。

② Peter Borsay, *The Image of George Bath*, 1700 - 2000: *towns, heritage, and history*, Oxford, New York: Oxford University Press, 2000.

乎有400万成员，非常高比例的英国中产阶级，他们访问国内大宅老宅名宅。那是整个遗产现象，它有经济目标，但也与社会文化资本有关。我需要写这些。

陆：如果我理解不错的话，您写巴斯，其实并不是真的写巴斯本身，而是写巴斯所代表的东西。对吧？

博：是这样。对其演进模式，我作了非常独到的追溯，从18世纪经19世纪一直到20世纪。我通过一系列文本、导游书、本地的历史书等分析。我不知道它是否产生着像城镇复兴一书那样的影响力，也许还没有到时候。

陆：你现在做什么研究呢？

博：我继续做18世纪的研究，如18世纪城镇，写各种不同方面，如18世纪城镇的音乐、戏剧等。我也可以扩展研究时段，我也可能做19—20世纪的温泉与海滨休闲城镇，我还没有做这些。我涉及了遗产研究，因为巴斯是遗产。直到2000年，我试着探索我作本科生探索的东西。从温泉到海滨，这都是自然，所以我可能研究自然，驱动力仍然是城镇，我认为所发生的主要从18世纪起，在英国、欧洲起了文化休闲兴趣叫做自然。不管如何界定，但我的感觉是，自然世界、自然环境是受到城市化驱动的。社会越城市化，那么就文化上娱乐上就越对自然的东西感兴趣。如果回到15—16世纪，几乎没有对自然的兴趣。大多数人他们在自然中工作，他们就在田野里，他们对自然有什么兴趣？对他们这是工作，没有文化娱乐重要性在内，这是基础。但随着越来越多的人在城镇生活，远离了自然环境，于是开始创造虚幻的自然世界、娱乐性的自然世界或文化的自然世界，这真正发展出了对自然环境的日益增长的兴趣。这可以用多种方式制造或安排，可以是出发巡游，考察一个又一个自然美景，这是19—20世纪的人们做的事。大旅游(grand tour)很有趣，原来只是从一个城镇到另一个城镇，但后来其间的距离也重要起来，外出变得重要了，因为这反映了自然世界。在英国，人们到处旅游，他们去威尔士。18世纪起日益增多，不是去城镇，而是去看美丽的山脉和森林，这使我产生了对整个自然思想的兴趣。我不知道自然究竟指什么，但我意识到自然的概念，人们在18—19世纪加速追求它。到19世纪，以这种或那种方式，人们对山脉和自然产生了巨大的兴趣，海滨从中大大受益。人们原来很少去海滨，去海滨只为治疗疾病。如你所说在17世纪海洋是令人害怕的东西，人们不会去从中娱乐。到18—19世纪，人们去看海，海滨成为娱乐，是美丽，是社交，但部分是关于自然，所以我对此感兴趣。我觉得这是对城镇化的反应。我认为自然是一种城镇“发明”,是城镇人感受到的,对外面的绿色世界感受到的,实际上怎样并不重要。他们发明了某种叫做“自然”的东西,所以到19世纪,有了田野会(field society),他们花时间在田野里穿行,有寻找蘑菇,寻找地质、观鸟等,都是城外活动,去田野,你还注意到出现了动物园,有国立公园。英格兰西北部的湖区是个典型的例子,它是在18世纪被“发明”的。许多学者为此做了文化建构,制造小说性的乡村世界。人们读这个书,变得很激动,于是去访问。美丽的湖区意象就产生了,但这是受城市化驱动的,这是对城镇对工业化的反应。所以,目前我正在写的书叫做《英格兰的发现》(Discovery of England),本质上是关于发现土地景观,关于自然的景观、历史的景观,本质上是关于城镇化把乡村转变成某类旅游性的娱乐场地。通过作为自然代表和历史资产来访问,这里就涉及巴斯案例了。因为巴斯有许多历史资产,直到20世纪它是作为遗产城市,所以它可能不只是自然,但也是历史性景观。所以我可以把这类小型历史城镇整合进我的大框架里去。

陆:您的书一定非常有趣。当我来这里时,我还没有意识到您在做这方面的研究,您使我用不同的视野看待城市。如果您愿意,我想请问在您所有著作中,您认为哪本最为重要?

博:从我的职业生涯来看,是英国城镇复兴那本。它使我找到了我的教职,获得了我的声誉,它也是迄今为止最出名的一本书。但个人而言,我都很喜欢,我不能说喜欢这本不喜欢那本。另一方面,我很担心我自己对历史的态度。我研究18世纪,整个18世纪城镇复兴思想是关于精英社会的,是关于精美的东西发生在富人身上,没有很多关于普通人的内容。这是歌颂上层社会、特定生活方式。我试图在书中应对这一点。我有一章关于文化差异、文化极化的,这是稍微有点阶级导向的。但无论如何,我想在书中说明,城镇复兴主要是受地位驱动的,是人们想用金钱购买社会地位,这是背后的驱动力。我担心的是,最后我写的是精美东西为上层的人,而不是为普通人。我并没有做普通人的城镇,我不想假称我做了。但我想说,这一贯如此。在18世纪发生的是创造了一种思想,后来世代、今天也一样借此来获得地位。我们不用蒙骗自己,认为在巴斯,美丽的地方只是美丽的东西而已。他们是有社会目标的,是追求一种社会地位。他们是创造美丽的东西,但对他们而言美丽的东西只是工具。如在20世纪80年代发生的遗产运动,宣称说是抢救美丽遗产,说没有社会理由,对他们而言只是美丽而已,必须保护。但美丽本质上也是一种社会现象,21 世纪巴斯为自己的目的利用 18 世纪巴斯,那是我想在书中做的。我不想影响别人什么的,我只是自圆其说。

陆:回顾过去五十多年英国的城市史研究,您对您的城市研究领域的感觉是怎么样的?是惊讶?高兴?幸福?失望?

博:我想第一个感觉是我有多么幸运,我正好做我所做的事。因为做 18 世纪初城镇史,写一本有关的书,当时这是一个学术领域的空旷地带。(在学术研究中)当你做某个领域研究时,你遇到许多大人物,许多课题做过了,书已经出了许多,你只能做点边角料。但我有个很大的空间。我不建议现在人做这个。在这个意义上我很幸运,进入该领域。那也是一个非常激动人心的领域,我学到了许多。我研究的领域 18 世纪城镇发展很快,但(当时)似乎是个无人(研究)之地。人们集中研究内战、工业革命,而 18 世纪似乎在研究视野中消失了,而我得以进入这个领域,获得了许多,所以是个成功的领域。城市史是个生机勃勃的领域,那是相对新的,把不同的观点领域的人带入,戴尔斯认为应该让不同领域专家参与,如地理学家、社会学家等,应该是个集合。当然研究的领域不会静止不动,而是向前发展的。对于今天我不敢肯定城市史研究多有生机,这难以说得清,我不知道有多少年轻学者进入该领域,但在那时肯定是充满活力的。不只是欧洲,而是世界各地,这是积极的方向。历史研究总有时尚的课题,有的消亡,有的兴起,很难说城市史如何,也许有其他的我不知道的研究领域。

陆:中国有句古话,读史使人明智,当下中国正在经历快速城市化进程。那么您认为研究英国城市史能不能为中国提供某种借鉴、提供某种经验?或有没有某种教训我们需要记取?

博:我对"建议"本能上持谨慎态度。因为,我不认为可以从别的地方学习任何东西,各个社会都是独特的。中英两国有着巨大的文化历史差异,我们善于学习过去,但至于预言未来,我想那是一个特别有问题的领域。我们很难从 19 世纪的英国跳到 21 世纪的中国。我们不能预言未来,这很难。虽然我们的未来基于过去的经验,如首相作决定,得依据先例,如历史说什么,据此我们建议未来怎样,但我们确实并不知道未来怎样,……如英国退欧事件就完全出乎意料。我们要谨慎。但看英国历史如何演进,那很好。如研究工业化和城市化社会,我可以说,看英国在 19 世纪对环境做了什么?污染了河水、空气,污染城市,人们死于污染疾病,那么注意环境!遗产问题也一样,我对保护遗产持灵活机动的态度。我想保护建筑,但我确实认识到,我们不能保留所有东西。我们应该继续发展变化。过去曾推倒了许多中世纪建筑,这是野蛮的,我不是说我们应该这样做。我们不能这样,但应该注意过分保留的危险性,保留的东西不应该阻碍现代发展,不应该影响现代化进程,这对人民来说是必需的,你得找到两者之间的某种平衡。这只是个人观点,不是历史教训。

陆:我确认一下,您说的是在古物保护与建设美丽未来之间保持某种平衡?

博:我想人们心理上有这种需要。我们需要有保护,这创造了某种身份认同。同时需要创造性,需要考虑建设未来。有些遗产问题本身值得研究。如巴斯有个大建筑,那是 19 世纪 90 年代建造的帝国旅馆。这个建筑就在巴斯历史性建筑边上,是个大型维多利亚建筑,在帝国时不觉得有什么问题。但随着乔治时代建筑受宠,人们开始不喜欢维多利亚风格巴斯。他们想拆除它,虽然没有实现。但是到 20 世纪晚期,人们又开始喜欢维多利亚风格。于是对计划拆除这个旅馆事宜发生了重大争论。有人认为它是丑陋的、不和谐的,但也有人主张保留,说"这虽然不是乔治风格,但该建筑自我打出生就在这儿了,对我而言有意义"。我的意思是说,如果它对生活在那儿的人有意义,那么不管它与周围是否和谐,就保留它。最后结果是保留派赢了,后来该旅馆改造成昂贵的公寓住宅楼。

陆:城市史是不是应该研究当时最流行的主题、追随潮流?还是别追随风潮?例如,如果今天社会对旅游感兴趣,我们就研究城市旅游;如明天社会对政治活动感兴趣,我们就研究城市政治?我们应该怎么做?

博:我想好的答案应该是历史学家做他们应该做的事。如果追随风潮,也许你永远做不出什么重要成果。你得做你想做的事,你喜欢的事,希望其他人也感兴趣。如 18 世纪城镇,那是当时其他人不感兴趣的内容。当然,历史学家不是与现实脱节的,我常常关注社会发展的事件信息,我们吸收这些消息,这些东西影响我们如何看世界的方式。但历史学家应该做他们想做的事,而不是随波逐流。他们也应该善于吸收消息,我们应该看新闻,跟上世界大事。做普通人做的事,过周末,去度假,我们应该过普通人过的生活,吸收我们周围发生的事务的信息。我们不能只追随时尚。人们得独立做他们想做的事,哪怕并不流行。个性研究是重要的。

陆:今天的访谈十分有意义,谢谢。

The Pioneer of 18th Century British Urban Renaissance

——the Interview with Professor Peter Borsay

Abstract: Professor Peter Borsay and LU Wifang had a very fruitful talk concerning his urban history research career and his current academic thinking and pursuit at his office of Aberystwyth, University of Wales on 7 September 2016. Professor Peter Borsay is a historian of early modern and modern Britain, particularlyly social, urban and cultural history and is well-known for his eighteenth century urban Renaissance theory. He is a Fellow of the Royal Historical Society Academy of Social Sciences. Professor Borsay worked at Lampeter and then at Aberystwyth, University of Wales.

作者简介：陆伟芳，上海师范大学都市文化研究中心教授，本文受上海高校高原学科建设计划上海师范大学世界史学科资助。这是作者2016年9月7日在阿布里斯特威斯(Aberystwyth)的威尔士大学访问彼得·博尔绍伊(Peter Borsay)的结果。

光启学术

奥维德的伊诺和菲罗墨拉：近期纸草中的新互文[①]

帕特里克·J. 芬格拉斯(P. J. Finglass) 著
康 凯 译

就在几年前，曾经出版过一部专门研究悲剧对奥维德作品影响的专著：丹·科雷的《奥维德作品中的悲剧：戏剧、元戏剧以及一种文学体裁的转变》(Dan Curley, *Tragedy in Ovid. Theater, Metatheater, and the Transformation of a Genre*)。[②] 如果我说这部著作刚一出版便已经过时了，我并不是要对作者进行任何批评。他可能并不知道，在他的著作发售之际，有一份希腊纸草将会出版。这份纸草的年代为公元3世纪，来自距离现代开罗西南方向大约100公里的古代小镇奥克西林库斯(Oxyrhynchus)。这份纸草文献中含有一段欧里庇得斯《伊诺》的残篇，它和奥维德作品中的一段存在着耐人寻味的关联。因为纸草的发现，我文章中被证明过时的不仅仅是科雷的著作。2017年的会议为这篇文章提供了缘起，当我在2016年初提交2017年会议论文的题目和摘要之时，我并不知道有另一份纸草将会在这一年的晚些时候出版，它为奥维德与希腊悲剧之间耐人寻味的相似性提供了进一步的资料。这意味着我不仅必须把我原来的题目从"奥维德的伊诺：一篇近期纸草中的新互文"改为"奥维德的伊诺和菲罗墨拉：近期纸草中的新互文"，而且得

---

① 本文为国家社科基金重大项目《古罗马诗人奥维德全集译注》(批准号：15ZDB087)阶段性成果。原文为作者在"全球语境下的奥维德——奥维德逝世两千年纪念会议"(上海师范大学，2017年5月31日—6月2日)上的英文发言。

② Curley 2013，有关奥维德与希腊悲剧的研究，也可参见Coo 2010。

在同一篇文章中涵盖两篇颇有难度的纸草文书。

一如你们将会清楚地看到的那样，我的文章并不试图作文学和理论上的分析。我只是一个纸草学家，我的目的很简单：将这些发现传达给尽可能多的奥维德研究者，并且期望就这些发现而言，他们之中的有些人能够比我有更多、更好的分析。此外，文章中对许多问题未加阐释，因为这里没有足够的篇幅来从头到尾讨论这些纸草的每一方面。对于这些纸草更加细致的描述及论证，可参阅本脚注中的书目。①

首先，《伊诺》——编号为 P. Oxy. 5131 的纸草，根据写本来看，可以断代到公元 3 世纪，其中包含欧里庇德斯《伊诺》尾声部分某一幕的开场片段。在写本的页边空白处是一位说话者阿塔玛斯（Athamas）的名字，边上可以发现一个希腊字母 beta，这表明这一部分将由第二演员（deuteragonist）来表演。在这份纸草的更下方，留有另一位说话者的名字，边上是另一个标记，它的弧线和希腊字母 alpha 吻合。这是第一演员（protagonist）的标记。这份纸草的编辑者谨慎地评论称下面那位发言者有可能是‘ ỊṾ(ω)，除此之外没有再给出其他看法。② 不过我们可以放心地还原这个名字。我们必须问的问题是：这个版本的神话故事中有哪个名字符合这些线索？伊诺完全符合这些特征，没有其他相关的名字合适。残篇的开头一定是由歌队来表演的，其中包括一首短短长格的歌队合唱颂的结尾部分，宣告新角色的登场。因此，这份纸草由歌队的歌唱和诵唱开始，接下来是阿塔玛斯的 4 行台词，随后是伊诺的一首歌曲的开始部分。我们不知道伊诺的这首歌有多长，也不知道歌队和阿塔玛斯是否要一起唱。下面是纸草文本的翻译，文本似乎表明一位男性死者，可能是个孩子，被带到了阿塔玛斯的宫殿里：

---

① 《伊诺》的纸草由 Luppe 和 Henry 在 2012 年出版。此后出现了下列讨论这份抄本的文章：Finglass 2014，Finglass 2016a，Finglass 2016b，Kovacs 2016，Finglass 2017。钟-格萨德（Chong-Gossard）也在自己的文章中讨论了这份文献（Chong-Gossard 2016：41－2）。这份纸草的图片可以在下面网站上看到：http://www. papyrology. ox. ac. uk/POxy/。*Tereus* 这篇纸草由 Slattery 在 2016 年出版。此后唯一一篇讨论该纸草的文章是 Finglass 2016c；参见 2019。到时候（尽管不是此文写作的时候）这份纸草的图片可以在下面网站上看到：http://www. papyrology. ox. ac. uk/POxy/。此文中的某些部分是从下列文章中翻译过来的：Finglass 2014 和 Finglass 2016c。我希望在其他文章中更加详细地讨论这两份纸草与奥维德作品之间的关联。

② Luppe and Henry 2012：25.

[歌队歌唱的结尾。人们看见侍从们带着勒阿耳科斯(Learchus)的遗体从入场通道(eisodos)进场。]

歌队：另一个……

因为这些人已经来了……

天上的厄运……

卡德摩斯的……

带到了主人的房间里……

[侍从们带着勒阿耳科斯的遗体登场。]

阿塔玛斯：过客们，请轻轻地将他放在屋前，

他的重量对你们来说微不足道，对我来说却是痛苦。

脱下他的衣服，让阳光照着他……

这样罩袍下面的部分也不会遗漏……

[侍从们将勒阿耳科斯的遗体放在剧场中，并且脱去了盖在他身上的罩袍。]

伊诺(歌唱)：……灵魂……

……

可怕的……啊，不幸的……

……痛苦的……

阿塔玛斯当时是塞萨利的一个国王，他在婚姻上遇到了问题。众所周知，他的第二任妻子伊诺试图杀死她的两个继子佛里克索斯(Phrixus)和赫勒(Helle)。然而她自己的孩子们却遭遇了不幸：赫拉让阿塔玛斯发疯，并且杀死了他自己的儿子勒阿耳科斯，陷入恐惧之中的伊诺和她的另一个儿子墨利刻耳忒斯(Melicertes)跳入了大海中，母子两人都被变成了神祇。幸好神话收集者希吉努斯(Hyginus, *Fabula* 4)为我们总结了欧里庇得斯戏剧的情节，如下：

Euripidis Ino

Athamas in Thessalia rex, cum Inonem uxorem, ex qua duos filios 〈susceperat〉, perisse putaret, duxit nymphae filiam Themistonem uxorem; ex ea geminos filios procreavit. postea resciit Inonem in Parnaso esse atque bacchationis causa eo pervenisse. misit qui eam adducerent; quam adductam celavit. resciit Themisto eam inventam esse, sed quae esset nesciebat. coepit velle filios eius necare. rei consciam, quam captivam esse credebat, ipsam Inonem sumpsit; et ei dixit ut filios suos candidis vestimentis operiret, Inonis filios nigris. Ino suos candidis, Themistonis pullis operuit; tunc Themisto decepta suos filios occidit. id ubi resciit, ipsa se necavit. Athamas autem in venatione per insaniam Learchum maiorem filium suum interfecit; at Ino cum minore filio Melicerte in mare se deiecit et dea est facta.

塞萨利的国王阿塔玛斯和他的妻子伊诺生了两个儿子。他以为伊诺去世了,于是娶了一位宁芙仙女的女儿忒弥斯托(Themisto)。后来他发现伊诺在帕纳索斯山上,她之前参加了酒神的狂欢。他派人把她带回家,并将她藏了起来。忒弥斯托发现了她,但并不知道她的身份。忒弥斯托设想杀死伊诺的儿子们,她以为伊诺是一个俘虏,便把她当成这一计划中自己的心腹。忒弥斯托告诉伊诺,让自己的孩子们披上白山羊皮,让伊诺的孩子们披上黑山羊皮。伊诺将自己的孩子们披上白山羊皮,让忒弥斯托的孩子们披上黑山羊皮。随后,忒弥斯托误杀了自己的孩子们,她在发现后便自杀了。而阿塔玛斯在打猎时陷入了疯狂中,杀死了他的长子勒阿耳科斯。伊诺和她的另一个年幼的儿子墨利刻耳忒斯一起跳入了大海,被变成了神祇。

我们的残篇只符合欧里庇得斯戏剧中的一幕:即阿塔玛斯的儿子勒阿耳科斯死后,而勒阿耳科斯就是那位死去的男孩。他足以让伊诺悲痛。而且,由于他是在狩猎时被阿塔玛斯杀死的,所以他的遗体被侍从带入宫殿也说得通。

在一些其他版本的神话中,勒阿耳科斯死后,伊诺和墨利刻耳忒斯就立即跳海了。在某些故事版本中,这是因为阿塔玛斯仍然处于疯狂中,伊诺担心自己母子的性命。我们从这份新发现的纸草上的剧本中所了解到的重要一点是:上述版本中的情节并没有出现在欧里庇得斯的剧本中。在欧里庇得斯这里,阿塔玛斯从疯狂中恢复了,还让伊诺对着她儿子的遗体发表了一段动人的哀叹,并不是怀着恐惧立即逃走。此后伊诺和她的儿子墨利刻耳忒斯一起跳海的情节可能安排在剧本最后，由一位“解围之神”(deus ex machina)来叙述，并且宣告他们被变成了神祇。我们有一段被引用的残篇，可能来源于诸如此类的台词中。[①]

这样的情节设计可以让欧里庇得斯描绘出当伊诺在谋害了另一个女人的孩子后，获悉自己儿子被杀时所受到的冲击。相比之下，安排伊诺在勒阿耳科斯死后立即和她的儿子墨利刻耳忒斯一起跳海，就没有机会让观众们看到伊诺对她的儿子勒阿耳科斯死亡所做出的反应。而伊诺对着勒阿耳科斯遗体歌唱为这部戏剧提供了极富感染力的一幕场景。这是一段情感强烈的哀叹，如果她这个角色的剧本流传下来的话，可能成为欧里庇得斯戏剧中最令人印象深刻的女主角之一。

唯一可以和这个版本的神话故事类比的段落出现在奥维德《岁时记》第6卷。在讨论生育女神节(Matralia)时，奥维德提到了伊诺被赫拉追逐。在这一段落中，奥维德讨论了生育女神(Mater Matuta)崇拜的起源。这个女神就是成为神祇后的伊诺。她在跳海后被带到了拉丁姆。而此前，她因照顾狄奥尼索斯引起了赫拉的愤怒，这导致了以下后果：

hinc agitur furiis Athamas et imagine falsa,
tuque cadis patria, parve Learche, manu;
maesta Learcheas mater tumulaverat umbras
et dederat miseris omnia iusta rogis.
haec quoque, funestos ut erat laniata capillos,
prosilit et cunis te, Melicerta, rapit.

于是阿塔玛斯被愤怒和幻觉所缠绕。
而你，幼小的勒阿耳科斯，死于你父亲之手。
勒阿耳科斯哀伤的母亲将他的灵魂带入了坟墓。
将自己的荣耀交付给了痛心的柴堆。
而后，当她悲伤地撕扯她的头发时，她纵身一跃，
还从你的摇篮里抱起了你，墨利刻耳忒斯。

奥维德《岁时记》6.489—494

---

① Tr. Adesp. frr. 100-1 *TrGF*; see Finglass 2014: 72.

根据《岁时记》第 6 卷最新的评注者乔伊 · 利特伍德(Joy Littlewood)的观点:“奥维德复述了伊诺的故事……将伊诺这位酒神崇拜者和杀婴者转变成了罗马式的母性关怀的典范。”[①]然而,纸草迫使我们考虑奥维德的复述是否还有来自欧里庇得斯的影响。实际上,这个版本的神话故事十分值得注意——就我所知,它只在这两段文献中出现过——它们互相之间一定有关联,特别是因为《伊诺》在古典时代是一部流行的戏剧。普鲁塔克和菲罗斯特拉图斯(Philostratus)都提到了他们那个时代《伊诺》在罗马帝国中的表演;[②]3 世纪奥克西林库斯有一份这出剧的纸草,带有标注,暗示某种表演,也进一步印证了这一情况。对我们来说,知道奥维德所选择的神话故事此前曾出现在悲剧中,并不是否认奥维德的原创性。两位诗人为了各自的目的利用了伊诺的两个儿子去世之间的重要间隔,强调了勒阿耳科斯之死所引起的悲痛,升华了痛惜儿子的母亲形象。奥维德唤起了人们对欧里庇得斯的伊诺的回忆,也有助于让他自己笔下伤心并且受到迫害的角色引起人们的同情。

现在来讨论第二份纸草,P. Oxy. 5292,这份残篇是索福克勒斯的悲剧《忒柔斯》(*Tereus*)中一个著名而动人的片段。由忒柔斯的妻子普洛克涅(Procne)念白,被斯托拜乌斯(Stobaeus)所引用,文本如下:

νῦν δ’ οὐδέν εἰμι χωρίϲ. ἀλλὰ πολλάκιϲ
ἔβλεψα ταύτηι τὴν γυναικείαν φύϲιν,
ὡϲ οὐδέν ἐϲμεν. αἳ νέαι μὲν ἐν πατρὸϲ
ἥδιϲτον, οἶμαι, ζῶμεν ἀνθρώπων βίον·
τερπνῶϲ γὰρ ἀεὶ παῖδαϲ ἁνοία τρέφει.
ὅταν δ’ ἐϲ ἥβην ἐξικώμεθ’ ἔμφρονεϲ,
ὠθούμεθ’ ἔξω καὶ διεμπολώμεθα
θεῶν πατρῴων τῶν τε φυϲάντων ἄπο,
αἱ μὲν ξένουϲ πρὸϲ ἄνδραϲ, αἱ δὲ βαρβάρουϲ,

① Littlewood 2006: 152.

② Plutarch *De sera numinis vindicta* 556a, Philostratus *Vita Apollonii* 7. 5.

αἱ δ' εἰϲ ἀήθη δώμαθ', αἱ δ' ἐπίρροθα.
καὶ ταῦτ', ἐπειδὰν εὐφρόνη ζεύξηι μία,
χρεὼν ἐπαινεῖν καὶ δοκεῖν καλῶϲ ἔχειν

> 就像这样，我现在微不足道；但我经常注意到女人的这种天性，我们都是微不足道的。在童年我们父亲的家中，我们过着最幸福的生活，因为我觉得对全体人类来说，无知总是能够让孩子们无忧无虑。但当我们到了懂事的年龄，有了青春的活力，我们就被撵出去，被卖掉，远离父母和祖先所崇奉的神祇。有的人去了外邦人丈夫那里，有的人去了野蛮人那里；有的去了陌生的家，还有的到了受尽凌辱的家。而一旦那一夜我们套上了轭，我们就必须赞同并且认为这就是幸福。

这一神话的标准版本人们十分熟悉。色雷斯国王忒柔斯娶了雅典国王潘狄翁(Pandion)的女儿普洛克涅，并且把她带回了家。他们生了一个儿子伊堤斯(Itys)。过了一段时间，普洛克涅感到孤独，想见一见自己的妹妹菲罗墨拉(Philomela)。忒柔斯去雅典把菲罗墨拉带了回来，却在路上强奸了她，并且割了她的舌头以防她控诉。然而在抵达色雷斯之后，菲罗墨拉通过在挂毯上写字和编织图案告诉普洛克涅发生了什么事。于是两姐妹谋划杀死伊堤斯，以此来惩罚忒柔斯，还将伊堤斯的肉做成一顿饭，让他不知情的父亲吃。忒柔斯发现了真相后追逐她们，这三个人被诸神变为三只鸟。普洛克涅变成了夜莺，菲罗墨拉变成了燕子，而忒柔斯变成了戴胜鸟。

P. Oxy. 5292 出版于 2016 年 6 月，该纸草的年代可以追溯到公元 2 世纪，和上文所引用的段落互相重合。纸草留下了两栏文本。我们可以略过左面几乎没有文字的一栏，而关注右面的那一栏。文字重合的部分位于这一栏的顶部。最初的 3 行和上文所引用的 21 行残篇的最后 3 行相关。纸草上告诉我们的第一件事是普洛克涅的发言只是多继续了 4 行。因为在这一栏的前 7 行之后有一条横线，在这里位于字母阿尔法的顶部。这条横行被称为 *Paragraphos*，[1]在古希

---

① 译者注：paragraphos＝para（旁边）＋graphos（写），直译是“写在旁边”，可译为“分隔号”“分段号”。

腊语的抄本中表示念白者的切换。在这份纸草中这样的 *Paragraphoi* 一共有6处,表明念白者的切换速度是相当快的。最后一位念白者似乎引入了一篇相当长的演说。第10行以 Δέσποινα——“女主人”这个词开始。某个人正在和一位地位很高的女性,也就是普洛克涅讲话。但讲话者是谁?页边空白处的墨水给了我们提示。墨水的印记很不醒目,但解读起来也不难。这些印记是希腊字母 chi 的残留,顶上还有一个 omicron,这是表示歌队的常见方式。然后我们还看到了 ποιμ 这个词,这只能是 ποιμήν 这个词的开始部分,意思是牧人。

这些记号使我们可以看到这段文本的整体结构。这一栏的前7行是普洛克涅念白的结尾部分。当我们把纸草中所没有的那段被引用的残篇加上去后,我们知道这段讲话的长度至少有16行,可能还要长得多,也就是说至少有30行。然后是来自歌队的2行,正如一段主要讲话的结尾所经常出现的那样。之后是牧人的讲话,之后,在纸草中断于牧人的长篇叙述前,是普洛克涅和牧人的交谈。

文本的结构就是这样。文本的语言如何呢?每一行我们都只有不到一半的内容。当我们将这些文本翻译过来时,好像没有什么令人印象深刻的内容。译文如下:

> 普洛克涅:有的到了陌生的家,还有的到了受尽凌辱的家。而当那仅有的一夜给她套上了轭,她就必须接受这命运并且认为她这样做很好……习俗……如果出于这样的……我认为……因为……
>
> 歌队:但是……美好的……
>
> 牧人:女主人……希望……一些事……
>
> 普洛克涅:随后……讲话……
>
> 牧人:发誓……我将会述说……
>
> 普洛克涅:已经说过了……相同的/共享的……
>
> 牧人:我将会……但是从狩猎……谁
>
> ……给我们……去……来自……奠酒……我
>
> 站在……小屋

纸草上可能并没有为索福克勒斯的诗作提供任何新的片段。这里的文字不含有任何我们所期望的希腊悲剧中能够打动读者的强烈感情。不过，这些文字仍然在很多方面有助于我们对这部作品的了解。其中，这份纸草排除了几种剧情发展的可能。普洛克涅在剧中的这一时间点上不可能知道忒柔斯对她的妹妹菲罗墨拉所犯下的任何罪行，也不可能已经和舌头被割掉的妹妹见过面，或是通过其他渠道了解到她妹妹的这一状况，她也不可能(误)以为她的妹妹已经死了。如果她的确知道或者确信如此可怕的命运正折磨着她的妹妹，她在最后用了长达 16 行的讲话来论述妇女出嫁后的普遍状况就显得奇怪。同样地，如果歌队简单地用两行来回应一段提及如此骇人听闻事件的讲话也是不正常的，这两行可能是介绍牧人的登场。这些新发现的诗行只有开头部分被保存了下来，但没有足够的篇幅来论述菲罗墨拉被割舌或者死亡，同样也不可能表达复仇的意愿，或者表示来自歌队的支持和/或慰藉。

普洛克涅的反应导致牧人发誓，或者说他愿意发誓，他将要说的话是真实的。在悲剧中，发誓用来表示一些让倾听者难以接受的重要谈话的真实性。谈话中可能有好消息或者坏消息。因此，无论普洛克涅对牧人说了什么，牧人迅速地借助发誓来保证他消息的真实性，这表明他将要传达一些非同寻常的信息。

这些信息会是什么呢？很可能是牧人表示他发现菲罗墨拉被割了舌头。在开始说话前，牧人反常地不太情愿说出消息的主旨，而且他很乐意发誓来保证这一消息的真实性，这都和我们推测的信息吻合。如果“小屋”这个词的恢复是准确的话(由于纸草这处的痕迹残缺不全，也很难看出还有什么希腊语单词符合这些痕迹)——这可能指的是菲罗墨拉此前被监禁的地方。

忒柔斯秘密地监禁了被割了舌头的菲罗墨拉。奥维德在《变形记》里也有这样的说法：

rex Pandione natam
in stabula alta trahit, silvis obscura vetustis,
atque ibi pallentem trepidamque et cuncta timentem
et iam cum lacrimis ubi sit germana rogantem
includit

> 国王将潘狄翁的女儿带到了一个竖着高墙的建筑里，它位于一处古老的森林中。他把她锁在里面。她，脸色苍白，浑身颤抖，惊慌不已，哭着求问她的姐姐在哪里。
>
> 奥维德《变形记》6.520—524

随后忒柔斯割了她的舌头，把她留在了那里。在利巴尼乌斯(Libanius)那里也有这样的说法："忒柔斯把她藏在远离她姐姐的村子里，设立了守卫。"(《纪事》*Narrationes* 18.1)还有其他类似的例证。我们可以看到，菲罗墨拉被关在这样的地方，很适合被牧人发现。

在奥维德的故事里，忒柔斯告诉普洛克涅，菲罗墨拉之所以没有出现是因为她在从雅典到色雷斯的路上去世了。这样的欺骗手段在我们的剧本里是不可能出现的。当普洛克涅讲了纸草残篇(fr. 583)上的话时，她并不知道她的妹妹遭到了什么不幸。我们不必担心这样的不一致。奥维德没有理由必须要在任何细节上都遵照索福克勒斯的剧本，如果他真的那样做了反而会令人惊讶。

近两百年来，学者们试图根据奥维德的论述来复原索福克勒斯的剧本。但这种尝试在方法上存在着明显的问题：在没有其他证据的情况下，不可能弄清有哪些细节是奥维德照搬索福克勒斯的剧本，哪些是经过了他的改编，哪些是被他省略的。而从我们这篇文章的意义上来说，值得注意的是，有多少学者在这份纸草出版以前在文章里明确地表示索福克勒斯的剧本里不可能有菲罗墨拉被监禁的剧情。

按照霍尔穆奇亚德斯(Hourmouziades)的看法，"索福克勒斯的忒柔斯为了掩盖他的兽行，有两种选择：要么不让菲罗墨拉和她姐姐说话，要么永远不让她与她姐姐见面。在我看来，这两种选择是互不相容的。如果忒柔斯选择了其中的一种方法，另一种则显得很不必要。"①同样，根据马奇(March)雄心勃勃的重构，在索福克勒斯的剧本中，忒柔斯一定已经将菲罗墨拉带到了宫殿里，她剪短了头发，被打扮成一个奴隶，而且她也没有被她的姐姐认出："在这个故事文本中，没认出她的姐姐说起来有点牵强，所以后来奥维德把情节合理

① Hourmouziades 1986：135.

化了,为了让故事更加说得通,就让菲罗墨拉被关在远离宫殿的地方。"[1]这一观点的基础是一种假设:要么奥维德熟悉索福克勒斯所不知道的其他神话故事版本,要么故事文本的情节必须要比戏剧表演更加合理(无论怎样定义这种"合理")。不管怎么说,这样的假设都是没有根据的。这份纸草的出现可以提醒我们,我们所认为的对不同作者的准确看法,至少可以说是有问题的。上面所引用的一些观点认为,奥维德是一位较晚出现的作家,他创作随心所欲,他无疑不受索福克勒斯权威剧本中经典情节的束缚,希腊研究者们是时候抛弃这些观点了。如果这份纸草能够让人们放弃这样的看法,那么它就有了重要的意义。

我们希腊文化研究者(Hellenists)是幸运的。我们一直在获得新的古代文本——仅仅在最近二十年里,萨福、阿基洛科斯(Archilocus)、索福克勒斯、欧里庇得斯、希佩里德斯(Hyperides)、波希迪普斯(Posidippus)以及阿基米德的纸草改变了我们对古希腊诗歌和散文的认知。但不幸的是,发现奥维德作品纸草的可能性非常小。但对于那些关心奥维德对古希腊神话的利用和改编的学者来说,持续关注不断出现的希腊语纸草并不是毫无意义的。

参考书目

TrGF R. Kannicht and B. Snell (eds.), *Tragicorum Graecorum Fragmenta*. Vol. ii. *Fragmenta Adespota* (Göttingen 1981).

Betts, J. H., Hooker, J. T., and Green, J. R. (1986 - 8) (eds.). *Studies in Honour of T. B. L. Webster*, 2 vols. (Bristol).

Chong-Gossard, J. H. K. O. (2016). 'The irony of consolation in Euripides' plays and fragments', *Ramus* 45: 18 - 44.

Coo, L. M.-L. (2010). 'The speech of Onetor (Ovid *Met.* 11.346 - 381) and its tragic model (Euripides *I. T.* 236 - 339)', *Studi Italiani di Filologia Classica* 4° ser. 8: 86 -106.

Curley, D. (2013). *Tragedy in Ovid. Theater, Metatheater, and the Transformation of a Genre* (Cambridge).

Finglass, P. J. (2014). 'A new fragment of Euripides' *Ino*', *Zeitschrift für Papyrologie und Epigraphik* 189: 65 - 82.

— (2016a) 'Mistaken identity in Euripides' *Ino*', in Kyriakou and Rengakos (2016) (eds.) 299 - 315.

---

① March 2003: 158 - 159.

— (2016b) 'Un nuevo papiro de Eurípides', in Silva *et al*. (2016) (eds.) i 183 – 95.

— (2016c) 'A new fragment of Sophocles' *Tereus*', *Zeitschrift für Papyrologie und Epigraphik* 200: 61 – 85.

— (2017) 'Further notes on the Euripides *Ino* papyrus (P. Oxy. 5131)', *Eikasmos* 28.

— (2019) 'Suffering in silence: victims of rape in Sophocles' *Tereus* and *Trachiniae*', in Finglass and Coo (forthcoming) (eds.).

Finglass, P. J., and Coo, L. (2019) (eds.), *Fragmented Women. The Female Characters of Fragmentary Greek Tragedy*.

Hourmouziades, N. C. (1986). 'Sophocles' *Tereus*', in Betts *et al*. (1986 – 8) (eds.) i 134 – 42.

Luppe, W., and Henry, W. B. (2012). '5131. Tragedy (Euripides, *Ino*)?', *The Oxyrhynchus Papyri* 78: 19 – 25.

Kovacs, D. (2016). 'Notes on a new fragment of Euripides' *Ino* (P. Oxy. 5131)', *Zeitschrift für Papyrologie und Epigraphik* 199(2016)3 – 6.

Kyriakou, P., and Rengakos, A. (2016) (eds.). *Wisdom and Folly in Euripides* (Trends in Classics suppl. 31; Berlin and Boston).

Littlewood, R. J. (2006). *A Commentary on Ovid*: Fasti *Book vi* (Oxford).

Luppe, W., and Henry, W. B. (2012). '5131. Tragedy (Euripides, *Ino*)?', *The Oxyrhynchus Papyri* 78: 19 – 25.

March, J. (2003). 'Sophocles' *Tereus* and Euripides' *Medea*', in Sommerstein (2003) (ed.)139 – 61.

Silva, M. de F., Fialho, M. do C., and Brand? o, J. L. (2016) (eds.). *O livro do tempo: escritas e reescritas. Teatro greco-latino e sua recepção*, 2 vols. (Coimbra).

Slattery, S. (2016). '5292. Sophocles, *Tereus*', *The Oxyrhynchus Papyri* 82: 8 – 14.

Sommerstein, A. H. (2003) (ed.). *Shards from Kolonos. Studies in Sophoclean Fragments* (le Rane Collana di Studi e Testi 34; Bari).

作者简介：帕特里克·J. 芬格拉斯(P. J. Finglass)，英国布里斯托尔大学(University of Bristol)古典学和古代史系的系主任、亨利·奥维顿·威尔斯(Henry Overton Wills)讲席教授。

译者：康凯，上海师范大学副教授。

奥维德的圣所及其意义[①②]

吴靖远

摘　要：在书于公元12至13年的《黑海书简》2.8中，奥维德(Ovid)宣称他收到了科塔·马克西姆斯(Cotta Maximus)寄来的奥古斯都(Augustus)、提比略(Tiberius)、利维娅 (Livia)的银像(诗人以 *simulacra*、*imagines*、*effigies* 等词称之)。而书于公元15至16年的《黑海书简》4.9中，奥维德宣称全黑海地区都知道他每日早晨于家中的凯撒圣所(*Sacrum Caesaris*)祭拜奥古斯都、提比略、利维娅、日耳曼尼库斯(Germanicus)、德鲁苏斯(Drusus)。自斯科特(Kenneth Scott)始，[③]学界广为接受的解释是这两篇信体诗当连在一起读。诗人于公元12至13年获得了三尊半身或小型的全身像，另于公元15至16年间又取得了日耳曼尼库斯与德鲁苏斯的像。若这个解释为真，如查尔斯·布莱恩·罗斯(Charles Brian Rose)所言，奥维德对于他家的凯撒圣所做的描述就可以作为解释皇室群像如何散播的一种途径。[④]

以奥维德的诗来证明奥维德是否祭拜皇室，或是诗人是否拥有皇室圣所，

---

① 本文为中国“国家社科基金重大项目《古罗马诗人奥维德全集译注》(批准号：15ZDB087)阶段性成果”。原文为作者在“全球语境下的奥维德”(上海师范大学，2017年5月31日—6月2日)国际会议上的英文发言，由作者本人译为繁体字中文稿。经作者同意，现转为简体字版发表。

② 诚挚感谢美国驻雅典古典学院布里根图书馆(Blegen Library, American School of Classical Studies at Athens)提供各种研究资源与研究机会。

③ K. Scott, “Emperor Worship in Ovid”, *Transactions and Proceedings of the American Philological Association*, 61(1930), 43 - 69; K. Scott, “The Significance of Statues in Precious Metals in Emperor Worship.” *Transactions and Proceedings of the American Philological Association*, 62(1931), 101 - 123.

④ C. Rose, *Dynastic Commemoration and Imperial Portraiture in the Julio-Claudian Period*, Cambridge, 1997, p. 277.

证据力明显不足。但奥维德于公元12/13年、公元15/16年分别告知两位不同的罗马贵族关于他祭拜皇室雕像的细节，显然代表皇室祭拜是帝国初期罗马贵族交流的重要议题。碑铭与文献记载显示，此时皇帝虽彰显宽仁之心，却兼行威吓之术，一方面强调皇室的雕像只是人像而非神像、却对于一些亵渎皇室雕像的案子采先审后放的策略，另一方面又对特定骑士阶级与元老阶级等罗马贵族的亵渎案特别关注，也就间接鼓励了公众妄加臆测并频繁诬告，以及罗马贵族对于崇拜皇室的实践与讨论格外投入的社会氛围；因此，奥维德除了希望返回罗马、有求于皇室这项因素之外，也被罗马贵族的集体行为左右。是以本文立场为：奥维德于两则信体诗中所言崇拜皇室云云是历史事实。本文先讨论奥维德两则信体诗的出版背景，再讨论奥维德究竟收到了何种馈赠、为什么会收到这种馈赠，以及这个馈赠与皇室圣所的关连性等等。本文再将奥维德的皇室圣所放于历史语境之中，讨论提比略成为元首前后的亵渎案以及社会政治氛围与奥维德的两则信体诗之间的关系。

关键词：奥维德；皇帝崇拜；雕像；继承问题；君主庙

奥维德的圣所与《黑海书简》出版语境

《黑海书简》中，奥维德有两封书信提及他个人的皇室崇拜，分别为二卷之八(2.8)与四卷之九(4.9)。其中4.9奥维德描绘他每日早晨于家中的凯撒圣所(*Sacrum Caesaris*)祭拜奥古斯都、提比略、利维娅、日耳曼尼库斯(Germanicus)、德鲁苏斯(Drusus)，甚为具体：

> nec pietas ignota mea est: videt hospita terra / in nostra sacrum Caesaris esse domo. / stant pariter natusque pius coniunxque sacerdos, / numina iam facto non leviora deo. / neu desit par ulla domus, stat uterque nepotum / hic auiae lateri proximus, ille patris. / his ego do totiens cum ture precantia uerba, / eoo quotiens surgit ab orbe dies. / tota, licet quaeras, hoc me non fingere dicet / officii testis Pontica terra mei. / Pontica me tellus, quantis hac possumus ara, / natalem ludis scit celebrare dei. / nec minus hospitibus pietas est cognita talis, / misit in has siquos longa Propontis aquas.

我的虔诚并非不出名：化外的大地看见我的宅院里有个凯撒的圣所。凯撒虔诚的儿子与祭司夫人站在两旁，同为神灵：现在凯撒成神了。为免这家少了什么，两个孙子也站着：一个在祖母身旁、另一个在父亲身旁。我对这些每日伴着熏香献上祝祷的话语，如白昼每日从东边升起一般频繁。你可问：那广袤的本都大地会说以它为证，我没有虚构。本都大地知道，在这祭坛，我尽我所能以节目表演庆祝神的生日。如此的虔诚没少了远客的关注：不论远方的马尔马拉海差遣何人来这个海域。

奥维德在4.9中提到的皇室群像中有与2.8中的人物重复。自斯科特(Kenneth Scott)始，学界广为接受的解释是这两篇信体诗当连在一起读：诗人于公元12至13年获得了三尊半身或小型的全身像，另于公元15至16年间又取得了日耳曼尼库斯与德鲁苏斯的像。① 但所谓"圣所"(sacrum)为何，若干细节，包括雕像如何排列、奥维德如何祝祷、凯撒的生日时奥维德如何使用祭坛等等，虽然绘声绘影，却无法协助判断"圣所"是否可理解为类似罗马民宅中普遍都有的"家神"神坛；且私人宅院中祭祀的场域甚至有大如完全用来供奉神祇的一整间房室；②也有如庞培城内"维提之家"(House of the Vettii)的小中庭里科林斯式小祠门面的家神坛，③以及萨诺河神坛之家(House of the Sarno Lararium)的神龛；④或如一座小建筑，如庞培城内"悲剧诗人之家"(House of the Tragic Poet)⑤的中庭以及权贵马尔库斯·埃比狄斯·萨比努斯之家(House of Epidius Sabinus)的花园里的小祠堂，⑥究竟如何类比，也是

① K. Scott, "Emperor Worship in Ovid", *Transactions and Proceedings of the American Philological Association*, 61(1930), 43 - 69; idem "The Significance of Statues in Precious Metals in Emperor Worship." *Transactions and Proceedings of the American Philological Association*, 62(1931), 101 - 123.

② R. Parker, "Public and Private", in R. Raja and J. Rüpke, eds., *A Companion to the Archaeology of Religion in the Ancient World*, Wiley Blackwell, 2015, p. 77.

③ M. Beard, *Pompeii. The Life of a Roman Town*. Profile Books, 2008, 295 - 297; J. Clarke, *Art in the Lives of Ordinary Romans. Visual Representation and Non-Elite Viewers in Italy, 100 BC-AD 315*, University of California Press, 2003, 75.

④ Clarke, pp. 79 - 80.

⑤ Beard, p. 101.

⑥ J. Franklin, *Pompeis Difficile Est: Studies in the Political Life of Imperial Pompeii*, University of Michigan Press, 2001, 158 - 160.

问题。[①] 由于奥维德并未选择使用“庙室”(sacellum)或小祠(aedicula)形容,[②]我们只能据奥维德所提到的在祭坛处以表演庆祝奥古斯都生日、远客似是会到来观礼等等来猜测或许 sacrum 指涉的是较为宽广的空间,如中庭等等。以此论,sacrum 以中文里意义较为广泛的“圣所”翻译或许适当,因为牵涉到的不只是放置雕像的地方,而是一个敬神的空间。

根据学界对于《黑海书简》四卷信体诗的研究,奥维德本人编辑、发表了卷一至卷三,其中能够定年的细节皆为公元 12 至 13 年间。[③] 是以,《黑海书简》2.8 虽没有明确的时间信息,仍可以假设与其他共同发表的信体诗同时间,为公元 12 至 13 年所作。《黑海书简》第四卷的信体诗编排特征与前三卷有些许差异。[④] 另外,信体诗内容牵涉到的时间点为公元 13 至 16 年,较为纷杂,一般认为是公元 17 年奥维德逝世之后由他人出版。[⑤] 前三卷与第四卷其中有个差异值得关注:第四卷中,只有两则信体诗的收信人是前三卷曾经出现过的。[⑥]以科塔为例,前三卷中有七则信体诗的收信人是他,[⑦]但到了第四书他只有在第十六则中出现区区四行,提及他的创作天分。[⑧] 学者如罗纳德·赛姆(Ronald Syme)以及哈利·埃文斯(Harry Evans)认为,科塔在第四书几乎没有出现、而收信人如法比乌斯·马克西姆斯(Fabius Maximus)、赛克斯特斯·庞培乌斯(Sextus Pompeius)、彭波尼乌斯·格来奇努斯(Pomponius Graecinus)等获得奥维德的重视,应是表示奥维德对于科塔已经不抱持希望,转而积极接触其他元老阶级的执政官,以求他们能够代他向皇帝求情。[⑨]

---

① A. Small, “Urban, Suburban and Rural Religion in the Roman Period”, in J. J. Dobbins and P. W. Foss, eds., *The World of Pompeii*, Routledge, 2009, pp. 191 - 193.

② J. Rüpke, *The Religion of the Romans*, pp. 184 - 185.

③ R. Syme, *History in Ovid*, Oxford, 1978, p. 42; G. Williams, “Ovid's Exilic Poetry: Worlds Apart”, in Boyd, ed., *Brill's Companion to Ovid*, Brill, 2002, p. 338.

④ H. Evans, *Publica Carmina: Ovid's Books from Exile*, University of Nebraska Press, 1983, pp. 168 - 169.

⑤ Evans, p. 154.

⑥ Evans, p. 153.

⑦ *Ex P.* 1.5, 1.9; 2.3, 2.8; 3.2, 3.5, 3.8. 另外,赛姆(Ronald Syme)于 Syme, *Augustan Aristocracy*, Clarendon, 1978, p. 76; 1986, p. 235 认为《哀怨集》(*Tristia*)中有两则 Tr. 4.5, 4.9 的匿名收信人应该是指科塔。

⑧ *Ex P.* 4.16.41 - 44.

⑨ RSyme, *Augustan Aristocracy*, Clarendon, 1986, pp. 235 - 236. H. Evans, *Publica Carmina: Ovid's Books from Exile*, University of Nebraska Press, 1983, p. 170.

弗兰切斯卡·马尔泰利(Francesca Martelli)认为,奥维德的信体诗会将若干的收信人以及读者群分成小集体,形成了许多各自隔离的读者群(readerships)、公众群(publics),以及出版语境(publication contexts)。例如《黑海书简》4.6,奥维德寄给了布鲁图斯(Brutus)一首关于奥古斯都成神的诗,而就是这首奥维德仅提及但并未展示的诗勾画了一个小读者圈,这个圈子中除了布鲁图斯和与他熟识的读者以外,别人都被摒除在外。[①] 另一个例子是《黑海书简》4.13:奥维德告知卡鲁斯(Carus)关于一首致奥古斯都神的诗,是诗人用格塔语(Getic)所做。同样,一般读者如我们就被摒除在外,无法见到奥维德没有公开展示的诗作。[②] 马尔泰利认为,这种读者群的建立还有另一个层次:奥维德各种读者圈的读者名字形成了一种不同于君主制的氛围:透过布鲁图斯、赛维鲁斯(Severus)、赛克斯特斯·庞培乌斯(Sextus Pompeius)等名字,奥维德彷佛在描述一个与君主制下的社会格格不入的"书信共和"(a Republic of Letters)。[③] 这个观察与赛姆由碑铭与文献记载等数据重构出的奥古斯都时期贵族的研究呼应。赛姆认为奥维德的信体诗是指认哪个贵族与皇室交好、沦为门人与媚臣的有利线索,[④]而赛姆藉诗中内容发掘出忠于皇室的贵族网络是许多共和时期显赫的大族,如梅萨拉氏(Messallae)、西庇阿氏(Scipiones)等,另外如苏拉、庞培、克拉苏的后裔也成为奥古斯都点缀执政官年表、塑造重造共和假象的名人,而这些人士也以对奥古斯都效忠作为他们重振家族名声的回报。[⑤]

至于奥维德在2.8与4.9之中夸张地描述自己崇拜奥古斯都以及其他皇家成员,引起许多学者的讨论。马修·麦高恩(Matthew McGowan)认为,很难想象奥维德真有个皇室圣所:诗人的描述当是一种高明的幻想手法,将神话和仪式在诗人新开发的"流放诗"之中做紧密联系。[⑥] 赛姆强调奥维德并非真正崇拜他们,而是为了要能够用合适的语言接触到官运亨通的罗马贵族,且

---

① F. Martelli, *Ovid's Revisions. The Editor as Author*, Cambridge, 2013, pp. 208 - 209.

② Martelli, p. 209.

③ Martelli, p. 191.

④ R. Syme, *Augustan Aristocracy*, Clarendon, 1986, p. 414.

⑤ Syme, 1986, p. 444.

⑥ M. McGowan, *Ovid in Exile. Power and Poetic Redress in the Tristia and Epistulae ex Ponto*, Brill, 2009, p. 105.

当他发现他接触过的人没有实质帮助时，就会另外寻找有利人士。[1] 佛格斯・米勒(Fergus Millar)则将奥维德解读为与奥古斯都妥协的贵族核心圈成员之一，他的诗作则是帮助君主制建立谄媚意识形态的重要贡献。[2]

科塔・马克西姆斯的馈赠

科塔・马克西姆斯是奥维德前三卷中七篇信体诗的收信人，也是奥维德刚被流放时的支持者。据奥维德《黑海书简》卷二之八《致科塔・马克西姆斯》一诗宣称，科塔于公元 12 至 13 年间送给奥维德一套皇家群像，包括两个凯撒奥古斯都、提比略，以及奥古斯都的妻子利维娅。[3] 科塔所赠的皇家三神(imperial triad)是银打造的：诗人强调：本来粗糙的银，现在灵气充满。[4] 奥维德接着形容他如何看着两个凯撒，如何崇拜他们，[5]并开始对他们一一祈祷。[6] 究竟这三尊银造的雕像是什么，奥维德的形容有些争议。往往学者都引 2. 8. 1—10"幸运的银比任何的金更福气"云云作为主要判断的依据，认为银造的像应是能方便运送的小型、可移动的立像；另外，奥维德多次强调看着三尊像的脸，似乎隐隐代表三尊像只有脸，或主要的特征是脸，也有可能是半身像或头像。

较有趣的是，奥维德对于这三尊像的细部描写鲜少被拿来作为讨论这些像究竟是哪一种的依据。主要的原因，是因为奥维德几乎把所有会用来形容头像、半身像，以及全身像的拉丁文字汇全用了一遍。相关篇幅摘录如下(《黑海书简》2. 8. 57—74)：

> felices illi, qui non **simulacra**, sed ipsos / quique deum coram **corpora uera** uident. / quod quoniam nobis inuidit inutile fatum, / quos dedit **ars**, **uultus effigiemque** colo. / sic homines nouere deos, quos arduus aether / occulit, et **colitur pro Ioue forma Iouis**. / denique, quae

---

① Syme 1986, p. 414.

② F. Millar, "Ovid and the Domus Augusta: Rome Seen from Tomoi", *JRS* 83(1993)16.

③ *Ex P*. 2. 8. 1 - 4. 马丁・贺泽(Martin Helzle)认为奥维德所言利维娅是补足应当有的数量云云，应是要把三尊像与卡比托林三神(Capitoline Triad)相比。M. Helzle, *Ovids* Epistulae ex Ponto. *Buch I - II Kommentar*, 2003, p. 361。

④ *Ex P*. 2. 8 5 - 6.

⑤ *Ex P*. 2. 8. 13 - 15.

⑥ *Ex P*. 2. 8. 23 - 55.

mecum est et erit sine fine, cauete, / ne sit in inuiso **uestra figura** loco. / nam caput hoc nostra citius ceruice / recedet, et patiar fossis lumen abire genis, / quam caream raptis, o publica numina, uobis: / uos eritis nostrae portu et ara fugae. uos ego complectar, Geticis si cingar ab armis, / utque meas aquilas, 〈 ... s〉igna sequar. / aut ego me fallo nimioque cupidine ludor, / aut spes exilii commodioris adest: / nam minus et minus est **facies in imagine** tristis, / uisaque sunt dictis adnuere ora meis.(注:黑体为作者所加以兹强调)

他们真幸运啊,那些不是看着雕像(simulacra),而是能当场看着神的真身的人们。既然伤人的命运绊住了我,我只能珍藏那些技艺赋予的容貌形象(*ultuus effigiemque*)。人就是如此经验苍穹隐匿的神祇:取代朱庇特的是朱庇特的像(*forma*)被拜着。所以,小心了:你们这些现在与未来将无止境地伴随着我的像,得要小心,别留你们的身形(*figura*)在伤人的地方。因为,社稷的神灵啊,宁愿我的头与脖子分离、宁愿我忍受眼睛从挖出之后光的离去,我也不愿失去你们,让你们被夺去。你们是我的避风港、我逃亡的祭坛。若格塔人包围我时我会抱着你们;我的鹰……我跟随着旗帜。我或许是欺骗自己。我或许被过度的欲望捉弄。或者,盼望中较能忍受的流放已至?因为,像上(*in imagine*)的严肃表情渐渐缓和,他的面容似乎认可我说的话。

这段叙述是奥维德对三尊像一一祈祷后的总结。在十七行内,奥维德用了六个重要的词语来形容这三尊像:第 57 行 simulacra、第 58 行 corpora uera、第 60 行 ultus effigiumque、第 62 行 forma、第 64 行 figura、第 73 行 imagine。这六个词语中,simulacrum、effigies、imago 是最常用来形容雕塑品的字,然而他们可以指人形、样貌、半身像、头像,或全身立像。[①] 查询《拉丁文

① Lewis & Short 定义 *simulacrum* 为"images formed by art, esp. of statues of the gods, an image, figure, portrait, effigy, statue"(艺术塑造出的形象,特别是,诸神之雕像、形象、人像、肖像、塑像、雕像);*effigies* 则是"in post-Aug. prose, in gen. "(奥古斯都之后的散文中,大体而言,)as "the plastic (less freq. the pictorial) representation of an object, an image, statue, portrait. "[作为"一个物件的(较少是绘制)的塑形呈现、形象、雕像、肖像"]*imago* 则是"a representation, (转下页)

辞海》(*Thesaurus Linguae Latinae*，简称 *TLL*)后发现，虽然《拉丁文辞海》条目引述丰富，但由于 simulacrum、effigies、imago 等三字在文献写作中为同义词的情况普遍，对于找寻到与现代语言可在观念上对应的词并无帮助，反而 *Lewis & Short* 以及《牛津拉丁词典》(Oxford Latin Dictionary，简称 *OLD*)将英语作为中介语后较能明确讨论字词间的差异。曼佛德·克劳斯(Manfred Clauss)的研究更指出，这些字在日常使用是在语法上有明显区别的。举例来说，一枚由 Marcus Herennius Albanus 所立的碑记载他捐献了一座庙以及两尊 signa，另有提比略的 imago。① 另有一枚出于奥斯提亚的碑列出了一个贡品清单，其中包括了一些安东尼·庇护(Antoninus Pius)、奥里略(Marcus Aurelius)、康茂德(Commodus)的 statuae 以及银质的 imagines。② 文献记载里也可以找到类似的对比。苏维托尼乌斯写道：提比略禁止在没有他的允许下使用他的名义盖庙宇、设立祭司，而他的 statua 或 *imago* 只能作为庙宇的装饰，不能与神像(*simulacra deorum*)放在一起。③ 这个对立关系也可以在塔西佗(Tacitus)的叙述中找到：公元 15 年，比提尼亚(Bithynia)行省总督格拉

(接上页)likeness (usu. of a person), statue, bust, picture."[一种呈现、(通常是人物的)肖像、雕像、胸像、图片]于 *OLD* 中，simulacrum 有特殊定义，为"an image, statue (usu. of a god); a pictorial representation, esp. as carried in a triumph"[形象、雕像(多为神像)；绘制图像，常出现在凯旋游行里]；effigies 则为"an artistic representation, statue, portrait"(艺术呈现、雕像、肖像)；imago 为"a representation in art of a person or thing, picture, likeness, image; a death-mask of an ancestor who has held public office, kept in the atrium and carried in funeral processions"(对于人或物的艺术呈现，如画像、影像、形象；曾任公职的祖先的遗容面具，存放于中庭，丧礼时抬出)。于 *TLL* 中，simulacrum 尚无词条；imago 即"de eo quod imitando assimulatum est alicui rei i. q. effigies, simulacrum sim.；... praevalet notio imitationis: de imagine quae sensibus percipitur: de effigie arte facta, plerumque de operibus plasticis vel pictis ..."(意思为以模仿而与某人或某物相似的东西，如 effigies，simulacrum 等等……模仿的意思较强，是当 imago 含有以下的概念时：关于生产出的艺术成果，包含雕塑的或绘制的作品)。*TLL* 的 imago 条目另有分属人(hominum)与属神的区别，前者一般可表各种蜡像，其中最明确的用法是表祖先蜡像，至于属神的部分，用法与 figuras 雷同(μορφώματα, id est figuras vel imagines)，惟同义字亦包含 effigies 与 simulacrum；*TLL* 的 effigies 条目为"de eo quod imitatione quadam in simulitudinem alicuius rei exprimitur, i. q. imago, simulacrum sim. ..."(具有表达与某人事物相似的模仿物的意思，如 imago，simulacrum 等等)，细部则亦可有属人与属神的分别。奥维德《黑海书简》2. 8. 60 中之 quos dedit ars uultus effigiemque (sc. imperatoris) colo 即归为属人，但同属神一般，意义上即为 de imagine, quae arte ... facta est (plerumque in arte sculpendi; pingendi etc.)[与 imago 相关，即艺术作品，(通常指雕塑的成品，亦可指绘制的成品)]

① *CIL* 13. 1769c.

② *AE* 1940. 62.

③ Suet. *Tib.* 26. 1.

尼乌斯·马尔凯鲁斯(Granius Marcellus)被控以犯上叛乱罪,其中的指控包括了马尔克鲁斯将自己的 statua 放得比凯撒们的还要高,并且把一尊奥古斯都的 statua 的头给砍断了,换成了提比略的 *effigies*。[①] 若将明显对立的词汇使用加以比较,可产生如下结果:

	全身像	半身像
simulacrum"神像"	苏维托尼乌斯,《提比略传》26.1	
signum"雕像"	《拉丁铭文大全》(*Corpus Inscriptionum Latinarum*)第十三册第 1769c	
statua "立像"	塔西佗《编年史》1.74.1 《铭文年鉴》(*L'année épigraphique*) 1940 p.23 no. 62; 苏维托尼乌斯,《提比略传》26.1	
imago"肖像"		《拉丁铭文大全》(*Corpus Inscriptionum Latinarum*)第十三册第 1769c 《铭文年鉴》(L'année épigraphique) 1940 p.23 no. 62 苏维托尼乌斯,《提比略传》26.1
effigies"像"		塔西佗《编年史》1.74.3

值得注意的是,一般生活里的用字虽然有轨迹可循,但如克劳斯所指出的,古典文献里形容雕像的词汇并不规范。[②] 例如,塔西佗在《历史》中写道,凯基纳(Caecina)的党羽将维特里乌斯(Vitellius)的 *imagines* 拉了下来,准备投靠韦斯巴芗(Vespasian);当士兵看到维特里乌斯的 *effigies* 被拉倒在地,他们就叛变了。[③] 由 *imagines* 转成 *effigies* 似乎单纯是塔西佗下笔时并不认为这两个词语有明显的区别。

---

① Tac. *Ann.* 1.74.3.

② Clauss 1999, p.296.

③ Tac. *Hist.* 3.12

虽然奥维德在《黑海书简》2.8.57—74之间的叙述或许可以用文献用字不规范的角度解释，但奥维德的叙述似乎有按着一套逻辑，而非只是罗列所有可以形容雕像的字眼。诗人先称皇家三神为*simulacra*，并感叹无法看到他们的真身(*corpora uera*)；既然命运如此，也就只能望着艺术所赋予的*uultus*以及*effigies*。毕竟人拜的也不是朱庇特本尊，而是朱庇特的*forma*。既然这些*figurae*得跟着诗人了，诗人也不会放他们走。诗人胡思乱想之际，在*imago*上的表情也放柔了。值得一提的是，奥维德在这段里叙述的一直都是复数的，突然于此转成单数，或许指的是诗人个人在想象中的表情，而非在*imago*上的表情。综观来看，*simulacrum*是整段的关键：这三尊像可比有躯体的神像，例如朱庇特的像，而神像一般是全身像，是以整段叙述虽然没有*statua*，但这可以理解为奥维德刻意要用神像而非立像来描写。

较出人意料的是，克劳斯在词汇分析后，讨论奥维德这首信体诗时，并没有考虑这个片段，唯有针对开头十行"幸运的银比任何的金更福气"等等提出看法，认为这段指的是银币。可惜的是，克劳斯对于这个诠释并没有多加着墨。克劳斯并不是第一位提出钱币说的学者。1987年，克拉森认为，"科塔的馈赠虽然被诠释为纪念币或小型立像，但我认为他们是钱币，正反两面有皇家头像的图饰，类似于奥古斯都晚期到提比略早期在里昂发行的那种。诗人是在感谢他的朋友送他钱。"[①]1999年，克拉森解释了她所谓的里昂发行的钱币："我对《黑海书简》第二书第八诗开头的理解是这些是钱币，可能正面是奥古斯都，背面是利维娅与提比略，如在费什威克提及的钱币。"[②]这个诠释的问题是克拉森提起的证据与她的叙述不符：费什威克所展示的钱币是奥古斯都在正面，反面则是一个有放置东西祭坛，在两侧各有一位带翅胜利女神，立于柱子之上。[③] 其中两个放在祭坛上的东西确实有可能是人头像，如罗伯特·图尔

---

① J.-M. Claassen, "Error and the Imperial Household: An Angry God and the Exiled Ovid's Fate." *Acta Classica* 30 (1987), p. 44.

② J.-M. Claassen, *Displaced Persons. The Literature of Exile from Cicero to Boethius*. Duckworth, 1999, p. 285 fn. 99："我对《黑海书简》2.8.1—2这个段落的理解，是这些为钱币，或许是奥古斯都在正面、利维娅与提比略在反面，一如当时在里昂铸币厂发行的形势一般，见Fishwick 1993，图13-16。"

③ D. Fishwick, *The Imperial Cult in the Latin West. Vol. I.1.*, 2nd ed., Brill, 1993, pp. 102-106; Pl. XI.

坎(Robert Turcan)所说。[1]

Turcan 1982, p. 633 Pl. Vl. Paris, Cabinet des Médailles, "médaillon" no. 35

Turcan 1982, p. 633 Pl. VIII (大英博物馆 British Museum)

由于图像非常细小,除非有额外证据,不然无法确实判定是利维娅与提比略。最近,麦高恩提出奥维德有可能是特殊银质纪念币,"比一般帝国早期金币稍大,有皇家三神的图像"。[2] 可惜的是,麦高恩并未提供照片。

综合来看,克拉森与麦高恩的主张是建立在他们对奥维德创作的评价之上:他们认为诗人"暗地里反动"、"嘲讽奥古斯都以及提比略采取的君主神性的严肃面纱来自娱娱人"、"开发流放诗的超凡特质",以及他既是流放人士又是诗人的角色。但这些评价并不需要建立在科塔的馈赠之上亦可为真。奥维德若收的真是皇家雕像而不是钱币,也能解释为讽刺。

凯撒圣所的形成

科塔的馈赠与奥维德的凯撒圣所究竟是什么关系,并不明确。自斯科特(Kenneth Scott),学者多认为 4.9 中奥维德对格来奇努斯所描述的凯撒圣所就是由科塔所赠的皇家立像所建立的,而提比略的继承人日耳曼尼库斯与德鲁苏

---

① R. Turcan, "L'Autel de Rome et d'Auguste 'Ad Confluentem'", *ANRW* 2.12.1(1982), p. 633.

② M. McGowan, *Ovid in Exile. Power and Poetic Redress in the Tristia and Epistulae ex Ponto*. Brill, 2009, p. 70.

斯的立像是奥维德在某个时机点另外加的。[1]之所以认为是立像，是因为奥维德形容“虔诚的儿子与任祭司的妻子分站(stant)(奥古斯都神)两旁，孙子(日耳曼尼库斯)站(stat)在祖母旁、儿子站(stat)在父亲旁”。奥维德在此用了脚的意象，或可解读为明喻。问题是，2.8 并没有使用 statua，而是用 simulacra：是以，将 4.9 出现的立像理解为 2.8 的神像，必须建立在神像必定为全身像的假设上。

尽管证据不明确，自斯科特始，许多学者将科塔的馈赠视为是奥维德凯撒圣所内的立像。查尔斯·布莱恩·罗斯是一个例子。他分析道：“奥维德讨论每个像的摆放位置当不会是指纪念币，而使用 *uultus*、*effigies* 等词表示奥维德所形容的物品应该比一个面具还大。”[2]罗斯既然引用《黑海书简》2.8 中的 *uultus* 与 *effigies* 等词汇来分析《黑海书简》4.9，其基本假设就是 1)科塔送的是立像；2)奥维德的凯撒圣所是由科塔送的立像组成。若这些假设为真，那问题就是为什么奥维德会持续崇拜科塔送的立像，并另外增加两尊提比略的继承人像。这应该与历史因素有关。以下试析。

帝国初期，奥古斯都虽然主动熔掉八十尊各类以他的雕像打造的银像，以及提比略公开宣称他的雕像不得与神像共祀，皇家雕像已逐渐成为不可侵犯的圣物，而有关于亵渎皇家雕像的检举从奥古斯都时期就已经逐渐增加，到了提比略时期开始一发不可收拾。虽然几起案子经过审判之后，多半不起诉，但大众对于维持皇家雕像的狂热已经形成了一种特殊的社会压力。较早的案子有公元前 7—前 6 年昔兰尼(Cyrene)市民与前往罗马交涉的使者指控了一位奥鲁斯·斯特拉奇乌斯·马克西姆斯(Aulus Stlaccius Maximus)，宣称他曾

---

① 学界将科塔·马克西姆斯的赠礼作为证据，如费利兹·台革(Fritz Taeger)、托马士·裴卡利(Thomas Pekary)、哥茨·勒胡森(Götz Lahusen)、依塔·格拉德尔(Itta Gradel)等。Pekary 1985, p. 53；Lahusen 1999, p. 262。以格拉德尔为例，她写道：“奥维德流放到黑海的拖弥(Tomi)，由一位罗马的庇护者那获得了奥古斯都、提比略、利维娅的半身银像。几年后奥古斯都逝世，奥维德仍在托弥，又取得了提比略的两个儿子日耳曼尼库斯和德鲁苏斯两人的半身像，并每天焚香对群像祭拜。”(I. Gradel, *Emperor Worship and Roman Religion*, Oxford, 2002, pp. 202–203)。近来，渐有反对如此诠释者，如卓·马莉·克拉森(Jo-Marie Claassen)认为“这些被诠释为半身或小型全身像的物饰可能是正反两面皆有皇室头像的银币，如在奥古斯都末期到提比略早期于里昂(Lyon; Lugdunum)发行的种类。诗人是在感谢他的朋友送他钱”。(J.-M. Claassen, “Error and the Imperial Household: an Angry God and the Exiled Ovid's Fate”, *Acta Classica* 30 (1987) p. 44 note 17)马修·麦高恩则认为科塔的赠礼应当是纪念币，且“很难想象奥维德会真的拥有一个罗马皇室的祭坛”(McGowan 2009, p. 105)。

② C. Rose, *Dynastic Commemoration and Imperial Portraiture in the Julio-Claudian Period*. Cambridge, 1997, p. 281.

移除一尊刻有奥古斯都名字的公共立像：奥古斯都直接介入并且拘留了他。[1]即便我们不知道他后来究竟有没有被定罪，明显的是昔兰尼市民已经开始怀疑将公共场所中的皇家雕像移除是构成犯罪的。塔西佗与苏维托尼乌斯记载了其他例子。塔西佗写道，一位名叫 Falanius 的罗马骑士阶级贵族被指控让一位不名誉的演员参与他家里的奥古斯都祭拜团，[2]以及在卖他的一处花园时间接贩卖了园内奥古斯都的立像。[3] 虽然提比略指示执政官不要起诉他，但同年比提尼亚总督格拉尼乌斯·马尔凯鲁斯也被控以类似的罪名：一名叫希斯波(Hispo)的人指控他把自己的立像放得比诸位凯撒的还高，并且把一尊奥古斯都立像的头砍了，然后安上提比略的头像。[4] 这个案子与苏维托尼乌斯提及的雷同：元老院指控一位被告将一尊奥古斯都立像的头移除了来装提比略的头像。[5] 这些案子的时间点应该皆是提比略初登大位之时：苏维托尼乌斯强调他所记载的案子开启了源源不绝、千奇百怪的指控，例如在君主立像旁鞭打奴隶或换件衣服都可能被告。[6] 关键不是这些指控是否真的构成犯罪，而是君主对这件事情的重视、大众对于君主雕像抱持敬畏、另外加上有心人士恶意诬告，塑造出一种恐怖的氛围。

由这种社会氛围来看，科塔所赠的奥古斯都、提比略、利维娅或许反映了送礼方谨慎的选择，而这个选择反映出来的则是送礼方对于局势的理解。科塔·马克西姆斯全名为奥里略·科塔·马克西姆斯·麦萨利努斯(Aurelius Cotta Maximus Messalinus)，[7]与他家人同为君主制的支持者。要解读科塔送给奥维德的群像，得将他的家族对于奥古斯都和提比略的支持考虑进去。科塔是奥古斯都时期的重臣麦萨拉·科尔维努斯(Messalla Corvinus)之子，以及马尔库斯·瓦勒里乌斯·麦萨拉·麦萨利努斯(Marcus Valerius Messalla Messalinus)之弟。[8] 老麦萨拉的功绩显赫，但对君主制最特

---

① J. Oliver, *Greek Constitutions of Early Roman Emperors from Inscriptions and Papyri*, American Philosophical Society, 1989, pp. 42 - 43 no. 9 ll. 52 - 55.

② Tac. *Ann.* 1. 73. 2.

③ Tac. *Ann.* 1. 73. 2.

④ Tac. *Ann.* 1. 74. 4.

⑤ Suet. *Tib.* 58.

⑥ Suet. *Tib.* 58.

⑦ R. Syme, *History in Ovid*, Oxford, 1978, pp. 117 - 118. *Forsch. in Ephesos* III. 112, no. 22.

⑧ 在公元前 13 年参与了提比略的凯旋，见 Vell. Pat. 2. 112; Ov. *ex Pont*. 2. 2. 81 - 84; *Trist.* 4. 4 以及 *ex Pont*. 1. 7, 2. 2 的收信人。另见塔西陀的叙述 *Ann.* 1. 8. 4; 3. 18. 2; 3. 34。

殊的贡献应是于公元前2年在元老院提出赋予奥古斯都“祖国之父”的称号。[①]奥维德宣称他开始出版诗作是受到老麦萨拉的鼓励。[②]马尔库斯·麦萨利努斯是奥维德三首信体诗的收信人。他对提比略最著名的贡献之一则是公元14年秋元老院讨论奥古斯都的葬礼仪式时，提议对提比略的效忠仪式当每年都举办一次。[③]另外，在格奈乌斯·卡尔普尼乌斯·皮索(Gnaeus Calpurnius Piso)的大审判结果出来后，他提议要立金像庆祝提比略为日耳曼尼库斯复仇。[④]科塔本身是奥维德七封信体诗的收信人。[⑤]奥维德宣称他与科塔的交情非比一般：科塔刚出生时奥维德就亲过他，[⑥]而奥维德得知他被流放的时候，科塔也是少数两三人仍然与奥维德见面和来往的罗马贵族。[⑦]科塔与提比略也有交情：公元32年，科塔被元老院同僚指控诬陷卡利古拉是同性恋，提比略写信介入，强调他与科塔友谊深厚，希望元老院能够放过科塔。[⑧]塔西佗记载科塔对于提比略的支持包括公元16年的利波案(Libo)，科塔提议利波的后代应该被禁止在家族葬礼中持利波的雕像，[⑨]以及公元20年皮索案，科塔提议皮索的名字当从执政官年表中除名、没收一半财产等等。[⑩]

既然科塔与提比略的关系不浅，奥维德又宣称与科塔交情深厚，科塔送给奥维德的三尊像或许反映出了科塔对于时局的解读。作为奥古斯都的养子与继承人，提比略的正当性一直是个问题。提比略在公元4年始被奥古斯都认做养子，且同时被赋予护民官权力(tribunicia potestas)，所以他作为奥古斯都的副手以及继承人的态势是确定的。[⑪]但他的认养是有附带条件的：虽然提比略已经有儿子了，他却必须要先认养与奥古斯都有血缘关系的日耳曼

---

① Suet. *Diu. Aug.* 58.1.
② Ov. *Ex P*. 2.3.73-78.
③ Tac. *Ann.* 1.8.4.
④ Syme 1986, p. 234. Tac. *Ann.* 3.18.2.
⑤ *Ex P.* 1.5, 1.9; 2.3, 2.8; 3.2, 3.5, 3.8.
⑥ Ov. *Ex P*. 2.3.71-72.
⑦ Ov. *Ex P*. 2.3.29-30; Ov. *Ex P*. 2.3.83-84; Ov. *Ex. P*. 2.3.65-66; Ov. *Ex P*. 2.3.95-96.
⑧ B. Levick, *Tiberius the Politician*, Routledge, 1999, p. 163.
⑨ R. Seager, *Tiberius*, Blackwell, 2005, p. 76.
⑩ R. Saeger, *Tiberius*, Blackwell, 2005, p. 98.
⑪ B. Levick, *Tiberius the Politician*, Routledge, 1999, p. 33.

尼库斯，[①]而奥古斯都也同时认养了有直系血缘的阿格里帕·波斯图穆姆斯(Agrippa Postumus)。[②]这个决定对于提比略作为继承人的正当性有一定的冲击：苏维陀苏维托尼乌斯记载，奥古斯都处罚了尤尼乌斯·诺瓦图斯(Iunius Novatus)，因为他散布了以阿格里帕的名义写的批判奥古斯都的书信。[③] 如安得鲁·佩廷格(Andrew Pettinger)所说，阿格里帕虽然在被奥古斯都收养后不久，就被奥古斯都放逐了，但他一直到提比略继位之后才被害而死，使得他的存在代表着一种"危险的可能性"，成为反提比略人士制造混乱的象征。[④] 弗朗西斯·诺伍德(Frances Norwood)提出了一个假设，认为奥维德曾被尤利娅(Iulia)聘为阿格里帕的老师，而奥维德是与阿格里帕牵连而被放逐的。[⑤] 奥古斯都认养的影响甚至冲击了提比略刚继任时的政权稳定：提比略继位之初，阿格里帕的仆人克莱门斯(Clemens)本想绑架阿格里帕到日耳曼去争取军队的支持，但阿格里帕被杀后，他就干脆假冒阿格里帕，到科萨(Cosa)和奥斯提亚(Ostia)一带散布谣言，不仅有许多平民支持，甚至获得了不少贵族的赞助。[⑥]

还有许多征兆显示罗马各阶层都有若干比例对于奥古斯都的血亲成为君主有一定的期待。虽然提比略成为奥古斯都养子是在公元 4 年，皇家制币机构一直到公元 10 年才开始发行奥古斯都认养提比略图像的钱币，而皇家制币机构仍然持续发行印有死去的路奇乌斯·凯撒(Lucius Caesar)和盖尤斯·凯撒(Gaius Caesar)的金币和银币，直到公元 12 年为止。提比略继任后，路奇乌斯·凯撒和盖尤斯·凯撒仍然重要：一套公元 15 年立的皇家雕像群不只是包含了奥古斯都、提比略和利维娅，也包含了他们的像。[⑦] 而在古罗马广场的埃米利亚方堂(Basilica Aemilia)有一套公元 27—28 年的盾像，展示的是提比

---

① Suet. *Tib.* 15; Suet. Caligula 4; Dio 55. 13. 2. B. Levick, "Drusus Caesar and the Adoptions of A. D. 4", *Latomus* 25. 2(1966), 228.

② *ILS* 143; Velleius 2. 103 - 104.

③ Suet. *Aug.* 51.

④ A. Pettinger, *The Republic in Danger. Drusus Libo and the Succession of Tiberius*. Oxford, 2012, pp. 117 - 122.

⑤ F. Norwood, "The Riddle of Ovid's 'Relegatio'", *Classical Philology* 58. 3(1963), 158 - 159. Ov. *Ex P*. 2. 3. 83 - 90.

⑥ Tac. *Ann.* 2. 39 - 40.

⑦ C. Rose, *Dynastic Commemoration and Imperial Portraiture in the Julio-Claudian Period*, Cambridge, 1997, p. 22.

略、路奇乌斯、盖尤斯。①

综合来看，提比略养子的身份对他继位的正当性造成了深远的影响，而他必须得控制罗马各阶层对于奥古斯都血亲的支持。科塔对奥维德的馈赠可以理解成亲提比略人士所赠与的宣传品。对科塔而言，或许奥维德最需要的是主动去为即将继位的新君主宣传，并且得要理解提比略在继承上面临的问题。这点可能就是奥维德无法接受的。奥维德也明目张胆地在接触日耳曼尼库斯。《黑海书简》2.1.55—68就是奥维德献给日耳曼尼库斯的诗，这位奥古斯都的血亲在提比略的凯旋庆祝中扮演一个未来也将有凯旋庆祝的储君。休·埃文斯指出，奥维德强调自己作为诗人的预言能力，预见日耳曼尼库斯将会长寿并且成功，并暗示若奥维德能离开掩弥，那他能为日耳曼尼库斯做得更多，显然是谄媚并在寻求日耳曼尼库斯的支持。② 如芭芭拉·利维克（Barbara Levick）所言，奥古斯都不仅钦点日耳曼尼库斯作为提比略的养子继承人，还刻意使得他与提比略的儿子德鲁苏斯按照路奇乌斯和盖尤斯的例子成为提比略继任之后地位平等的双储君。③ 就此来看，针对继承问题，奥维德自己出版的《黑海书简》一至三卷所反映的是以奥古斯都为中心，而不是提比略为中心。科塔于公元12—13年间会送三尊群像，而非包含两位平等继承人的五尊群像，似是在暗示奥维德，要他了解提比略和他的血亲才是唯一选择。

有趣的是，奥维德在《黑海书简》第四卷中，对于日耳曼尼库斯以及他的支持者来往突然变得频繁，却没有在第四卷中指认科塔作为收信人，④显示出的变化可能不仅是赛姆所点出的"奥维德放弃了科塔而转移目标接近其他的元老阶级贵族们，如法比乌斯、塞克斯特斯、彭波尼乌斯"这个论点，⑤而是奥维德对于继承人问题自己有一套以奥古斯都为中心的逻辑：据苏维托尼乌斯，奥古斯都的遗愿清楚指定提比略为他2/3遗产的继承人，利维娅则是1/3。第二层继承人则是德鲁苏斯和日耳曼尼库斯等等。⑥ 奥维德对格来奇努斯描述

---

① C. Rose, *Dynastic Commemoration and Imperial Portraiture in the Julio-Claudian Period*, Cambridge, 1997, p. 22.

② Evans, p. 139.

③ B. Levick, "Drusus Caesar and the Adoptions of A. D. 4", *Latomus* 25.2 (1966), 233 - 243, esp. 243.

④ Evans, p. 140 - 141.

⑤ Syme 1986, p. 235 - 236.

⑥ Levick 1966, p. 243. Suet. Aug. 101.

自己的凯撒圣所时,也强调了这个平衡性。就某种程度而言,奥维德除了是在对一位新上任的执政官说明自己如何服从君主和皇家成员,也是在缅怀奥古斯都的遗愿。奥维德的读者看到的是一位诗人谨慎地每日于祭坛焚香祭拜五尊雕像,[①]并于奥古斯都的生日当天提供糕点(或是表演)。[②] 读者还得知奥维德的凯撒圣所是在黑海区域的人所熟知的,而马摩拉海来的商旅都会在他的圣所祭拜。[③] 被粉饰的是隐藏在君主制背后的继承问题。

奥维德死后凯撒圣所何去何从

奥维德对皇家的虔诚最终都得由格来奇努斯的兄弟弗拉库斯作证。这两兄弟将分别担任公元 16 年下半年与公元 17 年的执政官,而弗拉库斯恰是奥维德所在区域的总督。奥维德除了请求格来奇努斯问弗拉库斯关于诗人所描述的当地蛮荒景象,还请格来奇努斯询问他的兄弟关于奥维德的低调作风[④]以及良好名声。[⑤] 奥维德举了几个证据:他与当地社群交往颇获好评,托弥城民还决议要免除他的缴税义务,并将决议刻于腊板上公告。其他地区的社群也有相同的举动。[⑥] 若将圣所与奥维德自己宣称曾用格特语(Getic)写奥古斯都的赞美诗来看,奥维德在托弥当地有可能是有系统的在宣扬罗马君主的神性以及推广祭拜罗马皇家的方式。

奥维德的圣所在本质上已经不再是私人宅院内的祭拜场域了,而是因为奥维德的关系而把私人祭祀行为公开化。[⑦] 若是如此,这个凯撒圣所在奥维德于公元 17 年过世后是有机会成为公共财产的。[⑧] 皇室群像如此由私转公是有例子的。一枚于 1976 年发现于拉奎拉(L'Aquila)的石碑上记载了一位奥鲁斯(Aulus Virgius Marsus)捐了一万塞斯特斯(sestertii)以及五尊皇家银质半身像给他的出生地阿尼努斯(vicus Anninus)。[⑨] 这方碑铭被认为是私人所

---

① Ov. *Ex P*. 4. 9. 111 - 112.
② Ov. *Ex P*. 4. 9. 115 - 118.
③ Ov. *Ex P*. 4. 9. 115 - 118.
④ Ov. *Ex P*. 4. 9. 124.
⑤ Ov. *Ex P*. 4. 9. 87 - 88.
⑥ Ov. *Ex P*. 4. 9. 101 - 104.
⑦ Ov. *Ex P*. 4. 9. 115 - 118.
⑧ Jer. *Chron*. a. Abr. 2030. 4g.
⑨ C. Letta, "Le imagines Caesarum di un preafectus castrorum Aegypti e L'XI coorte pretoria", *Athenaeum* (1978)13 - 19; cf. Gradel 2002, p. 203.

有的皇家雕塑散布到公共场域的重要例子：切萨雷·莱塔认为可由此例看出皇家崇拜的概念是由私人和社群散布皇家雕塑而逐渐在各地扎根的。[①]

另外有小普林尼的例子。小普林尼晚奥维德近一世纪，他的说法仅能用来推想奥古斯都与提比略时期罗马权贵面对皇室雕像时戒慎恐惧的心态，但小普林尼所描绘的现象可理解为从奥古斯都、提比略以降，皇室形象对于权贵所形成的压力终于制度化的表征。在致图拉真的一封信中，他向图拉真报告了他响应前任君主涅尔瓦(Nerva)要罗马贵族多参与投资和建设的号召，想为收藏在他的一个庄园里的皇家立像盖座庙，并赠给庄园附近的市镇。[②] 特别有趣的是，普林尼描述了这些皇家雕像的来源是"来自多人的遗赠或赠与"。吉安·弗兰切斯科·伽穆里尼(Gian Francesco Gamurrini)甚至主张小普林尼一部分的雕像有可能来自前面所提及被控亵渎皇家雕像的比提尼亚总督格拉尼乌斯。[③] 不论伽穆里尼的主张是否为真，阿德里安·舍温-怀特(Adrian Sherwin-White)指出，小普林尼对于如何处理这些皇家雕像显然十分小心。[④] 同样地，把皇室雕像让渡给小普林尼的人们也同样抱持着谨慎的心态。有可能这套立像的妥善保存让其他人能放心地把自己拥有的皇家雕像托付给保存的人，以避免处理雕像时造成亵渎或诬告的可能性。

若是没有认识的元老如普林尼来继承皇家雕像，那赠与乡村城镇等公共单位也是个选择。有一组在 Boubon 的君主庙(sebasteion)发现的皇室立像或许就是有多个来源的捐赠：尼罗、图密善、涅尔瓦、奥里略、路奇乌斯·维鲁斯(Lucius Verus)、康茂德(Commodus)以及赛维鲁朝(Severan Dynasty)的君主像，独独没有图拉真、哈特良与安东尼庇佑。克里斯丁娜·科基尼娅(Christina Kokkinia)认为这类难以解释为什么有缺失的雕像群可能是不同私人收藏的集合。[⑤] 在埃雷特里亚(Eretria)的君主庙也有类似的复杂性。根据

---

① Letta 1978, p. 18.

② Plin. *Ep.* 10.8.1.

③ Tac. *Ann.* 1.74; G. F. Gamurinni, "Le statue della Villa di Plinio in Tuscis", *Strena Helbigiana sexagenario, obtulerunt amicci A. D. IIII non. febr. MDCCCLXXXXVIII*, 1900, pp. 93 - 98.

④ A. N. Sherwin-White, *Letters of Pliny. A History and Social Commentary*, Oxford, 1966, p. 572.

⑤ C. Kokkinia, *Boubon. The Inscriptions and Archaeological Remains. A Survey* 2004 - 2006, de Boccard, 2008, pp. 9 - 10.

史特凡·史迈德(Stephan Schmeid)研究,埃雷特里亚的君主庙最早建于希腊化时期,这个时期的建筑规模小,像英雄坛或罗马的小庙,要到公元1世纪初才改建成较有规模的庙宇,并屡次扩大庙内的立像基座以容纳不断增加的立像。① 由于在公元前1世纪的时候罗马军队就毁了阿波罗庙,且奥古斯都在1世纪初就赐予此城自治权,②史迈德认为这个庙有可能是埃雷特里亚市政为了取代重建的君主庙。但这座庙的规模虽然是比希腊化时期扩大了,却是位在作坊区旁的十字路,且又不像许多已知是君主庙的形制,有堆高的基底,显然是在经费有限的情况之下的改建物。③ 这意味着史迈德的诠释以外,这个庙也可能是在罗马帝国初期获得一批雕像捐赠后,逐渐变成祭祀罗马皇家的地点,以及其他雕像捐赠的集中点。

总结来说,罗马贵族在帝国初期经历了一段"忠诚"和"顺从"定义不断改变的时期。包括奥维德在内的许多适应的过程都辗转地被史家和诗人给记录了下来。《黑海书简》的若干诗作就因为奥维德将罗马贵族之间私下沟通的书信变成具"标志性"的信体诗,而保留了一些关于皇帝崇拜型制与仪式传播的过程。奥维德凯撒圣所的形成可以被理解一个集合,是由许多由帝国中心和权力核心所散布出来的信息和物品所组成的。

Ovid's Sacrum Caesaris

Abstract: In *Ex Pont*. 2.8 of 12/13 CE, Ovid claimed to have received likenesses of Augustus, Tiberius and Livia-which Ovid variously described as *simulacra*, *imagines*, and *effigies*. In *Ex Pont*. 4.9 of 15/16 CE, Ovid claimed that he worshipped the likenesses of Augustus, Tiberius, Livia, Germanicus and Drusus at a sacrum Caesaris in his house. The traditional interpretation, as represented by Kenneth Scott (1930; 1931) among others, is that the two letters can be read as a formation process: the likenesses the poet received in 12/13 CE were busts or statuettes of the imperial triad that formed his shrine;

① S. Schmeid, "Worshipping the emperor(s): a new temple of the imperial cult at Eretria and the ancient destruction of its statues", *Journal of Roman* Archaeology 14 (2001)138.

② Schmeid 2001, p. 138.

③ Schmeid 2001, p. 137.

Drusus and Germanicus would be added later. If true, then the formation of Ovid's shrine is a case of dissemination of statuettes as a dynastic group to the periphery of the empire (Rose 1997, p. 277), the significance of which has yet been fully explored.

Other than an example of emperor worship in private contexts (Gradel 2002, pp. 202–203; Koortbojian 2013, pp. 158 – 159), the two poems demonstrate aristocratic anxiety concerning imperial heirs. Beginning with a reading of *Ex P*. 2. 8. 57 – 74 as internal evidence for interpreting the *munus* of Cotta Maximus as statuettes (Helzle 2003, pp. 370 – 371) instead of financial support (Claassen 1999, p. 285 fn. 99), this paper discusses Cotta's *munus*, effectively a pro-Tiberian propaganda that Ovid adulated in excess. Ovid's shrine later features the heirs of Tiberius, with the poet subtlely emphasizing Drusus as the consanguineous heir to his addressee Pomponius Graecinus. Ovid's shrine is both a poetic display of a loyalist's informed understanding of the transition of power from Augustus to Tiberius, as well as a potential model for the foundation process of small temples such as the one dedicated by Pliny the Younger at Tifernum (*Ep*. 10. 8) and the temple at Eretria (Schmid 2001, 113).

Keywords: Ovid, Emperor worship, statue, succession, sebasteion

作者简介：吴靖远，美国宾夕法尼亚大学古典学博士生。

《黑海书简》卷一第一首：《致布鲁图斯》译注①

石晨叶

在继《哀怨集》(*Tristia*)之后，奥维德于公元13年发表了他的第二部流放诗集《黑海书简》的前三卷。此时距他被奥古斯都流放托米斯(Tomis是罗马人对此地的称呼，希腊人称Tomoi，Tomi托弥，今罗马尼亚康斯坦察市Constanţa。)已过去五年。尽管奥维德至死都没有被赦免，他的这三卷诗却讽刺地成为了“奥古斯都时期诗歌”(Augustan Poetry)的末章。② 与《哀怨集》一样，《黑海书简》的主题依旧是流放生活的苦闷，对自己“罪行”的懊悔以及对回归故土的渴望。他本人在卷一第一首行17也称这两部书“名异而实同”(1.1.17：rebus idem，titulo differt)。但与《哀怨集》不同的是，奥维德此次没有因为害怕连累朋友而隐去姓名。每一首诗都有明确的收件人，也为我们研究诗集的结构安排以及历史背景提供了便利。③

本篇拙译即为《黑海书简》的第一首。奥维德将本诗寄给了好友布鲁图斯

① 本文为国家社科基金重大项目《古罗马诗人奥维德全集译注》(编号15ZDB087)阶段性成果。

② 奥古斯都卒于公元14年，而《黑海书简》的第四卷则可能是在奥维德逝世后发表(公元17年)。Garth Tissol, *Ovid* Epistulae Ex Ponto *Book I*, New York: Cambridge University Press, 2014, p.1。

③ 塞姆的《奥维德作品中的历史》(*History in Ovid*)对奥维德作品历史背景作了最详尽的研究。弗荷士与埃文斯则对《黑海书简》各书信之间的结构安排做了系统的梳理，认为奥维德对前三卷的收件人有自己精心的安排。Ronald Syme, *History in Ovid*, Oxford: Oxford University Press, 1978. Hermann Hartmut Froesch, *Ovids Epistulae Ex Ponto I – III als* Gedichtsammlung, Bonn, 1968. Harry Evans, “Ovid's Apology for Ex Ponto 1 – 3”, *Hermes*, 104(1976), pp.103 – 12。

（他同样也是卷三第 9 首诗的收件人）。就布鲁图斯的身份，学界说法不一。沃菲（H. Wölffel）、丁特（B. Dinter）、洛伦茨（B. Lorentz）认为收信人是马库斯·优尼乌斯·西拉努斯（Marcus Iunius Silanus）。[①] 格雷伯（G. Graeber）和瓦尔登博格（G. Wartenberg）则驳斥这一说法，认为布鲁图斯应当和奥维德处于同一阶层。在《黑海书简》卷四第 6 首中，奥维德感叹保卢斯·法比乌斯·马克西穆斯（Paullus Fabius Maximus）死后，自己已经不能将解脱的希望寄予任何人（iam timeo nostram cuiquam mandare salutem 卷四第 6 首行 13），显然，这位布鲁图斯并没有过大的政治影响力，因而不可能是西拉努斯。奥维德称布鲁图斯为演说家（卷四第 6 首行 29—30），因此塞姆（R. Syme）推断他是小塞涅卡笔下的布鲁特迪乌斯·布鲁图斯（Bruttedius Brutus），[②]这一说法现在被广泛采纳。这位布鲁图斯很有可能负责奥维德流亡作品在罗马的传播和发表。因此，他也可能是《哀怨集》中几封信，特别是卷一第 7 首的收信人。在该信中，奥维德指示收信人如何修改《变形记》的开篇，同时，他还说收信人甚至佩戴有奥维德头像的戒指（《哀怨集》卷一第 7 首行 6），由此可见两人友谊之深。

本译注中的拉丁文文本来自开放资源“拉丁文库”（Latin Library）所录版本，但全文经笔者对照以下校勘本或注释本核对：“洛布”（Loeb）本、缇索（Tissol）的剑桥简注本、里奇蒙德（Richmond）的“托伊布纳”（Teubner）本以及戈尔德纳（Gaertner）和赫泽（Helzle）各自在“托伊布纳”本基础上修订的新本。当文本出现显著差异并影响理解时，笔者会在注释中写明，并在不同版本间作取舍。就翻译而言，笔者对诗歌以及注中的翻译都力求字字落实，贴合原文。但一些时态语态的精妙之处仍旧无法体现。同时，翻译有时也略微拗口，望读者见谅。注解上，笔者除零散的论文和专著之外，主要参考四本注释：

Garth Tissol, *Ovid* Epistulae Ex Ponto *Book I*, New York:

---

① 马尔库斯·优尼乌斯·西拉努斯（Marcus Iunius Silanus）在王庭内有重权，他在提比略上台后非常受器重，其女也成为了卡里古拉（Caligula）的第一任妻子。保卢斯·法比乌斯·马克西穆斯（Paullus Fabius Maximus）为奥古斯都身边近臣，在公元前 11 年担当执政官，并在掌管亚细亚行省时，将行省年历的第一日改为奥古斯都生辰 9 月 23 日。就奥维德所指布鲁图斯身份之讨论，见 Antoni Scholte, *Publii Ovidii Nasonis* Ex Ponto, 1933, Amersfurtiae : Amerongen, p. 21。

② Ronald Syme, *History in Ovid*, Oxford: Oxford University Press, 1978. p. 80.

Cambridge University Press，2014

Jan Felix Gaertner，*Ovid* Epistulae ex Ponto，*Book I*，New York：Oxford University Press，2005

Martin Helzle，*Ovids* Epistulae ex Ponto *Buch I* – *II*，Heidelberg，2003

Antoni Scholte，*Publii Ovidii Nasonis* Ex Ponto，1933，Amersfurtiae ：Amerongen

在此，对各本特色略作赘述。缇索(Tissol)的剑桥"黄绿"本主要面对学生群体，注解较为简略，但对一些特殊语法以及常见文学意象有较好总结。戈尔德纳(Gaertner)对《黑海书简》第一卷的注本则是英语世界最详尽的综合注本。该本的最大特色是对奥维德用词都做了数据化统计，对诗人每个词是否出现在其他处，常见于诗歌还是散文以及更贴近于哪一个时期的拉丁语用语习惯都有详尽的数据信息和比较。赫泽(Hezle)的德语注本则更强调奥维德与之前诗人，尤其是希腊化时期大诗人卡里马库斯(Callimachus)文本之间的互动联系。他的注本也更详尽地收录了《黑海书简》对应的历史背景以及其中的历史文化典故。最后，舒特(Scholte)1933 年出版的拉丁语注本也并未完全过时。塞姆(Syme)的《奥维德作品中的历史》(History In Ovid)以及"托伊布纳"本的出现将《黑海书简》中的很多历史和文本问题都确定下来，后人不再争论。而舒特则在自己的注本中收录了大量学者对细节的不同观点，很有参考价值。鉴于笔者的学术功底有限，同时中文译注的阅读对象也较为特殊，本诗的译注主要强调对语法难点及奥维德习惯用法的梳理、文化历史背景的介绍以及诗中与奥维德其他诗歌以及其他诗人呼应处的整理。对格律的细节变化，文辞的详细训诂，本注释仅略有涉及，以期未来辟专文详细分析。

【拉丁原文与翻译】

	1. 1 Ad Brutum	1. 1 致布鲁图斯
	Naso Tomitanae iam non novus incola terrae	纳索已非托米斯之地的新客，
	hoc tibi de Getico litore mittit opus.	自格塔之滨为君寄来此作。

续 表

1.1 Ad Brutum	1.1 致布鲁图斯
Si vacat, hospitio peregrinos, Brute, libellos	若有闲暇,布鲁图斯,请收此蛮野之作入客舍,
excipe dumque aliquo, quolibet abde loco.	但凡有处存放,君可任意置之。
Publica non audent intra monimenta venire,	它们不敢进官方的书馆,
ne suus hoc illis clauserit auctor iter.	唯恐自己的著者已为其封上此路。
A, quotiens dixi: 'Certe nil turpe docetis,	唉!我已说过多少次:"你们诚然不授秽事
ite, patet castis versibus ille locus.'	走吧!该地对无伤风化的诗句敞开。"
Non tamen accedunt, sed, ut aspicis ipse, latere	但它们并未前往。如君亲眼所见,它们认为
sub lare privato tutius esse putant.	匿于私人寓所更为安全。
Quaeris ubi hos possis nullo componere laeso?	君问收于何处可无犯他人?
Qua steterant Artes, pars vacat illa tibi.	何处曾藏《爱艺》,是处闲敞为君。
Quid veniant novitate roges fortasse sub ipsa.	可能受新奇本身驱使,君问来者为何?
Accipe quodcumque est, dummodo non sit amor.	但请收下,无论来作为何,只要无关情爱。
Invenies, quamvis non est miserabilis index,	君将见,题虽不凄惨,
non minus hoc illo triste quod ante dedi.	本书之悲伤不亚于寄君之前作。
Rebus idem titulo differt, et epistula cui sit	两作名异而实同,且每封信都
non occultato nomine missa docet.	述明寄予何人,不隐姓名。
Nec vos hoc uultis, sed nec prohibere potestis	即便不愿收此作,君等亦无法阻挡,
Musaque ad invitos officiosa venit.	守责的缪斯降临到不情愿之人的身边。

续　表

1.1 Ad Brutum	1.1 致布鲁图斯
Quicquid id est, adiunge meis; nihil inpedit ortos	无论它为何，将之并入我往日之作；只要守法，
exule servatis legibus Urbe frui.	没什么阻止流放者的后嗣享受罗马。
Quod metuas non est: Antoni scripta leguntur	君需惧怕之事并不存在：安东尼的书信仍被传读
doctus et in promptu scrinia Brutus habet.	博学的布鲁图斯也在书柜中随处可阅。
Nec me nominibus furiosus confero tantis:	我还未轻狂到自比于这些名人：
saeva deos contra non tamen arma tuli.	但我也没手持凶残的兵刃对抗神明。
Denique Caesareo, quod non desiderat ipse,	最后，尽管他本人并不需要，
non caret e nostris ullus honore liber.	我笔下没有一卷书缺乏对凯撒的赞誉。
Si dubitas de me, laudes admitte deorum	若君因我而有犹豫，还请接受对神的赞誉
et carmen dempto nomine sume meum.	并在删去署名后收下我的诗。
Adiuvat in bello pacatae ramus olivae	带来和平的橄榄枝能在战火中发挥效用，
proderit auctorem pacis habere nihil?	难道以诗包含和平缔造者之名竟会毫无裨益吗？
Cum foret Aeneae cervix subiecta parenti,	当埃涅阿斯的肩负载着父亲时，
dicitur ipsa uiro flamma dedisse uiam.	据说战火也给他让路。
Fert liber Aeneaden, et non iter omne patebit?	本作载有埃涅阿斯的子孙，岂非所有路都将为之敞开？
At patriae pater hic, ipsius ille fuit.	此外，这位是罗马祖国之父，而那人仅为埃涅阿斯本人之父。
Ecquis ita est audax ut limine cogat abire	难道有人如此大胆而从自家门口撵走
iactantem Pharia tinnula sistra manu?	手摇法罗斯铃鼓的祭司？

续　表

1. 1 Ad Brutum	1. 1 致布鲁图斯
Ante deum Matrem cornu tibicen adunco	当笛手在大母神面前用卷曲的号角笛演奏时，
cum canit，exiguae quis stipis aera negat?	谁又能拒绝施舍少许铜币？
Scimus ab imperio fieri nil tale Dianae；	我们心知此类施舍非源自狄安娜的指令；
unde tamen viuat vaticinator habet.	但祭司得此收入，从中维生。
Ipsa movent animos superorum numina nostros	诸神的神性本身撼动着我们的灵魂，
turpe nec est tali credulitate capi.	被这种“轻信”俘获并不可耻。
En，ego pro sistro Phrygiique foramine buxi	看！取代铃鼓和弗里几亚之笛
gentis Iuleae nomina sancta fero.	我带来的是神圣的尤利乌斯家族之名。
Vaticinor moneoque：locum date sacra ferenti；	我预言并警告：给持圣物者让道；
non mihi，sed magno poscitur ille deo，	要求有存书之处的并不是我，而是伟大的神。
nec，quia vel merui vel sensi principis iram，	不要以为，因我理应遭受或实际经历了元首的愤怒，
a nobis ipsum nolle putate coli.	他就不愿被我崇拜。
Vidi ego linigerae numen violasse fatentem	我曾见过说自己冒犯过穿亚麻的伊西斯之神威的人
Isidis Isiacos ante sedere focos.	坐在伊西斯的神庙前，
Alter ob huic similem privatus lumine culpam	另一人，因与此类似的罪过而被夺去了双目，
clamabat media se meruisse via.	在街中嚎啕着自己罪有应得。
Talia caelestes fieri praeconia gaudent，	神明们喜欢人们发出这种公开场合的哭号，
ut sua quid valeant numina teste probent.	因为它们用证人展示了他们的神力是何等强大。

续 表

1.1 Ad Brutum	1.1致布鲁图斯
Saepe levant poenas ereptaque lumina reddunt,	神明们常常减轻罪罚并恢复夺去的视力,
cum bene peccati paenituisse vident.	当他们看到罪人已充分悔过。
Paenitet, o! si quid miserorum creditur ulli,	我悔过,噢!如果一个受罪之人还有什么可以被相信,
paenitet et facto torqueor ipse meo.	我悔过并且我自己也被我的所作所为所折磨。
Cumque sit exilium, magis est mihi culpa dolori	尽管流徙使我感到苦楚,更大的痛苦则是我的过失;
estque pati poenam quam meruisse minus.	与我罪有应得这一点比,承受惩罚本身则显得不那么沉重。
Ut mihi di faueant, quibus est manifestior ipse,	尽管诸神青睐于我,他(奥古斯都)却比他们更瞩目。
poena potest demi, culpa perennis erit.	惩罚可以被免去,过失却将永久存在。
Mors faciet certe ne sim, cum venerit, exul;	死亡,在她来临时,自然可以赦我于流亡之身;
ut non peccarim mors quoque non faciet.	但即便是死也不能改变我犯罪的事实,
Non igitur mirum, si mens mea tabida facta	因此,如果我的心灵因痛苦而融化
de nive manantis more liquescit aquae.	如雪水从雪中淌出,也不足为奇。
Estur ut occulta vitiata teredine navis,	就如舟船被隐匿的蛆虫蛀蚀,
aequorei scopulos ut cavat unda salis,	像咸海的浪涛掏空巨石,
roditur ut scabra positum rubigine ferrum,	像储藏的钢铁被铁锈啃食,
conditus ut tineae carpitur ore liber,	像闲置的书籍被虫嘴侵噬,
sic mea perpetuos curarum pectora morsus,	我的心承受着来自焦虑的恒久的啃咬,
fine quibus nullo conficiantur, habent.	以让它被他们无休止地消耗。

续 表

1.1 Ad Brutum	1.1 致布鲁图斯
Nec prius hi mentem stimuli quam vita relinquet	这些叮蚀不会比生命更早离开我的心，
quique dolet citius quam dolor ipse cadet.	任何痛苦的人都会比痛苦本身更快逝去。
Hoc mihi si superi，quorum sumus omnia，credent，	我将自己的一切奉献给了诸神，如果他们相信我这番话，
forsitan exigua dignus habebor ope，	也许我会被认为值得些许拯救，
inque locum Scythico vacuum mutabor ab arcu.	并将被转移到不受斯基泰弓箭威胁的地方。
Plus isto duri si precer oris ero.	如果我比这希冀更多，那我真是狂妄大胆。

【注释】

1. Naso：诗人以第三人称口吻开头符合罗马书信的一般格式（如西塞罗书信），这也呼应了本书的书信体体例。虽然奥维德的姓（nomen gentilicium）为“Ovidius”，这一词只有在呼格（Ovidi）和属格（Ovidi）时才能符合六音步或五音步的格律。因此他通常用自己的名（cognomen）“Naso”而非姓（nomen gentilicium）称呼自己（如《爱艺》卷二行 744，《哀怨集》卷一行 7，《黑海书简》卷一第 3 首行 1）。同时在奥古斯都时代的诗歌中，第三变格法名词的“-o”结尾作长音或短音皆可，此处作长音。

   Tomitanae：该形容词衍生于奥维德的流放地托米斯（Tomis），当地人被称为托米塔人（Tomitae）。这一形容词形式首见于此处。① 罗马人将自己的名字作为区分自己与外族人的象征。元首克劳迪乌斯（Claudius）甚至想要禁止外族人模仿罗马公民的起名方式起名。② 而奥维德在此则将蛮夷地之名与自己作为罗马公民标志的名放在一起，其中讽刺对比的意味可见一斑。

   iam non novus incola：奥维德用“不新”（non novus）来表达“旧”（vetus）采用了罗马文学常用的“反语法”（litotes）。与汉语不同，拉丁语可以通过否定某一形容词的反

① Garth Tissol，*Ovid* Epistulae Ex Ponto *Book I*，New York：Cambridge University Press，2014，p. 53.

② Peter Garnsey and Richard Saller，*The Roman Empire：Economy，Society and Culture*. London：Duckworth，1987，p. 117.

义词来表达该形容词的极致情况，因此此处的“non novus”并不仅仅表示对“新”程度的否定（“不怎么新”），而是“极旧”。相同的例子在奥维德的作品中非常常见，如《拟情书》第 16 首行 18 中，“non leve lumen”不止表示“不弱的光”，而表示“极强的光”（或“最强的光”）。而在下一首诗中，奥维德提到他即将在托米斯度过第四个冬天（卷一第 2 首行 25—26），因此诗人在此地的流放时间并不长。但即便如此，我们还是可以看到从《哀怨集》到《黑海书简》中时间的推移，在《哀怨集》卷四第 1 首行 85 中，诗人称自己还是托米斯的新客（“躺在这，我，这片让人忧愁的土地的新客”“hic ego sollicitae iaceo novus incola sedis”）。

2. hoc ... opus：指《黑海书简》的前三卷。奥维德将这三卷一起托付给布鲁图斯在罗马发表。“opus”可以指代任何形式的文学作品，该词的单数形式也不一定仅指一卷。

   de Getico litore：蛮族部落格塔（Getae）被用以指代他们所在的整个地域。奥维德在自己的流放诗歌中常常用带有“格塔的”（Geticus）的词指代托米斯，其中，属“格塔的海岸”（Geticum litus）最为常用。[1] 同时奥维德也常常用“格塔人”（Getae）指代其他两个当地部落，即斯基泰人（Scythians）和萨尔马提亚人（Sarmatians）。这三个部落在奥维德笔下没有明显区分。[2]

   mittit：“寄”符合罗马的书信习惯，再次点明了本诗集的书信体体例。

3. si vacat：“如果你有空闲”，“vacat”被独立用作非人称动词时，通常是以客气的语气询问听者是否得空（otium）。这一用法在罗马文学中非常常见，如奥维德《变形记》卷六行 585，卷十行 387，维吉尔《埃涅阿斯纪》卷十行 625，李维《罗马史》卷二十八第 43 章第 21 节。在《黑海书简》卷一第 2 首行 75 和卷三第 3 首行 1 中也有相同的用法。

   hospitio... | excipe：“hospitium”有两种常见意思，一是指友善接待外来客人的方式，二是特指接待客人的场所，两种意思在此处都可以解释得通，且与 excipere 连用的情况在罗马文学中均比较常见，前者的例子如《拟情诗》（*Heroides*）第 12 首行 29，后者如《拟情诗》第 15 首行 129，第 16 首行 127。但在散文中，“excipere”通常表示接受流亡的人入庇护所（凯撒《高卢战记》卷七第 28 章第 6 节，《内战史》卷一第 15 章第 5 节，李维《罗马史》卷二十七第 19 章第 1 节）。后文中，奥维德也不断强调可以在什么地方存放他的作品。因此，这里的 hospitium 更有可能指具体的场所而非方式。

   peregrinos：这一词在此处不止表示“来自国外”，而特指法律语境下，没有罗马公民权的异邦人（peregrinus）身份。在本诗的 21—2 行，奥维德将自己的诗集比作“流放者的孩子”（ortos exule）。尽管奥维德流放的身份是保有公民权的“遣徙者”（relegatus），他却常常说自己是没有公民权的“流放者”（exul），自贬为“peregrinus”。如西塞罗所说，这样的异邦人在罗马城必须求得保护人（patronus）或住在罗马公民的私人庇护所（hospitium privatum，也即第 10 行的 lar privatus）才能得到法律保护（西塞罗《论演说家》（De Oratore）卷一第 177 节）。因此，奥维德也借此称呼希求好友接纳荫庇自己的诗集。

---

[1] Martin Helzle, *Ovids* Epistulae ex Ponto *Buch I - II*, Heidelberg, 2003, p. 52.

[2] Alexander Podossinov, *Ovids Dichtung als Quelle für die Geschichte des Schwarzmeergebiets*, Constance, 1987, pp. 128 - 47.

libellos：libellus是对书（liber）的爱称，这一用法常见于散文。在共和国时期，仅有卡图卢斯（Catullus）在诗歌中用这个词（1行1，1行8）。① 此处的复数则可能具体指包含数卷诗歌的纸草卷轴。奥维德经常用“libellus”替代“liber”作为昵称，以抒发自己与诗歌亲密的情感。同时“小书”这一昵称也贬低了作品的价值。奥维德通过弱化自己流放前作品的价值来让自己的罪过显得不那么严重。而另一方面，这一选择可能也受到了希腊化时期大诗人卡里马库斯（Callimachus）的影响。“libellus”在希腊语的对应词为“βιβλίον”。而卡里马库斯最著名的观点即是“大书即大恶”（μέγα βιβλίον ἴσον τῷ μεγάλῳ κακῷ）。他反对诗人们创作长篇累牍的作品，主张以短篇诗歌来体现作者的诗赋精华。除了《变形记》之外，奥维德的大多数作品均是短篇诗歌合成的诗集，这也正响应了卡里马库斯的思想。

4. dumque aliquo，quolibet abde loco：该句是一个省略结构，完整句为“dum aliquo loco libellos abdas，quolibet abde loco”（只要你有地方放这些书，随便放在哪里均可）。“dum”在这里带有条件句意味，表示“只要……”，从句中用虚拟语气动词。奥维德也习惯用更强调的形式“dummodo”（第14行）。“-que”尽管在从句中，却连接了之前“excipe”和现在“abde”领起的两个主句。末尾的“loco”在拉丁图书馆以及洛布本版本中作“modo”，鉴于整个句子更强调收容这些书本人特定的场所，笔者取“loco”而非“modo”。但强调行为方式的“quolibet... modo”的结构也见于奥维德《哀怨集》卷五第1首行80。

5. publica ... monimenta：“monumintum”（多写作“monumentum”）指任何用于纪念人和物的东西，经常指相关的建筑物，如贺拉斯《颂歌》（*Odes*）卷一第2首行15—16。此处，这一公共建筑特指官方的图书馆，也呼应了《哀怨集》卷三第1首第71—72行里，奥维德的诗歌希望进入各大图书馆却不成功的经历。古代罗马图书馆并不单独建立，而是建造于神庙或其他公共建筑之中。当时罗马有三大图书馆，分别位于帕拉丁山阿波罗神庙（Apollo Palatinus，建成于前28年）、奥克塔维亚走廊（Porticus Octaviae，建成于前23年）和自由大殿（Atrium Libertatius建成于前39年）之中。此处，奥维德可能特指阿波罗神庙内的图书馆（Bibliotheca Apollinis Palatini），而他对奥古斯都的赞美也很可能让本诗能够被作为礼物敬献给元首。但将图书馆称为“publica monumenta”并不多见，除了这里之外仅见于小塞涅卡《道德书简·慰马尔奇娅》（*Ad Marciam de Consolatione*）第1节第3段。②

non audent：此处，奥维德对自己诗歌的拟人化已经非常明显，诗歌已经开始有了自己的感情，会感觉到恐惧。

intra：与“走”之类的动词连用时表示“进入”，不应与“inter”混淆，后词表示“到……之间”。

6. ne：ne可以独立引起状语从句，表达“唯恐”。“ne”本身仅作为领起词而不表示否定，之前也不一定需要“timere”之类的动词。

---

① Jan Felix Gaertner，*Ovid* Epistulae ex Ponto，*Book I*，New York：Oxford University Press，2005，p. 97.

② Martin Helzle，Ovids Ep，wlae ex ponto Buch I-II，Heidelberg，2003，p. 53.

clauserit：“claudere”与“iter”连用比较常见，但更常见的是“viam claudere”和“iter intercludere”的结构。[1]

auctor：“auctor”一般只在散文中指“作者”，在诗歌中并不常见。“auctor”在法律术语中还表示“监护人，保护者”，如孤儿等的监护人，奥维德在此有自嘲的含义，因为他并不能给自己的诗歌提供任何的保护，只能希求好友布鲁图斯收留它们。

7. a quotiens：“o quotiens”和“a quotiens”在拉丁诗歌中都常常被用来表达惊叹，但是 a 可能更常用来引起人的怜悯，与主题对应。[2] 同时奥维德和普罗佩提乌斯选择“a”很有可能也是延续了卡图卢斯的传统。[3]

nil turpe docetis：奥维德称自己被流放的原因是一部诗和一个错误（“carmen et error”，《哀怨集》卷一第 2 首行 207），这一部诗一般认为是《爱艺》，其中教授婚外偷情等内容很有可能因与元首推行的风化改革相悖，触怒奥古斯都。之后，奥维德常常需要辩解说自己不再写这些内容，如《哀怨集》卷三第 1 首行 4，他说道：“本章中，无一行教授情爱”“nullus in hac charta versus amare docet ”。同时“docere”也说明了诗歌所具有的教学作用，如贺拉斯《诗艺》（*Ars Poetica*）行 333—4：“诗人希望给人带来好处或是取悦或是说出既让人享受又有助于生活的话”（“aut prodesse volunt aut delectare poetae | aut simul et iucunda et idonea dicere vitae”）。

8. castis versibus：“castus”一般指人的纯洁，为拟人用法。一方面，这一词强调人在道德方面，尤其是婚姻爱情上的无损风化。奥古斯都治时强调对婚姻伦理的管束。他在公元前 18 年颁布“尤利亚反通奸法”（“Lex Iulia de adulteriis”）严禁婚外通奸，并要求揭发这类行为。他甚至流放自己女儿尤利娅并处死或流放了她的一部分奸夫。奥维德在此也强调了自己诗歌在这一方面符合官方要求，与自己之前的《爱艺》大为不同。另一方面，“castus”的人同养也会被神青睐（“casta placent superis”提布卢斯（Tibullus）卷二第 1 首行 13）。而在奥维德的语境下，这一神不止是罗马的传统神衹，还可能包括了奥古斯都的父亲凯撒。最后，奥维德可能巧妙转换了卡图卢斯笔下诗人和诗的关系。卡图卢斯在自己第 16 首诗行 5—6 中写道：“诗人自己应当纯洁而虔诚，但它的诗却不一定如此”“nam castum esse decet pium poetam | ipsum, versiculos nihil necesse est”。奥维德在这里可能将对象调换，指出虽然自己是罪人之身，但是自己的诗歌却并无罪责。

ille locus：指上文的图书馆。

9. aspicis：“aspicere”常常被用作不及物的“看”。

latere：奥维德显然利用了“latere”和下一行“Lar”读音上的相似性，但是两个词在词源上并没有关系。

10. sub Lare privato：与“in”相比，“sub”有“在……的保护/监控之下”的意思。在私人家

---

① Jan Felix Gaertner, *Ovid* Epistulae ex Ponto, *Book I*, New York: Oxford University Press, 2005, p. 99.

② David Ross, *Style and Tradition in Catullus*, Cambridge: Harvard University Press, 1969. p. 52.

③ Allan Kershaw “Emendation and Usage: Two Readings of Propertius,” *Classical Philology* 75. 1 (1980), pp. 71 - 72.

中,“Lar”作为保护家庭的神被放在炉灶边祭祀(炉灶“focus”本身也是祭祀的对象),但“Lar”也经常被用来指代整个家,复数形式“Lares”被用来指代一切家神,他们的祭坛被称为“lararium”。奥维德以“Lar”来指代布鲁图斯的家,一来强调了与官方图书馆(“publica monimenta”)的区分,二来突出保护和收留的意味,也与前文的“peregrinus”对应。

11. quaeris:引入一个问句让整封信的语气更像对话。古希腊罗马的书信常常被当做对话(“colloquium”),而奥维德本人也常常猜想收信人的问题(如《黑海书简》卷一第6首行1—2,卷一第7首行1—4)让自己的诗更具有对话性。奥维德通常用“quaeris”或“quaeritis”引起这些问题且不加疑问词,回答也会紧接着出现在下文。[①]

    componere:此处“componere”并不是“收集”的意思,与上文的abde同义,指“放置于一边”“储藏”。

    nullo ... laeso:“没有人受伤害”,独立夺格结构。“laedere”本意指造成肉体伤害,但更多时候指给人精神和尊严造成的伤害。与主动语态不同,被动语态的完成时分词所指时间一般不在主语动词之前,而是与之同时发生。这一结构在此处意指不明,一种可能是其他诗人可能会因为布鲁图斯把自己诗歌存放的位置让给奥维德而感到不满。而更有可能的是藏匿奥维德的作品会触怒奥古斯都。

12. qua steterant Artes:“《爱艺》以前在的地方”。过去完成时“steterant”并不是完成时“steterunt”的代替。如缇索所说,过去完成时在诗歌里常常代替未完成时,如奥维德《恋歌》行1—2:“以前是五本书的我们现在是三本”(“qui modo Nasonis fueramus quinque libelli| tres summus”)[②],《哀怨集》卷三第11首行25:“我已经不是以前的样子了”“non sum ego quod fueram”。“Artes”特指奥维德三卷本的《爱艺》,也常译为《爱的艺术》。戈尔德纳指出奥维德在用Ars或Artes指代这本书时单复数均可。[③]

    pars:此处词义扩大,并不表示“部分”,而更具体的表示“地方”和“空间”。

13. quid veniat:quid在此处可以作“是什么”或“为什么”(=cur)两解。但与下文quodcumque呼应,前者的可能性更高。尽管单数veniat与复数veniant在抄本中均有出现,因与quid一致,此处取veniat。同时,此诗(甚至是诗集)通常被以单数指代,如16行的hoc和21行的quidquid均为单数。

    novitate ... sub ipsa:强调作品之“新”一方面与作者自己已是流放之地故人的身份有所对比,另一方面也可能暗指诗人因为沦落蛮夷之地而无法写出地道的拉丁诗歌。在《黑海书简》卷四第14首行24中,奥维德感谢奥古斯都和神的帮助使自己学会了蛮族的语言:“我的新成就得到了神的帮助”“adiuta est novitas numine nostra dei”。诗人意指自己拉丁语生疏,难写出如往日的佳作。

14. accipe:重新回到了第4行excipe领起的“接受”的主题,再一次恳求布鲁图斯收下自

---

① Jan Felix Gaertner, *Ovid* Epistulae ex Ponto, *Book I*, New York: Oxford University Press, 2005, p. 57.

② Jan Felix Gaertner, *Ovid* Epistulae ex Ponto, *Book I*, New York: Oxford University Press, 2005, p. 57.

③ Jan Felix Gaertner, *Ovid* Epistulae ex Ponto, *Book I*, New York: Oxford University Press, 2005, p. 58.

己的诗作。

dummodo non sit amor：与其他诗人不同，奥维德在“dum”领起的条件句中会用“non”而非“ne”来表达否定（又如《变形记》卷十三行151）。这里，奥维德再次强调自己流放诗歌和先前作品主题上没有关联。

15. quamvis：“quamvis”与“quamquam 都表示“尽管”，但“quamvis”与虚拟语气动词搭配，而“quamquam”与陈述语气动词搭配。但在卢克莱修（Lucretius）以后，诗歌中“quamvis”也可与陈述语气连用，但散文中两种搭配的区分直至公元1世纪后期才消失。

miserabilis index：“index”特指“书名”，这里“miserabilis index”“凄惨的书名”指之前的《哀怨集》。此处的“miserabilis”意义更为主动，书本身并不凄惨，它只是表达凄惨的工具。同时，因为以-bilis 结尾的形容词容易放入六步格，奥维德对这一类形容词也有所偏爱。

16. triste：呼应上文的“miserabilis index”，更直接指向了《哀怨集》“Tristia”的书名。

ante：“ ante”这里作副词用，其副词含义最初的写法为“antea”（-u-），无法纳入六步格中。

dedi：“dedi”此处指“edidi”（“寄”），为以简单词代替复合词的用法（simplex pro composito）。但 dare 的这一取代用法仅又见于李维《罗马史》。①

17. rebus：指诗歌的内容和用词。

titulo：与上文 index 同义，指书名《黑海书简》。

epistula cui sit ... missa：间接疑问句，missa 被乱序放置到了后一行的主句中。

18. non occultato nomine：独立夺格结构，《黑海书简》并没有隐去收信人的姓名，这与《哀怨集》非常不同。《哀怨集》中，奥维德为了不给朋友带来麻烦，并不具他们的姓名：“朋友们，你们紧系着我的心，我想要叫出你们每个人的名字，但是谨慎的恐惧压制了友谊叙旧的义务，我认为你们自己也不想出现在我的黑海诗歌中。”“vos quoque pectoribus nostris haeretis, amici,| dicere quos cupio nomine quemque suo. | sed timor officium cautus compescit, et ipsos| in nostro ponti carmine nolle puto.”（《哀怨集》卷三4行63—66）但尽管如此，《黑海书简》卷三第6首仍然隐去了一位不愿自己姓名出现的朋友，而卷三第7首也没写明收信人。

29. nec vos hoc vultis：“vos”从单数转到复数，指所有在《黑海书简》中收信的朋友们。这封信不止是给布鲁托斯的一封私信，也是整个《黑海书简》总起的介绍，因此不止面向一位好友。“hoc”指整部诗集。

sed nec prohibere potestis：“sed nec”这一连用并不常见，意思等同于“nec tamen”“但是不”。② 意愿与实际的反差通常出现在修辞演说家的作品中，如西塞罗《反弗里斯》篇4第61节：“他们想要（做）的却做不到”“quae voluerant, non potuerunt”。

① Jan Felix Gaertner, *Ovid* Epistulae ex Ponto, *Book I*, New York: Oxford University Press, 2005, p. 58.

② Garth Tissol, *Ovid* Epistulae Ex Ponto *Book I*, New York: Cambridge University Press, 2014, p. 59.

20. Musa：缪斯女神意同诗歌。

officiosa：源自名词“officium”，这一形容词在西塞罗之后的散文中普遍出现，而在诗歌中，奥维德用它的次数(10 次)超过了其余诗人用这个词次数的总和。① 这一词通常表示奴隶尽忠职守，但是同时也表示朋友之间的守信，彼此有需要时义不容辞。② 奥维德在此也暗指自己即便不受欢迎，依然是一位忠实的朋友，而自己的诗歌即是自己信义的证明。

21. quidquid id est：呼应了 14 行的“quodcumque est”，而这一六步格的开头在诗歌中颇为常见，最有名的是《埃涅阿斯纪》卷二第 47 行对希腊人木马计礼物的描述：“无论是什么，就算希腊人提着礼物来我也怕他们”“Quidquid id est，timeo Danaos et dōna ferentis”。

impedit：“impedire”(“阻止”)与宾格、不定式连用的情况又见卢克莱修《物性论》卷三行 322。但通常情况下，与 ne，quin，quominus 连用领起从句。

ortos exule：“ortos”为“orior”的分词形式，被动形式主动语义。“exule”为“exul”(“流放者”)的夺格，表来源。“ortos exule”字面意为“从流放者体中升起的人”，指“流放者的孩子”，此处代指《黑海书简》的前三卷。尽管严格意义上来说，奥维德并不是“exul”，而是“relegatus”，诗人夸张自己的罪行以博得更多同情。③

22. servatis legibus：独立夺格结构，“servare”有很强的法律术语的意味。这一说法既可以理解为“奥维德的作品通行于罗马不违反法律”这一事实抑或是“奥维德的作品只要不违反法律就可以通行于罗马”。但是下文与马克·安东尼、布鲁托斯作品的比较使得前者更有可能。

Urbe frui：“urbe frui”或“patria frui”仅见于奥维德的流放诗(《哀怨集》卷三 12 行 26，卷四 8 行 28，卷五 5 行 19)。拉丁语文学中，“urbs”“城市”通常特指首都罗马。

23. metuas：相比起“timere”，“metuere”的意义更客观，表示不止叙述者主观害怕，而是事物真的“值得害怕”。

Antoni scripta：Antoni 为马克·安东尼(Marcus Antonius)，后三头之一，被奥古斯都击败于前 31 年的亚克兴角战役(Battle of Actium)及前 30 年的亚历山大里亚战役(Battle of Alexandria)。后自杀。他本人并不以文学著称，我们所知的作品仅有可能关于饮酒及欧西里斯-狄奥尼索斯崇拜的作品《论其人之醉》(De Sua Ebrietate)(记载见老普林尼《博物志》(*Naturalis Historia*)卷十四第 148 章)。此处“Antoni scripta”特指他的书信，内战时，他大肆发信至意大利鼓吹贵族脱离屋大维(即后来的奥古斯都)投靠自己。这些信件中包含着大量战时的宣传和对奥古斯都的指控。塔西佗《编年史》中，当奥鲁斯·克雷姆提乌斯·柯杜思(Aulus Cremutius Cordus)被提比略指控赞美布鲁图斯和卡西乌斯时，他辩解说奥古斯都并没有禁绝包含着大量指控自

---

① Jan Felix Gaertner, *Ovid* Epistulae ex Ponto, *Book I*, New York: Oxford University Press, 2005, p. 104.

② Richard Saller, *Personal Patronage Under the Early Empire*, New York: Cambridge University Press, 1982, p. 15.

③ Sidney Owen, *Tristia*, *Ibis*, *Ex Ponto*, *Halieutica*, Oxford: Oxford University Press, 1916, p. 44.

己言语的安东尼的书信和布鲁图斯的演讲(《编年史》卷四第 34 章第 8 节)。而这些书信在罗马流传的证据也见于苏维托尼乌斯(Suetonius)《奥古斯都传》第 69 章。

24. doctus ... Brutus：凯撒的主要暗杀者马库斯·尤尼乌斯·布鲁图斯(Marcus Iunius Brutus)在帝国早期被认为是美德(virtus)和自由(libertas)的象征(小普林尼《书信》篇一第 17 章第 3 节)。作为一名学者,布鲁图斯也堪称博学。西塞罗的《布鲁图斯》证明了他在演说术上的造诣,而他的哲学贡献则突出体现在伦理学中。作为新柏拉图主义的追随者,布鲁图斯写了如《论美德》(*De Virtute*)等著名伦理学著作,以至于昆提良(Quintilian)和塔西佗(Tacitus)认为布鲁图斯的哲学作品价值高于演说。

但以布鲁图斯和安东尼为例,奥维德实际上误导了我们对当时舆论控制的认识。在奥古斯都初上位时,他并不阻止例如李维之类的贵族怀念共和国的传统。元老也可以在元老院中对他提出批评。但奥古斯都慢慢不再容忍批评。尤其是在公元 5—8 年的大饥荒之后,他开始依照所谓的尤利亚反触犯权威法(Lex Iulia de maiestate)以"叛国罪"审判处死持异见的贵族(见塔西佗《编年史》卷一第 72 章)。因此,诗人所述朋友唯恐避他而不及的态度可能更符合史实。

habet：因为"Brutus"实际上代指他的作品而非他本人,因此这里的 habet 并不表示归属上的"所有",而表示空间上的"占有"。

in promptu：表示事物"随时可以触及",此处指书箱非常常见,也表示布鲁图斯的作品在罗马很容易就可以阅读到。

scrinia：scrinium 是一个专有名词,特指收藏书卷和书信的箱筒。

25. furiosus：指"大胆"或"疯狂"。戈尔德纳指出,拉丁诗歌通常避免使用这一词。①

confero：拉丁诗歌为了避免长短长格("cretic""-u-"),有时会将第一人称单数动词结尾的长元音-ō 短化为-o。②

26. saeva ... arma tuli："saeva ... arma"的说法首见于维吉尔《埃涅阿斯纪》(卷一行 295 中"战争"被拟人化,"坐在暴虐的兵器之上"("saeva sedens super arma")。卷八行 482 中墨曾提乌斯(Mezentius)也以"凶残的武器"("armis... saevis")压迫伊特鲁里亚人民。但是这一表达并不一定带有贬义色彩,而更多是强调武器能够造成的伤害以及未来战斗的激烈程度。如卷九行 651 中,阿波罗也有"saeva arma"。而在卷十二行 889—890 中,埃涅阿斯指责图尔努斯(Turnus)拖延战斗,并说:"我们现在必须用致命的武器近身战斗""saevis certandum est comminus armis"。西塞罗在指控安东尼时,也假设其用了类似的表述(《反安东尼：第二篇反腓力辞之二》第 29 章第 72 节):"我(安东尼)举兵反对执政官、罗马的将军、元老以及罗马人民,反对我们国家的神祇以及公共和私人的祭坛"。"ego arma contra consules imperatoresque populi Romani, contra senatum populumque Romanum, contra deos patrios arasque et focos

① Jan Felix Gaertner, *Ovid* Epistulae ex Ponto, *Book I*, New York: Oxford University Press, 2005, p. 108.

② Garth Tissol, *Ovid* Epistulae Ex Ponto *Book I*, New York: Cambridge University Press, 2014, p. 61.

tuli”。

deos：戈尔德纳认为此处的复数“deos”指凯撒和奥古斯都，①而奥维德通过“举兵对抗神明”这一表达将自己和恣睢的巨人族相比，强调自己忤逆奥古斯都的罪恶性。但是凯撒此时已去世和被封神多年，而奥古斯都则尚没有在意大利公开称神。这一句可能仅暗示了奥古斯都未来被封神的可能以及他现在就已经有的、近乎神明的权威。奥古斯都此时身兼大祭司长（Pontifex Maximus）并且有最大军权（maius imperium）和民选官（也常译为“保民官”）的权力（Tribunicia Potestas），人身神圣不容侵犯。对他都动用暴力本身就会触怒罗马的传统神明。奥维德可能将自己与上文西塞罗笔下的安东尼相比，突出与奥古斯都作对的罪恶与愚蠢。

contra：“contra”作为介词理应放在修饰的名词或名词短语之前，但当介词本身为多音节词时，它可以被后置（此情况同时适用于诗歌和散文）。这一用法在“contra”这一词的使用中尤为常见。②

27. Caesareo：“Caesareus”为“Caesar”衍生出的形容词，与 28 行的“honore”搭配，语法作用与目标性属格（“objective genitive”）一致，“honor Caesareus”即为“honor Caesaris”（“对凯撒的赞誉”）。此处“Caesar”指奥古斯都。尽管历史学家通常称他为屋大维（Octavianus，因其生父为 Gaius Octavius，被收养后在名字中保留族名）或奥古斯都（这一称号严格来说仅能用于公元前 27 年他被元老院封为“奥古斯都”之后），他本人以及当时的作家从未用过“屋大维”这一称号，而是将他称为“凯撒”（作为凯撒（Gaius Iulius Caesar）的养子，屋大维在凯撒被暗杀后继承了这一名号）。

quod：“quod”引起代词从句，其先行词为省略的“id”。它代指的是主句“Caesareo non caret e nostris ullus honore liber”所描述的整个事件（“没有一本出自我手的书缺乏对凯撒的赞誉”）。

28. non ... ullus：即“nullus”，但是意味更强。

honore：奥维德的作品不乏对奥古斯都的提及，他甚至直接将《岁时记》（*Fasti*）献给了奥古斯都。而在《哀怨集》卷二第 1 首行 61—2 中，奥维德总结道：“为什么我要提到我的书，就算是那些被当做是我罪过的，也在无数处提及您的名字”“quid referam libros，illos quoque，crimina nostra，| mille locis plenos nominis esse tui？”。

29. dubitas：“ dubito”此处为“犹豫”而非“怀疑”，此处奥维德假设布鲁托斯可能因为奥维德罪人的身份而犹豫是否要接受这封信。

de me：意为“因为我”而非“关于我”

laudes：戈尔德纳指出，“laus”在基督教化之前指对人而非对神的赞誉，③因此奥维德可能还没有将奥古斯都完全当做神，而是强调他人性的一面。

30. carmen ... meum：“carmen”不止指当前的这一篇挽歌，而是指整个三卷的诗集。奥

① Jan Felix Gaertner，*Ovid* Epistulae ex Ponto，*Book I*，New York：Oxford University Press，2005，p. 108.

② Jan Felix Gaertner，*Ovid* Epistulae ex Ponto，*Book I*，New York：Oxford University Press，2005，p. 109.

③ Jan Felix Gaertner，*Ovid* Epistulae ex Ponto，*Book I*，New York：Oxford University Press，2005，p. 109.

维德经常用单数"carmen"而非"carmina"来指代自己的整部诗歌集,如《哀怨集》卷二1行207中,"carmen"指全部三卷《爱艺》:"两个罪过毁了我,一部诗歌和一个错误"("Perdiderint cum me duo crimina carmen et error")。

31. 明确自己的诗歌包含对奥古斯都和神的赞美后,奥维德将自己的诗歌与橄榄枝对比,以证明自己的诗歌也有资格进入罗马。

pacata:此处虽为被动语态但是并没有被动意,意同"pacifera"(带来和平)。橄榄枝带来和平的这一意象呼应了埃涅阿斯初至伊万德(Evander)王国与帕拉斯(Pallas)会面时的动作(《埃涅阿斯纪》卷八行115—116):"埃涅阿斯,我们的祖先,在高高的船首说出以下的话,同时他用手伸出一支带来和平的橄榄枝""tum pater Aeneas puppi sic fatur ab alta | paciferaeque manu ramum praetendit olivae "。这里也呼应了下文对埃涅阿斯的直接描写。

32. auctorem pacis:此处指奥古斯都。奥古斯都一直自诩开创了罗马的和平局面(Pax Romana,见《功业》(*Res Gestae*,也常译为《奥古斯都自传》)第13、25、26节),对这一局面最具体的体现即是和平祭坛(Ara Pacis)的建造(《功业》第12节)。

本句的主语是不定式结构:auctorem pacis habere。

33. cum ... parenti:本句呼应了《埃涅阿斯纪》中的描述(卷二行707),在逃出特洛伊城时,埃涅阿斯和自己的父亲安喀塞斯(Anchises)说"所以过来吧,亲爱的父亲,坐在我的肩上。""ergo age, care pater, cervici imponere nostrae" 。

foret:同esset,为未完成时虚拟语气变位的另一种变形。

cervix:此处指"肩"而非"颈"。

34. dicitur:同"fama est"或"ferunt",诗人通过用这些词来暗示自己的说法来源于传统故事或他人的记述,更具可信度。① 这里奥维德特指自己引述了《埃涅阿斯纪》卷二行632—3中埃涅阿斯冒着特洛伊城中的战火回到自己家中救自己的父亲的片段:"我(埃涅阿斯)往这走,并在神明指引下于战火和敌人之间穿梭,战矛给我让路,战火也退去""descendo ac ducente deo flammam inter et hostis expedior: dant tela locum flammaeque recedunt"。

35. Aeneaden:"埃涅阿斯的子孙",尤利亚一族(Gens Iulia)长期以维纳斯作为自己的祖先,而至晚自凯撒始,这一族开始视自己为埃涅阿斯的子孙。② 奥古斯都因为被凯撒收养,也称为了尤利亚一族的成员。奥维德在《变形记》中也称凯撒为"Aeneaden"(卷十五行804)。而复数形式的"Aeneadae"通常指罗马人这一整体(如《埃涅阿斯纪》卷三行18)

36. At:这里不表示"但是",而是指"此外""另外"。

patriae pater:自共和国起,罗马元老院就将"国父"(pater patriae)这一荣誉称号授予杰出公民。这一称号最早于公元前386年授予马库斯·弗里乌斯·卡米卢斯

---

① Garth Tissol, *Ovid* Epistulae Ex Ponto *Book I*, New York: Cambridge University Press, 2014, 62.

② Andrew Erskine, *Troy Between Greece and Rome*, *New York*: *Oxford University Press*, 2001, pp. 17 - 37.

(Marcus Furius Camillus)以表彰他赶走入侵的高卢人,在罗慕路斯(Romulus)之后第二次"建立"罗马。西塞罗在制服喀提林(Catiline)反叛之后也获得了这一称号。之后凯撒也在成为独裁者之后被授予这一头衔。公元前 2 年,奥古斯都被元老院授予这一头衔。但是这一称号仅停留在荣誉层面,没有和凯撒(Caesar)、元老院首席(princeps senatus)等一样成为后来罗马元首的常规头衔。

ipsius:该词在此处是缩略的表达,也带来一定的歧义。尽管在同一句中,该"ipsius"并不指代前文的"奥古斯都",而指埃涅阿斯。ille 在此处指埃涅阿斯的父亲安喀塞斯(Anchises)。"ipsius ille fuit"指埃涅阿斯背负的安喀塞斯仅仅是他自己的父亲,而奥维德的诗却负载着的奥古斯都是整个国家的父亲。

37. ecquis/ecquid:这一词并不是常见词。赫泽指出,"ecquis"可能是比较口语化的表达,通常表达了说话者急不可耐的情绪。①

audax:西塞罗一般用该词形容指控的罪犯(如《反弗里斯》篇 2 第 5 章第 111 节)。这一词也可以指触怒神明的人,因为抵牾祭司也是触犯神明的行为。如贺拉斯《颂歌》卷一第三首行 25—6,《讽刺诗集》卷一第一首行 30。

38. Pharia...manu:38 行描写了埃及伊西斯的祭祀过程。"Pharia"指亚历山大里亚附近的法洛斯岛(Pharos),"Pharia"也通常被用来称呼伊西斯。但在本行中,"Pharia"为形容词语法通用的情况(enallage adjective),为夺格,在语法上与"manu"搭配,而非与"sistra"搭配,尽管语义上,"Pharia"与"tinnula"都修饰"sistra"。

tinnula:"tinnulus"意味"发出铃声的",仅在诗歌中常见,如卡图卢斯第 61 首行 13,《变形记》卷四行 393。

sistra:诗歌形式的复数,"sistrum"是"σεῖστρον"的拉丁文转写,指伊西斯祭祀时所用的金属铃铛。

39. 本行与 40 行则用大母神西贝莉(Cybele)祭祀为例指出自己诗歌被接受的重要性。

deum Matrem:指西贝莉,即大母神(Magna Mater)。其祭祀源于弗里吉亚(Phrygia)。第二次布匿战争期间,罗马人遵从西比尔神谕集的指示将其引入罗马,建神庙于帕拉丁山。鉴于弗里几亚与特洛伊的渊源,对大母神的祭祀得到了奥古斯都的青睐,在帝国时期得以延续。该神祭祀的具体流程,见奥维德《岁时记》卷四行 179—372。

cornu tibicen adunco:指在西贝莉祭祀队伍中排头吹走管乐的笛手。他们吹奏的笛子有两根笛管,其中的一根笛管上附有羊角状的号角(cornu),因此奥维德称其为"卷曲的号角"。

40. cum:整个 39 行至此为由"cum"引起的时间状语从句。但是"cum"被后置至此,为诗歌中常用的手法。但是缇索指出,"cum"通常最多被后置至第二或第三个词,少数情况下为第四个词,奥维德此处的后置非常罕见。②

---

① Garth Tissol, *Ovid* Epistulae Ex Ponto *Book I*, New York: Cambridge University Press, 2014, 60.

② Garth Tissol, *Ovid* Epistulae Ex Ponto *Book I*, New York: Cambridge University Press, 2014, pp. 65 - 66.

canit：此处指乐器的演奏而非“歌唱”。这一用法非常常见，例如卢克莱修《物性论》卷四行 585：”笛子在手指的按压下发出声响”“tibia ... fundit digitis pulsata canentum”。

exiguae quis stipis aera negat：“谁会拒绝一点施舍的铜钱呢?”“aes”指铜，但这里特指铜币。这里指流浪的祭司可以凭自己的神职觅得一点施舍(“stipis”)。

41. nil tale：“没有任何这样的事”，指祭司要求施舍。这并不是基于神明的要求。

Dianae：该词是否妥帖常常受到质疑。戈尔德纳对此作了详细的总结：[①]主要问题有两点，首先前文并没有提及狄安娜的祭祀，此外，狄安娜与下文祭司(vaticinator)预言的能力并不吻合。后者可以被认为是因为赫卡忒(Hecate)和狄安娜崇拜的交叉混淆，而赫卡忒之前则一度被与西贝莉混淆。但第 39—40 以及 45 行的描写则表明奥维德并不是不知晓这些神的区分。所以本行用“Diana”之原因，我们不得而知。

42. unde：以“unde”(从何处)取代代词结构“a quo”是非常口语化的表述。[②]

vaticinator：代指诗人(vates)。“poeta”和“vates”都可指诗人，在共和国早期的诗歌中，“poeta”特指诗人，而“vates”指迷信的预言者。恩纽斯(Ennius)在区分自己和前人的作品时，指责他们道：“其他人曾用诗写过一些事，那些以前农牧祭祀表演者和预言者唱的(事)”“Scripsere alii rem | vorsibus quos olim Faunei vatesque canebant”。“poeta”在此时指从事创作的严肃诗人，而“vates”只指借诗歌媒介，随意唱迷信预言的人。但是至少到了帝国时期，这两个词逐渐可以互相替换，用于证明诗人与神明，尤其是缪斯之间的密切联系。奥维德在《爱艺》中，为了给自己的作品增添权威性，说道“本作受经验所感发，请(读者)听有经验的诗人”“Usus opus movet hoc：vati parete perito”(卷一 行 29)。

43. ipsa numina：这与上文“ab imperio”形成反差。尽管神明并不要求人们给祭司钱，但是人们却因为自己心底受神明的感召而自发给祭司施舍，让对神的祭祀得以留存。

44. turpe nec：正常的词序应该为 nec turpe。这里的倒置一方面强调了 turpe(不雅，肮脏)，另一方面，这一行以抑扬格领起五音步，这也是奥维德的标志性手法。[③]

credulitate：这一词在诗歌中非常罕见，几乎只有奥维德使用。除他之外，仅有马夏尔(Martial)卷五 1 行 10 一例。[④] 这一词一般带有贬义色彩，意为“过于轻易相信”。如《恋歌》(Amatoria)卷三 3 行 24：“利用愚蠢的迷信煽动群众”“et stulta populos credulitate movet”。这里，奥维德戏称这种不受神明命令而给祭司施舍的行为仅为“迷信”，但因为可以让祭司得以生存，所以无伤大雅。

45. En ego：意义接近于“看!”，表示强调，将读者注意力引到即将叙述的内容中。但“en”的特点在于，其并不着重强调“en”之后的词，而是强调之后的整个句子。奥维德

---

① Jan Felix Gaertner, *Ovid* Epistulae ex Ponto, *Book I*, New York: Oxford University Press, 2005, pp. 115 - 116.

② Martin Helzle, *Ovids* Epistulae ex Ponto *Buch I - II*, Heidelberg, 2003, p. 62.

③ Maurice Platnauer, *A Study of the Metrical Usages of Tibullus, Propertius, and Ovid*, Cambridge: Cambridge University Press, 1951, p. 37.

④ Jan Felix Gaertner, *Ovid* Epistulae ex Ponto, *Book I*, New York: Oxford University Press, 2005, p. 119.

将读者的注意力从上文的祭司引到自己身上，突然就赋予了自己诗歌神性的权威。
foramine："foramen"一般指笛子上的笛孔，这里指整个笛子。
buxi："buxum"，黄杨木。弗里几亚的笛子一般都用黄杨木制作。

46. Iuleae：半元音 I 在本词中为元音而非辅音。本词共有四个音节"u--"。除了普洛佩提乌斯卷四 6 行 17 之外，本词在诗歌中一般都作为四音节词处理。[①]
nomina sancta：这里，"nomina"指凯撒和奥古斯都之名。即便在奥古斯都逝世封神之前，对两人尊严(dignitas)的触犯即违反了尤里亚法(Lex Iulia de maiestate)。

47. vaticinor moneoque："vaticinor"呼应上文的"vaticinator"，再一次强调了诗人预言和神性的特征。"moneo"不止是"提醒"，更有神灵预言性质的"警告"和"提醒"之意。如《变形记》卷十三 行 775 中，特雷姆斯(Telemus)预言独眼巨人波吕斐摩斯(Polyphemus)在将来会被奥德修斯戳瞎，但独眼巨人只对此嗤之以鼻，奥维德写道："他(独眼巨人)嘲笑这个徒然警告着他的人""Sic frustra vera monentem | spernit"。"vaticinor"和"moneo"这样叠用动词是预言展开的常用形式。如《黑海书简》卷三 4 行 94："我在神的指引下预测和预言这些事""haec duce praedico vaticinorque deo"，"praedico"和"vaticinor"在此都表示"预言"，也属于叠用。
locum date：字面意思为"给予地方(存放)"，一般意为"让路"，这一短语既适用于观者给祭司队伍让路，同时也表示了奥维德希望自己的朋友能在自己的藏书中腾出一点空间给这部作品。
sacra ferenti：在此呼应了上文的"fert liber Aeneaden"和"nomina sancta fero"。诗人希望借奥古斯都的威名让朋友留下本作。

48. mihi："mihi"和下文的"magno deo"都只能被理解为与格作为施事者(dative of agent)。这一用法一般被用于动词状形容词结构(gerundive)或者完成时被动语态的结构中。而直接用作现在时直陈式的施事者仅见于诗歌之中。
magno deo：指凯撒，因为凯撒是尤利亚一族中最近被封神的一位，他也使得整个家族更具神性。

49. quia vel ... vel ...：散文转写应该为"vel quia ... vel quia ..."。供选择的是两种解释原因而非"merui"和"sensi"这两个动词。
merui：奥维德不止一次说自己受流放之刑罪有应得。如《哀怨集》卷二 1 行 29："(奥古斯都)的愤怒确实正当，我不会否认我罪有应得""illa(代指'ira')quidem iusta est, nec me meruisse negabo"。

50. nobis：只指诗人一个人，复数形式只是为了诗歌的格律需要，同时也表自谦。
coli：colo 一般用来表示对神明的供奉。

51. linigerae："liniger"，"穿亚麻衫的"，为奥维德首创的一个词。该词仅被用于诗歌且只指代伊西斯和她的祭司们。[②] 希罗多德在叙述伊西斯祭祀的传统时写道："祭司们穿单层的亚麻衫和纸草做的鞋：他们不可能穿其他的衣服或者其他鞋子""ἐσθῆτα δὲ φορέουσι οἱ ἱρέες λινέην μούνην καὶ ὑποδήματα βύβλινα: ἄλλην δέ σφι ἐσθῆτα οὐκ ἔξεστι λαβεῖν

① Martin Helzle, *Ovids* Epistulae ex Ponto *Buch I – II*, Heidelberg, 2003, p. 64.
② Martin Helzle, *Ovids* Epistulae ex Ponto *Buch I – II*, Heidelberg, 2003, p. 65.

οὐδὲ ὑποδήματα ἄλλα”。

linigerae numen violasse fatentem | Isidis:“声称自己曾触犯穿麻衣的伊西斯的神威的人”,整个结构在这句间接引语中充当主语。而这个主语又由另一个由“fatentem”引起的间接引语组成,在这个间接引语中,主语“se”被省略。

52. Isidis Isiacos:将名词“Isis”与形容词“Isiacus”并列类似于一种叠叙法(polyptoton)的手法。将这两个词并列突出了本句中前后的反差,曾经亵渎伊西斯的人,此刻却坐在她的神庙前乞求原谅。

focos:“focus”特指神庙内燃火的祭坛,此处代指整个神庙。而由于每个神庙内只有一个祭坛,此处的复数仅是诗歌表达上的复数,为了与“Isiacos”一致。用“focum”取代“focos”不会改变格律,但是用“Isiacum”取代“Isiacos”会导致音步的变化。

53. ob:“ob”与宾格连用表示“因为”。“ob”与后文“similem culpam”连用。

huic similem... culpam:“similis”,“类似于”,与与格搭配。尽管本句意在表达第二个人和上文第一个人类似,但是“similem”实际上与“culpam”搭配,而不是“alter”,意味“和这个人相似的罪过”。

lumine:“眼睛,目光”。表示眼睛,更常见的是复数形式“lumina”。就伊西斯用致盲惩罚罪人,又见尤维纳利斯(Juvenalis)第13首行92—3:“让伊西斯处置我身体上她想要的任何一部分,并以愤怒的铜铃击瞎我的双目”“decernat quodcumque volet de corpore nostro | Isis et irato feriat mea lumina sistro”。

54. media via:两词均为夺格,意味“在路中间”而非“中间的路”。

55. praeconia:“praeconium”意指用于公告的媒介,此处指神以对人的惩罚以及人的反省和乞求来宣告自己的神威。

56. sua quid valeant numina:间接疑问句“quid sua numina valeant”“他们的神威能有何种力量”,整句间接疑问句是“probent”“展示”的宾语。

58. bene:作为副词时可以表示“彻底地”。但“bene paenitere”的结构并不常见,除本处之外,仅有一处为贺拉斯《颂歌》卷三24行50:“如果彻底悔过罪过”“scelerum si bene paenitet”。①

peccati paenituisse:戈尔德纳指出,这种通过忏悔和自我谴责来获得神明原谅的方式在基督教之前的希腊罗马宗教中并不存在。采取这一方式的一般是古代近东的宗教,尤其是伊西斯崇拜。②

59. paenitet ... paenitet:“paenitet”“使后悔”一般作为非人称动词,主语使用名字宾格,后悔的原因用与格。这里“paenitet”的重复属于首语重复法(anaphora),表达了诗人强烈的情绪和懊悔之情。

si quid miserorum creditur ulli:“creditur”为非人称动词,表示“……被相信”,加与格表示相信的对象,宾格表示相信的内容,所以此处,“miserorum ulli”是相信的对象为“任何一个有悲惨遭遇的人”,“quid”(即“aliquid”,在“si”后省略为“aliquid”)为相信的

① Martin Helzle, *Ovids* Epistulae ex Ponto *Buch I - II*, Heidelberg, 2003, p. 66.

② Jan Felix Gaertner, *Ovid* Epistulae ex Ponto, *Book I*, New York: Oxford University Press, 2005, p. 124.

内容“任何一件事”。整句意思为“如果遭遇不信的人有任何值得相信的事情”。

61—62. mihi dolori：这两句有很多省略的结构，理解时应当将“mihi dolori”理解为重复出现在61行的前半行和62行中。“dolori”是表语性的与格(predicative dative)。一般当抽象名词在句中表示目的或结果时，用与格而非宾格，如“送去增援”翻作“auxilio mittere”而非“auxilium mittere”。这里“dolor”“悲伤”是奥维德受罚流放的结果。两句意思字面上为“尽管流放(对我来说是痛苦的事情)，我的罪过对我来说是更大程度上的痛苦。而承受罪罚比起应当受罚来说是更轻的痛苦”。

culpa：与“facinus”和“scelus”相比，“culpa”指犯错者并不刻意想要伤害他人，只是不小心犯错。

63. ut：引起的是一句让步状语从句，而非目的状语从句。全句意思为“尽管神明们关照我，他(奥古斯都)却比他们更引人注目”。

quibus est manifestior ipse：“ipse”指奥古斯都，这句话的意思是奥古斯都是活在人间的神，所以比起其他在远处虚无缥缈的神明，奥古斯都显得更引人注目。

65. faciet ne：“facere”(使发生)在这里引起一句目的状语从句(否定形式与“ne”搭配)，“死亡，当她到来时，当然可以让我不再是一个流亡犯”。

66. ut non faciet：facere(使发生)同时也可以引起一句结果性从句(否定形式与“ut non”搭配)，“就算是死亡也无法让我不再是一个罪人”。

67. tabida：“tabidus”表示“融化”如雪水一样。

68. de nive ... aquae：在希腊罗马文学中，这一比喻通常指哭泣，如《恋歌》卷一7行57—58：“她悬挂已久的泪水顺着脸颊流下，就像从雪中融化的水滴下一样”“suspensaeque diu lacrimae fluxere per ora, | qualiter abiecta de nive manat aqua”。奥维德在此稍加改编，比喻自己伤心的感受将心融化，而非直接流泪。

69. estur：本词在诗歌中极度少见，除此处外仅有普劳图斯(Plautus)的《吹牛军人》(*Miles Gloriosus*)行24一处。①

vitiata：“vitio”可以指“侵蚀”，除了船以外，奥维德也用这个词直接来形容自己的身体。如卷四第2首行19：“我的身体如此被恶劣的污泥腐蚀”“pectora sic mea sunt limo vitiata malorum”。

teredine：“teredo”为一种生活在水中腐蚀船身的蛀虫，见老普林尼《博物志》卷十六第41章第80节。

70. aequorei ... salis：这一海水侵蚀岸边岩石的意象又见于卢克莱修《物性论》卷一行313和行326。

71. scabra ... rubigine：这一比喻又见于维吉尔《田园诗》(*Georgica*)，又译《农事诗》卷一行495：“被铁锈腐蚀的矛”“scabra robigine pila”以及卡图卢斯第68首行151—2：“以让你的名字不沾染剥落的铁锈”“ne vestrum scabra tangat rubigine nomen”。

positum：“存放起来的”。

72. conditus：“condo”也指“存放起来的”，与上文的“positum”意同。

---

① Jan Felix Gaertner, *Ovid* Epistulae ex Ponto, *Book I*, New York: Oxford University Press, 2005, p. 130.

tineae:"tinea"为一种陆生的蛀虫,与上文的"teredo"相对。

carpitur:"carpo"也意为"侵蚀"与上文"roditur"相同,整个 72 行与 71 行船身被锈蚀的状况相对,用陆地上书被蛀蚀的状况来表达诗人身心受到的摧残。

73. morsus:"mordeo"意为"啃食"。

74. conficiantur:"conficio"一般为"制造",在这里取较罕见意"减弱,毁灭"。

75. hi mentem stimuli:本句需补入"reliquent","stimuli"本意可指针蛰之痛,这里泛指"痛苦"。

76. quique dolet citius quam dolor ipse cadet:"任何悲伤的人都会比悲伤本身更快逝去"。这句大体上重复了 75 行之意。"cadet"兼做这句比较句前后的谓语。同时"dolet"和"dolor"同样也是叠叙法(polyptoton),见注 52。

77. hoc:代指上文说的奥维德所受的折磨。

credent:"credere"可以搭配与格表示信任的人(mihi),再加宾格表示信任的内容(hoc)。

quorum summus omnia:"我们在一切意义上都属于他们","quorum"指神明们,"omnia"是方面性宾格,指特指的方面,即"一切"。

78. forsitan:"或许"一般与虚拟语气动词搭配,在诗歌中有时会和陈述语气搭配,这一点将这一词与"fortasse"等同。

79. 字面意思为"让我被转移到一个免于斯基泰弓箭的地方"。

Scythico arcu:奥维德所在的托米斯常年受斯基泰人入侵的威胁。在《黑海书简》卷三第 8 首行 19—20 中,奥维德甚至把一些箭头和弓包起作为纪念品送给他的朋友马克西姆(Maximus)。

80. duri . . . oris:durum os"僵硬的脸"引申为"大胆、狂妄"。如《变形记》卷五行 451—2:"在女神喝送来的(水)时,一个僵硬着脸而狂妄的侍童站在女神面前并且笑着称她贪婪""Dum bibit illa datum, duri puer oris et audax | constitit ante deam risitque avidamque vocavit"。

作者:石晨叶,美国斯坦福大学古典系博士生。

图书在版编目(CIP)数据

书写城市史/苏智良,陈恒主编.—上海:上海三联书店,2017.12
(都市文化研究 17)
ISBN 978-7-5426-6152-4

Ⅰ.①书… Ⅱ.①苏…②陈… Ⅲ.①城市史—上海
Ⅳ.①K295.1

中国版本图书馆 CIP 数据核字(2017)第 300649 号

书写城市史

主　　编/苏智良　陈　恒

责任编辑/黄　韬
装帧设计/徐　徐
监　　制/姚　军
责任校对/张大伟

出版发行/上海三联书店
(201199)中国上海市都市路 4855 号 2 座 10 楼
邮购电话/021-22895557
印　　刷/上海肖华印务有限公司

版　　次/2017 年 12 月第 1 版
印　　次/2017 年 12 月第 1 次印刷
开　　本/710×1000　1/16
字　　数/500 千字
印　　张/31
书　　号/ISBN 978-7-5426-6152-4/K·443
定　　价/78.00 元